日本社会变迁研究 第一卷

中国日本史学会 东北师范大学东亚研究院 编

纪念中国日本史学会成立四十周年论文拔萃

江苏人民出版社

图书在版编目(CIP)数据

日本社会变迁研究:纪念中国日本史学会成立四十周年论文拔萃. 第一卷/中国日本史学会,东北师范大学东亚研究院编. -- 南京:江苏人民出版社,2021.8
ISBN 978-7-214-26488-6

Ⅰ.①日… Ⅱ.①中…②东… Ⅲ.①社会变迁-研究-日本 Ⅳ.①K313.07

中国版本图书馆CIP数据核字(2021)第162082号

书　　　名	日本社会变迁研究——纪念中国日本史学会成立四十周年论文拔萃 第一卷
编　　　者	中国日本史学会　东北师范大学东亚研究院
责 任 编 辑	史雪莲
装 帧 设 计	许文菲
责 任 监 制	王　娟
出 版 发 行	江苏人民出版社
地　　　址	南京市湖南路1号A楼,邮编:210009
网　　　址	http://www.jspph.com
照　　　排	江苏凤凰制版有限公司
印　　　刷	苏州市古得堡数码印刷有限公司
开　　　本	718毫米×1 000毫米　1/16
印　　　张	118　插页16
字　　　数	1 732千字
版　　　次	2021年8月第1版
印　　　次	2021年8月第1次印刷
标 准 书 号	ISBN 978-7-214-26488-6
定　　　价	398.00元

(江苏人民出版社图书凡印装错误可向承印厂调换)

文集编委会

主　　编　杨栋梁　韩东育
执行主编　程永明　董灏智
编辑委员　汤重南　宋成有　张　健　周颂伦
　　　　　　徐建新　李　卓　胡令远　王新生
　　　　　　郑　毅　张跃斌　江　静　宋志勇
　　　　　　胡　澎　刘岳兵　王铁军　张晓刚
　　　　　　戴　宇　毕世鸿　赖正维

前　言

在中华人民共和国的辉煌历史中,1978年是不平凡的一年。是年3月召开的全国科学大会,唤醒了"科学的春天";8月签署的《中日和平友好条约》,开启了对日交流的大门;12月召开的十一届三中全会,吹响了改革开放的号角。乘着时代的东风,中国日本史学会于1979年在北京举行筹备会议,1980年在天津宣告成立,扬帆起航。白驹过隙,值此学会四十华诞之际。抚今追昔,不禁感慨万千!

从中国正史班固所撰《汉书·地理志》"乐浪海中有倭人,分为百余国,以岁时来献见云"的记载算起,中日交往概有两千余年历史。在漫长的古代,由于文明发达程度和国家规模及实力的悬差,中日之间的相互认知并不对称。严格地说来,中国对"蕞尔小国"日本的重视和"研究",或许到明代才算开始;而日本对身在明处的中华巨人的"研究",却始终倾注全力。"'中国'这个题目,日本人也不晓得放在解剖台上解剖了几千百次,装在试验管里化验了几千百次。"结果,及至近代,日本的发展超越了中国,而中国备受日本蔑视和欺凌,险些亡国灭种。1972年中日恢复邦交后,中日关系向好,但时下又进入错综复杂的战略调整阶段。以史为鉴,可知兴替。日本作为世界第三经济大国和搬不走的邻居,依然在我国对外关系中占有重要位置,不可忽视,值得研究。对此,作为日本史研究者,我们深感责任重大,任重道远。

回首中国日本史学会成长的四十年,几代学人筚路蓝缕,在日本史研究园地辛勤耕耘,已然硕果累累。一是积极探索,锐意创新,涌现出大量优秀的体现中国特色和立场的研究成果,全面提升了日本史研究水平,赢得了国际学界的尊重,为我国成为日本研究大国并走向日本研究强国做出贡献,为社会主义建设提供了重要历史资鉴。二是言传身教,世代传承,专业学术研究队伍规模不断壮大,实力不断增强,我国的日本史研究潜力巨大,后继有人。

社会在发展,世界在变化,日本史研究也要与时俱进,而研究深化必然是以先行研究为基础,因为"站在巨人的肩膀上"才能看得更高更远。中国日本史学会和东北师范大学东亚研究院合编《日本社会变迁研究——纪念中国日本史学会成立四十周年论文拔萃》,初衷即在于此。在我国的日本史研究学术史上,本文集所展示的四十年来日本史研究优秀成果,将具有仰望先贤、奖掖中坚、激励后学的里程碑意义。

本文集收录的 110 篇专题论文,是通过中国日本史学会设立的"纪念中国日本史学会成立四十周年优秀论文评审委员会"的评审产生的,入选论文多数为《中国社会科学》《历史研究》《世界历史》《世界经济》《新华文摘》等国内权威期刊上发表或转载的论文。按照古代、近代、现代和当代等历史发展阶段划分的一般原则,编者将文集分为四卷,内容涉及日本各历史发展阶段政治、经济、社会、文化思想及对外关系的重要问题,展现了中国学者的研究视角、方法、观点和立场。

本文集的出版是学会同仁精诚协作的结晶。在论文遴选过程中,学会副秘书长、南开大学日本研究院院长刘岳兵教授,组织丁诺舟等青年教师承担了《历史研究》等权威期刊所载日本史论文的统计工作,其制作的"1980—2020 年六大权威期刊日本史论文目录",为学会的优秀论文评审提供了便利而客观的依据;学会副会长、天津社会科学院日本所程永明教授花费大量宝贵时间,逐一与入选论文作者(或相关者)联系,或直接从作者处索取论文原稿,或拷贝论文 PDF 版并进行 WORD 文本转换;南开大学日本研究院的郑昭辉副教授、王玉玲副教授、张东副教授、郭循春副教授,分别承担了文集一至四卷 WORD 文本转换的核对和后续的清样校对工作。必须特别记取的是:在学会副会长、东北师范大学副校长韩东育教授的鼎力支持和同校历史文化学院院长董灏智教授的协作下,东北师范大学用"双一流"世界史学科建设经费支持了本文集的出版。在此,我谨代表中国日本史学会,向上述单位和学者致以由衷的感谢。

最后,我要特别感谢江苏人民出版社社长王保顶先生和编辑史雪莲女士,两位的热心支持、敬业精神、专业素养和快捷效率,令人钦佩、感动、难以忘怀。

中国日本史学会

会长　杨栋梁

2021年8月1日

目 录

前言 （杨栋梁执笔）......... 001

古代日本律令制国家的身份等级制　徐建新 001
弥生中后期近畿地区生产力发展状况和邪马台国的地理位置
　　　汪向荣 021
日本古代部民的性质——兼论日本未经历奴隶制社会　王金林 047
试论倭国统一的主体　沈仁安 065
日本平安时代检非违使与律令制国家　王海燕 081
何谓日本大和时代的子代、名代？　禹硕基 098
论日本奴隶制向封建制的过渡　张玉祥　禹硕基 102
日本早期封建制的几个特点　刘 毅 122
日本室町时期的德政一揆及其影响　王玉玲 145
太阁检地的历史作用　赵连泰　左学德 166
家族制度与日本人的"家"观念　李 卓 182
"丝绸之路"与"书籍之路"——试论东亚文化交流的独特模式
　　　王 勇 194
中国禅僧东渡日本及其影响　夏应元 206
对日本史书所载渤海史料的探讨　张声振 221

利玛窦世界地图在日本　江　静 ……… 240

明末清初郑氏集团与日本的贸易　任鸿章 ……… 252

日本江户时代的政治贿赂与幕府的应对　丁诺舟 ……… 265

日本近世幕藩体制的矛盾与困境——以赤穗事件为中心的考察
　　　杨立影 ……… 286

日本幕末开国前的棉纺织业　管　宁 ……… 305

从"帆船"到"汽船"——幕末日本海权意识萌生的器物条件　姜春洁 ……… 321

日本江户时代的农民境况　孙义学 ……… 340

近世日本"自文化中心主义"的初步形成——以《大学》《中庸》的"日本化"
　　　为中心　董灏智 ……… 355

山片蟠桃：江户时代杰出的町人学者　赵建民 ……… 373

两面性的日本近代化先驱——论吉田松阴思想的非近代性
　　　唐利国 ……… 387

新井白石论　周一良 ……… 409

日本幕末横滨开港与锁港之争　张晓刚 ……… 425

日本明治维新前要求向西方学习的思想　周启乾 ……… 440

幕末日本人西洋观的变迁　王家骅 ……… 454

日本"江户三学"中的中国认识辨析　赵德宇 ……… 474

西风东渐与中日知识分子的回应　陈景彦 ……… 494

鸦片战争对日本的影响　王晓秋 ……… 522

古代日本律令制国家的身份等级制

徐建新

日本学界将社会结构中的等级制度称为身份制。所谓社会等级是由一群具有同样身份的人构成的,从这个意义上讲,身份即是等级,或者称之为身份等级。身份等级所反映出的差别主要是指一个社会中,人们在法律地位、政治地位和社会地位上的权利等差。在阶级社会中,身份等级是指每个阶级的特殊的法律地位、政治地位和社会地位。身份等级集中体现为不同身份等级的成员在政治权利上、经济利益上、社会地位上享有的(或根本不享有的)各种特权,以及他们对社会应尽的责任和义务。一般来讲,阶级与生产关系的体系相关联,属于经济的范畴,而身份等级则属于政治的、社会的范畴。[①] 所谓身份等级制,是指以法律的形式(包括习惯法、宗教法和国家基本法等不同的形式)将身份等级的划分作为一种普遍的社会秩序(或社会制度)固定下来,并得到社会的广泛承认。

[①] 马克思主义经典作家有关阶级社会的等级和等级制的论述可参见以下著作:《马克思恩格斯全集》,第3卷第44页;第4卷第466页;第19卷第228页;第27卷第477页;《列宁全集》第6卷第93页附注;第2卷第405页。1960年代以后日本史学界对古代社会身份等级理论的议论可参考以下研究文献:石母田正著:《日本古代国家论》(第一部),《古代的身份秩序》,岩波书店,1973年;丰田武:《日本的封建制》,吉川弘文馆,1983年;原秀三郎著:《日本古代国家史研究》,《身份与阶级》,东大出版会,1980年;西岛定生著:《中国古代国家与东亚世界》,第五章,东京大学出版会,1983年;神野清一著:《律令国家与贱民》,吉川弘文馆,1986年,第1—45页;吉村武彦:《律令制身份集团的形成》,收入石上英一等编《前近代的天皇·第3卷·天皇与社会诸集团》,青木书店,1993年;神野清一著:《日本古代奴婢的研究》,名古屋大学出版会,1993年。

在 19 世纪中后期日本跨入资本主义社会之前,日本人曾长期生活在按身份区分人的贵贱的所谓身份制社会中。前近代的江户时代(1602—1867年)是一个非常典型的等级森严的封建等级身份制社会,这种封建等级身份制是从古代社会的身份等级制发展演变而来的,古代律令制国家中的"良—贱"身份等级制即是日本古代身份等级制的体现,而这种等级制的源头还可以追溯到更早的时期。探讨古代日本身份等级制发生发展的历史,对于搞清古代日本的社会结构,理解日本前近代典型的封建等级制的形成前史,是十分有益的。本文将回顾公元 7—8 世纪律令制时代的历史,对古代日本身份等级制的确立及其具体形态作一些考察。

一、律令制国家的"良—贱"身份等级制的确立

公元 7 世纪以后,日本的奴隶主统治阶级积极引进古代中国的政治、经济和法律制度,并采取了一系列的政治改革措施。这些变革给旧有的身份等级制也带来了重大的影响。从古代身份等级制发展的角度来看,这些变革主要是沿着两条途径进行的。一是不断地修正和调整旧有的氏姓制度,[①]使其适应新的国家体制和社会体制;另一个就是模仿中国的身份制度,发展出一种新的身份体制,即"良—贱"身份等级制(以下简称良贱制)。经过一系列的变革,良贱制最终以国家法律的形式确定了下来。随着良贱制的建立,身份制度日趋复杂化。由于原来用以表示从属于大和王权的畿内贵族身份的氏姓制度已不能涵盖所有身份等级,于是逐渐降到次要地位,被纳入到良贱制的体制中,成为良贱制的重要补充。

所谓良贱制,就是日本古代国家以法律的形式在天皇和皇族之下将全体人民分为良民和贱民两大身份,并且规定这两者之间禁止通婚和收养。不仅如此,还规定了贱民身份中的各身份阶层之间原则上不得通婚和收养。在刑罚上,也对良人和贱民规定了各种等差。另一方面,在做出上述法律规

[①] 氏姓制度是产生于公元 5—6 世纪古代大和国家的一种政治制度和身份制度。氏是指服属于大和王权的政治集团,姓是指由大和王权授予氏上(氏的首领)、用以表示该氏在大和王权统治机构中的职务和地位高下的称号。该制度带有古代国家贵族身份等级制的性质。

定的同时，在法律上为良人身份中的上层，即贵族官人阶层规定了诸多的权利和特权。从 7 世纪初的改革至 8 世纪前期律令法律制度的建立，可以看作是良贱制发生、实施和确立的过程。

7 世纪初，圣德太子在推古天皇的支持下实施了被称作"冠位十二阶制"的官阶形式的改革，用德、仁、礼、信、义、智来表示官僚冠位的大小，同时以紫、青、赤、黄、白、黑等颜色的冠帽和官服来区别官位的等级。这项改革的真正目的是由王室独揽授予冠位的大权，用不能世袭的官阶等级来表示官吏身份的高低，以此打击世袭的氏姓贵族的势力。公元 604 年圣德太子又进一步制定了中央集权国家的政治原则，即《十七条宪法》。其中明确提出"国非二君，民无两主，率土兆民，以王为主，所任官司，皆是王臣"。"承诏必谨，君则天之，臣则地之。""其治民之本，要在乎礼。"[1]《十七条宪法》中主张的"君—臣—民"的基本社会结构与后来律令法中确定的基本社会结构、即"天皇—官人—百姓"的结构，是一致的。[2]

公元 645 年，皇极天皇之子中大兄皇子（即后来的天智天皇）领导新兴的政治革新势力策动了一场震动朝野的政治变革，史称"大化改新"。从社会等级结构的角度来看，大化改新及其以后一段时期的改革有以下几方面：一是"改去旧职"，建立中央集权的官僚政治体制，确立了古代天皇的绝对君主的地位。各级官吏的任命与罢免权归于中央朝廷，从而沉重打击了反对建立集权制国家的氏姓贵族的世袭特权。二是实施"公地公民制"，通过解放部民把原来归氏姓贵族私有的部民变成了中央集权制国家统治下的公民。三是先后两次进行了全国范围的编户造籍，一次是天智九年（670 年）的《庚午年籍》；另一次是持统天皇四年（690 年）依据净御原令编造的《庚寅年籍》。编造全国范围的户籍不仅是古代律令国家在政治上和经济上对全国人民进行统治的前提，同时也为中央政府搞清全国的氏姓分布、确定良贱身份提供了基本的数据。四是进行了氏姓制改革。天武天皇（公元 672—686 年）在位时期，进一步对全国的氏姓作了整顿改订，统一为八种姓的称

---

[1]《日本书纪》推古天皇十二年四月条。
[2] 吉村武彦：《律令制身份集团的形成》，收入石上英一等编《前近代的天皇·第 3 卷·天皇与社会诸集团》，青木书店，1993 年。

号,也就是"八色姓"。八色姓分别表示贵族阶层内部的八种身份,其中真人、朝臣、宿祢为上位姓,忌寸、道师、臣、连、稻置为下位姓。① 八色姓的制定并非要恢复旧时代的氏姓制度,而是要使旧时的氏姓制度为新确立起来的身份秩序服务,具体说就是要提高皇族近亲的社会地位,明确高级官僚和低级官僚的门第差别,以及中央贵族与地方豪族之间的地位差别。在这点上,八色姓制度与8世纪以后实施的贵族爵位制(位阶制)是相通的。五是制定成文法。从7世纪中后期至8世纪中期不到一个世纪的时间里,日本古代统治阶级效仿中国唐代的法律制度,相继编纂、实施了《近江令》(天智天皇年间编纂,671年部分实施)、②《净御原(律)令》(681年开始编纂,689年实施)、③《大宝律令》(700年编纂,701年完成,702年实施)、④《养老律令》(718年编纂,757年实施)⑤等法典。通过编纂和实施成文法,最终把良贱身份划分以国家基本法的形式固定下来。

从形式上看,大化改新后确立的良贱制是模仿中国法律制度中的身份制度。但实质上,良贱制的产生和实施与大化改新后的政体变革有密切的关系。在大化改新前,大和国家对地方的统治是通过地方豪族间接实现的,而大化改新的主要目标之一就是要实现以古代天皇为中心的中央政府对全国人民的直接统治,并确保国家获得的最大利益归统治阶级所有。改新后实施的"公地公民制"也好,编户造籍也好,其目的都在于此。"公地公民制"的实施首先需要对公民的身份做出明确的划分,同时

---

① 《日本书纪》天武天皇十三年(684年)条。
② 古代日本法典中的"律"相当于后世的刑法,"令"相当于后世的行政法、民法、商法、诉讼法等。近江朝廷时只编纂了令,而没有编纂律,故有此称。《近江令》现已全文失传。关于这部日本最初的法典是否在历史上真实存在过,学者之间也有不同见解,有些学者否认《近江令》的存在。但也有不少学者肯定该法典的存在,如井上光贞认为,近江令大致在天智七年(668年)编成,天武十年(681年)更改,后被吸收到持统三年(689年)颁赐的《净御原令》中。参见长谷山彰:《律令法典编纂的过程与问题点》,收入同氏著《律令外古代法的研究》,庆应通信株式会社,1990年。
③ 关于《净御原律令》中是否已制定了律,日本学者之间尚有争议,不少学者认为当时只制定了令,而没有制定律,因而主张《净御原律令》应当称作《净御原令》。
④ 《大宝律令》是由律六卷、令11卷构成,前后实施了50余年。《大宝律令》现已失传,现在人们只能从《养老律令》的注释书中了解其中部分内容。
⑤ 《养老律令》有律、令各十卷,前后实施了约200年。《养老律令》的大部分令通过9世纪的注释书《令义解》《令集解》的形式保存至今,其律的部分已经残阙,只有部分篇章依据古代文献和唐代律法被复制出来。

要对不同身份人的权利和义务做出明确的规定,而良贱制正是在这样的历史背景下产生的。

日本古代律令制国家中最成熟、实施时间较长的法典是《大宝律令》和《养老律令》。在此之前,律令法律制度的确立有一个发展的过程。而这一过程也是良贱制逐步建立和发展成熟的过程。早在大宝令实施之前,良人与奴婢(即后来的贱民)的身份关系在大化元年(645年)记事中提到的"男女之法"中已经出现。其文称"又男女之法者,良男良女共所生子,配其父。若良男,婢所生子,配其母。若良女,嫁奴所生子,配其父。若两家奴婢所生子,配其母。若寺家仕丁之子者,如良人法。若别入奴婢者,如奴婢法。今剋见人为制之始"①。其中规定了良人、奴婢通婚所生子女的划分原则,即子女降为奴婢。通过这一记载可以知道,在良贱制形成之前,已有了与之十分近似的"良人—奴婢"制。不过在男女之法中是否有了良人、奴婢禁婚的原则,还不得而知。在良贱制形成史上具有重要意义的是持统四年(690年)在全国范围内制作《庚寅年籍》。《日本书纪》持统五年(691年)三月癸巳条的诏书中谈到人口买卖时的良贱身份归属原则,即"若有百姓弟为兄见卖者,从良。若子为父母见卖者,从贱。若准贷倍没贱者,从良。其子虽配奴婢所生、亦皆从良"。一般认为,这一记载反映了《庚寅年籍》的造籍原则。《庚寅年籍》的意义在于它首次将人民按良贱分别登录造籍;其次是奴婢(贱民)被强制性地按无姓者造籍;再次是在该年籍中被确定为贱民身份的人要世袭这一身份;最后是在良人身份中有区别地划出了杂户身份。②《庚寅年籍》的良贱制与后世的良贱制相比还不尽完善。在此后的十年中,有关良贱制的法制被不断强化。可以说从持统天皇(687年—696年)后期至文武天皇(697年—707年)初期是良贱制日益完善的时期。8世纪初,良贱身份的权利义务的规定已日趋明确,并最终体现在古代日本律令制国家的第一部完整的基本法典《大宝律令》中。

在律令法中,古代天皇的地位是至高无上的,天皇是古代国家主权的代

---

① 《日本书纪》孝德天皇大化元年八月条。日本古典文学大系68,岩波书店,1988年版。
② 神野清一著:《律令国家与贱民》,吉川弘文馆,1986年,第68页。

表者,或者说天皇和国家即是同一物。① 天皇没有划入良贱身份等级序列,也没有表示等级地位的姓和爵位。作为国家的最高统治者,天皇的权力与地位凌驾于整个社会之上。在律令国家中,天皇的权力主要包括以下几项:1. 皇位继承权;2. 军事大权;3. 外交大权;4. 对全体人民的改姓和赐姓的权力;5. 官吏任命权;6. 对臣下的刑罚权。

在天皇之下,人民被划分为良人和贱民两大身份。良人身份中包括有爵位的官吏、负担租调庸的公民以及由各种手工艺人构成的杂色人;贱民身份中包括旧时的下等部民和奴婢。贱民身份根据职业分工又进一步被分为陵户、官户、家人、公奴婢和私奴婢五种,合称"五色贱"。此外,一个没有纳入上述良贱身份体系的社会阶层是僧尼阶层。这恐怕与僧尼阶层是一个教化阶层,其拥有的特权不是世俗特权等因素有关。律令制时代的整个身份体系如下表所示。②

君	天皇	无姓
	皇亲	
臣	官人: 　　有位者:三位以上(贵) 　　　　　　五位以上(通贵) 　　六位以下——初位	有姓
良民	公民(又称百姓、庶民、白丁等) 杂色人: 　品部 　杂户	
贱	陵户 官户 家人 公奴婢(又称官奴婢) 私奴婢	无姓

---

① 《养老律·名例律》所规定的"八虐"(八大重罪)的第一条即谋反国家罪。该条注释云"谓臣下将面逆节,而有无君之心,不敢指斥尊号,故托云国家"。(参见《国史大系·律》卷一,吉川弘文馆,1982年。下同)在这里,天皇即国家的思想十分明确。
② 此表引自吉村武彦著:《日本古代的社会与国家》,岩波书店,1996年,第148页。引用时稍有修改。

二、良贱制下的贵族官人阶层及其特权

在古代日本的律令制身份体系中，位于天皇和皇族之下的是良人身份。这个身份中实际上包含了两个主要的阶层，一个是公民和杂色人构成的所谓庶民阶层，另一个是位于公民百姓之上的有爵位的官人阶层。对于良人身份中的公民百姓阶层和贱身份来说，官人阶层是统治者，正如后文中所分析的，这个官人阶层与古代天皇及皇亲共同构成了古代国家的贵族阶层。下面我们将着重分析这个阶层的内部结构与特权。

官人阶层的内部，通过一种称作"位阶制"的爵位制度来调整其内部的权力和利益分配关系。在古代日本，授予官人阶层的爵位称作"位"，位与位之间的等差称作"位阶"。确定位与位阶的制度即是"位阶制"。位阶的叙授是以与天皇及其一族的远近关系、氏姓门第的高下，以及在政治、经济上的实力地位为标准。因此，只有有实力的豪门世族才能得到爵位。实际上，在位阶制中被授予爵位的人，有许多是大化改新前的氏姓贵族。高贵的氏姓被授予高级位阶，而高级的位阶必定是授予高贵的氏姓的，在这里可以看到位阶制与氏姓制的一致性。因此，我们可以把这种位阶制看作是大化改新前的氏姓制度的某种继续。位阶制实质上是一种古代贵族的爵位制，是古代统治阶级通过品级联合对直接生产者进行统治的一种形式。

日本律令制国家的位阶分为两类：一类称品阶，从一品至四品，共设四等，是专门授予亲王[①]的，以有别于诸王[②]的位阶。另一类是位阶，是授予诸王、诸臣的。从最高位的"正一位"至最低位的"少初位下"，共划分为三十阶。[③]《大宝令》还将五位以下的位阶进一步分为内、外两种，其外位的地位低于内位。所有被授予爵位的人统称为"有位者集团"。

日本古代位阶制的一大特点就是位阶与律令制国家的官僚体制紧密相

[①] 亲王是指天皇的兄弟姐妹和天皇的皇子。
[②] 诸王是指皇族中从二世以下至四世的王。五世王虽称王，但不包括在皇族范围之内。
[③] 其具体划分方法是：自一位至三位，每位阶又分设"正""从"两阶，也就是从正一位至从三位，共有六阶；自四位至八位，除有"正""从"之分外，又加上"上""下"之分，即从正四位上至从八位下，共计二十阶；等级最低的初位按"大""少""上""下"分为四阶，以上共计三十阶。

连。《养老令·官位令》中说:"凡臣事君,尽忠积功,然后得爵位,得爵位然后受官。"①也就是说,为官者须先有爵位,爵位是授官的资格与前提。位阶的等差与官职的高下是相对应的。爵位越高,所担任的官职就越大,即所谓的"官有高下,位有贵贱,准量爵位之贵贱,补任官职之高下。"②这种爵位与官职相对应的选叙制度称作"官位相当制",它表明有位者的社会身份地位与当时的官僚体制中的等级地位是相对应的。

在位阶制中,高级位阶与低级位阶之间的尊卑差异是很大的。根据实际的社会地位和所享受的特权,可以将有位者进一步分为五位以上和六位以下两大级别。五位以上者相当于亲王和诸王,六位以下至初位相当于诸臣、百官人。《养老令》中将三位以上者称为"贵",四位和五位称为"通贵",五位以上的有位者统称为"贵族"。在律令制时代,获得五位以上位阶的,除了皇亲就是大化改新前拥有臣、连等最尊贵姓氏的氏姓贵族的子孙以及在大化改新和其后的"壬申之乱"中建立文功武勋的贵族。据统计,奈良时代(公元710—784年)74年间出任三位以上官职的人有122人,其中有亲王22人,其余几乎都是大伴氏、石上氏、巨势氏、藤原氏、阿部氏、纪氏、橘氏等大氏姓贵族的子孙。出身普通贵族的不过7人。③

由天皇一族和五位以上有位贵族构成的贵族阶层是古代律令制国家的真正的统治者,是良贱制下最大的获益者。同时,有位贵族也是拥有特权最多的身份阶层。下面以五位以上的有位贵族为例,分析律令贵族阶层在法律上享有的种种特权。

在政治上,五位以上的有位贵族由于位阶高贵,依照"官位相当制",他们可以在官僚体制中担任最高级的官僚;在国家政治生活中有身着与官位相当的礼服和朝服的特权。另外,亲王还可以在自己的官邸中设立管理家政的机构——家司,并可以通过家司向国衙等地方官僚机构发布家符和家

---

① 参见《国史大系·令集解》卷一,官位令,吉川弘文馆,1982年。下同。
② 《国史大系·令集解》卷一,官位令。
③ 泷川政次郎:《日本社会史》,刀江书院,1953年,第53页。关于奈良时代的授官叙位的详细情况,可参见公元811年成书,以后被不断续写的官吏任职记录《公卿补任》。

牒。设立这种家政机构在集权的律令制国家中是一种特殊的权利。① 五位以上的有位贵族还拥有支配国家专门为其配备的帐内、资人的特权。帐内和资人是在贵族府第中担任护卫和勤杂事务的侍从和侍卫,一般由六位以下的有位者和庶民担任。帐内专门配给亲王。其配给人数依品位有差,自一品的 160 人至四品的 100 人不等;资人是配给五位以上诸王的。其配给人数一位最多,为 100 人,从五位最少,为 20 人。② 另外,在朝中任高官的大贵族,根据官位的高下还可以享受另一份资人待遇,称作"职分资人"。职分资人的配给只限于正三位以上的高级官僚,其中太政大臣(相当一品或正、从一位)配职分资人 300 人;左、右大臣(相当二品或正、从二位)配 200 人;大纳言(相当正三位)配 100 人。③ 无论帐内还是资人,他们所提供的服务和劳动都是免费的,主人不必向他们提供任何劳务报酬。

另外,五位以上有位贵族的子孙有荫受位阶的特权。律令中还对这种特权作了具体的规定,称作"荫位制"。根据《养老令·选叙令》的规定,三位以上的有位贵族的嫡子、庶子和嫡孙、庶孙,以及五位以上有位贵族的嫡子、庶子,在年纪达到 21 岁时就可以仰仗祖辈和父辈的贵族出身,顺理成章地荫受从五位下以下至从八位下以上的位阶。比如,凡亲王之子,不计品位,均可荫受从四位下的位阶;正、从一位的嫡子和嫡孙可分别荫受从五位下和正六位上的位阶;从五位下的嫡子可荫受从八位下的位阶。④ 这些得到位阶的贵族子弟又可以轻而易举地得到与其位阶相当的官职,以及与这一官职相当的所有权利和物质利益。在古代日本,像从五位下这样的位阶,是低级官吏积一生之功绩也无法企及的地位。有学者做过计算,一个普通百姓出身的年轻人通过贡举(即科举考试)步入仕途,从少初位下的位阶起步,那么,在正常情况下,他需要 32 年才能晋升到从八位下的位阶。⑤ 由此也可

---

① 近年来在奈良时代前期的亲王长屋王(公元 684—729 年)的宅第中发现的大量木简,还真实地再现了这种亲王家政机构的实际运作情况。参见奈良国立文化财研究所编《长屋王邸宅与木简》,吉川弘文馆,1991 年。
② 《国史大系·令义解》卷五,军防令。吉川弘文馆,1983 年版。下同。
③ 《国史大系·令义解》卷五,军防令。
④ 《国史大系·令集解》卷十七,选叙令。
⑤ 关晃:《律令贵族论》,收入《岩波讲座日本历史·古代 3》,岩波书店,1976 年,第 50—51 页。

以看出贵族与庶民百姓在政治前途上的天壤之别。日本古代贵族的"荫位制"是模仿中国唐朝的制度,依唐代的制度,一品高官之子只可叙为正七品上的官位。就这点而言,日本贵族后裔所享受的政治待遇比唐代贵族还要优厚。他们的政治仕途可谓一帆风顺、平步青云。由于有了这样的父传子的"荫位制",古代国家的政治大权被牢牢地掌握天皇和有位贵族阶层手中。①

有位贵族在经济上的特权主要有以下几种:一是封户,分为位封和职封;二是封地,分为位田和职田;三是禄,分为位禄和季禄;四是免除课役。所谓封户,就是把所封户应缴纳的租庸调全额或其中的大部分划归封主所有。其中按位阶赐给封户称作位封;按官职赐给的称作职封。封地中的位田和职田也是分别按位阶和官职赐封的。位禄和季禄是向皇亲和有位贵族颁给的实物俸禄,有绢、棉、布、鏊(锹)等。位禄按位阶发放,季禄按春夏和秋冬两季发放。以上禄和免除课役两项特权,不仅封主本人,其亲族也可得到。例如,《养老令·赋役令》中规定,三位以上的有位贵族,除本人外,其祖父、父、兄弟、子孙全免课役;四至五位的贵族,其父和子全免课役。② 在以上四大项经济特权中,三位以上的有位贵族可获得所有各项;四至五位的有位贵族可获得除职封、职田以外的其他各项。正六位至初位的下级官吏除可得到季禄外,并无其他经济利益上的特权。日本有学者曾将中央官僚机构中的有位贵族每年所获得的经济利益换算成稻米数量,其结果如下(为了便于比较,我们将正六位以下官吏的收入也一并列出)。

正一位:22 765 石;从一位:22 406 石;正二位:15 385 石;从二位:15 060

---

① 关于有位贵族的荫位制度的性质和作用,近年来日本史学界有热烈的讨论。有的学者曾将荫位制的作用与律令国家的性质相联系,提出律令国家是由贵族联合掌权,即所谓的"畿内贵族联合政权论"。有关这一问题的讨论详见野村忠夫氏的《律令官人制的研究》(增订版,吉川弘文馆,1970年)以及仁藤敦史著《古代王权与官僚制》,第三编第一章《荫位授予制度的变迁》(临川书店,2000年)。在此笔者想要指出的是,强调律令法为五位以上有位贵族子女的从政提供特权,同以天皇为首的律令国家的集权政治并不矛盾。这种特权并不排除古代天皇在选拔官僚时,出于维护皇权的需要而优先选拔"德才兼备"的人。应当说,在律令国家官僚制的实际运作中,重视贵族氏姓血统和强调"德才勤能"这两种现象是同时存在的。但这些政治运作程序并未改变天皇制集权国家的性质。

② 《国史大系·令义解》卷十三,赋役令。

石;正三位:6 957石;从三位:(1 258石)①正四位:662石;从四位:552石;正五位:362石;从五位:255石;正六位:22石;从六位:20石;正七位:17石;从七位:15石;正八位:12石;从八位:11石;大初位:9石;少初位:8石。②

从以上统计可以看出,五位以上有位者与六位以下有位者之间有很大的差别,而五位以上各位阶之间的差别也是很大的。这反映了贵族阶层内部的利益分配上的差异。但是,即便是五位以上贵族中所获利益最少的从五位,其经济所得也要远远高于正六位以下的下级官吏,更不要说普通百姓了。五位以上有位贵族的经济特权为他们提供了莫大的财产基础,这是他们维持自身社会地位的可靠保证。同时也可以看出他们作为压迫阶级对被压迫阶级的剥削程度。

有位贵族不仅在政治上、经济利益分配上有特权,而且在触犯刑律的时候也会受到法律的保护。律法中规定,居住在京城的五位以上贵族犯法时,要经过天皇的批准才可抓捕。③ 有位贵族在刑法上的特权主要表现在其犯法时,可以通过律法中专门为他们设定的"议章""请章""减章""赎章"等法律条文,获得减刑,从轻发落。比如,上述"议章"是指律法中的"六议"。所谓六议,就是犯死罪者在六种情况下不可立即绞斩。这六议是:"一曰议亲,二曰议故,三曰议贤,四曰议能,五曰议功,六曰议贵。"④其中议亲,就是指皇亲,包括天皇的五等以上亲和太皇太后、皇太后的四等以上亲,以及皇后的三等以上亲。第六项的议贵,就是指三位以上的有位贵族。犯死罪的人凡符合六议条件者,可以"先奏请议",然后"依令于官集议,议后奏裁"。⑤也就是在收到"请奏"报告后先由朝廷高官审议,然后奏请天皇裁定。至于裁定的结果,依律法,犯流刑以下罪刑的可罪减一等。有位贵族还可以"以

---

① 从三位的统计不完整。由于中央官僚中没有与此位阶相当的官职,所以令制中未记其职封、职田和季禄的数量。但是,考虑到从三位可以担任正三位的官职,因此实际上是会得到上述各项赐封的。
② 关晃:《律令贵族论》,《岩波讲座日本历史·古代3》,岩波书店,1976年,第54页图表3。
③ 《养老令·狱令》"五位以上条":"凡五位以上犯罪合禁。在京者,皆先奏。若犯死罪,及在外者,先禁后奏"。
④ 《养老律·名例律》,参见《国史大系·律》名例律。
⑤ 《养老律·名例律》,参见《国史大系·律》名例律。

官当刑",即以官位、勋位抵消刑罚,律令中称之为"官当法"。律法中规定,"一品以下、三位以上,以一官当徒三年;五位以上以一官当徒二年;八位以上,以一官当徒一年"①。

在古代国家中,统治阶层受教育的权利也是一种特权。日本律令制下的教育机构大抵有三种,即"文学"、"大学"和"国学"。所谓文学,是国家派驻在亲王的家政机构中的专职教员,负责亲王的教育。大学,也称大学寮,是中央官僚机构中专门从事教育和培养官吏的教育机构。国学是设在各地方国衙的教育机构。无论大学还是国学,实际上都是古代贵族和官僚的子弟学校。依照令制,这两种学校录取学生的一般原则是:五位以上贵族的子弟入大学;相当于六位以下的地方官僚的子弟入国学,并且无须经过入学考试。②又据令制规定,"凡学生通二经以上求出仕者,听举送"③。就是说,学生只要学会了《周易》《尚书》《周礼》《仪礼》《礼记》《毛诗》《春秋左传》等经书中的两种以上,就可以申请当官去了。大学生、国学生的招生年龄是13至16岁,学制为9年,毕业年龄一般在22至25岁。但令制中规定:"五位以上子孙者,皆限年廿一,申送太政官,准荫配色。"而且是"不论业成不,皆当申送",即五位以上的贵族子弟不论学习的好坏,只要到了21岁就可以毕业出任官职了。

律令制度中规定的有位贵族的特权还有许多,从章服制度到丧葬礼仪的规定,涉及社会生活的方方面面,在此无法一一列举。据以上分析可以看出,位于良人身份上层的有位贵族阶层是一个特殊的社会阶层。其中五位以上有位贵族是这个阶层的核心。需要说明的是,在法律上能够享受上述种种特权的不仅是五位以上有位贵族本人,而且还包括他的家庭成员和数代之内的等亲。因此应当说,有位贵族阶层主要由五位以上有位贵族以及产生这样的贵族的氏族构成。

至于六位以下的有位者,他们在国家的官僚机构中担任的是下级官吏

---

① 《养老律・名例律》,参见《国史大系・律》名例律。
② 《养老令・学令》规定:"凡大学生,取五位以上子孙及东西史部子为之。若八位以上子,情愿者听。""国学生,取郡司子弟为之。"参见《国史大系・令集解》卷十五,学令。
③ 《国史大系・令集解》卷十五,学令。

或一般职员,在叙位方式①、世袭特权和政治地位等方面与五位以上有位者有很大不同。但是由于他们也能够享受到一定程度的特权,②所以其地位要高于公民阶层。他们属于贵族阶层中的中小贵族。

三、良贱制下的公民、杂色人与贱民

良人身份的下层由公民和杂色人构成。在律令制时代,公民也被称作公户、百姓、庶民、庶人、白丁,或平民。公民的含义就是直属于天皇的律令制国家,而且不为其他人私人占有的、登录在户籍上的良民。公民是律令国家中人口最多的社会阶层。其成员包括大化改新前平民阶层的子孙,以及大化改新时被解放的部民。公民中的绝大多数人是耕作由国家班授的土地(口分田)并向国家交租纳税的农民。律令国家的财政主要是由他们负担的。公民不仅要向国家缴纳田租,还要缴纳数倍于田租的庸调(即人头税)。③ 这是公民和其他社会阶层主要区别之一,而其他阶层的人在法律上是被免除课役的。

在法律上,公民与贵族官人阶层有明显的差别。首先,贵族官人是全免课役的,而公民要缴纳租庸调。作为身份上的标识,贵族官人可以穿礼服和朝服,而公民只能穿制服,平时仅可穿草鞋。④ 在婚姻制度中,公民很难与贵族通婚,律令法中尽管没有具体规定公民不得与贵族通婚,但是由于氏姓中存在着的不可逾越的贵贱差异,仅有卑贱氏姓的公民与拥有高贵氏姓的贵族阶层的通婚几乎是不可能的。另外,律令法上虽然并未完全剥夺公民的受教育和做官的权利,但实际上公民中能够受教育和为官的只是极少数。

---

① 《养老令·选叙令》中规定的选叙原则是"凡内外五位以上敕授,内八位、外七位以上奏授,外八位及内外初位,皆官判授"。所谓敕授是指天皇亲授,奏授和判授为官僚机构和议审定而授。参见《国史大系·令集解》卷十六,选叙令。
② 六位以下的下级官吏有免课役和犯法时适量减刑以及能够接受教育等特权。他们当中,非贵族出身的人没有世袭爵位和官位的世袭权。
③ 泷川政次郎曾将当时公民要缴纳的庸调以及运送成本折算为米价,计算出庸调的数量是田租的3 倍。参见同氏著《日本社会史》,刀江书院,1953 年,第 85 页。
④ 《养老令·衣服令》规定:"无位(集解称:庶人服制亦同也)皆皂缦头巾、黄袜、乌油腰带、白袜、皮履,朝廷公事则服之。寻常通得着草鞋。"参见《国史大系·令集解》卷二十九,衣服令。

另一方面,公民的社会地位与贱民相比也有显著的不同。这主要表现在两个方面:一是公民属于良人阶层,是有氏姓的,尽管这种氏姓的社会地位卑微低下。奈良时代的天皇向全国颁布诏敕一般是以诸王、诸臣、百官人、天下公民为对象。这表明,公民是律令国家承认的社会成员,是古代天皇治天下的对象,处于古代的"王—民"社会秩序之内。与之不同,贱民是被排除在这一社会秩序之外的。二是公民可以收买和使用奴婢。在律令法中,并没有明确规定公民有蓄奴权。但是,由于私奴婢是可以自由买卖的,在现实生活中,公民只要经济条件允许,是可以随意买奴、蓄奴的。① 公民即是律令国家的被统治者,同时又是蓄奴者。这不仅反映了公民与奴婢的差别,而且也反映出公民阶层在阶级属性上的两重性。

除公民之外,还有一种属于良人身份的人,即杂色人。杂色人由品部和杂户两类人构成。品部和杂户都是有特殊技能的手工艺人。他们居住在都城周边的畿内地区,分别隶属于中央政府的各官衙。杂色人可依法免除课役,但是必须以全部劳动时间为朝廷和贵族阶层提供特殊的服务和产品。其职业主要有造酒、制药、造纸、染织、冶炼锻造、土木建筑、制革、养马养鹰等。杂色人虽属良人身份,但与公民阶层是有区别的。比如,律法中规定,杂户不得与良人为婚,也不得收养公民为子孙,否则就要受到处罚。② 由此可知,杂色人虽有良人身份,但其地位要低于公民,其实际地位介于公民和贱民之间。

贱民身份在律令国家的身份制中位于最底层,社会地位最为低下。根据律令法的规定,贱民只能穿黑色的粗布衣。③ 对贵族和公民来说,黑衣意

---

① 根据奈良时代流传下来的正仓院户籍帐可知,公民家族中的奴婢分布状况,与当时参照公民财产状况而划分的九等户的等级是大抵成正比的。就是说,较富裕的上等户蓄奴数量较多,贫穷的下等户仅拥有极少量的奴婢。参见泷川政次郎著《日本奴隶经济史》,清水书房,1947 年,第 261—269 页。
② 据《养老律逸文·户婚律》载:"诸杂户不得与良人为婚,违者杖一百。""凡杂户养良人为子孙,徒一年半。"这里所说的良人是指公民百姓。参见《国史大系·律》"户婚律"。
③ 据《日本书纪》持统天皇七年(693 年)正月壬辰条载:"是日,诏令天下百姓服黄色衣,奴皂衣。"另外,《养老律·衣服令》中也规定"家人奴婢,橡墨衣"。皂衣和橡墨衣皆为黑色。又据考证,这种黑衣所用的布料是被称作"调布"或"庸布"的最粗劣的布,而贵族服装所用的布料是由职业工人制作的"商布"。在奈良时代,调布、庸布的市场价格是商布的一半。参见泷川政次郎著《日本奴隶经济史》,清水书房,1947 年,第 276—277 页。

味着凶服。在律令国家时代,黑衣是贱民的可视性身份标识。《大宝律令》实施以后,规定了五种贱民,即"五色贱"。其中包括隶属中央政府的官户、陵户、公奴婢,以及从属于贵族、公民和寺院神社的家人和私奴婢。所有五色贱民都是没有氏姓的。在氏姓贵贱规定着社会秩序以及个人与国家的关系的时代,没有氏姓就意味着处于国家组织和社会秩序之外。① 和良人一样,贱民的身份是世袭的,贱民的子孙一出生就被赋予了贱的身份。另外,贱民的产生还与法律刑罚有关。作为刑罚的手段之一,良人犯法可以贬为贱民。不过这些被贬为贱民的良人在一定条件下还可以恢复良人的身份。在经济上,贱民可以和良人一样获得口分田,其中陵户和官户奴婢按良人的标准同额给田,家人和私奴婢给良人的三分之一。② 家人和私奴婢的口分田的使用权是掌握在主人手中的。实际上,这种授田只意味着官僚贵族和户主(即大家族的家长)的授田额的增加,并不能提高奴婢的生活水平。在政治上、社会地位上和法律上,贱民无特权可言,他们除了服从国家和主人的驱使外,别无选择。

律令法不仅将贱民与良人身份相区别,并且还让贱民身份内部的五种特定身份之间也有所差别。根据律令法中规定的不同待遇,可将五色贱进一步划分为(一) 陵户,(二) 官户、家人,(三) 公私奴婢三个档次。

陵户服属于中央官僚机构中的诸陵司,负责守卫天皇和皇族的墓地,可以单独立户。在作为日本律令制度样板的唐代制度中,陵户不是贱民。而在日本,陵户属于贱民。古代日本人出于对死人的忌讳,所以将守墓的人也视为卑贱。③ 当陵户人数不够时还会挑选良民充任,以十年为期交替从事与陵户相同的工作。说陵户在贱民中的地位稍高,是由于在律令条文中,往往将良人的杂户与陵户并列。④ 但另一方面,律令法中没有关于解放陵户的规定,可见,陵户是终生无法改变自身份地位的贱民。

---

① 吉田晶:《日本古代社会构成史论》,第四章《关于古代的奴婢》,塙书房,1983 年。
②《养老令·田令》"官户奴婢条"。参见《国史大系·令集解》卷十二,田令。
③ 参见泷川政次郎著《日本奴隶经济史》,清水书房,1947 年,第 50 页。
④《养老令·户令》"造官户籍条"(参见《国史大系·令义解》卷二,户令);《养老律·名例律》"杂户条"(参见《国史大系·律》名例律)。

官户和家人比公私奴婢的地位稍高。官户隶属于被称作官奴司的官衙,是由国家统一管理的。他们以耕种官田为业,可以独立立户生活。另外,良民中犯谋反、大逆之罪的人也有被降为官户的。家人是私有的贱民,归神社私有的家人称作神贱,归寺院私有的家人称寺家人。家人可以组成家庭,单独居住。但是家人并不是独立的造籍单位。就目前的研究而言,家人的户籍是被包括在良人的户籍中的。① 家人不可以被买卖,但可以作为财产继承。《养老令·户令》中规定:"凡家人所生子孙,相承为家人。皆任本主驱使,唯不得尽头驱使,及卖买。"②由此可知,严酷地驱使家人的行为是被禁止的。另外,拐卖家人的人要按盗窃之罪论处。至于官户的待遇,《令集解·户令》的注释中说:"问:官户驱使法若为。答:不载文,然可准家人,免重从轻故。"③就是说,官户的待遇大抵与家人相同。从阶级关系的角度来看,官户、家人从事的是奴役性劳动,其劳动成果被国家和拥有他们的主人占有。但是他们的人身不能买卖,也不能受到严酷的驱使。可见官户、家人的地位近似奴隶,但又不是完全意义上的奴隶,因此可以称之为"准奴隶"。

公私奴婢是寄生于主家的奴隶,可以结婚,但不得单独立户。公奴婢(也称官奴婢)和官户一样,在官奴司的统治之下,从事耕作和杂役。私奴婢可以说是贱中之贱。"奴婢者,律比畜产",在律令法对人和物品、牲畜的划分中,奴婢永远是和物品牲畜并列的。奴婢可以随意地驱使,必要时可以继承和买卖。《养老令·关市令》中记述了买卖奴婢的手续,④在奈良正仓院文书中还保存有根据当时规定制作的"奴婢卖买券"。⑤

五种贱民的通婚是以"人各有耦,色类须同"为原则,也就是根据律令法的规定,被迫实施身份等级内婚制。律令法还进一步规定,五色贱民只能在

---

① 参见石母田正《古代奴隶的一考察——关于奴隶的进化过程》,收入《石母田正著作集》第 2 卷,岩波书店,1989 年;神野清一著:《日本古代奴婢的研究》,第十章《家人、奴婢的存在形态》,名古屋大学出版会,1993 年,第 213—239 页。
② 参见《国史大系·令义解》卷二,户令"家人所生条"。
③ 《国史大系·令集解》卷十,户令"家人所生条"。
④ 参见《国史大系·令义解》卷九,关市令。
⑤ 泷川政次郎:《日本社会史》,刀江书院,1953 年,第 127 页。

本色内通婚,不得异色通婚。《养老令·户令》规定:"凡陵户、官户、家人、公私奴婢,皆当色为婚。(谓:凡此五色,相当为婚。即异色相娶者,律无罪名,并当违令,亦合正之。若异色相娶,所生男女,即知情者,各合从重。……释云:当色为婚,官户、家人相通嫁娶,是为当色。公私奴婢亦同也。)"①由此可知,贱民的异色通婚和与良人通婚都被视为违法,必须纠正。所生子女要根据规定分别确定具体的身份归属。律令国家通过对贱民通婚的限制,实际上等于在法律上确定了贱民身份的世袭制,只要贱民的子孙没有获得解放,就必须世袭贱民的身份。

贱民的身份在一生中是很难改变的,只有在贱民丧失劳动能力等一些特殊情况下,才有可能将贱民身份改变为良人身份。这种解放贱民为良人,律令法中称作"放贱从良"。在律令制时代,贱民只有在以下几种情况下才能从良:(一)官奴婢因年老不能劳作者,或是格外勤勉能干,可放为良人;(二)因主人死亡,其财产和奴婢无人继承时,其奴婢可放为良人;(三)良人犯法贬为贱,待年长后,可恢复为良人;(四)良人被抢掠、诱拐后配贱的,经良贱身份诉讼,本人及子女可重新恢复为良人。②

律令法对贱民的刑罚是十分严格的。特别是奴婢对身份制度的不同形式的反抗,如逃亡、杀主、奸主等,都会遭到严厉的惩处。《养老律·贼盗律》规定:"凡家人奴婢谋杀主者,皆杀。谋杀主之二等亲及外祖父母者绞。已伤者,皆斩。"③《律逸文·斗讼律》中还规定:"凡家人奴婢殴伤良人者,加凡人一等,奴婢又加一等","凡家人奴婢过失杀主者,绞。"④

---

① 《国史大系·令集解》卷十一,户令"当色为婚条"。
② 与(一)、(三)项有关的规定有:"凡官奴婢,年六十六以上及废疾,若被配没令为户者,并为官户。至年七十六以上,并放为良。"(《养老令·户令》。参见《国史大系·令义解》卷二,户令)。又据《类聚三代格》中所收天平神护二年(766年)的一道敕令记载:"药师寺奴婢,年满六十并才能勇勤,悉以从良"(参见《国史大系·类聚三代格》前篇,吉川弘文馆,1980年,第141页。)。关于(二)项的规定是:"凡身丧户绝无亲者,所有家人奴婢及宅资,四邻五保共为检校,财物营尽功德,其家人奴婢者,放为良人,若亡人在日处分证验分明者,不用此令。"(《养老令·丧葬令》。参见《国史大系·令义解》卷九,丧葬令)。有关(四)项的规定有:"凡良人及家人被压略充贱,配奴婢而生男女者,后诉得免。所生男女,并从良人及家人。"(《养老令·户令》。参见《国史大系·令义解》卷二,户令)。
③ 《国史大系·律》卷七,贼盗律。
④ 《国史大系·律》附录"律逸文",斗讼律。

律令法中只有极少的规定是有利于贱民的,例如为贱民规定了休假制度。《养老令·杂令》中规定"凡官户、奴婢者,每旬放休假一日。父母丧者,给假三十日。产后十五日。其怀妊及有三岁以下男女者,并从轻役"[1]。又如,"凡官户奴婢三岁以上,每年给衣服。春,布衫,袴衫,裙,各一具。冬,布袄,袴襦,裙,各一具。皆随长短量给"[2]。但必须看到,这些规定只是统治阶级为维持贱民的生产劳动能力和贱民自身的再生产能力而采取的措施,绝不可视为统治阶级对贱民的仁慈与关爱。实际上,奈良时代时常发生将老弱病残的奴婢遗弃路旁,因无人照料而饿死的事件。弘仁年间(810—823年)政府还专门为此颁布过禁令。[3] 这种现象不正说明奴婢只有在能够带来效益时,才会得到某种"生活保障"。一旦他(她)们丧失了使用价值,便不再会得到任何照顾。

四、结语

大化改新后,以古代天皇一族为首的统治阶级通过编户造籍、实施公地公民制和建立中央集权制的国家官僚机构,实现了对全体人民的直接统治。在新的政治体制下,统治阶级需要建立一种新的,既能普遍包容又划分明确的社会阶层秩序,良贱制就是在这一需求下产生的。

古代日本的统治阶级将有位贵族和公民划归在同一身份等级中。那么良人的概念是什么,良和贱的划分原理和标准是什么呢?律令法典中虽然对良人和贱民作出了众多具体规定,但是对良人的概念和良贱划分原理并未作过专门的说明。关于这一问题,日本史学界最有代表性的研究观点是由西岛定生提出的。西岛是研究中国古代史的学者,他是从中国秦汉至隋唐时代史的角度研究良贱制的。他认为,唐代的良贱身份是一种国家身份,

---

[1]《国史大系·令义解》卷十,杂令。
[2]《国史大系·令义解》卷十,杂令。
[3] 弘仁四年(813年)六月一日为"应禁断京畿百姓出弃病人事"颁布了《太政官符》。其符称:"右右人臣(藤原园人)奏称,念旧酬劳贤哲遗训,重生爱命贵贱无殊。今天下人各有仆隶,平生之日既役其身,病患之时即出路边,无人看养遂致饿死。此之为弊不可胜言。伏望,仰告京畿早从停止,庶令路旁无夭狂之鬼,天下多终命之人者(下略)。"参见《国史大系·类聚三代格》卷十九,禁制事。

是皇帝为实现对人民的统治而设立的。良贱身份的划分标准,是依据两者是否被纳入统治阶级制定的所谓"礼的秩序"。唐代的良人(庶人)处于礼的秩序之内,而贱民则处于这一秩序之外。① 应当说,西岛的观点对于理解日本古代社会结构的发生原理是很有启发性的。因为日本以天皇为中心的律令制国家的统治理念大多取自于中国,良贱制则是其中的一个组成部分。日本古代国家对良民的划分,是基于国家统治理念的划分。这种统治理念首先是将贱民排除在社会秩序之外,然后按氏姓秩序来规范除贱民以外的良人阶层,形成所谓的"良人共同体"。这种"良人共同体"内部实际上包含了阶级的对立和阶层的分裂,因此它只是一种由古代统治阶级创造出来的"想象中的良人共同体"。② 在这样的认识前提下,笔者认为还可以根据日本古代社会中存在的实际状况,对良贱制下的良人身份作进一步的区别和划分。

通过前文中的分析可以知道,良人身份中的两大社会集团——有位贵族和公民(包括杂色人)之间,存在着质的区别,两者在法律上、政治上的地位是完全不平等的。从等级关系看,两者的关系是高贵等级与卑劣等级的关系;从阶级关系看,两者是剥削阶级与被剥削阶级的关系。两者之间无共同利益可言。因此笔者认为,古代律令制国家中实际上存在着三个界线分明的社会等级,即有位贵族等级、公民(包括杂色人)等级和贱民等级。五位以上的有爵位的有位贵族利用位阶制、官位相当制和荫位制等法律制度,世袭地享受法律赋予该等级的种种特权,同时又不断地再生产出该等级的继承者。六位以下的有位官人是有位贵族等级的一部分,但在该等级中处于次要地位。公民和杂色人是被统治等级,律令法中提到的良人更多的是指这个等级。公民的贡赋是日本古代律令制国家财政的主要来源。但律令法赋予他们的主要是义务,而不是权利。贱民等级处于社会结构的最底层。对国家和拥有贱民的良人来说,贱民只是"半人半物"的存在。他们当中的一部分人(私奴婢)甚至连组成完整家庭的权利也没有,他们在主人的驱使

---

① 西岛定生著:《中国古代国家与东亚世界》,东京大学出版会,1983年,第120—126页。
② 参见石母田正著:《日本古代国家论》(第一部),《古代的身份秩序》,岩波书店,1973年。

下过着没有自由的生活。与公民、杂色人相比,贱民的内部结构更为细分化,存在着五种权利有别的"小等级"(五色贱)。这种历史现象证明了一个道理,即在古代等级社会中,统治等级为维护自身的莫大利益,会千方百计地促使被统治等级内部的分裂,以便达到对其分别制御的目的。[①] 天皇是古代律令制国家中的最高统治者,其根本利益与贵族等级的根本利益是一致的。在良贱制度中,天皇是超越所有身份等级的特殊存在,也就是说,不论身份等级制的内部结构如何变化,天皇的至尊地位是不变的(至少在律令制度中是如此)。这一点对于天皇制在以后各历史时期中的发展也产生了重要的影响,同时也是天皇制在历史上得以长期延续的一个重要原因。

8世纪后期,班田制已开始出现瓦解的迹象。耕种班田的公民因不堪租庸调的重负而逃亡。由于贱民根据律令法可以免缴地租,受剥削的程度有时显得比公民稍轻,所以还出现了公民主动要求改为贱民身份的怪现象。由于公民地位的下降以及对良贱通婚的限制越来越难以把握等,良贱的身份界线也逐渐模糊起来。至10世纪以后,在中央贵族和地方贵族以及神社寺院的大土地私有制迅速发展的历史潮流中,班田制被废除了。随着以班田收授为主要内容的公地公民制的崩溃,良贱制也逐渐失去了其存在的必要。

但是,良贱制的衰落并不意味着日本身份等级制的衰落。9世纪以后,封建庄园兴起,作为庄园护卫力量的武士阶层登上历史舞台,并逐渐成长为统治阶级。古代良贱身份等级制经过数世纪的演化,最终在镰仓时代(1185—1333年)形成了与中世纪武家社会相适应的封建式身份等级制,即以"侍"(武士)、"百姓"(或称凡下)、"下人所从"(奴婢)为基本身份,并包括"公家贵族"和"非人"(贱民)身份在内的身份等级制。

(作者徐建新,中国社会科学院世界历史研究所,原文刊于《世界历史》2010年第3期)

[①] 上田正昭著:《日本古代国家成立史的研究》,青木书店,1982年,第285页。

弥生中后期近畿地区生产力发展状况和邪马台国的地理位置

汪向荣

邪马台国的地理位置,是日本古代史研究中的一个关键问题,也是近百年来国际史学界注意和论争的重要问题之一。

作者认为:邪马台国,作为当时日本列岛上一些"国家"的共主,应该是列岛上生产力最发达的先进地区。北九州虽曾是最先传入并独占来自中国大陆先进文明的地区,但传入以后,仅止于吸收而没有消化,只模仿而没有独创。因此,到弥生后期,即邪马台国时代,以大和为中心的近畿,无论在农耕生产上,还是金属器的制造上,都已远超北九州,成为日本列岛上生产力最发达的先进地区。人口的集中和铜铎的制造,是说明生产力发达的有力根据。所以,邪马台国当在以大和为中心的近畿地区,而不在九州。

一、问题的提起

在很长一段时间内,对于日本古代史的研究,凡涉及日本国家的权力形成和统一过程,主要依据的材料只有两种,一是出土的遗物和遗迹,另一是根据8世纪初成书的《古事记》和《日本书纪》[①]中的神话、传说。出土的遗物、遗迹虽然可靠,但只能说明在一定时期、一定地区之内有过人类的某些

[①] 这里所说,是指日本最初用文字记载的史籍,虽然在《日本书纪》卷十二中说:"去来穗别天皇(履中)四年,始于诸国置国史,记言事,达四方志。"

(转下页)

活动,并不能说明该地区的全部历史。而《古事记》《日本书纪》中所载的神话、传说,不但都是事后的追记,而且其中还有些是套用中国典籍,照搬中国故事①,很难遽信。

探讨邪马台国的地理位置,是研究日本古代史中的一个重要课题。这种探讨的意义,不仅在于确定一个"国家"的地理位置,而且直接关系到日本古代史中最主要问题之一,即关于国家权力的形成和统一过程等问题的解决。

有关邪马台国问题的论争很多,但主要集中在它的地理位置上。论争主要是由于对文献资料的解释和使用的不同而引起的。当然,文献的考证、解释是必要的,但今天其他有关学科的惊人进展,所提供的资料和根据也极丰富,完全可以用来判断和证明从文献中得出的结论是否正确;因此在研究邪马台国问题时,必须从多方面加以探索,而不能局限在文献资料的论证解释上。

这里,我利用了前人的成果,试从生产力的角度来探索一下邪马台国的地理位置问题。

九州说和大和说

由于邪马台国的地理位置是个重要的研究课题,所以国际上许多东洋史学者和日本史学者,都曾对之加以研究和讨论。②

学者们对邪马台国的地理位置,主要有九州说和大和说两种不同意见。前者主张邪马台国在日本列岛上的九州,后者却认为在近畿地区的大和。大和说者认为,邪马台国的女王卑弥呼,就是神功皇后,也就是后来被目为万世一系的皇室祖先;九州说者则认为,卑弥呼不过是那里一个部落("国

(接上页)卷二十二又载有推古朝修史的事。但这些史籍都没有留下,也无法证明其存在。至于以后所传的《先代旧事本纪》十卷,其序中虽称是推古朝所撰,但日本学者殆均认为是伪书,说是:"后人依托,非当时旧本。"(《大日本史》卷八注)。因此,现在均以《古事记》和《日本书纪》作为现存日本用文字记载史籍之始。

① 如《日本书纪》卷一,论天地由来一段,即系袭用《淮南子》、《三五历记》而来。
② 如 WilliamGeorgeAston(1841—1911 年),BasilHallChamberin(1850—1935 年)等在他们有关日本史的论著中,都曾提到过。

家")的女酋而已。

日本史学界对这个问题的论争,由来已久。不过到1910年以后,论争更深入,两派的学者们都更进一步地从各种不同角度,做了细致的分析和研究。因此,有人把它称作明治史学界的成就之一,[①]我认为这种提法,并非过誉。

古代日本最早用文字撰写的史籍《日本书纪》,就注意到了女王卑弥呼的事。《纪》在神功皇后摄政第39年、第40年、第43年的各条中,引用了《魏志·倭人传》中有关的记事。这表明在《纪》的编撰者心目中,卑弥呼和神功皇后是同一个人的不同称谓,或者说是中国人对神功皇后的称呼。卑弥呼既然就是当时天皇的神功皇后,那么她所主持的邪马台国,必然就是大和朝廷。这种想法,一直到新井白石在《外国之事调书》中改变他原来的主张以前,没有什么人提出过疑问,即认为邪马台国是在近畿地区的大和。就是新井白石在《古史通或问》中,分析了《魏志·倭人传》中有关的里程,并比较了地名的古音等,得出"邪马台国即今之大和国也"的结论时,也认为卑弥呼"乃神功皇后之事"[②]。后来,他才改变主张,提出邪马台国不在大和,而在筑后山门郡之说,成了九州说的首倡者。

主张邪马台国在九州最有力的,是稍后于新井的本居宣长。他认为《魏志·倭人传》的记载不正确,主张邪马台国是当时九州的一个"国家",而不在大和;卑弥呼是当时在九州筑紫一带熊袭部落的女酋,她假冒神功之名,向中国纳贡受封,和大和朝廷根本不涉。他这种论点,以后在其所著的《钳狂人》中,更加予以强调。本居宣长在邪马台国研究上所用的方法,虽和新井白石相似,但其出发点却是不同的。本居是日本国学派的首倡者,他对历史事件的看法,有一种先入观,即,万世一系的皇朝,决不可能向其他国家称臣纳贡,受封受赐。因此,向汉、魏奉献纳贡,并受封赐印的,决不是以天皇为中心的大和朝廷,而是边地土酋冒名所为。他还认为《日本书纪》神功皇后记中所引用的几条《魏志·倭人传》文字,是后人所撺入,并非原有。这种

[①] 藤间生大:《埋着的金印》初版本,岩波书店,1950年。
[②] 《古史通或问》。

以政治上的考虑代替学术研究的做法,虽然受到了后人的批判、非议,①但其影响还是很大的;近代的九州说者,除了在细枝末节与其有些不同以外,大多数人仍都认为邪马台国是当时九州的一个部落,或熊袭人的部落。象鹤峰戊申就从多方面肯定其是熊袭人的部落;②近藤芳树则更称:"当时支配筑紫的熊袭族,窃天皇所都夜麻登之号,而名其所居为邪马台,自称倭王以通汉。"③他还把后汉时接受金印的倭奴国比作琉球,说"倭奴盖冲绳之古音也"。虽然,早在他写《征韩起源》,提出这样主张之前十年,这块"委奴国王"的金印,已在九州的志贺岛出土了。

在这些主张邪马台国在九州的学者们中,有些是属于国学派的,他们从皇国的威信出发,否认邪马台国与天皇所在的大和,有任何关联。可是,有一个国学派学者伴信友,却从另一角度来维护皇国的尊严,主张邪马台国应在大和,而不在九州。他说,神功皇后在得悉中国大陆上三国相争后,就准备乘乱出兵征服中国,因遣使(他认为是当时熟悉外事的伊都国王)诣魏,以窥测大陆上的实情。④

中世纪,日本学者在邪马台国问题上的论争,只局限于少数人之间,影响不大。明治维新后,西欧的治史方法传到日本,被普遍地应用了;在邪马台国问题的研究上,也受到了影响。不过,当时日本古代史研究的重点是有关上古史的年代问题,至于对邪马台国的研究,还没有当作独立专题,只是在探讨日本上古史年代时有所涉及,因此影响有限。到 1910 年(明治四十三年),白鸟库吉和内藤湖南(虎次郎)分别发表有关邪马台国不同论点的专文以后,此问题才又引起了日本史学界的注意。因此,有人把这一年称为邪马台国研究史上划时代的一年。⑤

白鸟和内藤两人在邪马台国问题上的不同论点,一直到现在为止,还可以说是九州说和大和说的代表。

---

① 如藤间生大就在《埋着的金印》(初版本)中,批判了这种以政治观点代替学术观点的见解。
② 鹤峰戊申:《袭国伪僭者》(1820 年)。
③ 近藤芳树:《征韩起源》(1846 年)。
④ 伴信友:《中外经纬传草稿》(1806 年)。
⑤ 藤间生大:《埋着的金印》(初版本)。

持九州说的白鸟库吉(1865—1942年)在1901年出版的《东亚之光》第五卷第六、第七期上发表《倭女王卑弥呼考》一文中指出：卑弥呼、邪马台国问题之不易解决，原因之一在于《魏志·倭人传》中所用里数的标准不一，又不合当时中国的尺度。在确定邪马台国的地理位置时，他提出了三个标准：1. 邪马台国位于不弥国之南；2. 自不弥国至邪马台国，须由有明海航行；3. 女王国(邪马台国)以南，有一名为狗奴国的大国在。

白鸟认为："自后汉末年至三国时代，倭国即九州，分成南北两大国。北部是女王国(邪马台国)所领，南部则属狗奴国。女王所都的邪马台国，参酌《魏志·倭人传》中所载里数、日数以及行程，可以断言，是在其领域的西南部。"[①]他还根据《魏志·倭人传》的记事中，极少提到女王国以东的情况这一点，推断说，当时大和朝廷的势力，还没有达到九州；否则，是决不会被遗漏的。

内藤湖南(1866—1934年)也在同一年出版的《艺文》第一卷第二、第三和第四期上发表《卑弥呼考》一文。他在文中提出了和白鸟库吉相反的观点，主张邪马台国在大和，不在九州。他致密地考证了原文中的人名、地名和官名之后，下结论说："根据中国方面的记录，则邪马台国之在大和，决无可异议之余地。"[②]但他不同意把卑弥呼比作当时天皇的神功皇后，主张是倭姬命。

内藤把《倭名类聚抄》[③]中一些郡、乡地名的发音，和《魏志·倭人传》中一系列国家名称的发音相比以后，认为这些"国家"大小不一，大的相当于村、乡，小的则不过是一个神社的所在地，两者相差极大。他又主张，这些"国家"的分布范围极广；也就是说，邪马台国的统治领域相当大，"恐较现在之大和国为大，殆包括当时朝廷所有之直辖地区"[④]。

他们两人都认为《魏志·倭人传》原文中有某些错误，须加改正。如白

[①] 见白鸟库吉：《倭女王卑弥呼考》文。此文先发表于《东亚之光》(1910年出版)，后收入《白鸟库吉全集》第一卷中。
[②] 内藤湖南的《卑弥呼考》文，先发表于1910年出版的《艺文》，后收入《读史丛录》中。
[③] 通称《和名抄》，935年左右成书。
[④] 见内藤湖南：《卑弥呼考》。

鸟说,陆行一月当为"陆行一日"之误,而内藤则说,在中国古籍中,方向常有混错,《魏志·倭人传》中所记的方向,相差有九十度,即南应作东。对这种改动古籍原始文献的事,不但他们彼此之间互相攻讦,且为后人所非议,被目为出自各人的需要而作的擅改。①

到现在为止,日本学术界关于邪马台国论争中的两种论点,除个别细节以外,几没有超越上述两人的主张。因此,一般就以他们两人的论点,作为论争中不同意见的代表。

考古学者以出土的遗物和遗迹为根据,参加了这一论争,他们的结论虽也不脱离上述两种意见,但大多数倾向于大和说。尤其是富冈谦藏、梅原末治和现在的小林行雄一派,他们以出土的青铜器来说明公元以后(中国的三国时代)日本列岛上和中国大陆通交的情况,进而论证当时拥有极大势力的倭女王卑弥呼就是大和朝廷的主权者。因此,邪马台国,当然就是近畿的大和。② 另一个考古学者笠井新也更直接用《邪马台国者大和也》这样明显的标题发表论文,③阐述他的意见。

值得注意的是,在日本史学界中,除上述不同的两派外,还有少数以历史唯物论为指导,从事研究的。他们从 30 年代起,就参加了这一论争,作出了贡献。他们认为《魏志·倭人传》是目前世界上研究日本古代史的唯一宝贵文献。④ 主张要从各方面作综合研究之后,才能确定邪马台国的地理位置,不能单凭文献学的推敲、考证。他们认为,从《魏志·倭人传》记载中,可以了解到公元 3 世纪前后的日本列岛社会结构和阶级情况等事实⑤,这是考察的重点。他们为邪马台国的研究,指出了一个新的方向。

第二次世界大战以后,对邪马台国问题的研究,更加深入和普及。从专家学者之间的讨论,发展成广大群众关心的问题;其研究成果不但在专门学术刊物上发表,而且也成了通俗刊物,小说、戏剧乃至电视、广播的题材。尽

---

① 如松本清张等。
② 梅原末治:《上代近畿文化的发达》(《思想》第 12 期,1922 年)。
③ 笠井新也:《邪马台国者大和也》(《考古学杂志》第 12 卷第 7 期,1922 年)。
④ 早川二郎:《大化改革的研究》(《历史科学》2 卷 9 期,1933 年 11 月)。
⑤ 祢津正志:《原始日本的经济和社会》(《历史学研究》第 4 卷第 5 期)。

管如此,到目前为止,关于邪马台国的地理位置和卑弥呼是谁等问题,尚未得出定论。即令《魏志·倭人传》所说的"亲魏倭王"金印出土,也未必能结束此项论争。①

二、《魏志·倭人传》是重要文献

日本和中国,由于地理上相邻近,所以很早就有通交往来,中国史籍中也理所当然地记载这些事实。这些记载,是今天研究日本古代史和中日两国关系史最可靠的根据。《三国志》所载的《魏志·倭人传》是中国正史中最早、最详尽记述日本列岛上情况的一篇,②也是到目前为止,研究邪马台国问题的唯一文献资料,因此受到珍视。

《魏志·倭人传》全文不很长,仅 1987 字,但涉及范围却极广泛,从地理位置、行政制度、风俗人情、规章组织、物产器具一直到当时两国间的遣使、通交情况都有记载。这篇记传是公元 3 世纪左右,即中国曹魏时,中国人记载的有关日本列岛上一些情况的唯一资料。公元 3 世纪前后,在日本还没有历史记载,一般称为"史前时代"或"阙史时代",不惟没有文字记载,即口口相承的传说、神话也不多。今天想了解这一时期的情况、历史,除了出土的遗物和历史遗迹可以约略地提供一些轮廓外,没有别的根据。可是,这篇出诸中国人手的《魏志·倭人传》,却能详尽地说明当时各方面的情况。

---

① 1976 年 2 月号《历史公论》"围绕日本古代国家成立的诸问题"举行座谈会,直木孝次郎和井上光贞均发表了类似意见。
② 中国正史(二十五史)记载日本列岛的事,列为专传的,由朝代的先后而论,应以《后汉书》为最先;但《后汉书》是刘宋时范晔所撰,而《三国志》的编撰者陈寿,是西晋时人。因此由成书的顺序说,《三国志》要比《后汉书》早 150 年左右。再从内容上看,可以看出《后汉书·倭传》的记载,除最后部分外,都是根据《三国志》中《魏书》"倭人"条,略加改动而成。不但内容相若,甚至在某些文字上也完全相似。当然,从其改动情况看,相信范晔在撰述《后汉书·倭传》时,是另有根据的,除了文字上有变动外,还可以见有实质性的改易,没有具体根据是不可能这样做的。不过基本上还是根据《魏志·倭人传》的。因此说《魏志·倭人传》是现存讲述日本史前时代情况的唯一文献。《魏志·倭人传》的正式名称,应是《三国志·魏书·乌丸鲜卑东夷传第三十》中的"倭人"条。为了避免和中国正史中另一《魏书》相混,东洋史学界一般称此传为《魏志·倭人传》,本文中也用此名称。

从《魏志·倭人传》记述的内容看,可以认为作者对当时日本列岛上情况的了解,是比较全面和清楚的,特别是对于对马(海)国①、一支(大)国、末卢国、伊都国、奴国、不弥国和邪马台(臺)国七个"国家",记述尤详;至于其他一些"国家",则不过留下一个国名而已。他们有一个共主,即邪马台国的女王卑弥呼。在这女王统治的"国家"南面,还有个不属于女王统治,且与之不和,以男子为王的狗奴国。

《魏志·倭人传》的最后一段,记述了魏景初三年(公元239年)②至正始八年(247年)间,中日两国通好交往的史实。

公元3世纪,在日本列岛上虽已有少数比较先进的地区,从原始社会过渡到奴隶社会;但绝大多数地区,却仍滞留在原始社会,或正开始向奴隶社会过渡。《魏志·倭人传》所记,正是当时这些比较先进地区的情况。

从《魏志·倭人传》所记的内容看来,其材料的来源,很大可能是根据曾出使日本列岛的(带方)郡使的报告,或到洛阳奉献的倭使们所述;有些,还可能是编撰者们亲睹或耳闻的事实。《三国志》编撰者的陈寿和《魏书》所据祖本《魏略》的编撰者鱼豢,都曾在三国时出仕,并且都到过洛阳,很可能亲见或直接耳闻使节往来,至少他们也能见到有关档案资料。因此《魏志·倭人传》中,一再而用现在时概念的"今",和一般史籍的行文不同。因为编撰的时间和事情发生的时间,相距不远,所以《魏志·倭人传》的可信程度很高。尽管这样,在当时的历史条件下,记载中有失实、夸张乃至矛盾的地方,仍属不免。

把《魏志·倭人传》中的记载和今天日本列岛上出土的遗物、遗迹一相比较、对照,就可以知道传中所记的准确程度。因此,日本的史学家们从来都很推崇它的正确性;早在两个多世纪前的新井白石,在他致另一位学者佐

---

① 本文所引用的文字,是根据中华书局校订标点本;()中的字,是不同版本中使用的。这里三个"国家"的不同名称,除邪马臺国有讨论余地外,其他对海、一大等,显系传抄、刊刻之误。至邪马台与邪马臺,因非本文涉及范围,故从略。本文中仍用邪马台一词。
② 原文作"景初二年",但《日本书纪》所引,及《梁书·倭传》、《太平御览》均作"景初三年"。按汉于景初二年灭公孙渊,将带方郡改为直辖领,没有可能在这中遣吏将送倭使去京都的。因疑"景初二年"系"景初三年"之误。现在一般均认为应作三年,本文从之。

久间洞岩的信中，就说："《魏志》所记，盖实录也。"①

就日本的历史时期论，《后汉书·倭传》所记，是弥生时代前、中期的事（其袭用《魏志·倭人传》内容，是另一件事，这里所说是指不同部分）；而《魏志·倭人传》谈的是弥生后期日本列岛上的情况。我们知道，公元前后正是日本列岛上发生大变革的时期，从以采集经济为主的绳文时代，过渡、进化到农耕经济为主的弥生时代，而弥生中、后期更是列岛上主要地区从原始社会向奴隶社会过渡的时代。《后汉书·倭传》和《魏志·倭人传》中所记，就是反映当时列岛上最先进地区的概貌。弄清这一段时期的历史，对于研究中日关系史或日本古代史，是有重要意义的；尤其对于研究日本古代史中国家权力的形成和统一过程等问题，意义更为重大。

三、生产力发展水平是决定邪马台国地理位置的关键

邪马台国的地理位置，《魏志·倭人传》中说得很详尽，按理说，不应有所争论。但由于所用方向、里数、日程等标准不一，后人解释时有困难，这样就因为各人看法不同而产生了相异的论点。上面说过，这些相异论点的根据是对《魏志·倭人传》解释的不同所致。

中国正史的编撰原则，基本上是沿袭《史记》的，写作态度严肃，采用史料力求真实。《三国志》虽有曲笔阿时情况，但对和当时封建统治阶级没有直接利害关系的"夷""蛮"国家，还是能充分反映真实情况的。《魏志·倭人传》之所以被日本史学界尊为"实录"，原因即在于其真实地记录和反映了弥生后期日本列岛上的各种情况。

弥生时代，在日本历史上是个划时代的阶段。生产落后而且长期停滞的绳文时代，日本列岛上始终以采集经济为主。亚洲大陆，主要是中国的先进文明，经常不断地从朝鲜半岛传入，使其生产力有一定程度的提高。到公元前二三世纪时，随着生产力的逐渐提高，开始发生了质的变化，从采集经

---

① 1724年（日享保九年）闰四月下旬或五月初，新井白石给佐久间洞岩信中，提到去年水户（彰考馆）的史学者在谈及《魏志·倭人传》中倭国国名，主张是传闻之讹时，提出了他的看法。说这些记载，都是魏使往来见闻的记录；因此，他最后的结论是："《魏志》所记，盖实录也。"

济向农耕经济过渡,结束了长期落后停滞状态。弥生时代,在生产力发展方面的特征是:以种植水稻为中心的农耕经济的发展和金属器文化的发达。汉武帝设立四郡,直接经营朝鲜半岛的部分地区,对日本列岛上生产力的发展起了促进作用。但是,这种变化是因地区而不同的;各地区的生产力发展,并不平衡。《魏志·倭人传》所记,只是当时日本列岛上比较先进地区,即生产力比较发达地区的情况,而不是整个日本列岛。邪马台国是这些比较先进地区的代表。因此,在判定邪马台国地理位置时,生产力发展水平是个关键因素。这点,可以从文献上知道,也可以从出土遗物、遗迹和其他方面来加以验证。

作为弥生时代特征的、以种植水稻为主的农耕经济和金属器文化,都是从中国大陆经过朝鲜半岛而传去的先进文明。当其开始传到日本列岛时,最先接受的是地理上和朝鲜半岛相隔最近的北九州地区,经过一段时期后,才逐渐向东扩展。日本列岛上开始从原始的采集经济向农耕经济过渡,可以说是从北九州起的。

今天在日本列岛上,到处可以见有石镰、石刀、钓针、铦和贝冢、竖穴等代表绳文时代的遗物出土和遗迹发现,就最好地说明了这一点。北九州地区,即和朝鲜半岛相距最近的九州北部,到公元前二三世纪,即绳文末叶,弥生前期,由于受到不断传入的先进文明的刺激和影响,生产力有了发展和提高,因而生产方式也随之发生了改变。今天见到的北九州地区水稻农耕经济的遗迹,①细形铜利器的存在,②说明那时北九州地区已成为日本列岛上生产力水平最高的地区。同一时期,除了以大和为中心的近畿地区,偶尔有大陆移民传入一些先进技术和文化外,其他地区都远远落在后面;就是大和一带,也不能和北九州相比。因此,那时候和中国通交来往,并被载入中国史籍的倭国,作为代表日本列岛的"国家",也是在北九州地区,而不是在其他地区。1784 年福冈县志贺岛所发现的金印和汉镜、青铜器、铁器③等随葬品的出土,证明了这一事实。

---

① 藤崎、板付、有田等遗迹,长浜贝冢。
② 板付田端遗迹、金隈遗迹。
③ 汉镜,泛指前汉镜和后汉镜两种。

《后汉书·倭传》中所记公元 57 年(汉建武中元二年)光武帝赐给倭奴国王的金印("汉委奴国王"金印)于 1784 年在北九州地区主要的福冈县志贺岛出土。从出土情况看,虽然还有某些可疑之处;但至少可以说明,当时和中国大陆往来,受后汉王朝封赐,被视为日本列岛上代表国家的倭奴国,其所在位置必不过远。此外,在北九州地区的须政、三云、井原鑓沟和樱马场等遗迹中,发现大量汉镜和新莽的货泉等遗物,这都是不曾在其他地区见到过的。尽管这些镜鉴的入土时间,还无法肯定,但由其和铜剑、铜戈、铜矛等铜利器的同时出土情况论,可以知道,这些随葬品的入土,是早于近畿地区的铜铎,属于弥生初、中期的。这些遗物、遗迹说明一个事实,即当日本列岛上其他地区生产力还很低,可能还停留在使用石器的原始时代时,北九州地区已进入应用金属器和种植水稻的时代了。

生产力的发展是逐渐的,弥生时代是以种植水稻的农耕经济为主,但仍然还会有以渔猎为主的采集经济存在。不仅在弥生前期、中期如此,即到弥生后期,也还存在着半农半渔(猎)的状况。这些,可以在《魏志·倭人传》的文献中见到,也能在出土的住居遗迹中见到。

采集经济,主要是依靠渔猎。渔猎对象的移动性很大,所以依渔猎为生的人类,其居住地点也需随渔猎对象的移动而定;从而发生移居频繁、居地多倚山靠水,并且也不一定要聚族而居等现象。可是,进入农耕经济以后,由于种植水稻需要技术和协作,粮食生产又需要一定时间,生产所得的粮食也不用随得随食,能加储藏,所以对住居的要求,就和采集经济时代不同;不但可以相对地安定,而且也要求有多数人聚居。因此,从居住遗迹的变化上,也可以观察到生产力的发展情况。

作为绳文时代遗物的石刀、石镞、钓针等,多数是在贝冢附近发现,而贝冢又多半分布在山水附近,这说明绳文时代人类生活的情况。进入弥生时代后,就不一样了,现在所能见到的弥生时代最早的居住遗迹是福冈县的板付遗迹。[①] 这个遗迹存在的时期,虽还无法确证是属于弥生前期,但和在近

---

① 冈崎敬、森贞次郎:《福冈县板付遗迹》(收入《日本农耕文化之生成》书中。日本东京堂,1961 年)。

畿地区发现的弥生中、后期的遗迹比,显然是要早些。板付遗迹中,虽不见有住屋的遗迹,但有一圈环濠,环濠内外还有作为储藏仓库用的穴仓;不过,其构造基本上还和绳文时代的住居相似,规模也没有在近畿地区发现的大。这些事实说明:当时在北九州地区虽已进入农耕经济,但规模还不大。居住在环濠内的家族数,比采集经济时代要多些,但并不很多;穴仓说明他们当时生产所得的粮食,已有余裕,可供储藏;环濠的存在,更说明他们已经定居,因此要有环濠那样的深沟以自卫,防备野兽或敌人的袭击。这些都是过去所没有见过,所不能比拟的。

弥生中期以后的住居遗迹,又和板付遗迹大不相同了。例如静冈县的登吕遗迹,不但规模大,而且其结构也不是竖穴或半地下,而是建立在地面上的了;① 大阪府堺市四池和和泉市池上等遗迹的规模则更大。② 从现在发掘出来的遗迹看,当聚居的住户不多时,住屋四周就挖沟(如福冈县比惠遗迹);到住户多至成群之后,其住屋周围就挖环濠。因此,环濠的大小,就可以说明住居的规模。到现在为止,虽因日本在这方面的材料还不多,无法判定其全貌;但单就目前发掘所得,也大概可知道一些。像大阪府安满遗迹,中期的环濠东西长二百公尺;到后期则更大,北沟和南沟之间的距离,竟达五百公尺。③ 这种变化,说明随着生产力的不断提高,日本列岛上人类的生活方式也在改变,逐渐由散居而聚居了。

生产力的发展,也可以从墓葬中随葬品的变化上见到。在代表绳文时代的贝塚遗迹中,虽可以见到有些制作相当精巧的小型土器随葬;④但属于生产用工具的随葬品,却都是石制的。进入弥生时代以后,随葬品中,尽管还可以见有石制品,但已陆续发现有铁制品和青铜制品了;尤其是青铜器的存在,更是弥生时代的一大特征,因有称弥生时代为"青铜器时代"的。⑤

一般在谈到金属器文化时,都以铁器作为代表,就在日本,也有人将弥

---

① 日本考古学会:《登吕》每日新闻社,1954 年。
② 大阪府堺市四池遗迹是 30 万平方公尺,大阪府和泉市池上遗迹的面积,则为 50 万平方公尺。
③ 佐原真:《农业的开始和阶级社会的形成》(《日本历史》第一卷,岩波讲座 1980 年版,岩波书店)。
④ 神泽勇一:《金子台遗迹之绳文时代墓地》(第一生命保险会社,1966 年)。
⑤ 森浩一:《铁》(社会思想社,1974 年)。

生时代的金属器文化称为铁器文化的。但从铁器传到日本列岛的情况和以后的发展看，可以知道，单从铁器的情况是很难说明当时生产力变化的。

铁器传到日本，最早是在绳文后期，可能比青铜器的传入要早一些。铁器传入后，首先是应用，以后才是制造，二者间相隔很久。从现在日本列岛上所见到的出土铁器遗物来看，可以认为在弥生前期，只有在九州地区使用铁器；中期以后，日本各地就普遍地使用铁器了。那时，日本列岛上大部分地区，都能制造铁器。

日本列岛上较多地发现铁器遗物和遗迹，是1950年以后的事。在所发现的铁器遗物中，属于弥生前期的，到现在为止，只知道有三处：两处在九州，一处在和九州相接的山口县。（奈良县的唐古遗迹中，也曾见到过有铁锈痕迹的鹿角制刀柄。[①] 有人认为，唐古遗迹所在地是个低湿地，水份多，湿度大，铁器又易于生锈腐蚀，难以保存，所以没有铁器遗物留下。但从鹿角制刀柄上的铁锈痕迹，却可以证明在弥生前期，近畿地区也曾使用过铁器。）

日本列岛上使用铁器，当然是由朝鲜半岛传入的。朝鲜半岛上很早就会冶炼和制造铁器，朝鲜和日本相距很近，自古就来往频繁，因此朝鲜冶炼铁器的技术，必然会传到邻近的日本列岛。弥生前期日本列岛上生产最发达的地区，就是和朝鲜相距不远的九州，尤其是北九州，那里不但已大量使用从朝鲜半岛传入的铁器，而且还传入了冶炼、制作技术，开始就地生产了。从现在发现的遗物知道，他们最初制造的是铜戈形的武器。现在在九州地区，即使在隔海的对马岛上，都曾发现过铸造铁器的铸型（范）和小规模的化铁炉、铁渣的遗迹，这说明当时在那里制造和生产过铁器。根据遗物和遗迹证明，进入弥生中期以后，不仅在九州地区，连远离九州的一些穷乡僻壤也都使用和制造铁器了。例如在宫城县宫户岛渔村遗迹中，发现过铁制的铦；东京伊豆群岛中的利岛上，出土过一把铁制小刀；甚至连神奈川县三浦半岛的一些洞窟中，也发现属于弥生中、后期铁器的遗物。这些事实说明当时列岛上使用、制造铁器已很普遍。

[①] 末永雅雄、小林行雄、藤冈谦二郎：《大和唐古弥生式遗迹之研究》(京都大学文学部)。

在这些铁器遗物中,令人瞩目的是铁斧状的铁器遗物。就目前在日本列岛上所发现的铁斧状遗物的形状有两种:一种就像我们今天使用的铁铲那样,用一块方形铁板,将其一端的两边向内弯卷,装上木柄使用。这种铁斧,在日本称为袋式斧,大小约十公分左右,主要的出土地点集中在九州;最远的东限,也仅至广岛县。另一种则是类似磨制石斧那样的板状斧,虽不如袋式斧大,不过五至十公分左右,但有刃,有单刃、也有双刃,其出土地区则在日本列岛的关东、中部地区,西限也只到广岛县,九州地区仅见过二例。①这两种铁斧的出土地区,大体上和青铜器的分布范围相同;而这两种铁斧,都是属于弥生中、后期的。

朝鲜半岛上也曾见过不少袋式铁斧出土,九州地区发现的袋式铁斧,即使不直接来自朝鲜半岛,也是仿制的;和铜剑、铜戈、铜矛等铜利器一样,都不是日本列岛上所独创的,何况两者的分布圈又相同。② 袋式铁斧和铜利器的制造,都足以说明当时九州地区的生产力水平。而分布圈和铜铎相同的板状铁斧,也和铜铎一样,并没有在中国或朝鲜见过有出土,可以认为是日本列岛上所独创的,根据磨制石斧而自行制造的。从其有单刃和双刃的情况看,可以想象,那时因生产力的发展,所以使用铁斧的范围已较广。就是说,自制这种板状铁斧时的生产力,无疑要比使用、制造袋式铁斧时要进步。因此可以从板状铁斧的制作和分布区域等情况中了解到,弥生后期在铁器使用和制造上表现出来的生产力水平。

弥生中期以前,九州地区,特别是北九州一带之所以成为日本列岛上生产力最发达的地区,原因只有一个。即当时列岛上所吸收、输入的先进文明,都是通过朝鲜半岛而来的;九州由于具备地理上邻接朝鲜半岛的优越条件,最早也最多地吸收了来自中国大陆的先进文明。当时列岛上其他地区,都还很落后。因此在很长一段时间内,九州,尤其是北九州独占了这种先进文明,以后,再由那里逐渐向列岛上其他地区传播。但是,从今天见到的出土遗物,还无法说明九州地区在输入和吸收这种先进文明之后,曾经有过消

---

① 川越哲志:《弥生时代铁制工具之研究——关于板状铁斧》《广岛大学文学部纪要》第 33 号,1974 年)。
② 森浩一:《铁器的分布》(收入上田正昭、森浩一、山田宗睦:《日本上古史》,筑摩书房,1980 年)。

化和创造的痕迹。

从历史的发展论,经由朝鲜半岛而传入日本列岛的中国大陆先进文明,曾推动、促进和提高了日本列岛上的生产力水平。到弥生时代以后,这情况更明显,随着生产力的发展和提高,过去绳文时代那种因生产力落后所造成的地区间的平衡状态被破坏了。到铜利器所代表的时期,九州地区的生产力在列岛上遥遥领先,成为日本列岛上生产力最发达的地区,远非其他地区所能比拟。当时这地区中最强大的,也是生产力水平最高的倭国,[①]也就是《后汉书·倭传》中名为委(倭)奴国的,已和中国通交,接受中国的封赐了;现在在九州地区出土的金印和为数不少的汉镜,都说明这问题。

但是,生产力的高低,并不是固定不变的;九州地区虽然因地理条件的优越,最先也最多地吸收和输入中国的先进文明,促使它提高了生产力。然而也因为地理环境的限制,使九州地区对传入的先进文明,并没有能进一步地消化,始终停滞在仿制阶段。弥生文化最主要的特征是农耕和金属器制造,九州地区在这两方面就止于模仿,这从今天出土的遗物中可以见到。可是在另一方面,原来生产力比较落后的近畿地区,却由于不断地受到通过北九州而传入的先进文明的刺激和影响,加上其他地理等条件方面适于耕作的原因,把吸收来的先进文明,经过不断地消化、创制,迅速地提高了生产水平,最后代替九州,成了日本列岛上生产水平最高、生产力最发达的地区。

为什么在一二百年这样不长的时间中,九州地区的生产水平就落到近畿地区后面了呢? 原因是多方面的。

农耕,尤其是以种植水稻为主的农耕,和地理环境,自然条件的关系极大。在这点上,九州的条件要比以大和为中心的近畿要差。九州,主要是北九州一带,虽然也有成片的平原、低湿地;气候也很温暖,适宜于水稻的生长,也有河流可供灌溉。但不能不注意到北九州的福冈平原等,成片土地的

[①] 这里须说明的,《后汉书·倭传》中的倭、倭奴国和《魏志·倭人传》中的邪马台国,虽,同在日本列岛上,但不一定就在同一地区。倭、倭奴国也不一定是邪马台国的前身,或是其另一名称。同样的,邪马台国也未必就是以后大和朝廷的祖先。这些,都有待于今后深入讨论,本文中,不拟涉及。

面积都不大，都有山脉横亘其间；在当时条件下，不如近畿地区有大和盆地那样成片的低湿平原，中间没有阻隔，适于大规模的耕种。九州地区的气候，确很温暖，但因四面环海，易受风灾影响，河流也较大，不易控制。而以大和为中心的近畿地区，虽也濒海，但在湾内，风灾及不到，所以绝少风害；那里也是河流纵横，而且都不大，极易控制利用。这些自然条件，对农耕来说是极有利的；就在这方面，九州不如近畿。

更重要的是人的因素。在促使日本列岛上生产力提高和发展的因素中，人的条件是很重要的，特别是从中国大陆或朝鲜半岛移居到日本列岛的有技术或文化的人。这些移民，他们当然向列岛上生产力最发达，生产水平最高的地区移动、集中。他们和日本列岛上受过先进文化熏陶，懂得技术的人的移动和集中，促使这一地区生产力的提高；而这地区生产力的提高，反过来又吸引外来和国内有技术、文化的人员集中。往复循环，就拉开了以大和为中心的近畿地区和九州地区间的距离，使原来是列岛上生产力最发达的地区，从九州移到近畿。

四、人口是农耕经济发达的一个标志

以种植水稻为主的农耕，除了需要地理、气候、技术和物质条件以外，还要求人力的条件。因为农耕生产的许多环节，都要求有多数人的协作，像挖掘灌溉用的水利工程。农耕水平越高，人口越集中，人口的密度也越高。因此，人口数字的多寡，是农耕经济发达与否的一个标志，尤其是在古代。

《魏志·倭人传》中，很清楚地记载了当时日本列岛上一定地区（邪马台国统治下的部分地区）的情况，其中也包括从带方郡到邪马台国为止一些"国家"的人口数字。当然，这些数字不一定准确，但至少可以从中观察到当时这些地、区（"国家"）间，人口集中的相对比例，再从这些人口情况来衡量该地区的农耕水平，进而了解其生产力水平。

《魏志·倭人传》中，对人口有具体记载的，是邪马台国等八个"国家"：

邪马台国	七万余户；	一支国	三千许家；
投马国	五万余户；	伊都国	千余户①
奴国	二万余户，	不弥国	千余家，
末卢国	四千余户；	对马国	千余户。

这些数字，除伊都国而外，其他七国，也只是相对的正确，可供参考。由于《魏志·倭人传》中人口的计算单位，是"户"和"家"，而不是"人"和"口"，因此很难知道确切的数字。

怎样理解这些数字？

《魏志·倭人传》中所记述的日本列岛上部分地区的情况，包括人口数字，虽然是根据到过那里的郡使，或从那里来的倭使提供的资料；但编写撰述的陈寿或鱼豢，都是中国人，他们肯定是用中国人的标准来对待的。在人口数字上，自无例外，也是从中国人的标准来估计的。那时代的中国人是怎样推算、估计的呢？

《汉书》《后汉书》中，都记载有地理上和日本列岛相近，直辖于封建王朝的辽东、玄菟和乐浪三郡的人口、户数。这些地区因为是汉王朝的直辖领，而且还被视作经营朝鲜、日本的根据地，在生产水平上，当然要高于非直辖地区的蛮夷之邦。现在把两汉书中所载这三郡的人、户数列下：

	辽东郡	玄菟郡	乐浪郡
《汉书》户数	55 972	45 006	62 812
人口	272 539	221 845	406 748
《后汉书》户数	64 158	1 594	61 492
人口	81 714	43 163	257 050

---

① 关于伊都国的人口，目前所能看到的各种版本《三国志》，皆作"有千余户"。但《翰范》卷第三十所引《魏略》逸文中，却作"到伊都国，户万余"。相差竟达十倍之多，不能无疑。按伊都国，据《魏志·倭人传》所载，其地位相当重要，仅次于邪马台国，不惟是"郡使往来常所驻"之处，而且在那里，还设有检察女王以北诸国的"一大率"。从这些记载看，伊都国的人口才千余户是太少了。邪马台国是七万余户，而地位仅次于邪马台国的伊都国，其人口竟和"无良田，食海物自活"的对马国相若，似很难说通。《魏志·倭人传》是以《魏略》为祖本的，可是在伊都国的人口数字上，竟有这样大的出入，实难理解。其唯一的解释，就是引用或传抄时的错误。按情理，似应以户万余为是。这里因是引用《魏志·倭人传》文，所以对其人口数字不加更改，仍作"有千余户"。

这些数字,显然也不完全正确。尤其是玄菟郡的数字,不仅两书相差很远,而且《后汉书》所记的户数与人口数间的比例也失当。因此,这些数字也只能作为参考。但有一点很清楚,就是当时在这三郡中,每户的人口平均数是五六人,有的可能还要少一些。这一数字,从当时边远地区的具体情况看,应该说是合乎情理的。

如果也用这个数字来推算,那么《魏志·倭人传》中所列日本列岛上部分地区八个"国家"的人口数,要达75万人以上。这数字在当时日本列岛的具体情况下,是不是合理,有没有可能,都是成问题的。因为当时中国本土上户口的情况是,吴国在灭亡时,其"民口"不过230万;即令再加上一成左右公职和军职人口,最多也不过二百五十六万。以此数字来和《魏志·倭人传》所记八个"国家"人口比,就看出不合理了。吴国,即使到灭亡时,其领地也比邪马台国的领地要大;而且从生产力的水平、发展情况方面,吴虽非当时中国大陆上生产力最发达的地区,但也远非这些刚从原始社会过渡过来的日本列岛上部分"国家"所能比的。也就是说,在中国大陆上生产力并不是最落后的吴国,其人口数决不会,也不可能低于刚脱离原始社会、生产力不如吴国的日本列岛上部分地区("国家")的。因此说,《魏志·倭人传》在这方面的记载,显然是有错误的,只能作为相对的比例对待。

1978年,日本民族研究所的小山修三曾用电子计算机推算日本古代的人口数。在他的推算中,也提到了在弥生后期《魏志·倭人传》中提及的一些地区的人口数字。① 这些数字,由一些具体因素来衡量,是较近于情理的。他所推算出有关的人口数是:

近畿	109 400 人	四国	30 500 人
中国②	59 400 人	九州	106 300 人

在上述绝对数字中,近畿地区和九州地区相差不大,但每平方公里的人口密度,却相差达一倍以上。近畿是每平方公里3.33人,而九州则仅1.56

---

① S. Koyama:《JomonSubsistenceandPopulation》(《SenriEthnologicalStudies》第二期,一九七八年)。
② 这里的中国是指日本的中国地方,即指本州西部的冈山、广岛、山口、岛根、鸟取五县。

人。如果再看一下绳文时代后期,这两地区的人口绝对值和每平方公里的人口密度,则更能发现问题。

九州	10 000 人(人口密度 0.24 人/方公里)
近畿	4 400 人(人口密度 0.13 人/方公里)

由这推算数字中,可以知道:

九州地区和近畿地区的人口,从绳文时代后期到弥生时代后期的四五百年中,无论在绝对值,还是在每平方公里的人口密度方面,都起了很大的变化。就绝对值而论,九州增长了 10 倍多,而近畿竟达 25 倍左右;即近畿地区人口增长的速度要比九州地区高一倍半以上。每平方公里的人口密度也是近畿高于九州,九州是 6 倍半,近畿是 25 倍半多,是九州的 4 倍左右。促使人口数字和每平方公里人口密度增长的原因虽然是多方面的,但生产力的发展和提高,应该说是其中主要的因素。

近畿地区人口的增长速度高于九州地区,说明在这几百年中,两个地区在生产力水平方面发生了变化。绳文后期生产水平还不高,生产力还落后的近畿地区,人口稀少,分布密度也不大;可是后来,由于生产力的迅速发展、提高,成了日本列岛上最先进的地区,所以人口的增长率也急遽上升,超过了弥生前期列岛上最先进的九州地区。

这些数字,清楚地表明弥生后期日本列岛上,因生产力发生变化而起的反应。这数字,也间接说明了弥生后期农耕最发达地区的位置。

再就当时人类居住遗迹的情况看,农耕经济和采集经济,在使用人力的要求上是不一样的,因此居住的方式也相异。农耕经济要求人力集中和协作,在住居方面就表现在聚居多于散居。当然,人类生活方式的改变是渐进,而不可能是突变;所以现在见到的弥生前期的遗迹和绳文时代改变不大。像在九州地区福冈平原,虽早在弥生前期已进入农耕阶段,但种植的农民仍然和过去一样,三三两两地分居在高地或土丘之上;群居虽已开始,规模还不大。弥生时代最古的住居遗迹,福冈县板付遗迹就是建筑在高二三公尺土丘上的;这遗迹中住过多少户,因为没有住居遗迹可寻,无法知道。不过,从环濠的范围看来(东西 85 公尺,南北 110 公尺,其中还包括有多数作为仓库用的穴仓)①，其户数不可能很多。其他一些遗迹，像福冈县宝台、三泽、比惠等则更小。稍后些，即弥生中期以后的住居遗迹，就比较大了；这种规模较大的住居遗迹，虽然在九州地区或其他西日本一带，也有发现，②可是更多的却在近畿地区发现。再后一些，则在东日本地区也能见到了像大阪府高槻市的安满遗迹，其面积有 10 万平方公尺，和泉市池上遗迹是 50 万平方公尺，堺市四池遗迹是 30 万平方公尺③。

　　住居规模的扩大，说明农耕有了进一步的发展；生产力的提高要求人口集中，因此人类聚居的规模，也逐渐扩大。慢慢地，就更进一步，由集落扩大而形成村落了。

　　在近畿地区见到的弥生中期和中期以后的一些集落遗迹，已不在土丘或山峰等高地上，而位于冲积平原，即低地上了。这情况即在西日本也如此，其原因主要是生产的需要。近畿地区仍有些建立在高地上的集落遗迹，在这些遗迹中，还能见到大量大型石镞的出土，有人主张，这些集落是当倭国大乱时，用来作为防卫的，并不是平时的住居。④

　　在这些集落中住居的户数，初期还不太清楚；但从代表弥生前期的土器，即板付式土器的发现情况看，有人认为弥生中期以前，集中在北九州地区的集落，一般都不过是二三户，最多也不过五六户而已。如每户人口以四五人计，则一个集落就是十至三十人左右⑤。到中期，尤其是中期后半叶以后，每一集落中的住户数有了显著的增加。像上述大阪府和泉市的池上遗迹中，仅在 2 万平方公尺范围中出土的土器重量，就达 100 吨之多，由此可以推测到当时生活在那里的人数，决非少数。后来，一个集落中又分成几个住户群，住居的人数当然更多，像弥生中期末叶的津山市治遗迹中，可以见到有三个住户群的单位集团⑥后期，在东日本所现集落中的住户数，则更

---

① 冈崎敬、森贞次郎：《福冈县板付遗迹》(《日本农耕文化之生成》东京堂，1961 年)。
② 如山口县绫罗木乡遗迹的规模是 13 万平方公尺。
③ 佐原真：《农业的开始和阶级社会的形成》(收入《日本历史》第 1 卷，岩波讲座 1980 年版)。
④ 藤森荣一：《摄津加茂石器群在弥生式文化中的意义》(《古代文化》第 14 卷 7 号，1943 年)。
⑤ 小野忠熙：《弥生时代的西日本》(收入藤冈谦二郎编：《日本历史地理总说》先原史编。吉川弘文馆，1977 年)。
⑥ 小野忠熙：《弥生时代的西日本》(收入藤冈谦二郎编：《日本历史地理总说》先原史编。吉川弘文馆，1977 年)。

多、更集中了。如横滨市第三殿台遗迹中,有 20 户以上;长野县山岸是 21 户,静冈市登吕遗迹中,仅北方部分就有 12 户。这些都说明由于生产力的发达,社会结构也随而变得和过去不同。当然有关这方面的情况,现在知道得还不多,有待于深入探讨。但《魏志·倭人传》中,明白地记着:"有屋室,父母兄弟卧息异处。"显然,以家族、近亲为中心的集落已经形成。

再就这些集落的持续居住、利用时间看,据现在所知,北九州一带,主要是弥生前期的集落,持续利用的时间都很短;而中期以后,在近畿地区见到的集落,持续居住和利用的时间都较长;尤其是作为近畿中心的大和地区的更长。当然,这种集落的存在、持续居住和利用时间的长短,和环境有很大关系,但也不能不认为和生产力的增长变化有关。生产力发达和生产集中地区,生产者居住、生活的地方,当然会尽可能加以长期持续利用,并加扩展的。因此,这也间接地证明近畿地区,特别是大和地区在弥生中期和中期以后,已代替九州地区而成为日本列岛上的中心地区了。

这些事实,即人口的绝对值和分布密度的增长,住居集落的扩大等,都标志着弥生中期以后,日本列岛上生产力最发达的地区,已从九州地区移到以大和为中心的近畿地区了。

五、铜铎也是有力的证明

到现在为止,在日本列岛上出土的铜铎,大约有 350 多个;其中大的有高达一公尺半左右,而小的仅十公分左右。和铜铎同样的青铜器,在中国还没有发现和出土过,类似的有编钟。在朝鲜虽有式样上极相似的马铎出土,但其体积却远比铜铎要小。就是在日本列岛上,除近年在九州地区发掘到几个以外,其余都是在以大和为中心的近畿地区发现的,其范围西起广岛、岛根一线,东至长野、静冈[①]。而制造铜铎用的铸型(熔范)除 1980 年在九

---

① 大塚初重:《弥生时代》(《考古学论丛》,山川出版社,1976 年)。

州地区佐贺县鸟栖市柏比町安永田遗址出土的以外,①其余都是只在近畿地区发现的。在近畿地区,除了发现有铜铎的铸型,还掘出过制作铜铎的作坊遗迹和铜的渣滓等,说明弥生中期以后,在这一带曾制作过铜铎。而九州地区,从现在发现的青铜器遗物、遗迹看来,只能说明曾制造过铜剑,铜矛和铜戈等铜利器;可是制造铜铎,除上述在佐贺县安永田遗址见到的小铜铎铸型外,还没有发现过其他铸型,更没有作坊遗迹或铜的渣滓,因此很难说明这里曾制作过较大型的铜铎。

　　日本列岛上青铜器的制作,也就是一般称为铜利器或铜铎等的制造,两者的开始时间,大致相隔不远,都是弥生前期,最迟也在弥生中期②。不过,大型铜铎的制造要晚些,可能是弥生后期的事。现在把九州地区称作铜利器文化圈,近畿一带名为铜铎文化圈。从这两类青铜器的制造难度,需要的技术水平而论,这种区分实际上是表明了弥生时代,特别是中期以后日本列岛上不同地区生产力的水平。

　　铜铎,特别是大型铜铎的制作,不但在工艺上比较复杂,而且还必须有一定水平的经济条件作为基础,否则是不可能完成的。因此要判明弥生后期,即《魏志·倭人传》中所记述的时代日本列岛上哪一地区生产力最发达,铜铎是有发言权,而且具有决定性作用的。

　　日本列岛上所见到的青铜器中,像铜镜,铜剑、铜戈和铜矛等,都是从中国大陆或朝鲜半岛传入,然后由当地仿制的。唯独铜铎却是日本列岛上所创制。从造型设计开始,一直到铸型(熔范)的制作,原料的配合和浇制等过程,都是他们自己独立从事,无成例可援的。日本列岛上能制作青铜器,无论是仿制或独创,都说明其生产力已发达到一定程度;而铜铎的创制,更进一步地反映出当时这地区生产力水平提高的程度。

　　青铜器从中国传到日本列岛的时候,日本还处于石器时代,可是那时中国早已进入铁器时代,青铜器只作为礼器,不再具有很大实用价值了。因此

---

① 冈崎敬于1980年1月21日公布,在九州佐贺县鸟栖市柏比町安永田遗址出土一个铜铎铸型的碎片,厚七公分,横七公分,纵六公分,是用砂岩制的。此碎片约当全铸型的六分之一,复原以后的铸型高约二十公分,左右有横带纹,属于弥生中期。见《西日本新闻》1980年1月20日朝刊。
② 佐原真:《铜铎的制造》(《世界考古大系》第二卷,平凡社,1961年)。

传到日本的青铜器,也只有部分还具有实用价值,如铜镜和细锋的铜利器等,更多的也是作为礼器(当时日本列岛上统治阶级用以作为权力的象征)而使用、传承;即使某些原来具有实用价值的制品,象细锋铜利器也逐渐地变成礼器,成了权力的象征。铜镜也是这样,日本列岛上有自己创制或仿制的,几乎完全是作为礼器而制作的,没有任何实用价值。铜铎,究竟作什么用,现在还不太清楚,是到目前为止,在日本所发现的青铜器中最难了解的一种,但不具有任何实用价值这一点,则是可以肯定的。从铜铎的出土地点及其出土的数量来推测,可以认为,当时是把铜铎作为一种供祭祀用的礼器使用和制作的。至于为什么要制作这样的礼器,尤其是高逾一公尺以上的大型铜铎,现在还无法明了。有的认为铜铎的大小,表示祭祀部落(集落)人口的多少;不过从同时出土的个数看来,这恐怕不是唯一的理由。但制造这样大型的铜铎,没有一个具有相当熟练和高超技术的专业集团,没有良好的调度、指挥和协调一致的合作,是难以完成的。同时,如果当时这一地区的农耕经济没有发达到一定水平,有足够的能力支持这样一批具有熟练技术的专业集团从事非农耕生产的话,也是不可能制造完成的。因此,从不同地区在制造青铜器的水平上,除了能见到其在金属器制造方面的生产力水平外,也能观察到其在农耕经济方面的生产力水平。

  九州地区发现过不少铜利器的铸型,但这些铸型所能浇制出来的铜剑、铜戈和铜矛等铜利器都不大,单人,至多是二三个人就能从事制作。可是在近畿地区见到的铜铎,有高逾一公尺以上的,这种大型铜铎的浇制,决非少数人所能完成。而且这种铜铎接合得十分合适,没有纯熟的技术和协作,也是无法造出的。从这些大型铜铎上,很容易看出弥生后期日本列岛上在制造金属器方面的技术水平。

  浇制大型铜铎,从制造工艺上论,不但在配置铸型上,必须镶接嵌合合适;在冶炼浇制上,古代没有大型的熔罐,需用许多熔器熔融配制成的青铜原料,然后又要同时灌入铸型之中,不能相差,否则就无法浇制成器。这种掌握时间、火候和先后顺序等一系列制造工艺,需要相当多的具有熟练技术的工人,在统一调度和指挥下全力协作才能完成。

大阪府茨木市东奈良曾发现过大量青铜器的铸型和鼓风箱的零件①。从这些遗物中,我们可以得出这样一些概念:

1. 当时在这里,曾有过一个具有一定规模的作坊,制作青铜器;

2. 这个作坊中,拥有相当数量的技术熟练工人,至于熔冶和制作间是否有分工,就目前出土的遗迹,还不能判定;但从利用风箱一点看,可能已有分工。

日本考古学者,根据所发现的芈物、遗迹,提出近畿地区中部,在弥生中期就能铸造铜铎;到中期后半叶,近畿地区的东部和西部,也都能铸造了,慢慢地更扩展到边缘地区。现在出土的作坊遗迹虽不多,但在近畿地区一定还可能有。② 也就是说,在弥生中期以后,近畿地区已集中有相当数量具有高度熟练技术的金属铸造工人,并且也有了能容纳大量工人工作的作坊。而当时的九州地区,却不如此,只能铸造一些比较简单的小型青铜器,不需要集中多数熟练工人和设备比较复杂的作坊等条件。

青铜器铸造中,原料的配制也是件很重要的事。九州地区出土的铜利器和近畿地区出土的铜铎,其原料的化学组成,经过分析知道是有很大不同的。梅原末治曾对北九州地区出土的细锋铜矛等铜利器,和近畿地区出土的铜铎作过分析。铜利器所用原料中铜锡比例是 84∶16,③和当时从中国输入的青铜器原料的组成极相似。而铜铎原料中铜锡比例,则是 88.6∶11.4④,与中国输入青铜器原料配合的比例相差颇大。

根据这一分析的结果,可以认为九州地区自制的青铜器,很可能是将从中国或朝鲜输入的青铜器熔融以后,再行浇制而成的;⑤即使不是,这些自制青铜器的原料,也完全是依照中国所用的比例配组,毕竟是由中国大陆去的移民从事的。近畿地区铸造铜铎所用原料中的铜锡比例,已和九州铜利器的原料完全不同。当然也可能两者使用原料的铜锡产地不同,性能相异;

---

① 东奈良遗址调查会:《东奈良》(1975 年)。据载,茨木市东奈良发现的青铜器铸型中有四个流水纹的石制铜铎铸型,一个袈裟襻纹的石制铜铎铸型和一个土制的戈型礼器铸型。
② 佐原真:《铜铎的制造》(《世界考古大系》,平凡社,1961 年)。
③ 梅原末治:《关于铜铎铜矛》(《日本考古学论考》)。
④ 梅原末治:《关于铜铎铜矛》(《日本考古学论考》)。
⑤ 持有这种见解的如小林行雄、杉原庄介。

但至少可以知道,当时在近畿地区的工匠集团,已能根据具体情况而自行配制;不再利用中国铸造时的配组比例,或熔融输入的了。

在九州地区出土的铜利器、铜铎的铸型比较小,复原之后最大的也不过20公分左右,不能和近畿地区高逾一公尺以上的相比。就这些目前能见到的青铜器而论,无论是体积上,还是铸造工艺方面,铸造铜铎显然要比铸造铜利器复杂、先进。

比较一下铸造铜铎需要的各种技术,和铸造铜利器的技术,就可以知道前者所代表的生产力要比后者所代表的发达、先进。也就是说,从弥生中期后叶起,日本列岛上生产力最发达的地区,是在称为铜铎文化圈的近畿地区。《魏志·倭人传》中所说的邪马台国,应当是,也只可能是当时日本列岛上生产力最发达的先进地区,因此是在以大和为中心的近畿地区,而不是其他地区。

在决定邪马台国的地理位置这点上,代表弥生中、后期日本列岛上生产力发展水平的铜铎,是很能说明问题的。

六、简单的结语

《魏志·倭人传》在说明当时日本列岛上主要国家邪马台国的地理位置方面,提供了很多的资料;但因为这文献出自1700年前日本国的邻国人之手,错误和不清楚之处,是难免的,从而引起解释不同、主张相异,也是可理解的。从今天日本列岛上出土的遗物、遗迹看,这些资料绝大部分都能得到验证。因此,在探索日本古代史的研究中,《魏志·倭人传》仍然是唯一可据的文献资料。到现在为止,日本列岛上出土的遗物、遗迹,除证明《魏志·倭人传》中记载的可靠性外,也为确定当时生产力水平提供了大量的根据。表示人口的资料和遗迹说明了农耕经济的发展情况,铜铎的存在是有重要意义的。

铜铎的铸造,说明能制造铜铎的地区,在金属器文化方面,已在从中国大陆输入的先进文明基础上,迅速地发展到能够自己制造的程度。以生产力水平而论,弥生后期,也就是《魏志·倭人传》所记的那个时代,日本列岛上生产力最发达、最先进的地区是以大和为中心的近畿地区。而这个地区也正是《魏志·倭人传》中所说,当时日本列岛上一系列"国家"的共主、由女王统治的邪马台国。当然在日本还将陆续出土和发现新的文物。尤其是足以左右这种推论的金属器,所以这推论是不是需要改动,还不可知。但至少就目前而论,应该认为是这样的。

（作者汪向荣,中国社会科学院世界历史研究所研究员,本文原载于《中国社会科学》1982 年第 3 期）

日本古代部民的性质
兼论日本未经历奴隶制社会

王金林

部民是认识大化改新前日本社会的一把钥匙。对部民的性质能否作出符合实际的结论,不但直接影响着对当时社会的估价,而且对诸如推古朝改革、大化改新等重大历史问题的评价,也会产生重大影响。

日本学者对部民的性质,进行过广泛的探索。20世纪20年代以后,结合"亚细亚生产方式"的讨论,学者们对部民性质问题有过热烈的争论。第二次世界大战后,对部民的研究更深了,出现了不少新作。

新中国成立后,我国的日本史研究者,对部民的性质问题,也进行了探索。综观国内外学者的观点,关于日本部民的性质,大致有三种看法,即封建农奴说,奴隶说和半农奴说三种。[1] 上述三种观点,虽然各有所长,但是都还存在着不足。奴隶说以欧洲为中心的世界史为准绳,强调了古代日本与古代欧洲的同一性,认部民为"日本型奴隶制",或"奴隶制在日本的变态",而忽略了应依据古代日本所处的环境和条件所显示的独特性;农奴说在克服奴隶说的不足方面作出了贡献,但是它过高地估价了部民的封建性,

---

[1] 历史科学协议会编《历史科学大系1日本原始共产制社会と国家の形成》,校仓书房,1972年;井上光贞:《日本古代史の诸问题》(思索社,昭和四十九年版,第13—170页);吴廷璆:《大化改新前后日本的社会性质问题》,载《南开大学学报》(人文科学版),1955年创刊号;周一良、吴于廑主编:《世界通史》上古部分,人民出版社,1973年第2版,第412页;远山茂树、佐藤进一编,吕永清译《日本史研究入门》,三联书店,1959年,第53页。

把大量具有封建主义萌芽因素的部民视为农奴;半农奴说虽然比上述两说前进了一步,但缺乏翔实的有说服力的论证。第二次世界大战后,日本著名史学家井上光贞,对部民作了独具特色的研究,发表了《部民的研究》等文章,首先提出了部民内部的情况是复杂的,部民的社会地位也是不尽相同的新看法,可惜他没有进一步对不同社会地位的部民的性质,作出明确的结论。

本文是在学习史学界前辈的研究成果的基础上,试图对部民的性质,提出一些肤浅的看法,谬误之处在所难免,敬请同志们斧正。

"部"的发展,大致可以划分为三段,即4世纪末以前是发生期;4世纪末至5世纪初至604年圣德太子实行推古朝改革为发展期;自推古朝改革经大化改新,至675年天武天皇宣布废除"甲子年诸氏被给部曲者"止,①是它的衰落、消亡期。前后经历了四五个世纪。

"部"这种组织形式,最早出现是与神的祭祀相关连的。随着统一战争和贵族生活的迫切需要,它进而扩展到与军需和贵族日常生活有关的各生产领域,如制作武器的锻冶部、弓削部、刃部、矢作部,饲养军马的饲部,种植粮食的田部,制作军衣的服部,等等。

大和国崛起以后,极力扩充领土,到公元4世纪末5世纪初,实现了日本列岛的统一。统一后的大和国,采取了一系列政治的、经济的措施,以巩固统治。在政治上,根据贵族的地位高下以及在统一过程中的功绩,确立了氏姓等级制。中央一级贵族,分别授于臣、连、宿祢、造等姓;地方贵族分别授于直、君、首等姓。建立了以大王为中心的中央和地方的贵族统治。统治机构的庞大,需要有坚实的经济基础支撑。因此,如何控制劳动生产者,采取何种生产方式,成为大和国统治集团亟需解决的严重问题。

当时,摆在大和国统治集团面前,有三种生产方式。一是实行集团性奴隶劳动;二是仿效大陆中国和朝鲜,实行封建的生产方式;三是在经过较长时发展的"部"的基础上,根据当时实际需要,加以整顿和完善。从当时具体

---

① 《日本书纪》卷二十九天武四年二月条。引文中"甲子年诸氏被给部曲者"系指664年天智天皇宣布"甲子之诏"定氏上、民部、家部一事。

条件分析，第一种生产方式，由于奴隶来源的缺乏，以及在大陆先进生产技术和工具的不断传入的情况下，是不利于促进生产力发展的；第二种生产方式，虽然先进，但对于步入阶级社会时间尚不很久，封建因素没有充分发展的大和政权来说，显然也是不现实的。相比之下，"部"这种组织形式，却相对地有它的优越性。第一，大和贵族对"部"的控制已有一定的实践经验；第二，"部"这种组织形式，便于吸收大陆的先进技术和安置身有技艺的大陆移民（"归化人"）；第三，部民按专业组编，既便于控制，又能使生产者在专一的生产中，不断创制出统治者需要的物质财富；第四，部民组织不打破居民中残留的氏族关系，不改变各地豪强的私有土地和私有民，减少了豪强势力对中央的抗拒，有利于国家政局的隐定。

正是在这些条件制约下，大和国积极地推行了部民制。从 5 世纪初以后，部民组织遍及全日本，涉及所有生产领域。

从部民所从事的生产领域区分，大致可以分为三大类：（一）专门负责政府机关中某项事务和从事王宫贵族侍奉、守护的杂部；（二）从事除食粮生产以外的各种手工业、渔猎物等等生产的品部（伴部）；（三）专门从事粮食等农产品生产的田部。由于杂部、品部、田部所处的生产领域不同，社会地位不同，相互之间呈现出差异。就是同一类的部的内部，其情况也是错综复杂的。下面分别对各类部和部民作一粗略的分析。

一、杂部

这是一种特别的部。从现有史料看，藏部、史部、舍人部、采女以及隼人、虾夷人等少数族组成的部，都属于这一范畴。

（一）藏部。藏部之制源渊颇早，《古语拾遗》记载，在神武之时就设有斋藏。至履中（珍）时，又在"斋藏之傍，更建内藏"。雄略（武）之时，"更立大藏"[①]，确立了斋、内、大三藏之制。其职责分别收藏神物、官物及诸国贡调。藏官设四级，即三藏总管、出纳、录、主钥等。藏官之下，有具体分管物资收

[①]《古事拾遗》，转引关晃等编《史料による日本の步み》古代篇，吉川弘文馆，1960 年，第 35 页。

入、出纳的职员,一般由阶位低微者担任。这种三藏之制,在大化改新后建立的令制中,仍可以窥见其原始建制的痕迹。如《养老令》大藏省条所载的卿、大辅、少辅、大丞、大录、少录、大主钥、少主钥等九级官中,基本上仍保存了原来的四级官衔。

(二)史部。它是以大陆移民中的知识人为主体而组成的部。"于诸国置国史,记言事达四方志。"①其职责在于抄录官事,勘署文案,申读公文。如572年五月,高丽使呈疏文,大王将疏文"授于大臣,召聚诸史,令读解之。是时,诸史于三日内皆不能读,唯有船史祖王辰尔,能奉读释,大王既而诏东西史曰:汝等所习之业,何故不就。汝等虽众,不及辰尔"②。可见诸史之业,在于专事文案。史部的子孙,在大化改新之后,大多继承祖业。"凡大学生,收五位以上子孙及东西史部子为之。"③学满之后,充任中央和地方政府机关中的录史、史、史生等职,是行政事务官。

(三)舍人部。舍人部的记载,散见于《日本书纪》《续日本纪》《万叶集》《正仓院文书》等史籍之中。据井上光贞先生研究,《日本书纪》一书中所载舍人部,主要出自下列地区:近江(1)、远江(1)、骏河(1)、信浓(8)、武藏(2)、上总(2)、下总(1)、常陆(2)、下野(1)、出云(1)等地,主要集中在关东至信浓地区。④ 从舍人的身份上看,近百分之七十,出自国造(直姓)、郡领家庭,其余百分之三十,虽然不是国造、郡领家庭出身,但也大多出身于有位阶、有官职家庭。⑤ 因此可以说,舍人部大多是出身于东部日本的国造、郡领,或豪强家庭的子弟。他们的主要职责是充任王公贵族的近卫,如石上部舍人、白发部舍人、勾舍人部,分别是仁贤大王、清宁大王、安闲大王的近卫。⑥

与舍人部相近的是采女。她们是俸侍王公贵族的侍女,大多出身于地方豪族之家。采女之制,一直延续到大化改新之后。大化改新的诏书中明文规定:"凡采女者,贡郡少领以上姊妹及子女形容端正者,以一百户充采女

---

① 《日本书纪》卷十二履中四年八月条。
② 《日本书纪》卷二十敏达元年五月条。
③ 《养老令》学令第二条。
④ 井上光贞:《大和国家の军事的基础》,载《日本古代史の诸问题》,第112页。
⑤ 井上光贞:《大和国家の军事的基础》,载《日本古代史の诸问题》,第112页。
⑥ 《日本书纪》卷十五仁贤三年二月条,清宁二年二月条;卷十八安闲二年四月条。

一人。"①她们的地位和身份是广大被压迫被剥削的女性部民所望尘莫及的。

在藏部、史部、舍人部、采女之下,也有数量颇多的劳动者,如藏部之内有物资搬运、凉晒和靴、鞍具制作等苦役劳动者。史部、舍人部、采女属下则有供应诸史、舍人、采女生活品的劳动者,等等。但这些人大多是应征服役的公私田部民和品部民,因此,他们不属于藏部、史部、舍人部、采女的固定成员,而分别属于田部、品部。他们与藏部、史部、舍人部、采女的阶级地位是截然不同的。

(四)隼人、虾夷人等少数族人民组成的部。从大化改新以前至奈良、平安时代,少数族人尤其是虾夷人,屡犯边境,成为大和国的严重边患。历届统治者都把控制少数族人民,作为内政大事。除派兵征伐外,还采用了多种措施:第一,收买少数族首帅,"宜择其同类之中,心性了事,众所推服者一人,置为之长,令加捉搦",封官赐姓;第二,将归服的少数族人民,"安置当土,勉加教喻"②,建国郡,编户籍从事耕耘(《续日本纪》卷五和铜三年四月);第三,遣送内地,让其集体居住在指定地区,或送给官僚、贵族充当奴仆,从事苦役劳动;③第四,被组成军团,每有战事,冲锋陷阵,首当其冲。④不论是安置当土,编贯户籍,从事农耕,还是遣送内地,从事苦役,或组织兵团,他们都是按部民的建制组编的。《日本书纪》《续日本纪》中所说的佐伯部、吉弥侯部,就是虾夷人组成的部。掌管少数族人民组成的部的官吏,以佐伯部为例,最上层是佐伯连,次为佐伯直、佐伯造,其下是佐伯首。佐伯首一般由虾夷人的首帅担任。少数族部民的身份是极低贱的。他们不但被驱使去从事最苦的劳役、征战,而且还被视之如狗,主人可以任意赠送、杀戮。

由上可见,"杂部"之中,除少数族部民外,其他各部包括藏部、史部、舍

---

① 《日本书纪》卷二十五孝德大化二年正月条。
② 《日本后纪》卷二十一弘仁二年十月条,卷二十二弘仁三年六月条。
③ 《续日本纪》中关于虾夷人被遣送内地的记载很多,如"(陆奥国)俘囚百四十四人配于伊豫国,五百七十八人配于筑紫,十五人配于和泉监焉"(卷九神龟元年闰正月)。"(陆奥国)俘囚三百九十五人,分配大宰管内诸国"(卷三十四宝龟七年九月),"出羽国俘囚三百五十八人,配大宰管内及赞岐国。共七十八人班赐诸司及参议以上为贱"(卷三十四宝龟七年十一月)。
④ 《日本书纪》《续日本纪》《日本后纪》等书中关于少数族被编成兵团的记载甚多。

人部、采女，虽然被冠以"部"的名称，但实际上，他们是统治阶级营垒中的一份子，与我们所说的部民的含义是完全不同的。因此，当我们谈及日本部民的时候，必须把这一部分人排除在外。

二、品部

品部是为各级贵族生产除食粮为主的农产品以外的吃、穿、用、住、娱乐品的生产组织。仅《日本书纪》所载，品部达百种以上。[①]

品部民由三种人构成：一是因犯法而被贬者[②]，或战争中的俘虏[③]。二是从大陆迁徙来的汉人和韩人手工业者，他们之中，有的会养蚕，有的能织绢，有的能建楼阁，有的会缝衣等等。对这部分人，大和政权是十分重视的，基本上按其原籍国和技术组编成部。463年，雄略大王（武）将百济来的一批"手末才伎"，分别组编成陶部、鞍部、画部、锦部等，集中居住在上桃原、下桃原、真神原三地。[④] 471年，又将18 670名秦民，编成92部，让他们"养蚕织绢"[⑤]。三是分布在广大乡间的原居住民。他们根据地区的特点，组成生产某一产品的部。如捕捞海味的海部，主要分布在各地渔村。猎取山间野兽、野禽的山部，主要分布在山区。仅《日本书纪》中所见，建有海部的地区有淡路、吉备、纪伊等地。[⑥] 锻冶部、马饲部也是分布各地的。据《延喜式》载，平安时期，锻冶户分布在畿内、伊势、尾张、远江、近江、美浓、丹波、播磨、纪伊等地。饲户分布在右京、山城、大和、河内、摄津、美浓、尾张等地，与《日本书纪》所载饲部的分布地区，基本吻合。这表明品部民，在大化改新后大多转化为律令制度下的手工业户。

以上三种品部民，在社会上的地位也是不尽相同的，地位最高的是大陆移民手工业者，最低的是被贬的罪犯，他们不但被黥面以示卑贱，而且可作

[①] 据太田亮：《日本上代における社会組織の研究》（矶部甲阳堂，1929年）第168页载，品部达160种。
[②] 《日本书纪》卷十四雄略十一年十月条。
[③] 《日本书纪》卷九神功皇后摄政前纪。
[④] 《日本书纪》卷十四雄略七年是岁条。
[⑤] 《日本书纪》卷十四雄略十五年条。
[⑥] 《日本书纪》卷十三允恭十四年九月条；卷十四雄略七年是岁条；卷十九钦明十七年十月条。

为礼品相赠送。① 第三种品部民,即处于广大乡间的原居住民的地位,则介于以上两者之间。他们比被贬罪犯自由些,但不得随意迁徙,一切听命于中央和领主的指令。如473年3月,朝廷诏土师连贡"朝夕御膳清器者",土师连立即将"摄津国来狭狭村,山背国内村、俯见村,伊势国藤形村,及丹波、但马、因幡私民部",贡上朝廷,制作御器。②

三种品部民,在管理上也是不同的。大陆迁徙来的手工业部民,归朝廷直接管理,一般都由朝廷选择归化人中才技出众者具体负责。归化人部首直接对大王负责。

  诏,聚汉部,定其伴造者,赐姓曰直③。
  诏,聚秦民,赐于秦酒公。公仍领率百八十种胜,奉献庸调绢缣,充积朝廷,因赐姓曰禹豆麻吕④。

与归化人品部民相比,第三种品部民的隶属关系要复杂些,基本上可分为公有品部民和私有品部民两种。公有品部民直辖于政府机关,私有品部民则属各级贵族私有。

公有品部民,只有大王有权调动,其他人一律无权私自调用,更不允许兼并。违犯者,轻则警告,重则剥夺氏姓和领地。履中大王时,车持君擅自将筑紫国的车持部民,全部改为神社的神户,并加以兼并。为此事,大王严厉指责他犯了两大罪:"尔虽车持君,纵检校天子之百姓,罪一也;既分寄于神车持部,兼夺取之,罪二也",结果剥夺了车持君姓,其所领的车持部"悉收以更分之"⑤。表明"天子之百姓",是不允许任何人,用任何理由和手段兼夺的。

公有品部民的控制,都由朝廷任命官吏负责。品部的最高官吏,由有臣、连氏姓的贵族担任,冠以某某部臣(连)之姓。地方上则任命直、君姓的地方豪族负责,冠以某某部直(君)之姓,其下又设某某部首。这种由上

---

① 《日本书纪》卷十四雄略九年五月条、雄略十年九月条。
② 《日本书纪》卷十七雄略十七年三月条。
③ 《日本书纪》卷十四雄略十六年十月条。
④ 《日本书纪》卷十四雄略十五年条。
⑤ 《日本书纪》卷十二履中五年十月条。

而下设置的某某部的各级官吏,统称为"部职"。如负责土部的各级官吏,统称为土部职。一旦中央需要,便层层下达指令,或贡纳产品,或征发劳役。如《日本书纪》垂仁纪载,为禁止殉葬,中央决定以泥塑人马代之,便"唤上出云国之土部壹百人,自领土部等,取埴以造作人马及种种物形"①。

私有品部民的所有者,大多是地方实权的控制者。他们在自己所辖范围内,依据自己的需要,"分其品部,别彼名名",冠以种种名称,致使在所领范围内"其民品部交杂"②。这些私有品部,一般都由贵族的亲信,或归属于贵族的村首们管理。

各品部民(除被贬罪犯、俘虏外),虽有种种差异,但是他们都具有以下共同的特点:

第一,他们是被允许彼此婚姻,且建立家庭的。

(钦明)天皇之世,……邑阿自,仕奉韧部,其邑阿自,久就于此村,造宅居之,因斯名曰韧负村。③

于二月、三月之顷,年米舂时,其家室于稻舂女等,将充间食,入于碓屋。④

其民品部交杂,使居国县,遂使父子易姓,兄弟异宗,夫妇更互殊名,一家五分六割。⑤

这些史料中的"宅""所""家""室",都是部民家庭的代名词,其中"父子""兄弟""夫妇"便是家庭的成员。

第二,品部民大多集体地居住在乡间。他们的生活,主要是从朝廷或领主那里,领取一定数量的土地、自己生产维持生计的粮食和日常农产物。这种份地,朝廷和领主是随时都可以收回的。据《古事记》载,在垂仁

---

① 据《日本书纪》卷六垂仁三十二年七月条载为"壹百人",而《类聚三代格》卷十二、卷十七载为"三百人"。
② 《日本书纪》卷二十大化二年八月条。
③ 《丰后国风土记》载《宁乐遗文》下卷,第856页。
④ 《日本灵异记》上卷,狐为妻令生子缘第二。
⑤ 《日本书纪》卷二十五大化二年八月条。

大王之时，王后随兄叛反。大王甚爱王后，命令军卒要千方百计地把她活捉回来。一天，军卒们确也抓住了王后手上的玉串，但因玉串不结实而折断，王后乘机逃脱。为此，大王深恶做玉串的人们，就把他们的领地，悉行剥夺了。[1]

第三，他们都必须定期或根据需要，向朝廷、领主贡纳产品和服劳役。如海部民、山部民主要贡纳海产物和山味，手工业者则多半是应贵族需要负担劳役。

上述特点表明，广大品部民，不论是贡纳产品的部民（如海部、山部），还是各手工业部民的劳动，都是截然一分为二的。他们在自己的份地里进行为维持自己生活所必要的劳动；通过以劳役为主的劳动形式（海部民、山部民的捕捞、狩猎，实际上也是劳役），为朝廷或领主进行剩余劳动。这种劳役劳动，已经超越了奴隶制的剥削形式了。

三、田部

田部，顾名思义，这是耕种土地，生产以粮食为主的农产品的部。大和国统一全日本后，曾宣称"率土之下（上），莫匪王封，普天之上（下），莫匪王域"[2]，实行中央集权政治。然而，在土地所有制方面，由于各级豪强贵族的雄厚实力，天下土地皆属朝廷所有的理想，却始终没有实现过。

当时存在着两种土地所有形式，一是土地公有制；二是土地私有制。公有土地包括直辖中央的屯仓、屯田、神田和各级官僚按官位大小赐给的封田。私有土地包括王族私有的子代、名代[3]和各地豪强贵族私有的田庄、私屯仓等。

由于土地有公私之分，因此田部民也有公田部民和私田部民之分。现对公私土地占有形式及其所属的田部民逐一进行分析。

---

[1]《古事记》垂仁天皇条。
[2]《日本书纪》卷十八安闲元年闰十二月条。
[3] 子代、名代：王族私有土地，常冠以大王、王族的名号、宫号，故称子代、名代。

(一) 屯仓、屯田里的部民

屯仓、屯田包括土地、田部民和储藏谷物的仓库,是国家所有的经济单位。① 屯仓是国家为预防不测之事而设置的。"收藏谷稼,蓄积储粮,遥设凶年,厚飨良客,安国之方,更无过此"②,它由大王直接控制。屯田则是由各级政府机关掌握的公田,所谓"官司处处屯田"③,就是以屯田的收入,支付各官司的费用。神田也是为神社的日常的祭祀费用而设置的公田。

屯仓、屯田是任何人也不许侵占的。"凡倭屯田者,每御宇(当政)帝皇之屯田也,其虽帝皇之子,非御宇(当政)者,不得掌矣。"④

屯仓、屯田的发展,是与农田水利建设密不可分的。在《日本书纪》中,关于治水辟田的记载很多,如:

令诸国多开池沟,数八百之,以农为事。⑤

造坂手池,……令诸国兴田部屯仓。⑥

掘大沟于感玖,乃引石河水而润上铃鹿、下铃鹿、上丰浦、下丰浦四处郊原,以垦之得四万余顷之田。⑦

又役秦人作茨田堤,及茨田三宅(屯仓)。"

除直接主持治水垦田设屯田、屯仓外,朝廷还凭恃自己的权威,命令国造、县主割让私有的一部分肥沃土地,献给国家设立新的屯田、屯仓。如534年冬,"天皇使大伴大连问良田于县主饭粒,县主饭粒庆悦无限,谨敬尽诚,仍(乃)奉献上御野、下御野、上桑原、下桑原并竹村之地,凡合肆拾町"⑧,设立了竹村屯仓。

据史籍记载,大化改新前共设立屯仓九十处,分布在畿内(18处)、东海

---

① 弥永贞三编:《日本经济史大系·古代》,东京大学出版会 1965 年版,第 102 页。
② 《日本书纪》卷十八宣化元年五月条。
③ 《日本书纪》卷二十五大化二年三月条。
④ 《日本书纪》卷十一仁德即位前纪。
⑤ 《日本书纪》卷六垂仁三十五年是岁条。
⑥ 《日本书纪》卷七景行五十七年九、十月条。
⑦ 《日本书纪》卷十一仁德十四年是岁条。
⑧ 《日本书纪》卷十八安闲元年闰十二月条。

道(6 处)、东山道(10 处)、北陆道(3 处)、山阴道(6 处)、山阳道(20 处)、西海道(8 处)、南海道(18 处),所在不明(1 处)。535 年五月,安闲大王一次宣敕建立的屯仓就有 26 处。①

耕种屯仓、屯田的公部民,虽然有被贬的罪犯,②有大陆的移民,③但大量的还是居住在乡间的原居住民。田部民大多是独自成户的,称"田户"。一个田部,包含的田户,多寡不一。据《肥前国风土记》载,景行大王巡视该国养父郡时,"此郡百姓,举部参集"④,说明该郡之民,都是同一田部的部民。471 年,雄略大王搜集秦民,共得 92 部,18671 人,⑤平均每部 200 人左右。

田户在当时的日本尤其是近畿地区是到处可见的。

　　眺望菟道野,葛叶美无限。千百家庭立,山河多艳丽。⑥

载于《日本书纪》中的这一首和歌,就是田部民自成田户的生动写照。

田户们的行动是受到严格限制的。朝廷直接委任"田令"控制屯田、屯仓的土地和部民。田户是与所属的田部这一集体和土地紧紧地束缚在一起的。没有朝廷的指令,田户是绝对不允许任意迁徙的。一旦允许迁徙,也是遵奉朝廷的命令,集体地迁徙到指令的地区。⑦

公有田部民,不但自成田户,而且还是编贯户籍的。

　　召集秦人、汉人等诸蕃投化者,安置国郡,编贯户籍,秦人户数总七千五十三户。⑧

　　量置田部,其来尚矣,年甫十余,脱籍免课者众。宜遣胆津检定白猪田部丁籍,……依诏定籍,果成田户。⑨

----

① 《日本书纪》卷十八安闲二年五月条。
② 《日本书纪》卷十二履中元年四月条。
③ 据《日本书纪》卷十九钦明十七年十月条载:"以处处韩人为大身狭屯仓,高丽人为小身狭屯仓田部";又据《播磨国风土记》汉部里条载:"汉部者,赞艺国汉人到来,居于此地,故号汉部。"
④ 《肥前国风土记》,载《宁乐遗文》卷下,第 862 页。
⑤ 《日本书纪》卷十四雄略十五年条。
⑥ 《日本书纪》卷十应神六年二月条。
⑦ 《播磨国风土记》佐冈条载,佐冈荒野是九州地区的田部民开垦的,他们受大王之命,集体从远地迁徙而来。
⑧ 《日本书纪》卷十九钦明元年八月条。
⑨ 《日本书纪》卷十九钦明三十年正月、四月条。

增益白猪屯仓与田部，即以田部名籍授于白猪史胆津。①

大化改新诏书第四条载，"罢旧赋役，而行田调"②。说明在大化以前，对田部民广泛实行赋役制度。田户负担赋役的记载，在日本古籍中屡有所见。如播磨国司小楯，曾"于赤石郡亲辨新尝供物"③。所谓"新尝供物"，就是田户缴纳的新粮。又如535年，安闲大王"诏樱井田部连、县犬养连、难波吉士等主掌屯仓之税"④。税者，即租赋也。关于劳役，从史书所见，主要有两种，一种是每年定期自带工具，到公田上从事徭役劳动，称为钁丁。竹村屯仓就是由钁丁，每年春秋定期耕种收割的。"每郡以钁丁，春时五百丁，秋时五百丁，奉献天皇"⑤。另一种是临时征调的劳役，其负担之重不亚于定期的徭役，主要是应征造宫殿、神社、佛寺、陵墓等。

（二）封田里的封民

大化改新诏书第一条中说："赐食封大夫以上，各有差"，"夫所使治民也，能尽其治则民赖之。故重其禄，所以为民也"⑥。这里所说的"食封"和"禄"，都是各级官吏的职封。据《养老令》规定："凡职分田，太政大臣四十町，左右大臣三十町，大纳言二十町"，"凡郡司职分田，大领六町，少领四町"⑦，等等。这种凭官位高低，授与田地的制度，并非是大化改新时期的创设，而是在此之前的大和国时期，已经萌发了的，虽然它还很不系统，所授田地之数也没有明确的数额。

以阿智直始任藏官，亦给粮地。⑧ 乃拜山官……以山守部为民。⑨

一旦为官，随即授予田地和部民，以作为俸禄。被赐给的部民，又称封民。

---

① 《日本书纪》卷二十敏达三年十月条。
② 《日本书纪》卷二十五大化二年正月条。
③ 《日本书纪》卷十五显宗即位前纪。
④ 《日本书纪》卷十八安闲二年九月条。
⑤ 《日本书纪》卷十八安闲元年闰十二月条。
⑥ 《日本书纪》卷二十五大化二年正月。
⑦ 《养老令》田令。
⑧ 《古事记》履中天皇条。
⑨ 《日本书纪》卷十五显宗元年四月条。

封地由封民耕种，封民每年定额交纳租赋给封地的领有者。因此，封民比起公有田部民，相对地又更自由些，只要他们能按时地交纳规定的租赋，领主就不会更多地限制他们的生产活动。

(三) 名代、子代

从5世纪初至大化改新止，每一代大王，都建立了个人私有的名代、子代。自5世纪以后，大和国历届大王建立的私有部计有：

雀部（仁德）、稚樱部（履中）、蝮部（反正）、穴德部（安康）、长谷部（雄略）、白发部（清宁）、石上部（仁贤）、小长谷部（武烈）、勾部（安闲）、桧前部（宣化）、金刺部（钦明）、他田部（敏达）、仓桥部（崇峻）、飞鸟部（允恭）、三枝部（显宗）、弟国部（继体）。此外，还以各种名义，为王后、王妃、王子设立私有领地和部民。有的是为表彰武功（"因欲录功名"），定武部；有的为"表妃名于万代"，而赐屯仓和部民；有的王妃无子，而以其名置部民，"以示于后，式观乎昔"，等等。

名代、子代的设置情况，从大化以后遗留的乡间户籍中，仍可以窥见其一斑。以养老五年的下总国户籍为例，具有名代、子代之姓的户籍计，大岛乡姓孔王部的546户，私部29户，刑部20户，三枝部7户，矶部2户，长谷部1户；藤原部1户；仓麻郡意布乡姓藤原部的64户，大伴部2户；金千托郡少幡乡姓壬生部的有16户、等等。这些数字表明，下总国地区是5世纪后叶允恭、安康大王时代的名代、子代集中地区之一。①

名代、子代的土地，主要是通过四种方式获得的：第一，大王，或大王的使者，圈地为界，组织垦殖的。"以鞭指此野，敕云：彼野者宜造宅及垦田。"②"遗阿昙连太牟，召石海人夫，令垦之。"③"宠人但马君小律，……为皇子代君，而造三宅于此村。"④第二，大王强令国造和地方豪族，割让所领范围内的一部分土地和部民而建立的。"朕顷得美丽娘子，……冀其名欲传于

---

① 井上光贞：《日本古代史の诸问题》，第67页。
② 《播磨国风土记》，载《宁乐遗文》卷下，第480页。
③ 《播磨国风土记》，载《宁乐遗文》卷下，第844页。
④ 《播磨国风土记》，载《宁乐遗文》卷下，第841页。

后叶……则科诸国造等,为衣通郎姬定藤原部。"[1]"乃差敕使简择良田。敕使奉敕,宣于大河内直味张曰:今汝宜奉进膏腴雌雉田。"[2]第三,地方豪族献媚于上,自动将私有土地和部民,奉献给王公贵族。"武藏国造笠原直使主,……谨为国家奉置横渟、橘花、多冰、仓樔四处屯仓。"[3]第四,豪族因犯法,为赎罪而献的私屯仓和部民。如,庐城部连为赎女儿偷物之罪,"献采女丁,并献安艺国过户庐城部屯仓"[4]。物部大连怕涉罪于己,也"献十市部、伊势国来狭狭·登伊、赘土师部、筑紫国胆狭山部"[5]。527年,筑紫国造磐井兵叛,被镇压后,其子"恐坐父诛,献糟屋屯仓,求赎死罪"[6]。国造稚子直,因误入后宫内寝,犯了"阑入罪",于是"谨专为皇后献伊甚屯仓,请赎阑入之罪,因定伊甚屯仓"[7]。

名代、子代一般都委托各地国造、地方豪族管理。《日本书纪》卷二十九天武十一年九月条载,天武天皇对下列管理名代、子代的国造,赠赐连姓:水取造、矢田部造、藤原部造、刑部造、福草部造、凡川内直、川内汉直、物部首、大狛造、秦造、石上部造、财日奉造、穴穗部造等等。王公贵族所需物品和劳役,均由管理者定期贡纳。

名代、子代所属部民的基本情况和劳动形式,基本上似同公有田部民。

(四) 豪强贵族的私有土地和私部民

私有土地多是各级官吏和豪族凭恃自己的职权和势力,垦殖的土地。他们在自己的管辖区域内,任意"标杭置界堋",划地为界,或"占其谷",驱使部民"筑池堤",垦为"人田"[8]。大约到5五世纪中叶,私有地、私部民遍于全国各地。"大连等民部广大,充盈于国"[9],"部曲之民,处处田庄",拥有广

---

[1]《日本书纪》卷十三允恭十一年三月条。
[2]《日本书纪》卷十八安闲元年七月条。
[3]《日本书纪》卷十八安闲元年闰十二月条。
[4]《日本书纪》卷十八安闲元年闰十二月条。
[5]《日本书纪》卷十八安闲元年闰十二月条。
[6]《日本书纪》卷十七继体二十二年十二月条。
[7]《日本书纪》卷十八安闲元年八月条。
[8]《常陆国风土记》,载《宁乐遗文》卷下,第791页。
[9]《日本书纪》卷十四雄略二十三年八月条。

大私有土地和私部民的豪族,成为大和政权政局安稳的举足轻重的力量。479年,雄略大王临终前,曾恳求诸豪强贵族大力扶持王太子嗣位,阻止第三王子星川王篡位。他对豪强贵族们这样说:"星川王腹恶心庞,天下著闻,不幸朕崩之后,当害皇太子,汝等民部甚多,努力相助,勿令侮慢"①,显示豪强贵族的经济、政治实力。

豪强贵族中,实力最强者还是国造、县主、村首。他们既是地方豪富,又是地方行政官吏,一身而二任,有权有势,有恃无恐,日渐发展到"割国县、山海、林野、池田,以为己财","分割水陆,以为私地"。强者拥有土地"达数万顷田"②,有的甚至把领地扩展到所辖领域之外。③ 6世纪以后,地方豪强更有发展到不服中央指令的地步。大王欲设名代、子代,命令豪强奉献良田,而有的则"忽然悋惜,欺诳敕使"④;有的每当进调时,总是"先自收敛,然后分进(贡纳)"⑤。甚至有如磐井那样"不偃皇风"⑥,藐视中央,"负川阻而不庭,凭山峻而称乱,败德反道,侮慢自贤"⑦,发动兵变的。

私有田部民基本上由三种人构成。一是豪强贵族所有的"从类""奴""奴婢"⑧,他们是没有人身自由的奴隶,可以被没收、转让、买卖。二是"民部"、"部曲之民"⑨,他们的劳动形式与公有田的部民相近似。他们从领主那里领得一份土地,以户为单位进行维持自己生活的劳动,并按耕耘、收割季节,男丁(镢丁)带着生产工具到领主直接掌握的田地上劳动,女丁则从事一些其他杂务劳动。三是农奴。"有势者分割水陆,以为私地,卖与百姓,年索其价。"⑩这里的"卖"字,其实际含义是"租佃"之意,"价"字则指地租。他们从领主那里租佃田地,向领主贡纳实物地租。三种私田部民中,根据"大

---

① 《日本书纪》卷十四雄略二十三年八月条。
② 《日本书纪》卷二十五大化元年八月条。
③ 例如国造出云臣,在山城、越前、备中、阿波、筑紫都有其私有地;尾张氏的私有地,除尾张外,还扩展到河内、美浓等地。
④ 《日本书纪》卷十八安闲元年七月条。
⑤ 《日本书纪》卷二十五大化元年九月条。
⑥ 《古风土记逸文》卷下。
⑦ 《日本书纪》卷十七继体二十一年八月条。
⑧ 《日本书纪》卷二十一崇峻纪;《圣德太子传历》上卷。
⑨ 《日本书纪》卷十八安闲元年十二月条。
⑩ 《日本书纪》卷二十五大化元年八月条。

连等民部广大,充盈于国"的分析,"民部"(或部曲)的人数最多,超过从类、奴婢和农奴。

豪强贵族对部曲、农奴,除掠取劳役地租和实物地租外,还推行另一种剥削,称"贷稻"①,即借贷稻谷,是一种原始的高利贷。

结论

根据上面的叙述和分析,对于日本古代部民问题,可得出如下结论:

(一)部是大约2、3世纪前后至7世纪中叶,日本古代社会中的最基层的生产劳动单位。它遍及各个生产领域。从生产领域区分,部可分为三类,即杂部、品部(伴部)和田部。由于当时生产资料占有形式不同,既有国家所有的公有制,又有豪强贵族的私有制。因此,作为社会最基层的生产劳动单位的部和部民,同样出现了与生产资料占有形式相适应的占有关系,即公部民和私部民。

(二)不仅部民分为公部民和私部民两种,而其内部部民之间的社会地位和阶级属性,也呈现多样性。除去杂部中的藏部、史部、舍人部及采女等出身于地方豪族之家,不属于部民之列外,所有公私部民,基本上有三种类型:

第一,私有田部民中的从类、奴、奴婢,杂部中的虾夷人、隼人等少数族人,公田部和品部中的罪犯、战俘,属于奴隶型部民。他们没有人身自由,正如马克思所说:"奴隶连同自己的劳动一次而永远地卖给自己的主人了。"②

第二,民部(或部曲)、屯仓、屯田里的部民,名代、子代,以及绝大多数品部民,其身份介于奴隶和农奴之间。根据前面的分析,这一类型的部民有如下五个特点:(1)可以建立家庭;(2)拥有数量有限的质量较粗糙的生产工具;(3)每户从朝廷或领主那里领取一定数额的土地,生产维持自己生活所必要的产品;(4)定期定量向朝廷或领主服劳役和贡纳产品,而以服劳役为主;(5)没有迁徙自由,一生和那块份地与所在的集体——部,紧紧地联系在

---

① 《日本书纪》卷二十五大化二年二月条。
② 马克思:《雇佣劳动与资本》,载《马克思恩格斯选集》第1卷,人民出版社1972年版,第355页。

一起,主人可以把他和土地一起赠送给别人。这些特点,与恩格斯所说的隶农的特点是相吻合的。① 恩格斯称这种身份既非奴隶,又非农奴的隶农是"依附着土地"的小农,"中世纪农奴的前辈"②,是"依附的小农——后来的农奴的先驱——的细小农户,确立了一种孕育着中世纪生产方式的萌芽的生产方式"③。为此,我们把这一类型的部民称之为具有封建主义萌芽因素的隶农型部民。

第三,公部民中的封民和私部民中租佃领主土地的农奴,属于农奴型部民。这一类型的部民与隶农型部民的区别之处在于:(1)他们每年向土地的占有者缴纳实物地租和徭役地租,而以实物地租为主。这种地租形式使生产者把剩余生产品以实物形式交给领主,因此在经济地位上,他们较隶农更显独立。(2)在人格上虽然他们与隶农一样,必须依附于领主,被束缚于土地之上,但是隶农型部民是领主直接的私有物,而农奴型部民从严格意义上说,已不算是领主的直接私有物了,只要他们按时地贡纳租赋和服一定的劳役,领主就不会更多地限制他们的生产活动。

(三)按照社会发展史的一般规律,隶农产生于奴隶制社会末期。然而,日本却不同,它自1世纪末2世纪初,在部分地区步入阶级社会起,已出现了隶农型的部民,并且在数量上占主导地位。这种历史现象的出现,取决于当时日本的国内条件和国际环境。具体地说有如下四点:(1)奴隶来源的枯竭。整个世界历史表明,奴隶制赖以生存和发展的奴隶劳动力,主要是通过战争和劫掠获得的。但是,当日本进入阶级社会的时候,相邻的朝鲜半岛诸国,已是封建制国家。虽然大和国多次向半岛南部地区发动战争,但大多以失败告终。因此,不可能从国外得到大批奴隶。在国内,由于广大劳动者,是带着自然血缘关系的脐带进入阶级社会的,所以氏族关系的束缚,难以使劳动者脱离集体而奴隶化。被俘的虾夷人、隼人,虽也屡有被作为官僚贵族的家奴的,但人数并不多。大部分虾夷人、隼人,由于发展较迟,自然的血缘关系更牢固,大和国统治者,很难冲破这种血缘关系,把他们单个地作

---

① 恩格斯:《家庭、私有制和国家的起源》,载《马克思恩格斯选集》第4卷,第145—146页。
② 恩格斯:《家庭、私有制和国家的起源》,载《马克思恩格斯选集》第4卷,第145—146页。
③ 恩格斯:《法学家的社会主义》,载《马克思恩格斯全集》第21卷,第552页。

为奴隶来处理。再则,货币经济的不发达,也不能产生大批债务奴隶。(2)大批大陆先进生产技术和生产工具的传入,迅速改变了生产面貌。奴隶制生产方式不利于这些先进技术和工具的吸收,不利于生产力的发展。(3)大片低湿地的开垦,农田面积急速增加,劳动力的需求量也相对地急速增加。可是,劳动力的增长跟不上需求,采用比奴隶制生产方式更进一步的生产方式,有利于提高劳动者的积极性。(4)大批大陆知识人的迁入,带来了先进的封建文化和有关封建的政治、经济制度的知识,引起了大和国统治者的兴趣。大和国统治者始终企望自己成为东亚强国,[①]这就促发了他们在政治上、经济上效法大陆国家的治国之策,采取了既符合当时日本国情,又与大陆国家的生产方式比较接近的以隶农型部民为主体的管理方法。

据此,我认为日本社会的发展,在某些方面与世界上一些国家是不同的,它没有经历过典型的奴隶占有制社会发展阶段。自原始公社瓦解以后,日本便进入了直接向封建社会过渡的历史阶段,大化改新前的几百年间,就是这整个的过渡时期。

总之,部民制的发展,使日本步入封建社会的进程,较之其他一些国家要短得多。

(作者王金林,天津社会科学院日本研究所,原文刊于《历史研究》1981年第3期)

[①] 5世纪后,倭五王赞、珍、济、兴、武统治时候,积极开展与我国南北朝时的刘宋往来,一再希望刘宋加封他们为"使持节、都督倭、百济、新罗、任那、秦韩、慕韩六国诸军事、安东大将军、倭国王"。力图成为东亚的霸主之一。

试论倭国统一的主体

沈仁安

关于倭国统一的主体和中心问题,国内外史学界众说纷纭,莫衷一是,日本传统观点认为,大和朝廷使北九州等地服属,统一日本。战后,有的学者提出九州势力(邪马台国,或狗奴国,或骑马民族)征服畿内的九州势力东迁说和河内地区新兴势力打倒大和政权,建立河内新王朝的王朝交替说。我国学者一般采取大和统一说。例如,近年出版的《简明日本古代史》认为,"邪马台国衰落以后,统一日本的历史任务,便落到了大和国身上"。我也主张邪马台国在北九州,但我认为,不是大和国征服邪马台国,而是邪马台国凭靠其先进的优势武力,在与大和国的争霸战争中获胜,东进而称霸畿内,并逐步统一倭国。当然,限于资料,今天还不可能具体地叙述这个过程。但从文献记载和考古资料中,可以明白无误地看到这个历史迹象。

一、记纪的传说

一般认为,记纪(《古事记》和《日本书纪》)中的宫廷"物语"(故事、传说),应神天皇以前神话、传说的色彩很浓,以后则似有一定史实作为依据,因而可信成分增加。下面主要根据记纪关于应神天皇的记载试作论述。

第一,应神天皇出身于北九州,与大和国的王统无血缘关系。据记纪记载,神功皇后征伐新罗时怀妊临产,为此以石缠腰以镇之,回筑紫后立即生皇子应神天皇。神功皇后征伐新罗和生应神天皇皆系编造,不可信。但应神天皇生于北九州而非大和,则是确实的。这个物语的舞台在北九州。又据米泽康研究,物语中神初出的场面带有西部日本的地方色彩;物语中类似于幼神诞生的女神产子信仰,在北九州到对马海边广为流传,这一事实也表现了物语的地方性。① 这些都可以作为旁证。

从世系上说,虽然记纪以仲哀天皇与神功皇后之子的形式,把九州出身的应神天皇与大和国的王统联结起来,但矛盾很多。井上光贞、吉井岩、直木孝次郎诸氏恢复的真实世系虽不尽相同(如下表),但一致证明应神天皇在世系上与大和国的王统无联系。

(1) 记纪:

```
                  ┌ 五百木之入日子命──品陀真若王──中日卖
崇神──垂仁──景行─┤ 倭建命────仲哀                 ║────仁德
                  └ 成务       ║─────────────应神
                              神功
```

(2) 井上:

```
崇神──垂仁──景行──五百木之入日子命──品陀真若王──中日卖
                                                      ║────仁德
                                                     应神
```

(3) 吉井岩

```
崇神──垂仁
        八坂之入日子命
                ║──────高城入姬
        八坂之入日卖命        ║
                             应神
```

(4) 直木:

```
                 ┌ 五百木之入日子命
崇神──垂仁──────┤ 高城入姬
                 └      ║
                    景行──应神──神功
                        ║
                       仲媛
```

---

① 转引自井上光贞:《从神话到历史》,中央公论社,1965年,350—351页。

又，大和国诸王的和风谥号称"iri（入）"，而应神系统天皇称"wake（别）"，如应神天皇 homudawake，履中天皇 izahowake，反正天皇 mizuhawake 等。和风谥号的不同也反映了王统的不同。上田正昭氏认为"wake（别）"非单纯的尊称，它含有"分开"或"年轻"的意思。[①] "wake（别）"与"iri（入）"不同，这个称号本身恐怕就寓意于王统的不同吧。

第二，应神天皇东进入主畿内是一场血腥的征服战争。据记纪记载，神功皇后和应神天皇返回大和时遇到了大和国的香坂王和忍熊王的抵抗。香坂王和忍熊王在采石造坟的掩护下，"兴东国之兵"。香坂王不慎为怒猪吞吃，忍熊王见其状而毫不畏惧，仍然严阵以待。神功皇后和应神天皇方面，"率数万之众""因疑人心"，母子分两路进发。应神天皇出南海，泊于纪伊水门，神功皇后直指难波。途中亦非风平浪静。起初神功皇后船队回海不能进，会师纪伊后又遇"常夜行"即日夜不分的恶劣气候。这虽是自然现象，但似乎暗示遇到了某种阻力。双方接战后，激战四次。第一次，忍熊王攻应神天皇部队；第二次双方相战于山代（书纪称菟道）；第三次，应神天皇军败忍熊王军于逢坂；第四次，应神天皇军全歼忍熊王军于沙沙那美（狭狭浪栗林），忍熊王与将军伊佐比宿祢投近江琵琶湖而死。记纪形容当时的情况称："悉斩其军"，"血流溢栗林"。可见这是一次大规模的殊死战。而在历时近两个月的战争中，应神天皇方面始终占有优势地位，战略战术也很巧妙。如佯称应神天皇已死，置丧船一艘，藏兵其上，忍熊王误以为是空船，攻之，不意丧船军下，忍熊王卒不及防而退，初战失利。双方在山代（菟道）对峙时，应神天皇军又诈称归顺，实则藏弦于发髻中，待诱忍熊王解兵断弦后，发起总攻击，一举败之。而忍熊王方面不仅处于劣势，而且似乎缺乏大战经验。尚未出师主帅之一香坂王即为怒猪所害，开战后一再上当受骗、应神天皇军发起总攻时，"今无储兵"，即没有准备预备队，只得败逃，说明其战略战术相当拙劣。双方在军力和策略上的这种明显差距，正说明应神天皇是掌握了大陆传来的先进技术和战略的北九州势力。

第三，应神天皇的统治中心设在河内，但为了控制旧势力，也在大和建

[①] 上田正昭：《倭国的世界》，讲谈社，1976年。

立据点。与大和国诸王宫室在大和境内不同，应神系天皇既在河内，也在大和营造宫室。应神天皇因初征服大和国，统治权尚不巩固，在建难波大隅宫同时，也于大和国的根据地建轻岛明宫，以便监视旧势力。应神以后历代天皇则交替在河内与大和之间营造宫室。仁德天皇于难波建高津宫，履中天皇则迁至大和伊波礼若樱宫，但反正和允恭两天皇又迁回河内多比柴垣宫和远飞鸟宫，以后安康、雄略、清宁三代天皇又移至大和石上穴穗宫、长谷朝仓宫和伊波礼瓮栗宫，至显宗天皇再迁回河内近飞岛宫，最后的仁贤、武烈两天皇复迁宫于大和石上广高宫和长谷列木宫。① 在频繁交替迁移宫室中值得注意的是，建于大和的宫室全部在大和国根据地的周围，而无在其中心地者。这说明，应神系天皇终此一代，始终对大和国旧势力保持着警惕。应神系天皇死后几乎全部葬于河内，因而陵墓皆在河内。如应神——川内惠贺之裳伏冈，仁德——和泉百舌鸟耳原，履中——和泉百舌鸟耳原，反正——和泉百舌鸟耳原，允恭——河内惠贺长枝，安康——大和营原之优见冈，雄略——河内多治比高鹫，清宁——河内坂门原陵，显宗——片冈之石坏冈上，仁贤——埴生坂本陵，武烈——片冈之石坏冈。这也可以说明其统治中心在河内。

至于为什么以河内为统治中心，日本学者从大和朝廷的角度出发，或认为是由于出兵朝鲜的需要，因此重视濑户内海的交通，或认为是为了开发河内平原。然而，出兵朝鲜仅仅控制濑户内海的交通是不够的，最根本的是要掌握北九州。如果是为出兵朝鲜而采取的措施，那就应该如神功皇后亲至筑紫那样，把统治中心转移到北九州才是万全之策。由此可见，因出兵朝鲜，重视濑户内海交通而将统治中心转移到河内的解释是说不通的。开发河内平原恐怕派遣得力官员进行即可，而无须连统治中心也搬过去。应该说，河内平原的开发是统治中心转移到河内的结果，而不是统治中心转移到河内的原因。其实，应神天皇以河内为统治中心，原因很简单，他是要避开大和国的旧势力的反对。离开旧势方顽强的旧统治中心，另选新统治中心，

---

① 远飞鸟宫和近飞鸟宫，有解释在大和境内者。本文取上田正昭、直木孝次郎和平野邦雄等的河内说。

对一个新政权来说是当然的。而作为来自九州的倭国第一个统一政权，选择既能控制濑户内海的交通，又离旧大和国统治中心不远的地方作为新的统治中心，从而既可以保持与自己老根据地的联系，又便于监视旧势力的动向（加上设在大和的据点），这不是很高明的政治策略吗。

第四，下列传说和事实说明，应神天皇似乎是作为统一的政治实体的倭国的开国鼻祖。神功皇后是在南征熊袭，北伐新罗的异常战争环境中，在天照大神和三海神的庇护下，才平安地怀胎和生下应神天皇的，可见应神天皇的出身传说带有浓厚的始祖神话色彩。应神天皇是"神"字三天皇（神武、崇神、应神）之一，在天皇世系中占有特殊神圣的地位。后世的继体天皇以应神天皇五世孙证明其正统性、仅次于伊势神宫的皇室第二宗庙八幡宫以应神天皇为主神，都不是偶然的，恐怕和应神天皇的特殊神圣地位有关。以淡路岛为中心的"国生神话"（关于日本列岛形成的神话传说）发展为天皇即位重要礼仪之一的八十岛祭。八十岛祭意味着大八洲之灵附着于新天皇，即用咒术的方式保障新天皇的倭国支配者身份。冈田精司从氏所祭神的性质、祭神的场所和名称等考证得出结论说，八十岛祭作为天皇即位的仪式始于 5 世纪的河内王朝。八十岛祭在难波举行，难波为圣地。山根德太郎氏考证《万叶集》中大伴家持的长歌（四三六〇），认为其中有难波宫室是从神代就已开始创造的意识。① 而都于难波始自应神天皇。又，据直木孝次郎氏考证，天皇系统的氏族出自神武天皇至应神天皇者 153 氏，出自仁德以后天皇者仅 3 氏，说明记纪的编撰也是以应神天皇作为一个界限的。此外，应神天皇的年代大约处于五王时代和古坟时代中期的初期，是实在性很强的人物。

必须指出王朝交替说的主张者大体上也是以上述各点作为河内王朝说的论据的，但他们回避了最重要最关键的事实，那就是应神天皇出身于北九州。但这是一个不可回避的事实，因为不仅应神天皇从北九州东进入畿内，神武天皇也是东征入大和的。这两个被记纪视作最重大的现象，很难设想是完全虚构而可以加以否定的。离开了这两个关键点的任何学说，不管其

---

① 转引自铃木靖民：《古代国家史研究の步み》，新人物往来社，1983 年，132 页。

论据如何充足,都只能说是建立在沙滩上的楼阁。既然将河内王朝的出现解释为畿内联合政权内部一构成员的河内地方势力取代大和的中央权力,那就要回答河内地方势力在河内平原开发以前是由于什么原因和如何成长的,以至具有足以推翻中央权力的强大力量?作为畿内政权地方势力的河内王朝,在它没有统一倭国以前,同大和中央势力一样,也应是比较后进的,那么又如何解释中期古坟出现的那些大陆文化因素呢?用畿内政权内部势力交替恐怕也无法解释中期古坟与前期古坟间的质变。因为这种质变仅仅用政权内部势力的交替而无更有力、更先进的外来力量的进入是很难作出令人信服的解释的。由此,我以为,以应神天皇为代表的九州势力即邪马台国东进,征服大和国,称霸畿内,开始了倭国统一的新时期,这个说法比之大阪豪族取代大和政权,建立河内王朝的说法,恐怕更接近于历史的事实。

这里还要着重谈谈神武东征传说问题。这个传说虽然不能原样信为史实,但也不能认为是全无事实根据的凭空编造。这个传说恐怕是邪马台国东迁过程的神话化、传说化,是历史事实的曲折反映。反对者会责难说:这是复旧,是后退,因为神武传说的实在性和史实性早已由津田左右吉氏的严厉批判所否定。然而,津田左右吉氏的批判不是判断是非曲直的标准。问题在于其批判是否真有道理。应当承认,津田左右吉氏的批判也未脱出皇国史观的窠臼。倒如津田左右吉氏批判的主要理由之一是,"神武东征以日向为出发地,这是很奇怪的。在《日本书纪》中被描写成'膂肉空国'(如脊背上的肉那样贫瘠的土地)的未开发地怎么能成为皇室的发祥地呢?"这不是同江户时代的国学家、明治时代的历史家从维护皇国尊严出发,认为大和朝廷向中国王朝朝贡和受册封是不可能的一样,也是皇国史观在作怪吗?其实,古人并不认为向中国王朝朝贡、落后的日向作为皇室发祥地,有什么不光彩的地方,否则记纪就不会这样记述了。津田左右吉氏从合理性批判记纪无疑有正确的一面,但其合理性的准则毕竟是皇国史观。今天看来其批判显然是远远不够的,因此不应把津田左右吉氏的批判奉为金科玉律。

津田左右吉氏对神武传说的批判开创了一种研究法,这种研究法为后人继承发展,已成为当前研究神话的一种研究法,但这个方法本身是否科学也是值得怀疑的。这个研究法可以称之为"分解投影法",即把神武东征传说分解为几个部分,如从日向出发、东征和大和平定等,分别寻求类似的史实或例子,说是其投影。例如,有的学者认为,从日向出发因为九州是出兵朝鲜的前进基地、东征模仿天武天皇的壬申之乱、大和平定以大和政权征服矶城地方为范本等。姑且不问把不同时期、不同地点、不同人物和不同事迹编造为一个传说的必要性何在,即使从可能性而言也有问题。倭人恐怕更长于朴素的记实,而不善于如今的作家那样,为了塑造一个典型的文学形象,而把不同人的事迹集中到一个人身上。友田吉之助氏批评"以远近法历史观为基础的反映法是站在现代立场上去解释过去的历史",①这个批判是颇为中肯的。

"分解投影法"导致神武传说研究中的主观随意性。历史是不会重演的,但历史上的类似现象却是很多的。拿行军路线来说,由于地理条件决定,有些地方是兵家必争或必经之地,从古到今都是如此。因此寻求类似的现象并不困难,其可能性甚至可以说是无限的。这样就出现了各种各样的解释,如选择向日之意的地名说、根据古代贵族阶级的时代划分观和空间划分观创作说、继体王朝交替说、河内王朝交替说、南大和地方统一大和说,以及不同系统的神话传说拼凑说,等等。"分解投影法"并无统一的客观标准,只要相似就行,因而可以因人而异,竞相争奇。

"分解投影法"旨在证明神武东征传说是编造的,并着重研究其如何编造。这看起来似乎是与皇国史观彻底决裂,因为它一股脑儿否定了神武东征传说。但在实际上它并未真正与皇国史观划清界限,因为它回避了对神武东征传说本身的研究,没有提出一个足以与皇国史观相抗衡的合理解释。回到对神武东征传说本身的正面研究上来,揭开其神话的外衣,探索包藏其中的历史因素,这才是神武传说的正确研究方法。在这种情况下,最合理的解释应该是:神武东征传说是邪马台国东征畿内历史的传说化、神话化。而这决不是复旧、后退。恰巧相反,这是真正与皇国史观彻底决裂和划清界限。邪马台国凭靠实力,通过血腥的征服战争,消灭大和国,入主畿内,统一倭国,这个事实难道不正是对宣扬皇权神授、天皇万世一系的皇国史观的彻底否定吗?

---

① 友田吉之助:《日本国家起源论的再检讨》,《东亚古代文化》50,1987年,185页。

二、古坟的质的变化——形态

古坟时代一般分为前、中、后三期。中期古坟与前期古坟比较有许多明显的变化,这些变化恰可与记纪的记载互相印证。

第一,王陵的巨大化达于顶点,出现超大型前方后圆坟。前期古坟最大的无超过 400 米的,300 米以上的也只有一座即景行天皇陵(涩谷向山古坟,坟丘长 310 米,一说 290 米)。中期则出现了两个 400 米以上的超大型古坟。耸立在位于大阪湾的堺市高地上的仁德天皇陵(大山古坟),是长 486 米,高 35 米的巨大前方后圆坟。据推算,建造这样的巨坟,仅运土一项就需要载重量五吨的卡车 562 300 台。若按一天一千人计算,要花费四年以上的时间才能完成。其次是耸立在大阪府南河内郡美陵町誉田低矮丘陵上的应神天皇陵(誉田山古坟,或誉田御庙山古坟)。该陵地处交通要冲,在石川与大和川的汇合点。应神天皇陵全长 420 米,高 36 米。坟丘的长度虽不如仁德天皇陵,但其溶积超过仁德天皇陵(约 143 万对 140 万立方米)。

关于超大型古坟出现的原因,甘粕健认为:"为了压倒处于竞争关系的势力(地区政权),显示大王的权威,而建造更大规模的坟丘。"[1]然而,这个解释未必揭示了这一历史现象的本质。应神、仁德两天皇陵出现的年代日本学术界各说不一,就目前研究水平看,设定为 5 世纪前半较为合适。而这正是倭王武上表文中所说的"祖祢"统一倭国的时代。因此,与其说超大型古坟的出现是"大王权力与地区政权之间激烈的实力较量",不如说,作为最初的统一的政治实体的倭国的最高统治者,模仿中国秦始皇在完成统一大业后建造巨大的骊山墓,也建造了超大型古坟,以显示自己的功绩和权威,更符合历史的现实。

第二,古坟设计技术的进步,出现新型的前方后圆坟。前期古坟多建于丘陵,主要利用自然地形,加工整形而成。坟丘前方部低,宽度和跨度小,与

---

[1] 甘粕健:《古坟的形成与技术的发达》,《岩波讲座日本历史》1,1975 年,317 页。

后圆部不成比例,有头重脚轻之感,因而被称为镜柄型或帆立贝型。无周濠者居多,即使有周濠也不整齐。中期古坟则建于平坦的洪积台地或冲积平原,人工造山,由人工堆土而成。设计、筑造技法明显改进,前方部发达,宽度与跨度加大,高度约与后圆部同,或高于后圆部。因此,前方部与后圆部的比例协调,两者联结紧密,成庄重而有力的形状。一般有宽广而整齐的周濠围绕。如应神陵、仁德陵有整齐的马蹄形二重周濠。内部结构也相应由前期的竹片形、长而大的木棺,改变为庄重的长方形石棺,用六块巨大板石加工、组合而成。石室仍是竖穴式石室、但狭长形改变为宽短形。坟形、结构与规模是互为表里的。如果说,前期形式的前方后圆坟是地区性大和国统治者身份的象征,那么,更进步的中期形式的前方后圆坟就可以说是倭国统一者身份的象征。

第三,古坟绝对数猛增,古坟群时结构复杂。前期古坟分布的特点是"一定地区、一定时间、一座古坟",即在广大的地区内只有很少几座古坟。进入中期后,古坟分布范围扩大,过去没有古坟的地方也建造了古坟。一定地区的古坟分布密度增加,从而形成许多古坟群。如位于河内羽曳野市、藤井寺市的古市古坟群有55座古坟,其中主要古坟19座。位于和泉堺市的百舌鸟古坟群有80座古坟,其中主要古坟20座。中期古坟群的结构比前期古坟群复杂,它以主坟为中心,周围配置规模、形状不等的古坟,形成金字塔式的结构。

日本学者森浩一氏将古市、百舌鸟两古坟群及其附近古坟群的古坟分为七类:① 前方后圆坟,坟丘规模大(目测全长约在110米以上),有周濠和陪冢;② 前方后圆坟,坟丘规模同①,有周濠,无陪冢;③ 前方后圆坟,坟丘中小规模,有周濠,无陪冢;④ 有圆坟或方坟,坟丘中小规模,无陪冢;⑤ 陪冢,前方后圆坟,有人体埋葬;⑥ 陪冢,圆坟或方坟,有人体埋葬;⑦ 陪冢,是否埋葬人体不明,有大量遗物。① 考虑到前方后圆坟有中期型式和镜柄型、帆立贝型等前期型式的区别,实际上可能还不止这七类。如典型的仁德天皇陵,在其周围分布有中期型式前方后圆坟1,帆立贝型前方后圆坟4,圆坟

---

① 森浩一:《群集坟与古坟的终末》,《岩波讲座日本历史》2,1976年,96—97页。

10，方坟1。而埋葬在主坟周围的古坟中的被葬者，可能是主坟被葬者的侧近，或其统治机构的大小不等的官吏。可见，以主坟为中心、金字塔形的古坟群结构，不仅更加显示了主坟的威严，而且反映了随着统一国家的建立和管理事务的增加，统治机构也复杂了。

第四，大型古坟集中于河内，河内成为王陵的中心地。前期200米以上的大型古坟集中在大和，大和是大和国的统治中心。然而，中期200米以上的大型古坟和400米以上的超大型古坟，皆集中于河内(8世纪以前包括和泉)。如古市古坟群有：应神天皇陵(誉田山古坟，420米)、河内大冢山古坟(330米)、仲津姬陵古坟(286米)、仲哀天皇陵(239米)、墓山古坟(219米)、津堂城山古坟(205米)等。和泉百舌鸟古坟群有：仁德天皇陵(大山古坟，488米)、履中天皇陵(360米)、土师二山财古坟(290米)等。大和地区中期虽也有200米以上的大型古坟，但在总体土与河内相比远为逊色。如北部的佐纪古坟群：宇和奈边古坟(269米)、市庭平城陵古坟(252米)、磐之媛陵古坟(219米)、小锅右坟(212米)；西部葛城地方：御所市室宫山古坟(240米)、高田市筑山古坟(210米)、广陵町巢山古坟(205米)、新木山古坟(200米)、河合町川合大冢山古坟(200米)等。因此，王陵从大和移到河内是无可争辩的事实。

那么，应该怎样解释这一事实呢？日本学者中有墓地移动说和盟主权移动说。前者认为，王陵的移动不过是以大和南部为基地的最高首长转移其墓地而已。后者认为，王陵的移动是河内地区成长起来的政治集团，取代大和地区政治集团，而掌握盟主权的结果。如果孤立地看王陵从大和向河内移动，那么，以上两说皆可成立。但是，如果把上述四方面的变化以及下面将要谈到的随葬品方面的变化综合起来看，那么，这两说都不能提供令人满意的解释。应该说，中期古坟并不是前期古坟的单纯延长或量的发展，两者在规模、形态、古坟群结构、中心地和随葬品方面有质的不同。墓地移动也好，大和国盟主权移动也好，都不可能带来如此巨大的变化。造成中期古坟与前期古坟质的差别的唯一可能的原因应该是：倭国有史以来第一次成为一个统一的政治实体，从而引起了墓制方面的变革。我想，舍此别无其他原因。当然，统一势力来自九州的邪马台国，上述古坟资料并未提供直接证明,但从下述随葬品的变化中可以得到旁证。

三、古坟的质的变化—随葬品

中期古坟在随葬品方面最主要的特征是,夸示被葬者生前经济、军事实力和大陆式贵族生活的随葬品,逐渐取代了宗教的咒术的宝器。表现在:第一,铁材和铁器的大量随葬。奈良市宇和奈边古坟的陪冢大和 6 号坟(圆坟)一次出土大小铁杆 872 条(重 140 千克)和各种农、工具 713 件。

第二,武器在随葬品中占更大比重。应神天皇陵陪冢有山古坟(方坟)一次出土铁器 3000 件,其中铁镞即占 1612 个。武器的革新尤其值得注意。防御用武器铁横矧板皮缀短甲、铁三角板皮缀短甲和冲角副胄定形量产。鋲留(铆钉)技术传入后,又设计了新型的眉庇副胄和配套的鋲留短甲。如大阪府南河内郡美原町黑姬山古坟(前方后圆坟)一次出土了 24 组眉庇副胄和鋲留短甲。更后则有能自由屈伸、适于骑马战的挂甲。攻击用武器也相应改进。镞由扁宽平根发展到细身尖根,更加锐利,穿透力更强。此外,剑发展为直刀,枪发展为铧。铧锋锐利,再安上不足两米的柄,成为最有力的进攻武器。

第三,马具的出现。马具初见为应神天皇陵陪冢丸山古坟出土的镀金龙纹透雕鞍及其他马具。倭人本不养马,不乘马。马具的随葬说明倭人接受了大陆的骑马风习。应神天皇陵和仁德天皇陵有最古的马埴轮(明器),相传百济王派遣阿直岐向应神天皇献名马二匹,也可互相佐证。马具除鞍外,还出土有辔、镫、云珠、杏叶、马铎等。如履中天皇陵陪冢七观古坟出土了铁制辔、木芯铁板张轮镫、环铃等马具。特别令人感兴趣的是,和歌山市大谷古坟出土有马甲胄,说明倭人已经懂得在战争中马也要武装起来。

第四,金、银、镀金装饰品取代了铜、玉制品。前期古坟时代,倭人对黄金无兴趣,爱好勾玉、管玉、透明玉等首饰及碧玉制腕饰,崇尚青色。而这时开始喜爱金银装饰品。古坟出土金银装饰品有冠帽、耳饰、饰履等。如滋贺县高岛郡加茂稻荷山古坟出土了金耳饰、镀金冠、镀金履、镀金鱼佩,七观古坟出土有镀金裤带。此外,武器如大刀、甲胄以及马具也以镀金装饰。这时仍用玉做装饰,但色调更加丰富多彩,在青色的翡翠和碧玉中,增加了赤玛瑙、茶色琥珀、白色水晶、黄色和浅绿色透明玉等。

甘粕健根据随葬品,复原中其古坟被葬者的形象说:头戴花饰镀金冠,两耳垂挂精巧金耳饰,衣带飘悬成双镀金鱼佩饰,腰佩镀金龙纹环头刀,足踏镀金靴,从头到脚金光闪耀。[1]

井上光贞也描述说:

> 出现了全新类型的族长。他们身披威武的甲胄,腰佩长刀,手持其锐无比的长矛,穿戴晃眼的金色服饰,有时坐骑——马也武装起来了。[2]

可见,中期古坟的被葬者已经完全大陆化,从他们身上看不到前期古坟被葬者那种司祭者性质。这无疑是王权现代化的结果。然而,问题在于王权现代化是如何实现的? 是大和朝廷移动墓地所引起的,还是河内王朝掌握盟主权而造成的,或是九州势力邪马台国东征畿内而带来的呢? 回答这个问题,应从事实而不应从成见出发。比较大和、河内和北九州中期古坟随葬品出土情况,不难发现其间的差别。大和地区虽不乏仅次于河内王陵的大型前方后圆坟,并且如大和6号坟那样,有大量铁材、铁器随葬,但没有或很少发现甲胄、马具和金银装饰品等现代化、大陆化的随葬品。河内地区是大型、超大型前方后圆坟的集中地。与此相应,在随葬品的数量和质量方面,仅从前面列举的部分实例看,也处于绝对的优势地位。北九州地区的古坟出土品虽在总体上与河内地区存在着很大差距,但就个别古坟、个别遗址而言,其出土品的质量并不劣于河内地区的大古坟。如福冈县浮羽吉井町的月冈古坟,虽是全长只有95米的前方后圆坟,但却出土了带金具、镀金马面、镀金鞍金具、马铎、辔、木芯铁板被轮镫等大陆色彩浓厚的遗物,以及眉庇副胄和短甲等八组甲胄。玄界滩上的冲之岛遗迹被认为是4世纪后半到奈良时代的祭祀遗迹,仅已调查的遗迹就发现了5万件遗物。其中岩上和岩阴遗迹相当于古坟时代中、后期,出土铜镜42面,铁刀241把,以及镀金

---

[1] 甘粕健等:《埋在大地下的历史》,新日本出版社,1974年,174页。
[2] 井上光贞:《从神话到历史》,397页。

带金具、马具等，即使与当时大古坟的随葬品相比也毫不逊色。以上三地区古坟出土品的种类和数量，随着考古发掘的进展，可能会有所变化，但基本趋势大概不会改变。

从三地区古坟出土品的对比中，可以得出什么结论呢？井上光贞正确地指出："在奈良县没有发现像大阪誉田和百舌鸟古坟群那样随葬漂亮甲胄的古坟。这不是因为奈良县没有中期大型古坟，而是由于当时的大和还存在着许多与前期同样性质的族长的缘故。"① 换句话说，在三个地区中，大和的现代化程度最低。显然，现代化程度最低的势力不可能带来高度现代化的文化，因此大和朝廷移动墓地而引起王权现代化的可能性应该完全排除。这样就只剩下河内王朝掌握盟主权和九州势力邪马台国东征畿内两个可能性了。决定这两个可能性的关键在于如何看待出土品不劣于大古坟的冲之岛遗迹和月冈古坟。

日本学者往往站在畿内中心论的立场上来解释这些现象。他们认为，冲之岛遗迹是大和朝廷的国家祭祀，因此才有如此丰富的奉币（供品）；月冈古坟的被葬者只有在与大和朝廷结成同盟的情况下，才能获得大陆文物，或者由大和朝廷赐予。然而，这些传统的看法也是值得商榷的。拿冲之岛遗迹说，大量的出土品是长时期内逐步积累起来的，不是大和朝廷作为国家祭祀而一次奉献的，因此不能与畿内大古坟进行单个对比。书纪记载，应神天皇四十一年，阿知使主等自吴至筑紫，时胸形大神乞工女等，阿知使主便以兄媛奉献胸形大神。胸形大神即海神宗像神。这个传说至少可以说明，对冲之岛宗像神社的冲津宫奉币者有来自大陆的归国使者或渡来人。日本学者也认为，冲之岛遗迹的出土品，既与新罗古坟出土物相同，也与畿内古坟出土物相同，其中的汉式镜又接近北九州的弥生文化。由此看来，冲之岛遗迹处于大陆文化与近畿文化的中介地位。把这种情况解释为大陆文化经过冲之岛（北九州）而向近畿传播，不是更为合理吗？月冈古坟也同样。中国有句古语："近水楼台先得月。"处于大陆交通线上的北九州地方，不经过大和朝廷，也可以甚至首先获得大

---

① 井上光贞：《从神话到历史》，397 页。

陆文物。因而，九州势力邪马台国征服大和国，带来大陆风文化，从而出现现代化的统一王权，和河内王朝夺得盟主权，促进王权现代化，这两种说法比较，应该说，前者的可能性更大。

关于古坟出土的甲胄、马具的意义，日本学者通常也是从对朝鲜战争的角度进行解释的。他们说，武器的优劣在战争中起着决定性的作用。为了对抗高句丽的骑马战，倭人吸取大陆的先进技术和战术，进行武器、武具的革新，因此，甲胄、马具及其他先进武器、武具大大发达起来。但这是外因论的片面解释。实际上，日本学者也承认，倭人的甲胄（如眉庇副胄）和马具特别富于装饰性，其作为仪仗的意义远远超过实用价值。显然，用这样的马具和甲胄装备起来的骑兵队，不足以对付剽悍而善战的高句丽骑兵队。但对于那些还不掌握骑马战术的其他倭人集团（如大和国）来说，则是一支可怕的威慑力量。邪马台国正是掌握了先进的武器和战术，凭着这支威慑力量，才征服大和国，统一了倭国。因此，即使不能完全否定武器的革新和骑马战的采用是为了对抗高句丽，这也决不是主要的理由，主要的理由应是倭国内部统一战争的需要。

必须指出，在强调中期古坟与前期古坟有质的差异的同时，也不应忽视在前方后圆的基本形态上，中期古坟有继承前期古坟的一面。这说明，两者只是同一墓制的不同演进阶段，而不是如同古坟墓制与弥生墓制那样截然区别的两种墓制。中期古坟与前期古坟间没有断层，因此以此为主要论据的江上波夫氏的骑马民族征服说是不能成立的。但是，中期古坟有继承前期古坟的一面，也不能成为大和朝廷移动说和河内王朝盟主权说的论据。相反，它恰恰说明邪马台国东征畿内说。因为，很明显，新的征服者、统一者，只有适当地采取原有的统治制度，才能减少原有势力的反抗和阻力，并把他们吸收到自己的新统治体制中来，从而巩固征服者、统一者的地位。邪马台国正是这样做的。它征服大和国后，一面继承大和国的墓制传统，作为吸引原有势力的手段，一面又加以发展，以显示自己更高的权威。也正因为这样，古坟时代才由前期古坟，演进到与前期古坟既有继承关系又有质的差异的中期古坟的更高阶段。

三、中国史籍中倭王称谓的变化

邪马台国东征畿内,统一倭国,作为东亚世界重要成员的倭人的这个重大历史转折,不能不在中国正史中有所反映。

取得以中国王朝为中心的东亚国际社会一员的资格,是东亚各国生存所不可或缺的外部条件。因此,自奴国王以来,加入中国王朝的册封体制,接受其册封,就成为北九州倭人的历史传统。来自邪马台国王统的倭国最高统治者也继承了这个传统。《晋书》安帝义熙九年条称:"是岁,高句丽、倭国及西南夷铜头大师并献方物。"《南史》倭国传也记有:"晋安帝时有倭王赞遣使朝贡。"义熙九年是413年。至此,中国分裂混战已达一个世纪,即将进入南北两朝对峙的南北朝时期。安帝也可以说是东晋王朝的末代皇帝。他于396年即位,至义熙九年已在位17年。在中国继续分裂,东晋王朝行将灭亡,而又非新帝即位时,倭人突然恢复中断了一个半世纪之久的册封关系,重新回到以中国王朝为中心的国际体系中来,这不能不说与邪马台国征服大和国,倭国形成一个统一的政治实体有直接关系。回想一下邪马台国建立当初的情况不也与此十分相似吗?正当司马懿与公孙渊酣战时,女王卑弥呼就迫不及待地冒着战火,向魏国遣使朝贡,以取得魏帝的册封。可见对于倭人的新国家来说,取得中国王朝的承认是多么重要。

但是,倭王赞虽多次向东晋王朝和继起的刘宋王朝遣使贡献,却始终未获除授。这是因为倭国的统一事业始于赞而完成于珍。倭王赞尚未完成统一事业,因而在东晋和刘宋皇帝看来还不具备除授"倭国王"的资格。只是到了倭王珍时,才于430年被刘宋文帝正式赐予"倭国王"的称号。自珍以后,济、兴、武诸倭国王的地位,也一再得到中国南朝历代皇帝的确认。

"倭国王",顾名思义,就是"倭国之王"。这里的"倭国"不是一个地理概念,而是一个政治实体。"倭国王"称号的赐予说明倭人已经统一为一个国家即倭国,和这个统一国家的最高统治者得到中国王朝的承认。在这以前"倭国王"的称号一次也未见于中国正史。

我们来回溯一下自《汉书》到《宋书》中国正史中有关倭王称谓的变化。

《汉书》：(公元前后)，"乐浪海中有倭人，分为百余国"。"分为百余国"意味着百余小国各自分立，这时尚无"倭王"的称呼。

《后汉书》：(公元 57 年)"倭奴国王遣使奉献"。始有"倭奴国王"的称号。"倭奴国"意为倭人中的奴国，它是百余国中的一国。

《后汉书》：(公元 107 年)"倭面土国王师升等献生口百六十人，愿请见"。"倭面土国王"也是倭人中的一国——面土国的国主，但"等"字反映了以面土国主为中心若干小国形成了联合。

《魏书》：(三世纪)称邪马台国为"女王国"、女王卑弥呼为"倭女王""亲魏倭王""大倭王"(《后汉书》)。"女王国""倭女王"，意指倭人中以女子为王的国家。卑弥呼受魏帝册封为"亲魏倭王"。又因统一了百余国中的近三十国，言其是诸国中之大者而称之为"大倭王"。

《宋书》：(五世纪)始称"倭国王"，如上所述，系表示倭人统一的国家——倭国之王。

应该说，中国正史中倭王称谓的变化，如实地记录了倭人从小国林立到形成倭国的历史发展过程。在这里，"国"始终是指一个独立的政治实体，不管这个政治实体的范围如何。在中国史家的笔下，"国"是一个具有确切含义的概念，而决不是随便乱用的。从中国正史中倭王称谓的变化似乎也可以窥视到中国史家为了正确地记录倭人统一过程的不同发展阶段而字斟句酌的严肃态度。

中国正史记载的倭五王继承了北九州的传统，向中国王朝遣使贡献，并被赐予了"倭国王"爵位，这一史实，对于邪马台国东征畿内说，增添了有力的旁证。总而言之，无论从日本还是中国的文献记载以及考古资料，都可以得出九州的邪马台国东进，征服大和国，入主畿内，统一倭国的结论。

(作者沈仁安，北京大学历史学系，原文刊于北京大学日本学研究中心编《日本学》1990 年第 2 辑)

日本平安时代检非违使与律令制国家

王海燕

检非违使一职成立于平安时代初期,自设置以来一直是"国家之枢机,历代以为重职"的官职。[①] 由于检非违使在维持社会秩序中起着重要作用,日本学者很早以前就开始了关于检非违使制度的研究,学者们的研究视角从以往的司法、警察、军事制度逐渐扩展至国家统治理念、统治秩序、宗教礼仪等多个视点,研究成果较多。[②] 但是,中国学者关注尚少。检非违使的设立和发展,从一个侧面反映了古代日本律令官制的嬗变过程。因此,了解检非违使的形成与特征,是研究古代日本制度史不可回避的重要课题。

[①]《職原鈔》下・検非違使条,《群書類従》第五輯・官職部二,東京:統群書類聚完成会,1980年,第625—627頁。

[②] 有关检非违使的先行研究主要有浅井虎夫:《併帰使庁考》(《史学雑誌》14—1,1903年1月,第51—71頁);谷森饒男:《検非違使の創設》(《検非違使を中心としたる平安時代の警察状態》,東京:柏書房,1980年,第14—18頁,初出1921年);小川清太郎:《検非違使の研究》(《検非違使の研究:庁例の研究》,東京:名著普及会,1988年復刻版,第42—43頁);森田悌:《検非違使成立の前提》(《日本歴史》第255号,1969年8月,第62—77頁)、《検非違使の研究》(《史学雑誌》78—9,1969年9月,第1—44頁)、《平安中期検非違使についての覚書》(《日本史研究》第129号,1972年11月,第51—63頁);上横手雅敬:《平安中期の警察制度》(竹内理三博士還暦記念会編:《律令国家と貴族社会》,東京:吉川弘文館,1969年,第513—540頁);満富真理子:《院政と検非違使——その補任より見たる》(《史淵》第104号,1971年3月,第99—139頁);渡辺直彦:《検非違使創始時日に関する一試論》(《日本古代官位制度の基礎的研究》,東京:吉川弘文館,1972年,第297—310頁); (转下页)

一、检非违使的出现

依据现存的文献史料,检非违使初现于弘仁七年(816年)。《文德天皇实录》嘉祥三年(850年)十一月己卯条记载了治部大辅兴世书主的传记,相关内容摘抄如下:

> 从四位下、治部大辅兴世朝臣书主卒。书主,右京人也。本姓吉田连,其先出自百济。(中略)书主为人恭谨,容止可观。昔者嵯峨太上天皇在藩之时,殊怜其进退。延历廿五年,为尾张少目。大同四年四月,为缝殿少允。弘仁元年正月,迁为内匠少允。四年五月,迁为左兵卫权大尉。七年二月,转为左卫门大尉,兼行检非违使事。有顷,迁为右近卫将监。书主虽长儒门,身稍轻捷,超跃高岸,浮渡深水,犹同武艺之士;能弹和琴,仍为大歌所别当,常供奉节会。(中略)卒时年七十三。②

该传记叙述了兴世书主一生的官职变迁轨迹,其中弘仁七年二月,迁任左卫门大尉之后,同时兼行检非违使的事务。根据此条史料可知,至晚于弘仁七年,检非违使之称即已存在。但是由于史料的匮乏,无法确定检非违使之称首次使用的具体时间。律令官制中,以"使"为名的官职原本多为临时性的职务,③而且上述史料记述的兴世书主只是"兼行检非违使事",而非兼任检非违使。因此,弘仁七年时点的检非违使,极有可能是临时性设置的

(接上页)大响亮:《律令制下の司法と警察——検非違使制度を中心として》(东京:大学教育社,1979年);井上满郎:《検非違使の成立》(《平安時代軍事制度の研究》,东京:吉川弘文馆,1980年,第104—131页);驹井由美子:《検非違使の成立に関する一考察》(《関西学院史学》第20号,1981年5月,第69—92页);丹生谷哲一:《検非違使——中世のけがれと権力》(东京:平凡社,1986年);前田祯彦:《摂関期裁判制度の形成過程——刑部省・検非違使・法家》(《日本史研究》第339号,1990年11月,第121—153页)、"検非違使別当と使庁——庁務の構造と変遷"《史林》82—1,1999年1月,第1—35页)《平安時代の法と秩序——検非違使の役割と意義》(《日本史研究》第452号,2000年4月,第5—35页);笹山晴生:《検非違使の成立》(《皇学館論叢》37—3,2004年6月,第1—16页);铃木琢郎:《防鴨河使試論——検非違使研究の一環として》(《福大史学》第81号,2010年12月,第43—62页),等等。

② 黑板胜美编:《新訂増補国史大系3 文徳天皇実録》,东京:吉川弘文馆,1934年,第21—22页。

③ 和田英松:《修訂官職要解》平安时代・諸使,东京:明治书院,1926年,第170—176页。

职务。①

《弘仁式》是成立于弘仁十一年（820）的律令施行细则集，在其卫门府式中，有以下规定：②

凡检校右京非违者，官人一人，府生一人，火长五人二人看督长，二人官人从，一人府生从。

即卫门府内的检校右京非违者的人员构成是官人—府生—火长。关于此条文的性质，一般认为，《弘仁式》编纂之时，检非违使已经成为常设之职，从属于卫门府，因此该条文是对检非违使人员构成的规定。③ 但是也有学者提出不同的见解，认为弘仁十年（819年）以前，检非违使尚是临时之职，上述卫门府式的规定是以卫门府为对象的，并非特指检非违使。④《弘仁式》的编纂与《弘仁格》同时进行，其时，编纂者对大宝元年（701年）至弘仁十年间的"官府之故事""诸曹之遗例"加以选择取舍，将已经颁布的诏敕或者重要的太政官符，原文不动地收入《弘仁格》；对于诸官司已存在的、可以作为法令补缺或者永例的常例，修改后编入《弘仁式》。⑤ 据此可知，无论该条文是否以检非违使为对象，弘仁十年以前，卫门府内已经存在检察京内非违的职事官，这一点可以说是毋庸置疑的。

弘仁十一年以后，检非违使开始频频出现在太政官符或者宣旨之中。弘仁十一年十一月廿五日的太政官符：

右得刑部省解称：（中略）今犯罪之辈相续不绝，赃赎未纳逐年弥多，迫征之吏徒疲催勘。负赎之人无心进纳，既狎前断不畏后科。望请，在京官人抑留位禄季禄，杂色人等令检非违使催征，在外诸人抑留朝集使返抄令济其事。谨请官裁者。大纳言正三位兼行左近卫大将、

---

① 大饗亮：《検非違使の成立》，《律令制下の司法と警察——検非違使制度を中心として》，第33—71頁。
② 黒板勝美編：《新訂増補国史大系 28 政事要略》卷六十一・糾弾雑事，東京：吉川弘文館，1935年，第517頁。
③ 渡辺直彦：《検非違使創始時日に関する一試論》，《日本古代官位制度の基礎的研究》，第297—310頁。
④ 大饗亮：《検非違使の成立》，《律令制下の司法と警察——検非違使制度を中心として》。
⑤ 《弘仁格式・序》，黒板勝美編：《新訂増補国史大系 25 類聚三代格》，東京：吉川弘文館，2000年，第1—3頁。

陆奥出羽按察使藤原朝臣冬嗣宣,依请,宜令刑部省移式部、大藏等省,其禄物者令大藏省准赎铜数便即折留宛刑部省。其应抑留返抄诸国及犯罪官人并赎铜数依件移送。又下宣旨检非违使毕,亦宜同移之。①

根据符文的内容可知,当时,犯罪人不纳赎物(赎罪用的物品)的现象日益增多,官吏疲于催征,但徒劳无功;对此,刑部省提出应对措施的方案,通过上申文书请太政官裁决。太政官依请下达命令,其中,对于未纳赎物的在京犯罪官人,命令刑部省直接以公文书("移"②)通函至式部省、大藏省等官司,扣留犯罪官人的俸禄,以抵其未纳的赎物;对于未纳赎物的其他在京人员("杂色人"),命令检非违使催征。从刑部省动议"令检非违使催征"未纳赎物来看,当时检非违使已经存在,并非因此事而临时设置。另外,值得留意的是,给检非违使的命令是以宣旨的方式下达的。平安时代的宣旨有两种:一是天皇的敕旨,天皇的意志由后宫的内侍官或者天皇的近侍(藏人)传宣至太政官,然后以太政官的命令——太政官符或官牒的形式下达至诸司、诸国等;二是官宣旨,即对于无须上奏天皇的事项,太政官的议政官(由太政大臣、左右大臣、大中纳言、参议组成)审议事项,其审议决定直接以太政官符或官牒的形式下达至诸司、诸国等,这类官宣旨的特点是行文中不写"奉敕"二字。③ 据此,再回看上述的弘仁十一年十一月廿五日太政官符,全文中未见"奉敕"二字,这表明对于刑部省上申的事项,太政官直接作出相关的决定,并未上奏天皇。由此推测,太政官下达给检非违使的宣旨是官宣旨。

检非违使依宣旨而行动的特点,在天长九年(832)七月九日太政官符所引用的弘仁十一年十二月十一日的宣旨中,同样可以见到:

宣旨称:检非违使所掌之事与弹正同,临时宣旨,亦纠弹之者。④

---

① 《類聚三代格》断罪贖銅事・弘仁十一年十一月廿五日太政官符,黒板勝美編:《新訂増補国史大系 25 類聚三代格》,第 641 頁。
② 移,是诸官司间的来往公文书,"内外诸司,非相管隶者,皆为移。"(《養老令》公式令・移式条,井上光貞等編:《日本思想大系 3 律令》,東京:岩波書店,1976 年,第 379—380 頁。)
③ 今江広道《宣旨》,飯倉晴武等編:《日本古文書学講座》第 3 卷・古代篇Ⅱ,東京:雄山閣,1979 年,第 65—94 頁。
④ 《類聚三代格》断罪贖銅事・天長九年七月九日太政官符,黒板勝美編:《新訂増補国史大系 25 類聚三代格》,第 645 頁。

即检非违使具有与弹正台相同的纠弹职权,不过须根据临时宣旨行使该权限。在天长九年七月九日太政官符的引用中,也未见"奉敕"二字,因此似可以推断,第一个"宣旨"属于官宣旨,但"临时宣旨"的含义却并不一定只限于官宣旨,也存在是天皇敕旨的可能性。又,弘仁十二年(821)十一月二十日的官宣旨,有如下内容。

> 右大臣宣,检非违使等缘使之政,有令外记传申者,宜随状申者。①

即如果有检非违使因政务而上申的文书,外记应依照检非违使上申文书的内容向太政官的议政官传申。外记是太政官内的下设官职,其职责是对天皇诏书、诸司·诸国上奏文的行文加以勘校,以及在太政官厅读申公文。外记传申检非违使上申文书的规定的出台,既折射出检非违使的有关政务上申文书的常态化,即检非违使已成为常设之职,同时也显示出太政官对检非违使所申政务的重视。弘仁十三年(822)二月七日的太政官符就是应检非违使的上申文书而颁布的法令:

> 右检非违使解称:案贼盗律云,强盗不得财徒二年。一端徒三年。二端加一等。十五端及伤人者绞。杀人者斩。其持仗者,虽不得财远流。十端绞。伤人者斩。又条云,窃盗不得财笞五十。一尺杖六十。一端加一等。五端徒一年。五端加一等。五十端加役流者。然则强窃二盗其罪各别,从赃多少,复有轻重。而去弘仁九年宣旨称,犯盗之人,不论轻重皆配役所者。使等偏执此旨未定年限,罪无轻重命终役所。夫绝者难更续,死者不再生。望请,明定节文依限驱使,谨请处分者。右大臣宣,奉敕,夫配徒之辈既有年限,至于役使岂期终身,静而言之事涉深刻,但两京之内犯盗者众,若不折衷,何将惩肃。自今以后,宜犯徒一年者加半年,二年三年者各加一年。杖罪以下亦徒一年。若犯二流者各役六年。其犯死罪,别敕免死,十五年为限。(后略)②

---

① 《類聚符宣抄》外記職掌·弘仁十二年十一月廿日宣旨,黒板勝美編:《新訂増補国史大系 27 類聚符宣抄》,東京:吉川弘文館,1965年,第133頁。
② 《類聚三代格》断罪贖銅事·弘仁十三年二月七日太政官符,黒板勝美編:《新訂増補国史大系 25 類聚三代格》,第631—632頁。

该太政官符的前半部引用了检非违使上申文书的内容。检非违使首先抄录了律令制规定的贼盗律细则；然后陈述当时的现行法——弘仁九年（818）颁布的法令规定的简单性，即对于犯有强盗或窃盗罪的人，不论所犯之罪的轻重都一律发配服劳役，而且法令没有具体规定服役的年限，导致犯人无轻罪或重罪之分，都将命终于劳役之处；最后检非违使请求明文规定犯罪人的服役年限。太政官符的后半部是依据检非违使的上申，具体地规定了犯盗者的服役年限。检非违使解以律令为依据上申，反映出其维护律令制国家权力的性质。同时，也显示作为法令执行者的检非违使，具有向上通报法令实施中问题的职责，在完善法令方面起着重要的作用。①

由上可知，尽管由于史料所限，无法确定检非违使始现的具体时间，但是弘仁十一年以后，检非违使一职日益重要，成为常设之职，这一点毋庸置疑。承和元年（834年），当时的参议、从四位上的左大辨、左中将文室秋津被任命兼职检非违使的长官——别当，由此检非违使的官职构成与律令制规定的诸官司同样为四等官制，即别当（长官）、佐（次官）、尉（三等官）、志（四等官），检非违使的官厅——检非违使厅也随之成立，最终完成从"临时之职"向"常置官司"的转化。②

---

① 检非违使根据社会现实状况对法令的实施细则提出建议的职能，在日后也尤为明显。例如，贞观十六年（874年）九月，检非违使向太政官起请五条，对当时的现行法令提出修改意见，其中有一条是关于僧尼穿着服装的规定，按照律令制规定，僧尼不得穿着绫、罗、锦、绮以及违色之服，但是随着施主竞相布施绫罗锦绮及诸美丽色，穿着华丽衣服的僧尼日益增多，对此社会现象，检非违使主张："佛弟子等无有私蓄，唯以檀越之施，得为衣食之资，既有衬施，何不纳受，然则违法之罪，尤在施者，夫清其流者，先当澄其源"，请求"颁示天下，晓喻诸人，然后若有违法布施者，不论施受，必加科责"（《日本三代实录》贞观十六年九月十四日条，黑板胜美：《新訂增補国史大系4 日本三代実録》，東京：吉川弘文館，1934年，第349—350頁）。由此也可以看出，与官僚体制的一级一级地由下而上地传递社会各层的信息不同，检非违使是可以直接将社会状况反馈至最高权力层的。

② 宽平六年（894年），因为"囚徒满狱，科决犹迟"，故"定左右检非违使厅每日行政"；翌年，再次重申左右检非违使厅"行其政，不可隔日"（《政事要略》卷六十一·纠弹雑事·宽平七年二月廿一日别当宣，黑板胜美：《新訂增補国史大系28 政事要略》，吉川弘文館，1935年，第526頁）。天历元年（947年），废置右检非违使厅，以左检非违使厅为检非违使厅（《政事要略》卷六十一·纠弹雑事·天暦元年六月廿九日别当宣，黑板胜美编：《新訂增補国史大系28 政事要略》，第527—528頁）。

二、成立初期的检非违使职能

从检非违使的名称可以看出,检察非违事是检非违使的主要职责。"非违"一语的含义是"非者,非法也。违者,违法也"①,或是"非,非法也;违,违制也"②。检非违使从平安时代一直延续至室町时代,随着政治与社会背景的不同,其职能也有所变化。在此主要探讨成立初期的检非违使的职责。③

1. "巡检京中,拷决犯盗"

前已叙述,弘仁十一年十一月二十五日的太政官符,令检非违使职掌杂色人未纳赎物的催征。但是,至天长九年时,检非违使上书太政官,以检非违使"所行之事,非唯巡检京中、拷决犯盗,临时勘事触类繁多"为由,申辩已无暇顾及杂色人赎物的催征。④ 值得注意的是,在检非违使的上申文书中,"巡检京中、拷决犯盗"职能没有被纳入"临时勘事"范畴之内。这显示出"巡检京中、拷决犯盗"是检非违使的日常性职责。

检非违使出现之前,京内的治安秩序,白昼由京职⑤维持,夜间由卫府⑥巡察;当京职管理不力时,中央官僚机构或者卫府临时介入的情况也时有发生。此外,弹正台也担负着巡察京中、纠弹非违的职责。在由京职、卫府、弹

---

① 《令集解》职员令·弹正台条·朱记,黑板勝美編:《新訂增補国史大系 23 令集解》,東京:吉川弘文館,2000 年,第 138—139 頁。
② 《政事要略》卷六十一·糾弾雑事·弾正職条,黑板勝美編:《新訂增補国史大系 28 政事要略》,東京:吉川弘文館,1935 年,第 526 頁。
③ 关于检非违使的分期,谷森饶男将第一期划分在嵯峨朝(809—823)至光孝朝(884—887 年)(《検非違使を中心としたる平安時代の警察状態》,第 41 頁);大饗亮则将初期划定在延喜年间(901—923 年)(《検非違使の成立》)。本文主要以成立伊始,即 9 世纪前半叶的检非违使为探讨对象,但由于史料上的局限,需要使用后世史料,而进入 10 世纪以后,检非违使的性质又有所变化,所以在此,将成立初期延长设定至 9 世纪末。
④ 《類聚三代格》断罪贖銅事·天長九年七月九日太政官符。
⑤ 京职是职掌京内的民政、征税、断案、治安等的行政机构,分为左京职和右京职。左、右京内还各设一市,即东市和西市,市内的秩序由东市司和西市司分别管理,一旦在市内出现非违之事,市司有权捉捕、断罪。
⑥ 令制规定下的卫府是五卫府,后发展演变为六卫府制。所谓的五卫府是指卫门府、左右卫士府、左右兵卫府。大同二年(807 年),左、右近卫府成立。翌年,卫门府被取消,并入卫士府。弘仁二年(811 年),左右卫士府改称为左右卫门府。因此,检非违使的基盘——卫门府,实际上是令制规定的卫门府和左右卫士府的综合体。

正台构成的律令制京中治安维持体系之外,增设检非违使之职的缘由与弘仁年间的社会状况密切相关。

检非违使常设化的弘仁年间,特别是弘仁三年以后,自然灾害接踵不断,饥馑、疫病频频袭击平安京。弘仁九年发生饥馑时,饿死在京中道路两旁的饥民触目皆是,朝廷下令督促左右京职掩埋路边遗骸。① 弘仁六年,由于京中接待外国使节的客馆成为疾病民众的寄身之处,"遭丧之人,以为隐处,破坏舍垣,污秽庭路",朝廷命令弹正台并京职共同检校。② 面对饥馑、疫病,虽然朝廷采取了赈济等应对措施,但是灾异必然给京中的治安带来不安稳的因素。前引的弘仁十三年二月七日太政官符就明言,当时的"两京之内犯盗者众",贼盗律规定的量刑已无法起到惩肃的作用,必须加大对犯盗者的惩罚力度。③ 弘仁十四年,位于平安宫的大藏省仓库——长殿,两度遭遇窃盗放火。④ 平安宫是象征天皇权威的建筑,盗贼如此胆大,不仅可以窥见当时京内治安的实态,而且也显示出京内治安维持体系的力不从心。在这种社会背景下,以维持京内秩序为主要职掌的检非违使应需而生,补充律令制京内治安维持体系的力量。由于治理盗贼,需要一定的军事能力,而卫门府的官衙又位于宫外,⑤最便于捕盗囚盗,因此检非违使出自卫门府也折射出律令制国家在设置新职务时的考量。同时,从前引的京中赈济事例可以看出,检非违使与京职、卫府之间相互配合,共同完成朝廷下达的任务。

关于检非违使巡检京中、维持京内治安的职能,在《贞观式》《延喜式》的规定中也有所反映。成立于贞观十三年(871年)的《贞观式》的卫门府式中,有以下规定:

前式凡检校右京非违者。今案,可注左京。佐一人,尉·志各一

---

① 《日本紀略》弘仁九年四月丙子条,黑板勝美编:《新訂增補国史大系日本紀略》(普及版)前篇下,東京:吉川弘文館,1979年,第306頁。
② 《日本後紀》弘仁六年三月癸酉条,黑板勝美编:《新訂增補国史大系3日本後紀》,第132頁。
③ 《類聚三代格》断罪贖銅事·弘仁十三年二月七日太政官符。
④ 《類聚国史》卷百七十三·災異七(火)·弘仁十四年十月辛丑条、十一月壬申条,黑板勝美编:《新訂增補国史大系類聚国史》(普及版)第3卷,東京:吉川弘文館1979年,第177—178頁。《日本紀略》弘仁十四年十月辛丑条、十一月壬申条,黑板勝美编:《新訂增補国史大系日本紀略》(普及版)前篇下,第317—318頁。
⑤ 《拾芥抄》宮城部,《新訂增補故実叢書22拾芥抄》,明治図書出版,1952年,第386—400頁。

人,今加志一人,天安二年正月廿三日始任之云云。火长五人云云,官人从,今加二人,佐尉各一人,志从一人,案主一人。①

这是有关检非违使职员构成的规定。"前式"二字表明该条规定是对《弘仁式》卫门府式·检校右京非违条的修订。② 换句话说,检非违使的职员构成是在卫门府的"检校右京非违者"的基础上发展而成的,并且继承了检校京内非违的职能。又,延长五年(927)完成的《延喜式》中,左卫门府·检非违条规定的检非违使职员构成如下:

凡检校左京非违者,佐一人,尉一人,志一人,府生一人,火长九人。二人看督长,一人案主,四人佐尉从各二人,志从一人,府生从一人。③

对比《贞观式》和《延喜式》规定的检非违使的组织结构,虽然在名称和定员人数方面略有不同,但是检察京内非违的职能始终没有变化,这表明"巡检京中"是检非违使自成立以来的基本职能之一。

"拷决犯盗"的职责表明盗犯即犯有强盗或窃盗罪的人是检非违使的执法对象。《文德天皇实录》天安元年(857年)十月丁亥条载:

夜有偷女,窥入藏殿,取服御物。即捕获下检非违使。④

又,《日本三代实录》元庆八年(884年)六月二十三日条载:

夜,偷儿入民部廪院仓,盗取米一斛五斗,为行夜者所捕得。偷儿引刀自刺不死,遣检非违使,送入於狱。⑤

律令制国家的京城既是"帝皇之邑",也是"百官之府,四海所归"之地。⑥ 每

---

① 《政事要略》卷六十一·糾弾雑事·貞観式条,黑板勝美编:《新訂增補国史大系 28 政事要略》,第 517 頁。
② 《贞观式》的编纂方针是仅收录弘仁十一年(820)至贞观十年(868)期间对《弘仁式》修订与增补的部分;如果是修订《弘仁式》的条文,则以"前式"二字表示《弘仁式》已存在该条文(虎尾俊哉:《延喜式》,東京:吉川弘文館,1964 年,第 43—52 頁)。
③ 黑板勝美编:《新訂增補国史大系 26 延喜式》,東京:吉川弘文館,2000 年,第 963 頁。
④ 黑板勝美编:《新訂增補国史大系 3 文德天皇実録》,第 104 頁。
⑤ 黑板勝美编:《新訂增補国史大系 4 日本三代実録》,第 567 頁。
⑥ 《続日本紀》和銅元年二月戊寅条,青木和夫等注:《新日本古典文学大系 12 続日本紀》,東京:岩波書店 1989 年,第 130 頁。

到夜间,除非特殊情况,人们不能在京内随意走动,京内的巡夜任务由卫府的兵士承担。同时,卫府也担负天皇居住的宫城的警卫。上述两史料中出现的藏殿、民部廪院都是位于平安宫内的设施,偷衣女与盗米人也都是夜间偷窃,因此抓捕他们的"行夜者"很可能就是执行夜间巡逻任务的卫府官兵。如果按照律令制的规定,"卫府纠捉罪人,非贯属京者,皆送刑部省";知贯属京者,皆送京职。① 也就是说,卫府依据所捕罪人的籍贯(本贯),将罪人或移送至刑部省,或移送至京职。但是在上述两段史料的记载中,被捕后的偷衣女和盗米人不问籍贯,都被移交给检非违使,这佐证了检非违使是总辖犯盗罪人的机构。

　　根据前述的弘仁九年颁布的法令,当时的检非违使对于犯有强盗或窃盗罪的人,具有量刑和行刑的权限,不论罪行的轻重,皆发配犯人服劳役。但是,随着弘仁十三年二月七日太政官符对弘仁九年规定的修订,直至贞观年(859—877年)前,检非违使的量刑权受到一定程度的限制,即对于犯有徒刑以上(即死、流、徒)的犯盗之犯,检非违使不具有量刑权,须将犯人移送至刑部省,由刑部省具体定罪量刑。② 不过,对于徒刑之下(即杖、笞)的犯人,检非违使仍然拥有量刑权。律令制国家裁判制度的特点是将五罪(死、流、徒、杖、笞)的量刑权、行刑权分配至诸官司而形成审级制度。③ 根据律令制规定,在京的诸官司对于杖刑以下罪可以决断量刑,但是对于徒刑以上的罪,除京职以外,诸官司都不具有量刑权,"罪当徒以上者,直送刑部,不得断勾"④。仅从量刑权限有否这一点来看,初期的检非违使与其他在京诸官司并无区别。

　　随着时间推移,检非违使的执法对象范围不断扩大。贞观十二年(870年),限定检非违使"自今以后,自非强窃二盗及杀害、斗乱、博戏、强奸等外,

---

① 《令義解》獄令・犯罪条,黒板勝美编:《新訂增補国史大系 22 令義解》,東京:吉川弘文館,2000年,第 311 頁。
② 《政事要略》卷八十一・糾弾雜事・長德三年十一月十六日別当宣称,黒板勝美编:《新訂增補国史大系 28 政事要略》,第 632 頁。
③ 前田禎彦:"摂関期裁判制度の形成過程——刑部省・検非違使・法家",《日本史研究》第 339 号,1990 年 11 月,第 121—153 頁。
④ 《令義解》獄令・犯罪条義解,黒板勝美编:《新訂增補国史大系 22 令義解》,第 311 頁。

一切不可执行者"①。又,贞观十七年(875年)的《检非违使式》规定:"盗人不论轻重,停移刑部。别当直著钛,配役所令驱使"②,以及"私铸钱之辈,停送铸钱司者,着钛与盗人同,令没入资财田宅"③。从此以后,不仅对强盗、窃罪二罪犯人的量刑权从刑部省返回至检非违使手中,而且铸钱司对私铸钱犯人的量刑、行刑权也被移至检非违使。

2. 纠弹非违

检非违使自成立以来被赋予的另一重要职能,就是前已叙述的与弹正台相同的纠弹职责。关于这一点,《检非违使式》也有如下规定:

> 凡使之所掌,准弹正弹事,并依临时宣旨行之。④

此外,《延喜式》规定弹正台,"凡新有立制宣旨者,告示检非违使"⑤。由此,有必要先对弹正台的职责作一简单叙述。

弹正台是日本律令制国家模仿唐代御史台而设置的肃正风纪、纠弹非违的官僚机构。令制下的弹正台的职员构成是:

> 弹正台尹一人,掌肃清风俗,弹奏内外非违事;弼一人,大忠一人,掌巡察内外,纠弹非违。余同神祇大佑。少忠二人,掌同大忠。大疏一人,少疏一人,巡察弹正十人,掌巡察内外,纠弹非违。史生六人。使部卅人。直丁二人。⑥

其中,弹正台的长官(尹)和次官(弼)职掌为"弹奏内外非违事"⑦。所谓的弹奏,是指"事大者奏弹",即如若亲王犯有徒罪以上,或者五位以上官人(太

---

① 《政事要略》卷六十一·糾弾雑事·貞観十二年七月廿日別当宣,黒板勝美編:《新訂増補国史大系 28 政事要略》,第 526 頁。
② 《政事要略》卷八十四·糾弾雑事·延長七年九月十九日太政官符所引《検非違使式》,黒板勝美編:《新訂増補国史大系 28 政事要略》,第 689 頁。
③ 《西宮記》卷二十一·成勘文事所引《検非違使式》,今泉定介編:《西宮記》,柏林社書店 1938 年,第 342 頁。
④ 《政事要略》卷六十一·糾弾雑事·昌泰三年八月十三日勘文,黒板勝美編:《新訂増補国史大系 28 政事要略》,第 532 頁。
⑤ 《延喜式》弾正台式,黒板勝美編:《新訂増補国史大系 26 延喜式》,第 908 頁。
⑥ 《令義解》職員令·弾正台条,黒板勝美編:《新訂増補国史大系 22 令義解》,第 55 頁。
⑦ 根据令制规定中的"次官不注职掌者,掌同长官"的原则(《令義解》職員令·神祇官),弹正台的次官(弼)的职掌与长官(伊)相同;四等官(大、少疏)的职掌等同于三等官(大、少忠)。

政大臣不在此限)罪至解官的时候,弹正台向天皇奏弹;如若亲王犯杖罪以下,或者五位以上官人罪不至解官,或者六位以下官人非违时,弹正台依照罪人的籍贯(本贯),将罪人移送至相应的断罪官司(刑部省或京职)。① 弹奏职权所及的"内外"范围是指京城内外,即"内者,左右两京。外者,五畿七道"②。另一方面,弹正台的三等官(大、少忠)、四等官(大、少疏)以及巡察弹正的职掌是"巡察内外、纠弹非违",此"内外"的范围是指宫城内外,即"内者,宫城以内。外者,左右两京"③。

弹正台的纠弹非违,其对象所及范围不只局限于官人,例如令制规定:"凡在京有大营造,役丁匠之处,皆令弹正巡行,若有非违,随事弹纠。"④平安时代以后,弹正台的职掌也有所变化,如弼以下的官职每月巡察京中,勘弹东西市、诸寺的非违以及客馆、路桥破秽之处;忠以下的官职每日纠察"宫城内外非违及污秽者"⑤。由此可以看出,纠弹非违虽然始终是弹正台的大要务,但并不是弹正台的唯一职掌。⑥

再回看检非违使,如前所述,无论是弘仁十一年宣旨还是检非违使式,都明确规定检非违使与弹正台相同的职能是纠弹职掌,且依据临时宣旨行使。在现存的文献史料中,检非违使在禁色、衣服装束、乘车骑马等方面纠察非违的事例比较多。例如,贞观年以后,"宫中、京师频有火灾,天下骚动古今未有",至仁和年间(885—889年),禁制深红色,敕令检非违使纠察穿着深红色衣者。当时,左卫门权佐小野春风为检非违使,发现右大臣源多身穿深红色袴子,于是小野春风"趋进跪大臣(源多)后,请割此衣,大臣虽有愠

---

① 《令集解》職員令・弾正台条集解、公式令・奏弾式条,黒板勝美編:《新訂增補国史大系 23 令集解》,第 138—139 頁,第 803—805 頁)。
② 《令義解》職員令・弾正台条,黒板勝美編:《新訂增補国史大系 22 令義解》,第 55 頁。
③ 《令義解》職員令・弾正台条,黒板勝美編:《新訂增補国史大系 22 令義解》,第 55 頁。
④ 《養老令》賦役令・营造条,井上光貞等編:《日本思想大系 3 律令》,第 258 頁。
⑤ 《延喜式》弹正台式,黒板勝美編:《新訂增補国史大系 26 延喜式》,第 907—908 頁。《類聚三代格》巻四・加減諸司官員並廃置事・天長三年太政官符,黒板勝美編:《新訂增補国史大系 25 類聚三代格》,第 155 頁。
⑥ 《政事要略》巻六十一・糾弾雑事・昌泰三年八月十三日勘文中,有"使式既称准弹正弾事。台式非必为弹事"之句(黒板勝美編:《新訂增補国史大系 28 政事要略》,第 532 頁)。

色,事然敕命,默然无言,归第褪去,不敢服用"①。该事例说明检非违使行使的纠弹权限可以上及左、右大臣。

承和六年(839年),检非违使开始具有追捕由弹正台纠弹的犯人的权限。《续日本后纪》承和六年六月乙卯条载:

> 敕,弹正台及检非违使,虽配置各异,而纠弹违犯,彼此一同。但至犯人逃走,奸盗隐遁,弹正之职,不堪追捕。自今以后,缘纠违犯,有可追捕者,台使相通,遣检非违使长等,随事追捕。立为永例。②

又,《延喜式》也规定弹正台:

> 凡犯人逃走,令检非违使追捕。③

上述二规定中,"遣""令"字的使用,意味着弹正台拥有派遣检非违使追捕犯人的权限。由此推测,检非违使的地位低于弹正台。④

3. 临时性职能

检非违使的临时性职能非常多。前已叙述,原有的催征杂色人赎物的任务就是因为检非违使的临时政务繁多而无暇顾及,最终于天长年间(824—833年)被交给其他官司执行。检非违使执行的临时政务各种各样,其执法的对象不仅有非法违制的犯法人,也有违令之事。《续日本后纪》天长十年(833)十二月癸未朔条载:

> 道场一处在山城国爱宕郡贺茂社以东一许里,本号冈本堂。是神户百姓奉为贺茂大神所建立也。天长年中,检非违使尽从毁废。至是,敕曰:佛力神威,相须尚矣。今寻本意。事缘神分。宜彼堂宇特听改建。⑤

根据该条史料可知,天长年间,检非违使拆毁了贺茂神社近旁的一座佛

---

① 《政事要略》卷六十七·纠弹杂事·請禁深紅衣服奏議,黑板勝美編:《新訂增補国史大系 28 政事要略》,第 542 頁。
② 黑板勝美編:《新訂增補国史大系 續日本後紀》(普及版),東京:吉川弘文館,1988 年,第 88 頁。
③ 《延喜式》弹正台式,黑板勝美編:《新訂增補国史大系 26 延喜式》,第 916 頁。
④ 大饗亮:《檢非違使の成立》。
⑤ 黑板勝美編:《新訂增補国史大系 續日本後紀》(普及版),第 18 頁。

堂——冈本堂。道场的含义是指在寺院以外建立的佛教修道场所。令制规定,如果在寺院之外,别立道场,则"须科违令,毁去道场"①。据此可以推断,建在贺茂神社近旁的道场是作为违令建筑被拆毁的。其后,佛堂得以再建的理由是因为佛堂供奉的是贺茂大神。佛堂位于的山城国爱宕郡,近邻平安京,属于京郊性质的地区,检非违使在京郊毁废佛堂的行动,表明检非违使的权限所及地区范围已从京中延伸至京郊地区。

检非违使不仅是执法者,而且每当遇到水害、饥馑等灾害之时,还是朝廷对灾民实施赈恤措施的具体执行者。例如:

a.《续日本后纪》承和四年(837年)十月辛卯朔条载:

是日,唤左右京亮、左右卫门、检非违使佐并四人,于殿前宣敕,遣勘录东西两京饥病百姓,特加赈恤。以阴霖经日,谷价踊贵也。②

b.《续日本后纪》嘉祥元年(848年)八月壬辰条:

遣左大臣、检非违使及看督近卫等,巡察京中被水害者。兼复遣左卫门佐从五位下纪朝臣道茂赍米盐赈恤之。③

c.《文德天皇实录》仁寿元年(851年)八月甲寅条:

遣左右检非违使廉实,京师被水害者廪给。④

除了上述职掌外,检非违使还担负着多种任务,例如释典祭日、都堂讲宴之时,检非违使"禁遏堂下滥行之辈"⑤;私铸钱者的田宅、财物由检非违使没收,⑥等等。贞观十六年(874年)以后,检非违使追捕犯人的权限从京中延伸至平安京周边的诸国。⑦

---

① 《令义解》僧尼令·非寺院条义解,黑板胜美编:《新订增补国史大系22 令义解》,第82页。
② 黑板胜美编:《新订增补国史大系 続日本後紀》(普及版),第69页。
③ 黑板胜美编:《新订增补国史大系 続日本後紀》(普及版),第215页。
④ 黑板胜美编:《新订增补国史大系 文德天皇实录》,第30页。
⑤ 《延喜式》左右卫门府式,黑板胜美编:《新订增补国史大系26 延喜式》,第964页。
⑥ 《日本三代实录》贞观十六年十二月廿六日条(黑板胜美编:《新订增补国史大系日本三代实录》,第355页。
⑦ 《日本三代实录》贞观十六年十二月廿六日条。

三、检非违使与律令官制

律令制国家的行政法即令制所规定以外的官僚机构或官职,皆被称为令外官。因此,检非违使也被划入令外官的范畴。但是从官职补任的形式来看,检非违使属于宣旨职,而不是通常的除目官①。所谓的宣旨职,是指根据宣旨而补职的职务。因此,检非违使亦被称为"诏使""宣下使"②。除目官则是指经过官职任命仪式——除目的任官。补职检非违使的官人皆是兼任,其本官多是卫门府的官职。③

14世纪的北畠亲房在其著《职原钞》中,认为检非违使是合并"卫府追捕、弹正纠弹、刑部判断、京职诉讼"职能的机构,即"并归使厅"论。④ 据此,不少学者强调检非违使与律令制诸官司的对立性,认为检非违使的设置及其权力的扩大意味着检非违使逐渐吞噬律令制诸官司的实权,最终导致律令官僚制成为有名无实的体制。但是事实上,检非违使成立以后,在相当长的时间里,卫府、弹正、刑部、京职等诸行政机构依然在维持官人秩序、社会秩序方面,发挥着重要的作用。律令制国家创设检非违使的目的并非以削弱律令制下的各官僚机构职能为目的,而是为了巩固自身的权力,强化律令制体制。⑤ 因此,有必要重新审视成立初期的检非违使与律令官制之间的关系。

律令规定下的官制由中央官僚机构以及地方官僚机构构成,其中,中央官僚机构以二官八省,即神祇、太政二官以及太政官统辖下的中务、式部、治部、民部、兵部、刑部、大藏、宫内八省为主干,并设有弹正台和五卫府等机构;地方官僚机构则有左右京职、摄津职、大宰府以及诸国国司等机构。律

---

① 《政事要略》卷六十一·纠弹杂事·天元五年正月廿五日问答,黒板勝美编:《新訂増補国史大系 28 政事要略》,第 533 頁。
② 《政事要略》卷六十九·纠弹杂事·天元元年惟宗允亮勘文,黒板勝美编:《新訂増補国史大系 28 政事要略》,第 590 頁。《職原鈔》下·検非違使条,《群書類従》第五輯·官職部二。
③ 《職原鈔》下·検非違使条。
④ 《職原鈔》下·検非違使条。
⑤ 井上満郎:《検非違使の成立》,《平安時代軍事制度の研究》。

令制规定的诸官司之间,其相互统属关系大致可以大分为以下两类:①

一是"相管隶"关系,即具有直接上下级隶属关系的官司间的"所管—被管"关系。例如省与其管内的寮之间、国与其辖内的郡之间的关系等。

二是"因事管隶"关系,即无"相管隶"关系的官司间,因政务而存在的管隶关系。例如太政官与神祇官、八省、弹正台、卫府、京职、诸国之间的统属关系。

依据该统属关系模式,作为宣旨职的检非违使直属律令制国家的最高权力核心,显然与律令官制的诸官司之间,不存在"所管—被管"的统属关系,而是非"相管隶"关系。

检非违使与太政官之间的关系,从前引的弘仁十一年十一月廿五日太政官符可知,是太政官依循刑部省的上申请求,以"宣旨"的形式下令检非违使职掌催征杂色人的未纳赎物,以图所示如下:

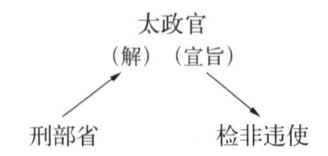

```
              太政官
            (解) (宣旨)
              ↙   ↘
          刑部省    检非违使
```

又,前已叙述,弘仁十三年二月七日太政官符是应检非违使的"解"而颁布的法令。"解"是诸官司向太政官上申时的必用文书格式。因此推知,与其他诸官司同样,太政官和检非违使之间也是"因事管隶"的统属关系。值得注意的是,检非违使与刑部省之间虽然不存在着统属关系,但是刑部省可以通过太政官间接地影响检非违使的职能。

另外,如前所述,弹正台具有"令"或"遣"检非违使追捕犯人的权限,因此弹正台与检非违使之间虽然不属于完全的"因事管隶"关系,但也存在着一定的"因事管隶"关系,可称之为"有限因事管隶"关系。据此,检非违使与律令制诸官司的统属关系可示图如下:

---

① 井上光贞等编:《日本思想大系 3 律令》公式令補注 11a,第 646—648 页。

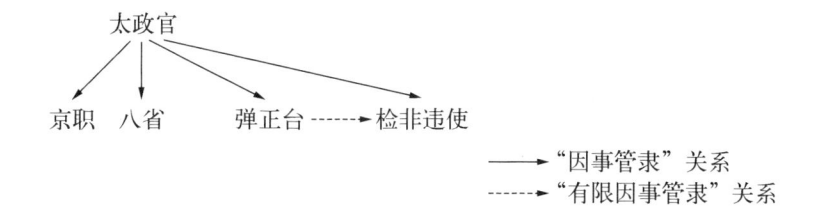

```
                太政官
            ↙  ↓   ↓      ↘
         京职  八省  弹正台 ------▶ 检非违使

                    ———▶ "因事管隶"关系
                    ------▶ "有限因事管隶"关系
```

在上述统属关系中,检非违使与其说是"归并"律令制诸官司的职能,不如说是分担诸官司自身难以完成的事务。因此,检非违使的成立是对律令官僚制行政能力的补强,以巩固律令制国家的统治。

综上所述,检非违使是奉宣旨而行职,是直接接收最高权力核心层指令的组织,成立初期的检非违使一方面与律令制诸官司相互配合,共同维护律令制国家,另一方面在行使维持京中治安,纠弹违犯等职能的过程中,摈弃律令官僚体制的层层传达,直接地将最高权力核心层的意志或政策达至社会各阶层,并将社会状况或政策执行情况直接反馈至最高权力核心层,从而加强了律令制国家对社会各阶层的控制。

(作者王海燕,浙江大学历史学系,原文刊于《历史研究》2013年第2期)

何谓日本大和时代的子代、名代？

禹硕基

关于何谓子代、名代,虽然在日本史学界众说纷纭,但皇室的私有民说已成通说。① 此说的主要根据是《日本书纪》大化二年条中的如下一段记载,"罢昔在天皇等所立子代之民,处处屯仓及别臣、连、伴造、国造、村首所有部曲之民,处处田庄"。日本学者井上光贞说,在这段文字中"与屯仓、田庄相对应地记载皇室、皇族的私有民子代、名代和臣、连、伴造、国造、村首的部曲之事"②。他把子代、名代看成皇室、皇族的私有民。仅据上述大化二年条的记载,可以说子代、名代为皇室、皇族的私有民。然而,我们再看下面的史料就会对这种见解不能不提出疑义。

"坏难波狭屋部邑子代屯仓而起行宫。"③

"天皇敕大伴大连金时曰:朕纳四妻子,至今无嗣,万岁之后,朕名绝矣,大伴伯文今作何计,每念于兹,忧虑何已。大伴大连金村奏曰:亦臣所忧也,夫我国家之王天下者,不论有嗣无嗣,要须因物为名,请为皇后、次妃建立屯

---

① 关于何谓子代、名代,在日本史学界有如下几种代表说:一、皇室、皇族的私有民说。见井上光贞:《日本古代史的诸问题》,思索社1972年版。二、子代为养育皇子,名代为皇妃而设置的部说。见蘭田香融:《日本古代财政史之研究》,塙书房1981年版。三、子代为豪族所有的屯仓,名代为皇族所有的屯仓说。见大桥信弥:《论究日本古代史》,学生社1979年版。
② 井上光贞,《日本古代史的诸问题》,思索社1972年版,第64页。
③《日本书纪》,孝德天皇大化二年条。

仓之地,使留后代,令显前迹。诏曰:可矣,宜早安置。大伴大连金村奏称:宜以小垦田屯仓与每国田部,给贶纱手媛,以樱井屯仓(一本云:加贶茅渟山屯仓)与每国田部,给赐香香有媛,以难波屯仓与每郡镬丁,给贶宅媛,以示于后,式观乎昔。诏曰:依奏施行。"①

"天皇御子代离宫。"②

"越部里(旧名皇子代里)土中中,所以号皇子代者,勾宫天皇(安闲天皇)之世,宠人但马君小津蒙宠赐姓为皇子代君而造三宅于此村,令仕奉之,故曰皇子代村。"③

"御子代国(今谓武库国讹)。"④

从这些资料中可以看出,子代、名代不仅包括皇室的私有民或私有民集团部,还包含皇室的直辖领地屯仓及宫殿、村、里、国等等。日本学者直木孝次郎据"坏难波狭屋部邑子代屯仓"的记载,认为"子代与屯仓为同一物",进而主张"名代、子代与屯仓具有类似的性质构造"。⑤ 子代、名代中包含屯仓,但绝不能把两者等同起来,把子代、名代仅仅看作皇室的私有民或私有民集团部是错误的,而把屯仓与子代、名代当作同一物也是不对的。日本学者太田亮认为子代、名代是皇室设置的部,但他又承认也有以屯仓、牧场、村作为子代、名代的。⑥ 中国研究日本古代史的有些学者也看出了子代、名代中包括部民和屯仓。⑦

在史籍中多见以部作为子代、名代的,其实这些部中包括部民耕作的土地屯仓。一般皇室夺取地方国造的部民和土地作为子代、名代,只是以部来表示而已。作为子代、名代而设置的屯仓也是如此,其中包括在这块土地上耕作的部民。

下面探讨何谓子代、名代。《日本书纪》武烈天皇六年条载,"朕无继嗣,

---

① 《日本书纪》,安闲天皇元年条。
② 《日本书纪》,孝德天皇大化二年条。
③ 《播磨风土记》,揖保郡条。
④ 《住吉大社神代记》。
⑤ 直木孝次郎:《日本古代国家的构造》,青木书店 1974 年版,第 12 页。
⑥ 太田亮:《全订日本上代社会组织的研究》,邦光书房 1955 年版,第 153—161 页。
⑦ 王金林:《日本古代部民的性质》,《历史研究》1981 年第 3 期;张玉祥、禹硕基:《论日本奴隶制向封建制的过渡》,《历史研究》1982 年第 2 期。

何以传名,且依天皇旧例,置小泊濑舍人,使为代号,万岁难忘者也"。这段文字说,天皇无子嗣,为了传名,置小泊濑舍人,作为子之代号。由此可见,子之代号乃子代之原意,代即代号也,名代则名之代号之意。太田亮认为,"代是古代丈置地积的用语,故最初冠以御名的田地为名代,后来,耕作其土地的人民称御名代部"①。这种解释过于牵强,难以令人信服。子代、名代的原意是子之代号、名之代号,然而,其实质是以种种借口设置的皇室的私有财产,这些私有财产包括部民、屯仓、宫殿、村、国等等。

如上所见,子代一般是以天皇无嗣为理由而设置的,但并非全都如此。《日本书纪》仁德天皇七年条载:"为大兄去来穗别皇子定壬生部。"这里没有说明设立壬生部的理由。日本学者大都认为壬生部是为了养育皇子而设置的。但实际上是天皇作为皇子女的私有财产而建立的。总之,子代是天皇以无皇子为借口或为皇子女而设立的天皇、皇子女的私有财产。

名代是以何理由设置的呢?《日本书纪》孝德天皇大化元年条载:"自古以降,每天皇时置标代民,垂名于后。"《日本书纪》继体天皇八年条写道,勾大兄皇子之妃春日皇女,因无子不能传名而苦恼,于是天皇赐给匝布屯仓"表妃名于万代"。同书景行天皇四十年条记述:"因欲录功名,即定武部也。"这些资料说明,名代是以传天皇、皇后、皇妃、皇子女之名或以录功名为理由而设置的皇室的私有财产,这些私有财产同子代一样,包括部民、屯仓、宫殿等等。

最后分析子代、名代有何区别。子代是多以天皇无皇子为理由,名代是以留名于后世为借口设立的,两者建立的借口有所不同。子代、名代的所属关系也有所差异。名代属于天皇、皇后、皇妃、皇子女,而子代却属于天皇、皇子女,没有属于皇后、皇妃的。尽管子代同名代有所差别,但其差异甚微,因此,史籍往往把子代与名代混同起来。如《先代旧事本纪》载:"八十二年春二月乙巳朔,诏侍臣物部大别连公曰:皇后(八田皇女)久经数年不生皇子,以尔大别定皇子代,后号为氏,以为氏造,改赐矢田部(八田部)连公姓。"这里把矢田部(八田部)说成子代,而《古事记》仁德段却写道:"为八田若郎

---

① 太田亮:《全订日本上代社会组织的研究》,邦光书房1955年版,第154页。

女之御名代定八田部也。"把八田部写成名代。又如《古事记》清宁段载:"此天皇无皇后,亦无御子,故御名代定白发部。"这里把白发部写成名代,而《日本书纪》清宁天皇二年条写道:"天皇恨无子,乃遣大伴室屋大连于诸国,置白发部舍人、白发部膳夫、白发部靭负,冀垂遗迹,令观于后。"把白发部当作子代。正因为差别不大,史籍在设立皇室私有财产时常常没有标明子代还是名代,如"又定长谷部舍人,又定河濑舍人也。"①对天皇、皇子女来说,其私有财产说成子代或名代都无关紧要,皇后、皇妃的私有财产,只属名代,因此,不标明也自然明白。在《古事记》以外的史籍中不见名代的字样,也是这种缘故。

(作者禹硕基,辽宁大学日本研究所,原文刊于《世界历史》1986年第2期)

---

① 《古事记》,雄略段。

论日本奴隶制向封建制的过渡

张玉祥　禹硕基

日本奴隶制向封建制过渡的问题是日本古代史研究中的重大课题之一。史学界对于日本封建制是从原始公社制直接过渡的，还是从奴隶制过渡的，在过渡中封建生产关系是怎样成长起来的，是什么时候实现过渡的等问题，均持有不同见解。在日本史学界影响较大的看法是，律令社会是普遍奴隶制社会，其基础是家长制奴隶制和氏族制的残余。律令制解体的直接因素是家长制奴隶的农奴化和在乡领主的形成，镰仓幕府的建立标志着初步实现普遍奴隶制向封建制的过渡。[1] 另一种看法是，7世纪到9世纪律令国家的体制是国家奴隶制。从国家奴隶制向庄园制发展过程中，出现了在乡领主与"下人"（农奴）、庄园领主与"百姓"两种封建领主与两种农民以及两种封建土地所有制，以11世纪末院政的成立为期，实现了向封建制的过渡。[2] 第三种看法是，律令制社会是普遍奴隶制的最终阶段，继之而来的庄园制社会是以家长制奴隶制为基础的社会。至16世纪末太阁检地以后被封建社会取代。[3] 第四种看法是，原始公社之后经历亚细亚生产方式时期，这个时期一直延续到摄关政治时期。此后进入家长制奴隶制阶段，及至德

---

[1] 此说由石母田正提出，见石母田正：《中世世界的形成》，1946年伊藤书店出版。永原庆二也同意此说，见永原庆二著：《日本封建制成立过程研究》，1961年岩波书店出版。
[2] 此说由户田芳实提出，见户田芳实：《日本领主制成立史研究》，1967年岩波书店出版。
[3] 此说由安良城盛昭提出，见安良城盛昭：《历史学的理论与实证》（第一部），1969年御茶水书房出版。

川幕藩体制的形成,家长制社会才被封建制社会取代。①

总之,日本学者一般都承认日本封建制是从奴隶制(或普遍奴隶制,或国家奴隶制,或家长制奴隶制)过渡的,但过渡的时间都远在大化革新之后。中国学者则大都认为日本从前封建制向封建制的过渡是在大化革新时期。不过对革新前的社会性质认识不一,因此对这一过渡也有不同的主张:有的认为日本封建制是从奴隶制过渡的,②有的认为是从原始公社制直接过渡的。③ 此外也有些学者持镰仓时期过渡说和奈良后期过渡说。我们认为日本是从奴隶制经过大化革新过渡到封建制的。

研究日本从前封建制向封建制的过渡问题,对于认识日本历史发展的特点及人类历史发展的共同规律方面都具有重要意义。本文拟就部民制的性质、部民奴隶制的危机与封建生产关系的产生、封建革新势力的成长与封建革新派的形成、大化革新与封建制的建立等问题进行探索,以期说明我们的浅见。

一、部民制的性质

我们是主张大化革新封建说的,因此首先要简略地谈一谈大化革新前大和国的部民制的性质问题。关于部民制的性质,在日本史学界有日本型奴隶制说④、种族奴隶制说⑤、王民制说⑥等等。在中国史学界存在着半家长半封建制说⑦;奴隶制说⑧,隶农制为主说⑨。

部民制产生于3世纪末还是4世纪初尚难断定,但盛行于5世纪至6世纪前半叶。"部"是皇室和贵族占有的人民集团,冠有贵族名、职业名、地

---

① 此说由盐泽军夫提出,见盐泽君夫:《经济史入门》,1979年有斐阁出版。
② 周一良、吴于廑主编:《世界通史》上古部分和中古部分,人民出版社1962年、1963年版。
③ 吴廷璆:《大化改新前后日本的社会性质问题》,《南开大学学报》人文科学版,1955年创刊号。王金林:《日本古代部民的性质——兼论日本未经历奴隶制社会》,《历史研究》1981年第3期。
④ 见渡部义通:《古代社会之构造》。
⑤ 见早川二郎:《古代"部"之内容、意义及历史》,收于《历史科学大系》(2),校仓书房1973年版。
⑥ 见石母田正:《日本古代国家》、《日本古代国家论》第一部。
⑦ 见吴廷璆,《大化改新前后日本的社会性质问题》,《南开大学学报》人文科学版,1955年创刊号。
⑧ 见周一良、吴于廑主编:《世界通史》上古部分,人民出版社1963年版。
⑨ 见王金林:《日本古代部民的性质—兼论日本未经历奴隶制社会》,《历史研究》1981年第3期。

名等。"部"的成员为"部民"。"部民"的种类有从事农耕生产的"田部",从事某种专门职业的"品部"等。在部民制下,皇室拥有大量直辖领地"屯仓"和私有民"田部"及"品部"。中央和地方贵族拥有私有领地"田庄"和私有民"部曲"。屯仓、田庄的经营方式不尽相同,"田部""品部""部曲"的被奴役形式也不完全一致,但部民制有如下几方面的特点。

部民的人身是不自由的,部民来源于大陆移民、被征服者或战俘、罪人、当地居民等。史籍关于大陆移民被编为"田部""品部"的记载很多。《古事记》仁德段载:"役秦人作茨田堤及茨田三宅。"又《日本书纪》仁德天皇十一年条载:"是岁,新罗人朝贡,则劳于是役(修茨田屯仓——笔者)。"可见河内茨田屯仓是秦人、新罗人修池筑堤开垦的。《日本书纪》钦明天皇十七年条载:"冬十月,遣苏我大臣稻目宿祢等于倭国高市郡置韩人大身狭屯仓(言韩人者,百济也。)高丽人小身狭屯仓,纪国置海部屯仓。(一本云,以处处韩人、高丽人为小身狭屯仓田部。是即以韩人、高丽人为田部,故因为屯仓之号也。)"这段史料说明百济人、高丽人分别为大身狭屯仓和小身狭屯仓的"田部"。据雄略纪记载,日本政府将"百济所献手末才伎(指具有手工业生产技术的人)"按技术编为"陶部""鞍部""画部""锦部"等,安置在上桃原、下桃原、真神原。[1] 被征服者或战俘也沦为部民,从事各种劳动。佐伯部由被征服的虾夷人组成,他们被安置在播磨、讚岐、伊豫、安艺、阿波。[2] 朝鲜史书《三国史记》记载:"三十七年,倭兵猝至风岛,抄掠边户"[3];"六年春三月,倭人侵东边,夏六月又侵南边,夺掠一百人"[4];"二十四年,倭人侵南边,掠夺生口而去"[5],"五年夏五月,倭人袭破活开城,虏人一千而去"[6]这些从朝鲜掠去的战俘也被编为部民。罪人被编为部民的例子也不少,阿昙连滨子因犯谋反罪被黥面"役于倭蒋代屯仓"[7]。雄略纪有罪人被黥面为"乌养部"

---

[1]《日本书纪》,雄略天皇七年条。
[2]《日本书纪》,景行天皇五十一年条。
[3]《三国史记》,新罗本纪第二,讫解尼师今。
[4]《三国史记》,新罗本纪第三,实圣尼师今。
[5]《三国史记》,新罗本纪第三,衲祇麻立干。
[6]《三国史记》,新罗本纪第三,慈悲麻立干。
[7]《日本书纪》,履中天皇元年条。

的记载。① 显宗天皇时"狭狭城山君韩帒宿祢，事连谋杀皇子押，临诛叩头，言词极哀，天皇不忍加戮，充陵户兼守山"②。除上述大陆移民、被征服者或战俘、罪人组成的部民外，其余大部分部民由当地居民组成。他们或作为"田部"耕种屯仓，或作为"部曲"耕种田庄；或作为"品部"生产专门产品。由上述部民的来源，足见部民身份的低贱。

部民是贡献和赎罪的对象，他们集体地或和土地一起被赠与。安闲天皇时期，三嶋县主饭粒献竹村屯仓，武藏国造笠原直使主献横淳、橘花、多冰、仓樔四屯仓，伊甚国造因犯"阑入罪"献伊甚屯仓，请求赎罪。继体天皇时期，盘井之子恐父罪株连，献糟屋屯仓，求赎死罪。安闲天皇时期，物部大连尾舆献"十市部"，伊势国来狭狭、登伊贽"土师部"、筑紫国胆狭"山部"③。大河内直味张为了赎罪"伏愿每郡以镶丁春时五百丁，秋时五百丁，奉献天皇"④。上述奉献的屯仓之中包括部民。贵族可以把部民和土地一起赠给别人，说明贵族是土地和部民的占有者，部民是没有人身自由的，他们不得离开部，贵族们可以"恣情驱使"。所以，部民不是自由民。

土地、手工业工具等生产资料由皇室和贵族占有。"田部""部曲"分别在皇室的屯仓、贵族的田庄上劳动，生产品的全部或大部上缴皇室和贵族。在驱使罪人、被征服者、战俘、大陆移民在开垦并耕种的屯仓上，"田部"用皇室的种子、生产工具进行集体生产。"田部"生产的粮食全部归皇室，皇室拿出一部分维持他们的生命。这里的"田部"既没有生产资料，也没有人身自由。这种屯仓采取的是劳动奴隶制形式。利用家内奴隶和大量劳动奴隶耕种的田庄也采取同样的形式，雄略纪记载，"以韩奴室兄麻吕、第麻吕、御仓、小仓、针六口送大连吉备上道蚊嶋田邑家人部是也"⑤。可见吉备国造上道臣驱使韩奴耕种自己的田庄。物部氏被苏我氏打败后分"奴半与宅为大寺（四天王寺）奴田庄"⑥。由此可知，物部氏的有些田庄是依靠奴隶劳动耕种

———

① 《日本书纪》，雄略天皇一年条。
② 《日本书纪》，显宗天皇元年条。
③ 《日本书纪》，安闲天皇元年条。
④ 《日本书纪》，安闲天皇元年条。
⑤ 《日本书纪》，雄略天皇九年条。
⑥ 《日本书纪》，崇峻天皇即位前纪。

的。皇族的私有领地"子代""名代"和地方贵族献上的屯仓,以及中央贵族散在全国各地的田庄,采取征收年贡的制度,这种制度叫纳贡制。播磨国司小楯"于赤石郡亲辨新尝供物"①。"新尝供物"就是部民交纳的年贡。在纳贡制下,皇室和贵族占有了部民的人身和土地。

"品部"的种类很多,被奴役的形式不完全相同,如"山部""海部""土师部""弓削部"等为皇室专门生产贡纳品。以"山部"为例,他们是在朝廷直辖的山林中为皇室打猎、采摘山菜、野果等。"锻冶部""马饲部""泥部""塗部"等在皇室的工房或其他部门从事专门劳动。以"锻冶部"为例,他们在宫廷工房专门生产铜、铁器。但一般说来,"品部"是利用皇室的生产资料进行生产,生产品全部归皇室。皇室拨给部分土地让他们一边生产自食的粮食,一边为皇室生产粮食以外的各种产品,他们的人身完全被皇室占有。

那么,部民,特别是构成其主体的"田部""部曲""子代""名代"和"品部"应视为奴隶呢,还是把他们看成隶农,从形式上看,部民和隶农确有一些相似之处,但在本质上两者是存在着重要差别的。第一,部民和隶农不同,他们不是小块土地的承租者和占有者。因为在部民制下,皇室和贵族不是先占有土地,尔后将土地租给部民,向部民征收租赋,而是将土地和部民一同占有。在这种情况下,土地所有者占有的部民劳动产品便不是"以某些个人对某些地块的所有权为前提"②,而是以对土地和部民一同占有(对部民人身的完全占有)为前提。因此,我们不能把皇室和贵族占有部民的劳动产品视为地租,也不能把部民看成是土地附属物。第二,部民大多不拥有对主要生产工具的所有权。他们在皇室、贵族土地上或朝廷工房里从事为主人提供剩余劳动和部分必要劳动的劳动,使用的大多是主人的生产工具。第三,由于部民既不是土地占有者,大多又不拥有对生产工具的所有权。所以他们一般虽有自己的家庭,但并不是个体经营者,不拥有真正的独立经济。所以,从直接生产者同生产资料的关系来看,公元 6 世纪以前,亦即日本奴隶制危机发生之前,部民,这种作为当时日本的主要生产者,应该是奴隶型的,

---

① 《日本书纪》,显宗天皇即位前纪。
② 马克思,《资本论》,《马克思恩格斯全集》第 25 卷,第 714 页。

而不是隶农型的。

再看一看产生隶农制和部民制的各自生产力条件。罗马隶农制是在奴隶制充分发展之后进入危机时期产生的。当时在罗马帝国已经出现了带轮的犁、割谷器等农具和复滑车、起重装置、排水机等用于工矿业生产的先进工具,整个社会生产力已达很高水平。隶农制的出现是与发展了的生产力水平和性质相适应的,日本的情形却不然。日本原始社会末期尚处于金石并用时期,由大陆输入的铁器有限,直接用于农耕的很少,人们使用的主要是石制的和木制的工具。邪马台国时期和大和国前期仍以木制工具为主,这与产生上述罗马隶农制的罗马共和末期和帝国初期的生产力发展水平相比,相差甚远。因此在生产力发展水平很低的情况下,无论在邪马台国时期,或是在大和国前期,产生隶农制是难以想象的。只有到了6世纪中叶以后生产力迅速发展起来,"田部"才开始被编成"田户",变成隶农或农奴型的直接生产者,而这种情况的变化则是日本奴隶制危机的产物。

日本部民制就是日本的奴隶制。由于生产力发展水平低,商品经济不发达,这种奴隶制便采取纳贡制等较为原始的奴隶制剥削形式。这是属于不发达的奴隶制类型。

二、部民奴隶制的危机与封建生产关系的产生

日本的部民奴隶制产生后,推进了生产力的发展,但是到了6世纪中叶开始陷入危机。危机是由部民制这种奴隶制生产关系已经不适应迅速发展起来的生产力的水平和性质而引起的。

大和国于4世纪末5世纪初基本上统一国土之后,不断同中国的南朝和朝鲜的百济交往,积极摄取大陆的先进文化和生产技术,当时又有大批大陆移民流入日本,带去先进的生产经验。在大陆先进生产技术的影响下,日本的农业、手工业的生产工具与生产技术迅速改进和提高。5世纪中叶以后,带有"U"字形铁刃的锹和镐在西日本首先出现,[1]并迅速应用于耕地和

---

[1] 门胁祯二与甘粕健主编《民众史的起点》(《日本民众史》1),1974年三省堂版,第115页。

开垦上。新式铁锹铁镐的应用使挖掘硬土耕种旱田成为可能,旧式的直刃镰刀也被新式的曲刃镰刀取代。六世纪以后铁制农具逐渐普及。从关东后期古坟中发现不少肩上扛着锄头,腰间别着镰刀的土偶;①大河内直味张为了赎罪,春秋两季能够派出五百名带着铁制农具的锂丁,这些事实足以说明铁制农具的普及程度。考古资料所示,进入6世纪以后,耕种旱田作物的方法已经推广到关东地区,属于6世纪的村落遗迹从冲积平原地带扩展到丘陵地带和山间高地。例如群马、埼玉两县的遗迹(旧城址)的面积与弥生时代相比扩大了四倍。②

新的生产力的性质要求直接生产者有自己的独立经济,以及与生产力发展相适应的生产关系。从6世纪后半叶起,部民以逃亡的形式反抗部民奴隶制的斗争兴起,钦明纪写道:在白猪屯仓"脱籍免课者众"。这个事实反映了当时部民反抗部民奴隶制剥削的一般形式。部民的反抗斗争打击了氏姓贵族,动摇了部民奴隶制,使这些统治阶级开始感到继续维护部民奴隶制已经无利可图,如恩格斯所指出,小规模的经营"成为唯一有利的耕作形式了"③。

就在这种历史条件下,569年朝廷开始改变了白猪屯仓的经营方式,"诏曰:量置田部,其来尚矣,年甫十余,脱籍免课者众。宜遣胆津,检定白猪田部丁籍"④。"胆津检阅白猪田部丁者,依诏定籍,果成田户。天皇嘉胆津定籍之功,赐姓为白猪史,寻拜田令,为瑞子之副。"⑤从这两段文字看,这个屯仓当五五四年设立之时,"田部"是有丁籍的。然而此后十多年间,"田部"逃避课役的越来越多,政府为了制止这种现象,才派胆津去检查丁籍,结果把丁籍变为户籍,"田部"编成"田户"。从天皇对胆津又嘉奖又封官的情形看,"田部"编成"田户"的效果很好,可能它缓和了阶级矛盾,制止了"脱籍免课"的现象。

---

① 《民众史的起点》,第121页。
② 《民众史的起点》,第115页。
③ 恩格斯:《家庭、私有制和国家的起源》,《马克思恩格斯选集》第四卷,第145页。
④ 《日本书纪》钦明天皇三十年正月辛卯条。
⑤ 前揭书,钦明天皇三十年四月条。

不少日本学者认为朝廷在白猪屯仓建立户籍是具有重要意义的。有的认为采取这种措施的结果出现了"律令制下土地制度的先行形态"①,有的认为出现了"律令制式统治人民方式的萌芽"②,"律令制下租税征收形式的先行形态"③,有的更进一步认为此举是推行"以户为单位的剥削方式"的开始。实质是"剥削方式的转变"④。这些见解彼此之间并不矛盾,而是互为补充。但也有不同的见解,例如有的认为"田户"就是"田部",因此检查丁籍,编成户籍只不过具有由国家直接管理的意义而已。无疑,当时大和国的政治形势要求朝廷直接管理作为朝廷经济军事据点的屯仓,从而逐步加强中央对地方的控制,实现中央集权化。但是朝廷派人在白猪屯仓的作为表明,这决不是单纯的管理方面的问题。最直接的证明就是,钦明十七年朝廷已经派葛城山田直瑞,子为白猪田令,实行国家管理,但是这并没有解决问题,只有十多年后再派人去检查"田部"丁者,编成户籍才解决了问题,可见关键在于剥削形式的改变。实际上"田户"就是有户籍的"田部",与"田部"不是一个概念,户籍与"丁籍"有别。户籍的建立无疑是适应以户为单位征收租赋的需要。以户为单位征收租赋则说明"户"是个生产单位,"田部"不再是在屯仓里被强迫集体劳动的奴隶,而是正在成为在国家官吏直接管理下以户为单位进行生产并向国家交纳代役租的依附农民,公地公民制的先行形态由此出现。

这种租佃关系也同时发生在从中央到地方大大小小的氏姓贵族、拥有经济实力的家长制家庭同一般自由民("百姓""氏人")之间。

6世纪以来,随着生产力的发展,从一般自由民中成长出拥有经济实力和掌握铁制农具的大家长制家庭。作为后期古坟所特有的群集坟在全国各地大量出现,说明了这个问题。这种群集坟往往在不大的范围内存在着几十座乃至几百座。冈山县津山市的佐良山在大约 4 平方公里的范围内有古

---

① 弥永贞三:《大化以前的大土地所有制》(《日本经济史大系》I),1965 年东京大学出版会出版,第 121 页。
② 井上光贞:《飞鸟朝廷》(小学馆《日本历史》三),第 165 页。
③ 藤木邦彦与井上光贞:《政治史》(《体系日本史丛书》I),1967 年山川出版社出版,第 54 页。
④ 加藤文夫、佐藤伸雄等:《日本历史》上,1965 年新日本出版社出版,第 46 页。

坟 172 座,其中百分之八十是直径 15 米以内的小型古坟,几乎全都是六七世纪建造的①。坟墓内部大多随葬着铁制镰刀和斧头。这种坟墓的建造,如果不使用铁制的镐和锹,不依靠十几个成年劳力二三个月的劳动,是不会完成的。可见群集坟的埋葬者大部分是拥有铁制农具的家长制家庭的家长。有些家长制家庭依靠雄厚的财力和先进的铁制农具,不断进行开垦,扩大耕地,有的甚至到外地拓荒辟野,建立新村。拥有大片土地的家长制家庭,由于靠家庭成员无法耕种这些土地,便有可能把部分土地出租给无地少地的邻近"百姓"。从考古发掘来看,群集坟包和横穴式石室有大有小,随葬品也有差异,和群集坟同时存在的还有仅在山腰和高地斜面挖洞形成的横穴墓,还有为数众多的人既未葬在小型古坟,也未葬在横穴之中。② 这些考古资料说明,当时在自由民中除出现了上述经济力量雄厚的家长制家庭以外,还出现了为数众多的无地少地的贫困"百姓"。

大化元年九月诏书曾经提到:"有势者分割水陆,以为私地,卖与百姓,年索其价。"据日本学者研究,这里的"卖"字系出租之意③,"百姓"指自由民。我们认为,"有势者"除指臣、连、伴造、国造、县主等中央和地方的氏姓贵族外,还必然包括拥有经济实力的个别家长制家庭。这段文字译成现代汉语便是:"有势力者霸占水、旱田地,作为私有地,租给自由民,按年收租。"

租佃关系在大化革新以前已经存在,这是一个明显的事实,不容否认。至于这种制度已经推广到多大程度,很难说。不过从上引大化元年诏书中提到的情况推断,租佃制在大和国后期已经比较广泛地存在了。日本的这种租佃关系无疑是封建剥削关系。因为它符合大土地所有制和小农经济相结合的封建生产方式的基本特点。由于它是在部民奴隶制出现危机之时产生的,所以一经产生,部民便逐渐佃农化,"百姓"在阶级分化中一般也就不再部民化而是佃农化了。因此可以说,从 6 世纪中叶起,日本社会已经进入封建化过程。

但是须知,作为封建剥削制度的租佃制,在奴隶社会体胎内不能无阻地

---

① 《民众史的起点》,第 17—18 页。
② 《民众史的起点》,第 122 页。
③ 平凡社:《日本史料集成》1955 年版,第 88 页。

顺利成长。每一特定的上层建筑始终是积极为它的经济基础服务的,而不管这种经济基础是在形成、发展时期,或在崩溃时期。在大和国,租佃制成长的阻力来自氏姓制度。众所周知,日本是带着浓厚的氏族血缘关系和氏族组织残迹进入阶级社会的。这种氏族制的残迹又因作为国家组织的氏姓制度的建立,一直保留下来。大大小小的氏族贵族便凭借氏姓制度摇身一变成了中央和地方的氏姓贵族,使得他们的势力根深蒂固。部民制是氏姓制赖以存在的经济基础。虽然由于部民和"百姓"的斗争出现了较为缓和的剥削形式租佃制,但是氏姓贵族随时都有恢复部民制式的剥削和统治的可能。大化元年革新诏书在历数革新前臣、连、伴造、国造等氏姓贵族的罪行时,曾提到他们"各置己民,恣情驱使"①,"修筑宫殿,筑造陵园,各率己民,随事而作"②。这是氏姓贵族随意加重对直接生产者的剥削,控制其人身的一幅图景。结果造成"五谷不登,百姓大饥"。"老者噉草根而死于道垂,幼者含乳以母子共死"③的惨状。

氏姓贵族的倒行逆施严重地破坏了生产力,加深了阶级矛盾和阶级斗争。部民的斗争已不以大规模逃亡为限,而是发展到和"百姓"一起发动大规模起义。626年,"强盗窃盗,并起之,不可止"。可见这次起义规模浩大。起义严重地打击了反动氏姓贵族,促使氏姓贵族的分化和封建革新派的逐步形成。

三、封建革新势力的成长与革新派的形成

"在阶级斗争接近决战的时期,统治阶级内部的、整个旧社会内部的瓦解过程,就达到非常强烈、非常尖锐的程度,甚至使得统治阶级中的一小部分人脱离统治阶级而归附于革命的阶级,即掌握着未来的阶级。"④这条规律也体现在从奴隶社会到封建社会的演变过程中。在日本奴隶社会危机不

---

① 《日本书纪》大化元年九月条。
② 《日本书纪》大化元年九月条。
③ 前揭书,推古天皇三十四年条。
④ 马克思恩格斯:《共产党宣言》,《马克思恩格斯选集》第一卷,第261页。

断加深，阶级斗争日益尖锐之时，从奴隶主统治集团中分化出来试图改革社会经济和政治制度，以便缓和阶级矛盾，发展生产，在新的政治体制下巩固其统治的革新人物。苏我稻目、圣德太子、中大兄皇子和中臣镰足等便是代表人物。

相传苏我氏系葛城氏的一个支族。苏我稻目的祖父苏我满智宿弥在雄略朝(456—479年)时统辖"三藏"(斋藏、内藏、大藏)掌管朝廷财务，支配着东汉氏、西文氏等大陆移民，因而同这些移民有密切关系。[①] 宣化朝(535—539年)时苏我稻目任大臣。钦明朝(539—571年)时他奉命管理对朝鲜贸易，同朝鲜移民有更多接触机会，而且他活跃的时代，政治中心已经移到东汉氏等汉人早已扎根的桧隈附近。在这种影响下，他接受大量的先进文化和思想，成为朝廷中的革新人物。

正因为如此，他先是在554年和555年主持了白猪屯仓和儿岛屯仓的组建工作，随后于569年在他的政策指导下，胆津按照"秦人""汉人"的"户籍编贯"模式建立了白猪屯仓"田部"户籍。如前所述，建立户籍是日本奴隶社会向封建社会过渡中具有重大意义的一步。

在朝廷中同苏我稻目对立的是以物部尾舆为代表的保守势力。钦明朝时期物部尾舆任大连，同苏我稻目并列，形成两大政治势力。物部氏拥有"八十氏"，主张按传统的方式统治下去，反对苏我稻目的开明政策。6世纪中叶，佛教自朝鲜传来，两派的对立便围绕接受不接受佛教的问题激烈化。苏我稻目主张崇佛，企图以全国信仰佛教来代替各氏对各自氏神[②]的信仰。物部尾舆则坚决反对，说礼拜"蕃神"势必引起"国神"的震怒。后来适逢瘟疫流行，死人甚多，尾舆及其子守屋便将这场灾祸归罪于崇佛。实际上，氏神的信仰是为巩固氏姓制度服务的，所以崇佛派与排佛派的斗争和对立，实质上是要削弱氏姓制度还是维护氏姓制度的问题。此外还应指出，佛教虽然产生于印度的奴隶制时代，但传到中国后便成为封建社会的宗教意识形态。而且佛教传入日本，不只传来佛经、佛像和佛教思想，也随同传来中国

[①] 斋藤广成撰，《古语拾遗》。
[②] 各个氏族都有自己的祖先——氏神，如皇室的天照大神，中臣氏的天儿屋根命，忌部氏的天太玉命，物部氏的石上神宫的神剑，苏我氏的宗我都比古神等等。

的封建制度、先进的科学技术、思想和文化。所以崇佛与排佛之争还具有要不要学习中国的先进事物,要不要以中国为榜样来改革社会的意义。两派的对立导致 587 年的内战。这一年苏我稻目之子苏我马子和圣德太子(574—622 年)率大和豪族联军进攻物部守屋,守屋率其"子弟与奴军"进行抵抗,但终于灭亡。

此后便是圣德太子执政的时期(593—622 年)。在此期间圣德太子沿着苏我稻目开拓的道路继续走下去,致力于以和平的方式改变奴隶制经济基础和上层建筑,以此不断削弱氏姓贵族势力,建立以天皇为中心的中央集权的政治体制。

首先,他在东国等地建立了许多屯仓,①这些屯仓采取了象白猪屯仓那样以户为单位征收租赋的方式,这一点我们通过旁证材料可窥其一端。《隋书·倭国传》在提到当时日本地方行政组织时说:"八十户置一伊尼翼,如今里长也,十尼翼属一军尼。""伊尼翼"就是"稻置",它是地方基层的官职名称,"军尼"指的是"国"。这里提到的户数是否准确,姑且不论,这段文字至少说明:太子摄政时期,在东国,直接生产者被编成户,朝廷以户为单位征收租赋的做法已较为普遍。这样的判断还可以从下面的材料找到证明,《革新诏书》提到:"凡仕丁者,改旧每三十户一人(以一人充厮也),而每五十户一人(以一人充厮),以充诸司。"②这说明大化革新之前已经存在着仕丁课法,即每三十户课一仕丁,从而可以判断,那时已经存在着以户为单位的赋课形态。新建的东国屯仓正是按照这种方式建立起来的,这就在实际上削弱了氏姓贵族的经济基础,打击了部民奴隶制,扩大了封建生产关系。

其次,太子打击氏姓贵族势力还体现在 603 和 604 年先后制定的《冠位十二阶》③和《十七条宪法》之中。《冠位十二阶》是官吏的位阶制度。冠位是按才干、功绩由天皇授与贵族个人的荣爵,也是贵族、官吏身份的标志。

————————

① 《日本书纪》推古天皇十五年条。
② 《日本书纪》孝德天皇大化二年条。
③ 冠位十二阶:按儒家德目德、仁、礼、信、义、智顺序,每个德目分为大小两阶(如大德、小德、大仁、小仁等等),总共组成十二阶。位阶的标记是冠,它是用紫、蓝、红、黄、白,黑几种颜色的绢制成的。

它和"姓"不同,姓是授给氏的,而且是世袭的。反之,冠位只授给个人,不能世袭。冠位的制定和推行一定程度上起到了抑制氏姓门阀势力和选拔人才的作用。《十七条宪法》是以儒家思想为指导的,作为"君臣关系"的准绳。《宪法》写道:"承诏必谨,君则天之,臣则地之。"(第三条)"国靡二君,民无两主,率土兆民,以王为主,所任官司,皆是王臣。"(第十二条)这些条款无疑旨在从政治上抑制氏姓贵族势力,提高皇权,建立中央集权体制。《宪法》还包括"国司国造,勿敛百姓"(第十二条),"农桑之节,不可使民"(第十六条)等条款。这些条款反映了减轻人民负担,发展生产,从经济方面抑制氏姓贵族的思想。

为了把日本整顿成为一个强有力的集权国家,以便施行进一步社会改革,圣德太子乃急欲取得中国经验,摄取中国文化,于是他恢复了中断一个多世纪的两国国交,向隋朝派出"遣隋使"和留学生、学问僧。在短短的十五年间,不畏艰难险阻,竟派出"遣隋使"四次和留学生、学问僧八名,这是日本历史上的壮举,也是中日关系史上光辉的一页。仅就这一点就足以说明,圣德太子是一位开明的革新政治家和思想家。

圣德太子改革取得了可观的成就,但是由于他对氏姓贵族打击不力,所以没有达到预期的目的。《冠位十二阶》不是官职,仅是荣誉称号。《宪法》仅是一种"道德训诫",没有制裁的条款,所以不是法律,对氏姓贵族没有实质性的约束力。尤其在他的"以和为贵","上和下曲"(《宪法》第一条)的和平主义思想指导下,没能采取有效措施一举消灭氏姓贵族的经济基础。所以到了后来,他在毫无办法的情况下消极悲观,在"世间虚假,唯佛是真"的失意声中度过了晚年。圣德太子的改革为后来大化革新提供了正反两方面的经验,培养了人才。

太子死后统治阶级与被统治阶级间的矛盾更加深刻,统治阶级内部的矛盾也有增无减。苏我马子曾参与太子的改革事业,但是后来越来越谋求建立自己的绝对权力,走向反面。苏我马子的后继者苏我虾夷、苏我入鹿父子毫无革新作为,凭借已有的权势擅专朝政,对抗皇室。苏我虾夷废圣德太子之子山背大兄王,另立太子,苏我入鹿专横跋扈,胜过其父,643年竟然逼迫山背大兄王自杀并夷其一族。苏我入鹿的行为招致多数廷臣的不满。反苏我虾夷和入鹿的势力逐步秘密聚集在舒明天皇之子中大兄皇子(626—671年)和中臣镰足(614—669年)的周围。苏我虾夷和苏我入鹿父子已经同他们的祖辈苏我稻目完全不同,成为加强以天皇为中心的中央集权以及在此基础上实行社会改革的最大障碍,就是说,他们成为反动氏姓贵族势力的总代表和进行社会改革的绊脚石。所以不能把他们同他们的祖辈等量齐观,对每个人情况要作具体分析,因此笼统地说苏我氏"开明",苏我氏"反动"是不科学的。

当时已形成的客观形势表明,进行一场全面改革势在必行。但是应该怎样进行改革呢? 从中国回来的留学生指出了方向。《书纪》载,早在推古天皇三十一年(623年)首批回国的留学生福因和学问僧惠日①等就曾向朝廷建议:"留学于唐国学者,皆学以成业,应唤","大唐国者法式备定之珍国也,常须达"②。7世纪三四十年代留学生、学问僧陆续回国。他们在中国留学均二三十年,亲身经历过隋末唐初的动乱,王朝的更替,目睹了唐朝在短时间内如何恢复发展了生产,建立起强有力的中央集权国家,出现高度封建文明的情景。他们回国后就此做了广泛介绍,在贵族中间发生强烈影响。中臣镰足出身中等贵族家庭,相传幼年好学,广涉书传,尤其醉心于兵法书《六韬》,因此自幼年起即志在经世。他曾就学于僧旻,又曾同中大兄皇子一起受教于南渊请安。这样,在中国先进的社会经济制度、政治制度和思想的强烈影响下,大化革新前便形成了以中大兄和中臣为代表人物的封建革新派和他们所要遵循的按照"法式备定"的唐朝制度进行全面改革的革新路线。

四、大化革新与封建制的建设

645年6月,中大兄皇子和中臣镰足等革新派断然发动了宫廷政变,杀死苏我入鹿,建立革新政权,在国博士归国留学生僧旻、高向玄理的参谋下

---

① 惠日不是跟随遣隋使去中国的,什么时候派去的,不详。据《续日本书纪》载,他是经百济来到日本的高句丽人的子孙。
②《日本书纪》推古天皇三十一年条。

开始了著名的大化革新运动。大化元年(645年)造户籍,校田亩,①为下一步改革做了准备。大化二年(646年)发布《改新之诏》,它是革新的纲领。革新运动是一个长期的过程,历经半个世纪。在此期间,革新运动虽有反复,但革新的内容不断得到充实。至701年革新内容终于以法律形式固定下来,形成《大宝律令》,该律令内容包括官制、身份等级制度、土地制度、税制、法制等各个方面。联系到从奴隶制向封建制的过渡,下面着重探索社会经济制度方面的变革。

社会经济制度变革的核心内容,就是废除部民制,将土地和部民变为"公地公民",以及在"公地公民制"的基础上实行班田制和租庸调制。班田制的主要内容是:政府每隔六年班给六岁以上男女"口分田"。班田的数量是男子二段②,女子为男子的三分之二,官户③、公奴婢与良民相同,"家人"④、私奴婢为"良民"的三分之一。

"口分田"不得买卖,受田人死后归公。除"口分田"外,政府又按户分给一定数量的园田宅地。园田宅地为受田人永久占有,允许买卖,只是绝户时归公。山川湖泽公用。受田农民负担租庸调。租是实物地租,受田每段交纳租稻二束二把⑤。庸是劳役,正丁每年十天到都城服役,可交庸布二丈六尺来代替,次丁减半。调是正丁、次丁、少丁交纳的地方土产。庸调由班田农民自己负担运输。班田农民除租庸调外,还负担杂徭和兵役,杂徭是地方国司每年役使正丁六十天以内、次丁三十天以内、少丁十五天以内的徭役。兵役是正丁的三分之一为士兵,使他们从属于地方军团,在一定时期到军团服役,平时从事农耕,服役期间武器、粮食自备。

由于"公地公民制"的实行,封建国家土地所有制就建立起来。许多日本学者承认"公地"是国家土地,但否认这种土地所有制的封建性质,其实,"公地公民制"已经具有封建土地所有制的基本特征。封建土地所有制的基

---

① 《日本书纪》孝德天皇元年条。
② 段:日本古代地积单位,约当991.736平方米。
③ 户:属官奴司的贱民。
④ 家人:属私家贱民。
⑤ 束、把:一束为十把,一把为用手抓满三次的稻谷量。

本特征之一,就是大土地所有者对从事个体生产的直接生产者分给份地,凭借其土地所有权把直接生产者束缚在土地上,以地租形式占有直接生产者的剩余劳动。很明显,革新后作为大土地所有者的国家通过班田制授给公民的"口分田"就是直接生产者的份地,租庸调就是地租:禁止受田公民离开,"口分田"的规定("凡户逃走者,令五保追访")①,就是国家要把直接生产者紧紧束缚在土地上的法律规定。可见公民(班田农民)对国家的关系是直接生产者对大土地所有者的依附关系。日本大土地所有者国家所掌握的,赖以实现向班田农民征收租庸调的那种土地所有权,正是封建土地所有权。

封建土地所有制的另一基本特征,便是大土地所有者对直接生产者农民实行超经济强制。正如列宁所指出:"农民对地主的人身依附是这种经济的条件。如果地主没有直接支配农民个人的权力,他就不可能强迫那些得到份地而自行经营的人来为他们做工。所以,正如马克思在阐述这种经济制度时所说的,"……必须实行'超经济的强制'这种强制可能有各种各样的形式和不同程度,从农奴地位起,一直到农民有不完全的等级权利为止"②。在"公地公民制"下,国家的一些法律制度正是大土地所有者国家对班田农民实行超经济强制的种种手段,借助这些手段对班田农民实行超经济强制,强加给班田农民身上的沉重杂徭、兵役就具有这样的典型性。

由此可见,"公地公民制"正是封建国家土地所有制。马克思对这种封建国家土地所有制形式下的阶级对抗关系、地租形态和国家政权形式诸方面,进行过精辟的论述。他说:"如果不是私有土地的所有者,而像在亚洲那样,国家既作为土地所有者,同时又作为主权者而同直接生产者相对立,那末,地租和赋税就会合为一体,或者不如说,不会再有什么同这个地租形式不同的赋税。在这种情况下,依附关系在政治方面和经济方面,除了所有臣民对这个国家都有的臣属关系以外,不需要更严酷的形式。在这里,国家就是最高的地主。在这里,主权就是在全国范围内集中的土地所有权。"③

---

① 《令义解》卷二,户令逃走条。
② 列宁:《俄国资本主义的发展》,《列宁全集》第三卷,第158—161页。
③ 马克思:《资本论》第三卷,第891页。

随着"公地公民制"的出现和班田制的实施，阶级关系也发生了根本变化。公民同封建官僚贵族之间的对抗关系取代了部民同部民奴隶主贵族之间的对抗关系。有一些日本学者否认这种看法，认为革新后公民（班田农民）的阶级地位并没有发生本质的变化，公民的沉重徭役负担其性质与部民的负担并无不同。① 我们认为，公民的阶级属性是在生产关系中所处的地位决定的。公民在班田制下，依附于土地所有者国家，人身不完全被占有。他们有自己的生产工具，有拥有占有权的口分田和可以买卖的园田宅地，② 有固定的租税和徭役负担，交租后剩余产品可以占为己有，对山林沼池有使用权。③ 在法律上，他们被列入良民之中。④ 良民包括皇族、贵族和占人口绝大多数的公民。良民与贱民的界限分明。贱民是奴隶。户令规定贱民不能同良民通婚，凡与良结为夫妻新生子女，不知情者从良，其逃亡所生子女皆从贱。户令中又有收养、安恤老弱、孤寡的规定："凡鳏寡、孤独、贫穷、老疾不能自存者，令近亲收养，若无近亲，付坊里安恤，如在路病患，不能自胜者，当界郡司收付村里安养，仍加医疗，并勘问所由，具注贯属，患损之日，移送前所。"这些规定显然不是针对贵族，而是针对公民的。这种规定虽说很难实行，但却可以说明公民在法律上的地位。奴隶是不可能有这样的法律地位的。在探讨班田公民性质时，不能不顾法律规定。总之，公民有自己的经济，按户耕种份地，法律上有人格。他们摆脱了赎罪与赠与对象的身份地位。

"公民被当作食封或封户而给与贵族，也表示公民与部民之间没有本质的差别。"⑤ 实际上，"食封"制是一种俸禄制度。"食封"的种类有按位阶给与的"位封"，按职位给与的"职封"，按功劳给与的"功俸"等类型。封主占有封户交纳的调、庸的全部和租的一半（后来改为全部）。封户也是分得口分田交纳租庸调的农民。所谓朝廷给与官僚贵族封户是把这一部分封户交纳

---

① 石母田正、松岛荣一：《日本史概说》，1974 年岩波书店第 18 次印刷本，第 76 页。
② 《令义解》卷三，田令。
③ 《令义解》卷十，杂令。
④ 《令义解》卷二，户令。
⑤ 石母田正、松岛荣一：《日本史概说》，1974 年第 18 次印刷本，第 76 页。

的租庸调作为俸禄给与封主而已,并非把封户当作财物送给官僚贵族。

公民的徭役负担是沉重的。但是众所周知,封建地租形式大体经历了三个阶段,劳役地租正是这三个发展阶段中的第一个阶段。公民的徭役劳动,实际上就是劳役地租的形式。在日本封建制的早期,封建国家以徭役地租为主的形式,直接占有班田农民的剩余劳动是完全合乎封建地租形态发展规律的。所以不能只因公民的徭役劳动过重,将公民与部民划等号。

部民奴隶主贵族的地位也发生了变化。大化革新后,他们变成封建官僚贵族。对于这些人,朝廷按位阶官职给与位田、位封、职田、职封、位禄、季禄等作为俸禄。在封建国家土地所有制下,这些官僚贵族对土地没有直接所有权,只有间接所有权,因为土地的直接所有者是国家,全国所有土地都是属于国家的。贵族的剥削对象和剥削方式发生了变化。他们的剥削对象是公民,剥削方式是占有公民的租赋。贵族对公民的关系,已经不是完全占有的关系了。

大化革新并没有解放所有奴隶。在法律上,陵户、官户、家人、公奴婢、私奴婢属于"贱民"。"贱民"之中公私奴婢的地位最低贱,他们不准有家室。主人把他们当作财物买卖和止与。品部和杂户虽系"良民",但在生产中所处的地位没有改变。所以他们的身份地位比一般"良民"低贱。据推测奈良时期奴隶占总人口的百分之十左右。这个数目不仅比农民少得多,且在社会生产中退居公民之后的次要地位,所以奴隶制生产关系,已经不起主导作用。

大化革新有力地促进了生产力的发展,奈良时期出现了经济高涨的局面。迁都奈良前后,各地不断献上金、银、铜、石油、煤炭等。668年越后国献上燃土(煤炭)与燃水(石油),674年对马献上银子,701年对马献上金子,708年武藏国秩父献上铜,749年陆奥国献上黄金。可见这时国内资源不断开发,金属的冶炼技术迅速提高。在农业生产上,已经出现了犁,农民用牛耕田。畜力的被利用,大大提高了生产效能。手工业生产也有了很大发展。当时日本造出的纸和织出的棉布质量很好。日本纸和棉布被遣唐使带到中国,深受中国人的赏识。历史唯物主义认为生产关系一定要适应生产力的水平和性质,然而生产关系也反过来作用于生产力。新的生产关系一经确立,便积极地促进生产力的发展。奈良时期出现经济高涨的事实正好说明大化革新实行了生产关系的变革,建立起来新的封建生产关系。

由此可见,经由大化革新,日本的经济基础和阶级关系发生了决定性的变化,封建制基本上取代了奴隶制,尽管奴婢制暂时被保留了下来。

结语

在绝大多数国家里,封建制是从奴隶制过渡的,这是从前封建制向封建制过渡的普遍规律。但是这种过渡在各个不同地区和国家却表现出不同的特点。例如在西欧,这种过渡的特点表现为罗马因素(罗马奴隶制总危机时期产生和发展起来的封建因素)与日耳曼因素(日耳曼社会的温和的剥削形式、公社土地制度、亲兵制与军事民主制诸因素)的结合和相互作用过程。在古老的东方国家这种过渡的特点表现为经历奴隶制危机之后,通过自上而下的改革实现。除了普遍规律之外还有特殊规律,这就是有些民族在其特殊的历史条件下,没有经过奴隶制,从原始公社直接过渡到了封建制。日本从前封建制向封建制的过渡是从奴隶制过渡的,体现了普遍规律,但是这一过渡在日本特定的历史条件下产生了自己的特点。

日本的部民奴隶制是不发达的奴隶制。对日本从不发达的奴隶制向封建制的过渡,中国的先进生产技术和封建制度的影响起了巨大的促进作用。日本部民奴隶制生产关系,至6世纪中叶已经同在中国先进生产技术影响下迅速提高了的生产力水平和性质不相适应,发生危机,开始要求封建生产关系。日本统治阶级中具有革新思想的人物也开始参照隋唐封建制,局部调整生产关系,进而实行了全面的社会改革,日本社会遂迅速走上了封建化的道路。就是说,中国的影响加速了日本从不发达的奴隶制向封建制过渡的进程。在古代世界,在无外部先进封建社会的影响,完全靠内因起作用的国家,从奴隶社会过渡到封建社会,埃及大约经历了4000多年(从公元前3500年到公元6世纪),中国大约经历了1600多年(从公元前21世纪到公元前5世纪),西欧大约经历了1000年(从公元前6世纪到公元5世纪)。与这些国家相比,日本从公元3世纪进入奴隶社会至7世纪中叶过渡到封建社会，仅仅经历400余年。"唯物辩证法认为外因是变化的条件，内因是变化的根据，外因通过内因而起作用。"①在经历了三四百年发展的日本奴隶社会，在经济基础和上层建筑方面都已具备接受中国先进生产技术和先进制度的条件，这些条件和日本统治阶级中的部分积极学习中国的骨干分子，都应视为内因。没有这些内因，外因是起不了作用的。

　　日本的这种在奴隶制并未充分发展的基础上，接受外部先进社会各方面的影响，使自己迅速走上封建化道路的情况，为世界各地从奴隶制向封建制的过渡提供了另一种形式。

　　日本奴隶制危机时期劳动群众的斗争促进了统治集团的分化，促进了封建革新派的形成。封建革新派之所以成为革新事业的主要承担者，是因为他们作为原统治阶级的一部分拥有最优越的条件接触中国的先进事物，吸收其先进思想和文化的缘故。

　　以暴力手段掌握政权是革新运动具有决定意义的一步。由于革新政权的建立，革新派才能以唐制为榜样一步一步实施改革，贯彻革新纲领，把国家改造成为封建集权国家，实现从奴隶社会向封建社会的过渡。因此可以说，大化革新运动是一次自上而下的封建变革运动，它的发动标志着日本奴隶制时代的终结与封建制时代的开始。

（作者张玉祥、禹硕基，辽宁大学日本研究所，原文刊于《历史研究》1982年第2期）

---

① 毛泽东：《矛盾论》，《毛泽东选集》第一卷，1971年第6次印刷本，第277页。

日本早期封建制的几个特点

刘 毅

日本封建制总的特点是什么？它是西欧型封建制呢，还是属于东方型封建制？这是当前日本史研究领域中的重要课题。弄清这个问题不仅为认识日本封建社会历史本身的发展规律所必需，而且有助于正确阐明日本近现代史中的一些重大问题。

笔者认为，日本封建制从它的发展全过程看，是"东方因素"与"西欧因素"的结合体，大体上属于东方和西欧的综合类型，而这个总特点则渊源于日本封建制发展的早期阶段（大化改新至镰仓初期"承久之乱"）。因此分析日本封建制在其早期阶段所走的道路及由此形成的一些特点，乃是理解日本封建制特点的关键。本文以同时代的西欧和东方（以中国为典型）与日本相比较，初步看到日本封建制早期阶段的基本特点有如下三个方面。

一、国有土地庄园化与班田农民第二度农奴化

日本早期封建制的一个重要特点是封建土地所有制形式的变化。"公地公民"制自发地、缓慢地向庄园领主制过渡，班田农民逐渐变成庄园庄民。具体地考察这一特点产生的原因及其历史条件，是本文研究的出发点。

由大化改新所建立起来的公地公民制究竟是什么性质和形式的土地所有制？这是我们首先要解决的问题。

改新之初,中央政府宣布"罢昔在天皇等所立子代之民,处处屯仓,及别臣连伴国造村首所有部曲之民,处处田庄"。"初造户籍、计帐、班田收授之法。"①

班田制的主要内容是"广授口分田,凡给口分田者,男二段女减三分之一","年满六岁均授之"。奴婢亦授田,"凡官户奴婢口分田与良人同。家人奴婢,随乡宽狭,并给三分之一"②。班田农民可按户分得一定数量的园田宅地,归受田者永久占有。获得口分田的农民必须向国家缴纳租庸调并被课以杂徭,其情形有如下表:

租	口 分 田 每 段 纳 稻 二 束 二 把		
	正丁(24—60岁男子)	次丁(61—65岁男子)	少丁(17—20岁男子)
庸	朝廷徭役每年十天,可用布2丈6尺代替	正丁的$\frac{1}{2}$	无
调	绢8尺5寸、丝8两、绵1斤、布2丈6尺及其他农副产品	正丁的$\frac{1}{2}$	正丁的
杂稻	地方徭役60天	30天	15天

公地公民制和租庸调制的制定和推行说明了什么呢?

第一,改新后的国家政权依靠集中了的权力,掌握了全国土地,而作为直接生产者、从国家得到份地"口分田"的班田农民则受到国家一元化的剥削。这就出现了马克思所说的"国家既作为土地所有者,同时又作为主权者而同直接生产者相对立"的现象,这种现象正是东方封建土地国有制的突出特征。

第二,从国家权力与土地相结合的方式中产生了比较简单的租税关系。班田农民每年须向国家缴纳一定量的租,同时又要负担以调的形式被强加给的税,国家作为土地所有者占有农民的剩余劳动。这样,就出现了马克思指出的租税合一的剥削体制:"地租和赋税就会合为一体,或者不如说,不会再有什么同这个地租形式不同的赋税。"而这种租税合一的剥削体制,正是

---

① 《日本书纪》第二五卷,大化二年元月条。
② 《新订增补国史大系》之《令义解》田令条,吉川弘文馆1974年版。

封建土地国家所有制的另一重要特征。

第三，国家人格化为"最高的地主"，"在这里，主权就是全国范围内集中的土地所有权"。班田农民对国家既有物的依附（土地），又有人身依附，而受到国家的超经济强制。于是，"在这种情况下，依附关系在政治方面和经济方面，除了所有臣民对这个国家都有臣属关系以外，不需要更严酷的形式"①。不计赀财，只问身丁的课役制度，也是东方封建土地国家所有制的明显特征。

总之，班田制的特点集中地表现为国家主权与土地所有权合而为一，地租与赋税合而为一，超经济强制与封建臣属关系合而为一。毫无疑义，这正是马克思所指出的东方早期封建土地所有制的一种形态——封建土地国家所有制。

除实行租庸调的口分田以外，还存有数量相当大的"不输租"的公田。这些公田主要是无主田、收公田和"乘田"②。那么，公田又采取什么样的经营方式呢？按《令义解》公田条规定："公田不输租，以十分之二地子为价也"，"凡诸国公田，皆国司随乡土估价赁租。"日本学者菊地康明指出："众所周知，赁租酷似后世的租佃……到了律令时代，这种经营方式在国有地上十分盛行。"为什么会出现这种情况呢？其原因在于当时生产力水平较为低下，加上繁重的租庸调，班田农民仅靠口分田难以维持简单的再生产，因此，大多数班田农民不得不租佃公田，用以增加收入。这种情况由国家以法律形式加以确定："遗田者，或地子或价值，任民所欲，随宜弁行。其地子之法有式文，价值之数宜依国例。"③班田农民用自己的生产工具到公田上耕种，按一定比例上缴地子，一部分剩余产品归自己所有。这种经营人身依附成分较少，"随宜弁行"可以说是比较典型的封建性的租佃经营。

绝大多数日本学者否认公地公民制这种土地国有制的封建性质，认为土地私有是封建制的唯一标志。他们不承认土地国有制曾经是某些东方封建国家早期土地所有制的较为普遍的特征，认为土地国有是"普遍奴隶制"

---

① 《资本论》第三卷，第891页，人民出版社1975年版。
② 菊地康明：《日本古代土地所有制研究》，第103页，东京大学出版会1971年版。
③ 《类聚三代格》元庆五年二月条。

(或称"总体奴隶制")的经济基础。在分析直接生产者的阶级属性时,强调徭役的繁重,把班田农民说成是"国家奴隶",而以乡户形式出现的"父家长奴隶制"则是这种"普遍奴隶制"的特点。笔者认为,所谓"普遍奴隶制",是马克思对东方专制主义的一种形象性的概括,马克思本人也未把它作为一种具有确切含义的社会形态来加以论述。① 因之,把"普遍奴隶制"作为一种独立的社会形态,在理论上颇有商榷的余地。笔者此处不拟详述,留待以后专论,这里仅就"乡户"和班田农民的阶级属性谈一下初步看法。

所谓"乡户",是指以血缘关系和地缘关系相结合的家长制大家庭;"房户"则指从"乡户"中分离出来的单婚制小家庭。大化改新模仿中国的编户齐民制,由此而产生具有日本特点的"乡户"。家长制大家庭"乡户"的出现,是由于农村公社遗制长期存在的结果。个体农民"像单个蜜蜂离不开蜂房一样",长期脱离不了"氏族或公社的脐带"②,这正是东方封建国家初期的一种较为普遍的现象。诚然,"乡户"中确实存在一些奴婢和"下人",在一段时间内,"乡户"的数量尚多于"房户",但是否可以认为这就是家长奴隶制呢?当然不能。根据现存的一些为数不多的史料统计,美浓国、下总国、远江国户籍中"乡户"与"房户"、公民与奴婢的比例见下表③:

年代	国 乡 里	乡户 房户	户 口	男 女	奴 婢
大宝二年 (七〇二年)	美浓 三井田里 半布里	50 未有 54 记载	899人 1118人	422人 463人 541人 551人	7人 7人 14人 12人
养老五年 (七二一年)	下大 甲和里 总乡 岛 仲村里 岛傑里	无 44 50 44 无 42	454人 ? 370人	191人 268人 ? 204人 165人 205人	1人 1人 2人 5人 0 0
天平十二年 (七四〇年)	远江 新居乡 津筑乡	50 60 38 22	677人 268人	322人 351人 121人 147人	2人 2人 0 0

---

① 参见《世界上古史纲》下册,第326页,人民出版社1981年版。
② 《马克思恩格斯全集》第二三卷,第371页。
③ 转引自《图说日本文化史大系》第三卷,第100页,小学馆1974年版。

班田农民是奴隶还是农奴？只能由他们在生产关系中所处的地位来决定。班田农民有自己的生产工具，有名为口分田的份地和可以买卖的园田宅地，有固定的租税和徭役负担，一部分剩余产品归自己占有，其经济地位是奴隶们所无法比拟的。更重要的是，在法律上他们被确认为良民，与奴婢一类"贱民"有着明显的法权上的差别。当然，班田农民对于国家还存在很强的人身依附关系，他们不得随意搬迁，被牢牢地束缚在土地之上，甚至被当作"食封"，连同土地一起封给公卿贵族，加之沉重的徭役负担，往往使他们无法维持简单的再生产。但这些现象正是中世纪农奴的明显特征。列宁说："农奴制的基本特征，就是农民被束缚在土地之上。"按照列宁的定义，我们把班田农民称之为"国家农奴"，更为贴切一些。

上述分析可以得出这样的结论：大化改新建立的公地公民制是封建国家土地所有制，班田农民是依附国家的"国家农奴"。日本师承隋唐而迈入中世纪的第一步，便具有突出而强烈的东方色彩。笔者将这一特征，称之为日本封建制中的"东方因素"。

8世纪中叶以后，日本封建土地所有制的形式发生了重大变化。班田制严酷的剥削形式致使广大农民纷纷破产，他们采取"伪籍"和逃亡的斗争方式进行反抗，国有土地一旦丧失大量劳动人手，也就必然丧失其生存的条件。加之班田制本身不健全的弱点，终至出现废弛和瓦解的趋势。

一个十分有趣的现象是，日本班田制与唐代均田制不但内容相似，甚至连农民反抗的形式及瓦解的时间亦大体相同，然而继之出现的土地所有制形式却大相径庭。为什么日本没有产生类似中国那样的地主土地所有制，相反却出现庄园领主制了呢？

日本封建制是伴随着公地公民制同时起步的。日本学者小野武夫认为："大化改新以前，虽说即已呈现出氏族制度末期的现象，但氏族体制俨然存在……除去大和为中心，五畿内为地盘的皇室直属地……日本全土尚置于无数豪族的支配下。"时间短、集权性差、经验不足，使之无法与中国唐代以前中央集权统治的程度相比。此外，改新后地方官吏多由原来的氏姓贵族、国造、县主、稻置世袭。① 国家法令明确规定：在选拔地方官吏时，"才用同者，先取国造"。这些豪族在改新前，拥有大量部曲、部民，"各置己民恣情驱使。又割国县山海林野池田，以为己财，争战不已"②，是天皇欲建集权统治的主要障碍。改新后，他们摇身一变而为国司、郡司，"掌抚养所部，检察郡事，审署文案，勾稽私、察非违"③，实际上掌握地方的军事、司法、行政大权。这些豪族对中央政府由来已久的离心力不但没有削弱，反而随着时间的推移日益增强。班田制盛行时，他们保有"位田""职田"等私有土地，一俟班田制废弛，便"对捍所役，偏称私领"④。事实证明，早期庄园中的许多领主就出自这一阶层。

大化改新后，日本虽然也模仿唐代建立起乡里编户制，却未能有效地使农民摆脱"氏族和公社的脐带"，血缘关系与地缘关系相结合的农村公社遗制长期存在。大家庭的乡户，山川林泽公用又为农村公社遗制提供了生存条件。因此，当班田制逐渐瓦解时，农民便"被驱王臣之庄，徒免课役之务"，"集于诸庄，假势其主"⑤，王臣、豪族有可能利用农村公社的遗制，重新唤起部民奴役的形式，改以由班田制继承下来的封建剥削手段，奴役直接生产者。庄园领主制的产生，在日本就具备了必要的条件。

在这种情况下，垦田便成为领主大土地所有制和土地兼并的基础。743年颁布的《垦田永世私有法》规定：自上而下，亲王一品及朝臣一位可垦田五百町二品及二位四百町；三品三位，四品贵族三百町；四位二百町；五位一百町；六位至八位五十町。寺院垦田之限尤为惊人。例如：东大寺可垦田四千町；元兴寺二千町；大安寺、药师寺、兴福寺、诸国国分寺各一千町；弘福寺、法隆寺、四天王寺、宗福寺、新药师寺、建兴寺、下野药师寺、筑紫观音寺各五百町；诸国国分尼寺各四百町。中央政府按品位官阶规定垦田数量，实质上是以封建等级身份向教俗贵族分封采地。庄园制在日本之产生，也就成为

---

① 小野武夫：《日本庄园史制论》，柏书房1979年版，第15页。
② 《日本书纪》第二十五卷。
③ 《令义解·职员令》。
④ 《续日本纪》第七卷。
⑤ 《类聚三代格》第十二卷、第八卷。

必然结果了。

通过上述分析，我们看到了封建国家土地所有制废弛后，中日两国土地所有制形式异同的原因及其结果。日本庄园制的产生，是一个划时代的历史之变。如果说西欧庄园制是由罗马因素与日耳曼因素相结合，其间伴随着暴力征服与民族迁移，具有明显的外力作用的话，那么日本庄园制则完全是内部社会政治经济矛盾的自然结果。因之，新旧相间，古老的传统长期延续，新的、类似西欧的庄园制自发地滋生发展，这是日本早期封建制极为突出的一个特征。

日本庄园领主制从8世纪中叶产生，至12世纪末基本确立，大体上经历了一个逐步发展、完善的过程。日本庄园领主制有哪些特点呢？让我们从庄园制的发展过程中来探讨这一问题。

一般说来，日本庄园制的发展过程大致可分为两个时期、两种类型，即"自垦地系统"初期庄园（8世纪中叶至10世纪）和"寄进地系统"后期庄园（10世纪以后）。

初期庄园具有两个明显的特点：一是它尚不具备完全的私有地性质，二是庄园领主亦不具有超经济强制的、排他性的领主权。这是因为初期庄园领主还必须向国家和地方国衙上缴年贡（地租），庄民还被课以临时杂役，国衙的检田使和征税吏有权进入庄园检田、收租和征调劳力。马克思说："地租的占有是土地所有权借以实现的经济形式。"[1]庄园领主不能独占地租，说明它与完全的私有地尚有相当程度的差别。另一方面，地方国衙对庄园还保持一定的行政干预权力，庄园的警察司法权也由地方国衙全权处理，庄园领主的职能，还仅仅是经济关系上的一种表现形式。正是在这个意义上，我们称初期庄园为过渡型庄园。不过，它仅仅是封建大地产向日臻成熟、不断完善方向的转化，而不是古代奴隶制向封建制的过渡。

10世纪以后，大量"寄进地系统"庄园纷纷涌现，以"不输不入"为标志的庄园制在12世纪末大体形成本文所论的"日本庄园领主制"，主要是指寄进型庄园而言。

---

[1]《马克思恩格斯全集》第二五卷，第714页。

与西欧庄园领主制相比较,日本庄园领主制有几个与其完全相似的共同特征。

第一,独立的、排他性的土地所有权。西欧庄园领主的土地所有权是他们"独占一定部分土地的法律虚构"的法权表现,[1]封建法律是土地私有权的根本保证。查理·马特实行采邑改革之后,封建领主以"特恩权"的形式,把领地"当作私人意志的专有领域,在它的支配上排斥着一切其他的人"[2]。

日本庄园领主的土地所有权,亦是通过国家法律的保护而由以实现的。从9世纪起,中央政府以"太政官符"和"民部省符"的移式注册"立卷庄号",使庄园领主获得"不输租"的特权。10世纪以后,复以"太政官符"明令地方检田使、税吏、检非违使(警察)等不得进入庄园行使权力(即"不入"权)。庄园获得"不输不入"权之后,便排斥了国衙的一切干涉,世袭领地也就变成"国中之国"了。

第二,封建等级土地所有制。马克思指出:"在欧洲的一切国家中,封建生产的特点是把土地分给尽可能多的臣属。"[3]由此,西欧庄园领主以契约为媒介,以服军役为代价,形成了国王—各级贵族—骑士这种严格的土地等级结构。

日本庄园领主制的等级结构,是循着自下而上的层层寄进和自上而下的层层分封的两条路线发展起来的。

寄进型庄园的等级结构比较简单明了。例如,应德三年(1086年)肥后国鹿子庄的在乡领主沙弥高方,"为借助权威,乃以实政卿(藤原实政)号领家"。后来,"实政之末流(子孙)愿西微力之间,不防国衙之乱妨……寄进高阳内亲王""是则本家之始也"。庄园领主间的关系,形成了"本家"—"领家"—在乡领主这样的等级结构。维系它的是瓜分年贡的契约关系。领家保证沙弥高方及其子孙世袭管理庄园的权力,"倘背此义,我子孙则不可为领家",对寄进者进行庇护。领家按契约,得到"四百石年贡"的进项。本家

---

[1]《马克思恩格斯全集》第二五卷,第715页。
[2]《资本论》第三卷下,第723页。
[3]《马克思恩格斯选集》第二卷,第223页。

对领家的保护条件是"防国衙之乱妨",领家则进献给本家二百石年贡为报酬。① 可见,以契约关系为媒介,是这种土地等级结构的基础。

镰仓幕府建立后,源赖朝以"恩给制"的形式,向御家人分封领地,御家人则再次分封给"家之子"和"郎党"等②,由此而产生了将军—御家人—一般武士的土地等级结构。受封者不但要履行一般的契约关系,而且平时必须参加执勤警卫(称"京都大番役"),战时为将军服军役。这几乎与西欧等级土地所有制完全类同了。

第三,苛重的剥削体制与超经济强制。西欧庄园领主以接受"委身",施以庇护的手段,加强了自由农民农奴化的过程,并依靠在直营地上征收劳役地租,建立起一套苛重的剥削体制,庄园领主利用独自的行政权,向领民征纳课税。通过庄园法庭行使司法权,对庄民实施超经济强制,这是其十分突出的一个特点。

日本庄园领主亦是通过迫使农民农奴化的过程,来强化剥削体制的。前面已经谈到班田农民第二度农奴化较为普遍的一种形式,即由班田农民直接变成庄民。10世纪以后,中央政府在"国衙领地"(即国家土她)上推行所谓的"别名"体制,一部分班田农民,或垦荒集田,或在口分田的基础上成为拥有一町步左右"名田"的小名主。随着庄园制的发展,这些小名主被迫将土地寄进给庄园领主,再从庄园领主那里获得"作手职"(租佃权),变成隶属于领主的庄民。这样,班田农民上升为小名主(相当于自耕农),再由小名主沦为农奴,此即班田农民第二度农奴化的另一种形式。

庄园领主强迫庄民在一些称为"佃"以及庄官的"作手田""门畠""门田"等直营地上进行无偿劳作,榨取劳役地租。在领地内,领主取代国衙向庄民征课杂税、赋役("公事"),其苛重程度与原来班田农民的负担有增无减,至少不会有多大程度上的差别。日本庄园虽未有独立的法庭等机构,但他们由"不入制"而获得领地上的司法警察权,对所谓"盗犯毁害之辈,以追却为

---

① 《东寺百合文书》十一—十二甲。
② 中村吉治:《日本的封建社会》,第76页,校仓书房1979年版。

例"①,进而私设"笼居"(私牢),关押庄民。② 东大寺领主公然宣称:"寺领亘诸郡,人民惟多其间,大凡犯过之辈……只偏寺家处置。"③超经济强制略见一斑。

第四,自给自足的庄园经济。西欧庄园是"一个自给自足和闭关自守的整体,同外界很少联系"④,庄园内部有较为完整的生产体系。封建领主"除了土地上所提供的东西以外,没有什么可买,而这些土地上的产品他们已经有了"⑤。

日本庄园也是一个自给自足的经济整体。许多史料足以说明这一问题。仁安元年(1166年),曾弥庄进献给领主的物品有:丝柏皮绳、海藻、青苔、粗布凉粉、马草、点心、酒、丝等。柏原庄每年要向领主缴纳木炭、草包、饲草、垫子、菖蒲、火把、木桶、饭柜、勺子等。平安末期,长屋庄的账簿记有为领主祭祀每每提供面饼、粽、瓜、麦、山芋、莲子、豆、豆腐、草席等。可见,农产品、山林产品和家庭手工业产品是庄园经济的主要来源。另据史料记载,久安四年(936年)八月,藤原道长令所属二十四个庄园按月轮换,每天向其父提供鱼菜十合、水果十合。⑥ 庄园领主的衣、食、住、用所需物品,几乎全部由庄园承担,其自给自足的自然经济特征是十分明显的。

加以全面和仔细的比较,可以发现,日本庄园领主制和西欧庄园领主制除上述共同特点外,还有一些不同之处。具体表现为:

西欧领主制是实行"长子继承父亲的全部世袭财产的法律"⑦;日本领主制则实行诸子继承、分户析产的惯例。平安末期,上野国新田郡领主源义重将其庞大的地产分给五个儿子继承便是一例。⑧ 不但诸子分封,而且女性与养子亦可承袭财产。被称为"伊贺国猛者"的藤原实远,虽然"其族多

---

① 小野武夫:《日本庄园制史论》,第 226、290 页。
②《平安遗文》1881 号。
③《东大寺文书》卷三六七。
④《马克思恩格斯全集》第一卷,第 368 页。
⑤ 汤普逊:《中世纪社会经济史》下册,第 323 页,商务印书馆 1963 年版。
⑥ 小野武夫:《日本庄园制史论》,第 140 页。
⑦ 汤普逊:《中世纪社会经济史》下册,第 343 页,商务印书馆 1963 年版。
⑧ 永原庆二:《日本封建过程研究》,第 168 页。

门,苗裔尚繁",死后除嫡子、庶子外,又将一部分领地分给养子及女儿。①

封建法律禁止土地买卖、自由转让,是西欧庄园领主制的普遍特征;日本庄园领地却是转手易主频仍,土地买卖盛行。转让称为"和与",土地买卖以地契为凭,称为"买卖公券",并由中央政府和地方国衙给予法律上的保护。

西欧庄园由于实行长子继承和严禁领地转让与买卖,因此,领地固定、产权集中,马克思称之为"已经硬化了的私有财产"。与之相反,日本庄园则地权不稳,常有变异。领地随意转让和自由买卖的结果,庄园领主每每因产权引起纷争,或投讼于国衙,或诉诸于武力,而中央政府和地方国衙得以权威仲裁者的身份,继续保持强有力的行政、司法大权。这也是"公家""武家"政权均能以天皇诏书、幕府"御教书"(命令)的名义,动辄"收公",继而"追夺",封建领地相对"软化"的重要原因。

西欧庄园中自由农民沦为农奴后,还享有马尔克公社遗存下来的一些传统的经济、政治权利。马尔克"使被压迫阶级即农民甚至在中世纪农奴制最残酷的条件下,也能有地方性的团结和抵抗的手段"②。

日本庄园中亦长期保存着农村公社的遗制。但由奈良时期的"乡户"发展到平安时代的"名体制",还保留相当程度的家长式的奴役形式,因此,在日本庄园中,共同体的义务和每个成员的权利日趋淡薄,无条件的服从和效忠,使农村公社遗制增添了专制、强化的色彩。③ 庄园中农村共同体的首领"名主",具有领主的庄官和中小地主的双重身份,他们直接剥削压榨广大农民,农村共同体不但没有成为"地方性的团结和抵抗的手段",反而成为专制主义长期延续的统治基础。

此外,我们还可以看到,诸如西欧领主长期定居领地之内,与外界隔绝;日本大领主多有城邑都邑,与商品经济联系较多等一些差异现象。

日本庄园制与西欧庄园制所表现出来的异同之处,究竟源于何处呢?当我们试图从中国封建社会形态中寻求答案的时候发现:诸子分户析产、土

---

① 石母田正:《中世世界的形成》,第 129 页。
②《马克思恩格斯全集》第二一卷,第 177 页。
③ 永原庆二:《日本封建过程的研究》,第 16 页。

地买卖盛行、专制主义统治渗透农村、封建主城居等现象,恰恰是中国地主土地所有制的基本特征。①

总起来说,日本庄园领主制在法权完备、等级结构、超经济强制、庄园经济特点等方面,与西欧庄园领主制完全相同,本质上具有特权与大地产相结合这一根本特征。它在日本庄园领主制中起着主导、支配作用。制约着封建土地所有制发展的方向。我们称之为"西欧因素"。日本庄园领主制中还保留一些东方特征。不过,它只处于次要的、从属的地位,但在庄园制的发展过程中,还是不可忽视的条件。

综上所述,日本早期封建社会的土地所有制是循着公地公民制向领主制这样一条路线变化、发展起来的。其过程表现为国有土地庄园化与班田农民第二度农奴化,即封建的"东方因素"向"西方因素"的转化。土地所有制形式的这种变化,在日本历史上产生了极其重大而深远的影响,由此而派生出日本早期封建制有别于世界上任何民族、任何国家的显著特征。

二、政治多元化与东方专制主义的延续

大化改新以后,在封建国家土地所有制的基础上,日本建立起与大多数东方国家相同的、较为典型的专制主义集权政体,从而形成政权结构中的"东方因素"。随着庄园领主大土地所有制的产生与发展,出现了皇室衰落,权力下移,多元政治等"西欧因素"。两种因素相互作用具有哪些特点?我们准备从佛教与寺院贵族、摄关政治与院政、武士与武士团三个方面来阐述这个问题。

日本的佛教寺院在中世纪历史上是一支具有独特地位的政治力量。尤其在早期封建社会,它几乎渗透到社会的每一个细胞,政治、经济、意识形态各方面,无不打上佛教的烙印。

为什么会出现这种情况呢?这是由日本特殊的历史条件决定的。佛教势力的兴盛,与土地所有制形式中的"东方因素"和"西方因素"的消长密切相关,并由此而产生前后两个时期极为明显的不同特征。

---

① 参见胡如雷:《中国封建社会形态研究》,三联书店 1979 年出版。

大化改新至 8 世纪中叶，封建国家土地所有制居于支配地位，日本正处在"前主所是著为律，后主所是疏为令"①，天皇专制主义集权统治空前强盛的"律令时代"。中央政府利用佛教来"镇护国家，驱除邪恶"，佛教寺院就在天皇的扶持下发达起来。中央政府专门设立"僧纲""僧正""律师"等佛教官职，②统领僧尼、刊录贯属，制裁"恶僧"，监督寺院，将其置于严密的控制之下。"壬申之乱"后继承皇位的天武天皇剃发为僧，实际上成为佛教领袖。这个时期的佛教，"是以国家和教会、政治和宗教紧密交错而且几乎两位一体为基础的"③。表现出东方宗教政教合一的浓厚色彩。

8 世纪中叶以后，庄园领主制的产生与发展，使佛教寺院由依赖皇权变为染指政权，亦步亦趋地走上贵族化、世俗化、庄园领主化的道路。

佛教势力染指政权的突出例证是所谓"道镜佛教政权"的产生④。

道镜俗名弓削连，出身于河内国的地方豪族。出家后，在葛木山中修行"如意轮法"⑤。天平宝字七年(763 年)九月，道镜任僧纲一职，因得宠于孝谦天皇，于天平神护元年(765 年)任太政大臣祥师。继而排斥公卿、剪除异己，任命僧侣圆兴等为"法臣"，基经等为"法参议"，其弟弓削净当上了警卫皇宫的内监省长官，组成了几乎清一色的"僧侣内阁"。766 年，道镜自任"法王"，与天皇平起平坐，掌握了朝廷政权中枢。⑥

"道镜佛教政权"的出现，标志着佛教寺院政治势力的形成。其具体表现如下：

第一，佛教成为唯一的国家宗教，居于"万流归宗"的独尊地位。

日本虽然也有自己的民族宗教——原始神道，但自 5 世纪佛教传入后，佛教势力一直沿着上升路线发展。及至 8 世纪初，出现了御用的"神佛习同"和"本地垂迹"说⑦。于是，菩萨、如来被编造为日本的诸神，天皇的伊势

---

① 《汉书·杜周传》。
② 《令义解·僧尼令》。
③ 《马克思恩格斯全集》第十卷，第 141—142 页。
④ 《体系日本史丛书》第十三卷《宗教史》，第 97 页，中央公论社 1975 年版。
⑤ 《图说日本文化大系》第三卷《奈良时代》，第 184 页。
⑥ 岩波讲座《日本历史》古代三卷，第 180—181 页。
⑦ "神佛习同"是说神与佛本是一体，不应分割；"本地垂迹"是说菩萨如来诸佛自始便与日本有缘，他们降临在大和地方，就是日本人最早供奉的氏神。二说皆出现于 8 世纪初。

神宫就成了大日如来，日吉是释迦的化身，八幡大神变成了八大菩萨。①"推佛于神，复援神于佛"的结果，日本原始神道便与佛教合而为一，从而奠定了佛教独一无二的一统地位。在日本，国家有国家寺院、地方有国分寺、贵族有氏寺，寺院遍布各地。据统计，截至万延元年（1860年），日本全国共有大小寺院四十六万四千九百二十余所，②其中大部分是奈良、平安时期所建。如此庞大的数字，在信奉佛教的国家中堪称"世界之最"。佛教的政治影响使它在哲学、文学、雕刻、绘画等思想文化领域中，居于绝对的统治地位。闻名于世的奈良文化便是其标志。

第二，佛教寺院的贵族化、世俗化。历代天皇积极扶植佛教的政策是僧侣贵族化、世俗化的主要原因。中央政府为维持专制统治，先后制定"冠位十九阶"（649年）、"冠位二十一阶"（664年）等爵位，培植了一大批"品位"贵族。随着佛教势力的增长，僧侣们不断谋求与世俗同样的政治权力。宝龟四年（775年）闰十一月，天皇诏曰："僧正博物准从四位，大少僧都准正五位。律师从五位。"僧侣的贵族身份便在法律上确定下来了。

僧侣贵族化，提高了佛教寺院在政治角逐中的地位，继之而有贵族僧侣化；反过来，又进一步促进僧侣世俗化。

第三，佛教寺院庄园领主化。在东方一些国家中，佛教寺院一般也占有一定数量的"寺田"地产。中国唐代寺院"膏腴美业，倍取其多；水碾庄园，数亦非少"③。印度8世纪佛教中心的那烂陀寺，"国王钦重，舍百余邑，充其供养"④。但这些土地对寺院来说，仅仅是"充其供养"，维持生计的经济来源，并不具备真正的所有权，国家可任意"收公""没籍"，且寺院土地在全国耕地面积中所占比例历来极小，从未对社会经济起过重大作用。

第四，佛教寺院拥有强大的武装力量。随着庄园制的发展，武士的兴起，寺院也相应地建立起自己独立的武装力量——僧兵。僧兵大约出现在10世纪。当时人曾哀叹，"昔之上人（即僧侣）一期唯求道心有无；次世上人

---

① 朱谦之：《日本哲学史》，第13页，商务印书馆1962年版。
② 《日本国志》卷三十七。
③ 《旧唐书》卷八十九，《狄仁杰传》。
④ 北京大学《简明世界史》第二册，第87页。

只知相论法文;当世上人皆云合战(械斗)"①,觅源之踪可寻。僧兵本来的任务是保卫庄园,防止武士的"押领"(霸占),后来却成为寺院与摄关家、院政、武士团争权夺势的工具。史料记载:永保二年(1082年)10月,熊野山僧兵因尾张国国衙杀害僧侣事件携持武器,涌入京都"强诉",迫使院厅答应条件。宽治七年(1073年)8月,以兴福寺为首的僧兵再次入京,要求罢免近江国守高价为家。仅平安末期,僧兵以武力挟制,发动的"强诉"事件达六十余起。② 1180年源赖朝起兵,揭竿而起者是兴福寺和圆兴寺的僧兵;"承久之乱"(1221年)倒幕的主力军,也是熊野三山和羽墨山等寺院的僧兵,寺院几乎成了中世纪战乱的大本营。其拥有如此之大的军事力量,这在东方国家中是罕见的。

以摄关政治为代表的贵族势力的抬头,与以院政形式出现的皇族势力的延续,是日本早期封建社会的特殊现象。所谓摄关政治,是指大贵族藤原氏利用外戚地位,在天皇年幼时任"摄政",天皇成年还政后任"关白",作为"一座"(朝廷第一位公卿)独揽大权的一段特定的历史时期。

藤原氏的祖先是大化改新的功臣中臣镰足。646年,中臣镰足任内臣,"据宰臣之势,位官司之上",被赐姓"藤原"③。从此,藤原氏一族世袭公卿一职,成为历代朝廷的高官显宦。在长达几百年奉仕朝廷的过程中,藤原氏一族逐渐分成四个支系,即北家、式家、京家、南家。9世纪以后,北家势力大增,遂取代他系,成为藤原氏嫡传"宗家"。858年,北家的藤原良房任日本历史上第一个"摄政",887年,良房的养子基经迫使宇多天皇下诏,"万机巨细,概关白于摄政大臣",首任"关白"一职。但藤原氏真正世袭摄政、关白,总操朝政,还是约40年以后的事情。延长八年(930年)9月,藤原忠平重任摄政,此后大约一百多年时间(930—1086年),藤原氏先后有十一人任摄、关,史称"摄关政治时代"。

摄政、关白之词皆出自中国史籍。《史记·燕召世家》载,"成主即幼,周公摄政"。《前汉书·霍光传》书,"诸事皆先关白于光,然后奏御天子"。词

---

① 笠原一男山崎庸之:《日本宗教史》,第195页。
②《日本宗教史》,第138页。
③ 岩波讲座《日本历史》古代第三卷,第5页。

源可觅，自然足证与中国官制相关。值得注意的是，中国历代封建王朝虽亦屡屡出现外戚擅权、宦官当政、重臣执柄的情况。但"主有专己之威，臣无百年之柄"，却是不变之道。它像自动上弦的链条一样，自发地调解无数齿轮，使天朝帝国这架闹钟，不停地向专制主义集权的"顺时针"方向运转。日本却大为不同。藤原氏世袭摄、关，不仅有"百年之柄"，而且可以废立天皇，统辖公卿，任免国司。摄关家的"政所下文""御教书"与天皇的诏敕具有同等权威。藤原道长欣然宣称："此世即吾世"①，可谓"摄关即天子了"②。

同是贵族擅权，何以有此天壤之别呢？笔者认为，摄关家之所以有如此之大的政治权力，一是沿袭中国权贵长于宫廷权术，自上而下分权与自下而上集权结成一体；二是庄园领主制发展的必然结果。

摄关政治的经济基础是庄园经济。藤原氏拥有大量庄园地产，已为日本史家所公认。这些庄园，有些是由食封转变而成的。贞观十三年(871年)，藤原良房得到食封三千户，后来成为摄关家的世袭领地。但数量最多的还是寄进庄园，不过，其具体数字已无从查考。仅就藤原道长修建法成寺的情况来看，各庄园数日轮换，"一日出人伕五六百人"，可知庄园之庞大。摄关家及政所机构冗大，人员众多，其薪俸与日常费用皆出自庄园的年贡，由此可推测庄园之多。所谓"天下土地皆一人所领(指藤原氏)，公领已无立锥之地"，尤可说明问题。

仔细比较，似可看出，藤原氏专权与中国封建王朝重臣擅权尽管程度不同，然形式如一，都是栖寄于专制集权体制之上，演出种种分权夺势的场面。所不同的是，藤原氏赖以存在的物质基础是庄园经济，由此而产生中国所未见的贵族集团长期争霸、染指皇权的现象。其原因，乃是"东方因素"与"西方因素"长期渗透，互相作用的结果。

11世纪末，皇权衰落、政治多元化的另一特征是皇族势力的消长。应德三年(1086年)11月，非藤原氏女嫡出的白河天皇为摒除摄关专制，宣诏退位，组织院司，自任上皇，开始了日本历史上的院政时期(1086—1192年)。

---

① 《日本的历史》第六卷，坂本赏三《摄关政治》第220—244页，小学馆1977年版。
② 《台记》转自《图说日本文化史大系》第五卷，第62页。

院政时期，地方割据势力骤涨，分权倾向益增，"前九年之役""后三年之役""保元之乱""平治之乱"等战乱不息。其原因除了社会经济矛盾运动隐藏其背后而外，重要一点即在于"知行国"制度的实施。

"知行国"，是上皇任命已降为臣籍的皇族或心腹的院近臣担任地方国司，掌握军、政治、司法、经济大权的一种权力结构。实质上是封国和采邑。平安末期日本66个国全部变成知行国，由34人"受领"，其中由皇室直接管理的，称为"院御分国"。

院政时期皇室所拥有的土地所有权也发生了明显变化。继《延喜庄园整理令》(1090年)颁布后，整个院政时期此令不绝，但"整理"的结果，并没有恢复昔日天皇专制的基础——"公领"(即国有土地)，实际上却将大量庄园集于皇室。仅鸟羽上皇之女八条院的领地，就有221所之多，后白河天皇的长讲堂领地亦有90余所庄园。① 12世纪初，院政已经取代摄关家，变成日本最大的庄园领主。

总之，上述情况表明，从政治上来说，皇室已无法有效地控制地方，"专己之威"日衰；从经济上来看，皇室已从全国最高土地所有者的地位，降至谋划私产经营领地的大庄园主。这一切，"已远不是一个专制国王的权力"了。② 院政时期，皇室与摄关家争霸，与地方国司争权，只能说明皇族势力作为一个特殊的政治集团，在多元化政治角逐中保留一席地位而已。

武士与武士团的兴起，加剧了平安末期混乱的政治局面。从它产生之日起，便以异同于公卿贵族、皇室势力的崭新面貌，扮演着多元化政治中的重要角色。

武士的起源是一个比较复杂的问题。从平安末期军事制度的变迁与庄园制的发达，乃是探明这个问题的两个相互联系的基本条件。

首先，我们认为，兵农分离政策是滋生武士的土壤。大化改新以后，中央政府仿效隋唐，建立起寓兵于农的军团制。前已提及，班田农民不堪忍受沉重的军役负担，纷纷逃亡，致使兵源日益枯竭，而庄园领主制的发展，尤增

---

① 《讲座日本史》第二卷，第210—211页，东京大学出版会1980年版。
② 汤普逊：《中世纪社会经济史》下册，第333页。

其岌岌可危之势。延历十一年(792年),中央政府废止了军团制,以地方豪族子弟为骨干的"健儿兵"便成为主要的军事力量。由寓兵于农,到兵农分离这种军制的变化,产生了所谓"诸家之兵"及"儴马之党",为武士之兴起创造了必要的前提条件。

其次,军事贵族"武勇之家"的主从关系,是武士产生的重要因素。10世纪初,日本出现一些像源满仲父子拥兵自重,"立事兵道",以及靠武威"扬名于坂东八国"的平维茂那样的军事贵族。他们作为朝臣,获有四、五位品爵,迁至地方后,各霸一方,"扬兵名于后代",对抗朝廷,成为"外国(畿内以外地方)狼戾之辈"。其势力所达之处,或"坂东弓马之士半为门客",或"当国之人皆系从者"。以人身依附为特征的主从关系,成为军事贵族扩充实力的重要手段。他们大都拥有相当数量的"从类""家人""郎党",确立主从关系时,郎党等要向主人递交"名簿",尔后须习武练艺,精于"弓马之术",这就是武士建立主从关系的渊源。郎党等要信奉"兵家之道",做到"不为物恐,不畏私身,不思妻子"[①],对主人绝对效忠。这与武士"人万死而不顾一生"[②],舍生取义的道德观念极其相似。同军事贵族结成主从关系的,主要是地方豪族出身的"在厅官人"(国衙中从事政务的一般官员)。源赖朝的心腹御家人千叶氏、三浦氏、秩父氏、畠山氏、结城氏、北条氏等,其祖上都出自这一阶层,从中亦可觅出武士起源的一些消息。

最后,军事贵族与土地结缘,产生了真正意义上的武士。自平安末期起,一些有实力的军事贵族开始担任地方国司,他们赴任时,郎党随行,家人众多。随着"国衙领"庄园化,这些郎党、家人便成为庄官和在乡领主。[③] 特别是这一时期战乱频频,且大都发生在东国地区,造成大量荒芜土地。例如"平将门之乱"以后,上总国2980余町土地中,可耕田仅剩18町。这就为军事贵族占有土地,提供了方便条件,也是为什么关东地区能成为武士的发源地和大本营的主要原因。

简言之,日本武士大体在10世纪末和11世纪初期基本定型。

---

① 竹内理三:《武士的登场》,第84页。
②《陆奥话记》,转引自上引书,第89页。
③ 坂本赏三,《摄关政治》,第342页。

日本武士与西欧骑士比较起来,有许多相似之处,本质上都是兵农分离政策与庄园制发展的产物。但是,作为一个政治集团,西欧骑士的历史地位和作用远不及日本武士,也未形成武士团这样的组织。为什么两者之间会出现这样的差别?这就需要我们认真地分析一下日本武士团的一系列特点。

第一,血缘集团性。以血缘关系为纽带,姻戚形式相结合的主从关系,是日本武士的一个显著特征,也是构成武士团的基本因素。西欧骑士的主从关系以契约为主,很少血缘同族色彩,且隔级附庸之间没有纵的联系,即所谓"我的附庸的附庸不是我的附庸",因此不可能组成像日本武士团那样强大的、独立的军事集团,其地位和作用自然较弱。

第二,扩张性。日本武士一开始并不是通过天皇朝廷封建等级制的认可,而是靠武力兼并发展起来的。公卿贵族蔑之为"弓马之徒",庄园领主视之若"狼戾之辈",因此,为满足权力欲望,必然要冲破旧封建秩序的羁绊,表现出强烈的扩张性。对于土地的占有欲,乃是武士团扩张性的关键所在。

第三,依赖性与保守性。武士的依赖性表现在崇拜权威,依附豪门。在天皇专制主义中央集权体制业已形成的条件下,武士欲获得政治上、经济上的诸多权力,不得不依赖皇室和中央贵族。堪称武士鼻祖之一的源满仲,早年曾与摄关家结成主从关系,在藤原氏的庇护下,逐渐强盛起来。院政时期,武勇之辈慕皇威集于院厅号称"北面武士"亦是突出例证。11 世纪,大小武士团互相兼并,结果出现平、源二个最大的武士团。平氏的祖先是桓武天皇的子孙,源氏之祖是清和天皇的"贵种",武士团崇拜权威,依附豪门的特点可资印证其保守性。"保元之乱"后,平氏依恃武力达到权力的顶峰。但其所谓"六波罗政权"不过是自任太政大臣,模仿藤原氏故伎,或自做外戚,或提擢同族独占公卿之职,毫无变异建树,充分表现出武士团的保守性。血缘集团性和扩张性是武士集聚生息,通向权力宝座的原动力;依赖性和保守性的特征,又使他们无法摆脱旧势力的束缚。

概括上述,日本早期封建社会之所以会出现政治多元化的特点,实则是社会经济矛盾运动的必然结果。佛教寺院、摄关家、院政、武士的经济基础都立于庄园领主制之上,说明"西方因素"作用之大。另一方面,他们也都保留程度不同的"东方因素"。佛教寺院为维持其权力基础,尚不能无视皇权;中央贵族为争霸角逐,更需专制集权这块护身法宝;武士团为登上权力宝座,不得不崇拜权威,依赖皇权。这一切,为东方专制主义的延续,提供了先决条件。政权结构中"东方因素"与"西方因素"长期并存、相互作用,是日本早期封制的另一显著特点。

三、"公武二重政权"——两种因素的结合体

1192年,源赖朝任"征夷大将军",建立日本历史上第一个武士政权,史称镰仓幕府。从大化改新起,直至镰仓幕府初期1221年(承久之乱),日本早期封建制的几个特点终以极为独特的形式确立起来了。幕府初期社会基础和经济基础有哪些变化?"公武二重政权"的实质是什么?这里拟就这些问题进行简略的探讨。

镰仓幕府初期(承久之乱以前),社会结构发生了新的变化,这种局面之出现,御家人制度的形成和发展是一个关键。

御家人制度形成后,对整个社会的等级结构产生重大影响。御家人基本上是一些拥有实力的大小武士团首领。对于将军,他们是附庸;对于郎党、所从等人,他们又是主君。平源战争时期,广大农民不得不寻求武士的庇护,从而出现"诸国之土民各结官兵(指源氏武装)之阵"[①]的现象。幕府建立后,由主从关系结缔的等级身份制便进一步强化起来,形成了将军—御家人—郎党、所从—百姓、农奴这样的等级结构。马克思在分析西欧中世纪社会形态时指出:"在这里……人们都是互相依赖的,农奴和领主,陪臣和诸侯,俗人和牧师。"御家人制度的形成和普及,表明幕府时期的社会结构日趋西欧化了。

镰仓幕府初期的另一特点是以"恩给制"的形式确立了土地分封制度。

源氏恩给制一般不采取直接封授土地的形式,而是任命御家人担任"地头",利用"地头职"蚕食领地,最终取得领主权。永仁二年(1274年),东寺

[①]《吾妻镜》卷四,文治二年三月条。

庄园提出以应纳年贡为底数,把水田二十五町、旱田五町及部分山林沼泽(约占庄园领地一半)转让给地头,①这就是"下地中分"。御家人成为名副其实的庄园领主,"恩给制"的全部内容和特点也就一目了然了。

"恩给制"的另一特点是以御家人服军役为其代价。这样,分封土地以取得一定的人身服役和贡赋,就成为"整个封建经济的基本关系"②。御家人服军役,平时主要有"京都大番役"和"镰仓大番役",任务是负责京都与镰仓的治安和警备。"京都大番役"虽时有变动,但时间较长,规定颇严,基本上是每个御家人一年内要服役六个月,③违期不至者,或没收领地,或依法处罚。"镰仓大番役"时间无定数,由幕府视情况命各地御家人轮流值勤。遇有战事,御家人必须无条件地应幕府之召参战,自备军马兵器、粮草,为将军卖命。御家人服军役和参战,称为"奉公"。

随着恩给制的确立,幕府制定种种法令,采取强制措施,逐步使御家人的封地成为"硬化的私有财产"。幕府为强固自己的经济基础,防止"御恩地"流入非御家人之手,采用"惣领制"对御家人领地实行严密的控制。幕府正是通过惣领制,使御家人的土地所有权固定下来。与此同时,幕府进一步制定法令,直接干预领地产权事宜。《贞永式目》第四十八条明文规定,御家人受封的"恩领"(御恩地)严禁买卖,违者从重处罚。后来,连御家人作为开发领主所拥有的"私领"亦在此例,随意转让和赠与领地也要受到法律制裁。

总之,镰仓初期土地所有制的形式也进一步西欧化了。马克思指出:"日本有纯粹封建的土地所有权组织和发达的小农经济",日本"为欧洲的中世纪,提供了一幅更真实得多的图画"④。这种封建土地所有制中的"西欧因素",在幕府初期表现得尤为突出,并已占据支配地位了。

镰仓幕府初期,社会结构与经济基础的西欧化,并没有导致日本产生像西欧中世纪那种封建割据的贵族民主制和等级君主制,与之相反,却产生了"公武二重政权"这一具有日本民族特点的独特政体。

————————

① 《东寺文书》弘安十年十二月,"关东下知状"。
② 《马克思恩格斯全集》第二二卷,第 453 页。
③ 小野武夫:《日本庄园史制论》,第 193 页。
④ 《资本论》第一卷下册,第 1792 页。

何以如此呢？笔者认为,日本封建制从产生到确立,始终是在自己内部的社会矛盾运动中演变、发展的。它的产生既没有像西欧那样伴随着异族入侵和民族大迁移,它的确立也不像中国那样完全保留着东方专制主义的一切特征。闭锁的自然环境,使之得以免除外患之忧;未发生什么大规模的农民起义,使之能够在很长的一段时间内保持相对稳定的政治局面。因此,在日本中世纪这块土壤上萌生、发展起来的"东方因素"和"西方因素",犹如一棵树干上的两根分枝,各自吮吸维持其生长的养料,既互相排斥,又互相作用;既各成枝系,又浑然一体。其结果,自然会出现有别于其他民族和国家的一系列特征。

在"公武二重政权"长期并存的政权结构中,有一个令人感兴趣的问题,那就是为什么依靠军事实力起家,拥有强大的政治、经济力量的武士们,在完全有条件推翻旧政权的情况下,却使"万世一系"的天皇制保存下来了呢？

天皇制得以长期保留的原因有以下几点：

第一,宗教和"君权神授"的思想,是天皇制赖以存在的精神支柱。

封建武士们虽然在军事、政治、经济上拥有强大的实力,但却无法摆脱整个社会的意识形态的束缚。他们信神,崇佛(主要是禅宗),自然也就不能冲破"君权神授"的思想藩篱。日本最早的武士之一平将平说:"帝王之业,非人智之竞望,亦非武力之争夺,古往今来承帝业者天授之也。"[1]这种思想在武士中是颇有代表性的。甚至在天皇已成傀儡,武士横行天下的16世纪末,追随丰臣秀吉侵朝的武士们,亦是"崇拜神功皇后和宇佐八幡宫。初战胜利时欢呼'日本神力增威''神功皇后庇佑'"[2],可见武士对天皇崇拜之深。

第二,源氏与皇室有密切的血缘关系,武士本身的依赖性和保守性的特点,又使得幕府对天皇采取较为积极的保护政策。幕府初期,恩给制分封领地,既有源氏十五个"关东御分国",又有没收平氏五百所庄园的"平氏没官领",但皇室庄园却游离其外,免受武士染指。"承久之乱"以后,幕府没收贵族、寺院及参与叛乱的武士的三千所庄园,皇室领地秋毫无犯。幕府保护天

---

[1]《将门记》,转引自竹内理三:《武士的登场》,第2页。
[2]《论集日本历史》第七卷,《中世国家论》,第44页。

皇地产，天皇制也就有了继续生存的条件。

第三，"公家政权"还拥有相当大的实力，也是天皇制延续下来的重要原因。以中央贵族、佛教寺院和皇族成员三位一体的"公家政权"，为对抗幕府，自然要积极拥戴天皇，维持专制集权体制。在政治上，他们依靠中央和地方一整套严密的官僚体制，继续发挥重大作用；在经济上，他们保有大量庄园和"公领"地；在军事上，他们又拥有相当数量的僧兵和依附于贵族的非御家人武士。"公家政权"的实力，使幕府的扩张政策受到一定的牵制而有所收敛。幕府为取得更大权力，只得进一步依靠天皇这个权威，天皇制也就在二重政权的抗衡中保存下来。

第四，皇室庞大的地产，是天皇制延续的经济基础。我们分析院政镰仓幕府的"侍所""政所""问注所"三大机关，与天皇朝廷的"八省一台"制中央机构的职能相同，是缩编的中央内阁。守护、地头制也与公家政权的国司、郡司一一对应，成为执行将军政令，维系幕府统治的地方权力机构。将军实为集权君主，具有"专己之威"。幕府"政所"的"御教书""下文"，对御家人来说，是武家系统的宣旨和诏敕，必须绝对服从。守护、地头等地方官吏无条件地执行幕府的指示，并受到武家法律（贞永式目）的种种制约。幕府这种专制主义集权体制，使将军得以为所欲为地进行独裁统治，后来北条氏的"得宗专制"，也是继承这一传统的产物。

总之，镰仓幕府初期日本封建制形成两个十分突出的特点：一是主从关系为社会结构带来重大变化，封建土地所有制更加西欧化。"西欧因素"在社会经济形态中处于主导地位；二是政权结构中的专制主义集权体制长期延续，"东方因素"作为一股底流，起着巨大作用。"公武二重政权"的出现，正是两种因素结合的必然结果。

日本早期封建制具有封建国有土地庄园化与班田农民第二度农奴化，政治多元化与东方专制主义长期延续等几个特点。归纳起来，一句话，它是日本封建社会矛盾运动的产物，是"东方因素"与"西方因素"的结合体。

（作者刘毅，辽宁大学日本研究所，原文刊于《历史研究》1983年第3期）

日本室町时期的德政一揆及其影响

王玉玲

"一揆",由平安时代末期的农民斗争发展而来,泛指为实现某种共同目的而采取一致行动的反抗行为。而"土一揆"则特指由被统治阶层百姓发起的一揆运动。日本中世时期是土一揆的高发期,依据诉求、目的的不同可以分为"庄家一揆"与"德政一揆"。① 庄家一揆多以减免赋税为目的,而德政一揆则多以要求颁布德政令为诉求。与庄园内部经济斗争性质的庄家一揆相比,室町幕府统治时期频繁爆发的德政一揆既是反高利贷剥削的经济斗争,也是反幕府统治的政治斗争,被称为民众斗争的最高形态。因此,德政一揆问题在日本民众斗争史乃至日本史的研究中始终是十分重要的课题。日本学界对德政一揆的研究史最早可以追溯到20世纪40年代,铃木良一、稻垣泰彦、笠松宏至、胜俣镇夫、峰岸纯夫等人都曾对德政一揆进行研究。② 与此相比,国内学界则几乎没有专门以德政一揆为对象的研究,个别早期考察日本农民运动的研究成果主要集中于日本江户时期或明治维新前夕,多

---

① 庄家一揆也称总庄一揆。此外,在地领主反对守护支配的"国人一揆"(亦称"国一揆")通常也被视为土一揆的一种,本文不作详细论述。
② 关于德政一揆的研究,可参见铃木良一:《日本中世的农民问题》,高桐书院1948年版;稻垣泰彦:《关于土一揆》,《历史学研究》305号,1965年;笠松宏至:《德政令》,岩波书店1983年版;胜俣镇夫:《一揆》,岩波书店1985年版;峰岸纯夫:《中世社会的一揆与宗教》,东京大学出版社2008年版等。

将农民一揆简单地理解为农民起义或暴动。① 在国内外已有的相关研究成果中,学者们关注较多的是德政一揆的斗争性质,即德政一揆是否为纯粹意义上的农民斗争,②关于德政一揆对室町幕府统治秩序的影响在近年的德政一揆研究中却鲜有人问津。通常认为,"应仁之乱"是导致室町幕府衰亡的主要原因,③但是民众广泛参与的德政一揆在动摇室町幕府统治过程中发挥的历史作用却没有受到足够的重视。为此,本文以室町时期的德政一揆为研究线索,通过考察德政一揆的发展进程,分析其爆发的历史原因,进而揭示德政一揆对室町幕府统治的影响。

一、德政一揆的含义和特点

日本历史上最初的德政一揆爆发于室町时期正长元年(1428年),"天下土民蜂起,号德政,破却捣毁酒屋、土仓、寺院等,恣取杂物,悉破借据文书"④,即是史料中关于正长德政一揆的描述。所谓"酒屋"、"土仓"(亦称"土藏")以及"寺院"即是当时主要的高利贷经营者。可见,最初的德政一揆就是民众为取消其与高利贷经营者之间的借贷关系而采取暴力打砸、抢夺的集体行为,其人员构成、斗争对象、手段以及诉求都具有鲜明的特点。

(一) 德政与一揆

所谓德政一揆,实际上包涵两个概念,即"德政"与"一揆"。德政,亦称

---

① 国内关于日本农民运动的研究,可参见周一良:《日本明治维新前后的农民运动》,《北京大学学报》1956年第3期;伊文成:《略谈明治维新前夕日本人民的斗争》,《东北师大学报》1986年第1期;沈仁安:《德川时代后期的民众运动》,《北大史学》1998年等。
② 稻垣泰彦的《关于土一揆》(《历史学研究》305号,1965年)、黑川直则的《关于德政一揆的评价》(《日本史研究》88号,1967年)、北爪真佐夫的《中世后期的国家与人民——以德政一揆为中心》(《历史学研究》339号,1968年)、《把握德政一揆的一个视角》(《月刊历史》25号,1971年)、永原庆二的《嘉吉德政一揆的性格》(《一桥论丛》64编5号,1970年)等都曾讨论过德政一揆的斗争性质问题。
③ "应仁之乱"是应仁元(1467)年—文明九(1477)年间日本发生的一次大规模内乱。关于应仁之乱与室町幕府的研究,可参见铃木良一:《应仁之乱》,岩波书店1973年版;佐藤进一:《日本的历史》第9卷《南北朝动乱》,中央公论社1965年版;稻垣泰彦:《应仁·文明之乱》,家永三郎等编:《岩波讲座日本历史中世》第3卷,岩波书店1963年版等。
④ 辻善之助编:《大乘院寺社杂事记》第12卷,三教书院1936年版,第317页。

仁政、善政,在中世以前泛指国家在天灾、地异等异常现象发生时,政府为赈恤百姓实施的减租、缓刑、施仁布德的措施。进入中世时期后,德政的形式被继承下来,但内涵发生了显著变化,应民众的强烈要求取消借贷关系成为德政的主要内容。对中世以后德政内涵的变化产生决定性影响的,是永仁五年(1297年)镰仓幕府颁布的"德政令"。该德政令由3条法令构成,核心内容在于取消与幕府御家人①领地有关的买卖及借贷关系,使御家人无偿取回已经典当或出卖的领地。② 以现代的法治观念来看,这样的德政令显然是无法成立的,但在当时却存在法理上的合理性,亦符合镰仓幕府的统治需要。就法理而言,日本中世时期的买卖形式允许卖方主张其对出卖物品的所有权。"本钱返"与"年纪沽却"③是中世时期普遍存在的买卖形式,二者的共通之处在于只在一定期限内转让使用权,而非所有权的永久性转移。④ 因此,即便在买卖或质押关系存续期间,"本主"即卖方也始终保有对物品的所有权。而就镰仓幕府的统治需要而言,御家人的贫困问题亟待解决。镰仓时期商品、货币经济快速发展,众多御家人为获取生活资金而出卖、典当领地,结果却因失去土地而陷入经济困境。镰仓幕府为了解决日益严重的御家人贫困问题,便通过颁布德政令的形式将御家人的债务一笔勾销。可见,永仁德政令正是幕府意图恢复御家人领地,解决御家人贫困问题的应急之策。尽管永仁德政令颁布后御家人愈加贫困的问题并未从根本上得到解决,但作为首个由幕府颁布的德政令,永仁德政令却使解除债务关系成为定式化的德政,并为后世开创了合法解除债务关系、买卖关系的先河。

一揆,语出《孟子》:"先圣后圣,其揆一也"。朱熹《集注》云:"揆,度也。其揆一者,言度之而其道无不同也。"由此引申出一揆在思想、方法、行动上保持一致的含义,与日语"一味""与同""同心"等意思相近。从词性来看,一

---

① 镰仓时期的御家人特指与幕府将军结成主从关系的武士。
② 永仁德政令的具体条文最初发现于《东寺百合文书》中,后收于佐藤进一等编:《中世法制史料集》第1卷《镰仓幕府法》,岩波书店2005年版,第296页。该法令中关于典当、买卖土地的第2条规定:禁止典当和买卖御家人领地;已买卖的土地,需归还御家人。买方为御家人,且买卖时间超过20年,则不适用该法令;若买方为非御家人,则不论年限一律适用该法令。
③ "本钱返"指允许卖方在一定期限内以原出卖价格赎买的买卖形式;"年纪沽却"指出卖物品在超过买卖期限后自动归本主的买卖形式。
④ 永原庆二:《大系日本历史》第6卷《内乱与民众的世纪》,小学馆1996年版,第305页。

揆既是动词也是名词,既指为实现共同目的而采取一致行动的行为,也有为实现共同目的而采取一致行动的集团之意。因此,可以说日语一揆与汉语中的暴动或起义在词义上有一定的共通之处。但从一揆的参与者、组织方式来看,又不能将一揆简单地理解为暴动或起义。其原因在于,首先,一揆参与者的社会身份往往具有一定的限定性。具体来说,即一揆的参与主体基本上都是具有相同社会身份的人,前文提及的庄家一揆即是因参与主体为庄园百姓而得名。其次,一揆的组织方式往往遵循一定流程与规则。当一揆发起时,持有共同目标的人会集聚一堂并商议具体的行动方案。然后,依据商议结果撰写"起请文"①,写明行动宗旨以及参与者服从决议的誓约,在所有参与者署名后,将起请文焚化并溶于神前供水之中,由所有参与者共饮,即举行所谓"一味神水"仪式。② 在神前起誓后,一揆成员便有义务齐心协力、相互帮助且禁止脱离一揆,否则不仅要受到一揆集团的惩处,还会遭受神灵的责罚。当目的达成、诉求得到满足后,一揆便会自行解散。可见,一揆是有目的性、组织纪律性的集体行为,而并非纯粹意义上的暴动或起义。

(二) 德政一揆的人员构成

长禄三年(1459年)九月爆发德政一揆之际,山城国东寺领久世庄③向领主东寺提交了一份誓不参与德政一揆的起请文。该起请文由起誓内容("前书")、违誓神罚("神文")与庄民署名三部分内容组成。首先,作为起请文的主旨内容,久世庄保证该庄不参与且不支援德政一揆;庄内无德政一揆的主谋("张本人")或同谋("同心者");但凡发现主谋或同谋,"虽为亲属兄弟",亦绝不隐瞒、随即上报。然后,在罗列"梵天、帝释、四大天王、伊势天照皇太神、八幡大菩萨、贺茂下上、松尾七社、平野、稻荷五所明神、春日大明

---

① 日本古代用于向神佛起誓的一种文书。通常使用神社、寺院发行并印有"牛王宝印"字样的护符制成。
② 峰岸纯夫:《中世社会的一揆与宗教》,东京大学出版社2008年版,第54页。
③ 久世庄是地处京都近郊桂川西岸"西冈"的庄园,分为上、下两庄。室町时期由足利尊氏捐赠给东寺,直至太阁检地,一直为东寺领。

神"等众多佛、神名号后,立誓"若有一事不实者""有势无势大小神祇冥罚,各可蒙受"。最后,是久世庄所有庄民的署名,由"侍分"与"地下分"两部分组成。其中,侍分即本庄地方武士的署名,合计 32 人;地下分即本庄农民的署名,合计 140 人。①

这份起请文虽然没有记录与德政一揆直接相关的内容,但却为了解德政一揆的组织形态提供了一些线索。首先,该起请文由久世庄以庄为单位提出,可见庄园是德政一揆发起的基本单位。不过,需要指出的是,这一时期的庄园有别于庄园公领制②下的庄园,多为中世后期普遍存在于近畿地区的自治村落——"总村"③。所谓总村,亦称"总庄""总乡",最早出现于镰仓时期,主要由近畿地区各个庄园内部的村落发展而来,通常由若干村落组成。除久世庄外,贺茂六乡、西冈十一乡、鸟羽十三庄、山科七乡、伏见九乡等都是当时京都周边具有代表性的总村,同时也都是频繁参与德政一揆的主体单位。其次,从在起请文上联署的久世庄庄民构成来看,德政一揆的参与者既有地方武士,也有普通农民。并且,在地方武士与农民之间,显然存在着不同的分工。在该起请文中提及的张本人及同心者,即是德政一揆中的领导者与普通的参与者。如在文明十七年(1485 年)发生的德政一揆中,"京都大名(讚岐守护细川政之)被官、诸侍"便被指为一揆的领导者,故有学者指出,"地方武士往往在德政一揆中充当领导者'大将'的角色"④。尽管地方武士在人数上远远少于农民,但武士的加入必然在很大程度上增强一揆的战斗力与影响力。

可见,德政一揆的参与主体并不单一,而这也正是日本学界一度热议德政一揆斗争性质的原因所在。地方武士与农民之所以共同发起德政一揆,其主要原因在于二者共同的社会身份与一致的利益诉求。日本中世社会存在着十分复杂的身份制度,其最大的特点即在于单一个体所属身份的多重

---

① 东京大学史料编纂所编:《大日本古文书》家别第十《东寺文书》之六,东京大学出版会 1959 年版,第 363—371 页。
② 庄园公领制是日本学者网野善彦提出用于概括日本中世土地支配结构的概念,具体指贵族、寺社、武士、豪族等对私有庄园及国衙领进行重层支配的制度。
③ "总"在日本史料中写作"惣",本文统一为简体汉字。
④ 久留岛典子:《一揆的世界与法》,山川出版社 2014 年版,第 20 页。

性。以地方武士为例,就其与大名间的主从关系而言,其社会身份为武士;但若将视角放置于庄园与村落内,地方武士则同百姓一样,也是承担向领主纳税义务的土地耕种者,同时也是区别于流动人口的村落"住人"。因此,尽管农民与地方武士之间存在阶层以及财富上的差距,但作为庄园土地的耕种者以及村落的常住居民,二者的百姓身份却是相同的。同样,在村落生活中,农民与地方武士的利害关系也有一致之处。总村的自治主要体现在"地下请""总有财产"及"自检断"三个方面,即以总村为单位,由总村成员共同承担对领主的赋税负担、共同支配共有财产并自行行使裁判权。① 换言之,农民与地方武士作为总村的成员共同享受、承担着总村的权利与义务。当总村出现高利贷负债时,债务就成为农民与地方武士的共同负担。进而,当高利贷的经济压力变本加厉、失去土地成为现实危机时,要求解除借贷关系、收回土地便自然成为农民与地方武士以总村为单位共同发动一揆的基本动机。

(三) 德政一揆的斗争形态

德政一揆作为日本中世时期民众斗争的重要方式以暴力著称,以土仓等高利贷经营者为对象的打、砸、抢行为始终被视为德政一揆的基本斗争手段。不过,纵观15世纪以后近百年内爆发的数十次德政一揆可以发现,其斗争形态各不相同,既有暴力性、破坏性极强的,也有秩序井然的。② 事实上,无论是破坏性还是有序性都只是对德政一揆局部、片面的描述。综合考量历次德政一揆的整体特征,笔者认为可以依据斗争对象、斗争手段等将德政一揆划分为初级、典型与极端三种形态。

首先,通过与高利贷经营者进行交涉而实现"和平"取消借贷关系的一揆,可以称为初级形态的德政一揆。尽管对高利贷业者打砸、放火的行为是德政一揆实施的典型手段,但暴力并非德政一揆实现其诉求的唯一途径。例如嘉吉元年(1441年)九月七日,德政一揆民众蜂拥至京都净莲华院,要

---

① 钱静怡:《日本战国时期村落与大名权力关系考论》,《世界历史》2015年第4期。
② 与以往研究注重德政一揆的暴力性、破坏力不同,日本学者胁田晴子强调了德政一揆的秩序性(《室町时代》,中央公论社1985年版,第96页)。

求高利贷经营者尊悟房交出借贷文书，否则就放火烧寺。迫于一揆民众的武装压力，尊悟房最终妥协并交出了借贷文书。① 据同时期公家日记《康富记》记载，类似这种一揆民众通过与高利贷经营者交涉，甚至威胁恐吓的方式强行取消借贷关系的情况并非个案，"近日洛中土藏皆以如此者也"②。当然，如果德政一揆民众与高利贷经营者的交涉失败，那么打砸、放火等暴力行为必然随之而来。龙禅坊、河崎松藏等土仓就是因为拒绝了德政一揆的要求而被付之一炬。③ 显然，德政一揆的主要诉求在于取消与高利贷经营者之间的债务关系，聚众起事、恐吓、打砸等行为并非目的，而是实现诉求的手段。在这个意义上，可以说初级形态的德政一揆更倾向于针对高利贷的武装化"抗议维权"运动，其特点一是与特定对象进行武力威慑及交涉；二是具有高利贷资本内部经济斗争的局限性；三是不具有反权力政治斗争的性质，社会影响力也比较有限。

其次，民众以武力反抗幕府镇压、向幕府要求德政令的一揆可以说是典型的德政一揆。源于高利贷借贷双方矛盾的德政一揆，尽管只是经济斗争性质的民众斗争形式，但动辄数千人的一揆民众蜂拥至京都，对京都的土仓、酒屋进行砸、抢的行为必然引起幕府的重视。加之幕府实质上就是高利贷资本的保护者，德政一揆很快就遭到了幕府的镇压，并演进为一揆民众反对幕府统治的政治斗争。嘉吉元年（1441年）八月末，始自近江的德政一揆迅速扩大至京都。九月三日，坂本、三井寺、鸟羽、竹田、伏见、嵯峨、仁和寺、贺茂边的各总村分别从东、南、北侧向京都进发。而此时的京都几乎处于无防备状态，幕府多数大名武装皆出征在外，负责守卫京都的京极氏军队试图在清水坂进行阻击，但终归寡不敌众。结果，鸟羽、吉祥院方面的总村二三千一揆民众聚集九条东寺，宇治北部的五个总村千余人汇聚西八条，丹波口千余人占据今宫西，西冈二三千人攻占官厅、神祇官、北野、太秦寺等地。并且，在出云路口、河崎、将军塚、清水、六波罗、阿弥陀峰、东福寺、今爱宕、戒

---

① 东京大学史料编纂所编：《大日本古记录 建内记》第4卷，岩波书店1987年版，第69页。
②《增补史料大成》刊行会：《增补史料大成》第40卷《康富记四·亲长卿记别记》，临川书店1992年版，第91页。
③ 东京大学史料编纂所编：《大日本古记录 建内记》第4卷，第71页。

光寺等地也形成了德政一揆的阵地，几乎形成了一揆民众包围京都的态势。① 占领了京都各佛寺、神社的一揆民众，一边不断侵扰京都的高利贷经营者，一边与幕府交涉，要求幕府颁布德政令，否则就烧毁所有佛寺、神社。可见，嘉吉德政一揆中民众采用的核心手段是占领寺、社，并利用幕府对各寺、社的崇信和保护与幕府进行交涉。这种做法与11世纪以来频繁出现的寺社"强诉"②如出一辙。寺社发起强诉的原因多种多样，但在手段上总存在一些相似之处，如大批武装的寺院众徒与神社神人奉"神舆""神木"等神宝入京对施政者施加压力。在神祇"出动"的宗教压力及众徒、神人的武装压力下，寺社的要求不论是否合乎理、法，无论是朝廷还是幕府，通常只能妥协接受。显然，嘉吉德政一揆与寺社强诉都在武力的基础上利用了宗教对于政权的影响力。而且这种手段无论在德政一揆中还是在寺社强诉中都是屡试不爽。这种形态的德政一揆在嘉吉元年（1441年）后频繁出现，可以说是德政一揆最典型的形态。与初级形态的德政一揆相比，这种形态的德政一揆不再局限于高利贷借贷双方的经济冲突，而从局部的经济斗争上升为与权力抗争的政治斗争。

最后，除背负债务的农民、地方武士之外，在京的下级武士以及恶党③、强盗等诸多社会阶层共同参与、具有暴动性质的一揆可以说是德政一揆的极端形态。如宽正元年（1460年）九月，山城国再次爆发德政一揆。据《大乘院寺社杂事记》记载："土一揆乱入京中，土藏之外，乱入家宅，强取杂物，肆意放火，烧毁三十余町。"涌入京都的德政一揆民众不仅攻击土仓，夺取物资，而且对普通民居也进行抢夺、放火。混乱中，理应镇压一揆的大名武装也加入到一揆之中，同德政一揆民众一样对高利贷经营者进行抢夺、打砸、放火④；文正元年（1466年）九月爆发德政一揆期间，"山名（宗全）方势并朝仓（孝景）被官势等，乱入处处土仓，酒屋，抢夺杂物，肆意放火"，大名麾下的

---

① 东京大学史料编纂所编：《大日本古记录 建内记》第4卷，第67页；黑板胜美编：《新订增补国史大系》第36卷《后鉴》第3篇，吉川弘文馆1999年版，第18页。
② 亦称"嗷诉"，即以强硬态度提起的诉讼。
③ 中世时期反抗庄园领主及幕府支配的人或集团被称为"恶党"。
④ 辻善之助编：《大乘院寺社杂事记》第3卷，三教书院1933年版，第207页。

杂兵对土仓、酒屋打砸、放火的乱状再次上演。① 此外，为躲避饥荒而流入京都的难民"牢笼人"也常常趁乱加入德政一揆抢掠的队伍。② 可见，在经历正长、嘉吉德政一揆后，德政一揆不仅没有因幕府的镇压而日渐式微，反而聚合了更多、更广泛的参与者，愈发走向无序、暴力的极端。在这种形态的德政一揆中，破除债务关系不再是参与德政一揆的基本动机，在地方武士、农民之外，以恶党为代表的反权力群体、以饥民为代表的社会弱势群体纷纷加入到德政一揆的队伍中。不仅初期德政一揆的有序性被彻底打破，而且暴力性、破坏力也变本加厉。将这些人对土仓等高利贷经营者的抢夺行为理解为社会底层群体"趁火打劫"、对社会财富进行洗劫或也不为过。由此，引发了社会对于德政一揆的普遍反感，德政一揆的参与者甚至被斥为"德政之贼""德政之盗"。③ 至此，关于德政一揆的性质无法再以经济斗争或政治斗争进行简单划分，极端形态的德政一揆已经演进为性质复杂的社会暴动。

由上可知，最初的德政一揆是以地方武士、农民为代表的广大高利贷债务者，以总村为单位在繁重的经济压力下发起、意在取消与高利贷经营者间的债务关系，且伴有武装暴力的经济斗争行为。这种形态的德政一揆在遭到了高利贷经营者的抵制及幕府的武力镇压后，进一步升级为以幕府为对象的政治斗争，而取消借贷关系也在德政令出台的情况下成为受幕府保护的合法行为。即便如此，德政一揆仍然没有缓和的趋势，反而在政治混乱、高利贷盛行、灾害频发的背景下迅速演进为社会民众广泛参与，且长期破坏社会秩序的德政暴动。

二、德政一揆爆发的深层动因

室町时期是足利氏掌握武家政权的时代，因幕府将军的宅邸位于京都室町而得名。与镰仓时期相比，室町时期是日本经济快速发展、由实物经济

---

① 辻善之助编：《大乘院寺社杂事记》第 4 卷，第 98 页。
② 东京大学史料编纂所编：《大日本古记录　建内记》第 9 卷，岩波书店 1982 年版，第 22 页。
③ 东京大学史料编纂所编：《大日本古记录　碧山日录》上卷，岩波书店 2013 年版，第 220 页。

向货币经济转型的历史时期。在农业技术进步、土地生产力提高的背景下，商品的生产、流通与消费不断扩大。京都作为同时期的政治、经济、文化中心，商业高度发达且高利贷极度盛行。然而，在以幕府为代表的都市领主阶层享受这种经济繁荣时，却将高利贷的经济压力转嫁给了支撑领主经济的广大百姓阶层。结果，要求解除高利贷借贷关系的德政一揆率先在15世纪中期的近畿地区爆发。从正长元年（1428年）到16世纪中期织田信长建立政权的百余年时间内，[①]在以京都为核心的山城、大和、近江等近畿地区共发生德政一揆40余次，对京畿地区的社会秩序、经济秩序都造成了严重破坏。可以说，正是室町时期高利贷的盛行、幕府对京都高利贷的掌控以及灾荒肆虐等各种经济、政治、自然因素共同推动了德政一揆的爆发与发展。

（一）高利贷的盛行

日本古代的高利贷最早出现在货币开始流通的平安末期，被称为"借上"。后来用于储存抵押、典当物品的仓库土仓以及制酒、贩酒商酒屋成为主要的高利贷经营者，故土仓、酒屋逐渐成为高利贷的代名词。进入13世纪后期，在商品经济不断发展的背景下，货币作为交易手段的重要性日益凸显。尤其是在大都市京都，货币甚至成为都市居民的生活必需品。为满足都市领主的货币需求，以货币代替实物的"代钱纳"[②]成为缴纳赋税的主流方式。在这样由实物经济向货币经济转型的大背景下，无论是以公家、武士为代表的庄园利益的收取者，还是以农民为代表的庄园利益的创造者，都出现了巨大的货币需求，而高利贷也自然变成为社会各阶层提供资金供给的重要行业。加之，高利贷经营者通常依附于延历寺等权门寺社，受到权门势力的保护，京都的高利贷行业在镰仓末期就已经实现了快速发展，并形成了相当规模。进入室町时期以后，在室町幕府"兴行无尽钱、土仓"经济政策的

[①] 通常认为，15世纪中叶以后的1个世纪是德政一揆集中爆发的时期，在16世纪中期织田信长建立政权后德政一揆逐步退出历史舞台。可参见田中克行：《村的半济与战乱·德政一揆》，《史学杂志》102编6号，1993年。

[②] "代钱纳"指将稻米等实物在当地的市场卖给商人或运到周边的港口贩卖，商品化后，再以现金的方式上交京都领主。

支持下，直至 15 世纪中期，京都的土仓数量始终维持在 300 家左右。

高利贷行业的快速发展对京都以及周边地区的社会经济都产生了重要影响，京都内外上至贵族、武士，下至普通百姓、工商业者，不论"老少男女贵贱都鄙"，或多或少都背负一定的高利贷，借贷关系成为存在于城市居民与土仓间普遍且日常的社会关系。① 不仅如此，15 世纪以后还出现了高利贷行业以土地为中心对庄园经济进行侵蚀的情况。总村保障自治的基本前提在于保证赋税的缴纳，因为一旦出现"年贡未进"的情况时，不仅总村的自治难以维系，而且总村内土地也将面临流失的危险。如备中国东福寺领上原乡内的"友吉名"②即是在拖欠赋税的背景下，被领主作为"引田"交由他人耕种。③ 于是，以土地或"领家职""地头职""名主职"等与土地的收税权、收益权密切相关的"职"④为抵押、通过支付高额利息向土仓借贷便成为各总村筹措资金、保障赋税缴纳的常用手段。不过，高利贷者的获益手段远不止收取利息，例如当利息部分无法按时偿还时，高利贷业者通常会把尚未偿还的利息算入本金部分，继续收取高额利息，使偿清债务基本失去可能，这就意味着质押的土地及与土地相关的各种权益最终流入高利贷业者手中。⑤ 这种权益的转移从根本上破坏了庄园的收益体系，而最先遭受借贷危机冲击的必然是处于收益链末端的土地耕种者。换言之，高利贷的盛行构成了德政一揆爆发的经济背景。

（二）幕府对京都高利贷的掌控

1333 年，原镰仓幕府御家人足利高氏（后称尊氏）推翻镰仓幕府，创立了室町幕府。在新政权成立之初，幕府内部曾出现关于幕府选址的争议，即

---

① 肋田晴子：《日本中世都市论》，东京大学出版会 1981 年版，第 315 页。在该书中，作者指出同时期京中内外的农民、工商业者多负有 1 贯—5 贯的小额债务。
② "名"也称"负名"，是庄园、公领内土地的基本构成单位及赋税单位。"友吉名"即是上原乡内的一块名田。
③ 峰岸纯夫：《中世社会的一揆与宗教》，第 95 页。
④ 与律令官制下的官职不同，中世时期"职"的获得既意味着特定职掌、职权的掌握，也意味着相应收益权的取得。
⑤ 肋田晴子：《室町时代》，中央公论社 1985 年版，第 85 页。

一派主张继续以"吉土"镰仓为幕府所在地,一派主张以京都为幕府所在地。最终,依据"纵虽为他所,不改近代覆车之辙者,倾危可有何疑乎"①的思想,决定将新幕府设在京都。这个决策不仅决定了武家政权的"迁都",也改变了武家政权的统治重心。在确定京都为幕府所在地后,室町幕府一边以京都为大本营与南朝势力对抗,一边着手重建几乎毁于建武政权末期战乱的京都。在延元元年(1336年)室町幕府颁布的《建武式目》17条"政道事"中,第3—6条的4条法令皆与京都的市内法有关。其中,第3—5条以恢复社会治安、保障市民生活为宗旨,严禁抢劫、盗窃、杀人等"狼藉"行为,禁止强制征用民宅,规定归还京中被强占的空地;第6条以活跃京都经济为目的,鼓励发展高利贷行业。根据第6条法令内容的叙述,由于繁重的课税以及在战乱中遭遇的抢夺,14世纪初京都的高利贷行业"已令断绝"。结果导致"贵贱急用忽令阙如,贫乏活计弥失治术",为此幕府下令振兴高利贷行业,并以此为"诸人安堵之基"。② 于是,不仅京都的社会治安得以快速恢复,而且在高利贷行业复兴的条件下,京都经济也再次得以繁荣。

与此同时,幕府还通过掌握课税权的方式逐步加强了对京都高利贷行业的统治。14世纪初,也就是室町幕府成立以前,京都高利贷的税收权理论上由朝廷检非违使厅掌控,而事实上正和四年时(1315年)京都内外的335家土仓中,仅有55家向检非违使厅纳税,其余280家土仓皆为"山门风气",即由比叡山延历寺控制并收取赋税。③ 进入室町幕府时期以后,因受建武政权末期战乱打击而一度凋零的京都高利贷行业迅速得以恢复,及至应永三十三年(1426年)时酒屋增至342家,其中有约300家兼营土仓,加上专门经营高利贷的土仓,高利贷经营者的数量大有增加,几乎达到历史峰值。④ 随着室町幕府对京都市政权的接管,室町幕府逐步介入检非违使厅与比叡山延历寺对京都高利贷行业的税收权。明德四年(1393年),室町幕府颁布法令彻底否定了延历寺、日吉神社等权门寺社对"山门风气"高利贷

---

① 佐藤进一等编:《中世法制史料集》第2卷《室町幕府法》,岩波书店2005年版,第3页。
② 佐藤进一等编:《中世法制史料集》第2卷《室町幕府法》,第4—5页。
③ 佐藤进一:《日本的历史》第9卷《南北朝动乱》,中央公论社1965年版,第436页。
④ 小野晃次:《日本产业发达史的研究》,法政大学出版会1981年版,第115页。

业者课税权的独占。① 这条法令的落实,对幕府而言,意味着幕府完全掌控了对京都高利贷业者的税收权;而对高利贷业者而言,则意味着幕府成为高利贷行业新的庇护者。正是室町幕府对京都高利贷资本的掌控,使得室町幕府成为德政一揆主要的斗争对象。

(三) 灾荒的肆虐

15世纪的日本处于气候学上的小冰期,整体上呈现冷凉、多雨的气候特征。② 与14世纪相比,该时期发生的洪涝、干旱以及饥荒灾害都大幅增长。③ 尤其是饥荒,在15世纪的百年间发生了60余次,其中还包括应永饥荒(1420—1422年)、正长饥荒(1428年)、嘉吉饥荒(1443年)与宽正饥荒(1460—1461年)等持续时间长、波及地域广的严重饥荒。对于背负高利贷债务的总村而言,频发的自然灾害直接影响农业生产,并使总村陷入了无法偿还高利贷债务的经济困境。从德政一揆的发生时间来看,一年中的后半即8—12月,特别是9月是德政一揆的高发期。同时,旧历9月也是以水稻为代表的农作物的收获期,当季收成的好与坏既关系到对领主赋税的缴纳,也关系到农民自身的生计。在靠天吃饭的当时,雨水气候条件是影响农业收成至关重要的因素。而在正长(1428年)、嘉吉(1441年)、享德(1453年)、长禄(1457年)、宽正(1462年)、文明(1480年)年间发生大规模德政一揆前,京都无一例外都遭遇了或涝或旱或荒的自然灾害。可见,在自然灾害的影响下,各总村的农业收成乃至基本运营都遭遇了困境,偿还高利贷债务自然无从谈起,失去土地或相关权益的危机亦随之而来。灾荒成为激发德政一揆的潜在自然因素。

与此同时,尽管南北朝的分裂格局已经基本结束,但各地仍不断出现各种势力间的武装冲突,尤其是京都周边的近畿地区时常成为各种战乱的交战地。在灾害与战火的双重压力下,大批农民或沦为灾荒饥民或沦为战争难民,纷纷涌向财富聚集的京都。以宽正元年(1460年)爆发的宽正大饥荒

---

① 室町幕府追加法第148条。佐藤进一等编:《中世法制史料集》第2卷《室町幕府法》,第60页。
② 山本武夫:《气候讲述的日本历史》,社会株式会社1982年版,第221页。
③ 王玉玲:《日本中世前期的灾害及其应对》,《南开学报》2016年第6期。

为例,各地的严重干旱是引发此次饥荒的直接原因。为求果腹,大量地方百姓流入京都,以乞食为生。时至宽正二年(1461年)年初,京都内饥民已达"数千万",100贯的重金用于施粥仅维持了6日便消耗殆尽。① 到了3月,每天饿死的人不计其数,饿死饥民的尸体甚至堵塞了鸭川河道,仅在五条河原就埋葬1200余具尸体。② 在饥荒肆虐的同时,幕府管领家畠山氏与斯波氏领内的河内、纪伊、越中、越前等地接连发生家族内部争斗。受战火波及的越前国河口庄,不仅粟、稗等农作物被悉数强行收割,而且屋舍、农田也多被损毁,庄民生活无以为继,9268人饿死,757人离村逃荒。③ 这些或为灾荒或为战乱而逃离家园、涌入京都的难民,在一揆民众发动暴动,攻击京中高利贷业者及富商时,往往趁乱化身强盗、恶党,成为德政一揆的"生力军",进一步加剧了京都的一揆危机。

总而言之,进入室町时期后,京都成为室町幕府的施政中心。在室町幕府的支持与保护下,高利贷行业在大都市京都实现了快速发展。京都内外社会各阶层对高利贷的依赖程度不断加深的同时,高利贷资本对京都社会经济的侵蚀也愈加深入。于是,当高利贷与自然灾害造成的经济危机、生存危机同时发生时,社会上普遍存在的高利贷借贷双方的经济矛盾便以德政一揆的方式爆发。失去土地的庄园农民及地方武士与高利贷经营者间的武力冲突率先为德政一揆爆发的最初形态,而高利贷行业高度发达的京都也自然成为德政一揆的高发地。

三、德政一揆对幕府的影响

德政一揆最大的斗争成果无疑是迫使幕府颁布德政令,使背负高利贷的一揆民众得以取消与土仓等高利贷经营者间的借贷关系。在德政一揆频繁爆发的近一个世纪间,室町幕府颁布的德政法令多达87条。不同时期的

---

① 藤木久志:《走进饥饿与战争的战国》,朝日新闻出版2001年版,第52页。"贯""文"为日本中世时期的货币单位,1贯等于1000文。
② 东京大学史料编纂所编:《大日本古记录 碧山日录》上卷,第160页。
③ 辻善之助编:《大乘院寺社杂事记》第2卷、第3卷,第482页、第11页。

德政令内容有所差异,但历次颁布的德政令基本上都以最初的嘉吉德政令为基础,即在保护寺院、神社的债权,"永代卖"①及土仓对绝押物品所有权的前提下,要求将以本钱返、年纪沽却方式买卖、抵押的土地及在绝押期限内的抵押物品返还原主。② 德政令的颁布暂时解除了德政一揆对高利贷业者及幕府造成的威胁,但德政令的实施却对中世社会的经济秩序造成了严重破坏,对土仓等高利贷经营者以及以土仓税收为重要财源的幕府也造成了重创。而且,在德政一揆的冲击下,幕府权威乃至权力都受到了严重影响。

(一) 幕府财政来源的丧失

室町幕府成立之初就确立了"土仓依存型"财政政策,这种幕府财政对土仓的依存关系集中体现为以土仓经营税为幕府的主要财政收入来源。③ 起初,幕府对土仓等高利贷经营者的课税主要以临时课税为主,即幕府或朝廷举行重要祭祀或礼仪活动时临时向高利贷经营者征收赋税。如应安四年(1371年)时,幕府曾借后元融天皇即位之机,临时对京中内外土仓以每个抵押物品30贯、酒屋以每壶酒200文的标准征收赋税。④ 后来,在这种临时课税的基础上,明德四年(1393年)幕府进一步出台法令,在否定延历寺、日吉神社等权门寺社对土仓的税收权的同时,规定以抵押物品及酒壶数量为准对京都内外所有土仓、酒屋经营者征收赋税,每年以6000贯为限,以确保幕府政所⑤的年度支出。⑥ 由此可见,15世纪时京都高利贷资本对幕府的财政贡献是何等可观。

正是因此,正长元年(1428年)以来频繁爆发的德政一揆不仅对土仓、

---

① 与一定期限内转让使用权的"本钱返""年纪沽却"相对,"永代卖"指所有权、使用权永久转移的买卖形式。
② 佐藤进一等编:《中世法制史料集》第2卷《室町幕府法》,第80页。嘉吉元年闰九月十日,幕府首先颁布由8条,即不包括保护寺、社债权内容的德政令,但因遭到了寺社势力的强烈反对,而在其后增加2条法令,是为由10条法令组成的嘉吉德政令。此后,幕府历次颁布的德政令均以此为准。
③ 樱井英治:《日本中世的经济构造》,岩波书店1996年版,第343页。
④ 东京大学史料编纂所编:《大日本史料》第6编之34,东京大学出版会1984年版,第318页。
⑤ 政所即幕府主管财政事务的机构。
⑥ 佐藤进一等编:《中世法制史料集》第2卷《室町幕府法》,第60页。

酒屋的高利贷经营造成重创，而且还严重影响了幕府的课税收入。尤其是幕府德政令的颁布，几乎直接导致土仓、酒屋等税源的中断。为此，幕府在享德德政一揆（1454 年）后发布"分一德政"，规定只有在债务方向幕府缴纳借款总额的十分之一后，才可以取消与债权方之间的借贷关系。① 这种做法一定程度上填补了因德政一揆造成的税收空缺。据统计，文明十二年（1480 年）时这样的临时收入达 2000 余贯。但进入 16 世纪以后，来自分一德政的收入同样锐减，文正五年（1508 年）时减至 400 贯，天文十五年（1546 年）时仅有 250 余贯。② 显然，与高利贷资本快速发展、幕府税收稳定的 14 世纪末期相比，15 世纪中期德政一揆爆发以后，不仅高利贷资本的经济收益严重受损，而且幕府的相关税收也随之骤减。与此同时，由于土仓、酒屋等还承担着向幕府提供融资的义务，因此德政一揆还直接影响了高利贷资本对幕府的资金供给。在人皆借贷的室町时期，相对高利贷资本而言，幕府既是管理者也是利用者。长享三年（1489 年）幕府拟举办大型佛教法事，需要 500 贯资金，但幕府可供支出的现金仅有 170 贯，于是，不得不向下京的酒屋、土仓借不足的 300 余贯。而且，与市井间普遍存在的月利 8 分、10 分的高利率相比，幕府的借贷利息通常较低，天文十一年（1542 年）时幕府融资的利率仅为 3 分。③ 在这个意义上，可以说幕府是高利贷资本发展最大的受益者。同样，在德政一揆砸、抢土仓、酒屋，高利贷资本受损时，幕府也是最大的间接受害者。不仅来自高利贷的课税收益锐减，而且幕府的融资，乃至与此密切相关的对外贸易也都受到直接影响。总而言之，德政一揆打破了幕府财政与土仓、酒屋等高利贷资本的依存关系，直接导致幕府失去了稳定的财政来源。

(二) 幕府权威的衰落

日本中世武家政权的特点之一在于权力与权威的分离。通常来说，权

---

① 佐藤进一等编：《中世法制史料集》第 2 卷《室町幕府法》，第 84 页。
② 丰田武：《座与土仓》，家永三郎等编：《岩波讲座日本历史中世》第 2 卷，岩波书店 1963 年版，第 181 页。
③ 丰田武：《座与土仓》，家永三郎等编：《岩波讲座日本历史中世》第 2 卷，第 181 页。

力是权威的主要基础,权力的大小、规模即决定了权威的高低。而室町幕府尽管在南北朝统一后确立了一元化的统治权,成为国家政权实际的掌握者,但由于室町幕府将地方的支配权交由守护大名掌控,因此室町幕府的权力实际上非常有限。尤其是六代将军足利义教(1429—1441年)死后,曾经盛极一时的室町幕府开始走向衰落,幕府权力亦随之日趋衰退。在"守护在京制"①得以维持的前提下,虽然幕府作为政权掌握者的权威保持了相对的稳定性与影响力,但自15世纪中叶开始频繁爆发并愈演愈烈的德政一揆却最终动摇了幕府的权威。

首先,幕府应德政一揆要求颁布的德政令在内容上的反复直接导致了幕府法令权威的动摇。在室町幕府颁布的德政法令中,最具代表性的无疑是分一德政。从享德三年(1454年)至天文十五年(1546年),幕府共颁布分一德政九次,但其内容却不断变更,毫无法令的稳定性可言。享德三年(1454年)首次颁布的分一德政规定,债务方向幕府缴纳借钱的十分之一可以获得幕府对取消债务关系的认可。但在该分一德政仅实行一年后,幕府就修正其内容,规定只要债权方向幕府缴纳借钱的五分之一即可获得幕府对于债权的保护。进入永正年间(1504—1521年)以后,幕府再次将分一德政的上缴额度恢复至十分之一,并规定无论债务方还是债权方都有向幕府提出申请的权利,幕府优先认可较早提出申请者的相关权益。大永六年(1526年)后,又进一步规定债务、债权双方共同向幕府缴纳借钱的十分之一才可以取消借贷关系。可见,幕府在应对德政一揆、解决高利贷借贷双方矛盾时所采取的态度、对策并没有贯彻始终的一致性。表面上,幕府以统治者的身份调解高利贷借贷双方矛盾,或维护借方利益或维护贷方利益,而事实上幕府却是通过分一德政向高利贷借贷双方收取钱款、从中获利,并试图以此解决幕府财政困难。尽管分一德政的收入在一定程度上填补了幕府的财政空缺,但幕府作为当权者的法制权威却因德政法令的不稳定性而严重受损。

---

① 1392年,日本南北朝实现统一后,幕府将军足利义满要求各国守护驻京、参与幕政。贞治三年(1364年)至同六年(1367年)期间,山名时氏、大内弘世、赤松则祐、土岐赖美、斯波义将、细川赖之等重要的守护大名先后入京,"守护在京制"基本成立。

也正是因此,即便幕府严厉禁止,德政一揆民众对土仓、酒屋的打砸、抢夺行为始终是层出不穷。尽管德政一揆并非以推翻幕府为目的的反权力斗争,但在幕府权力介入、干预的情况下德政一揆仍继续发酵,并且在没有得到幕府认可的条件下私自毁坏借据、取回抵押物品的"私德政"行为大量发生的事实却意味着一揆民众对幕府权威的无视甚至否定。嘉吉元年(1441年)以后,幕府多次颁布德政令、德政禁制令,一方面通过分一德政使取消借贷关系的行为合法化、缓解借贷双方矛盾,一方面严禁借贷双方参与德政一揆。但与京中依靠高利贷维持日常生活的公家、武士相比,京都周边的农民枉顾幕府法令规定,肆意抢夺、烧毁土仓的情况仍普遍存在。幕府对这种一揆行为自然是严令禁止,在宽正德政一揆(1462年)期间,曾对山科乡、伏见乡的村民进行没收土地、住宅,甚至斩首的严惩。① 尽管如此,德政一揆仍然是屡禁不止。显然,幕府为应对德政一揆而采取的措施,无论是应一揆民众要求颁布德政令,还是进行武力镇压,都没能从根本上解决实际问题。相反,幕府的权威却在德政一揆日趋壮大的过程中逐步被削弱。

(三) 幕府权力结构的瓦解

室町幕府虽然是脱胎于镰仓幕府的武家政权,但却形成了区别于镰仓幕府的"幕府—守护体制"②。所谓幕府—守护体制,简单来说,就是将军通过令守护驻京的方式对守护权力进行约束、强化中央集权的同时,利用守护实现地方统治的政治体制。在幕府—守护体制的框架下,室町幕府以其一元化的统治权力构建了一个相对封闭的权力结构。具体来说,即以公卿贵族、权门寺社以及守护为代表的领主阶层为根本的统治基础形成相对封闭的中央权力,通过领主阶层对土地及耕种土地的广大被统治阶层进行间接统治。这种封闭的权力结构将地方武士、农民等广大被统治阶层排除于权

---

① 丰田武・饭仓晴武校订:《史料纂集　山科家礼记》第 1 卷,续群书类从完成会 1967 年版,第 126 页。
② 田沼睦:《室町幕府・守护・国人》,昭尾直弘等编:《岩波讲座日本历史中世》第 3 卷,岩波书店 1980 年版,第 12 页。过去关于室町幕府统治体制的研究,多认为室町幕府是以守护领国制为基础的守护大名联合政权。近年,日本学界出现了重视将军权力集权性的"幕府—守护体制"论,得到学界的普遍认可。

力体系的核心构造之外,阻断了被统治者直接与国家权力接触的途径,在一定程度上保障了武家政权的相对稳定。

就室町幕府的京都统治而言,这种权力构造的相对封闭性在幕府对京都周边土地及耕种土地农民的统治方面表现得尤为明显。室町幕府选址京都后,便开始逐步接管京都的市政权,在南北朝实现统一后,进一步确立了凌驾于公家、寺家之上的一元化统治权力,但京都周边的私有土地以及耕种这些土地的农民仍处在寺社、公家等京都传统统治阶层的掌控之下。例如参与嘉吉德政一揆的贺茂六乡、伏见九乡、山科七乡、鸟羽十三乡等总村即分别为贺茂别雷神社、伏见宫家、山科家、西园寺家领有的庄园。这些总村的土地以及总村内的农民、武士与幕府之间并不存在直接的统治与被统治关系,幕府对各总村征收赋税、下达指令皆需通过各总村的领主。前文提及的久世庄起请文,实际上就是东寺应幕府要求而令该庄撰写的。由此可见,幕府与构成德政一揆主力的总村内农民、武士间并不存在直接的经济或政治矛盾。但京都作为德政一揆集中攻击的对象,对幕府而言却具有重大的政治意义。换言之,发生在京都的高利贷借贷双方的经济斗争对幕府构成了直接的政治威胁。而当幕府出兵镇压德政一揆,一揆民众通过占领寺社、封锁交通、武力打砸等方式与幕府对抗、向幕府要求德政令时,这种潜在的政治威胁便直接演进为民众反幕府权力的政治斗争。

结果,不仅京都的社会秩序遭到严重破坏,而且幕府的权力也受到了挑战。在德政一揆中,农民、地方武士等与国家权力绝缘的广大被统治者史无前例地成为直接威胁幕府统治的反抗者。而室町幕府应一揆民众要求颁布德政令的举动,也变相承认了农民、地方武士相对幕府的被统治地位。或可以将这种转变理解为幕府统治权力、对象的扩大,但不容忽视的是这种转变事实上只是幕府被迫且临时的政策选择。可以说,庄园农民、地方武士与幕府的直接交涉、对立意味着领主阶层失去了缓冲幕府与被统治者间矛盾冲突的政治功能,也意味着封闭性权力构造功能一定程度上的丧失。加之京都特殊的地理位置及政治意义,结果导致幕府不得不随时面对被统治阶层与之对抗的威胁。这对室町时期封闭且稳定的武家政权构造而言无疑是一种颠覆。在守护大名从内部瓦解幕府权力构造以前,以农民、地方武士为代表的被统治阶层已经从外部打破了幕府权力构造的封闭性,直接动摇了幕府的统治根基。

总而言之,室町幕府迫于德政一揆压力颁布的德政令,不仅导致了自身财政的动摇,而且极大程度地损害了幕府的权威,打破了武家政权的权力构造,使幕府权力史无前例地遭受到了来自被统治阶层的直接威胁。同时,在一揆民众与幕府交涉、抗争的过程中,以农民、地方武士为代表的广大被统治阶层相对国家权力的地位与作用也发生了历史性转变。

结语

中世时期的日本,高利贷借贷双方的经济矛盾成为普遍的社会矛盾。在战乱与饥荒的催化下,最终爆发了中世日本特有的民众斗争——德政一揆。由于室町幕府控制了京都高利贷资本的税收权,因此德政一揆迅速由针对高利贷资本的经济斗争升级为针对幕府的反权力行为。在具体的斗争过程中,一揆民众使用暴力手段对土仓等高利贷经营者进行攻击的同时,利用宗教对幕府的影响力,成功迫使幕府颁布德政令,获得了取消买卖、借贷关系的合法依据。但德政令并不能消除社会对高利贷资本的需求,也不能消除高利贷的经济影响力,于是,由借贷矛盾引发的德政一揆此消彼长,而且暴力倾向日趋加剧,经济秩序、社会秩序陷入了长期的混乱之中。

应仁元年(1467年),应仁之乱在京都爆发。在经历11年的大规模混战后,不仅京都化为一片废墟,而且由于地方武士势力的崛起以及地方秩序的混乱,在京的守护大名们纷纷被迫返回自己的领国维护秩序。结果,以守护为核心构建的室町武家政权从内部开始解体,室町幕府从全国性政权跌落为畿内地区的区域性政权。① 这正是应仁之乱被视为幕府衰亡伊始的直接原因。然而,德政一揆的破坏力同样也是不容忽视的重要原因。德政一揆的长期反复,导致了幕府财政动摇、权威衰落、权力结构瓦解,同时,也反映了幕府、守护统治力的衰退以及以地方武士为代表的地方势力的抬头。

---

① 永原庆二:《日本的历史》第10卷《下克上的时代》,中央公论社1965年版,第323页。

而为地方武士成长提供机会的,正是 15 世纪以后频繁爆发的德政一揆。在德政一揆中,地方武士势力不仅实现了与农民势力的结合,而且突破庄园的局限性,逐步获得了地域性的发展与壮大,直接威胁了守护大名的领国统治,最终在应仁之乱后迫使各守护大名归国维护秩序,造成了幕府—守护体制的瓦解。换言之,虽然幕府丧失对守护大名直接统治的结果出现于应仁之乱后,但德政一揆却早已为室町幕府的内部解体埋下了肇因。

(作者王玉玲,南开大学日本研究院,原文刊于《世界历史》2018 年第 4 期)

太阁检地的历史作用

赵连泰　左学德

日本史学界通常把日本封建社会历史,分为以庄园制为基础的中世和以分封制为基础的近世两个阶段。从中世向近世过渡经历了长达百年的战国时代。1590年,丰臣秀吉征服所有的大名统一了日本,同时在全国范围内进行了太阁检地。丰臣秀吉之所以能完成统一日本的大业,其中重要的原因之一,不能不说是实行了太阁检地政策。本文试图通过太阁检地与战国大名的检地,以及与织田信长的检地的若干比较研究,探讨太阁检地对实现兵农分离,推进统一进程所起的作用借以评价丰臣秀吉在日本统一过程中的历史地位。

一

战国是战乱频仍的时代,庄园制基本趋于瓦解,代之而起的是在地领主制。充当各地"庄官""地头"的武士,剥夺庄园领主的权力相继成为独立地区的领主,即在地领主。"应仁之乱"后,京都贵族和寺院的庄园几乎全被在地领主夺去。以庄园制为经济基础的室町幕府,伴随庄园制的瓦解,完全丧失统治能力,其权力所及仅限于山城一地。"战国大名"割据分立,互相攻伐,并经常被其家臣或拥有实力的部将取代。其中最典型的便是发动应仁之乱后的细川氏,其权力为其家臣三好氏篡夺,继而,三好氏又被其部下松永氏取代。① 在庄园制瓦解过程中,旧名主分为有力名主即小领主和类似自耕农的"百姓"。"名"的分化使自耕农人数增加,他们在生产中的自主性也相应地有所增强,彼此间联系也日趋密切,逐渐形成拥有自治性的农村共同体——"总(惣)"。这时具有实力的上层农民组织武装逐渐武士化。自古代末期以来,"兵"与"农"在身份上已开始分离,在中世纪兵与农的身份差别也是明确的。这时由于上层农民的武士化,兵与农在身份上很难划清,导致"身份制"动摇。武士化的上层农民往往联合起来,利用总发动起义反抗战国大名政权,这在当时被称之为"下剋上"。此种社会潮流显然已成为日本历史发展的严重障碍。

封建割据和混战的经济根源,实在于兵农合一的封建土地制度,以及农民的武士化。"下剋上"的根源,来自兵农未分离的农村。在这类农村中,兵农是依靠谱代关系以土地为纽带联系在一起的。因此,欲实现兵农分离,必须破除在地领主制,把已武士化的上层农民即在地领主吸收到家臣团,承认其武士身份,使之成为统治阶级的成员。同时将不归顺的武士化在地领主,未武士化的在地领主,同"百姓"一道作为"农"束缚在土地上,使之专门从事农业生产。这种兵农分离过程,就是改革中世末期旧土地制度,创建新土地制度的过程。这种广义的调查土地的"地检"或"检注"具有如下特点:第一,按庄园领主指令,以其所属庄园为单位分散孤立的进行;第二,一般不进行丈量土地;第三,其主要目的在于揭查新垦土地,以增加收益。

本文探讨的与此不同,是狭义的检地,包括如下两个方面的具体内容:"其一是把居住在征服地的武士按照封建主从关系改编成家臣团,整顿军投制度,形成可靠的军事力量。其二是彻底解除原有的庄园所有者的权力,镇压农民暴动,建立巩固的征调年贡和劳役的体制。"②

众所周知,检地并非始于丰臣秀吉,部分战国大名,以及织田信长都曾进行过检地。战国大名最早的检地可以追溯到永正三年(1506)年,北条早

---

① 日本史学会:《新订史料日本史》上卷,山川出版社1952年版,第159页。
② 高桥幸八郎、永原庆二:《日本近代史纲要》,东大出版会1981年版,第12页。

云在相模国足柄郡宫地村所进行的检地。① 战国大名与织田信长亦均想通过检地实现兵农分离，统一日本，但由于其检地原则均未触及废除封建割据的经济根源——兵农结合的土地制度，故均未如愿以偿。

实际上，欲消灭割据实现统一，必须改革土地制度，以铲除割据混战的经济基础。只有丰臣秀吉的太阁检地触及了土地制度，成功地推动了兵农分离，从而促进了日本的统一进程。

二

丰臣秀吉之所以能实现这一目的，其关键在于太阁检地与战国大名，及织田信长的检地存在两项不同的基本原则。其一是所谓"一职"统治，即废除"职"的体系，整顿中世末期复杂的重层土地领有关系，并破除在地领主制，建立一元化的以丰臣秀吉政权为顶点的、以服军役为条件的、丰臣秀吉—属下大名—家臣层层封授的近世封建土地领有制。其二是所谓"否定作合"，推行"一地一作人"主义。即否定中间剥削，确定直接生产者小农的排他性土地占有使用权。"太阁检地"的此两项原则，正是战国大名检地、织田信长检地所未能解决的两大缺陷。

战国大名的检地已不再按庄园领主意图，以庄园为单位分散进行，而是按战国大名的意志，在其统辖区域或其中部分区域统一进行。从这点看战国大名的检地已与中世的"地检""检注"有本质区别。但其检地方式一般不采取直接派官员实地丈量，而多采用"指出"②检地方式，有的甚至和在地领主自发的检地相混淆。

探讨战国大名实施指出检地的原则是很有意义的。当然由于各地的差异，很难归纳出战国大名统一的实施原则。如关东的后北条氏，主要是在改变户主时实行检地，其内容尚包括整顿夫役和揭查隐田。此外，在获得新领

---

① 佐胁荣智：《后北条氏的基础研究》，转引自神崎彰利：《检地》，日本新书出版社 1983 年版，第 15 页。
② 领主让家臣、寺社或农民把土地面积收获量、占有者等记载下来提供给领主，这种检地方式叫"指出"。

土时也进行检地。① 与此相比,今川氏的检地则不是在改换户主时进行,而多是为处理当地的纠纷而进行检地。② 现存武田氏的惠林寺检地帐所反映的实施原则,基本代表了后北条氏、今川氏等主要战国大名的实施原则。③

从检地帐考察,战国大名是将名主分成两类,一类是有主人的承担军役的"军役众",另一类是没有主人的不承担军役的"总百姓"。这两类人在待遇上有很大差别。对于军役众所持名田一般是免于检地,即便是进行检地其踏出(即加地子得分)还是作为"恩给"赐予,免征年贡。总之,军役众只按检地前所纳年贡即本成方缴纳年贡,对于非军役众的名主所持有之名田要进行检地。将其名主得分(收益)当作检地增分掌握予以没收,将此增分连同木成方加在一起,按规定的免除几成的方式征收年贡。武田氏检地帐规定,总百姓的"免"是"四纳所免",即免除 40%。如黑泽村记载的总百姓年贡额为 26 贯 532 文,此数位为检地量的 60%。"本成方"源于庄园制下的本年贡,这已成定论。值得注意的是"踏出分","踏出"性质至今在日本史学界尚有争议。以藤木久志为代表的学者认为,"踏出分"是新开垦的土地和隐田的揭发部分,是生产力发展的产物,是庄园制下本年贡的延伸物。④ 而以永原庆二、有光反学、胜俣镇夫为代表的日本学者认为,"踏出分"即名主加地予得分。⑤ 如按第一种意见把踏出分看做是新开垦田地和隐田,那这部分与原有木役田的比率是 200%,似乎大得令人难以且信,所以我们赞成第二种意见,即踏出分应是名主加地子得分。总百姓的踏出分是以免除 40% 的数量成为寺领总量的组成部分,而军役众的踏出分是完全免除,不成为寺领的组成部分。不仅如此,军役众的踏山分经指出检地呈报后便从寺领没收,做为大名的恩给地分予军役众。如此军役众与寺社脱离关系而与大名结成知行关系。

以上原则反映出,战国大名的检地目的,首先在于,"促使作为庄园制的

---

① 佐胁荣智:《后北条氏的基础研究》,第 15 页。
② 有光反学:《战国大名今川氏的历史性质》,《日本史研究》第 138 期。
③ 胜俣镇夫:《战国法建立史论》,东京大学出版会 1979 年版,第 203 页。
④ 藤木久志:《战国社会史论》,东大出版会,第 390 页。
⑤ 详见永原庆二:《战国动乱》,《日本历史》14,小学馆;有光反学:《战国大名今川氏的历史性质》,载《日本史研究》第 138 期;胜俣镇夫:《战国法史论》,东大出版会 1979 年版。

剥削体系基础的'名'解体,开始把名主的得分即收益当作隐田予以掌握,否定、削减,从而将其纳入自己的权力组织之中"①。其目的之二是,把武士化的名主作为军役众组织到家臣团,以充实自己的军事力量。

但从战国大名检地原则看,没有否定作为家臣的军役众的"私领"(即本领地)。战国大名与其家臣间存在一定的知行关系,但在一般情况下,家臣除从大名处获得的恩给地外,还保持祖辈传下来的私领,在私领家臣是作为独立性很强的个别土地所有者行使其领主权,因此,战国大名不能随意将家臣转封,取消其职务和领地,因而也就不可能像丰臣秀吉那样建立起集权的幕藩体制,在主从制基础上统制其属下的大名和家臣。

与战国大名相比较,织田信长时期的检地更加有组织并比战国大名更加彻底。织田信长在近江野洲那安村的指出检地中,业已将作为武士的"给人"和百姓明确地分离。甚至使安治"总"成为不包括武士("侍众")的完全作为百姓的共同体。1576年,织田信长令其部将柴田胜家在越前发布的法令中规定,严禁"百姓"武士化。②可见织田信长是企图通过检地使兵和农在身份上分离的。同时从史料上可以看出,也有将其在地域上予以分离的意图,织田信长在企图将其家臣团集中到城下町安土,并乘安土城发生火灾之机,借口是因其家臣将妻室安置尾张的本领地,因而对家务事未严加规戒所致,命令将妻室移住安土城。织田信长谋求兵农在地域上分开的意图很明显。但是,由于织田信长检地基本沿用战国大名的指出检地方式,承认"本领地",以致其结果未能取缔其家臣武士的"在地性",仍处于兵农分离的早期阶段。

从织田信长的检地方针看,基本上仍属"指出检地"。永阁十一(1568)年10月,对六角氏的旧领地蒲生郡林村、河守村等实施的检地即属指出检地。③ 天正三(1575)年4月,在大和国对兴福寺也曾实行指出检地。当时

---

① 胜俣镇夫:《战国法史论》,东大出版会1979年版。
②《大连文书》,转引自胁田修:《织丰政权论》,载历史学研究会日本史研究会编《讲座日本史》1970—1971年,第26页。
③《桥本左右神社文书》,转引自今引林太郎:《信长的登上历史舞台与中世权威的否定》,载岩波讲座日本历史、近世1,1963年版,第72页。

兴福寺的末寺多闻院即曾指出85石左右。① 天正五年4月,在越前的检地,采取的也是指出检地方式。即使天正八年、九年、十年所进行的检地也仍属指出检地。

由于通过指出检地,承认土豪即在地领主的土地所有权,其结果同战国大名同样,未能清理以前复杂重层的土地所有制关系,未能破除在地领主制而建立自己的最高土地所有权,这样织田信长便不能随意转封其属下大名,同样难以调动其家臣。织田信长的军役是在协商基础上作为契约来执行的,这同丰臣秀吉的基于石数制的统一军役、幕藩体制相比,可谓相去甚远。

丰臣秀吉早在任织田信长部将时,即曾在其统辖区内进行检地,不过仍应属于织田信长的检地范畴,可以将其称为丰臣秀吉的初期检地,以区别于其后的"太阁检地"。关于"太阁检地"的开端,在日本史学界意见分歧,以安良城盛昭为代表的学者认为,丰臣秀吉在任织田信长部将时,在自己管辖区内便已按"太阁检地"原则实施过检地,所以那时的检地应属于"太阁检地"范畴(《太阁检地和石数制》,日本广播协会,1969年出版)。以高柳光寿为代表的学者,把丰臣秀吉在山崎之战后,在山城的检地定为"太阁检地"的开端(《丰臣秀吉的检地》,岩波书店)。此外,以藤木久志为代表的学者认为,1585年占领四国等地同时所进行的检地,定为"太阁检地"的开端(《日本历史》,《织田、丰臣政权》,小学馆)。此外,还有把天正十七年制定关浓检地规定为"太阁检地"的开端的等等,众说纷纭。我们认为,"太阁检地"应是指,从1583年丰臣秀吉在近江的检地到1598年丰臣秀吉死去期间,由丰臣秀吉直接派人进行的检地。大体可分为两大时期。第一个时期是从1583年,丰臣秀吉在近江的检地,到1591年,包括小早川、毛利氏所辖领地在内的涉及整个日本的检地帐的制成。这一时期是丰臣秀吉伴随统一战争进程,推行检地并逐步完善太阁检地原则,最后征服各地大名,在整个日本推行检地的时期。按第一时期还可以天正十三(1585)年为界,分前后两个阶段。前一个阶段是在近江奠定"太阁检地"原则的阶段,后一阶段是把在近江初步形成的"太阁检地"原则推行到日本,并不断加以充实的阶段。第二个时期

---

① 《多闻院日记》,转自神崎彰利:《检地》,日本新书出版社1983年版,第80页。

是从1592年发动侵略朝鲜战争起,到1598年丰臣秀吉死去。这一时期是伴随侵略朝鲜,把"太阁检地"原则法律化,并加紧在整个日本推行的时期。

太阁检地的第一个原则是,通过创立石数制,以派官员直接丈量土地方法,剥夺在地领主的土地所有权,瓦解在地领主制。我们之所以主张以天正十一(1583)年,在近江的检地定为太阁检地开始的标志,乃是因为这一年的检地一改以往妥协的态度,抛弃指出检地方式,而是采取派浅野长政、伊藤秀盛等人为"奉行",按丰臣秀吉所定的标准,沿着整顿土地关系建立石数制,实现兵农分离的新方向进行检地。其关键在于创立石数制,具有非同寻常的意义。

兵农未分离的农村是"下剋上"的根源,必须从彻底改造乡村、整顿土地所有制关系入手进行检地。其目的是通过废除本领地、瓦解在地领主制,割断在地领主与直接生产者之间的传统谱代关系,迫使武士丧失其在地性。总之,要使兵农分离,借以破除类似织田信长与其属下大名,以及属下大名与其家臣间在军役上之契约关系,在统一的封建知行制基础上建立丰臣秀吉与属下大名,以及属下大名与其家臣间牢固的主从关系,以及建立在这一基础上的统一的军役体系。做到能按自己意愿转封和配置大名。如此即可增强军队战斗力,又可以防止"下剋上"的蔓延。当然,欲实现此目的,尚须具备一定客观条件,被命令转封的属下大名,必须带领其相当数量的家臣一道转封。以便靠他们实现对知行地农民的统治,同时尽对丰臣秀吉的军役之责。但这些家臣由于拥有本领地,正作为在地领主对当地农民行使领主权,他们直接监督直接耕作者进行生产,这样他们也被束缚在土地上。不许手下大名带领家臣一道转封,犹如强迫其自杀一样,而让家臣无条件地放弃本领地随大名转封又是不现实的。必须保障已转化为丰臣秀吉属下武士的在地领主,原有收益不受损失。因此,需要找到一种能准确地掌握家臣从其领地所获收益量的办法,而使其转封后在新领地上能得到相应的收益。由于各个地区生产力发展水平的差异,按土地面积计算收益显然不适宜,必须找到一种能脱离各地区土地具体情况,而能衡量土地收益的方法,为此需要掌握各地生产力发展情况。由此可见,统一政策的需要使检地变得更为迫切,并为检地原则方针的变化提供了方向。由此看来,在贱岳之役后,丰臣秀吉开始沿整顿土地关系、建立石数制、实现兵农分离的新方向进行检地。

现存的蒲生郡今在家村的检地帐清楚地反映出这一动向。①

值得注意的是，该帐所记载的"分米"，并非如以前按面积所定应收年贡额，而是按产量确定的石数。当年该村尚无水田，但把旱田甚至不产粮食的森林、房宅等都换算为米谷的收获量。这实质是将生产力的质的方面，即潜在能力加以数量化。这个办法即是石数制。

有的日本学者认为，丰臣秀吉的石数制是继承于织田信长，这是不能令人同意的。

织田信长检地时，在量的标准上因地制宜，并未统一。在尾张、美浓、伊势是和战国大名一样缴纳货币，在五畿内，近江、越前、播磨是缴纳实物的石数。此时织田信长的石数还不像后来丰臣秀吉所采用的表示通过实际测定的收获量，只不过为方便起见，将战国大名以钱表示的"贯高"换算为石数。

此外，织田信长的石数与其后丰臣秀吉的石数制不同，并未统一为米谷。在残存的近江国野洲郡安治村的指出检地帐副本上可以见到米谷、大豆等好几种石数。

由此可见，基于商品价值最高的稻米石数制，亦属丰臣秀吉所创。

石数制为以转封、配置等为内容的统制大名政策创造了前提。这一年进行的太阁检地，由丰臣秀吉直接任命其心腹浅野长政、伊藤秀盛奉行，调查清楚手下大名和家臣的土地情况后，一律统一为石数，把土地所有权均收归丰臣秀吉，只承认其手下大名及家臣享有按其石数所表示的收益权，而没有土地所有权。同时，将其改封到石数相等的其他地区去，便是很自然又合理的了。即使有的大名仍暂时留在其旧领地，也采取了"宛行"即重新分配的形式。于是在打败柴田胜家后，便在太阁检地的基础上，对原属织田信长的旧部将（"织田大名"）强行转封，如有不从者将其贬为平民，例如织田信雄便是由于拒绝转封被贬为平民的。与此同时，从自己家臣团中重新扶植一批"丰臣大名"，配置于丰臣秀吉周围作为屏障，更配置在原织田大名周围使之彼此牵制。把河内划为丰臣秀吉的直辖地，其本人则进驻大阪城。并在大阪给筒井顺庆、蜂须贺、黑山、高山、长冈等人分拨了住宅地。属下大名依

---

① 《大日本史料》第十一编之四，转引自藤野保：《幕藩体制史研究》，吉川弘文馆1961年版，79页。

例在其领国内使家臣集聚至城下町。同时,将堺、京都等地的商人也都逐渐迁移到大阪。结果兵农不仅在身份上,并且在地域上趋向分离,伴随兵农分离又实行商农分离,以便为兵农分离创造经济条件。可以靠商人销售作为年贡缴纳来的米谷换取货币。

丰臣秀吉在转封配置大名时,以部将家臣团为单位组成军团,直接受丰臣秀吉统辖。对军役量也逐渐做出精细的规定。分给属下大名的知行地数额中,包括应服军役部分和免于军役的部分,军役部分是属下大名分配给家臣的部分,免役部分是保证属下大名政权再生产的部分,乃是其维持统治的必要部分,免役部分与军役部分有固定的比率。属下大名必须拥有与其知行地数量相称的军事力量,这既可以防止属下大名军事力量过于膨胀,又可保证一定的军事力量。如此便由靠契约的军役服务变成为靠统一征收规定的军役。这样,建立在石数制基础上,能够加以驾驭的军役体制遂初步建立起来。其后,不断修正补充日臻完备。

天正十三年(1585),是丰臣秀吉统一日本事业划时代的一年。这年先后占领纪伊以及整个四国和越中、飞弹等地。丰臣秀吉在各地推行太阁检地,同时又进行具有划时代意义的分封和转封。将长宗我部所属的阿波、赞岐、伊予三国予以没收,仅将土佐一国"安堵",即承认土佐为重新分封给长宗我部的领地。将其亲信蜂须贺家转封在阿波,仙石秀久封在赞岐。将伊予分封给参加征伐四国的小早川隆景,但同时又安插配置了上福岛正则。从而使四国成为丰臣政权下第一次配置近世大名的地区,实际上建立起幕藩体制雏形。

其后,伴随统一战争进程,在九州、东北、陆奥、出羽均分批进行分封和转封,从而在全国建立起幕藩体制。

为了加强中央集权更牢固地统制属下大名,除配置丰臣大名外,还采取在其属下各大名领国内设置直辖地。直辖地是检地的产物,最初其作用仅是为保证扬弃在地性的常备军兵粮米。[①] 后来逐渐把战略要地,以及有重要经济价值的经济发达地区、矿山、贸易港等亦划为直辖地,并且以委派官

---

① 朝尾直弘:《丰臣政权论》,岩波讲座《日本历史》近世 1,1963 年版,第 167 页。

吏委托经营方式经营,这对控制大名,增加财政收入都具有重要作用。① 委派浅野、石田等心腹担任代官,将由直辖地征收的年贡诸役,直接缴纳给丰臣秀吉。直辖地成为丰臣秀吉政权的经济基础,为统一战争及控制大名提供了经济保证。如在天正十四年进攻九州之前,曾命令赞岐的直辖地代官生驹近规储备兵粮米。另外,天正十七年,为发动小田原之役,命令正束正家等从各地直辖地集聚 20 万石粮食。另外,各地矿山不断向丰臣政权输送金银作为其军事和建筑费用,成为丰臣政权的经济支柱。丰臣秀吉的直辖地数量因征服新地区而不断增多,相反又因分封而减少,各个时期数量不等。但从庆长三年的直辖地与各大名领国的"国高"(即该领国经检地确定的总石数)的比较表,②可以看出直辖地的作用。当时整个日本总石数约为 1851 万石,而丰臣秀吉的直辖领约为 198 万石,约占 11％。丰臣秀吉的直辖领石数,远远超过除德川家康以外的所有属下大名。当时,德川家康领地约为 240 万石。③ 单从数量看,丰臣秀吉没有德川家康的领地多,但如果考虑到丰臣秀吉由于控制矿山、垄断贸易所具有的财政优势,以及德川家康的领地尚需分给其众多的家臣等因素,显然丰臣秀吉处于绝对优势地位。这是所有战国大名包括织田信长所望尘莫及的。

三

太阁检地与战国大名检地、织田信长检地相比较,第二个区别是所谓"一地一作人"原则,即承认小农——单婚小家庭自耕农对其所耕种土地具有排他性的唯一的占有使用权,用以代替原庄园体制下负担年贡的名主而成为年贡负担者。这与第一个原则是紧密联系密不可分的。太阁检地是废除本领地建立封建土地所有制,并同时解决小农占有土地的政策。只有形成摆脱在地领主控制的小农经济,才能形成支持武士集居城下町的经济

---

① 山口启二:《丰臣政权的建立与领主经济结构》,《日本经济史大系》3,东京大学出版会 1965 年,第 62—69 页。
② 山口启二:《日本经济史大系》3,东京大学出版会 1965 年,第 64 页。
③ 宫川满:《太阁检地论》1,御茶水书房出版 1959 年版,第 351 页。

结构。

与此相反,战国大名的检地,甚至织田信长的检地,对此均缺乏足够的重视。

战国大名检地帐上的登记人均为拥有下人名子、被官的名主。武田氏惠林寺检地帐上登记人均有"踏出分",这充分说明该帐登记人对土地的占有关系属于名主性的占有,而非作人性的占有。如把庆长年间检地帐上的登记人数与该检地帐比较即可更加清楚。目前尚未查到惠林寺黑泽村的检地帐。但据庆长六年惠林寺附近的隼村检地帐,该村村量是 13 町多,登记人数是 80 人。登记人数与村量比是 6.1∶1。同样,在惠林寺附近的净古村庆长十年的检地帐上,村量是 5 町多,登记人数是 32 人。① 登记人数与村量比值为 6.4∶1。可见惠林寺附近的村在庆长年间登记人数与村量的比值至少应为 6∶1。根据 1563 年武田氏惠林寺指出检地帐,可以算出黑泽村当年村里约为 50 贯,根据当时贯与町的换算率约为 3∶1 计算,当时黑泽村的村量约合 17 町,1563 年检地帐上登记人数为 30 人,如按 6∶1 比例计算,庆长年间黑泽村登记人数至少应为 102 人。可见 1563 年检地帐登记人并非单婚小家庭而是名主。显然战国大名检地政策,是不承认作人的土地占有使用权的。这样小农仍受在地领主束缚,"下剋上"亦在所难免。

应该指出,织田信长的检地与战国大名相比,有所进步,织田信长在个别地区检地中,曾承认"作人性的占有",即承认小农对土地的占有使用权。

如天正 5 年,柴田胜家按织田信长的指示,在越前进行检地时,在曾是山门本院东谷檀那院下院的剑大明神宫领地织田庄,把本年贡、公事②,加地子等复杂的负担体系逐渐以分米③的形式统一为一个,并且变为以分米负担为特点的作人所占有。

现存柴田胜家天正五(1577)年,在越前的织田庄的部分检地帐中没有分米的记载,④难以判断名请人的性质。但该检地帐与天正十(1582)年千

---

① 宫川满:《太阁检地论》1,第 312 页。
② 年贡以外以户为单位征课的劳役、实物、货币。
③ 这里指按面积所定之应收年贡数额、包括丰年贡和加地子得分。
④ 宫川满:《太阁检地论》1,御茶水书房出版 1959 年版,第 318—319 页。

手院指出检地帐相对照,土地所在地以及土地面积、名请人均相一致,而千手院指出检地帐中有分米的记载。①

该指出帐中的分米是年贡量抑或为生产量？日本多数学者认为是年贡量而不是生产量。该检地帐分米是每反1石4斗至1石5斗,这相当于当时当地"作人性的占有"者所应负担的年贡量。从这里可以推出天正五年检地帐中的登记人弥十郎、兵卫三郎等人对土地的占有是"作人性的占有"。

织田信长承认"作人性的占有"这一立场,与旧庄园领主以及部分反映庄园领主要求的旧大名企图阻止作人占有化的趋势,使其恢复到"名主性的占有",以便重建名体制的反动倾向相比较,可以说是进步的政策。但这里织田只是承认土地关系变化的现状,承认基于旧职的土地所有权,而没有像其后丰臣秀吉那样积极地迫使"名主性的占有"转化为"作人性的占有"的"一地一作人"原则,可见还不是彻底的积极政策。这说明织田信长和战国大名同样,把精力主要放在与其他战国大名厮杀或镇压"一向一揆"上,而对如何直接统治农民尚未形成系统的政策。

丰臣秀吉统治农民政策的出发点是,把农民所有剩余产品都搜刮去以防止其暴乱,同时增加自己的经济力量。为达此目的,其所推行的措施是,揭查全国的"隐田",从那里收取年贡,在乡村内部彻底取缔中间剥削,否定"作合"和推行"一地一作人"主义。中世末期,地主、地侍、国人、大名、公家、高人等对同一块土地同时具有所有（保有）权,用当时的话来说是有本所职,领家职,名主职,加地子名主职,百姓职,作职,下作职等各种"职"名。这里"职"名可分为"得分权职"与"耕作权职"两大类。得分职所有者从耕作权所有者那里剥削年贡,被称为"作合"。这种"作合"与统一政权——丰臣政权所征收的年贡相重叠。如得分职持有者的剥削量增加,丰臣政权的剥削量势必减少。所以,丰臣秀吉积极否定"作合"。

天正十一年,近江检地帐上登记人身份,目前业已弄清楚的,只有二郎太郎和与二郎。如把天正十一年检地帐、天正十二年检地帐,与庆长三年今在家村的检地帐,"名寄帐"相比较,在每个帐上均有二郎太郎和与二郎。二

---

① 宫川满:《太阁检地论》1,第319—320页。

郎太郎天正十一年时是有房宅地的主人,而与二郎是没有房宅地的居于主人家里的作人。这两种身份农民同时以同样方式登记在帐,成为"高请农民",没有像战国大名及织田信长那样进行分附记载。这清楚地表明太阁检地只承认名请人拥有土地耕作占有权,只有丰臣政权有最高土地所有权,排斥名请人之外的一切人有耕作占有权,此即所谓"一地一作人"原则。从而否定了中间剥削,增加了丰臣政权的收入。而被分配知行该地区的给人武士,可以说有领有权,没有完整的土地所有权。丰臣秀吉一再强调,给予大名的领地是暂时的,丰臣政权有权更换大名,因而造成统一政权的绝对优势,并创造了向集权体制发展的基础。后来,1587年丰臣秀吉第一次发布的禁教令中,重申了这一原则。丰臣秀吉所坚持的是把土地所有权同百姓土地占有使用权同时解决的方针立场。这与织田信长只承认现状的妥协消极态度是不可同日而语的。这不仅整顿了土地所有制关系,也整顿了阶级关系。高请百姓与原主人脱离关系,只与丰臣秀吉的给人发生关系。这使阶级关系变得单纯,只有收取年贡的武士和提供年贡的百姓。而随上级领主意愿转封、减封的近代武士,其知行权没有被完全剥夺,而是被组织到以丰臣秀吉为顶点的封建等级所有制里,保持其作为领主阶级一员的地位,他们有对封地农民征收年贡和对村农民进行"检断"(指检举、审理、判决等一系列手续)的权利和职能。

检地的同时对以前的乡、庄、保的村落进行整顿。以农民的居住地和耕地相一致为原则,进行复杂的划分,组成各个"村"作为缴纳年贡的单位。并对每个村的耕地数量加以调整,把村作为农民与耕地相一致的单位,此即"村请制"。

"太阁检地"的否定"作合"的"一地一作人"原则,损害靠中间剥削阶层的利益,不能不遭到他们强烈的反抗。同时"太阁检地"否定中间剥削,但并未减轻直接耕种者的负担,甚至负担更重,因而也遭到百姓的反抗。给人和农民在反对丰臣秀吉专制集权等方面有一致性,为此丰臣秀吉实行没收农民一切武器的"刀狩"政策。消除了农民武士化的可能性并防止农民发动武装暴动。

四

太阁检地与战国大名及织田信长的检地相比较有如下特点：

（1）逐步废止指出检地，直接派奉行进行实地丈量。对水田、旱田、房屋用地等一切土地进行丈量，以达到消灭隐田、集中土地所有权的目的。

（2）逐步废除按面积征收年贡方法，而采用按产量的石数制，整顿了复杂的庄园土地所有关系。建立起按检地帐确定的石数对大名——家臣分封知行地，以组织家臣团征收军役的体制。

（3）废庄、乡、村重层的区划，创立起适宜于统治的基础单位"村"，树立表明经检地确定的村与村之间界限的标志，实行"村切"，确定村量、实行年贡村请制。

（4）整顿复杂多样的地租统一为米谷。

（5）确定登记在帐的百姓，使其负担赋税不得离开耕地。

以上特点是丰臣秀吉根据斗争形势需要，总结战国大名特别是织田信长的经验教训而制定的政策的体现。为统一日本重建封建秩序这一根本目的服务。以上特点是逐步形成的。从1582年至1584年，在近江连续3年检地，是从战国大名检地原则向太阁检地原则过渡阶段。1584年的检地基本奠定了太阁检地的原则。其后伴随1585年统一战争进程，把近江的太阁检地原则向全国扩展并不断完普。天正十七年，《美浓国检地规定》是第一部较全面反映太阁检地原则的法令规定，把在近江实施过的太阁检地原则加以法律化，并对以前尚无明确规定的石盛做了明确规定。①

其后，在天正十八（1590）年、天正十九（1591）年接连颁布检地法令，对太阁检地原则进行补充。由此可见，以300步为一反，使用京枡等检地规定，以及太阁检地的五个特点是逐步完备的。

在把生产力较发达的近江总结的太阁检地原则向全国推行时，丰臣秀吉有时做了灵活的处理，似乎很混乱，其实这是丰臣秀吉的策略手段。譬

---

① 北岛正元：《土地制度史》Ⅱ，山川出版社1975年版，第47页。

如,丰臣秀吉基本上是伴随统一战争进程进行检地的,但一开始推迟了对美浓的检地,其原因是这时正处于和德川家康对峙胜负未卜之时,同时也考虑到迁移到这里来的池田、森、稻叶等人的向背,所以直到和德川家康关系基本缓和后才在美浓开展检地。另外,根据地区情况,有时个别地区的检地原则有倒退妥协现象,譬如,天正十八年,在奥州、会津的检地规定里是贯高制,①这可能是从奥州水田的普及率很低这一实际情况出发规定的。另外,太阁检地原则上是废止指出检地,但在丰后,天正十五年还是指出检地。这是因为天正十五年,丰后国臼杵城主大友义统追随丰臣秀吉参加征伐九州,因此,丰臣秀吉把丰后一国分封给大友氏。大友氏检地,不是按太阁检地原则而是依旧制由大友氏指出,将检地结果由大友氏向丰臣秀吉家臣增田长盛汇报。此外,对丰臣秀吉的直辖地亦有实行指出检地者。以上一系列与太阁检地方针不相吻合之处,或由于地域差别推行太阁检地方针需要一个过程,或由于政治斗争形势的需要。太阁检地方针是为了统一日本,而太阁检地方针也只有在统一日本后才能充分彻底地在整个日本贯彻。

统一全国的第二年,即 1591 年,颁布身份统制法令。此项法令的颁布,乃是兵农分离作为一项政策最终完成的标志。

如上所述,具有以上特点的太阁检地,对丰臣秀吉统一日本具有巨大作用。无论战国大名,还是织田信长,在兵农未分离状态下,所实施之检地原则均有缺陷,未能完成检地的根本任务,因而对属下大名及家臣统制力均较弱,对农民统治更是薄弱。上述战国大名检地原则的缺陷,严重地阻碍其军事经济力量的增长,当然也不能真正制止"下剋上"风潮的蔓延。

处于这种状态下的战国大名,如与业已实现兵农分离、拥有强大常备军和雄厚经济实力的丰臣秀吉对抗,必须处于劣势。

综上所述,战国大名的检地,织田信长的检地均未能实现改变中世末期的土地关系,调整阶级统治关系的历史任务。只有丰臣秀吉通过"太阁检地"完成了土地制度的改革,摧毁了在地领主制,通过推行石数制,剥夺企图成为真正领主的武士化土豪,即在地领主和部分上层名主的土地所有权,并

---

① 北岛正元:《土地制度史》II,第 47 页。

将其纳入自己的家臣团,随后又使之集中于城下町,使其不仅在身份上而且在地域上与其隶属农民分离,同时,将其余名主同直接生产者小农一道,作为农民束缚于土地之上专门从事农业生产,没收其武器令其负担年贡。经过太阁检地,成功地实现了兵农分离,同时建立起基于石数制的分封体系、军役体系,以剥削实物地租形式征收年贡体系。结果以小农经济为经济基础、以兵农分离为政治支柱,凭借整个武士阶级的力量实现对农民,也包括被迁移到城下町的工商业者的统治。基本完成改变中世末期土地关系、阶级关系的任务,重建起封建统治秩序,使日本封建社会进入一个新阶段。丰臣秀吉借此得以剪灭群雄,统一日本,成为推动日本封建社会历史,实现划时代发展的杰出人物。

(作者赵连泰、左学德,哈尔滨师范大学历史系,原文刊于《世界历史》1989年第3期)

家族制度与日本人的"家"观念

李 卓

近代以来,家族制度问题是日本重要的道德问题、政治问题和法律问题,日本人的政治生活、精神生活乃至经济生活都被置于"家"的观念的束缚之下,可以认为,近代以来日本的成功与失败,都与日本传统家族制度及家族道德有密切关系。"君臣一家""劳资一体""企业一家"的观念,便是日本传统家族制度与家族道德在日本人的政治关系及经济关系中的突出反映。本文拟对日本传统家族制度和"家"观念特征及其影响作一初步探讨。

一、日本传统家族制度的特征

在日本历史上,家族制度与家族道德曾受到中国文化的强烈影响。随着平安时代末期以后日本脱离汉文化圈的倾向日益明显,其家族制度也逐渐发生了变化。所谓日本传统的家族制度,是指在家族结构、家族道德等方面都具有本国特点的家族制度,它在幕府时代产生并不断巩固,在德川时代达到顶峰。明治维新之后,《明治民法》的制定,给它注入新的生命力,这种曾经盛行于武家社会的封建家族制度被推行于全体国民,成为此后一直到1945年战败为止日本国民家族制度与家族生活的准则。

具体说来,日本传统家族制度最具特色之处有以下几点:

首先是重"家"而轻个人。在日本人的家族制度与家族意识中,永远伴随着一种观念，这就是"家"。这种"家"是"依托于祖先之灵、纵式的、连续的观念式存在"①，也就是说，在以婚姻、血缘为纽带的具体的家族之上，还有"家"这个"超越个人的生命、祖孙一体的永远的生命体"②，不管家庭成员发生了什么变化（如出生、死亡、结婚、分家等），这种观念上的"家"都保持其统一性而存在下去。在这种观念支配下，人们生儿育女的具体家族不过是"家"的现象形态而已，即使家庭成员在肉体上全部不存在了，也并不意味着"家"的消失，它在观念上依然存在，因此，也就有家族再兴的可能。由此可见，日本的"家"比以婚姻和血缘为纽带的具体家族有着更深的内涵，它除了组成"家"的人员，还包括作为居住的房子和家产（如土地、山林等）以及为维持家业的生产手段和埋葬祖先的墓地等。这些东西被作为"家"的古往今来的整体，在人们的心目中比实际生活在这个家里的具体成员更为重要，正因如此，象征这种超家族的"家"的家徽（家的标志）、家系（家的系谱）和家号（家的名誉）等都受到日本人的格外重视。

毫无疑问，对于家庭成员来说，立于个人之上，支配个人的"家"是第一义的存在，一切为了"家"，"家"的利益高于一切，便是人们的行动准则。为了"家"的延续和兴旺，家族内实行严格的家督③继承制，即由一人（一般是长子）继承家业和家长权，同时，也继承大部或全部家产，长子以下男性成员可以在结婚之后建立分家，并从本家领受一部分家产，但没有要求财产的权力。家庭成员的婚姻、从事职业、居住地的选择等都要服从"家"的利益，并由家长来决定，他们所处的被管辖和服从的地位，决不会因成年和才华的增长而有所改变。这种重家而轻个人的情况同样反映在家长身上，在"家"的观念下，家长就像是一场接力赛的选手，他的任务是接过父祖手中的"家"的接力棒，再传给子孙，被认为是"家"的一时的代表和家业的管理者。家长实际上也是为了"家"而生活，所以，他的品德和才能相当重要，在日本历史上，让不称职的家长隐居或与无能不才的继承人断绝关系的事例并不少见。由此看来，在日本的家族中，至高无上的是家长权而不是家长。

---

① 福岛正夫：『日本資本主義と「家」制度』、東京大学出版会 1967 年、第 6 頁。
② 福尾猛市郎：『日本家族制度史概説』、吉川弘文館 1977 年、第 1 頁。
③ "家督"一词最早见于《史记》，意为继承家业的人。

其次是重家名而轻血缘。由于"家"是超家族的,所以,在日本人的家族中,血缘关系并不是构成家族的唯一纽带,模拟血缘关系也是重要组成部分。它服务于两种需要,一是为了"家"的延续。由于在日本人的家族中不仅以父子关系为核心,更强调祖孙一体,所以,自永久不灭的"家"的观念产生后,"家"的延续便成为家族成员的头等大事,断嗣意味着"绝家"。为避免这种家族最大的不幸发生,最简单易行的办法就是在没有男性继承人的情况下取养子而代之,或是在只有女儿的情况下招婿进门,让其继承家业。作为家业继承人的养子从上门开始就要放弃自己的家系而改称养家的姓。有了养子,养家解除了后顾之忧,养子本人也无须感到难堪,外人更不会因此说三道四。在日本人眼里,家名和血缘孰重孰轻,日本人选择的是前者。二是为了家业的经营。一些家族中往往雇佣一些佣人,让他们参与家务和家业的管理,他们被视为家庭的一员,并与主人保持终身的主从关系,有的人甚至还能成为家业继承人。所不同的是,他们无须改变自己的姓氏。在这一点上最为典型的是德川时代商家的"奉公"制度,奉公人从10岁左右起进入主家作丁稚(学徒),一般要经过20多年的时间才能成为店员。其间,奉公人的衣、食、住及教育都由主家负责,俨然是主家的一个成员。到了店员这一级,主家便根据他们长年"奉公"的业绩,给他们资金和作为商家标志的"暖簾",让其作为本家的一个支店独立经营,称为"别家"。显然,这种主从关系与模拟血缘关系互为表里的"奉公"关系已远远超出单纯的契约关系,并使阶级关系混淆不彰。在整个封建时代,将主从关系模拟为家族父子关系的作法成为普遍的社会习惯,人的性格的棱角被磨光了,习惯于以服从为本份,这一点对日本国民性的形成具有极大的影响。

最后是家族道德中的孝与恩并存。对父母尽孝是中日两国家族道德的核心,但是比较起来,日本的孝与中国的孝在内容上又不完全相同。在中国的孝道中,单方面强调亲权,要求子女绝对服从父母,而在日本的孝道中,还有"恩"的内容,即子女的孝就是报父母的恩,孝是以恩为前提的。

这种以恩为基础的孝的说教在德川时代就已流行,在近代的儒家道德教育中又被进一步提倡。如在作为小学教育指导的《幼学纲要》的第一章"孝行"中这样写道:"天地之间,无没有父母之人,自其最初受胎、生诞,至于成长之后,其恩爱教育之深,莫如父母,常思其恩,慎其身,竭其力以事之,尽其爱敬,子之道也。"①对孝道的反复宣传和强调是当时中小学修身课的重要内容。

　　子女的孝的义务的根据,是父母对子女有恩,因为父母对子女有恩,子女就负有报恩的义务,这就是日本家族道德中孝的伦理。那么,父母的恩包括哪些内容呢？最普遍的也是最重要的就是"养育之恩",还包括为子女成家,让子女立业,也就是说将家业与家产传给儿子。由于家督继承人在众兄弟中居优先地位,他也就是格外受到父母之恩宠,所以要比他人更尽孝。孝的内容除了尊敬父母,对父母恭顺、服从之外,还有赡养父母；立身出世,扬家名于天下；为继承和发展自祖宗传下来的"家"而生儿育女。表面上看来,父母的恩与子女的孝是互为条件的,仔细分析起来,生养子女,抚育其成人,帮其成家立业,只不过是父母应尽的义务,世界古今皆如此,而在日本人的家族道德中,却被作为一种恩而反复强调,要求人们知恩、报恩,以尽孝作为回报,实际上是以更隐晦的办法强调家长权,让家庭成员心甘情愿地去服从家长的统治。所以说,在恩的外衣包藏下的日本的孝与赤裸裸的要求绝对服从的中国的孝,其作用是不一样的,对于中国人来说往往是被迫与无奈,而对于日本人来说,则多了主动与自觉。父母与子女间的这种终生的恩与孝的关系使得在"家"之内形成一种永久的恩义关系,即本家对分家有庇护之责任,有永久的恩情,分家永远对本家有报恩的义务。恩与孝的观念也同样渗入日本人的社会生活中,武士团首领与武士,领主与臣下间的"御恩"与"奉公"关系是日本封建主从关系的牢固基础。再联想到现代社会日本人的伦理观念中,十分重视"恩"和"情义",日本人说"我受某人之恩",就意味着"我对某人负有义务"②,这一点恐怕也是从家族道德中的恩与孝观念演化来的。

　　综上所述,对于大多数日本人来说,"家"既是他们赖以生存的物质的存在,也是他们为之奋斗并终生受其辖制的精神的存在,它基于血缘而成又不

---

① 唐沢富太郎:『教科書の歴史』、創文社 1980 年、第 112 頁。
② ルース・ベネティク著、長谷川松治訳:『菊と刀』、社会思想社 1992 年、第 115 頁。

唯血缘，"家"的利益至高无上，成员个人微不足道。在"家"的观念下，日本人的家族结构往往以超现实、超血缘、超阶级的"复合大家族"的形态出现，所以极易被利用和扩大，从而服务于某种目的。长期的家族生活的熏陶，也使日本人能够接受和适应社会生活的家族化。事实证明，日本近代以来，在所有的人群集中的被日本人称作"场"的地方，如村、如企业、如学校、如国家，都是一个被扩大了的"家"。其中最为典型的便是国家伦理中的"君臣一家"和企业道德中的"劳资一家"与"企业一家"。

二、家族传统与"君臣一家"

所谓"君臣一家"是近代日本统治者极力鼓吹的家族国家观的核心，是直到战败为止日本统治阶级控制民众的有力工具。它利用传统的"家"的原理，将国比拟为家，将君臣关系比拟为父子关系。明治维新后有两大事件为家族国家观的形成推波助澜，一个是"明治民法典论争"，一个是《教育敕语》的制定。

"明治民法典论争"是明治维新后就民法的颁布与实施，围绕着是维护封建的家族制度，还是对其稍作改革，以适应资本主义的发展这一问题，在法学界展开的一场激烈的论战。为了建立、健全近代法制，明治政府从 1870 年就开始了民法的编纂工作，经过各种周折，直到 1890 年才正式公布（史称"明治旧民法"）。它参照了法国民法，在一定程度上反映出男女平等及削弱家长权的进步性，它一经公布，便在法学界引起强烈反响。以东京大学法学部教授穗积八束为代表的"延期实施派"严厉指责这部民法具有个人主义、自由主义倾向，破坏了日本家族制度"固有的美风"。如他发表《民法出则忠孝亡》一文，指出"我国乃祖先教之国，家制之乡，权力与法皆生于家"，指责民法"先排斥国教，继而破灭家制"[1]。穗积八束等人明确地将国体问题与家族问题联系在一起，并提出"权力与法皆生于家"的理论，不容对作为天皇专制主义基础的传统家族制度产生任何动摇。"民法典论争"最终

---

[1] 宫川透等：『近代日本思想論争』、青木書店 1963 年、第 77 頁。

是"延期实施派"取胜,实质则是作为明治政权主要支柱的官僚、大地主、政商、藩阀的胜利,造成"明治旧民法"夭折,代之以1898年开始实施的维护和肯定封建家族制度的"明治民法"。"明治民法典论争"是家族主义意识形态的充分暴露和表演,通过这场论战,不仅确立了传统家族制度在日本近代史中的法律地位,也奠定了家族国家观的理论基础。

《教育敕语》的制定,是家族国家观形成的标志。进入明治20年代,教育界在"文明开化"口号下实行的欧化主义教育政策受到了一些人的指责。1879年,天皇的侍讲、儒学者元田永孚以"圣旨"的名义,发表了《教学大旨》,批评学校教育"轻视仁义忠孝,徒洋风是竞",主张"自今以后,基祖宗之训典,专明仁义忠孝,道德之学以孔子为主"[1]。此后,政府加强了对教育的控制与干涉,并采取了将过去的在学校各门课程之末的修身课改列为各门课程之首,并编写解释儒家道德的《幼学纲要》,作为小学教育指导等措施。但是,元田永孚倡导的以儒家道德教育为主的教育方针受到坚持文明开化的一些"开明派"的反对,并引发了一场包括思想家、教育家参加的"德育论争"。明治维新以来的自由教育政策和尊重实利、偏重智育的倾向并未即刻改变,因此也就出现了在学校学了几年的学生,不知君臣是指何人的情况。[2] 1890年初,一些地方官员上书总理大臣山县有朋,指责那些"从美国回来的学士""主张极端的西洋派学说",致使文部省的政策偏重于智育,其后果,"将紊乱社会秩序,终将危及国家"[3],要求大兴德育,增加伦理修身课的时间。于是,在山县有朋的亲自策划下,1890年10月,公布了明治天皇亲自签署的《教育敕语》。《教育敕语》把以"孝父母"为首的浸透了儒家道德的十多条规范作为臣民应守的德目,将儒家道德与近代资本主义社会的伦理道德混杂在一起,以神圣不可侵犯的天皇的权威为持续多年的"德育论争"画上了终止符,是明治意识形态史上的一个重要事件。

如果说在"明治民法典论争"和《教育敕语》公布之前,以忠孝为核心的儒家道德教育政策只是在学校中部分推行着的话,那么,自"明治民法典论

---

[1] 唐沢富太郎:『教科書の歴史』,第105頁。
[2] 石田雄:『日本政治思想史研究』,未来社1964年,第32頁。
[3] 信夫清三郎著、吕万和等译:《日本政治史》第三卷,上海译文出版社1988年,第218页。

争"与《教育敕语》公布后,这种儒家道德教育不仅是学校教育的根本方针,而且由学校推向全社会,成为日本国民精神生活的主要内容。在甲午战争中,经过日本统治阶级的大力宣扬,忠君爱国由过去只是学校儿童的口号,发展为"铭刻在人们心底"的巨大精神力量,全体国民作为"臣民"团结在作为"民之父母"的天皇周围。日本在甲午战争中的胜利,使得当时的统治者更加认识到家族国家观对于长期生活在家族社会的日本人来说具有难以估量的作用,因而,进一步加强了家族国家观在教育、思想、意识形态等各个领域的运用与推广。如1904年,文部省首次编纂了国定修身教科书,1911年又进一步修订,书中充满了宣传忠孝一致、君臣一家、忠君爱国的家族国家伦理道德的内容。尤其是在法西斯军国主义专制体制下,对家族国家观的宣传和鼓吹愈演愈烈,致使日本国民陷入以"忠君爱国"为号召的战争狂热之中。

所谓家族国家观就是将政治权力与家族父子关系等同起来,实现了天皇(君主、总家长)对国民(臣民、家庭成员)的统治的国家伦理观,它是在传统的家族伦理基础上派生出来的,因此,家族关系中必须遵循的一切伦理道德同样适用于国家关系中。

首先,鼓吹国就是家,家就是国,将国作为家的扩大。东京大学教授、哲学家井上哲次郎在其所著《敕语衍义》一书中赤裸裸地宣称:"国君之于臣民,犹如父母之于子孙,即一国为一家之扩充。"① 既然国是家的扩大,那么天皇自然就成了总家长,所有日本国民则是天皇的"赤子"和"臣民",天皇与国民的关系"义为君臣,情为父子","一国之国君指挥命令臣民,无异于一家之父母以慈心吩咐子孙"②。这种鼓吹的目的,就是要求国民象侍奉父母那样去服从天皇的统治,使天皇专制主义统治得以顺利实现。这种将政治权力与家族关系等量齐观的作法,不能不说是日本人的一大创造。

其次是鼓吹忠孝伦理道德。由于人们将国与家等同起来,所以,忠孝一致也就成了人们的道德准则。"一切为了家"的观念被引入人们的政治生活

---

① 石田雄:『日本政治思想史研究』、第164頁。
② 石田雄:『日本政治思想史研究』、第164頁。

中,变成对天皇的绝对服从。如在1910年国定高等科修身教科书中就有"个人对家之观念的厚薄关系到人民对国之观念的厚薄,爱家之心能成爱国之心,孝亲之心是爱国之心的基础"①的内容。持孝行是人伦之最大义,那么忠君爱国则是臣道之第一义,即无条件的抛弃自我的绝对服从国家和天皇,直至奉献个人的生命。可见,子敬父母这一人的自然的感情被用于维系君臣关系,因而极具蛊惑性。

以"君臣一家"相标榜,以忠君爱国相号召的家族国家观在维护天皇统治和日本军国主义发动的对外侵略战争中发挥了巨大作用。它使人们淡漠了阶级观念,安于统治和服从,并积极奉公——许多人都是自觉自愿地投入"圣战"。他们不知天皇专制主义统治正将他们一步步推向灾难与毁灭,对天皇的迷信和崇拜达到难以置信的程度,以至于在战后民主改革时,盟军总司令麦克阿瑟发现"天皇是胜过二十个机械化师团的战斗力量",并将其依然作为"刺激国民忠诚和爱国行动的中心"而保留下来。②"君臣一家"的观念造就了日本人愚昧的忠诚,使战前日本军国主义分子较为顺利地推行了对外侵略政策,其结局,不仅害了别人,也害了自己,在二战中的失败是日本民族有史以来的最大悲剧。

三、家族传统与"企业一家"

近代以来,与在意识形态领域里推行以"君臣一家"为核心的家族国家观的同时,"企业一家""劳资一家"也是在日本企业界盛行的口号。所不同的是,日本战败宣告了家族国家观的彻底破产,"君臣一家"受到唾弃,而"企业一家""劳资一家"则经过改头换面被保存下来,形成堪称"日本式经营"的现代经营管理方式的核心。

日本虽是后起的资本主义国家,而资本家对工人的残酷压榨和剥削,并不亚于老牌资本主义国家,工业化时代的工厂只不过是欧洲工业革命时代的那种黑暗的、地狱般的工厂的变种。劳动条件苛刻,工人工资低,而且没

---

① 石田雄:『日本政治思想史研究』,第13页。
② 井上清著、辽宁大学哲学研究所译:《天皇制》,商务印书馆1975年,第4页。

有保障,造成工人不等契约期满就中途逃跑,因而出现劳动力的高度流动性,曾作为德川时代商家经营灵魂的终身雇佣思想被彻底抛弃。同时,急速的产业革命浪潮使得文化技术基础薄弱的后进国家日本自然而然地发生人才不足。这些情况使得资本家频频哀叹,过去的工场主与雇员间"亲睦协和恰如家族师徒关系渐渐消失","雇者、被雇者的规律紊乱"①。资本家不得不正视工人的频繁移动造成熟练工人严重不足的现实,逐渐认识到留住一个有能力的工人,比让他们逃走并另雇一个人更为合算,因而不得不改变策略,重新拾起已被抛弃的德川时代商家的家族主义经营思想,用家族式的"温情主义"掩盖对工人赤裸裸的剥削。

从明治末年起,一些大企业就推出了家族主义的经营方针。纺织行业的大企业钟渊纺织在当时的舆论对纺织业劳动条件恶劣的强烈指责下,学习美国和德国一些大企业的经验,率先采取了一系列改善劳务管理的措施。如建立婴儿保育所;设立职工卫生基金;建立注意箱制(即由从业员就各种困难、问题向公司方面投书,然后由公司予以解答和处理);开办学校,进行从业员的企业内教育;发行旨在勾通劳资双方感情的社内杂志;进而于1905年创设了由公司和从业员共同出资、以救济从业员为目的的"钟纺共济组合"。钟纺的创始人武藤山治将这套管理体系称作"大家族主义",他认为"吾国家族制度与西洋不同的美点在于各人按其能工作,皆基于温爱之情,其中充满尊敬与牺牲精神,即使如何思想过激者,在家族内也不得抛弃温爱之情","把一家内每个人之间亲密关系推广于社会,任何人也感到满足"②,因此,他提倡将存在于家族间的温情实行于雇主与被雇者之间。钟纺的"大家族主义"曾被作为日本式劳务管理的典型和样板,它同日本铁道院于明治末年提出的"国铁一家"的口号一起流传下来,至今对日本企业经营有着重大影响。

第一次世界大战前后,以"大家族主义""国铁一家"为代表的家族主义经营受到日本企业界的广泛重视,原因是世界规模的经济危机使工人的生

---

① 堀江保藏:『日本経営史における「家」の研究』、臨川書店 1984 年、第 96 頁。
② 間宏:『日本的経営集団主義の功罪』、日本経済新聞社 1971 年、第 91—92 頁。

活受到严重影响,劳资纠纷不断发生,还因为此时财阀企业已确立了垄断优势,随着大企业经营规模的扩大和技术水平的提高,尤其是重工业的发展,对工人队伍的稳定和技术熟练度的要求越来越高。在企业对熟练工人的激烈争夺中,资本家已经意识到除招雇徒工在企业内自己培养外,没有别的办法解决人才来源问题,不得不把德川时代商家培养店员的"子饲"①制度运用到资本主义雇佣关系中。许多企业都设立了旨在培养熟练工人的见习工制度,见习期满则雇为正式工人,这些"子饲工人"逐渐成为职工队伍的主体。为了稳定现有职工队伍,也开始出现了定期提薪、发奖金、企业内福利的作法,从大正年间到昭和初年,终身雇佣制和年功序列制已经在大企业中形成惯例。与此同时,随着国家观中"君臣一家"观念的日益膨胀,企业方面也加强了对"劳资协调"的宣传,连当时的全国性工会友爱会在创立之初也推行"劳资协调"的方针,主张"劳资宜相亲不宜相背","两者的关系如鱼水,只有互相帮助,才能圆满发展事业"②。这种思想直接影响了大正年间的工人运动。

  1937年日本发动全面侵华战争后,日本全国各行业都被纳入战争体制,在工厂企业界里推行的"产业报国运动"将"劳资协调"进一步发展为"劳资一家"。每个工厂都要成立"产业报国会",以厂长或社长为会长,资本家、职员、工人都是其会员,要求人们发扬事业一家、家族和睦的精神,尽职尽责,为国家和战争服务。1938年7月成立的"产业报国联盟"发布纲领,其中宣称"我等产业人,确信产业是资本、经营、劳动三者的有机的结合体,事业者以至诚承当经营指导之任,谋从业员的福利;从业员忠实尽其职分,举劳资一体、事业一家之实,以期产业之健全发展"③。在这里,资本家变成了"事业者",资本家、职员、工人都成了"产业人",成了没有身份差别的"劳动者",阶级的概念被彻底抹杀了。从表面上看,"劳资一家"与"劳资协调"都是强调劳资双方的一致,而实际内容并不相同。"劳资协调"是承认劳资双

---

① 德川时代商家的使用人一般都是在很小的年纪进入商家,按照丁稚(学徒)、手代(助理店员)、番头(店头)、大番头(掌柜)的阶梯向上升进,终生为主家服务,此为"子饲"制度。
② 間宏:『日本労務管理史研究経営家族主義の形成と展開』、御茶の水書房 1978 年、第 78 頁。
③ 堀江保蔵:『日本経営史における「家」の研究』、第 69 頁。

方的对立关系,在相互信赖的基础上达成双方的和解,而"劳资一体"从根本上否定劳资双方的对立关系,强调资本、经营、劳动三者是个有机体,因而,不仅更受资本家的欢迎,而且更具蒙蔽性。

日本战败后,作为民主化的一个重要内容,封建的家族制度被废除,但是,在企业中以"劳资一家""劳资一体"相号召的家族主义经营却与日本人的传统家族道德一样,并未因一纸法律而销声匿迹。日本企业的经营管理者巧妙地运用日本人的家族传统与家族道德,将战前日本人的"一切为了家"的观念和家族主义经营传统移植到现代企业的经营管理中,把职工的利益与企业的利益紧紧联系在一起,使劳资之间结成"命运共同体",人们将它称作"集团主义经营"或"公司主义经营",被誉为战后日本经济高速发展,在国际竞争中以优取胜的"秘诀",日本人对此也颇引为骄傲。

不论是战前的家族主义经营,还是战后的"集团主义经营"或"公司主义经营",其共同点都是将传统的家族制度原理和家族道德运用于企业的经营管理。基于日本人的家族传统和家族观念,企业也可成为以人伦关系组合的大家庭,最高经营者社长、厂长就是家长,所有从业人员都是这个家庭的一员,在这个家庭中,"父"与"子"的关系和经营者与从业员的工作关系掩盖了资本家与工人的阶级关系。企业的经营管理也是家族主义的,具体说来,在雇佣关系上,实行终身雇佣制,职工一旦被雇入某一企业,只要没有严重损害企业名誉,只要不对如父亲般的经营者进行反抗,企业就不会轻易解雇工人,这样,不仅增加了职工的安定感,也增强了职工对企业的忠诚心,同时使企业有了稳定的职工队伍。在工资制度上,实行"年功序列制",如同在封建家庭的兄弟姐妹中要严格遵守长幼之序,日本的企业不仅在用人上实行明显的论资排辈,而且职工的工资也要根据在企业内的连续工作的工龄来决定,这种工资制度是"属于终身雇佣制或叫做'企业一家'的经营制度中最基本的体制"[1]。作为家族道德中"孝"与"恩"的观念的延长,在企业中除了要求职工的服从和忠诚,也提倡企业的经营者讲究"恩情主义",实行企业内福利制度,对职工的住宅、休假、婚丧嫁娶、生老病死等各种家庭事务加以关

---

[1] 高桥龟吉著、宋绍英等译:《战后日本经济跃进的根本原因》,辽宁人民出版社1984年,第332页。

心,甚至对职工家属、子女统统给予福利待遇,这些都被视为经营者"恩情"的表现,使企业经营带有家族色彩。在劳资关系方面,推行家族主义意识形态,宣扬有了企业的繁荣才有从业员的幸福,要求大家在企业这个"命运共同体"内有福同享、有难同当,对企业经营者的反抗被视为最大的"恶德"。总之,"劳资一家"的实质就是将雇佣关系和劳资关系家族化,变劳资双方的根本对立为协作。它最突出的作用是赢得了工人与企业方面的通力合作,雇佣关系稳定,使日本企业很少面临欧美国家那种大规模工人斗争造成的困境,能够建立并实现长期事业发展规划。也就是说,日本的企业从工人的忠诚中获得了极大好处,毋宁说这是战后日本经济高速发展的重要原因。

以"家"为核心的传统家族制度,不仅是战前日本人家族生活的准则,也直接左右着日本人的人伦关系、伦理道德、思维习惯和行动方式。"家"的观念是日本人意识形态的重要组成部分,"君臣一家""劳资一家"这种日本特有的政治关系、经济生活、社会生活家族化的情况正是在日本传统家族制度与家族道德基础上产生的。它虽在一定程度上有利于日本资本主义的发展,但也是导致日本在第二次世界大战中彻底失败、日本民族几近毁灭的重要的思想和社会根源。经过战后民主改革,"君臣一家"已不复存在,而"劳资一家"仍然伴随着日本人的传统家族意识和家族道德存在于企业管理当中,并作为处理劳资关系的根本指导思想至今发挥着重要作用。

(作者李卓,南开大学日本研究院,原文刊于《世界历史》1993年4期)

"丝绸之路"与"书籍之路"
试论东亚文化交流的独特模式

王 勇

众所周知,"丝绸之路"的概念,最早由德国地理学家李希霍芬(1833—1905年)首创,他在1877年出版的《中国》一书中,用以指称两汉之际中国与中亚两河地区以及印度之间的贸易通道。继李希霍芬之后,赫尔曼、斯坦因等西方学者通过文献考证和实地勘查,进一步拓展其内涵和外延,使之成为世界上"最长、最古、最高"[①]的东西交通路线。

19世纪末欧洲人倡导的这一艰深的专业术语,今天不仅已为国际学术界普遍接受,甚至成了家喻户晓的流行词汇。进入20世纪中期,好事者不断扩大"丝绸之路"的概念,除了传统的"沙漠丝绸之路",认为还存在"草原丝绸之路""海上丝绸之路"等等。[②]

"海上丝绸之路"由于联合国教科文组织的推赏,近年成为国际性热门话题。[③] 在中国,广州、泉州、宁波等地为了申报"海上丝绸之路"世界文化遗产,进行一系列宣传活动,召开各种类型的学术会议;在日本,古都奈良以"海上丝绸之路终点"自居,成立了"奈良丝绸之路博览会纪念国际交流财

[①] "丝绸之路"在时间上持续数千年,在空间上绵延数千里,穿越有"世界屋脊"之称的帕米尔高原,所以堪称世界上"最长、最古、最高"的贸易通道。
[②] 浙江人民出版社推出过一套《丝路文化》丛书(1995年),包含《沙漠卷》《草原卷》《海上卷》《吐蕃卷》《西南卷》,即是一例。
[③] 联合国教科文组织自1987年至1997年,实施"丝绸之路考察"(Silk Road Expedition)十年规划,重点考察东西方海路交通。

团""丝绸之路学研究中心",每两年举办一次大型国际研讨会。

笔者虽然多次参与筹划中日两国的相关学术活动,频繁往来于宁波与奈良之间,但疑窦也由此而生。尤其是多次观览享誉"海上丝路博物馆"的日本正仓院之后,疑问逐渐变成确信,遂产生一股倡导"书籍之路"的强烈冲动。

一、"海上丝路博物馆"探秘

2001年10月,第53届"正仓院展"在奈良开幕,翌日传出一个令人惊愕的信息:展品《成唯识论》卷第四的卷末,发现"显庆四年润十月廿七日"墨书文字。其时,我正在当地主持"往返丝绸之路的遣隋使·遣唐使"国际会议,即与几位同行前去核实,初步确认纪年墨书与经文出自同一人之手。

《成唯识论》10卷,系玄奘西天求法携归之佛经,从显庆四年(659年)闰十月开译,同年十二月完成,其徒窥基(慈恩大师)担任笔受(记录)。"显庆四年润十月廿七日"的墨书,表明第四卷译完的时间,按照一般程序,再经润文、缮写等之后才上呈朝廷。

现藏正仓院的《成唯识论》卷第四,很可能是未经润文、缮写的窥基手稿,在佛教史上意义重大。查考同一时期日本的入唐僧,道照(一作"道昭")和尚曾在玄奘门下求学,回国时玄奘"以所持舍利、经论咸授和尚";道照回国后创建禅院,"此院多有经论,书迹楷好,并不错误,皆和尚之所将来者"。① 由此看来,这部《成唯识论》大概是回国时玄奘所赠,这在中日文化交流史上,又可增添一桩美谈佳话。②

正仓院被称为"海上丝路博物馆",与其独特的历史密切相关。奈良时

---

① 《续日本纪》(卷一)载道照薨传:"(700年)三月己未,道照和尚物化。……初孝德天皇白雉四年(653)随使入唐,适遇玄奘三藏,师受业焉。……于后随使归朝,临诀,三藏以所持舍利、经论咸授和尚,曰:'人能弘道,今以斯文附属。'……登时船进还归本朝,于元兴寺东南隅别建禅院而住焉。……后迁都平城也。和尚弟及弟子等奏闻,徒建禅院于新京,今平城右京禅院是也。此院多有经论,书迹楷好,并不错误,皆和尚之所将来者也。"案:"楷好",疑"皆好"笔误。
② 王勇.玄奘に教わった入唐僧たち[A],[日]なら・シルクロード博記念国際交流財団シルクロード学研究センター.三蔵法師・玄奘のシルクロード:その遺産と指針、2000.3)[C].奈良:奈良丝绸之路博览会纪念国际交流财团,2000,第13—19页。

代(710—794 年)原是东大寺的校仓,日本天平胜宝八年(756 年)圣武太上天皇去世,光明皇太后捐入先帝庋藏的"国家珍宝"600 多件,其后光明皇太后又 4 次捐物。这些皇室至宝多为遣隋唐使带回的唐代文物(包括西域文物),如抄录六朝至隋唐诗文的《杂集》,光明皇太后临书《乐毅论》《杜家立成杂书要略》,王羲之、王献之书法真迹,王羲之书法摹本 20 卷等等。(《东大寺献物帐》)

正仓院宝物品种繁多,包涵书籍、文具、礼器、佛具、玩具、服饰、食具、药物、武器等,虽然不乏丝绸制品(如服饰、佛具),但比起金银器、玻璃器、漆器等要逊色很多,而至宝中的至宝莫过于文献典籍。

正仓院究竟收藏多少文献典籍,笔者尚未做过精确统计,其数量当以万计。比如,庋藏佛教书籍的"圣语藏",就有隋代写经 22 卷,唐代写经 221 卷,宋版 114 卷,总数达 4960 卷之多。前面提到的《成唯识论》卷第四,只是其中的一卷而已。

笔者前后 6 次参观"正仓院展",匆匆浏览丝织品、陶瓷器、金银器后,总是伫立在书籍展台前面,时时陷入沉思:若论对日本文化影响之巨大,对日本人心灵渗透之深远,究竟是色彩斑斓的丝绸残片,还是深奥难解的汉文典籍呢?

二、周作人的"优孟衣冠"论

20 世纪初(1906 年),周作人追随鲁迅留学日本,在东京住了 6 年后回国。30 年代中期(1936 年),他在北平寓所写了一篇随笔,题目叫《日本的衣食住》(收入《日本管窥》《苦竹杂记》等),回忆当初在日本的感受:

> 我们在日本的感觉,一半是异域,一半却是古昔,而这古昔乃是健全地活在异域的,所以不是梦幻似地空假,而亦与高丽安南的优孟衣冠不相同也。①

所谓"古昔",作者解释即"中国古俗",文中还介绍"夏穗卿、钱念劬两位

---

① 钟叔河.周作人文类编 7 日本管窥[M],湘潭:湖南文艺出版社,1998,第 28 页。

先生在东京街上走路,看见店铺招牌的某文句或某字体,常指点赞叹,谓犹存唐代遗风,非现今中国所有",因此断言"日本与中国在文化的关系上本犹罗马之与希腊,及今乃成为东方之德法"。

且不论周作人的比喻是否妥当,大凡中国人踏上日本国土,尤其是去古都奈良、京都观光,多少会产生似曾相识、回归往古的奇妙感觉。在日本急遽西化①的近代尚且如此,全盘模仿中国的古代则更不待言。

隋大业四年(608年),文林郎裴世清出使倭国,"东至秦王国,其人同于华夏"(《隋书》倭国传),表明7世纪初日本部分地区已经"华化"了。五代义楚著《释氏六帖》,说"徐福将五百童男、五百童女"到日本,"今人物一如长安"。诸如此类的事例很多,由此化生出"慧思转世倭国王子""杨贵妃东渡日本"等等的传说。②

如果上述诸例说的是"海上丝路"的景观,那么"沙漠丝路"又呈何种景状呢?兹引录唐代诗人王维的《渭城曲》(一作《送元二使安西》)③:

渭城朝雨浥轻尘,客舍青青柳色新。
劝君更尽一杯酒,西出阳关无故人。(第1306—1307页)④

这首脍炙人口的送别之作,堪称千古绝唱。友人元二将离咸阳(渭城),前往安西(唐安西都护府治所,在今新疆维吾尔自治区库车县境);王维为之饯行,再三劝酒,依依不舍。诗眼即在"西出阳关无故人"一句,因为出了"阳关"⑤,再也碰不到"故人",面对的将是文化习俗迥异的陌生世界,所以读来便觉诗中涌动一股生离死别的悲壮之气。

既然同为"丝绸之路",东西两地的文明景观为何如此相异?一种解释认为:唐代日本频繁遣使来华,促成中国文化大量东传。其实这里存在一个巨大的误区,日本由于大海阻隔,唐代约300年间,来华使团不过15批,平均20年才一次;相比之下,西域诸国与唐陆路相通,使团往来远较日本频

---

① 这里的"一半异域",当指明治维新后西化的层面。
② 王勇,中西进.中日文化交流史大系10人物卷[M].杭州:浙江人民出版社,1996,第329—393页。
③ 彭定求,杨中纳等.全唐诗[M].北京:中华书局,1996。
④《全唐诗》(卷一百二十八),"青青"一作"依依","杨柳春"一作"柳色新"。
⑤ 阳关因在玉门关之南得名,在今甘肃省敦煌县西南,为古代通西域要道。

繁。以大食为例,从651年至798年遣使39次,平均3年一次,有时一年数至。①

显然,文化的传播并非一定与人员往来的频率成正比,关键是看使团为何而来,携带什么而归。回头再看周作人的随笔,他说日本与中国相似,"与高丽安南的优孟衣冠不相同"。周作人巧用"优孟衣冠"的典故②,说明日本对中国文化的学习,超越了模仿皮毛的阶段,而将之化为血、化为肉、化为骨,因而中国文化是"健全地活在异域的"。

运往西方的丝绸,大抵只能做成"衣冠",或供权贵炫耀,或为女士增艳,虽然可以暂时装点门面,毕竟无法影响其心灵。那么,不属"优孟衣冠"的日本,是如何学习中国文化的呢?

三、日本遣使唐朝之目的

日本从630年开始派出遣唐使,由于造船技术落后和航海知识匮乏,途中船毁人亡事件频频发生。贞观五年(631年),第一批遣唐使到达长安时,唐太宗"矜其道远,敕所司无令岁贡",并遣新州刺史高表仁持节往抚。(《旧唐书》倭国传)③高表仁历经艰险回国后,"自云路经地狱之门,亲见其上气色翁郁,又闻呼叫锤锻之声,甚可畏惧也"。(《唐会要》卷九十九·倭国)④

高表仁的表述或许有夸大之嫌,但千余年前横渡东海,确实要经受生死考验。比如说鉴真大师,5次东渡失败,途中死亡36人,280余人退出,最后仅24人抵达彼岸。(《延历僧录》)以此察之,日本人甘冒鲸波之险,必肩负着重大使命。

首先可以肯定的是,他们与来自西域的使节不同,主要目的不在于购求

---

① 沈福伟. 中西文化交流史[M],上海:上海人民出版社,1988,第31页。
② "优孟"是楚国优人,愤于宰相(孙叔敖)死后遗族未获厚遇,遂穿戴故人衣冠见楚王,历数孙叔敖功绩,楚王触景生情,下诏优待其家族。引申为逢场作戏、粉墨登场、生硬模仿等。
③ 刘昫. 旧唐书[M],北京:中华书局,1995,第5340页。
④ 王溥. 唐会要(卷九十九)[M],景印文渊阁四库全书第607册,台北:台湾商务印书馆,1986,第419页。

丝绸。当西方人深信赛里斯人从树上采集羊毛编织丝绸时,①日本人已学会"蚕桑缉绩",生产"细纻、缣绵",甚至向中国出口倭锦、绛青缣、绵衣、帛布、异文杂锦等。②

在唐代的中日史料中,我们没有找到遣唐使大量进口丝绸的记录,倒是发现遣唐使带来的贡品以丝绸为主,日本朝廷支付给使团成员的经费也全部是丝绸、布帛之类。③ 既然遣唐使携带丝绸作为贡品和货币,他们远道而来意欲得到什么呢? 其实,《旧唐书》(日本国传)已经给出答案:

> 开元初,又遣使来朝,因请儒士授经。诏四门助教赵玄默就鸿胪寺教之,乃遗玄默阔幅布以为束修之礼,题云"白龟元年调布"。人亦疑其伪。所得锡赍,尽市文籍,泛海而还。其偏使朝臣仲满,慕中国之风,因留不去,改姓名为朝衡,仕历左补阙、仪王友。衡留京师五十年,好书籍,放归乡,逗留不去。④

日本使以"阔幅布"作为束修之礼,所得锡赍则"尽市文籍",其"好书籍"如此。所谓"锡赍"当指钱币,而非实物。⑤ 假设《新唐书》列为"西戎"的波斯、大食、拂菻等同年入朝,且也获锡赍的话,会不会"尽市文籍"而去呢? 相信不会,来自"沙漠丝路"的使者,大概会满载丝绸西归。这就是东西使者之不同,他们从唐朝携归的物品,反映出各自的文明取向。

关于唐代中日关系,池田温教授概括为政治、经济、文化三个方面,指出"当时交易等经济关系尚处于不太发达的阶段,非生活必需品的高度的文化

---

① 古代罗马、希腊的"羊毛树"传说,参见:[法]戈岱司编、耿昇译《希腊拉丁作家远东古文献辑录》,中华书局,1987年6月版。
② 陈寿.三国志(魏志三·倭人传)[M],北京:中华书局,1995,第855、857、858页。
③《延喜式》(大藏省)载有贡献"大唐皇"的礼单:"银大五百两,水织绝、美浓绝各二百疋,细绝、黄绝各三百疋,黄丝五百约,细屯绵一千屯。别送綵帛二百疋,叠绵二百帖,屯绵二百屯,纻布三十端,望陀布一百端,木绵一百帖,出火水精十颗,玛瑙十颗,出火铁十具,海石榴油六斗,甘葛汁六斗,金漆四斗。"
④ 刘昫.旧唐书[M],北京:中华书局,1995,第5341页。
⑤《新唐书》(崔祐甫传):"时李正己畏惧德宗威德,乃表献钱三十万贯。上欲纳其奏,虑正己未可诚信,以计逗留止之,未有其辞,延问宰相。祐甫对曰:'正己奸诈,诚如圣虑。臣请因使往淄青,便令宣慰将士,因以正己所献钱锡赍诸军人,且使深荷圣德,又令外藩知朝廷不重财货。'上悦从之,正己大惭,而心畏服焉。"是可为证。

产物发挥着最重要的作用"①。笔者以为,上述见解也适用于遣唐使之目的,"非生活必需品的高度的文化产物"则可置换为"书籍"。

遣唐使源于遣隋使,两者在日本历史上首尾衔接,前后约400年间,日本使团肩负的具体使命并非一成不变,但购求书籍一直是他们的主要任务,这从中日文献中可以找到充分的佐证。如《善邻国宝记》(卷上)引《经籍后传记》②(原文双行夹注,改为括号内单行注):

> 以小治田朝(今按推古天皇)十二年岁次甲子正月朔,始用历日。是时国家书籍未多,爰遣小野臣因高于隋国,买求书籍,兼聘隋天子。③

这是文献所载日本派往中国的第一个求书使团,④自此中日之间的书籍流通渠道开通,并在遣唐使时代得到进一步拓展。遣唐使官员的求书情况,除前述《旧唐书》(倭国传)之外,据《日本书纪》记载,第二次遣唐使回国(654年)后,大使吉士长丹因"多得文书宝物"而获封户、晋位、赐姓,可见求书成果甚至会影响仕途。

四、中国典籍传入日本的渠道

稽考《新唐书》(列传),李唐治世的约300年间,遣使入唐通聘的国家50有余。通观唐朝与北狄、西戎乃至南蛮的交聘内容,多为征战、和亲、贸易之类,惟独东夷别具一格,包含了书籍的流通。《通典》(东夷上)云:"大抵东夷书文并同华夏。"⑤这是书籍交流给东亚诸国带来的文明盛况。

东亚诸国遣使入唐求书,这在来自其他地区的遣唐使中实属罕见。白居易在编定《白氏文集》时提到:"集有五本……其日本、新罗诸国及两京人家传抄者,不在此记。"《旧唐书》(张荐传)盛称张鷟(文成)文章天下闻名:

---

① [日]池田温.古代を考える:唐と日本[M].东京:吉川弘文馆,1992,第13页.
② 原书已经失传,逸文散见各书(除《善邻国宝记》外,还有《政事要略》等),书名或作《经籍后传记》、《儒传》.
③ [日]田中健夫.善隣国宝記·新訂続善隣国宝記[M].东京:集英社,1995,第34页.
④ 推古十二年为西历604年,小野妹子(汉名"苏因高")使隋在607年.
⑤ 杜佑.通典[M].北京:中华书局,1992,第4985页.

新罗、日本东夷诸蕃,尤重其文,每遣使入朝,必重出金贝以购其文。其才名远播如此。①

由此可见,唐代著名文士的诗文虽云"远播海外",其实主要在东亚文化圈内向东传播,这恰好印证书籍之路的存在。在贯通中日两国的书籍之路上,遣唐使(特别是使团中的留学僧俗)无疑扮演了主角,他们有国家提供的购书经费,又受到唐朝的优待,比较容易完成求书使命。

比如留学僧玄昉,一次携归佛教经论5000余卷,约当唐代大藏经的总数;②再如留学生吉备真备,归国时携带《唐礼》《大衍历经》《大衍历立成》《乐书要略》等共计150余卷。此外,号称"入唐八家"的最澄、空海、常晓、圆行、圆仁、惠运、圆珍、宗睿,在中国求得数以千计的经卷,所编的"将来目录"传承至今。③

遣唐使虽然扮演主角,但也不能因此忽略其他的配角。尤其是进入9世纪以后,中国、新罗乃至日本的商人活跃于东海,中日之间的书籍交流出现多种渠道。兹举证如下。

(一) 私人馈赠。翻检最澄、空海、圆仁、圆珍等入唐僧的传记,几乎都得到唐人馈赠的书籍。现存的一些佛教经疏的序跋,也为我们提供了这方面的证据。

如石山寺藏《遗教经》跋云:"唐清信弟子陈延昌,庄严此大乘经典,附日本国子监大学羽右满于彼流传。开元二十二年二月从京发记。"再如《肇论疏》(《大正新修大藏经》本)卷上记云:"大唐开元二十三年岁在乙亥闰十一月三十日,扬州大都督府白塔玄浞,勘教流传日本国大乘大德法师,使人发促,无暇写,聊附草本,多不如法,幸恕之。后睿师、源师还,更附好本耳。"上述唐人陈延昌、唐僧玄浞,在遣唐使人回国之际,为使佛教流传日本,均抄写经疏相赠。

(二) 渡日唐人随身携带。唐人渡日人数不多,但影响颇大。以鉴真一

---

① 刘昫. 旧唐书[M]. 北京:中华书局,1995,第4024页。
② 唐代编撰的《开元藏》(即《开元释教录》),共5048卷。
③ 王勇. 中日关系史考[M]. 北京:中央编译出版社,1995,第227页。

行为例,随身携带佛教书籍数百卷,其中的天台章疏成为最澄创立日本天台宗的契机。天平七年(735年)渡日的袁晋卿,因通《文选》《尔雅》被任命为大学寮音博士,大概也带去相关书籍。

在唐代的中日书籍交流中,还值得一提的是,渡日唐人在日本撰写的书籍。随鉴真赴日的法进,主持东大寺戒坛院,著有《沙弥十戒并威仪经疏》《东大寺受戒方轨》《沙弥经钞》《注梵网经》等;随鉴真移住唐招提寺的思托,撰有《延历僧录》和《大唐传戒僧名记大和上鉴真传》,前者是日本僧史之滥觞,后者成为淡海三船著《唐大和上东征传》的蓝本。

(三)中国商船的载运。9世纪以后,中国商船频繁往来与中日之间,他们的舶载品中包含书籍。如据《文德实录》记载,承和五年(838年)藤原岳守在太宰府检校唐船货物,偶得"元白诗笔"[1],进献给天皇,因获升官晋级。

元庆五年(881年)抵日的唐商张蒙,临行前受李达之托,将日本所缺的佛书120余卷载往日本,转送给曾经入唐求法的圆珍。李达本人也是一位商人,齐衡三年(856年)与圆珍同船去过日本。

(四)新罗人和渤海人的传播。遣唐使时代虽然中日直通的书籍之路畅通,但中介新罗、渤海的间接渠道仍然发挥着作用。仅以渤海为例,天安二年(858年)渤海使乌孝慎赴日,带去唐朝的新历本《宣明历》,日本朝廷奉若至宝,因废已经过时的《大衍历》和《五纪历》(均为唐历),施行渤海使传来的《宣明历》,这部唐历此后沿用约800年,其影响不可低估。[2]

有唐一代,通过各种途径传入日本的典籍究竟有多少?这个问题不太容易回答,但日本贞观十七年(875年)编撰的《日本国见在书目录》,可以给我们提供一个参照系。该目录辑入1579部17 345卷,约当《隋书·经籍志》(36 708卷)的一半、《旧唐书·经籍志》(51 852卷)的三分之一强。如果考虑到这是在皇室图书馆(冷然院)化为灰烬之后编撰的残存书目,那么其数量应该说是非常惊人的。

---

[1] 指唐代著名诗人元稹和白居易的诗文集。
[2] 王勇.唐历在东亚的传播[J],台大历史学报,2002.12,第30期,第33—51页。

五、书籍之路的文明涵义

"沙漠,驼队,西方,夕阳西下,背负的是鲜艳的丝绸,这是古代的丝绸之路;大海,船队,东方,旭日东升,运载的是飘香的书籍,这是古代的书籍之路。"我曾经如此描述丝绸之路与书籍之路的不同景观。① 但是,两者的区别不仅限于地理特征,应该根植于更深的文明内核。

古代输往西域的丝绸,现在即便从深埋沙漠的遗存中出土,大概也已经腐朽而不堪穿用;然而,当年遣隋唐使携归的书籍,直到今天依然是人们智慧的源泉。这些书籍犹如文明的种子,在漫长的岁月里生根发芽,继而开花结果,生成参天大树。

丝绸与书籍的关系,有点类似于米粒和稻种。假如中国出产的大米,成千上万吨地输往西方,一时或许会掀起"中国米"热,但当大米被消费完之后,其影响也就随之烟消云散,因为米粒无法再生米粒;假如中国出产的稻种,只要一颗掉入东方的土壤,如果有人去呵护,便会生根发芽,便会抽出稻穗,便会形成稻田,继而改变那里的生活方式,因为稻种具有再生自我的机能。

书籍也如稻种,一旦播撒在人之心田,就会生根发芽,继而开花结果,在精神世界营造出一片绿洲,直接影响人们创造文明的活动。近代以前,中日之间人员往来及物资流通受到自然条件的阻遏,但日本却最大限度地继承了中国的传统文化。倘若隋唐以来,日本不是冒鲸波之险孜孜求索书籍,而是大量购买丝绸、陶瓷、漆器之类,那么最多也只是"优孟衣裳"而已。

笔者在探索中国典籍东传史的过程中,还发现一个值得留意的现象:清代以前日本人来华求书,往往每种只取一本,很少有带复本回国的。仔细想来,路途凶险,跨海不易,为了多带书籍,求阙本、购新书乃是效率最高的方法。

众所周知,文化的传播主要依赖人和书。日本由于自然环境限制,自古

---

① 叶辉,郑贞兆.中日文化交流史上曾有一条"书籍之路"[N],光明日报,1999—8—10(2).

无法像新罗那样把大量学生送入太学(日本人入太学者,仅阿倍仲麻吕一人),而且中国士大夫渡海传授者罕见其人(少数僧侣除外),因此通过书籍汲取大陆文化,遂为不得已之策。然而,事实证明,书籍作为文化传播的媒介,比之人持续时间更长、涵盖空间更广。

如果说丝绸是中华物质文明的象征,那么书籍则凝聚着更多的中华文明的精神创意,因而具有强大的再生机能,可以超越时空惠及后代。遣隋唐使携归的书籍,经过传抄、翻刻而流布世间,再经阐释、翻译而深入人心,对日本文化的发展产生不可估量的巨大影响。

时下讨论日本文化的特点,强调其独创性者有之,突出其模仿性者亦有之。然而,从书籍之路的角度审视之,日本文化的创造模式往往介乎两者之间。比如假名文字,均从汉字的草书及略笔蜕化而来,多少留下模仿的痕迹;但是,假名并非为了描摹汉字、标记汉语而创制,只是借助汉字的部分形体以表述日本人的思维,则不能不说是他们的创意。再如汉诗,日本人自隋唐以来吟咏了大量作品,清末俞樾所编《东瀛诗选》录诗4800首,这仅限于17世纪以后佳作(偶含古代作品),其总数之巨实无法估算,而这些数以万计的诗歌,只是借用汉诗的形式以歌咏日本人的心声,也不能说是纯粹的模仿。

明治维新(1868年)之前,"四书五经"之类是日本公私学塾的启蒙书籍。虽然大多数日本人不通汉语,但却可以读懂汉文书籍。他们通过阅读中国典籍,与中国人接受大致相近的熏陶,由此形成类似的道德观念、审美意识、行为规范、艺术情趣。他们的知识构造与心灵世界,具有东亚的普遍特征。那么,由心灵的发露而创造的文化,自然也具有东亚的普遍特征。

书籍本身是一种奇特的生命体,她在传播过程中不断繁衍子孙,构成大小不等的血缘家族。17世纪前期,清人商舶把《水浒传》带入日本,引起知识阶层的关注,很快有人编出《水浒传解》《水浒传抄译》《水浒传译解》等,对小说进行注释和编译;18世纪《通俗忠义水浒传》《水浒传画本》《水浒画潜览》等全译本、图解本相继问世,在庶民中形成"水浒热";与此同时,日本人作家受此启发,创作了《本朝水浒传》《日本水浒传》《女水浒传》《天明水浒传》《天保水浒传》《倾城水浒传》等几十种类本。这些类本不同于译本,虽然大多借用"水浒"题名和某些故事框架,但登场人物、时代背景、表演舞台、故事细节都是日本的,既不是中国文学的模仿,也难算日本文学的独创,我把这些书籍看作是中日文学混血的后代。

历史上中日两国交往甚少,为何文明景观极为相似? 这个谜底现在可以揭开:中国典籍犹如文明的种子,经由书籍之路播撒到日本列岛,在异国他乡生根发芽,虽然不免出现种种变异,但中华文明的遗传基因始终传递着古老的信息。

(作者王勇,浙江大学日本文化研究所,原文刊于《浙江大学学报》2003年第5期)

中国禅僧东渡日本及其影响

夏应元

在古代中日关系史上，佛教的交流，僧人的互访，占有突出的地位。隋唐两代，中日两国僧人互访史不绝书。这种交流活动，对奈良、平安时代的佛教及文化的发展，起了推动作用。宋元时期，中国僧人的东渡依然在传播佛教及文化上起了不少作用。本文仅就宋代中国禅宗僧人东渡日本及其影响作初步的探讨。

一

佛教自西汉末年传入中国，到唐代已经形成为宗派林立的繁荣时期。相传自南朝宋末印度僧人菩提达摩来华传授禅法，开中国禅学[①]的嚆矢，到中唐时的六祖慧能开创南宗，是为中国正式创立禅宗的时期。[②] 禅宗融合儒家、道教、老庄、玄学的思想，是典型的中国佛教宗派。禅宗主张"不立文字，教外别传，直指人心，见性成佛"，认为"即心是佛"，只要通过自我修养，唤醒人们主观世界中具有的佛性，"明心见性"，大彻大悟，即可成佛，因而不像其他教派那样，依靠钻研烦琐的佛经及举行繁缛的仪式。由于教义简单，

[①] 禅，源出梵语"禅那"，意为静中思虑，佛教中称为"禅定"，为佛教僧侣的修炼方法。
[②] 当时北方有神秀，主张渐悟说，称为"北宗"；而慧能在南方，主张顿悟说，称为"南宗"，形成二宗的对立。但由于北宗不久即衰，南宗独兴，遂为禅宗的正统。

它容易为群众所接受；由于着重提倡精神修养，并且师徒相传，它比较容易地渡过了唐武宗废佛运动、五代战乱的打击。在唐安史之乱后，门阀制度受到打击，因而与门阀制度相适应的佛教各派随之而衰，禅宗却在不当权的一般寒门庶族、中小地主阶级的支持下，兴旺起来。唐末至五代时期，南宗禅逐步分化为五宗，即沩仰宗、临济宗、云门宗、曹洞宗、法眼宗。到宋代，由于它本身的上述特点，使它能在佛教各派凋零中而独盛。在禅宗各派中，当时以临济、云门二宗并盛，曹洞宗仅得延续法嗣，其他宗则濒于断绝。而临济宗后又开创黄龙、杨岐二派（以上共称为"五家七宗"）。宋中期是临济宗的黄金时代。至南宋，该宗的杨岐派由于坚守恬淡与刻苦的宗风，故尤为繁盛。所以，南宋以来中国渡日禅僧往往皆出于这一系统。

佛教自从 6 世纪经朝鲜半岛传到日本后，许多教派都先后从中国传入。在奈良时代，先后有三论、法相、华严、戒律各宗传入日本，成为服务于古代天皇制国家的工具。到了平安时代，随着藤原氏贵族政治的兴起，从中国传入的天台、真言宗又成了为贵族而祈祷的贵族佛教。从平安末期到镰仓时代，日本历史上出现了由贵族政治到武家政权的转折。由于平安末期贵族本身的没落，战乱频仍，连年天灾，再加上平安时代旧的贵族佛教中争权夺利、戒律荡然、腐化堕落等丑恶现象，于是佛教领域里相当普遍地出现了"末法世界"行将到来的预言。因而在佛教界出现分化的趋势，一方面表现在从原有旧佛教宗派中出现新的蜕变，产生了净土宗、净土真宗、日莲宗等宗派；另一方面，则是登上统治宝座的新兴武士阶级希望从南宋引进适合自己需要的新宗派，作为巩固自己统治的工具。正是在这种背景下，中国的禅宗成为日本武士阶级所汲汲以求的目标。

盛唐时期禅宗在中国已大为盛行，从 653 年日本遣唐学问僧道昭开始，接着又有日本僧人最澄、圆仁等到中国，向中国禅宗僧人学习。唐朝兼修禅宗的僧人道璇、义空也曾到过日本。也可以说，从 653 年到 1191 年是中国禅宗传入日本的"序幕"时期。

在源赖朝开设镰仓幕府的前一年，即 1191 年，日本僧人荣西第二次由中国返回日本后，开始致力于把在南宋学到的临济宗黄龙派禅法引入日本。从荣西开始，陆续有俊芿、觉阿、道元、圆尔辨圆等日本僧人至南宋修习禅宗，归国后，都曾在一定的范围内进行了传播禅宗的活动。

这一时期，禅宗的传扬显然比以前有明显进步，这表现在：第一，日本修禅僧接连来中国，人数比以前显著增多。第二，大部分僧人仍是与他宗同时兼修禅宗（如荣西原为天台宗，第二次入宋后再修禅宗，只有道元是专修禅），但修禅的比例有所增大，或主要为学禅。第三，在返日后，与官方（主要是镰仓幕府）开始发生一定的关系，或为其授戒，接受其参禅，或相见以师徒之礼，或接受幕府寄进土地，营建寺院等等。

从另一方面说，这一时期在传播禅宗上比起后来仍有明显的局限性和过渡性。这表现在：第一，这些日本僧人在来中国前大多是天台宗等旧教徒。其来华动机，多是个人寻求禅宗，与日本官方无关；比之后来，由幕府当局聘请中国禅僧去日传禅，大不相同。第二，即使是以这些僧人为开山所营建的新寺，也并非专门的禅寺，而是同时兼修天台、真言、戒律等宗的道场，有的甚至规定为天台宗寺院管辖下的"末寺"。第三，在传禅过程中，经常受到天台、真言等旧教徒的阻挠和反对，几次被迫退让和妥协。这些情况，既说明禅宗在传播的规模、深度上比以前有所进展，对旧教派构成威胁，以致引起旧教徒的反感，也说明它毕竟还没有摆脱旧教徒的羁绊，表现出一种在斗争中前进的特点。这些情况，直到 1246 年中国禅僧兰溪道隆赴日之后才开始有根本的改变。因此，我认为，从 1191 年荣西由宋返日到 1246 年中国禅僧兰溪道隆赴日之前这一段时间，可以列为日本禅宗的初步建立时期。

当然，北条氏 1219 年掌权后，确实为禅宗东传开辟了道路，但真正大力提倡发展禅宗，还是从 1246 年北条时赖就任执权开始。从禅僧往来的角度考虑，也恰恰在 1246 年中国禅僧兰溪道隆赴日，开始了一连串中国禅僧的东渡，才把中国南宋禅宗的一整套东西移植到日本去，从而摆脱了初期的过渡性质，进入了日本禅宗正式奠基和发展的新时期。

兰溪道隆（1213—1278 年）是南宋时西蜀涪江人，俗姓冉氏。12 岁时，在成都大慈寺薙发出家，名道隆，自号兰溪。向临济宗杨岐派松源禅的著名禅僧无明慧性参禅，受其认可。1246 年东渡日本。关于道隆去日本的原因，有两种不同的说法。一曰：在宋时，闻日本兴禅而未普遍，自己主动赴日本传播禅宗。二曰：受当时日本的执权北条时赖聘请去日。我认为先有渡日想法与后来被邀请成行,并不矛盾;从史料根据来看,后一说法较为可靠。据《东严安禅师行实》①记载:"正嘉二年秋,念(悟空敬念)山主语师曰:'我闻西明寺殿(指北条时赖——引者)信敬禅法,遣使宋朝,请来兰溪和尚,建建长寺,镰仓一境,道化大旺,我当往见之,尔相随来也否?'"又在该书另一处提到:敬念在正嘉二年秋于镰仓寿福寺见北条时赖时,"(敬)念问曰:'承闻太守(指时赖——引者)专介远驰,请来建长和尚(指道隆——引者),既得契证,是以某得得来访。试问太守,如何会建长禅?'"②按此书中两次提到兰溪道隆到日本是北条时赖邀请来的,特别是后一次,当他面问时赖时,时赖并未否认。

再看看北条时赖的情况。北条时赖(1227—1263年)为北条时氏的次子,宽元四年(1246年)三月廿三日就任镰仓幕府执权。镰仓幕府整个宗教信仰是崇神拜佛。在佛教上,源氏三代主要是信仰天台宗、真言宗。而北条时赖上台后,虽然已经名实俱符地掌握着军政大权,但并未掌握全国的宗教权。当时天台宗、真言宗各大寺云集京畿,与京都皇家贵族相结纳。北条氏虽然也信仰天台、真言宗等其他教派,但大部分力量放在提倡镰仓新佛教上,特别是提倡禅宗,于是,拟建立新的宗教中心。因之,越海来请禅师,决非不可能。1260年他敦请南宋禅师兀庵普宁来日,③遣人去南宋向径山石谿心月问法等,都可以从侧面印证这一点。

兰溪道隆乘日本商船抵日本筑前博多之后,次年(1247年)到京都、镰仓。时赖得知道隆来,大喜,请其住常乐寺。该寺原属天台宗,道隆入寺后,将其改为禅寺,兴建僧堂,收容学人,使得镰仓首次出现禅宗寺院。由于求禅者云集,地方嫌窄,于是在北条时赖资助之下,于建长五年建成巨福山建长寺,道隆为开山第一祖。这是日本第一个新建的专修禅宗的寺院。后深草天皇赐下《大建长兴国禅寺》敕额,又用天皇年号为寺名,这些都是前所未有的。该寺内仿宋径山之制,实行戒律严格的禅林清规,为在日本传播纯南宋式的禅宗打下基础。1254年,北条时赖落发,道隆亲任戒师。道隆名声

---

① 《续群书类从》第九辑上,三○六、三○九目。
② 同上书,第九辑上,三○七目。
③ 《东严安禅师行实》,《续群书类从》第九辑上,三○八、三○九目。

逐步为朝廷所知,后嵯峨上皇破例在宫中召见他,并请他为上皇说禅。为此,招致睿山教徒的嫉恨,起而向朝廷控诉,道隆被迫退出建仁寺,再回镰仓建长寺。后来,又由于睿山僧徒制造谎言,道隆受诬,被流去甲斐,得乘机去地方布教。1263 年,时赖死,继任的时宗为道隆雪诬。晚年住建长寺,时宗深为归依,入室参禅,执弟子礼。1278 年道隆病逝。翌年,由时宗奏上,敕谥"大觉禅师",为日本有"禅师"称号之始。①

兰溪道隆作为一个中国禅僧,在日本传播禅宗达 32 年之久,最后埋骨异乡。他对日本禅宗的建立起了奠基的作用,而且他在镰仓,以建长寺为中心传播禅宗,是镰仓禅的建设者。这为北条时赖、时宗父子为首的镰仓武士以禅为修身之根本,创造了条件。道隆的嗣法弟子甚多,仅史籍留名者即达 16 人,分处各寺,影响深远。所以,在对日传播禅宗上,他是个关键性的人物。

继兰溪道隆之后,1260 年,出于无准师范门下的宋僧兀庵普宁,应北条时赖招请赴日,任建长寺第二任住持。时赖在他说禅的启迪下,得以契悟,受其认可。1263 年时赖死后,他因受睿山教徒的嫉恨,1265 年回国。

在兀庵归国后的第五年(1269 年),又有南宋临济宗杨岐派禅僧大休正念,应邀赴日②。他继兰溪道隆、兀庵普宁之后,为建长寺第三世住持,后又主持禅兴寺、寿福寺、圆觉寺。当时,自 1268 年起已就任执权的北条时宗与他交谊甚笃,在兴禅上对他也多所资助,而他对时宗本人、其弟宗政、其子师时以及下一任执权北条贞时等许多上层武士归依禅宗,尽力殊大。

在北条时宗邀请下,1279 年又有一位著名禅僧来日,即无学祖元。在他来日这一段期间(1279—1286 年),日本发生了击退元军入侵、北条时宗死(1284 年)等一系列在禅宗史上可作为分期标志的重大事件。可以说,无学祖元毕生活动的结束,标志着日本禅宗发展史上第二个时期,即禅宗奠基与发展时期的结束。

从以上所述的过程可以看出,中国禅僧东渡所起的历史作用,首先表现

---

① 参见《元亨释书》卷第六,《大日本佛教全书》一〇一册,《大觉开山塔铭》。
② 关于邀请大休正念的主人公问题,林岱云:《日本禅宗史》(第 372 页)据《无象静照行状记》,认为可能系北条时赖在生前 1254 年发函邀请。另据中村元等编:《亚洲佛教史·日本编Ⅳ·镰仓佛教二》第 189—190 页也复述了上述事件,同时又指出 1269 年来日当时受北条时宗的邀请。

在通过他们传禅,为禅宗在日本正式奠定基础,并且此后逐步深入发展。兰溪道隆主要致力于开基创业,制定法规,奠定基础,在镰仓建立纯粹的禅寺,为禅宗在日本的建立及其与镰仓幕府中武士阶级首脑人物相结合开辟了道路。其后的兀庵普宁则使武家首脑人物北条时赖得到彻悟,从而对广大武士归依禅宗逐步产生影响;大休正念又扩大了活动范围,使北条氏一族众多的重要成员归依禅宗;到了无学祖元,则进一步在实际上参与到国家政治生活中去,起了积极作用。这样,通过中国禅僧的努力,使得禅宗这一外来新教派在日本生根发芽,成为日本佛教中一个重要宗派。不仅武家政治的数百年间如此,就是明治维新以后直到今天,临济宗、曹洞宗等禅宗教派仍然在日本佛教各宗派中拥有相当的教徒和阵地。

二

中国渡日禅僧使禅宗与日本武士阶级相结合,并对武士阶级在精神上产生了极大的影响。

在日本,谈到镰仓时代佛教的情况时,有一句常用的话:"天台属于宫家,真言属于公卿,禅宗属于武家,净土属于平民。"[①]这句话虽不完全确切,但大致概括了这一时代佛教各派的社会属性。那么,中国禅僧带来的禅宗,究竟对日本武士阶级产生了哪些影响?为什么会发生这些影响?

我认为,禅宗之所以受到日本武士阶级的青睐,主要是因为在它的教义中,有为武士阶级所需要的地方。或者说,它与武士阶级的阶级地位、思想感情有若合符节的地方,能够充当武士阶级的精神武器。

(一)在世界观、本体论上,禅宗和其他宗教一样,都否认身外有独立的客观存在。但禅宗表现得更加彻底,它认为,一切都只存在于我们心中。例如,兰溪道隆来日本后曾谈到禅宗著名的"仁者心动"[②]的命题,以它作为参

[①] 铃木大拙:《禅与日本文化》北川桃雄译日本版,岩波书店 1940 年版,第 38 页。
[②] 这是最明显表现禅宗主观唯心主义的命题。大意说:有二僧见风吹幡动,一僧说是"风动",一僧说是"幡动",争论不已。另一僧见曰:"不是风动,不是幡动,仁者心动。"(亦见《大觉禅师语录》卷下,《大日本佛教全书》第九十五册,第 78 页)。

禅的认识基础。不仅如此,禅宗还进一步认为,连佛也并非客观存在,而只存在于我们心中,不需要到别处去追求。例如,兰溪道隆在日本传禅时说:"天地辟阖,阴阳惨舒,无一法从他处得来,无一物不是自心默运。""禅门道理,最是捷径,……佛即是汝心,更不用别处求佛。"[1]这一点,它与其他佛教教派相比,是一大特点。从这个观点出发,禅宗认为,一切众生(包括动物)都有心,自然也都有佛性。不过是被妄念蒙蔽。只要恢复原来本性,即所谓"明心见性",即可大彻大悟。道隆在说法时说:"汝等心性湛然无染,本身辉晔。只为烦恼昏迷无明障蔽,所以执之于暗冥之都,不能发现。譬如中秋皎月照耀无私,才有黑云漫空轮相不显。月乃喻诸自心本性,云乃表诸烦恼无明,烦恼尽无明消。汝之心月了了分明。"他以手打一圆相,召大众云:"人人本有这个,不曾暗昧,亦没盈亏,识之则入圣超凡,遇物则鉴,不识则望空捉月,逐影追形。"[2]因之,对于禅宗教徒来说,只要有坚定的主观信仰,发挥主观能动性,通过坐禅等手段进行修炼,就可以达到自悟。兰溪道隆说:"参禅如孝子新丧父母一般,念兹在兹,不忘所生。一念若如此,自然道念重世念轻,久久明白时,入大解脱门也。……但做工夫,莫问悟与不悟,时节若至,或一至三年,或十年五载,终有分晓。"[3]因此要求解脱,不能向外面寻找动力,而要"自度",即依靠自力成佛(不主张拜佛),"自修自作法身,自行佛行,自成佛道"[4]。所以有人说,禅宗是意志的宗教。[5]

是依靠自力,立志奋斗,还是依靠命运,听任摆布?这往往是新兴阶级与没落阶级在世界观上的分水岭。没落的平安贵族,事事讲迷信,"末法思想"极其严重,一遇不利于己的事情出现,立即悲观消极,无所作为,一蹶不振。例如,当源赖朝举兵时,公家不知所措,叹息说:"诚我朝灭尽之期也,可悲可悲。"[6]与这种情况相反,武士是一个出身乡里的新兴阶级,无公家贵族的高门权势可依靠,或有依靠也不多,只有依靠自己脚踏实地的战斗,才能

---

[1]《大觉禅师语录》卷上,《大日本佛教全书》第九十五册,第84页、第8页。
[2]《大觉禅师语录》卷上,《大日本佛教全书》第九十五册,第84页、第8页。
[3]《大觉禅师语录》卷下,《大日本佛教全书》第九十五册,第78页。
[4]《坛经》,《大正新修大藏经》卷四十八。
[5] 铃木大拙著,北川桃雄译:《禅与日本文化》,第35页。
[6] 见《玉叶》,治承四年十月二十九日。

为自己开辟道路,所以,思想比较现实。例如,平清盛在临死前遗言中嘱咐:一定要取源赖朝的头,以此为唯一的大事,而不令作法事。① 对于武士阶级来说,笃信通过自我修炼"自成佛道"的禅宗,就会激励武士为掌握自己命运而奋斗。

（二）既然武士阶级是靠自己的厮杀开辟道路的,那么,它要完成对主君尽忠的义务,就不能避开随时可能的牺牲。正如17世纪大道寺友山在《武道初心集》里说的:"对于武士来说,最为紧要的思想,即从元旦清晨起到除夕最后一刻日日夜夜都必须考虑到的,就是死的观念。"因而,作为武士的宗教,必须从哲学的高度对生死问题提供明确的答案。当然,就整个佛教来说,都认为生老病死是人生四大苦痛,必须从生死轮回中解脱出来。但禅宗主张顿悟,认为通过自我修炼,可以大彻大悟,从生死的羁绊中解脱出来,无视生死差别,视死如梦幻,达到"死生一如",即"生也无所从来,犹如着衫;死也无所去,犹如脱衫"的境地。禅宗僧人不仅这样说,也这样做。例如,无学祖元当在温州雁荡山能仁寺遇元兵肆虐,众皆逃亡的情况下,能只身独坐,神色不动,口述禅偈,卒使元兵遁走。② 又如,日本战国时代禅僧(著名武将武田信玄的禅师)快川和尚,当1582年寺院为织田信长的兵所包围,眼看就要被活活烧死的情况下,竟能召聚全寺禅僧静坐,听快川和尚说教,各人轮流口述禅偈,从容死去。这些都反映禅僧对"死生一如"涵义的理解与态度。禅僧这些说教与行动,对于振作武士的战斗精神,做到视死如归有一定的作用。如后来抵抗元军入侵时,禅僧关于这方面的说教就发生了一定的效果。

（三）武士阶级由于所处的地位,需要专心对敌,不能为物欲、爱情及其他因素所干扰,必须培养自己具有铁的意志和自我克制的能力,清心寡欲,勤俭朴素,用刻苦严肃的生活磨炼自己。

自从唐代禅僧百丈怀海制定的《百丈清规》在宋代普遍推行后,各禅林都形成秩序井然的局面。如其中规定,要上下一齐参加劳动,并且"一日不作,一日不食",耕种自给;并规定,僧人不私蓄财物,不私置钱谷,要节俭,从

---

① 《平家物语》。
② 《元亨释书》卷第八,《大日本佛教全书》第一〇一册,第228页。

事有规律的佛事活动等,还对违犯者规定了严厉的处罚。兰溪道隆到日本,也把相应的规定带到日本禅寺。例如,他对建长寺、常乐寺都规定了严格的集体生活的规则。① 这些规定,后来由日本其他禅寺陆续仿行,使得在禅僧中建立了一种刻苦自励、严格的集体修炼生活,这与平安时代日本各大寺院僧侣们奢侈腐化的生活成了明显的对比。后来,由于许多武士们陆续成了禅宗教徒,禅僧这种生活方式,对于推动武士们建立刻苦、严格的生活,以砥砺武德,起了一定的作用。德川时代,《武道初心集》中也曾谈到武士须刻苦勤勉,勿耽于奢逸等,这与前者也有一定的继承关系。

（四）禅宗之所以受到日本武士阶级的欢迎,还因为它具有一定的平民化和接近实际的特点。

在中国唐代禅宗形成时,由于南宗禅的创始人慧能出身贫苦,胸无点墨,提出"不立文字",主张不背诵佛经,只体会佛经精神,提倡用师徒间谈教义的方式来体会心法,用日常生活中的实例来说明禅宗的教义,力图避免探讨抽象的哲理。兰溪道隆到日本后,在传播禅宗的活动中,也曾体现这一点。例如,他在上堂讲禅时说:"汝等只解看有字经,是故不能感天动地。山僧讲一卷无字经,……看看,上无点划,下绝方园,……"② 我理解,他所谓"无字经",就是用实际生活的譬喻,阐明禅宗的道理。

众所周知,日本镰仓文化的各个领域都因武士阶级的登台而体现出平民化和务实精神。镰仓佛教不像平安时代旧的贵族佛教那样耽于烦琐而空疏的议论,追求庄严华丽的仪式,而是具有教理简明生动、利于实践、面向群众等特点。禅宗在这些方面表现得尤其突出。所以它理所当然地受到武士阶级的欢迎。

（五）日本新兴的武士阶级之所以接受中国的禅宗,其中用意之一还在于通过它来吸收中国南宋的封建文化。因之,随着禅宗引进日本,必然在两国文化交流上起一定的作用。这一方面表现为,在两国传播禅宗的僧人交流互访中,中国的技术人员、工匠人等相携去日。例如,日本僧人荣西、道

---

① 《大觉拾遗录》,《大日本佛教全书》第九十五册,第 111—112 页。
② 《大觉禅师语录》卷上,《大日本佛教全书》第九十五册,第 22 页。

元、圆尔辨圆等从中国返日时,都分别带有歌舞演员、陶工、木工等回到日本,日本匠人也常随日本僧人入宋学艺。另一方面表现在中国文化对当时日本各个文化领域的影响。

在书法、美术方面:由于两国禅僧的交流互访,使得中国梁楷、马远等人的绘画、中国著名禅僧的墨迹均得以传入日本的禅院。由于禅宗实行师徒相承的制度,临别时赠以师父的肖像画与题句,作为认可的纪念品与表征,实行顶相授受之礼,使得南宋的肖像画传入日本,影响所及,使日本的肖像画也发展起来。并由于宋元的水墨画传入日本,在其意境上与禅有着有机联系,使得日本的水墨画到了室町时代大为兴隆起来,出现了一批著名的禅宗画家,如兆殿司、灵彩、如拙、周文、雪舟等。

在建筑方面:禅宗寺院的唐式建筑也随同禅宗一同传入日本。特别是从1253年北条时赖为兰溪道隆创立建长寺,日本开始具备禅宗建筑的规模。此后修建禅寺大多模仿宋朝的禅寺的建筑式样。其禅寺回廊等对民用建筑亦有一定的影响。

在学术方面:中国宋代以后,许多禅僧往往儒禅兼学。自元代禅僧一山一宁开始把朱子学带到日本,出现了虎关师炼、中岩圆月等兼通儒学的禅僧。自镰仓末期至室町末期,京都、镰仓的禅宗五山,成为禅籍及儒书的刊印发行所。以五山禅僧为主体的"五山文学",苦学中国诗文,在日本汉文学史上占有突出的地位,成为江户时代汉学兴起的基础。

在茶道方面:荣西由中国带回茶种,起初种在禅寺庭院中,饮茶与茶会的风习也首先流行于禅院,渐次普及于武士社会。到15世纪,禅僧村田珠光开始创立茶道,而贯穿于茶道的精神即后来总结的"和、敬、清、寂",与禅宗的精神是完全一致的。

在剑道方面:著名的剑士几乎毫无例外都要通过修禅,以磨炼精神,达到他们所追求的"无我"境界。

在语言方面:由于中国禅僧来日,用中国语言宣扬禅学宗旨(包括作偈),这样就使得日本语中吸收了许多中国词汇,大大丰富了日本语的词汇。

总之,禅宗这一佛教宗派,一经传到日本,它的教义和精神不仅止于佛教,也影响到日本的文化、思想、学术、人民习俗等各个方面。

三

南宋末年去日的某些中国禅僧,曾经支持了当时日本的反对元朝侵略者的斗争。虽然形式上比较间接一些,但也起了一定的作用,而这正是过去中日关系史的研究中谈得比较少的问题。

元军侵略日本有两次,即:1274年("文永之役")和1281年("弘安之役"),而其开端实自国书的交涉开始。蒙古在征服高丽之后,在1267—1268年,曾两次遣使赴日,致书日本,要求通交并向蒙古朝贡。日本拒绝建立关系。1269年(文永六年)九月,蒙古第三次派使节赴日,当时日本朝廷正准备作复,而幕府反对,京都街头巷尾议论纷纷。这时,兀庵普宁的弟子、日本禅僧东严慧安写下祈祷文,表示坚决反对作复。当年十二月,第四次遣使抵日时,东严慧安于1271年(文永八年)九月向八幡宫献上祈愿文,仍反对与蒙古交往。1273年元使又来,未达目的而返。1274年(文永十一年、至元十一年)十月,元军发动了第一次侵日战争。从十月五日元军到日本,至二十日元军败退,共进行了半个月的战争。第一次战争结束后,幕府加紧九州西海岸的海防,1275、1279年两次将元使杜文忠、周福等斩首,以示决绝。1279年(弘安二年、至元十六年)七月,由于兰溪道隆在前一年去世,建长寺住持空缺,北条时宗派道隆的弟子去宋,邀聘名僧来日,于是无学祖元应招而至。当时正处在元军第二次入侵的前二年(弘安二年),日本国内笼罩着一片紧张气氛,人心浮动。在这种情况下,祖元不断向时宗等讲授修禅方法和禅学的思想,用禅的根本原理——佛即是心,心即是佛,来坚定他的信心。次年,当时宗向祖元"携缣纸乞法语"时,祖元就把来日之前所作的"锁口诀"赠之。其中有"夺魔王帜,箭掷空鸣,风行尘起"等字句。暗示未来战况激烈,但定可取胜之意。

1281年元军第二次入侵前四个月,即当年正月,"平帅(指北条时宗)来谒。元采笔书呈帅曰:'莫烦恼'。帅曰:'莫烦恼何事?'元曰:'春夏之间博多骚扰,而一风才起万舰扫荡,愿公不为虑也。'果海虏百万寇镇西,风浪俄来一时破没。"[①]

[①]《元亨释书》卷第八,《大日本佛教全书》第一〇一册,第229—230页。

这里的"博多骚扰"当然是指从海上来袭击九州博多一带的元军。这段对话虽然充满着未卜先知的神秘色彩,但却生动地表现了无学祖元为北条时宗抵抗元军侵略撑腰打气的情景,这恐怕是事实。在时宗不断向祖元等禅僧求教的带动下,风气所及,幕府诸将士也不断向无学祖元、大休正念等求教。特别是风云告急时,从镰仓开往九州前线的将士在出阵前,往往接受他们的教化,以增强斗志。①

当年五月,元军第二次袭日。元军两股共14万人,战船4400艘,约为第一次的四倍多(上次是35700人,战船900余艘)。五月下旬,元军侵入对马、壹岐岛,日本守军数度失利,人心惶惶。在这种形势下,幕府一面命各道诸国募精兵去九州,全力防战;同时,在思想领域里也紧急动员起来。龟山上皇、将军、执权等都到各大神社、寺院、皇陵,为战胜而祈祷。北条时宗特地血书了《金刚经》《圆觉经》《般若经》等经文,请祖元供养。祖元则在仪式上热烈赞扬了时宗的爱国精神,并作了热情的宣传鼓动。他说:

"我此日本国主帅平朝臣,深心学般若,为保亿兆民,外魔四来侵,举国生怖畏。朝臣发勇猛,出血书大经金刚与圆觉及于诸般若,精诚所感处,滴血化沧海,沧海渺无际,皆是佛功德。……常说如是经,一句与一偈,一字与一画,悉化为神兵,犹如天帝释,与彼修罗战。念此般若力,皆获于胜捷。今此日本国亦愿佛加被,诸圣神武威,彼魔降伏,生灵皆得安。"②

这里,"外魔四来侵"很明显是指当时由四面八方拥来的元军而言,而不可能指其他。他祈愿把经文的"一字""一画"都化为神兵,与元朝侵略者作战。

当战斗激烈进行的时候,大休正念在给北条时宗的法语中,鼓励他看破生死界限,坚定信心,率领全国人民勇敢奋战。大休说:"击碎生死牢关,……所谓一念不生,前后际断,方可出生入死,如同游戏之场,纵夺卷舒,常自泰然安静。胸中不挂寸丝,然立处既真,用处得力。凡总领百万貔貅之

---

① 龙肃:《北条时宗与禅》,《历史日本》第一卷第五号,1942年。石田文四郎:《日本武士道史的体系之研究》第288—289页。
②《佛光国师语录》卷三,《大日本佛教全书》第九十五册,第201页。

士,如驱一夫,攘巨敌,安社稷,立万世不拔之基,是皆妙悟佛性之灵验也。"①

当后来北条时宗逝世三周年,无学祖元追忆第二次抗元战争中时宗的情况说:"弘安四年虏兵百万在博多,略不经意。但每月请老僧与诸僧下语,以法喜禅悦自乐。后果佛天响应,家国贴然。奇哉!有此力量,此亦佛法中再来人也。"②这一段史料中透露了当元军第二次入侵时,他与北条时宗经常有所接触的情况。再如相田二郎著《蒙古袭来之研究》一书中曾引用关户守彦所藏的文书中,有弘安四年六月十九日北条时宗写给镰仓附近寺院某僧人的信。信中,时宗曾对该僧人进行祈祷表示感谢,并请他在一二日内来时宗寓所。③ 著者从各种迹象上判断,认为这是时宗致无学祖元的信。果如是,则更证明他们之间在战役进行中是经常保持接触的。

在打败元军入侵之后的祝捷声中,无学祖元回忆这段战役时说:"正可格邪,小能敌大,皇天无私,功归有德。日本千年社稷,远邦万里孤征。风雷一扫成空,佛天震怒难遏,不发一箭而烟尘息,不血一刃而天地清。伟哉!雄伟之尊,再造乾坤之运。"这里,很明显,无学祖元以感谢而赞颂的语气说,是由于"佛天震怒",使"远邦万里孤征"归于失败,以致"小能敌大"。这里,他的思想感情也是很清楚的。

从以上几段材料可以看出,无学祖元、大休正念等中国渡日禅僧的立场是完全站在反对元朝侵略者的日本一边的。他们的一些话,虽然用的是宗教的词句,甚或充满宗教迷信色彩,但结合当时当地的具体情况看,确也表达了他们助日抗元的真实意愿。

中国禅僧之所以在日本积极参加到抗元斗争,首先是与中国当时的形势、他们个人的经历,有密切的关系。

在 13 世纪六七十年代,蒙古族奴隶主逐步侵占中原的过程中,出自一种民族感情,有不少人或南下避难,或最后逃往国外定居。士大夫、僧人都不例外。就以无学祖元个人的经历为例,他原被贾似道所召,居台州真如

---

① 《念大休禅师语录》,《大日本佛教全书》第九十六册,第 177 页。
② 《佛光国师语录》卷三,《大日本佛教全书》第九十五册,第 227 页。
③ 相田二郎:《蒙古袭来之研究》,1958 年吉川弘文馆版,第 103 页。

寺。"居七岁，北虏兵戈系扰寺刹"，他为避元军而南下，"乃潜过温之雁荡"①。他后来在温州能仁寺遇到元兵，差一点送掉性命。这些遭遇不能不在他的心灵上留下烙印。他之所以在接到北条时宗的邀请时立即决定去日，一方面是因为他早就了解到"彼处王臣，崇重佛法"，时赖、时宗父子笃信禅宗等情况；另一方面，也有"政治避难"的意味在内（当年二月南宋覆亡，他于五月启程赴日）。请看他离开中国前所作的诗："世路艰危别故人，相看握手不知频；今朝宿鹭亭前客，明日扶桑国里云。"②一个理应超脱凡俗的僧人，居然情不自禁地哀叹起"世路艰危"来，所指者何？当然是指蒙古奴隶主入侵中原所造成的山河破碎的形势而言。诗里表露出一种无可奈何不得不离去故国的依依惜别的心境。其避难出走之情跃然纸上。

另外，在元军南下的过程中，寺院遭受兵灾的破坏，这也引起南宋禅僧普遍的反感。例如。《元亨释书》中谈到当时中国的情况时说："时宋地北虏横放，虽寺院辄受虐。""兵艰之余，院宇毁顿，厨库索然，宁分卫赈众。"③这种情况，不能不增加南宋禅僧对蒙古族统治者的反感。正是由于他们以这样的心情去日本，再与作为侵略者的元军在异地重逢，很自然地会怒火中烧，发展成为与日本民族同仇敌忾。这种思想感情，并不是个别的，而是当时与他们有共同经历的人的共同感情。例如，宋末元初旅居日本的南宋遗民郑思肖，闻元军侵日败北，喜而作《元鞑攻日本败北歌》："驱兵驾海气吞空，势力虽强天不与，鬼吹黑潮播海翻，雹大于拳密于雨，七千巨舰百万兵，老龙怒取归水府，犬羊发怒与天敌……"④

与对元朝统治者的仇视心情相反，禅僧们由于到日本后备受崇信，对日本会情不自禁地产生友好而感念之情。所以在中国禅僧口中有许多感念北条时宗等人的话。无学祖元有一段话，很能代表这种心情："山野冒然此来，非太守（指北条时宗）一力主张一力外护，亦难建立法幢。太守朝朝暮暮、念

---

① 《元亨释书》卷第八，《大日本佛教全书》第一〇一册，第 228 页。
② 《佛光国师语录》卷三，《大日本佛教全书》第九十六册，第 190 页。
③ 《元亨释书》卷第六，《大日本佛教全书》第一〇一册，第 213 页。前一句话指 1260 年兀庵普宁去日之前的情况，后一句指他于 1265 年由日本返国时的情况。
④ 《铁函心史》，收入《伏敌篇》卷之四，第 62—63 页。

念留心此道,念念留心老僧。……撞著太守忧念佛法之切,颇自相合山怀。"①正因为如此,他们就很自然地站到了日本一边反抗元军的侵略。试看,大休正念在致一位日本友人奉使去镇西(今九州)的送别诗:"马蹄得意疾如飞,阃外通传枢密机;奇策良筹功业就,松间时听凯歌归。"②这里充满着盼望日本胜利的欢悦心情。可以说,中国渡日禅僧在这场反侵略斗争中和日本人民一道建立了休戚与共的真挚感情。

总之,中国禅僧是以其反元的立场为基点,以禅宗教义为武器,参与日本抗元斗争的,因之,它是在一定历史条件下的产物,是历史上中日两国人民在正义斗争中互相支持的动人事例之一。当然,中国禅僧在参与抗元斗争中所表现的局限性,也是很明显的。他们大多只与上层人物相结合,对统治阶级上层人物进行的宗教性鼓动较多,与广大群众、下层人民群众接触有限。他们所起的这种鼓舞作用,也是以宗教教义为基础的,所以,不可能产生正确而持久的动力。

(作者夏应元,中国社会科学院历史研究所中外关系史研究室,原文刊于《历史研究》1982年第3期)

---

① 《佛光国师语录》卷六,《大日本佛教全书》第九十五册,第283页。
② 《念大休禅师语录》,《大日本佛教全书》第九十六册,第155页。

对日本史书所载渤海史料的探讨

张声振

渤海与日本有过长期交往,日本史书对双方交聘事记载甚丰,其中部分史实对中国史书有所增补。但所载史料瑕瑜互见,不加甄别贸然用之,难免谬误。其中关于"土人"和"高丽国王"等二则史料的真实性,即需深入探讨甄别,明其真相。本文对此二则史料作了初步探讨,现分述于下。

一、探讨《日本后纪》中"土人"一词的含意

1. 据《类聚国史》所载:

(A)(延历)十五年四月戊子,渤海国遣使献方物。(B)其王启……(C)又告丧启……(D)又传奉在唐学问僧永忠等所附书。(E)渤海国者,高丽之故地也。天命开别天皇七年,高丽王高氏,为唐所灭也;后以天之真宗丰祖父天皇二年,大祚荣始建渤海国,和铜六年受唐册立。其国延袤二千里,无州县馆驿,处处有村里,皆靺鞨部落。其百姓者,靺鞨多,土人少。皆以土人为村长。大村曰都督,次曰刺史,其下百姓皆曰首领。土地极寒,不宜水田,颇知书。自高氏以来,朝贡不绝。①

此则史料初载于《日本后纪》(841年),其后成为逸文,这里转录自《类聚国史》(892年)。大祚荣的建国年代中国史书只言在圣历中,此处明确记

---

① 《类聚国史》卷193,渤海上,第1272页。

作天之真宗丰祖父天皇即文武天皇二年（698年），是其珍贵处。但有关渤海国内状况的记载与事实不符，显然需要探讨甄别。《日本纪略》（1058年以后）亦录此文，但文字略异，为作比较抄录如下：

（A′）十五年四月戊子，渤海国遣使献方物。（B′）其王启曰：云云。

（C′）渤海国者，高丽之故地也。天命天皇七年，高丽王高氏为唐所灭也；后以天之真宗丰祖父天皇二年，始建渤海国。和铜六年，受唐册立其国。①

对比此二则史料可知，AA′皆记渤海使吕定琳赴日事。B、C与B′相同（B′概括C项），未见D项，推测可含在B′项。E与C′相同，但C′对E作了若干删节。上述差异，说明《日本纪略》著者认为：其一，E项记事非D项永忠附书内容，可删。否则须以"永忠曰或云云"书式，以示附书内容被删。其二，E项记事是《日本后纪》著者记渤海使至日时，附记的有关渤海国传闻。其三，自无馆驿以下文字不确，应予删除。

《日本纪略》著者在删节时，一定考虑到下述事实：首先，著者生存的年代渤海已亡，王氏高丽建国已历百余年，而且正与日本互市。② 日本对渤海与高丽间的关系，已有比较客观和正确的认识，渤海王为大氏而非高氏，"自高氏以来"的记事显系失误。其次，《日本后纪》成书前，唐代地理学家贞元宰相贾耽的《道里记》已问世。其中明载：从栅城府（东京龙原府）至新罗泉井郡，设馆驿39处。而张建章的《渤海国记》（835年以后）中亦载，渤海与唐及周边各邻国间，开辟了朝贡道、日本道等五条重要交通道路，其中驿站里数，皆见于《道里记》。③ 另方面，渤海自726年至810年与日本通聘期间，日本答聘使赴渤海多达十次。日使赴渤海之路，不论初期的中京显德府、东京龙原府，或中后期的上京龙泉府，皆经栅城府即东京龙原府。在十余次赴渤海途中，日本使团当然亲历目睹了渤海驿站井然的情景。《日本纪略》作

---

①《日本纪略》前篇卷13，成书年代不详，但早于《扶桑略纪》。
② 王氏高丽建国不久，于937、939年连续对日请求互市。初，日本未允，972—974年双方实现互市。另，本文中之高丽系指高句丽，因隋唐时代已通称高丽，故统一称作高丽。涉及王氏高丽时，则附加王氏以别之。
③ 张建章于唐太和九年（835年）赴渤海，次年回唐复命。归国后著《渤海国记》。

者对此必然有所感受。再次，唐初，渤海未建国前，已在粟末靺鞨之地（渤海国腹心地带）设立靺鞨三州，置长辖理。① 在析慎州分置梨州时，下距大祚荣据忽汗州建国不足十年。据《新唐书》引《渤海国记》，渤海国中央、地方的政府机构井然，三省六部卿及文武散官勋爵、5京 15 府 62 州及其属县之长官、都督、刺史、县丞具备。渤海赴日使节，如宁远将军高仁义（727 年）、忠武将军若忽州都督胥要德（738 年）、辅国大将军兼将军行木底州刺史兼兵署少正扬承庆（758 年）、辅国大将军玄菟州刺史开国公高南申（759 年）等，身任中央和地方官职的事实，为当时日本政府所熟知。最后，五条交通道路通过的渤海名产品专业区，如栅城豉、显州布、沃州绵、龙州绸、位城铁、卢州稻等，经栅城府转渤海朝贡道赴唐（759）的日本迎藤原清河使高元度，对此自会亲历目睹。这些事实都存在于《日本后纪》成书之前，并为当时的日本政界、史界所掌握，是对《日本后纪》所载"无州县馆驿""不宜水田"等记述的直接否定。所以在编纂《日本纪略》时，作者对这些不确处，自然要删除。可见在此时，日本史学家中已出现对《日本后纪》的批评者。

2. 正确理解"土人"与"靺鞨"各词的内涵

史界学者对《日本纪略》所删"处处有村里，皆靺鞨部落；其百姓者，靺鞨多，土人少"句，理解不同，异辞最多。分歧的症结是：土人是不是高丽族，能否导出渤海国为高丽靺鞨族所建的结论。靺鞨族从出现在历史舞台时起，中国史家在历代史书中皆有著笔，其族名随时代不断变更，如肃慎、挹娄、勿吉等，至北朝齐代始见靺鞨族称。② 其后，靺鞨南进，隋时已为高丽国北邻。③ 至唐代，靺鞨族发展成为东北地区举足轻重的大部族，作为国家正史的《隋书》，特为靺鞨族立传。④ 唐人所撰之《北齐书》和《北史》是出现靺鞨族称最早的史书。因此靺鞨二字的立名权，应属于唐贞观时期史学家李百药和李延寿。以"靺鞨"二字载于史册的他国史书，决无早于此二书者。

隋时，靺鞨族共有七大部，生活生产于东濒海，西邻突厥，南邻高丽，北

---

① 即慎州、夷州、梨州。
②《北齐书》卷7，武成帝纪，河清三年条。
③《北史》高丽传。该书勿吉传中指出：勿吉一名靺鞨。
④《隋书》靺鞨传。

邻室韦这一广大地区内。高丽强大时,曾试图使靺鞨各部臣服。① 但七大部族原本互不相统,居地迁徙不定,且常寇略邻接各族,甚至迫使王城居于吉林之地的夫余西迁于农安。因之高丽的势力所及仅限于邻接高丽的粟末、白山二部,而且粟末部为摆脱高丽的控制,曾数度反抗。② 粟末部大酋帅之一突地稽,率其所属八部千余户附隋,被安置于营州。故隋唐时期,营州成为部族的移居地。受控最强的白山部,在高丽对隋、唐战事中,屡被驱作前导,唐太宗曾坑其俘卒 3000 人。据《隋书》靺鞨传,白山部胜兵不过3000 人,以此度之,白山部兵源濒于绝灭。高丽亡后,靺鞨族更向南徙,③其中自然有移居营州以就突地稽者。由于突地稽、李谨行父子以战功封为国公,累世为营州都督,形成当地一大势力。在当时动荡的局势中,靺鞨、奚、茹茹、高丽,以至汉族投靠门下求其庇护者,当不在少数。移居营州之突地稽八部,人丁逐渐繁盛,即与此有关。同时,该族锐意吸取汉族文化,至隋末为时不过 30 年,已出现"请被冠带"的局面。因之唐武德初(618 年),其居地被改置燕州。据《通典》,唐时燕州有户 2246 家,④而李谨行一家有僮数千人,以此观之,燕州户数中靺鞨人无疑占有相当比重。燕州原为隋之辽西郡,当时郡治在汝罗守捉(今义县、北镇一带),此地正是乞乞仲象父子自营州东走之处。粟末族酋乞四比羽部,与突地稽关系密切,或为其八部之一,是乞乞仲象东走的社会基础。前已述及,唐于武德初高丽未亡时,在靺鞨部腹心地区涞沫水流域,置慎州以辖理涞沫乌素固部。⑤ 高丽将亡时,乾封初(666 年)置夷宾州以辖理愁思岭部。高丽亡后,于载初二年(690 年)析慎州另置梨州,以辖理浮渝靺鞨乌素固部。⑥ 三州所辖户数与燕州不差上下。⑦ 唐设羁縻三州一事充分说明:高丽在未亡以前,其势力并未达于全部七部,且随着战争的进展,靺鞨部落逐渐附唐。这些部落在唐初经济文化迅速发展的

---

① 臣附者,称臣纳贡之意,非指国土成为高丽的领土。
②《太平寰宇记》卷 71,河北道燕州条。另,靺鞨族迫使夫余西迁近燕事,当另文述之。
③《旧唐书》靺鞨传:"因高丽破后,奔散微弱,后无闻焉。"即指此点,非举族散亡之意。
④《通典》卷 178,州郡 8,燕州条。当时北平郡,户 3031,柳城郡,户 874,可见燕州非小郡。
⑤ 慎州即涞州,今吉林乌拉街一带。参见金毓黻《渤海国志长编》下,第 592 页。
⑥《旧唐书》,地理志;渤海靺鞨传。
⑦《新唐书》,地理志,靺鞨州条。

影响下,走突地稽"请被冠带"之路,较那些尚处在羁縻州以外的靺鞨部落,必然要快。只有这些靺鞨族人(包括营州、燕州、羁縻三州)才是大祚荣建立政权的社会基础,对整个渤海社会说,方具有被称作所谓"土人"的资格。

再者,唐灭高丽战事中,使鸭绿江以北及辽东半岛等地受高丽所控之靺鞨族和高丽民众,流离失所,分投"新罗、靺鞨"①。一方面使安东都护府(府治新城)所辖高丽旧户渐少,另一方面为靺鞨族从北向南迁移创造条件,以致"旧国土尽入于靺鞨",从而导致高氏君长灭绝。这恰是大祚荣之父乞乞仲象"率家属徙居营州"的历史背景。② 必须指出,乞乞仲象率"家属"迁徙与突地稽率"其部千余家"的记载大有区别。突地稽率其本部族八部,在营州形成一大势力,不仅握有本族兵力,且为燕州的地方长官。乞乞仲象既言率"家属"迁徙,其家属之数不会超过数十人,否则应记为"本族"或"族属"。故其移居营州,实为投奔本族突地稽之举措。或许借助李谨行的影响,乞乞仲象得以出仕,作为唐的藩镇营州契丹势力之大舍利官。李谨行卒于永淳元年(682年),其子孙仕唐事史册无载。故其死可能成为营州地区靺鞨部落酝酿分裂的契机。乞四比羽率部东奔,与唐史载其后或有酋长朝贡,即是此种情况的暗示。分裂始于契丹松漠都督李尽忠等,杀营州都督赵之时。乞乞仲象与乞四比羽乘机各率部东奔,从而揭开渤海建国的序幕。

《旧唐书》靺鞨传开头处,有两点必须明确。其一,只言大祚荣与靺鞨酋乞四比羽东奔,而不言其父乞乞仲象者,是从渤海建国者角度著笔的;其实,率部反出营州东奔时的首领是大祚荣之父。其二,指出乞四比羽为靺鞨酋,而不提大祚荣族属者,是因本传开头处已明言,大祚荣为渤海靺鞨,其高丽别种一句,系言其出身,非指族属,而且同样是从建国者角度著笔的。因为臣附于高丽而且能够仕为"旧将"者,③应为其父而非大祚荣。大祚荣卒于

---

① 《通典》卷186,边防上,高句丽条。
② 《旧唐书》,地理志;渤海靺鞨传。
③ 《三国遗事》卷1,靺鞨渤海条:"高丽旧将祚荣姓大氏。"该书在渤海条中,叙述大祚荣事,已表明大氏族属是族。旧将是大氏臣附时的官职,是从大祚荣成为渤海建国者的角度著笔的。《唐书》只称乞乞仲象之名未称其姓,在乞乞仲象出任营州契丹大舍利官后,史书始见大氏之姓。《五代会要》卷30渤海条,注释大舍利官之大是姓,故至大祚荣时始名姓并称。因此从以大为姓的时间上说,大祚荣为高丽旧将之说,难以视为确史。

开元七年(719年)三月,以70岁高龄计,高丽亡国时(668年),不过17—18岁。17岁的普通少年,不可能超越乃父的族酋地位,仕高丽成为将军。且其父在举家迁营州后,即出仕契丹为大舍利官,这点表明其附高丽时的社会地位不低。尤其在东奔时,唐政府为笼络该部势力,封其父为震国公而不及于大祚荣。从这些情况看,大祚荣在其父死前,应非族酋一级人物。其父死后,大祚荣因作战骁勇,善用兵,受部族拥立,始继其父为族酋。① 因此,《新唐书》更正《旧唐书》的叙述,改作"渤海,本粟末靺鞨附高丽者,姓大氏",并指出舍利乞乞仲象与酋乞四比羽的首领作用。《新书》对乞乞仲象不言靺鞨酋而言舍利者,恰是突出他不是从族酋地位,而是从契丹舍利官职岗位上东奔的事实。这是《新书》详于《旧书》之处,而且《新、旧书》在大祚荣族属问题上并无矛盾,《新、旧五代史》及其他史书,肯定大祚荣之族属为族,只是"靺鞨"与"别种"二词不同时出现而已。且《金史》载有金太祖"女直、渤海本同一家"的名言,这虽属战时策略之言,但必须以事实为据。不然,凭你说女直、高丽本同一家,则决无号召力。②

"别种"一语,在中国史书中含义较广,多在不明确区别族属时使用之;不言而喻,既为别种,则非本种。有些学者置大祚荣的靺鞨族属于不顾,只强调其别种属性,并以高句丽为夫余之别种为例,力图证明大祚荣与高句丽有血族关系,并使其演变成为高句丽族人,实属无稽。高句丽族与夫余族同属貊族,但是不是从农安地区之夫余分离出去,史书无载,只一东明传说与之有关。③ 该传说原在包括夫余族的貊族区内流传,首见于《论衡》;至唐人著《梁书》时,始将此传说附于高句丽传,且指出东明王于夫余,只"其后支别为句丽种"。《魏书》始直言高句丽族出于夫余,其始祖为朱蒙,由夫余逃出,居于纥升骨城,其后方出现高句丽名称。《好太王碑》亦载此传说,朱蒙在这里称作邹牟。但据碑文,邹牟是北夫余天帝之子,出生于东夫余;故其逃离

---

① 突地稽袭酋事,可作例证。初,其兄率八部内附,兄死,始袭酋长位。唐书不言其兄。史书的此种笔法,亦可间接作为不言大祚荣之父的例证。
②《金史》太祖本纪,收国二年(1116年)十月条、天辅二年(1118年)七月条。
③ 首见于《梁书》高句丽传。

之地不是夫余（农安），而是东夫余。① 纥升骨城原有居民，朱蒙不过王其地。这正如有东明传说的百济一样。百济始祖以百家济海居于带方以南马韩之地，马韩之地原有54国，大者万家，小者千家，百济始祖不过以百家而生活于其一国中。其后势力逐渐强大，征服诸国而统一。② 不言而喻，高句丽、百济只能说其族酋（王族）集团，在历史上曾与夫余族有血族关系。故史书在提及高句丽的族属时，必须考虑其与夫余本族之间的区别，不能以纯夫余族即本种称谓该国之民，因为其中尚包括大量的当地居民，只能称之为别种以示区别。

大祚荣族出粟末靺鞨，其父臣附高丽并仕为将军（姑取此说）；大祚荣出生于此时。这恰如丁零苗裔之铁勒，长期臣属于匈奴，虽非同族，但史书称之为匈奴别种。称大祚荣为别种之意同此。曾臣附于高丽的王政一族的经历亦类此。王氏家牒自称，其祖乃中国太原祁人，汉末避乱，徙居辽东，子孙散居"东夷"。臣于高丽一支者，在高丽亡后，仕于渤海，臣于辽，又显于金。他臣于某国时，无疑即为该国之臣民，称其为某国之别种亦无不可。但其自身家牒传至32代，从未忘其族源为汉族。大氏一族臣附高丽时，不论其自愿与否，即为高丽国人，是毋庸讳言的。但当其摆脱高丽的束缚而独立建国时，恢复其本族属性乃为当然的事实，根本不存在与高丽族有什么血缘关系的问题。

现在，再讨论靺鞨部落与土人问题，就容易多了。乞乞种象与乞四比羽东走时，各自所率的部族当然是靺鞨族，乞四比羽之部族自开皇中至此时，在营州生活已历百余年。乞乞种象初迁营州时，家族虽少，时过30年，从李谨行之例可知，在契丹大舍利任上，其家族之聚集必然很快。由于过去高丽旧将的社会关系，汇集其部下者除靺鞨族外，当然会有高丽族遗民以及汉、奚、契丹、茹茹等各族民众。从当时他接受唐之震国公封号一事看，其势力不会很强大。强大者应为敢于拒绝许国公封号的乞四比羽，而且他果敢战斗阻挡了唐兵东进的锋镝；虽然阵亡，但为队伍东奔赢得了时间。乞乞仲象

---

① 参见王健群：《好太王碑研究》，第202—203页。
②《梁书》及《隋书》百济传。

死后,显现出领导才能的大祚荣始被部族拥立为领袖。大祚荣收聚乞四比羽部族,以及沿途参加的民众,在天门岭战败唐军,摆脱追击,东进至旧国即今敦化敖东之地,而创立了政权。

在创立政权过程中,随大祚荣至旧国的粟末靺鞨部族,以及沿途加入的高丽、汉、奚等各族头面人物,形成大祚荣政权的领导核心。其所率各族群众,以及前述靺鞨三州群众,构成大祚荣政权的统治基础。大祚荣集团从营州东奔,不去政治经济有相当基础的高丽旧都所在地之鸭绿江流域,而径赴经济不够发展的敦化,其着眼点就在于,把本族原居地涑沫水流域的粟末靺鞨族,作为自己建国的民族基础。这才是大祚荣民族意识的真实流露,同时又反映出随大祚荣东奔的高丽遗民并非主体势力,不能左右大祚荣选择建国根据地的意图。如果从历史上看,高丽都城几次被毁几次重建,皆未离开原地区之点,大祚荣不去该地区的行动更能说明问题。另方面,在谈及大祚荣的社会基础时,必须把渤海国的高丽族编户,与乞乞种象东奔时沿途加入的高丽遗民加以区别。前者只是渤海国领土扩展后的一般居民,后者才是有机会加入政权核心人物的阶层。

总体说来,以粟末部为基本核心的靺鞨族(含羁縻三州),与整个七大部靺鞨族相比,就数量说是少数,就政治地位说则处于优位。这才是"靺鞨多,土人少"的真实含义。

3. 必须正确理解土人与首领的社会地位

(1) 渤海的统治者是靺鞨族,高丽族人为数很少。某些学者认为"土人"是高丽族人,并与靺鞨族对立起来,使其成为靺鞨整体的统治者。因此探讨渤海国当政者中,靺鞨族人与高丽族人间的比率问题至关重要。金毓黻先生对构成大祚荣政权领导核心人物,即渤海统治阶级主体成员作了大量考证。他查阅史书,共发现渤海统治阶级人物 53 姓(不包括遗族)172 人。其中大氏族 47 人,明显为靺鞨族姓者 27 人,高姓者 30 人,其他姓者 68 人。[①] 据此统计,高姓人与靺鞨人所占比率大体相近。但是,靺鞨族积极吸

[①] 金毓黻:《渤海国志长编》上,10,诸臣列传;11,士庶列传;下,姓氏,第 367—375 页。

取汉文化,在核心领导层中,改用汉族姓名成为一种风尚。①渤海国中期以后,无再姓靺鞨族姓者。因之,其他姓之68人中,靺鞨人应占很大比重。金毓黻从高丽王族角度考虑,认定高姓为高丽族人,可是,高姓原是汉族巨姓,很难说这30名高姓人中,无汉族或靺鞨族改用高姓者。留日不归的首领高多佛,从日本朝廷派史生羽栗马长及习语生,向其学习渤海语一事,可推知非高丽族人。因为与渤海交聘,日本极需靺鞨语通事而非高丽语通事。②宝龟十年与铁利人争坐席的高说昌,亦为渤海语通事。他们虽统计在高姓内,但应是族之改汉姓者。如加上大氏一族,则高丽族人所占比率将更少。

如按上述人物的职位重新区别归纳,问题将更加明显。

首先,上述人物中封为开国公、子、男等爵位者,无疑是大祚荣创建政权时的核心人物,共七人。其中大昌勃价(武王弟)之襄平县开国男,是唐所授。杨承庆、高南申(以上开国公)、高南容(开国子)、王新福、史都蒙、朴渔(以上开国男),从时间上看,皆是承袭其先人勋爵者。其中高姓只二人,可知大祚荣创建政权初期,核心人物中高丽族人绝非多数。如将核心人物层扩大,朝唐、朝日的正副使,官职在都督、刺史以上及唐授将军衔以上,计77人。③ 其中高姓12人,明显是靺鞨姓21人,其他姓44人。一些史学者承认,在赴唐大使中无高丽族人;但在赴日的正副使中高姓9人,明显是姓8人,其他姓24人。任州都督者30人,无一高姓;任州刺史者4人,高姓1人,④任县丞者1人,非高姓。任三省六部中的官吏副卿职以上者21人,其中宰相级2人,乌氏高氏各一人(前注言及乌氏为靺鞨姓)。六部中的高姓1人,只任少卿。上述统计显示,核心人物中族姓占绝对优势,客观表明了靺鞨族的统治地位。一些学者为寻找高丽族人在渤海国占多数,把从未到过渤海的高震,也列为渤海国人,只因其墓志铭中有"渤海人"三字。⑤ 其实这

---

① 金毓黻:《渤海国志长编》上,10,诸臣列传;11,士庶列传;下,姓氏,第367—375页。
②《日本纪略》前编,14,弘仁元年(810)5月条;卷13,延历15年5月条。
③ 金毓黻:《渤海国志长编》上,10,诸臣列传。又据《册府元龟》卷971,朝贡、褒异等所记,朝贡之靺鞨族人名,皆带有"蒙、计、子、利"等字音,是典型的姓名:例如乌氏,初期有乌借之蒙、乌须弗等名;中后期改汉姓名后,有乌孝慎、乌昭度等典型的汉姓名。
④ 据日弘法大师:《致渤海太守记室书》,太守为州刺史之别称,王孝廉亦列入州刺史内。参见卢太敦:《渤海的居民构成和族源》,收入李东源译《渤海史译文集》,第190—246页。
⑤《日本纪略》前编,14,弘仁元年(810)5月条;卷13,延历15年5月条。

三字非指渤海国人,是指唐的渤海县①人。高震之祖高丽末代王高藏,亡国后被迁唐都,曾任安东都护,居新城。在高丽遗民奔散,国土尽入靺鞨、新罗后,家居洛阳,从未到过渤海。墓志铭中之"渤海人",即唐之渤海县人。该县为高氏族望之地,唐以高丽王族遗裔,如封大祚荣渤海郡王故事,赐以爵,因地望而名之也。例如唐开元时相国高崇文传载:"崇文,其先渤人。"②高崇文之先人自渤海县移居幽州,至崇文时已历七世,因唐赐以渤海郡王爵,时人以其族望之地称作渤海人而不称作幽州人。高震之渤海人者,盖亦同此意。

(2) 首领是统治阶级的基层人物,非高丽族人。

靺鞨族的首领一词含义有二:一为大首领,一为首领。

大首领,乃酋长、酋帅之意,多指大部族或部落联盟之大酋长,其下辖有若干部族或小部落。隋时内附居营州之突地稽靺鞨族是最好例证。该部族共八部,各有首领,又共推突地稽为总酋帅,而他又是八部之一厥稽部的首领。故此,大首领与首领可是同一人,亦可非是。大首领的政治地位很高,可以充任大使朝唐。渤海靺鞨大首领多蒙固(唐授武卫将军)、渤海大首领乌借之蒙、木智蒙等即是,其地位与越喜、拂涅、黑水、铁利等靺鞨大首领相当,唐皆授以将军衔。这点表明,他们掌握本部族的武装力量,具有军事职能。但唐授军衔中有折冲、果毅等低于将军级别者,说明大首领层所统率的部落实力,有大小之别。

存在酋帅一级人物,乃靺鞨族社会的固有结构,大氏一族自不例外。渤海亡后,大鸾河率小校等16人及部族300骑降宋事即为例证。③虞娄蕃长茹富仇既为茹茹族酋帅,亦为该族居地之州长官都督,由此可知,他族亦应有酋帅且为州都督一级人物。

首领,位于大首领之下,突地稽所率八部的各部族酋即是首领,亦即"百姓皆曰首领"阶层,是统治阶级的基础,地位较低。赴唐之首领只充任宿卫

---

① 唐渤海县,原为汉渤海郡。自汉渤海太守高洪起,即以族望著称于渤海县。唐时高氏一族,封为渤海县伯、子、男爵者数人。
②《旧唐书》高崇文传。此外,高氏以渤海为族望地者,尚有高元裕、高少逸等一批名士。
③《宋史》,卷491,外国传,渤海国;卷264,宋琪传。

职,任期满时虽与其上级王子一同获得赏赐,但唐从未授其官职。赴日的首领据日史所载,其地位在品官(译语、史生、天文生)之下,艄工之上。日本朝廷只对部分首领授以五位下至六位的品阶,可知他们亦有大小高低之别。①

渤海是以靺鞨族为主体的多族国家,而靺鞨族又以突地稽的八部结构方式,形成社会的基础组织形式。故此首领的本职工作,有三个方面。

其一,首领是社会行政基层单位之长,管辖百十户上下的村、里、部落。靺鞨族如此,纳入渤海编户的各族,不论该族自身有否此种要求,必然要顺应此种社会结构需要,出现类似首领一级的人物,以适应渤海国统治体制的要求。宋史中出现的奚族、②茹茹族、契丹族、汉族等各族的领导人物,皆是这一级人物。

其二,首领的另一社会职能是管理"族帐"。族帐是管理族内事务和宗教仪式的机构。辽太祖灭渤海时,以不灭其族而"存其族帐"③,被颂有帝王之度。渤海国族帐虽存,辽太祖却命渤海王大諲譔"举族行"④,"徙其名帐(即族帐)千余户于燕,给以田畴,捐其赋入"⑤。是以族帐为社会行政管理单位,执行输租纳赋职能的例证。《宋会要》载此事时,将族帐写作"部族",⑥是对"族帐"含义最准确的注释。除靺鞨族外,契丹族帐、⑦奚帐等名称,⑧屡见于史册。循例可知,随首领制的扩展,各族亦必随之自立族帐或与其相适应的宗族组织,以管理族内事务、宗教仪式等。

其三,首领的第三个社会职能,是征召、统率本部族的武力,奉命作战。辽太祖立渤海王大諲譔族帐千余户的目的,在于"有战则为前驱"⑨。太平兴国六年(981年),宋太宗议攻契丹,曾诏渤海遗族乌舍国浮渝府琰府王,

---

① 《续日本后记》永和9年(842)4月,天皇对8名首领"随色加阶",此次赴日首领共65名。
② 《册府元龟》卷995,交侵;卷980,通好;964,封册。
③ 《辽史》,百官志;卷2,太祖本纪,天显元年(926)3月条。
④ 同上。
⑤ 《松漠纪闻》,转引自金毓黻:《渤海国志长编》上,第72页;下卷,第408页。
⑥ 《宋会要》,《永乐大典》本,卷293。
⑦ 《册府元龟》卷995,交侵;卷980,通好;964,封册。
⑧ 《宋史》,卷491,外国传,渤海国;卷264,宋琪传。
⑨ 《松漠纪闻》,转引自金毓黻:《渤海国志长编》上,第72页;下卷,第408页。

在宋兵攻辽之日,"宜尽出族帐,佐予兵锋"①。显示出族帐的军事性质。金初的猛安、谋克制与渤海族帐虽不完全相同,但金与渤海既同为靺鞨族,则必有与族帐相同的组织;且金太祖安置渤海大家奴等首领的六谋克贫民,"给以官粮,置之渔猎之地"②,同样具有战则为前驱的性质。天会四年(1126年),金太宗命渤海王裔大昊以所领渤海军"八明(猛)安为万户"③,而金之渤海军即"渤海八猛安之兵"④。这都显示出族帐所具有的军事性质。

谋克为百夫长,秩从五品,是一小部族的首领。金史称作"移里堇",并注释作"部落墟砦之首领"⑤。赴日使团中的渤海首领,日本授以从五位下、正六位上的品秩与谋克的品秩相适应,显示出两者间的社会地位相近。尽管金之猛安、谋克较渤海时期有所变化,但仍为渤海存在此种社会结构的真实反映。另方面,皇统五年(1145年)金熙宗曾罢辽东汉人承袭猛安、谋克之制,奚族回离保反辽称帝时,曾"籍渤海、奚、汉丁壮为军"⑥。高永昌起兵,在东京(辽阳)建大渤海国时,曾拥有汉儿军。失败后,汉儿军分散,互不相统,其首领侯概、吴撞天等所率"云队"、"海队"等,纷扰辽国。⑦ 这些表明,连汉族人也适应了渤海国的社会结构。

从上述史实可知,首领制是集国家行政(征收赋税)、族内事务(包括宗教)、军事职能(征兵及统领本族军队)等于一身的社会基础结构,凝聚力极强。渤海亡后,遗族掀起数次复国运动,其力量皆源于此。有鉴于此,为先从军事方面消解其战斗力,皇统五年(1145年),金开始罢渤海人承袭猛安、谋克之制;继而一改前此整州整县迁徙渤海遗民于一地的政策,变作每年每次徙户不过百余家,并令与汉人杂处。皇统九年(1149年),以此种形式尽徙辽阳渤海居民于燕南,从而其民因"不得聚族而居,渐就陵夷"⑧。渤海遗

―――――――

① 《宋史》,卷491,外国传,渤海国;卷264,宋琪传。
② 《金史》太祖本纪,收国二年(1116年)十月条、天辅二年(1118年)7月条。
③ 《金史》太宗本纪,天会四年(1126年)7月条。金毓黻:《渤海国志长编》上,第257—260页。
④ 《金史》,兵志;编终所附金国语解;回离保传。
⑤ 同上。
⑥ 同上。
⑦ 《北盟会编》卷145,宋绍兴元年(1131年),曾收集"女真、契丹、渤海等汉儿万人",建立"奇兵、赤心"两队武装,屡立战功。这反映渤海地区的汉人,已受到渤海社会结构的影响。
⑧ 《金史》卷4,熙宗皇统九年(1149年)8月条。《松漠纪闻》上,亦载有此事。

民从此加速汉化,逐渐与汉民族无所区别。

综合上述情况,渤海首领这一基层社会结构的领导人物,不可能由外族人担任。全是靺鞨部落的村里,其首领只能由靺鞨族人中之"土人"充任;同样,高丽族人与其他族人只能充任本族的首领。认为土人即高丽族人,并全由高丽族人充任靺鞨族首领的见解,其荒谬性是不言而喻的。

二、《续日本纪》出现"高丽国王"一词的原因

渤海国在《续日本纪》中,有时被记作高丽国,其王有时被称作高丽国王。日本史书中这种记述体例始于《日本书纪》,该书曾称隋为唐,称隋使裴世清为唐使。① 这种记述体例原为当时史家的一种习惯,不存在对该国族属定性的意义。但是,有些学者企图通过这种记述体例,说明"高丽国王"是渤海人的自称,以证实渤海国不是靺鞨族建立的政权,而是高丽人建立的国家等等。因此探讨澄清出现"高丽国王"一词的脉络,是非常必要的。

"高丽国王"一词,首见于《续日本纪》天平宝字三年正月条:

> 奏曰,高丽国王大钦茂言:承闻在于日本照临八方,圣明皇帝登遐天宫,攀号感慕,不能默止。是以差辅国将军杨承庆、归德将军杨泰师等,令赍表文,并贡常物入朝。②

一些学者据上述史料认为,既然渤海自称高丽国王,足以证明,渤海是高丽族所建立的国家。显然这是谬解,现剖析于下。

1. 渤海国书非原件

其一,比较国书的开首书式可知,上引国书非渤海国书原件。日史中保存的渤海国书共17件,除此件外,其他16件的书式,皆以"某王启"开首,此件不仅无"启"而且以极不恭敬的"言"字开首。尤其要求渤海上表称臣的日本朝廷,对前一次国书因"无称臣名"大加责难,对此国书之不恭反而毫无反应,只此一点足以表明国书原件决非如此。且在此件前的国书,日史笔者简

---

① 《日本书纪》卷22,推古十六年四月条。
② 《续日本纪》卷22,天平宝字三年一月条;四年一月条。

述作："奏称,渤海王言"①,在此件后的国书亦简述作："奏曰,国王大钦茂言"②,从这前后相连的三件国书简述形式一致可知,本件亦必为简述形式而非国书原件。同时,《续日本纪》笔者在简述本件国书之后,还简述了淳仁天皇致大钦茂的诏敕。由于笔者在简述"圣明皇帝登遐天宫"句时,漏掉圣明皇帝即孝谦天皇这一重要词汇,简述作"诏曰,高丽国王遥问先朝,登遐天宫,不能默止"③;致使文意乖误,把大钦茂吊唁孝谦天皇的文字,变成淳仁天皇悼念高丽国王的文字,这是原件诏敕不可能出现的纰漏。上述例证足可说明该渤海国书决非原件。

其二,该国书的文字明显呈日式汉文体。总观历次渤海国书,皆用纯正地道的唐代文体写成,毫不夹杂非汉文语气。此件国书的首句："承闻在于日本照临八方",文字拙劣,语气蹩脚,而且"照临八方"文句,只能从那时的日人文笔中看到。例如,天平胜宝五年五月的赐渤海国王书中有："照临八极",以及简述渤海王书中的"日本照临圣天皇朝"句等皆是。这种句子显然衍生自《文选》,当时只有日本文人使用,在唐和渤海文式中早已过时。现存的渤海国书以及与该国书同时代的贞惠、贞孝公主墓铭文,都可得到印证。④

其三,"圣明皇帝"一词,渤海国书历来避免使用,总观渤海国书,只称天皇、大王,绝不称皇帝。皇帝一词是渤海对唐帝的称呼,唐玄宗册封大钦茂为渤海郡王时,开首句即为"皇帝若曰"⑤。与皇帝相对应的词是臣,渤海只对唐称臣,如渤海贺正表中的"臣幸际明昌",即是例证。⑥ 渤海对日本称天皇陛下的意义在于,尊称外国的君主,就地位而言与渤海王相当,同属两国君。

---

① 《续日本纪》卷19,天平胜宝五年五月条;卷21,天平宝字二年十二月、三年二月条。
② 《续日本纪》卷22,天平宝字三年一月条;四年一月条。
③ 《续日本纪》卷22,天平宝字三年一月条;四年一月条。
④ 参见《贞惠、贞孝公主墓铭文》,载《社会科学战线》,1982年,第1期。例如,《文选》所录《圣主得贤臣颂》中即有"周流八极"句子。句型西汉颇为流行,至晋时已很少见。唐代文人已不再使用,渤海文人使用纯正唐文,绝不使用此类句子。《文选》在当时日本各类学校中,是教授中国文学的纪传道专修课,对当时的学员影响颇深。
⑤ 《册府元龟》卷995,交侵;卷980,通好;964,封册。
⑥ 《松漠纪闻》,转引自金毓黻《渤海国志长编》上,第72页;下卷,第408页。

其四,此件国书内容有误。此次渤海赴日大使杨承庆的官衔全称是:辅国大将军兼将军行木底州刺史兼兵署少正开国公,副使杨泰师官衔是归德将军。渤海的辅国大将军为武散官四大将军之一,品秩在第二阶;归德将军为武散官九将军之一,品秩在第九阶。大使的官衔在国书中可以简繁有别,但决不能错记。此件国书把杨承庆简记为辅国将军,少一大字便使杨承庆从四大将军第二阶降至九将军第九阶,处于同副使杨泰师同等地位。杨承庆是开国主,不处于从属地位。公,品秩级别很高,渤海国书原件绝不会在品秩官阶上出现如此重大失误。

其五,此件国书明写:"令赍表文"。表是日本一再要求而渤海从未进呈的,渤海只对唐进表。① 综观渤海历次赴日国书皆称启,不称表。例如,桓武天皇致大嵩国书中说:"胜宝以前,数度之启,颇存体制","今检定琳所上之启,首尾不"。胜宝即天平胜宝,其元年为749年;定琳为渤海赴日使吕定琳,于延历十四年(795年)至日,翌年桓武天皇致大嵩国书。由此可见,从749年至795年渤海所呈国书皆称启,此件国书在759年,正在上述时期内,可知其为启而非表。"令赍表文"四字,不过是《续日本纪》编者按其主观愿望,改笔记入《续日本纪》内,略以自慰而已。

其六,此件国书说,"贡常物入朝"。贡与表相呼应,臣上书于君为表,献物于君称贡。渤海自同日本通聘,就坚持平等交往,不上表自然不称贡。日本虽一再要求渤海称臣纳贡,甚至在国书中自立于君位称朕,视渤海为臣属,所进礼品也一厢情愿地自书作贡品,但是渤海从未屈服于日本的压力,在国书中对所进礼品坚持称"奉送""进上""奉付""兼上"等,绝未言贡字。只一贡字,可以说一字千钧地证明了此件国书决非原件。

通过上述六点分析,这仅有62字的国书,可以肯定地说,绝非原件,自然其文亦非原文了。因之,高丽国王一词也就失去了存在的基础。

2. 出现"高丽国王"一词的原因

大氏政权从"自去靺鞨号"专称渤海以来,直至亡国从未再改变国名,因而不会出现国名渤海,其王自称高丽国王的亘古奇谈。日本史书中出现的

---

① 唐玄宗敕大武艺书中有:"近得卿表"之句可证。见《文苑英华》,471。

渤海与高丽互换的笔法，唯一合理的解释是，此系当时日本史家的习惯，在《续日本纪》中就可找到答案。

《续日本纪》把渤海写作高丽，始于天平宝字三年（759 年）。天平宝字二年，日本遣渤海使小野田守，与渤海赴日使杨承庆同时至日。《续日本纪》中有关记述皆作渤海，例如是年十二月，小野田守把从"渤海"获得安禄山乱唐消息，及"唐王赐渤海国王敕书一卷"等事，上奏天皇即是例证。[1] 同时，按日本通聘体制，日廷须派存问使去渤海国使驻地，验证渤海使的身份、资格、证件，检验国书有无违碍之处等；验明无误后上奏朝廷，渤海使方准进京。此次渤海使九月至日，十二月底进京；在此期间内存问使如果验知渤海国书自称"高丽"国王，必将作为重大事件上奏朝廷，以便朝廷进行判断：此点是否违例并作出相应的处置，同时将立即改变称呼。可是，《续日本纪》在十二月壬戌（25 日）还记作"渤海使"杨承庆入京。可见直到天平宝字二年十二月底，这件只为吊唁"国忧""更无余事"的国书，[2]没有任何迹象说明渤海国自称"高丽"的事实。

但是，从天平宝字三年正月，亦即从藤原继绳编纂《续日本纪》时起，十二月底入京的渤海使，便莫名其妙地被改写成"高丽大使"，与此相关，凡称渤海者皆改作高丽。于是出现前引并非原件的"奏曰：高丽国王大钦茂言"的国书。同时，日本天皇致渤海国书的开首书式，也写成明显不符规格的"敬问高丽国王"。[3] 日本国书现存十九件，除二件外皆以恒式"天皇敬问渤海国王"书式开首。日本既然不断要求渤海，以称臣进表恒式呈递国书，则自己的国书亦必然以恒式相规范，给渤海作出范例，避免渤海提出异议。因此，不写"天皇敬问高丽国王"，只写"敬问高丽国王"一点，已露出编者改笔的蛛丝马迹。何况紧接"赐高丽国王书"之后，就记"渤海使"辅国大将军高南申来朝。天平宝字四年正月，记"渤海使"高南申等贡方物，接着编者又简述作："奏曰，国王大钦茂言，……差辅国大将军高南申等充使入朝。"既然前一句编者记高南申为渤海国使，则后一句派其出使的国王大钦茂亦必为渤

---

[1]《续日本纪》卷 19，天平胜宝 5 年 5 月条；卷 21，天平宝字 2 年 12 月、3 年 2 月条。
[2]《续日本纪》卷 19，天平胜宝 5 年 5 月条；卷 21，天平宝字 2 年 12 月、3 年 2 月条。
[3]《续日本纪》卷 19，天平胜宝 5 年 5 月条；卷 21，天平宝字 2 年 12 月、3 年 2 月条。

海国王。可是天皇诏又作:"高丽差南申"入朝。接着记作:二月,"渤海使"高南申等归蕃。① 上述所引,明显看出编者笔法的无原则和任意性。

编者改笔的明显例证是,宝龟二年、三年对渤海使壹万福赴日的记事。宝龟二年六月,《续日本记》载,"渤海国使"壹万福等至日,十二月入京。②宝龟三年正月,渤海客依仪拜贺。"乙酉(四日),先是责问渤海王表无理于壹万福,是日告壹万福等曰:万福等实是渤海王使者。"这一段记事,是当着渤海国使的面,明白无误地承认:王是渤海国的王,使是渤海国的使。于是二月己卯,"赐渤海王书"③,随后渤海蕃客归乡。可是,这"赐渤海王书"的日本光仁天皇国书的开首书式却是:"天皇敬问高丽国王。"既然当着渤海使的面称其王为渤海国王,而不称高丽国王,那么在给渤海国王看的"赐渤海王书"中就不可能是"敬问高丽国王"。尤其国书中又明确地写着,被称作高丽国王的大钦茂之父大武艺为"渤海郡王"。这种失礼性的误笔,在国书中不可能出现。渤海郡王名称是大祚荣、大武艺至大钦茂祖孙三代共有的渤海国王名称,同时也是通聘日本的国名。即使日本特意比唐提前十年,称渤海郡王为国王以示封藩之意时,亦称作渤海国王而未改称高丽国王,④因此国书中只能写"渤海郡王"而不能写"高丽郡王"。故可推知,送至渤海的那件国书的开首书式,亦必为"天皇敬问渤海国王",决不会是"高丽国王"。高丽国王一词和冠以高丽二字的词一样,只能写在《续日本纪》内,而不能作为正式文件呈送渤海国。

另据《续日本纪》载,天平宝字八年(764年)七月,新罗使金才伯等至日本大宰府言:"唐国使韩朝彩自渤海国来"问,日僧戒融是否平安归乡。⑤ 此条史料说明,中、日、新罗皆称渤海,是渤海国名为当时东亚各国共称的有力佐证。然而《续日本纪》编者在抄录回答新罗使讯问的乾政官符时,又写:

---

① 《续日本纪》卷 22、23,天平宝字 3 年 2 月至 4 年 2 月条;卷 25,8 年 7 月条。
② 《续日本纪》卷 31,宝龟 2 年 6 月、12 月条;卷 32,3 年 1 月、2 月条。
③ 《续日本纪》卷 31,宝龟 2 年 6 月、12 月条;卷 32,3 年 1 月、2 月条。
④ 唐初封渤海为郡王,渤海即以郡王名义与日本通聘。唐在宝应元年(762 年)始进封渤海为国王,而日本在天平胜宝 5 年(753 年)即改称郡王为渤海国王,比唐提前 10 年,其意在自拟立于唐帝之位,以封藩属之国。
⑤ 《续日本纪》卷 22、23,天平宝字 3 年 2 月至 4 年 2 月条;卷 25,8 年 7 月条。

"该僧以去年十月从高丽国还归圣朝。"①该编者记韩朝彩来自渤海,又记官符称从高丽回国。这一事例表明,高丽二字实为当时日本政界、史家中一些人对渤海的惯称,而非渤海的自称。这恰如前已提及的日本史书中把隋称作唐一样,只不过是一种习惯用语。

渤海、高丽名称互换的记事,主要出现在藤原继绳主编的《续日本纪》第22—35卷内,亦即从天平宝字至宝龟年代。日本史界对其评语是:"不闻政迹,亦无才识。"②他在上天皇表中,说明主编外国史时所抱的宗旨是:"非帝制敕,语关声教,理叙劝惩,总而书之,以备故实。"③由此可知,他在这一宗旨下,只要事涉日本声威教化,就可以劝惩为名,总而书之,亦即可改者改之,可简者简之,作为惯例,以符所需。当时,为使渤海效法高丽对日称臣纳贡,日本朝野把渤海称作高丽者,不过是满足政治扩张欲的一种自我安慰,并非渤海曾经自称过高丽。藤原氏是这种扩张欲的主要体现者,当首次日本遣渤海使回国后,曾将所带回的渤海郡王信物献给山陵、神社及祭奠已故太政大臣藤原不比等墓,因为藤原不比等曾主张向半岛扩张救援高丽。作为藤原氏后继者的藤原继绳,有意将渤海主动来聘,与高丽求援联系起来,除含有压服渤海称臣纳贡之意外,不过是一种借以满足扩张欲的自我安慰,实属画饼之举。但是,与他同一时期的政治家、史家菅野真道比他明智,虽同样持有对外扩张欲,但属务实派,并不把渤海与高丽等同起来。他在主编的《续日本纪》前20卷中,虽载有"渤海国者,旧高丽国也"的文字,但他并不称渤海为高丽。晚于《续日本纪》的《日本三代实录》记有下述事实:唐咸通十四年(日本贞观15年,873年),渤海遣唐使大陈润、首领崔宗佐等赴唐,因海中遭风漂至日本萨摩。由于"言语难通",大陈润"自书"曰:"渤海国人。"后来日本朝廷派译员前往了解情况,该译员未派懂高丽语者,而是"遣大唐通事张建忠覆问事由",审实"是渤海国入唐之使",并"进宗佐等日记并

---

① 《续日本纪》卷22、23,天平宝字3年2月至4年2月条;卷25,8年7月条。
② 上田正昭:《CONCISE 人名辞典》,日本编,藤原继绳条。
③ 《类聚国史》,147,文部下,国史,第909页。"故实"一语,取自《国语·周语上》之"有职故实"句。意即做事必问于遗训,而取其对者之意。藤原的作法,意在以此例书,作为以后史家必须遵循的体例。

所赍蜡封函子、杂封书"等。经朝廷审查敕复,确"是渤海人"。① 大陈润是渤海王族,自书渤海人而不称高丽人,同时日本朝廷的敕也称渤海人不称高丽人。《日本三代实录》这一记载,是对《续日本纪》所载高丽王问题最有力的批驳。

通过上述分析,所谓高丽王问题出现的经纬已历然在目,毋庸赘言。想用"高丽国王"一词来证明渤海是高丽族建立的国家的命题,也就无须再为之喋舌了。

(作者张声振,吉林省社会科学院,原文刊于《社会科学战线》2006 年第 3 期)

---

① 《日本三代实录》,23、24,贞观 15 年 5 月、7 月条。

利玛窦世界地图在日本

江　静

利玛窦(MatteoRicci,1552—1610年)在华传教期间曾绘制世界地图数幅,其中流传广、反响大的版本有以下三种:完成于万历十二年(1584年)的《山海舆地图》、二十八年(1600年)的《山海舆地全图》、三十年(1602年)的《坤舆万国全图》。前两者现已佚失无存,惟《坤舆万国全图》,其初版原刻本虽不见于今日中国,却在罗马梵蒂冈图书馆、意大利波罗尼亚观察大学、日本宫城县立图书馆、日本京都大学图书馆以及日本国立公文书馆内阁文库等处有藏。

作为利玛窦研究乃至东西关系史研究的一个重要课题,利玛窦译绘的世界地图历来受到学界的广泛关注。中国方面,从20世纪30年代洪叶的《考利玛窦的世界地图》[1],到20世纪80年代台湾学者林东阳的《利玛窦的世界地图及其对明末士人社会的影响》[2],经过几代学者的努力,廓清了利玛窦世界地图在中国的诸种版本、流传情况及其对中国社会的影响。利氏地图在问世后不久就传到了日本并产生了深远的影响,对此,日本学者已有较为深入的研究,而我国学界对此却所知甚少,这有碍我们对利氏世界图的全面把握。有鉴于此,笔者试图在中日两国学者研究成果的基础上,对利玛

---

[1] 洪叶.考利玛窦的世界地图[A].洪业.洪业论学集[C].北京:中华书局,1981:151—192.
[2] 林东阳.利玛窦的世界地图及其对明末士人社会的影响[A].利玛窦国际学术会议秘书处.纪念利玛窦来华四百周年中西文化交流国际学术会议[C].台北:辅仁大学出版社,1983:311—378.

窦世界地图在日本的流播和影响作一番考察。

一、东传日本

利玛窦世界地图问世不久后就被介绍到了日本,至于它初传日本的确切时间,现存史料没有记载,只能大致界定在江户时代前期。日本学者青木千枝子女士认为,就《坤舆万国全图》而言,其东传日本的时间可分作两个时期,一是 17 世纪早期的江户时代初期,另一个是百年后的 1720 年以后。在第一个东传时期,传入者是与耶稣会有关的人物,传播路线是北京、澳门、长崎。这一时期传入的《坤舆万国全图》与梵蒂冈藏本相同,无裱装、无着色。在第二个东传时期,随着享保五年(1720 年)第八代将军德川吉宗(1684—1751 年)"洋书解禁令"的下达,包括汉译洋书在内的西方科学著作输入得到了增加。这一时期传入的《坤舆万国全图》已经过了中国人的裱装和着色,有曾被作为观赏或学习之用的痕迹,与第一时期的新品相对,这一时期东渡的地图是二手货。①

对青木女士的上述观点,笔者甚是赞同。需要补充的是,第一个时期的下限应该是在贞享二年(1685 年),从这一年开始,禁书制度变得极为严格,书籍检查日趋严厉,一切与利玛窦有关的书籍都被拒之门外,利氏地图传入日本的可能性极低。

结合当时的时代背景,利氏地图主要是通过以下三种途径传到日本。

(1) 在华传教士托人或亲自带往日本。据利玛窦《入华记录》,1600 年《山海舆地全图》完成后,"诸神甫亦有以寄往澳门及日本者"②,即是一例。其间起桥梁作用的是频繁来往于澳门与日本间的葡萄牙商人。自嘉靖三十二年(1553 年)葡萄牙人进驻澳门后,澳门就成为欧洲传教士赴日本及中国大陆传教的中转站,频繁来往于澳门与日本间的葡萄牙商船无疑是联系中日两地传教士的桥梁。庆长十八年(1613 年),幕府推行全面禁教,严禁传教士入境,这条途径受阻。宽永十六年(1639 年),幕府禁止葡萄牙船通航

---

① 青木千枝子. 我が国に现存する「坤舆万国全图」の刊本に関する一考察[J]. 汲古,1993,23:113.
② 洪叶. 考利玛窦的世界地图[A]. 洪业. 洪业论学集[C]. 北京:中华书局,1981:161.

日本,该途径被完全割断。

（2）中国商人贩卖到日本。自日本庆长十二年（1607年）以后,每年都有中国商船赴日,尤其是1648年以后,商船数量增至几十艘,这种盛况一直延续到17世纪末,①而书籍是两国贸易中的大宗商品。② 我们虽然没有找到利氏地图被商人卖到日本的直接材料,但下述记录亦能说明问题:据长崎县立图书馆所藏《长崎觉书》记载,在宽文八年（1668年）三月八日禁止中国商船带入日本的诸项商品中,包括各种绘图,"但世界之图御免,重宝成者故"③。也就是说,世界地图因属贵重之物,被排除在禁品之外。这中间,很有可能包括在中国反响大、流传广的利玛窦世界地图。这条途径同样并非一帆风顺,从禁书制度颇为严格的贞享二年（1685年）,到大量西方科技书获得解禁的享保五年（1720年）,涉及天主及利玛窦的书籍均被定作禁书,中国商船一旦被发现载有此类书籍,就会受到勒令返航、禁止再度来日之类非常严厉的处分,在此背景下,中国商人是不会冒险将利玛窦世界地图带到日本的。

（3）赴日中国人携往日本。享保五年（1720年）,原目贞清（生卒年不详）以利氏地图为蓝本制作《舆地图》一幅,在地图下部的说明文字中,作者简单地提到了利氏图的传入经过："往昔有泉州人一宦某者,携图来肥州④,自以珍藏焉。当时人固请写之,传来于江府⑤。"⑥

通过上述途径传到日本的利氏地图,以萨摩、长崎为中心,流播到日本各地。

二、现存日本的原刊本

如前所述,现存的五件《坤舆万国全图》初版原刊本中,有三件藏在日

---

① 木宫泰彦(胡锡年译).日中文化交流史[M].北京:商务印书馆,1980:639—641.
② 关于江户时代书籍交易的盛况,可参见下列著述中的相关章节:大庭修著、戚印平等译《江户时代中国典籍流播日本之研究》(杭州大学出版社1998年版);王勇、大庭修主编《中日文化交流史大系典籍卷》(浙江人民出版社1996年版);严绍璗著《汉籍在日本的流布研究》(江苏古籍出版社2000年版)。
③ 船越昭生.『坤輿万国全図』と鎖国日本—世界の視圏の成立—[J].东方学报,1970,(41):703.
④ 肥州在今佐贺县、长崎县、熊本县一带。此处指长崎。
⑤ 江府即江户幕府。
⑥ 鮎澤信太郎.マテオ・リッチ世界図に関する史的研究[J].横浜市立大学紀要,1953,(18):171.

本。长期以来，日本学者在并未作严格考证的前提下，认定它们皆为1602年李之藻刻版本。可是，在只能依靠照片或复制图进行研究的我国及欧美学者中，有不少人对这三幅藏本的版本归属提出过置疑。对此，青木千枝子经过颇为细致的调查研究，确定它们均为万历壬寅年（1602年）的初版本，同时，还对它们的现状及传入时期作了考察。① 该文的发表，对难以目睹这三件地图的我国学者而言，无疑极具参考价值。在此，笔者将根据青木千枝子的调查，并结合已掌握的情况，对这三份藏本的由来和现状作如下报告。

(一) 宫城县立图书馆藏本（以下简称"宫城图"）

关于该藏本的由来，目前只知它是原仙台藩藩主伊达家的旧藏。一种可能是伊达政宗（1567—1636年）的收藏本。伊达政宗思想颇为开放，不仅允许耶稣会士在领地内传教，积极与荷兰人通商，还派家臣赴欧洲考察。他拥有《坤舆万国全图》的可能性极大。② 青木千枝子则认为，该藏本可能是德川幕府首任"天文方"涩川春海（1639—1715年）的遗物。③

"宫城图"由六幅组成，总面积为165cm×365厘米，卷轴装。

据利玛窦在《坤舆万国全图》上撰写的总论及第二幅面右上角的说明文，"其各州之界当以五色别之，令其便览"。"以下五总大洲用朱字……其南北极二线昼夜长短平，二线关天下分带之界，亦用朱字。"④也就是说，五大洲应以五种颜色来区分，各洲的洲名及南北回归线也应用朱笔描画。实际情况又如何呢？"宫城图"由于年代久远，褪色比较厉害，但南北美洲仍留有淡淡的粉红色痕迹，在今天南极洲位置的"墨瓦蜡泥加"，也有近似于红色的色彩，海洋的颜色为青色。至于图中的五大洲名、五带区分线及其名称，则一律用红字表示。青木认为，这种着色情况非日本所有，因此，"宫城图"

---

① 青木千枝子.我が国に現存する「坤輿万国図」の刊本に関する一考察[J].汲古,1993,23：107—113.
② 織田武雄,秋山元秀.宫城県図書館蔵利瑪竇『坤輿万国全図』別冊解説[M].京都：臨川書店,1997：6.
③ 河野通博.青木千枝子さんの「坤輿万国全図」研究後編——日本製模写図に関する諸問題[J].地理,1998,43(12)：86.
④ 朱维铮(编).利玛窦中文著译集[M].上海：复旦大学出版社,2001：175,218.

应该是在中国完成上色的。如果我们将之与现存南京博物院的《坤舆万国全图》彩色摹绘本相比,就会发现相同位置的着色情况基本是一致的,这在一定程度上证明了青木的观点。

就损毁程度而言,"宫城图"裂损、破损及磨损并不严重,惟虫咬痕迹较多,由此造成画面和文字的多处缺损。同时,纸面的污染也比较明显,突出体现在各幅画面的接合处及中国、日本所在的第四幅画面中。

(二) 京都大学藏本(以下简称"京大图")

"京大图"乃 1905 年由当时的京都帝国大学(现京都大学)从伊势松坂的一个商人手中购入的。该藏本的最大特点是三枚耶稣会会印被人用利器削去。过去,国内外学者对"京大图"的研究多以 1936 年北京禹贡学会发行的复制图为依据,由于该图在文字及细小图形方面与梵蒂冈图多有不同,因此,有学者认为"京大图"不是 1602 年版的《坤舆万国全图》,继而有学者根据复制的"京大图"缺少耶稣会会印的事实,认定它是同年某刻工的私梓本。① 对此,青木指出,只要见到"京大图"的实物就会明白,"京大图"与梵蒂冈图版本相同,只是印刷时间较晚,禹贡学会的复制图由于是以图案模糊的照片为底本,在制作过程中作了修饰,因此导致部分研究者对"京大图"认识上的误差。② 而耶稣会会印是被人为削去的,本不成问题。至此,"京大图"的版本问题得到了解决。

"京大图"每幅高约 164 厘米、宽约 61.5 厘米,③卷轴装。虽然褪色比较厉害,但仍可看出图中的五大洲名、五带区分线及其名称一律施有红彩,此外,非洲的山脉和水系分别为绿色和青色。与"宫城图"不同的是,大陆和海洋没有施彩的痕迹。

"京大图"的损伤程度要甚于"宫城图",且不说三枚会印被人为削除,每幅画面的周边破损情况也比较厉害,可能是在装裱过程中受到了破坏。此

---

① 曹婉如,薄树人,郑锡煌,等.中国现存利玛窦世界地图的研究[J].文物,1983,(12):57—70.
② 青木千枝子.我が国に现存する「坤舆万国全図」の刊本に关する一考察[J].汲古,1993,23:107—113.
③ 洪叶.考利玛窦的世界地图[A].洪业.洪业论学集[C].北京:中华书局,1981:165.

外,纸面的污染尤其是磨损颇为严重,许多文字模糊不清,有些地方不得不用墨书的文字代替。与"宫城图"相同,绘有中国及日本的第四幅画面磨损最重,反映了该部分使用频率最高。"京大图"鲜有虫蛀的痕迹。

(三) 国立公文书馆内阁文库藏本(以下简称"内阁文库图")

1873年为接收幕府红叶山文库的藏书而建立的内阁文库,是日本收藏汉籍古本最大的藏书机构。据《幕府书物方日记》记载,享保十九年(1734年)该图在长崎奉行手中,元文二年(1737年)与许多中国地方志一起被收入江户红叶山文库,也就是幕府将军的书库,时与《皇舆图》互为表里,乃12帖装的折本,总体宽440.4厘米、高344.4厘米。[1]

该藏本并非完本,主图周围的副图及说明文字均被切除,各幅之间在粘贴过程中有人为拼凑的痕迹。与前两件藏本不同,该图没有任何着色的痕迹。日本现存的三部印本中,该图的印刷时间与梵蒂冈图最为接近。"内阁文库图"保存状况良好,除了有裂痕外,虫蛀和破损程度均较轻,几乎不见磨损和污染的痕迹,可见该图在入库后未经改装,被利用的频率颇低。

三、流播与影响

在利氏地图传入日本之前,已有欧洲地图被南蛮船介绍到日本,而且出现了所谓"南蛮系世界地图"的翻译、摹绘之作。可是,这类地图往往只是被制成豪华绚丽的屏风,作为时尚装饰物在上流社会传播,影响并不大。利氏地图与前者最大的不同在于:(1) 它使用的是汉字;(2) 中国和日本被置于地图的中央。正是这两点,使利氏地图让长期受中国文化浸濡的朝野人士感到亲切和易于接受,影响也随之扩大。

在东传日本的第一个时期,利氏地图极可能被传教士们作为天文地理教材而介绍给教会学校的学生。1549年起,陆续赴日的耶稣会士作为扩大传教线路的一种手段,积极从事教育文化事业,他们在九州和京畿等地兴办

---

[1] 三好唯義(編). 図説世界古地図コレクション[M]. 東京:河出書房新社,1999:112.

学校,招收武士和上层町人的子弟。在传播神学的同时,他们也教授包括天文、地理等自然科学。对于熟谙汉字的日本人而言,有汉字说明的利玛窦世界地图无疑是一部绝好的参考书。

利氏地图同样是那些注重西方文化的学者们的案头之物,尤为天文地理学家所器重。仅从以下几个事例便可获知:

天文学家涩川春海(1639—1715年),幕府第一任"天文方",也是第一部由日本人自己编制的历法《贞享历》(1684年)的作者,于宽文七年(1667年)"以欧罗巴利玛窦所著之坤舆万国横图(乃画屏六幅)"①为据,作成一地球仪。

幕府儒官新井白石(1657—1725年),在宝永六年(1709年)对潜入日本的传教士约翰·巴蒂斯达·西多蒂(JuanBattistaSidotti,1668—1715年)进行审讯时,拿出所藏之《坤舆万国全图》向其"访以方俗"②。以这次审讯为契机,新井白石于1713年和1715年相继完成了《西洋纪闻》和《采览异言》,这两部日本地理学史上的不朽名著有多处参考了利氏地图及其图说,仅《采览异言》中引用的图说部分,就达三十二处之多。③

《增译订正采览异言》(1803年)被认为是江户时代首屈一指的世界地理著作,作者山村昌永(1770—1807年)在所列出的引用汉文书目中,首先举出的就是《坤舆万国全图》。

此外,江户时代的著述中,有三十余种利用或提到了利玛窦世界地图,另有二十五部文献中所描绘的世界地图参考了利氏地图。④ 这五十余种文献有如下几个特点:(1)时间跨度大,最早的《明清斗记》成书于江户前期的宽文元年(1661年),最晚的《大福节用无尽藏》刊行于明治前夕的文久三年(1863年),以江户中后期的文献居多;(2)作者身份复杂,有官员、学者、军

---

① 《春海先生实记》,转引自船越昭生:『「坤輿万国全図」と鎖国日本—世界の視圏の成立—.』第687頁。
② 《采览异言》,转引自鮎澤信太郎:『マテオ・リッチ世界図に関する史的研究』第88頁。
③ 鮎澤信太郎.マテオ・リッチ世界図に関する史的研究[J].横浜市立大学紀要,1953,(18):108—111。
④ 鮎澤信太郎.マテオ・リッチ世界図に関する史的研究[J].横浜市立大学紀要,1953,(18):75—216。

事家和翻译,包括兰学者和国学者;(3)书籍种类多样,主要为天文地理书,但也不乏小说随笔,以及《节用集》《唐土训蒙图绘》之类的面向一般读者的简易百科辞典。通过这些读物,利玛窦世界地图影响了江户时代各阶层人们的世界地理认识。

除了被广泛征引,利氏地图还被大量摹绘。以《坤舆万国全图》为例,仅现存的江户时代日本制摹绘图就有21件之多,分布在由北向南的仙台、东京、滋贺、神户、大分等多个地区,①说明利氏地图曾在日本全境流布。日本制摹绘图具有如下特征:(1)摹绘时间晚。已知的十位作者,均为18世纪中叶到19世纪中期的人物,说明利氏地图被广为传绘的时间集中在它再次传入日本以后。(2)日本化特征明显。为方便日本人阅读,摹绘图多在地名旁标有假名文字;对利氏地图中错误的日本地名部分也作了修正;以颜色区分各个地域,而不仅仅是五大洲,因此,色彩较原图显得更加丰富和艳丽。(3)装帧形式多样。21件摹绘图中,包括屏风装8件、卷轴装6件、折叠装6件、额装1件,装帧形式的多样化反映了它们被利用方式的多样化。

利氏地图传入日本后不久,地理学界出现了以它为原型制作的世界地图,即所谓的利玛窦系统世界地图,它们具有如下几个特征:椭圆形的轮廓;中国和日本位于地图的中央;北冰洋中有四个大岛,南太平洋中有连接新几内亚、澳大利亚、南极大陆的巨大陆地。一般认为,日本最早刊行的世界地图《万国总图》(1645年)就属这一系统。而其中最有影响的,要属水户藩儒臣、地理学者长久保赤水(1717—1801年)绘制于18世纪末的《地球万国山海舆地全图说》。该书问世以后屡次再版,还在民间衍生出许多奇异的本子,其影响一直持续到19世纪的幕府末期。在日本的世界地图绘制史上,17到18世纪被看作是利玛窦系世界地图唱主角的世纪。

然而,利氏地图在日本的传播并非毫无障碍,其中宣扬的"地圆说""五大洲说"等新观点同样受到传统观念的反抗。这种批判最早来自儒教界,儒

---

① 关于日本制《坤舆万国全图》摹绘本的研究,除了本文参考文献中列出的[7]、[11]、[12],还可参考下列论文:青木千枝子「我が国における坤舆万国全図模写図の諸問題」(人文地理第43卷第5号,1991:508—509);秋冈武次郎「坤舆萬国全図屛風総説,渋川春海描並に藤黃赤子描の世界図天文図屛風」(『法政大学文学部紀要』第8卷,1963,(3):1—29)。

学家们或是彻底否定"地圆说",或是从"盖天说""浑天说""宣夜说"入手寻找"地圆说"的中国源。例如,庆长十一年(1606年),日本朱子学的开创者林罗山(1583—1657年)在与传教士不干斋·巴鼻庵(1565年—?)论战时,认为利氏地图"彼以地中为下,地形为圆,其惑岂不悲乎。朱子所谓天半绕地下,彼不知之"。又言其中的日月行道之图,"不及一行深括之万分,盖彼潜在大明,见浑天之遗则而窃模仿之耳。可叹!"①由于利氏地图在全图说明的开篇借用浑天说的比喻说明地球为圆形,林罗山以此为把柄,指责利氏地图不过是剽窃之物。

在受到保守儒学者批判的同时,利氏地图也得到儒家开明人士的青睐。前面提到的幕府儒官新井白石就是一个典型的例子。事实上,与在中国的遭遇相比,利氏地图受到的来自日本儒学界的责难微不足道。究其原因主要有三:其一,江户时代以前,日本儒学思想发展并不成熟,在中国根深蒂固的儒家传统"天朝大国"思想在日本影响并不十分深入;其二,中国的大多数儒学者继承了"君子不器"的鄙薄科学技术的传统,而日本的大多数儒学者并不轻视"经世之学"和科学技术,甚至有儒学者亲自从事自然科学研究,这就决定了他们比中国的儒学者更容易接受西方自然科学;其三,中国儒学具有强烈的排他性,而日本儒学则长期与佛教、神道等其他思想共存,比较容易接纳外来文化。

利氏地图受到的非难更多来自于佛教界。佛教认为,我们的世界以须弥山为中心,须弥山的四方海中有四大洲,南方称为南瞻部洲,也就是我们居住的世界;日与月旋绕于须弥山的山腰。这一宇宙理论与利氏地图阐述的"九重天说""四行论略"等西方宇宙论截然不同。更有甚者,利玛窦在《坤舆万国全国》的开篇说明中公然宣称:"释氏谓中国在南赡部洲,并计须弥山出入地数,其缪可知也。"②直接否定了佛教的宇宙观和世界观,这必然会引起佛教徒的恐慌和愤怒,继而导致对利玛窦及其所代表的西洋地理学的强烈攻击。

---

① 林罗山.排耶稣[A].海老泽有道等(校注).日本思想大系:キリシタン書排耶書[Z].東京:岩波書店,1970:414—415.
② 朱维铮(编).利玛窦中文著译集[M].上海:复旦大学出版社,2001:175.

从现有史料看,这种攻击始于主张儒佛一致的水户儒臣森尚谦(1653—1721年),他在《护法资治论》(1707年)中写道:"传闻西洋外道等称地形团圆,彼只视形器已后之象,知商舶所通之津止于意识念虑之所至,不达不思议之深妙,故所计度不免谬误。"森尚谦进而向佛教界发出警告:"吾恐后世佛法之大难,必自天文地理而始。"①

森尚谦的观点被京都积善院和尚圆通(?—1834年)继承和发展,这是个根据佛教经典研究天文地理、一生积极反对西洋学的僧侣。他在《梵历策进》等书中认为,西洋学说是佛法的大敌,其中尤以利玛窦传入之"天球说""地球说"最甚。他在《佛国历象编》中抨击利氏地图"所注甚多杜撰",而所谓"相隔百八十度,则时六辰而昼夜相反焉,是大妄也"②。

直至明治前期,佛教界不断有著述问世,对利玛窦及其代表的天主教展开批判,例如:龙温的《辟邪护法策》(1863年)、德风的《护法小策》(1863年)、却水的《弹邪半百则》(1865年)、深慨隐士的《斥邪漫笔》(1865年)、《斥邪二笔》(1866年)、龙晓的《论童辩》(1867年)、晁曜的《护法总论》(1869年)等。在这些著述中,利玛窦或被斥为弘布邪教的罪魁祸首,或被贬为西洋戎人、蛮夷野人,"地球说"被视作传教士祸乱佛教的工具,支持"地球说"的人被看作神国的罪人。

尽管批判在继续,但前进的潮流不可逆转。随着人们世界认识水平的普遍提高,佛教界也不得不作出某种让步,利用西洋地理新知调整旧有学说的倾向悄然出现。这种变化突出地体现在佛教界的世界地图中,京都华严寺开山凤潭(1654—1738年)和尚的《南瞻部洲万国掌果之图》(1710年)就是一个具有代表性的例子。作者参考了两百余部文献,力图绘制一幅精确的须弥山世界图,以与欧洲世界图相抗衡。可是,这部地图描绘的南瞻部洲除了有印度和中国,还在四周增加了许多不知名的地域,特别是在图的东北部绘有群岛状的欧洲,整个图形也不再是均匀的左右对称,明显受了西洋地理学的影响。再如,净土宗僧存统(?—1842年)绘制的《世界大相图》

---

① 鮎澤信太郎. マテオ・リッチ世界図に関する史的研究[J]. 横浜市立大学紀要,1953,(18):222.
② 鮎澤信太郎. マテオ・リッチ世界図に関する史的研究[J]. 横浜市立大学紀要,1953,(18):223—225.

(1821年),在图右下角的南瞻部洲画有赤道、夏至和冬至线。

儒佛两界苦于应付西洋学说的窘境,遂被国学家们适时地加以利用了。后者力图在复古精神的指引下,冲破儒学与佛教思想的束缚,建立一种与传统"三国世界观"相抗衡的新的世界观。

被视作"集国学之大成"的学者本居宣长(1730—1801年),对建立在实测基础上的西洋地理学评价颇高。他在《玉胜间》《辩沙门文雄之九山八海解嘲论》《真历不审考辩》等论著中,多次以"地圆说"与"五大洲说"为理论根据,驳斥佛教的"须弥山说"为妄说。

宣长的弟子平田笃胤(1776—1843年)在《古道大意》之"日本国风"中,摒弃了"天圆地方说""三国世界观"等传统学说,转而介绍"地圆地动、世界由五大洲构成、地球有南北两极和寒温热带"等知识。① 虽然没有直接证据表明平田笃胤看到过利玛窦的世界地图,但其读过新井白石的《采览异言》、山村昌永的《增译采览异言》以及日本版的《天经或问》等书,却是确凿的事实,这些著作均或多或少地采用了利玛窦的图说。

"地圆说"同样受到那些反对儒家中华思想和华夷观念的学者的欢迎。兰学者大槻玄泽(1757—1827年)在其著名的兰学入门书《兰学阶梯》(1788年)"御侮"篇中,以地圆说为根据,批判了某些人只知中国和印度,视他国为未化蛮夷的粗浅和孤陋。②

利玛窦世界地图不仅是地图,也是一部内容丰富的天文地理书,几乎囊括了当时西方地理学的主要地名、概念和理论,它的传入,在日本思想史和地理学史上具有重要的意义:其一,思想史上的意义。16世纪中叶以前,受长期在意识形态中占统治地位的佛教的影响,日本人普遍认为,世界以中国、日本、印度三国为中心。16世纪中叶以后,随着南蛮文化陆续传入日本,一部分日本人开始意识到,在三国之外,还有一个文明的西洋世界,一种更接近事实的世界认识开始形成。利玛窦世界地图的传入如一针催化剂,

---

① 平田篤胤. 古道大意[A]. 神田豊穂. 世界大思想全集54:日本思想篇[Z]. 東京:春秋社,1927:190—191.
② 大槻玄泽. 蘭学階梯[A]. 松村明等(校注). 日本思想大系64:洋学上[Z]. 東京:岩波書店,1976:338—339.

加速了这种认识的形成，大多数人最后终于冲破"三国世界观"的束缚，确立了科学实证的近代世界观。由此，日本人传统的崇拜中国的"慕夏"观念开始发生根本性的变化。其二，地理学史上的意义。利氏地图将许多崭新的地理学理论与世界知识带到了日本。包括五大洲观念、经纬度的概念和测量方法、气候带的划分方法、地理大发现的新成果、世界各地风土人情的介绍等等，这一切，对江户时代地理学的发展，以及人们世界认识水平的提高有着颇为重要的意义。直到 20 世纪前半期，许多汉译外国地名和专有名词，诸如亚细亚、欧罗巴、北极、南极、地中海、日本海等还出现在日本的世界地图中。

最后，我们对利玛窦世界地图在中日两国的命运作一比较。在中国，利氏地图的出现犹如平地一声惊雷，引起了国人思想上的强烈震动，当时影响颇大。可是，在利玛窦去世后不久，该图就被打入冷宫，日后鲜被引用，甚至被视作荒诞失实，失去了生命力。在日本，利氏地图传入之初并未引起多大的轰动，可是其生命力却颇为顽强，影响一直持续到明治前期。造成如此差异的原因有很多，其根本原因在于两国在认识传统和文化传统上的开放程度不同。一直生活在东亚次大陆封闭环境中的中国，以儒家学说为核心的华夏文化始终居于至高无上的中心地位，为此，历代封建统治者和一般民众皆以"天朝上国"自居，并逐渐形成了一套根深蒂固的华夷观念。这种观念限制了国人的视野，妨碍了国人对外来文化的接纳与吸收。日本缺少华夷之别的思维定式与心理障碍，具有师法他族的认知传统，他们以是否有用决定文化选择的取向，这为利氏地图扎根日本创造了条件。

（作者江静，浙江大学人文学院日本文化研究所，原文刊于《浙江大学学报》2003 年第 5 期）

明末清初郑氏集团与日本的贸易

任鸿章

一、明末清初的中国与日本

中日两国，一衣带水。这种地缘关系大大便利了两国自古以来的经济与文化交流。根据文献记载，最晚从汉魏时代起，两千年来，不论两国间的政治关系发生何等变化，除了对双方相互交流的方式有所影响外，交流本身则从未中断。即便是在元代，两国关系处于非常紧张的情况下，彼此间的经济与文化交流也是相当频繁的。入明以后，由于两国当政者的需要，彼此间还建立了一种非常正式的册封关系，作为连接这种关系之纽带的，则是当时穿行于东海之上的勘合船。当时，由日本海贼发展起来的"倭寇"称雄东海，为了与海贼船相区别，明王朝向室町幕府颁发了一种名曰勘合符的信牌。日本以奉明正朔为条件，可以凭此勘合符定期派出使节船入明，通过贡献与回赐的方式完成一种官方的贸易运动。当然这是一种不等价的交易。日本使者在进上贡品之后，根据自己的需要还常常就回赐品的品类及数量提出要求；明廷为了维护在国家关系上以自我为中心的册封体制，在多数情况下，总是以几倍甚至几十倍于贡品的价值进行回赐。

明·日之间这种入贡与回赐型的官方贸易关系，从永乐初年算起，累计延续时间长达一个多世纪之久。最初的勘合船是以将军为主组织的，后来足利政权式微，财政拮据，组织勘合船的大权逐渐旁落到权势极重的权臣细川氏与西国有力大名大内氏手中。由于这种朝贡型的贸易获利极厚，为了争夺更多的对明贸易权他们之间展开了极为尖锐的斗争，并且终于酿成了嘉靖二(1522)年著名的宁波争贡之乱。当时的日本，正处于群雄割据、内战方酣的战国时代，宁波事件之后大内氏独揽了组织勘合船的权利，并且于天文八(1539)、十六(1547)年又派出过两次勘合船，但是当天文二〇(1551)年大内义隆因家臣叛变而自杀身死后，却没有新的既有心又有力的人物重新组织对明贸易了。加之，当时明王朝的统治已进入它的晚期，政治腐败，财政拮据，继续接受朝贡贸易已是一个严重的经济负担，更何况在经济问题之外，如今又增加了一个秩序与安全问题呢。早在宁波贡争之乱发生以后，朝中"罢市舶司""闭关绝贡"之议已出，如今贡舶主动停开，自然也就不再去理会。所以到嘉靖中叶，中日两国官方的政治经济关系事实上就结束了。

明制，除官方的勘合船外，是禁止任何民间商船往来的。然而时至嘉靖时期，无论是中国(东南沿海)还是日本(京畿与九州)的商品经济都有了很大的发展，与此相适应，甘冒海禁的民间走私贸易也空前活跃起来，特别是往来于日本的中国商船更是"络绎不绝"。① 由于这些冒险犯禁的商船，多是与倭寇相勾结的亦商亦盗之辈，使东海的形势变得异常复杂了。例如，嘉靖三十二(1553)年，汪直勾引诸倭大举入寇，"连舰数百，蔽海而来。浙东西，江南北，滨海数千里同时告警"②。有明一代与倭寇相始终，嘉靖期倭之患尤甚，已经到了无岁无之的地步。面对这种严峻形势，明王朝在加强剿捕的同时，再次厉行海禁，不仅严禁国人与外洋的一切往来，甚至国内各省间海上船舶运输亦皆停止。官军见船即捕，不论倭与非倭。此举对御倭来说，当然收到一定成效，然中日间正在兴起的民间商舶往来亦受到严重打击，也是事实。特别是到了万历年间，因丰臣秀吉发动侵朝战争，明·日间发生了直接的军事对抗，因而继勘合贸易停止之后，双方之间民间商船往来也几乎完全断绝了。结果，对一向依赖输入中国传统产品的日本市场来说，当然是

---

① 《李朝实录》明宗元年七月条。
② 《明史·日本传》。

个不小的冲击。为了寻求新的供应市场,日本的商船从此开始向南洋发展。与此同时,葡萄牙人也抓住了这个时机,利用占据中国澳门便于直接经营中日间的中介贸易的有利条件,几乎把日本变成了自己的独家市场。

及德川家康取代丰臣秀吉当政以后,为了打破葡人对日本市场的垄断,重开中日直接交流的渠道,决心消除丰臣秀吉发动侵朝战争所造成的恶劣影响。他首先授意对马岛主宗义智设法恢复与朝鲜的正常关系。继而又授意萨摩藩主岛津家久致书琉球王尚宁:

> 中华与日本不通商舶者,至十余年于今矣。我将军(德川家康)忧之之余,欲使家久与贵国相谈,而年年来商舶于贵国,复而大明与日本商贾通货财之有无。若然则匪翅于吾邦,贵国亦人人其富润屋,而民亦歌于市,汴于野,岂复非太平之象哉。我将军之志在于兹矣。①

希望琉球在恢复日明贸易关系方面发挥作用。

庆长五(1610)年,有明应天府商人周性如驾货船抵日,德川家康特予召见并授朱印状,准中国商船可在日本任何港口停舶自由贸易,并给予保护。当周氏离日时,德川家康还授命老中本多正纯、长崎奉行长谷川藤广分别作书致福建总督陈子真,表示日本愿与明王朝通好并重开勘合贸易。不管这封信送到与否,腐败的明王朝此时已没有在对日外交方面再有所作为的热情了。然而,德川家康的政策,却吸引了更多的大明民间商船冲破海禁东渡日本。及17世纪30年代,因禁教问题幕府的对外政策日益趋方保守,并最终断然施行锁国时,来航的大明民间商船作为取代葡萄牙人的主要贸易伙伴被留了下来。

1644年,清代明后,不仅因为国内战争仍在继续,新建的清王朝无暇顾及外交事宜;在日本方面,江户幕府也仍以南明政权为中国之正统,而不肖与新建的"鞑靼人"清政府建立关系。以反清复明为己任的郑氏集团就是在这样的历史条件下,成了中日贸易舞台上的主人,在半个多世纪里给中日关系史的发展以重大影响。

---

① 《南浦文集》。

二、郑氏家族对日贸易关系的发生与发展

作为开拓对日贸易的郑氏家族的第一代郑芝龙,系福建南安人。1623(天启二)年随大海商李旦(一说即颜思奇)抵平户经商。未几,李旦死,"长崎王使芝龙主舶",一跃而为中国旅日商人之头目。其后,为打破明朝海禁,他曾以台湾为根据地,袭漳浦,杀守官,进泊金、厦,屡败明朝官兵,横行海上。1628(崇祯元)年,受福建巡抚熊文灿招抚后,返回家乡福建,由游击而"累擢总兵",并开辟了由泉州直达长崎的航线。"自是,往返于日本、漳(州)泉(州)之间的货船,月不停泊。"①从此,芝龙借通洋贸易之利,置"庄仓五百馀,此外尚有楼船五、六百只。"②成为主宰东南沿海一带的实力人物。明朝灭亡后,芝龙拥立唐王在福州建立南明隆武政权抗清,并曾遣使赴日请援。因清军迅速入闽,芝龙不战而降。这是1646年的事。是年其子成功年方23岁,耻乃父之所为,愤而起兵抗清,并大力发展海上贸易以资军。著名的五商十行,就是他建立的一整套专门负责出口业务的经营机构。据南栖氏研究,五商有山五商与海五商之分。山五商之下分金、木、水、火、土五行,设于杭州一带,负责出口物资的采购业务。海五商之下分仁、义、礼、智、信五行,设于厦门一带,负责出口物资的派运事宜。五商之外,还设有裕国、利民二库。此外尚有领本贩运的散商。1645(南明永历八)年,郑成功任其族兄郑泰为户官,掌管东、西两洋贸易,统领洋船、库、行及领本独立经营的商人。各库行之间不相统属,即"船不归行,各船都有其独立核算。作业程序则是,陆路各商领取公款采购货物,运交海五商至公库结帐,再领款购货。海五商接货后交船,船将货物售出后将货款交与公库"。"至于领本贩运的各商,有与户官直接往来的,有在各行发生关系的,情形并下一致。"③

郑成功的海上贸易,虽说也包括了西洋,即东南亚各地,但是重点还在东洋,即日本。其原因,除了他本人与日本有历史渊源外,还由于明末以来

---

① 《台湾省通志》卷三。
② 《南明呼史》卷中。
③ 南栖:《台湾郑氏五商之研究》。

"西力东渐"。西方国家借助其强大的武装力量与雄厚的资金,涉足东南亚市场,竞争激烈,使华商势力不振;但是在日本,由于实行锁国,禁止葡、西、英等西方国家商船来日本,却为中国商船敞开了大门。因此,郑成功抓住了这个有利时机,根据日本市场的需求,通过其组织严密的五商十行机构,大力"置办苏杭细软",添补因葡萄牙等国被迫退出后在日本市场上留下的真空。据当时荷兰商馆关于郑氏家族对长崎贸易情况的记载,可以看得很清楚:

例一,1649 年 7 月 17 日,一官(郑芝龙)的儿子(成功)的船一只,从安海载来白生丝 5 000 斤、绢妙 5 000 斤以及大量的织物。近期同一船主的船还将有三、四只入港。①

例二,1650 年 10 月 19 日,一官的儿子一只帆船,从漳州来,装载有生丝 121 100 斤,绫 1 800 反……据说还将有四只满载货物的帆船开来。②

例三,1651 年 8 月 4 日晚,一官之子所属的一只船,从广州载运估计价值为四十箱银货的绫子……,到达。③

例四,据荷兰东印度总督的报告:"自 1654 年 11 月 3 日,在我们的最后一艘船解缆以后,到 1655 年 9 月 1 日止,此间有来自各地的中国帆船 57 艘在长崎入港。其中安海船 41 艘,大部分是属于国姓爷(郑成功)的;泉州船四艘;太泥船三艘;福州船五艘;南京船一艘;漳州船一艘;广州船二艘。上述各船共装载生丝 14 万斤,此外还有众多的织品及其它各种货物。这几乎都结在国姓爷的帐上。"④

郑氏集团的商船是长崎进口生丝的主要供应者,并且左右着长崎市场的形势。如 1652 年 9 月 19 日荷兰商馆日记。"今晨一只来自安海的中帆船国载着大批的生丝、绢织物、砂糖等已经泊定。由于每天都有中国帆船入港,开始交易的时间拖延下来。五地区商人代表前天晚上本来已决定了进行交易,由于昨天入港的中国帆船又运来了 24 000 斤生丝,于是又停止了。

---

① 《长崎荷兰商馆日记》第 2 辑第 245 页、320 页。
② 《长崎荷兰商馆日记》第 2 辑第 245 页、320 页。
③ 《长崎荷兰商馆日记》第 1 辑第 70 页、174 页、314 页。
④ 曹永和:《从荷兰文献谈郑成功之研究》。

可以预料本年的生意很难做了。"①又如,1654 年 9 月 24 日,当荷兰商船入港后要求拍卖其商品时,得到的回答也是必须等待国姓爷的十二三艘船入港后,才能确定生丝价格。② 这仅是从荷兰人的记载中所见到的情况。据统计,仅郑成功时代有记录的 17 年中经中国帆船输往日本的生丝即达 2 674 175 斤,其中就可比年份看,这个数字占当时日本生丝输入总量的百分之七六。③

当时,郑氏商船也经营南洋贸易,但是许多资料说明,那不过是作为发展长崎贸易的一种辅助。如《巴城日记》1656 年 12 月 1 日条记载说:"今年有官人国姓爷的帆船到那里(指柬埔寨)收购了很多鹿皮及其他货物去日本。"1661 年 6 月 13 日条:"这季节中有属于国姓爷的船三艘,来到暹罗,即一艘来自日本……"同条中还记载着:"前述国姓爷已经在厦门附近召集了超过二百艘战船的一只舰队,正在忙于征召更多的船。于是又召集所有船长驾驶他们的船只,从日本、交趾、柬埔寨、暹罗或在别处的,都要装载硝石、琉璜、锡、铅等物资,不要去日本,而要一路直接回厦门。"④这正是郑成功准备收复台湾之前,是做与荷兰人作战的准备。不过从这个资料中可以看出,郑氏家族所从事的南洋贸易与发展对日贸易有着密切的关系。

郑氏集团的商船输往日本的货物,除生丝外,有白糖、鹿皮、药材等主要属于中国大陆与台湾的产品,也有产自南洋各地的土特产品。而从日本输出的除了某些军需物资外,主要是银。据《长崎记》统计,从 1648(庆安元)年到 1672(宽文十二)年的 25 年中,郑氏系统的商船从日本输出的白银与银器具达 193 949 贯 970 两,年均 7 757 贯 998 两。而同期内荷兰的年均输出银额为 4 805 贯,低于郑氏集团近 3 000 贯。但郑氏集团所得之银,并没有全部运回国。除购买军需物资等支付外,只有一部分运回,其余相当多的一部分被寄留长崎。郑成功与郑泰在长崎都有自己的银库,属于前者的称"天

---

① 《长崎荷兰商馆日记》第 1 辑第 70 页、174 页、314 页。
② 《长崎荷兰商馆日记》第 1 辑第 70 页、174 页、314 页。
③ 岩生一成:《近世日支贸易数量的考察》转引自前引曹永和文。
④ 曹永和:《从荷兰文献谈郑成功之研究》。

璜",属于后者的叫"东里"。① 1662(康熙元、宽文二)年,郑成功病逝,翌年其子郑经拘捕曾任成功户官的郑泰,清查了他利用职权贪污的长崎贸易银款,仅寄存长崎一处者就达 71 万两,②其全部"家资达五百万"。③ 可见郑氏家族在长崎的贸易规模及其盈利之巨。

1662 年以后,随着荷兰殖民者的投降,以往被他们垄断的台湾与日本的贸易,转到郑氏手中,但是,与此同时清政府实行的海禁政策,肯定也会给郑氏的贸易以很大打击,然而海禁并没有使大陆与台湾之间的贸易完全停止。在"迁海令"颁布 13 年后,即 1674(康熙十三)年,英国仍然认为"如能与台湾通商,即犹如直接与中国、日本及马尼拉通商也"④。说明在郑成功死后,其子郑经统治台湾时期,台湾仍然是交通日本、中国大陆及南洋的中心。

郑经为繁荣台湾经济,曾积极开辟外贸货源。为此他努力发展蔗糖生产并建立起蔗糖与鹿皮的专卖制度,"兴造洋艘鸟船,装载白糖、鹿皮等物,上通日本……下贩暹罗、交趾、东京各地,以富国"⑤。一位英国船长说:"台湾王完全独占了砂糖、鹿皮及台湾所有土产,加上若干中国(指大陆)货物与日本进行贸易,获利颇丰,年平十四五艘大船前往彼地……"⑥而据《台湾省通志》记载:"郑经平均每年有五十艘船商前往日本。"1681 年经死,克塽六,献地归清,郑氏与日本的贸易,始告结束。

三、非郑商船的存在及其与郑氏的关系

从 1623 年郑芝龙入平户至 1683 年郑克塽归清,郑氏集团控制中日贸易凡 60 年。其间除郑氏家族的商船之外,还有一批依附于郑氏但不属于郑氏私产的非郑商船参与对日贸易。其数目相当大,而且在财政上成为郑氏集团的存在及抗清斗争的重要支柱。

---

① 《华夷变态》(上)第 224—225 页,96 页,318 页、341 页。
② 阮旻锡:《海上见闻录》。
③ 《郑氏关系文书》第 9 页。
④ 江日升:《台湾外纪》。
⑤ 江日升:《台湾外纪》。
⑥ 引自赖永祥:《郑英通商关系之检讨》。

明末清初,是海盗如毛的时代。"船舶往来,非带火器、兵器,无以防海盗之劫掠。"当时在西太平洋上,除了各沿岸国家的海盗外,西方商业殖民国家也在这里为建立各自的霸权,在进行角逐。这给从事海上贸易的商人带来了极大的风险。因此,凡从事海上贸易的商船仅仅靠着配有武装还远远不够,还必须托庇于一个强大的武装集团,从而使劫掠者能意识到劫掠肯定会引起严重后果时,才能保证自己的安全。当时的郑氏家族正是这样一个集团,他有足够的武装称雄于东海。特别是在郑芝龙接受招抚,掌握了东南沿海的制海权,接着又用了七年多时间剿灭了闽浙沿海几个有势力的海盗商人集团,如李魁奇、钟斌、刘香等之后,许多私人商船下海"皆以郑氏为长城"①,那是自然的事。事实上,郑氏集团也决不放弃这个权利,文献上记载着:"凡海舶不得郑氏令旗者,不得来往。"②说明确有大批的非郑氏家族的商船存在着。芝龙时代自不必说,成功及其以后的时代也是如此。

例一,1658(顺治十五)年,被两广总督王国光查获的福建商人李楚、杨奎,"本非郑逆之人",而是"求郑氏之牌为护",率领水手,散商 135 人从事走私贸易的。③

例二,1660(顺治十七)年有 14 名从事走私贸易的商人在福建被捕,其中有六名福建人,四名浙江人,二名广东人。都是前一年在福建沙埕偷渡长崎兴贩的。④

例三,1670(康熙九)年,一艘中国商船漂抵朝鲜旌义境内,据报告:船上有"沈三、郭才、蔡龙、杨仁等,剃头者二十二人,不剃头者四十三人。所着衣服,或华制,或胡(清)制,或倭(日本)制。到旌义境败船,自言:本是大明广东、福建、浙江等地人。清人既得江南之后,广东等诸省臣服于清,故逃出海外香山岛(距澳门约百里),兴贩资生。五月初一日登船,将向日本长崎,迂飓风飘于此。"并说:"香澳乃广东海外之大山,受台湾派遣之柯贵管辖,俺等

---

① 林时对:《荷牐丛谈》第 4 卷。
② 连横:《台湾通史》第 25 卷。
③ 《明清史料》已编第 5 本第 407—409 页,丁编第 3 本第 258—259 页。
④ 《明清史料》已编第 5 本第 407—409 页,丁编第 3 本第 258—259 页。

行商诸国,故或剃头、或不剃头。"① 剃头显然是为了行商大陆,进行走私贸易的方便。这不仅说明以郑氏台湾为中继的清统治下的大陆与日本之间存在着贸易关系,而且说明这是一艘非郑氏家族但却受其保护的商船。

在郑成功退守金、厦以后,类似上述偷渡兴贩,或"厚赂守口官兵,潜通郑氏,然后通贩各国"②的商人是很多的。但是,由于这些商船都托庇于郑氏,因而不仅在长崎被视为郑氏集团的商船,在朝鲜也有同样看法。直到台湾明郑政权建立后,朝鲜的资料上仍记载着"凡南船之出没于海岛者,率多服属于郑锦(即郑经)之类"。③

1673(康熙十二)年,三藩之乱暴发后,三藩与郑经携手,"迁海令"在东南沿海自然不会再有人去理会。靖南王耿靖忠、平南王尚之信相继派船东渡日本,表示希望发展贸易。翌年受靖南王委托的曾一官表示:"此次敝船来航贵地,靖南王曾委托传言说:汝等到日本时,赴various国经商之华人不少,以往福建海禁,众人恐惧,不敢前来。此后,各地华人可协力安心到福州来从事商业,不论蚕丝、五金,皆可买卖。故你等应了解此间情形,转告众人知晓。"④如果在长崎的都是郑氏家族的私船,这个宣传就没有意义了。就是在这种形势下,荷兰、英国与东南亚的商船又重新出现于福州。至于以往靠秘密走私的大陆商船,如今当然更可以自由出海了。

1676、1677年,耿尚二氏相继投降,清王朝又重新控制了东南沿海,"迁海令"再次生效,随之而来的走私贸易也重新恢复。1681(康熙二十)年,驶抵长崎的第二十九号福州船,就是混入渔船中出海的。⑤ 翌年4月28日驶抵长崎的二号福州船,则是靠疏通了福州巡海官朱某后,冒充兵船秘密出海的。虽然它没有丝毫兵船的样子。⑥

上述一系列史实都说明,在明末清初之际活跃在东海上的或确切地说参与长崎贸易的非郑氏商船一直存在着。山胁悌二郎氏也认为,在这一时

---

① 《李朝实录中的中国史料》下编自卷 2 第 3968 页,4085 页。
② 黄叔敬:《台湾使槎录》第四卷。
③ 《李朝实录中的中国史料》下编自卷 2 第 3968 页,4085 页。
④ 《华夷变态》(上)第 224—225 页,96 页,318 页,341 页。
⑤ 《华夷变态》(上)第 224—225 页,96 页,318 页,341 页。
⑥ 《华夷变态》(上)第 224—225 页,96 页,318 页,341 页。

期有很多不属于郑氏的中国商船在长崎入港。①

上述这些非郑氏系统的商船,除了属于三藩派出的部分船外,大体上都托庇于郑氏集团以求其在海上航行的安全。他们从郑氏那里领取准于通行的执照,作为代价,要向郑氏缴纳一定的银两。郑成功时代称这种银两为"牌饷"。其规制与征收额见于成功给其同母弟田川七左卫门的亲笔信中:"东洋排船应纳饷银:大者两千一百两,小者亦纳银五百两,俱是定例,周年一换……着汛守兵丁、地方官盘验。迁有无牌及旧牌之船,货、船没官,船主、舵工拿解。"②成功给了七左卫门一部分饷牌,允其发给客寓日本而需要领、换新牌的商船,收得银两以接济其生活。从中可以看出,郑氏家族除了拥有自己的船队外,还通过征收牌饷控制着一大批参与长崎贸易但不属于郑氏的商船,据不完全统计,其数量之大,远较纯属郑氏系统的自家船数为多。③ 据荷兰人的记载:1628年郑芝龙"已为海上之主",拥有船舶近千艘。④ 郑成功于1661年进军台湾时,动员战船四百艘,此外还有一部分其他类型的船只。⑤ 显然,这些被动员起来的船只中相当大的部分属于非郑氏系统的商船。由于这批商船数量相当大,因而郑氏集团通过征收牌饷所得的收入是相当可观的。"成功以海外弹丸之地,养兵十馀万……而财用不匮者,以有通洋之利也。"⑥长崎贸易不仅在军事上支持了郑成功的抗清斗争,也支持了他的继承者在台湾与统治大陆的清王朝对峙。

四、郑日贸易发展与江户幕府"系割符制"的兴废

江户幕府制定的第一部有关对外贸易的商法乃是"系割符由绪书",是针对葡萄牙人制定的。16世纪后半世纪以来,葡国商人以澳门为根据地,靠大量贩运中国生丝(白丝)打开了在日本的市场,并于其后的很长一段时

---

① 山梯二郎:《长崎唐人贸易》第2—3页参照,21页。
② 太田南畝:《一言一语》弟42卷。转引自《台湾文献》第十九卷第2期。
③ 大庭修:《江户时代日中秘话》参见。
④《台湾文献》第27卷第27期载《郑芝龙与荷兰之关系》。
⑤《巴城日记》1635年6月14日条。
⑥ 郁永和:《伪郑逸事》。

间里保持着自己的独占地位。由于中国生丝质地优良,是纺织高级面料不可替代的原料,在江户初期随着社会安定局面的出现,其需求量激剧上升,并成了当时日本进口贸易的主要支柱。但是生丝的供应因受各种因素影响,不能使每年的输入量保持均衡,从而常常导致供求之间出现矛盾。日本商人也常因此而展开激烈的竞争。

1640(庆长九)年五月,根据长崎奉行小笠原为宗的建议和德川家康的意见,老中本多正纯和京都所司代板仓胜重连署了《系割符由绪书》,决定以丝割符贸易制(即由御用商人一揽子包买后再按比例配售的生丝交易制)取代以往的自由交易。规定:在丝年寄决定生丝价格之前,一般商人不得进入长崎与外商交易。从此以后建立起来的系割符制度的主要内容是,任命京都、堺、长崎三都的有力商人士人为"丝割符年寄",并以他们为核心组成"三地区丝割符仲间",在长崎奉行的指导下,代表日方与葡萄牙商人直接谈判,每年在春船来航时定出生丝价格,由丝割符仲间包购全年输入的生丝。被丝割符仲间收购的生丝,首先由将军、重臣及御用吴服师按原价提取所需部分,余者按京都、长崎各一百丸(一丸为 50 斤)、堺 120 丸的比例向地方商人配售。

关于丝割符制成立的原因,学者间有许多说法,迄今没有定论。但是从结果上看,其作用是明显的。首先,它解决了以往由传教士们插手贸易活动以及日本商人之间因竞争而使葡萄牙人获利的问题;而在没有竞争和传教士介入的条件下,决定双方都能接受的价格,既保护了日本商人的利益,又不致挫伤商船继续来航的积极性。从这个意义上讲,丝割符是幕府采取的一种贸易保护措施。在被动型的贸易中争取到一定的主动。而对日本国内来说,丝割符制度又是适应幕藩专制体制而建立起来的贸易统制体制。从此,对外贸易大权就完全控制在幕府及其御用商人的手中了。

不过,这一制度只适用于葡萄牙人,其他外国商船以及经营外国贸易的日本朱印船,都不受其约束。这对尔后荷兰人以及郑氏集团发展在日本的贸易业务,提供了方便,使他们在与葡萄牙人的竞争中处于一种非常有利的地位。然而,丝割符制既然是适应幕藩体制的需要而实行的一种贸易统制体制,它当然不会永远允许这些例外的存在。宽永年间(1624—1643 年)当以郑氏集团为核心的中国商船以及荷兰商船终于发展到可以与葡萄牙商船相抗衡的地步并且也开始对丝割符商人的特权构成威胁时，他们一直享有贸易自由，也就随之动摇了。

1628（宽永五）年，在暹罗南湄河航行的日本朱印船，遭到西班牙船队的袭击；继之在台湾的日本人又遭到荷兰人的弹压，长崎代管末次平藏的船长滨田弥兵卫被捕。这两件事的发生导致幕府冻结了该两国在日本的贸易活动。洞悉日本市场形势的郑芝龙立即抓住了这个时机，于宽永七（1630）年将30万斤生丝运进日本，并且以每斤五贯五百两到六贯的高价（宽永元年时最高价为二贯八百两）卖出，造成京都丝价空前暴涨。① 这件事给幕府以很大振动，为了有效地控制生丝输入并平抑其价格，翌年（1631年）将中国商船也纳入丝割符体制。同时为了平衡国内大商人集团的利益，还改组了丝割符仲间，在原有三都之外，又增加了大坂、江户，组成了"五地区丝割符仲间"，从而形成了统揽全国的包买专卖生丝的体制。其后，随着锁国与禁教政策的推行，葡萄牙商人曾有过的贸易优势日益衰落，为了保持将军的直辖领地长崎的继续繁荣，1635（宽永十二）年又限令中国商船集中于长崎入港贸易，为最终驱逐葡萄牙人作了准备。

1639年锁国完成后，葡萄牙人被驱逐，朱印船、奉书船亦完全停止，唯一被允许通商的西方国家荷兰因郑氏集团掌握着东海的制海权，已难于得到大量的中国生丝，使这个在平户时代年均有20万斤生丝输入的船队如今不得不改贩其他商品，其生丝输入额降到八百至一千斤左右。② 从而使郑氏集团的商船执了长崎生丝贸易的牛耳。其后，郑芝龙的继承人郑成功和乃父一样通晓日本国情。既然丝割符制规定一年的生丝价格于每年春船来航后一次敲定，为了提高春季的成交价格，他使春船只载运少量生丝，待确定了理想的价格后再由后继的商船把大批生丝运进长崎。1653（承应二）年，郑成功就是运用这种手段，谋取到巨额利益。当年春割符商人头鉴于生丝出口量甚少，而确定了较高的收购价格。接着郑成功又将131 600斤余的

---

① 《大日本史料》第12编之2。
② 山梯二郎：《长崎唐人贸易》第2—3页参照，21页。

生丝运至长崎,使丝割符仲间受到很大损失。

实行丝割符制的目的在于保护日本商人的利益,现在郑成功巧妙地利用这一制度的弊端为自己谋利了。事与愿违的事当然不应再继续下去。1655(明历元)年,幕府决定废除实行了半个多世纪的丝割符制,改行相对贸易制,即允许各地日本商人可以与外商直接谈判成交的自由贸易。当然,这个改革解决了旧的矛盾,但是也带来了新的问题。且不谈这种改革是否对头,本文所强调的是丝割符制兴废的本身,构成郑日贸易在不同发展阶段上的标志。是郑氏集团逐渐主宰长崎贸易的里程碑。如果在锁国以前在幕府的有关外事议事日程上,主要讨论的是有关禁教与葡萄牙人的问题,那么在锁国以后直到1683年清王朝开海以前这段时间里,所讨论的问题则主要是与郑氏集团在长崎的贸易活动有关了。郑氏集团已经发展成为此一时期日本的头号贸易伙伴。

(作者任鸿章,辽宁大学日本研究所,原文刊于《日本研究》1988年第4期)

日本江户时代的政治贿赂与幕府的应对

丁诺舟

在日本,"政治贿赂"主要指通过向公权力的持有者或代行者赠送金钱、礼品的方式,获得公权力的特殊关照,进而攫取政治、经济利益的行为。政治贿赂的本质是公权力与金钱利益的等价交换,收受贿赂者必须握有公权力,与一般意义的商业贿赂存在较大差异。商业贿赂的受贿主体一般为交易对方的工作人员、委托人或可对交易施加影响者,贿赂目的是优先获取市场交易机会,不涉及公权力。同时,公权力是否被用于回馈行贿者是判断政治贿赂的重要标准,若公权力的持有者靠私人手段或人脉为行贿者办事,则不构成政治贿赂。自江户时代开始,幕府高官有意识地区分政治贿赂与以商业贿赂为代表的其他贿赂行为,政治贿赂是幕府惩治的对象,但商业贿赂等不涉及公权力的贿赂则往往被视为正常的人情往来。

日本的政治贿赂现象最早可以追溯到国家体制形成初期的公元7世纪。在武士掌权的江户时代,贿赂行为进入高峰期,握有重权的武士卖官鬻爵,大肆受贿,与一般印象中恪守"武士道"的武士形象存在较大差异。无论是中国还是日本学界,对日本政治腐败、政治贿赂的研究往往集中于近现代,特别是二战之后,较少有著作关注明治时代及之前的政治贿赂问题。

日本学者中濑胜太郎的著作《江户时代的贿赂秘史》是有关江户时期政治腐败问题的研究性专著。中濑胜太郎的主要研究方向是会计监察制度,其著作《江户时代的贿赂秘史》亦是从会计监察的角度出发,在挖掘史料的基础上系统性地总结了德川幕府自成立至灭亡期间发生的政治贿赂现象。在史料的搜集与筛选上,《江户时代的贿赂秘史》是一本全面而细致的著作,然而中濑胜太郎仅仅列举了江户时代政治贿赂的状况,却未对政治贿赂横行的原因进行理论性的阐述与分析。此外,童门冬二所著的《江户的贿赂》一书虽涉及了不少贿赂事件,但该书系"历史小说",并非研究著作,且该书注重的是对行贿、受贿者的内心分析,而非历史事实的印证与历史理论的架构,因而学术价值较低。在中国,有关日本古代贿赂问题的研究较日本更为少见。挖掘江户时代的政治贿赂行为及对贿赂的认知,探索滋生贿赂行为的政治、社会特征是本论文的主要研究目的。

一、江户时代的政治贿赂现象

推古十二年(604年)制定的《宪法十七条》第五条规定,"顷治讼者,得利为常,见贿厅谳。便有财之讼,如石投水"①,明文禁止受贿行为。禁令的出台往往意味着被禁行为的普遍存在,可以推知这一时期已出现了收受贿赂、歪曲审判的官员。在武士阶层掌权并建立幕府之后,贿赂依然大行其道。自12世纪起,幕府的掌权者长期因贿赂横行、政治腐败而苦恼不已。北条泰时曾多次警告受贿无度、怠慢工作的官吏(奉行、头领)。② 北条时宗特别任命了"回国使",令其体察各地民情,然而"回国使"反而向各地民众索取贿赂,引发了民众的反感。③ 14世纪中叶成立的室町幕府基本延续了既有的禁贿法令,但却出现了巨贪伊势贞亲。伊势贞亲在处理政务时,贿赂多寡是其做出判断的重要依据。至15世纪末,室町幕府的中央权力大幅削弱,贿赂将军或幕府高官的行为因无利可图而相对减少,但大名间的贿赂、大名家臣团内的贿赂行为依旧存在。贿赂不仅能影响大名间的同盟与敌对关系,还会影响武士在家臣团内部的地位。德川家康用金钱贿赂细川忠兴、伊达政宗等丰臣秀吉一方的大名,引诱其背叛丰臣家,最终取得了关原之战

---

① 植松安:《仮名日本書紀下卷》,大同館書店,1920年,第212页。
② 国书刊行会编:《吾妻鏡:吉川本第1—3.中卷》,国书刊行会,1915年,第99—191页。
③ 中瀬勝太郎:《江戸時代の賄賂秘史》,築地書館,1989年,第2—3页。

与大阪城之战的胜利。

在江户时代之前，日本的统治者对于政治贿赂行为存在着两种认知。第一种认知是，贿赂行为会导致社会不公平、行政效率低下，积弊若久则可能激发民怨，影响统治基础。因而从圣德太子到室町幕府的历任将军，往往都会发布法令禁止贿赂行为。第二种认知是，贿赂是权力的象征，如果统治者和各级官吏不拥有实权，则不会收到政治贿赂。为数不少的统治者不但不认为受贿是坏事，反而将贿赂视为对自身权势的肯定。

在江户时代之前，虽然中下级官僚的个人财产与国家财政有着清晰划分，但政权的顶层存在"公私不分"特征。国家的财政与天皇、摄政乃至将军的"家财"并没有彻底分离，统治者在受贿的同时，也会使用私财运营公共事务，甚至主动降低税率，用受贿获得的财产维持政治运营。镰仓幕府、室町幕府的统治结构与财政经营同样存在"家国不分"的特征，贿赂款未必全部中饱私囊，而会被投入至公共事务，并非典型意义上的"政治贿赂"行为。在这一财政结构下，受贿者、行贿者不以贿赂为耻，只要不殃及自身，就连一般民众也在一定程度上可以容忍政治贿赂的蔓延。

总体而言，江户时代之前已经出现了遍及中央、地方各级官员的政治贿赂行为。而针对贿赂行为，存在着坚决反对贿赂与不以贿赂为恶的两种截然相反的观念，这两种认知一直延续至江户时代，成为贿赂屡禁不止的思想根源。

江户时代是日本历史上政治贿赂的高峰期，大量江户幕府高官与各藩行政官吏公然索贿受贿。特别是在酒井忠清、柳泽吉保、田沼意次等贪官掌控幕府政权时期，掌权者明码标价卖官鬻爵，行贿者不避人耳目公然行贿，甚至发明出"行贿预约时间表""指定受贿品"等前所未有的行贿方式，带动了以奢侈品、西洋舶来品、地方特产为中心的贿赂产业链，贿赂品的种类与价值均超越了以往。同时，与之前的时代不同，幕府官僚的个人财产极少用于国家事业运营，公与私在财产上出现了明确分割。因而，江户幕府官僚利用手中的公权力为个人谋财的行为可以被较为明确地定性为"政治贿赂"。

然而，江户幕府并非在成立之初就放任贿赂的蔓延。在德川家康、德川秀忠、德川家光统治时期，确立江户幕府对日本全国的统治秩序是三位将军的主要政治目标,因而幕府无论对各藩大名还是幕府直属官僚均实行严格的管理制度,频繁使用包括改易、减封、撤职、切腹等处罚手段,管控各层官吏的行为。因而,江户幕府前三代将军统治时期,政治贿赂行为相对较少。然而自第四代将军德川家纲时期开始,江户幕府的幕藩统治体制基本稳定,社会呈良性稳定运转趋势,失去危机感的幕府对官吏的管理日渐松弛,其直接结果是掌握权力的官吏的私欲开始膨胀,以权谋私之风日盛。在德川家纲统治时期掌握实权的是酒井忠清。酒井忠清曾对官吏公然宣称:"赠吾以礼即为尊崇将军。"①酒井忠清在任期间,滥用职权,中饱私囊,过着极端奢侈的生活。酒井忠清开启了江户时代政治贿赂的先河,此后各种贿赂行为愈演愈烈,先后在柳泽吉保、田沼意次和水野忠成掌权时期出现了三次政治贿赂高潮。

柳泽吉保于德川纲吉任将军期间掌握大权,其受贿之频繁远超酒井忠清。松平赖长、池田纲正、藤堂高久、细川纲利等名门大名常派人等候在柳泽吉保宅邸的玄关之前,费尽心机地从柳泽的仆人口中打听柳泽的嗜好,然后争先恐后地准备赠礼,以求得到柳泽的特别关照。出于不同政治目的的贿赂逐渐演变成竞争,各大名费尽心机寻觅柳泽中意的贿赂品。行贿者们不知柳泽的偏好时,便送上各式各样的食物,供柳泽的仆人挑选。为了保证食品的鲜度,柳泽家的仆人创造出"行贿预约时间表",预先制定好每日送礼者的名单,以避免行贿者的冲突与礼品的浪费,柳泽吉保因此获得了"夜宵少将"的绰号。②

在柳泽掌权时期,虽然贿赂逐渐成为政治活动顺利运行的潜规则,但官员与民众仍然以贿赂为丑事,柳泽吉保以外的官吏尚不敢明目张胆地索贿受贿,而需采取相对隐晦的方式。同时,行贿者也不敢明目张胆地登门送礼,而是选择相对隐晦的行贿方式避人耳目。在江户时代,有用干鲷和冰糖回礼表达谢意的风俗,行贿者常借用这一习俗,将干鲷与冰糖置于有夹层的

---

① 戸田茂睡:《御当代记》,国书刊行会,1915年,国立国会图书馆珍贵古典籍资料库 http://dl.ndl.go.jp/info:ndljp/pid/945799/19,2018年8月4日。
② 戸田茂睡:《御当代记》,国书刊行会,1915年,国立国会图书馆珍贵古典籍资料库 http://dl.ndl.go.jp/info:ndljp/pid/945799/19,2018年8月4日。

箱中,箱间夹层则铺满金银。在柳泽掌权时期,这一贿赂方式逐渐普及,干鲷与冰糖分别成为金与银的隐语。

柳泽吉保造成了江户时代第一次贿赂高潮,极大影响了幕府的行政效率与公平性。新将军德川家宣极度反感柳泽吉保带来的不良政治风气,命新井白石整治贿赂。新井白石被免职之后,下一任将军德川吉宗基本继承了新井白石的反贿赂路线,然而新井白石与德川吉宗的努力并没能抑制贿赂行为的蔓延,在幕府的某些部门,贿赂行为甚至变本加厉。

带来江户时代第二次政治贿赂高潮的是田沼意次。田沼意次当政期间大肆贪污敛财,其受贿总金额为江户时代罕见。田沼意次认为"金银比人命更有价值,赠送金银请求奉公机会之人,其心必存至忠,赠金钱之量,足以忖度人心"①。"余每日登城,为国操劳,一刻不曾安心。退朝还家,见廊下赠礼堆积如山,顿忘一日疲劳,神清气爽。"②正如田沼所期待的,每逢节日,田沼家就会堆满各藩赠送的奇珍异宝。③ 与柳泽吉保不同,田沼意次将贿赂奉为美谈,认为贿赂金多寡象征着行贿者的诚意,自此贿赂行为开始走向公开化。

在田沼意次掌权期间,卖官鬻爵明码标价,"长崎奉行"值金两千,"御目付"值金一千,④彦根藩主井伊直幸甚至靠贿赂获得大老一职。⑤ 田沼权势最盛之时,单是获得与他面谈的机会也要贿赂不菲的钱财。⑥ 田沼身为掌管政务的将军侧用人,与执掌行政工作的武士面谈本是其本职工作。即便谈工作也要索贿,这是田沼时代政治运营的典型特征。除行政事务之外,商人可以通过贿赂田沼获得幕府公共事业的承包权,从中攫取高额利益。田沼意次个人的受贿行为很快影响到日本各地,形成了盘根错节的受贿体系,

---

① 《天明夜話集江都見聞録》中的记录虽未必是出自田沼本人之口,但却展现了世人对田沼贿赂惯性的认知。中瀬勝太郎:《江戸時代の賄賂秘史》,第 58 页。
② 中瀬勝太郎:《江戸時代の賄賂秘史》,第 59 页。
③ 中瀬勝太郎:《江戸時代の賄賂秘史》,第 65 页。
④ 栗本鋤雲:《匏庵遺稿》,国文学史料研究馆近代书志近代画像数据库 http://school.nijl.ac.jp/kindai/OWND/OWND-00075.html,2018 年 8 月 4 日。
⑤ 小宮山綏介:《徳川太平記第 1-4 編》,博文館,1894 年,国立国会图书馆珍贵古典籍资料库 http://dl.ndl.go.jp/info/ndljp/pid/773045,2018 年 8 月 4 日。
⑥ 秋山:《徳川時代之裏面》,晴光館,1909 年,第 93—95 页。

从江户、京都到偏远地方，行贿受贿已成风气。

在将军德川家治病逝后，田沼意次一手遮天的腐败政治迅速走上了下坡路，家财全部被查抄，其时家中堆积财产之量当世罕见。"藏米八百六十二万余俵，金七亿零八十万桶，油二百八十万箱，房屋二百七十所。"①上述记录不过是田沼失势后街头巷尾的传言，数据未必属实，却在一定程度上反映田沼受贿数额之大。

田沼意次虽然造成了江户时代政治贿赂的第二次高潮，但其大力推行重商主义，活跃了日本国内市场，实现了经济的迅速发展与民众生活质量的提高。因而，此后掌权的松平定信虽然大力打击贿赂行为，试图塑造清廉的政治环境，但成效甚微，反因严厉奉行节俭、重归重农主义而造成经济停滞，引发民众强烈不满，很快丧失了权力。

此后，出羽守水野忠成担任老中，松平定信的反贿赂举措被迅速推翻，政治贿赂进入第三次高潮。水野忠成与田沼意次一样对贿赂持欢迎态度，以加封为诱饵，收受高额贿赂。②水野忠成的受贿行为不断对周边造成影响，上至将军，下至中央地方各级官吏均加入行贿受贿大军。水野忠成执政期间，作为"大御所"垂帘听政的将军德川家齐尽享受贿之乐，1841年德川家齐病逝之时，受贿款尚有大量结余。③将军凭借权力受贿自不用说，就连权臣的家臣都可狐假虎威，借主人之威勒索大名。水野忠成的家老土方缝之助拜贿赂所赐，生活奢华无比。④老中松平康任的家臣高滨直右卫门借主人之威，横行霸道，强行索贿。⑤

水野忠成执政时期，行贿受贿之风在幕府的行政管理机构广为渗透，其中以"奥祐笔组"最为突出。"奥祐笔"是江户幕府"若年寄"麾下负责文案工作的部门，工作多涉及幕府机密，实权极大。诸大名在向幕府或将军上呈书

---

① 辻善之助：《田沼時代》，岩波書店，1980年，第25—26页。
② 小宮山綏介：《德川太平記第1—4編》，博文館，1894年，国立国会图书馆珍贵古典籍资料库 http://dl.ndl.go.jp/info:ndljp/pid/773045，2018年8月4日。
③ 中瀬勝太郎：《江戸時代の賄賂秘史》，第148页。
④ 中瀬勝太郎：《江戸時代の賄賂秘史》，第124—125页。
⑤ 滝本誠一：《日本経済叢書卷34. 甲子夜話》，日本経済叢書刊行会，1915年，国立国会图书馆珍贵古典籍资料库，http://dl.ndl.go.jp/info:ndljp/pid/950417，2018年8月4日。

状之前，必须先交给"奥祐笔组"确认内容。担任"奥祐笔"的官吏自不用说，就连"奥祐笔"的家臣都敢公然向大名索贿。"奥祐笔组头"的家臣井上忠卫门借家事向平户藩藩主松浦清先后索要金八两有余，用该款乘船游历镰仓，又赴吉原享乐。①

与田沼时代相比，水野忠成执政时期的贿赂形式趋于单一，以赠送金、银等贵金属为主，以豪华的饮食、观光接待为辅。虽然贿赂给德川家齐、水野忠成、土方缝之助等顶级武士的财物中，珍奇异宝仍占很大比例，但在中下层官吏间，保值性较强的金银成为最主要的贿赂品。这一变化与劣质货币"文政小判"的发行及随之而来的通货膨胀有很大关系，珍奇异宝的价值有可能随着物价变化出现较大起伏，但金银则因价值相对稳定而成为积攒财富的主要物品。在水野忠成的带头之下，官吏不以贿赂为耻，索贿行贿不仅更加公开，而且广泛渗透到中下层官吏，贿赂参与者数量大增，直至江户幕府灭亡，政治贿赂依然未得到有效遏制。

二、政治贿赂的主要类型及产生原因

各种形式的行贿受贿行为贯穿了江户时代。在江户时代之前，同时存在"公私不分"与"损公肥私"两种受贿款使用模式。然而进入江户时代之后，随着幕府统治体制与财政制度的不断完善，私财与国库开始明确分割，"公私不分"与"私财公用"不再是主流，"损公肥私""聚敛私财"成为受贿款的主要去向。一般而言，官员存在"主动索贿"与"被动受贿"两种态度，索贿还是受贿往往取决于行贿目的与受贿者官位。江户时代主要存在四种类型的政治贿赂。

第一种是卖官鬻爵型。官位任免权与金钱的交易构成主要利益关系。这一类型的政治贿赂多出现在掌握任免权的幕府高官身上，柳泽吉保、田沼意次等人均因此得以致富。卖官鬻爵型贿赂的目的直接而明确，行贿手段以直接赠送金钱财物为主，行贿对象可能不唯一，存在逐级行贿、针对同一

---

① 滝本誠一：《日本経済叢書巻 34. 甲子夜話》，日本経済叢書刊行会，1915 年，国立国会图书馆珍贵古典籍资料库，http：//dl.ndl.go.jp/info：ndljp/pid/950417，2018 年 8 月 4 日。

对象的重复行贿等现象。比如堀田正顺为谋得大阪城代之职,不得不多次向田沼意次行贿,特别是第二次行贿时被田沼家人阻拦,为得见田沼一面不得不向其下人行贿。① 在这一模式下,官员既可能主动索贿也可能被动受贿,主动与否往往取决于贿赂金是否足以购买相应官职。如果受贿者不满足于贿赂金,则多以拒不帮忙的消极形式索贿。若受贿者收到满意的财礼,则会以任命或推荐的形式替行贿者谋取官职,以维持卖官鬻爵系统的正常运转。由于官吏任免权、财权与军权直接关系江户幕府权力的稳定性,因此江户时代的掌权者均将官吏任免权牢牢握在手中,这直接导致官吏的任用与升迁选择带有明显的个人色彩,即使不是田沼意次等巨贪,也存在偏好任用靠财礼拉近关系者的倾向。对于任官于幕府的武士而言,政治贿赂比尽忠职守更容易带来职位升迁,因而用钱财买通仕途成为武士的合理性选择。结果是从老中到底层官吏皆可靠贿赂谋官,官职官阶高低与所需贿赂款额成正比。卖官鬻爵模式构成江户时代政治贿赂体系中最为基础而稳定的利益链条。

第二种是投标回扣型。幕府出资兴办土木工程或基础设施建设时,除了指派藩全权负责之外,还以招标的形式招募商人承包。商人在投标之前向官员行贿,并承诺在得标后给予官员回扣,而官员则按贿礼轻重来判断投标结果,这构成投标回扣型贿赂的运行逻辑。在这一模式下,官员只需被动受贿。著名政商河村瑞贤终生依靠这一模式,承包了幕府大量工程项目。为了赚回行贿款,商人往往虚报工程价格,骗取幕府公款。在这一模式下,官员有可能同时收到多方贿赂款,虽然中标者往往是唯一的,但其他落标者的贿赂款亦不退回,换言之贿赂者有较大可能无法获得回报,对贿赂者而言贿赂风险性较大,对受贿官员而言,也存在落标者怀恨在心,将贿赂之事透露给政敌的风险,这与收人钱财为人办事的卖官鬻爵型贿赂存在较大差异。对商人而言,作为经营成本的贿赂款是累进式的,换言之多次贿赂无果所造成的投资损失都可由一次成功的贿赂弥补,这也是商人承包的建设工程中报价与实价差距悬殊的原因之一,而幕府官员由于同时受多方之贿,因而往

---

① 秋山:《德川时代之裏面》,晴光館,1909年,第93—95页。

往默许商人的上述行为,以维持此贿赂模式的顺利运转。投标回扣型贿赂的本质是行政决定权与金钱间的交易,官员与商人合谋利用幕府制度攫取公共财产。

第三种是徇私枉法型。行贿者以赠送财物为手段,向掌权者谋求偏袒自己的判决。这一贿赂模式普遍存在于各层级官僚,上至老中,下至评定所官员都可能成为行贿对象。上有"御三家""御三卿"贿赂勘定所以求蒙混财政决算,甚至贿赂老中以攻击政敌,下有町人、农民贿赂评定所寻求法外开恩。在这一模式下,官员以被动受贿为主,主动索贿为辅,柳泽吉保等高官有着较明显的索贿倾向,但一般官员则往往被动受贿。以徇私枉法为目的的政治贿赂受众面广,需求大,因而勘定所与评定所两处审判机构逐渐成为江户时代政治贿赂的重灾区,其中以掌管上层人士的勘定所尤为严重。勘定所主要掌管地方财政事务,大名领地、武士俸禄、代官与幕府的交涉等诸多事务勘定所均受其管辖。此外,不属于町奉行或寺奉行掌管的诉讼也会交由勘定所裁决。财权与审判权在任何时代都是吸引贿赂的强力磁石,为了使勘定所的判断有利于自己,无论是大名还是平民百姓都不得不前往勘定所行贿。勘定所用屏风将工作区域分成若干小隔间,名为保护来访者与工作人员交涉的隐秘性,①实则为行贿受贿提供了便利。勘定所的腐败行为直至江户幕府灭亡也未见好转,"勘定所从御三家、御三卿手中收取了巨额财物,其受贿总额难以计算"②。

第四种为笼络感情型,与前三种贿赂模式不同,此种政治贿赂不具有明确而直接的目的,行贿者不定期地赠送财物,但无须受贿者立刻为其办事,只求拉近与权臣的关系以备不时之需。例如1702年,柳泽吉保的家宅烧毁于大火,家财尽失的当天,诸大名和御用商人就纷纷打着"慰问火灾"的旗号,公然向柳泽行贿,此后收到的贿赂品更是数不胜数。③ 在柳泽吉保危难

---

① 中瀬勝太郎:《江戸時代の賄賂秘史》,第56页。
② 旧事諮問会编,進士慶幹校注:《旧事諮問録—江戸幕府役人の証言》,岩波書店,1986年,第63—64页。
③ 戸田茂睡:《御当代記》,国書刊行会,1915年,国立国会图书馆珍贵古典籍资料库 http://dl.ndl.go.jp/info/ndljp/pid/945799/19,2018年8月4日。

之时进行行贿者一般不具有明确的贿赂目的,而是希望借掌权者危机之际拉近关系,通过雪中送炭达到贿赂款效益的最大化,可谓笼络感情型贿赂的典型例证。在这一模式下,官员一般为被动受贿。由于这一模式不存在明确的钱权交易,很容易与正常的礼尚往来混淆。但是与礼尚往来不同的是,笼络感情型贿赂的财物移动是单向的,受贿方不会回礼,而是在需要时通过政治权力进行回馈。

四种类型的贿赂交织在一起,形成了遍及社会各阶层的、稳定而常态化的利益关系网。江户幕府虽然也有官员采取各种措施,试图遏制贿赂行为,但均已失败告终。一般认为,行政管理方式、法律监督能力、经济利益分配形式、文化认知导向和组织趋同性是影响贿赂行为发生频度与涉及人员广度的主要因素。江户幕府的上诉要素存在明显缺陷,因而任何改革措施都不可能从根本上遏制政治贿赂现象。

从行政管理方式而言,江户幕府将中央集权型的"幕藩体制"作为基本架构,幕府与各藩始终处于对抗与合作的动态平衡状态。幕府需要持续限制乃至削弱各藩势力,保证其不对幕府统治造成威胁。除强制各大名耗费巨资进行参勤交替与参加公共建设(普请)之外,收取高额贿赂也是幕府变相削弱大名经济能力,避免各藩起兵反叛的重要方式之一。以酒井忠清为代表的众多幕府高官认为,大名向幕府行贿有利于稳定幕藩秩序,符合统治需求,因而往往不会追究。而各大名身处幕府的统治框架内,需要在框架内寻求生存与发展的机会。但幕藩体制的本质却是限制各藩,特别是外样各藩的发展壮大,正常的发展途径可能招致幕府的猜疑与敌视。反之,贿赂幕府将军或高官一方面可以表示对幕府权威的尊重,另一方面又可换取公权力的照顾,可谓为数不多的合理性选择之一。谱代大名主要靠贿赂换取幕府要职,而外样大名则依靠贿赂换取相对轻松的公共建设任务。耗费巨大财力与劳力的公共建设任务可能破坏藩的正常经济运转,直接关系藩的存亡,与此相比贿赂用款可谓微乎其微,因而众多外样大名宁愿花重金行贿,也要换得成本较低的任务。总而言之,政治贿赂同时满足幕藩双方的主观需求,是"幕藩体制"的必然结果。

从法律监督角度而言,江户幕府没有健全的行政监督制度,虽有禁止贿赂的法令、政令却难以落实，导致各级官吏行贿受贿有恃无恐。江户幕府的行政体制下，部分官职、机构独揽重权，其一己之见可以决定政治、经济利益归属。与此相对的，权力监管体制极不完善，不存在负责监督各行政部门的独立机构。例如勘定所统管幕府、旗本武士和各藩的财政与民政，权力极大。负责监督勘定所的"勘定吟味役"虽不受勘定奉行管辖，却隶属于勘定所，换言之，监督者与监督对象同属于一个行政机构，极易同流合污。同时，勘定吟味役直接隶属于老中，自然无法对老中进行有效监督。即便如此这一职位依然两次被裁撤，体现了幕府官员对行政监督的排斥。而寺社奉行所、町奉行所、奥祐笔等实权机构更是长期处于无人监督状态。江户幕府的司法体系同样存在缺陷，寺社奉行所、町奉行所、勘定所是基层司法机关，按各自职权范围审理相关案件，若有三奉行所无法解决的案件则交由最高司法机关"评定所"审理。评定所由三奉行所的长官与一名老中组成，虽然处罚了不少受贿行为，但受罚者以低级官员居多，受贿额仅为"三贯"左右。[①]非但如此，评定所成员同样收受贿赂，甚至有官员认为收取好处是法官的正当福利。[②] 换言之，江户幕府的司法权完全掌握在行政官员手中，也不存在不同行政部门的互相监督。因而，即使"勘定吟味役"等监督机构能查清贿赂事实，各奉行所也不会依法自我审判，最终结果是低级官员可能被革职，但高层官员只要持续掌权就可免受惩罚，几乎没有官员因受贿而下台，只有失势下台的官员才会被追究贿赂问题。总而言之，监督机制的不完善与司法的不独立是各级官吏贿赂行为屡禁不止的重要原因。

从经济利益分配形式而言，江户幕府从各藩及民众手中收取各种形式的税赋，从而成为最大的资金持有者，实现了集权基础上的集财，具备主导经济及利益再分配能力。除强迫各藩承包建设工程外，幕府组织亲自运营大量生产建设及商业交易活动，直接干预经济，其规模与稳定性是各藩及商

[①] 参考《御仕置例类集》，《御仕置例类集》是江户幕府的司法机关"评定所"编纂的判例集。各级奉行在遇到难断之案时，会向老中汇报案情，请求审判意见。老中则往往向评定所索要案例进行参考，评定所将案情与判例分类整理，编纂《御仕置例类集》164 册，成为江户时代案件审判的基本依据。《御仕置例类集》先后编纂五次，收录了 1771 年到 1852 年的典型判例，除已遗失的第五辑之外，每辑均有"贿赂之部"，详细记述了收受贿赂的实情与相关处罚。
[②] 中瀬勝太郎：《江戸時代の賄賂秘史》，第 9 页。

人集团无法比拟的。然而,幕府往往不会派官僚直接从事经济活动,而是通过招标将各项工程委托给商人,中标的商人往往成为利益再分配的直接受益者。虽然从表面上看,幕府的各项采购与工程实行招标制,可以选择性价比最高的商人承担任务。然而,老中、奉行等高官有权指定承包商,且无须对外公布投标细节。因而商人获得工程项目的最佳方式不是节省经费、提高质量,而是贿赂拥有决定权的官吏。只要贿赂得当,商人即使报价高于正常价格几倍也能中标,用于贿赂的款项也会被算入工程预算,利润极为丰厚。在江户时代长期的和平环境下,农业生产与商品经济稳步发展,幕府有足够的财力兴办各项公共事业,其结果是幕府官吏与商人结成了稳固的利益链,江户时代的大商人多半是承包幕府工程的政商。可以说,在经济良性发展的状况下,江户幕府对经济和利益再分配的控制是造成官吏与商人间贿赂不断的主因。

从文化认知导向而言,在江户时代,社会各界缺乏对贿赂的正确认知。无论是官吏还是民众,普遍无法明辨"赠答"与行贿的区别,其核心问题在于缺乏对"公权力"的正确认识。在商界,以"赠答"为形式的礼品交换是促进商业活动的重要形式。由于商人不掌握"公权力",因而商人间的礼品交换属于个人层面的利益交换,不对社会公平构成损害。然而,拥有"公权力"的官吏与商人不同,以获取"公权力"提供的便利为目的的"赠答"即为"行贿"。然而在江户时代,"公权力"的特殊性并没有被充分认识,导致受贿者以得贿为荣,行贿者追求令受贿者心安理得地受贿的贿赂美学。[1] 一般民众虽然憎恶官吏为贿赂上官而巧取豪夺,但当贿赂不殃及自身时,则往往将贪官当作戏谑的对象,并未形成对"贿赂"行为本身的批判意识。[2] 幕府虽然多次

---

[1] 江户时代的政商河村瑞贤通过变相贿赂老中稻叶正则,获取了大量幕府公共建设项目的主持权,从中赢取高额利益。稻叶正则憎恶贿赂,拒绝接见任何携带礼物前来的商人。河村瑞贤则另辟蹊径,假装打碎了稻叶家菩提寺的洗手盆,作为补偿,不但理赔了新洗手盆,而且将菩提寺修复一新。稻叶正则因此极为赏识宠信河村瑞贤,河村别出心裁,因人而异的贿赂美学成为此后江户商人争相效仿的政治贿赂方式。童门冬二:《江户的贿赂》,集英社,1998年。
[2]《甲子夜话》与《鹦鹉笼中记》中均记载了一般民众对贿赂行为的看法。民众往往将高官受贿视为奇闻逸事,大幅夸张官吏受贿金额,最后针砭时弊,具有朴素的劝恶扬善性质。然而,对于通过贿赂获取利益的行贿者,民众则充满羡慕,认为贿赂是一跃龙门的良方,体现了民众对贿赂行为认知的两面性。

通过法令禁止受贿,但对于"赠答"与"贿赂"的界限一直没有明确定义,导致法令不清。松平定信曾一度笼统地将赠与物品视为可以允许的"赠答",而赠与金钱则构成"贿赂",诸如此般模糊不清的贿赂界定是贿赂行为得以蔓延的思想诱因。

对江户幕府而言,政治贿赂行为是威胁统治稳定性的重大问题。首先,大名的行贿并不能真正削弱各藩经济实力,特别是外样大名靠贿赂减轻了分派工程负担,得以发展自身势力。幕府向各藩分派工程的主旨本是限制各藩发展,但经济实力较强的藩却可以通过高额贿赂换取轻差,这就为强藩的出现奠定基础。因而,放任政治贿赂是对幕藩体制的否定。其次,政商靠行贿骗取幕府大量钱财,与幕府官员合谋将公款转为私财,成为幕府长期财政困难的重要原因之一。幕府的三次政令反贿尝试均试图没收贪官的家产,主要目的正在于缓解财政压力,政治贿赂对幕府财政的影响由此可见。最后,低级官员为筹措卖官资金,往往压榨其管辖的居民,造成下层民众不满幕府统治。有官员在饥荒时依旧靠剥削民脂民膏获取贿赂款,多次引起农民反抗,直接打击了幕府统治秩序。① 可以说,政治贿赂会从体制架构、财政基础、民心向背三方面破坏幕府的统治基础。因而,以新井白石为代表的众多幕府官员认识到政治贿赂的危害性,积极寻求遏制贿赂的手段。

三、江户幕府的应对措施与效果

针对遍布幕府各职能部门的贿赂行为,江户幕府第一阶段的应对措施是将发布法令与宣传道德相结合,督促武士自律。幕府先是在 1653 年的《宽永令》中要求"清廉行政,不得违法"②,进而大力推行以朱子学为核心的"武士道"。"武士道"以"忠义诚礼"为本,滥用主君赋予的权力,不尽职工作,是为不"忠";滥用公款,据为己有,是为不"义";收人好处为人办事,用权不公正,是为不"诚";以权谋私,收礼不办事,是为无"礼"。表面上看,"武士

---

① 仅 1863 年就发生了二十余次农民反抗,遍及日本各地,以仁杉五郎左卫门为代表的官吏克扣幕府救济粮,用于打通官脉。参考青木虹二:《百姓一揆の年次的研究》,新生社,1967 年。
② 杉山文悟,杉山骏之介编:《国史通释》,金昌堂,1900 年,附录 4—6 页。

道"的基本要求限制了官吏可能出现的各层面腐败,然而实际情况是大量官吏无视这些道德约束,腐败处处生根,上至幕府重臣,下至小藩权吏,不受贿者反属罕见。

贿赂行为并没有因幕府的法令与道德宣传而受到有效遏制,反而出现了巨贪柳泽吉保。幕府当权者意识到督促武士自律并不能根除贿赂,因而在柳泽吉保被罢免后,江户幕府的反贿赂措施进入了第二阶段,即当权者以政令为手段,凭借幕府强制力惩治贿赂行为,维持官员队伍的清廉。新井白石、松平定信和水野忠邦是通过政令反贿的突出代表,三人的反贿赂措施各不相同,取得的成效亦有差异。

新井白石是将军德川家宣手下的第一智囊,对幕府决策的制定产生了重要影响。新井白石出身于破落武士家庭,极度厌恶政治腐败,在任期间推行严厉的反贿赂措施,积极查办了若干受贿惯犯,开启了江户幕府第一轮政令反贿尝试。

新井白石恢复了被荻原重秀废除的"勘定吟味役","勘定吟味役"有权清查幕府官吏的一切收支,如发现贿赂可追查到底。在当时,许多官吏认为贿赂是正当收入的一部分,新井白石此举的主要目的在于扭转官员对贿赂的认知。此后,新井白石又于1712年颁布"贿赂禁止令",[①]严格禁止包括"赠答"在内的各种贿赂行为。然而,长期以来的贿赂之风不可能被一纸禁令终止,以"请愿"为幌子的行贿行为愈演愈烈。商人们或称为了官府,或称为了赈济万民,请求藩厅或役所兴建土木工程,将钱款作为"请愿费"贿赂给官员,而付出"请愿费"的商人则顺理成章地称为工程负责人。1716年,新井白石不得不针对这一现象发布"请愿禁止令"。[②] 在新井的时代,即使是与力、同心、手代等下级武士官僚也会随意编造借口,从町人百姓手中索取贿赂,再将受贿的财物转赠给上级武士。在此风气下,原本不应升职的武士迅速升任,而资质能力兼备的武士若不行贿反而无法升职。1713年7月,新井白石不得不再颁禁令,"诸组与力·同心·手代,因人脉关系而任职,或

[①] 高柳真三、石井良助编:《御触书宽保集成十八》,岩波书店,1958年,第523页。
[②] 高柳真三、石井良助编:《御触书宽保集成四九》,岩波书店,1958年,第1300页。

因贿赂财物而任职者,即便编入组中,也不应支取俸禄,……今后如有此类人等,上级官员应充分审议,予以注意"①,明令禁止卖官鬻爵的行为。

在新井白石掌权时期,近江守荻原重秀是最大的贪官。荻原重秀曾与柳泽吉保沆瀣一气,大量改铸劣质货币,从中获取暴利。逢大型土木工程之时,荻原重秀更是大肆索贿受贿,谋取巨额私利。新井白石在《折焚柴记》中痛斥了荻原的受贿行为,"商贾先估量工程之大小,再按其规模赠送给官员成百上千之金银,令官员托工程于己。若官员应允,则再赠金银,以为'回礼'。若财物过少,则投标必定失败,毋言无钱馈赠。贿赂之款,少有低于千金。如是,原需百金之工程,最终却耗万金"②。新井白石意识到想要扭转贿赂之风,就必须惩治荻原重秀。新井白石以荻原重秀受贿26万两黄金为由,多次弹劾荻原重秀,最终于1712年成功罢免了荻原重秀,没收其俸禄三千石,迫使荻原重秀绝食自尽。③

虽然新井白石不遗余力地整治贪污贿赂,但官吏的受贿行为并未明显减少,贿赂之风甚至蔓延至新井白石自身。长崎某寺院派遣僧人拜访新井,希望新井利用职权为其提供便利,"如若答应此请求,先赠金五百两,聊表谢意。事成之后,再赠金三百两,以答恩情"④。新井哭笑不得,在《折焚柴记》中感叹道:"鄙人般位卑权轻之人,尚有如此巨额之贿赂。权门之贿赂,实难想象。"⑤新井本人也已察觉,反贿赂的改革仅仅停留在表面,难以真正贯彻到整个官僚集团。

德川吉宗继任第八代将军后,新井白石遭到罢免。虽说德川吉宗废止了新井白石的诸多政令,但反贿赂举措在其掌权期间基本得到了贯彻。在德川吉宗之后,第九代将军德川家重更是发展完善了"勘定吟味役"的监督职能,使其有权审核幕府各部门的账目。然而,即使经过新井白石、德川吉宗、德川家重三人的努力,贿赂之风仍未能得到彻底改变,反而不断升级。

---

① 高柳真三、石井良助编:《御触书宽保集成十八》,第523页。
② 新井白石:《折たく柴の記》,青山堂,1911年,第98—100页。
③ 新井白石:《折たく柴の記》,第118—119页。
④ 新井白石:《折たく柴の記》,青山堂,1911年,第213页。
⑤ 新井白石:《折たく柴の記》,第214—216页。

德川家重过世后,幕府有意识的反贿赂尝试暂告一段落。

新井白石和德川吉宗均明确认识到以受贿为代表的腐败行为是危害幕府统治之顽疾,但是在遏制贿赂的具体措施上,两人都选择以禁令等强制性方式规范武士行为,对建立权力监管体制的尝试则浅尝辄止。在思想层面,官僚和民众对贿赂行为的认知并没有发生根本变化,幕府高层反贿赂的决心没有被基层官员与民众理解,反贿赂只停留在了表层,这是新井白石、德川吉宗、德川家重三代近五十年反贿赂整改最终失败的重要原因。幕府的第一轮政令反贿尝试非但没能扭转贿赂之风,反而使受贿方式日趋多样化,贿赂行为也更加公开化。第十代将军德川家治统治时期出现了田沼意次引发的第二次政治贿赂高潮。

田沼意次被罢免后,松平定信就任首席老中,掌握了政治主导权,幕府的第二轮政令反贿尝试就此开始。松平定信以惩治受贿行为作为扫除田沼时代各种政治积弊的突破口,在呈交将军的建白书中,松平定信详细论述了政治贿赂的严重后果,"以金钱贿赂权门,图谋自身之荣华富贵者,实与禽兽无异。如不严加制止,则政道崩坏,奸臣当道。将军应亲自发布禁令,张贴于权门檐上,陪臣、公用人、家老等人家亦须逐一张贴,出入权门的医生儒者之家亦不可遗漏。若此,则贿赂之事可减十之七八"[①]。

上任之初,松平定信大刀阔斧地推行廉政,有受贿嫌疑之人一律免职,在官吏间引起了极大恐慌。官吏人人自危,无心工作,以致行政工作几乎陷入停滞。面对官吏的消极抵抗,松平定信不得不改变态度,提出过去的受贿既往不咎,今后不可再犯,要一心一意努力工作。然而,面对根深蒂固的受贿风气,松平定信"下不为例"的妥协是徒劳的,大量官吏持续罢工,导致政务积压迟迟得不到处理,民众怨声载道。为打破僵局,松平定信再次作出妥协,"幕府关键部门之职员,绝不可收取金银。然收人礼物,亦属无奈"[②]。默许了官员接受实物的贿赂行为。松平定信原本希望通过这一让步限制腐败,不料却使实物贿赂合法化,反而刺激了受贿行为。松平定信在《灯前漫

[①] 中濑胜太郎:《江戸時代の賄賂秘史》,第100页。
[②] 中濑胜太郎:《江戸時代の賄賂秘史》,第103页。

笔》中无奈地记录到,"各实权部门的接待室与办公室中,时钟等西洋舶来物堆积如山,少则十台,多则二三十台"①。松平定信的反贿赂行动反而刺激了高级奢侈品的销售,使商人大谋其利,实物受贿愈演愈烈,更有甚者,用礼品纸包裹金银,纸面书写"阿堵物"等谦辞,就可充当礼物堂而皇之地行贿。松平定信虽然声势浩大地反贿赂,但却在官吏的消极抵抗下屡屡让步,体现了江户时代单纯依靠政令抑制贿赂行为的不可行性。

虽然松平定信向世人展示出拒绝腐败的高姿态,但其本人获得官位也是通过向田沼行贿而来。松平定信在自传中记录到,"今得叙四品之官,远超家格。得此殊荣,虽仰仗权贵,却并非全因贿赂而来。本年,真田伊豆守同叙四品,较吾之贿赂五六倍有余"②。虽较真田家为少,但对通过贿赂升官一事,松平本人供认不讳。此后在向将军递交的意见书中,松平定信毫不遮掩地陈述了自己的贿赂行径,"对于盗贼般的主殿头(田沼意次),吾每日造访,纵使囊中羞涩,亦需递金送银"③。其怨气并非田沼受贿之事本身,而在于田沼开价过高。貌似正气凛凛,遵从"武士道"规范的松平定信在未掌权之时,同样是能够适应时局的利己主义者,为了自身前途日日观察田沼,伺机行贿。因此,松平定信虽然厌恶贿赂行为,却并未深刻认识贿赂行为的危害性,这是他在发布政令严禁受贿之后,对贿赂行为步步妥协,最终不但未能扭转贿赂之风,反而促进了腐败蔓延的原因所在。

松平定信下台之后,水野忠成就任老中,出现了第三次贿赂高潮。水野忠成倒台后,水野忠成的同族亲戚水野忠邦掌权,发起了第三轮政令反贿。水野忠邦将反贿赂作为"天保改革"的第一步,处死了水野忠笃、林忠英、美浓部茂育等数十名巨贪,进而推行严格的奢侈禁止令,整顿风气,关闭滋生腐败的娱乐场所,试图扭转德川家齐、水野忠成时代的腐化之风。

水野忠邦主导的天保改革虽在反贿赂层面上与松平定信、德川吉宗有相近之处,但本质相差甚远。松平定信虽多次放宽反贿强度,但他自当权之

---

① 松平定信:《楽翁公遺書上巻》,八尾書店,1893 年,国立国会图书馆珍贵古典籍资料库 http://dl. ndl. go. jp/info:ndljp/pid/898746/266? tocOpened=1,2018 年 8 月 4 日。
② 松平定信:《宇下人言》,松平定晴発行,1928 年,第 23—24 页。
③ 松平定信:《宇下人言》,第 25 页。

后洁身自好，因而敢于严查贿赂行为，然水野忠邦则不同。在任老中之前，水野靠贿赂获得了将军德川家庆的喜爱。为了给将军留下深刻印象的贿礼，水野忠邦费尽财力广寻美人，最终觅得绝世美女阿雪，将其收为养女，教授各种礼仪之后献给将军，一来讨取将军欢心，二来企图通过阿雪在"大奥"探查情报。除将军外，水野忠邦还不遗余力地贿赂大御所德川家齐的爱妾美代，求其向将军美言，最终获得了老中之位。① 任老中之后，水野忠邦立刻从行贿一方转为受贿方，明码标价地卖官鬻爵。"升任大将，五千两；升任中将，五千两；升任宰相，一万两；升至携带枕矛长刀级别，八千两；升至虎皮鞍级别，五千两；升至可携带金纹箱级别，一万两。"② 如此贪污之人，即便能制定出严密的反贪对策，亦不可能予以贯彻。水野忠邦的参谋涩川六藏在报告书中总结了当时的腐败状况，"近年贿赂盛行，天下之事，无论大小，无金银难以办妥。凡赠送金银者，事纵难亦少有不成。朝廷命官卖官鬻爵，权威日下，实应担忧。居上者好收贿赂，居下者自以贿赂为合理。家臣亦借主人之权威，贪人金银，不少于主君。位卑言轻之官，亦凡事皆收贿赂，功过不分，赏罚不明，众人皆嘲上官之有法不依"③。

与憎恶贿赂行为的新井白石、松平定信不同，水野忠邦对贿赂行为持有双重判断标准，他允许自己行贿受贿，却禁止他人行同样之事。水野忠邦任老中之时，适逢酒井家可能移封之流言盛行。为了避免移封之祸，酒井家分别向水野忠邦、太田资始两老中赠金三千两，请求帮忙运作。太田当场予以拒绝，而水野却以各处联络需要经费为由，将钱款全额笑纳。④ 水野受贿一事被町奉行矢部定谦知晓。如能查清水野忠邦执法犯法行为自是大功一件，求功心切的矢部定谦欲将水野忠邦受贿之事公之于众。水野忠邦获悉后，只得拜托主管财政的后藤三佐卫门将贿赂款归还酒井家，最终得以息事宁人。水野忠邦的"还贿"之举展示了这一时期反贿赂举措取得了一定成

---

① 大谷木醛：《鼠璞十种第2. 燈前一睡夢》，国书刊行会，1916年，国立国会图书馆珍贵古典籍资料库，http://dl.ndl.go.jp/info:ndljp/pid/945823/118? tocOpened=1，2018年8月4日。
② 国书刊行会编：《新燕石十种. 第1天言筆記卷2》，国书刊行会，1912年，第166—167页。
③ 涩川六藏：涩川六藏上申书，古文書同好会，https://sites.google.com/site/komonzyokai/sibukawa，2018年8月4日。
④ 関口隆正编：《夢界叢書》，台印社，1914年，第23—25页。

效。然而,追查水野忠邦的矢部定谦却同样是靠贿赂水野忠邦才得以登上町奉行宝座。矢部定谦之友藤田东湖留有如下记述,"矢部曾言,一介三百俵的藩士,能登今日之位,并非有真才实干,全靠贿赂而来。诉说之时,毫无遮掩羞愧之意,反显踌躇满志。"①在矢部定谦看来,贿赂高官是安身立命之良方,然而别人的受贿行为则是其邀功之良机,应奋力追查。然而矢部定谦非但未能邀功,反因此事招来水野忠邦的忌恨,最终丢掉了官位。无论是制定反贿赂决策的官员,还是监督贿赂行为的官员,均靠行贿获得职位,靠追查贿赂邀功,这是江户时代反贿官员队伍的突出特征。

该事件中拒收酒井家贿赂的太田资始在污浊的政界看似极为特殊。②然而,太田并非真正厌恶贿赂,只是其心机深重,受贿时极为注重方法途径。与水野忠邦相同,太田资始同样靠贿赂谋取重职,自然需靠出卖权力换回成本,卖官鬻爵是最为主要的方式。能登守阿部正备请求太田资始协助升职,报酬是深川地区的宅邸一间。太田资始答应了阿部的要求,推举其担任寺社奉行。阿部正备赠送的宅邸富丽堂皇,内有名园,可谓屈指可数的豪宅。太田深知如果白白获赠,日后必生事端,因而以购买的形式接收宅邸。实价一万两以上的豪宅,仅支付了七百余两。③ 即使如此小心谨慎,深川宅邸一事仍被政敌水野忠邦查知。水野忠邦认为酒井家受贿之事败露,是拜太田资始所赐,只要太田仍居老中之位,自己就有被举报之风险,因而严查宅邸一事,最终迫使太田免职归家。无论是水野忠邦还是矢部定谦,追查受贿的目的不是整顿政治秩序,而是攻击政敌、维护自身权力与地位。在监督制度不健全的情况下,官员靠自身意愿的反贿行为尤为重要。然而官员对贿赂持双重标准,反贿又具有明显的功利性,这构成水野忠邦执政时期,乃至整个江户时代政治贿赂难以根治的重要原因。

即便在贿赂横行的江户时代,亦有拒绝受贿的官吏。哀民生之多艰,进

---

① 中濑胜太郎:《江户时代の贿赂秘史》,第164页。
② 大盐平八郎在暴动之前,将写满幕府要人腐败行为的意见书送到江户,在意见书中,没有遭到指责的老中仅有太田资始与肋坂安董两人。肋坂安董未曾任职于大阪,与大盐平八郎没有接触机会,换言之,全体老中之中,没有明显腐败行为的,仅太田资始一人。
③ 关口隆正编:《梦界丛书》,第63—64页。

而率民造反的大盐平八郎可谓廉洁官吏的模范。有人将少量的菜肴赠送给大盐平八郎作为礼物，大盐立刻修书一封，呈交町内官员，"此菜肴为播磨屋利八所赠，此人乘吾外出之际，将菜肴置于吾屋中，实为可耻之事。吾定将菜肴原封归还，警告其不可再有此事"①。然而，如大盐平八郎般洁身自好的官吏终为少数。大盐无力实现统治阶层内部政治风气的转变，只得与下层民众一起通过武装起义的方式反抗江户幕府。

综上所述，幕府遏制贿赂的方法主要有两类。第一类是通过颁布法令、政令禁止政治贿赂，但这些法令、政令往往是禁止某些具体贿赂行为的立法，未能解决个人权力过大且不受监督这一根本问题。同时，追查贿赂的法律执行者往往也是受贿者，追查贿赂的目的是打击政敌，不可能真正追查到底。第二类是通过宣传武士道等价值观，靠道德反腐。然而道德观只能约束以大盐平八郎为代表的一部分愿意遵守规矩之人，在江户时代，道德伦理观往往输给现实利益，大量高级武士以敛财为乐，视武士道为无物。

无论是法令禁贿还是道德反贿，江户幕府对贿赂的管控存在应激性、短暂性特征。在政治贿赂极度猖獗之时，往往会出现一位官员采取各种措施推行全方位反腐，政治贿赂因之受到一时遏制，但势头过后，政治贿赂立刻卷土重来，反贿赂的官员或被迫下台，或自开倒车。可见，江户时代的反贿尝试均是物极必反的应激性反应，而非根本性、结构性的反腐努力。因而，数次反贿赂高潮均未能有效控制政治贿赂的蔓延。

结语

政治贿赂行为在江户时代之前即已存在，在经济快速发展的江户时代达到高峰，参与贿赂人员的范围、贿赂品的金额与数量均呈不断上升趋势。一般认为，行政管理方式、法律监督能力、经济利益分配形式和文化认知导向在组织趋同性的作用下影响贿赂行为发生频度与涉及人员广度。江户幕府权力高度集中化，不仅导致掌权者可以恣意分配经济利益，而且造成行政

---

① 中瀬勝太郎：《江戸時代の賄賂秘史》，第168页。

监督体系长期缺位。从法律层面而言,司法的不独立导致负责稽查贿赂的机构仅能惩治低级官吏,却不会追查权高位重的高官,法律制裁治标不治本。从文化认知导向层面而言,江户时代社会各阶层对贿赂行为普遍持模糊甚至错误的认识,其结果是受贿者、行贿者、知情者均不以贿赂为恶,社会舆论无法发挥监督作用。在上述要素的共同作用下,社会各阶层都趋向于认可、包容政治贿赂行为,因此就算出现积极惩治贿赂的官员,也会成为异类被自然性地排除出社会组织之外。此外,幕藩关系本身还存在滋生腐败的结构性缺陷,可以说江户时代贿赂横行具有历史必然性。

对江户幕府而言,贿赂行为是威胁统治稳定性的重大隐患,因而大力推行反贿赂举措的官员会周期性出现。然而,江户幕府的政治体制、经济结构以及官民观念始终没有发生明显改变,因此幕府的反贿赂举措均具有明显的不彻底性,政治贿赂直至江户幕府灭亡也未从根本上得到遏制。

(作者丁诺舟,南开大学世界近现代史研究中心、日本研究院,原文刊于《世界历史》2020年第2期)

日本近世幕藩体制的矛盾与困境

以赤穗事件为中心的考察

杨立影

1703年,日本德川幕府成立百年后,在五代将军德川纲吉的治世,发生了震惊朝野的赤穗藩(今兵库县)浪人秘密潜入幕府所在地江户,刺杀幕府高级官僚的复仇事件。事件不仅在当时引发轩然大波,掀起全社会的广泛讨论,儒者们的争论更是一直延续到幕末;明治维新时期的思想领袖福泽谕吉、西周在著作中均论及此事;以此为原型活跃于各种文艺形式的《忠臣藏》仍然打动着日本人;中日当代学者亦竞相探讨。著作方面有田原嗣郎著《赤穗四十六士论——幕藩制的精神构造》(吉川弘文馆1978年版)及大石学著《元禄时代与赤穗事件》(角川学艺出版2007年版)。前者从分析幕藩体制特有的二元结构入手,认为幕藩体制具有幕府的"仁政"理念与大名领国的"家"观念这种双重伦理构造,赤穗事件的发生体现出在双重伦理构造中生存的武士的精神状态。后者则注重事件发生的时代与社会背景,认为赤穗浪人之所以受到幕府重罚,原因在于江户社会的"和平"与"文明化"。此外,相关著作也对赤穗事件做了专题性论述。[①] 中国学界的

[①] 丸山真男著《日本政治思想史研究》(东京大学出版会1952年)中特别列举赤穗事件,以引出对徂徕学"政治优于道德"思维特质的论述。尾藤正英著《日本封建思想史研究》(青木书店1961年)中对儒者佐藤直方及太宰春台的赤穗事件论进行了对比分析,认为佐藤直方的思想已距正统朱子学甚远,且与春台不同的是,佐藤直方放弃了对政治权力的批判。小岛康敬在《围绕赤穗浪士复仇事件的论争》中剖析了儒者们针对赤穗事件的争论,指出幕藩体制中法治主义优于德治主义,在这一基本框架下,武士主仆间的传统的情谊价值观的体现必然受到限制。收录在今井淳等编《日本思想论争史》(鹈鹕社1979年版)。

研究兴趣集中在赤穗事件表现出的日本武士忠诚观及中日复仇观对比研究等领域:赤穗事件之所以受到社会广泛赞扬是因为在人们的观念中,武士忠诚的对象应是直属的主君。但这种只忠于主君个人的封建性的忠诚观终会向忠于"藩国"转变,从而影响至幕末的尊皇思想;①幕与藩的二元制矛盾导致了事件的发生;②在如何处理感情、道德、法制三者孰先孰后的问题上,中日表现出不同的价值取向。③

赤穗事件激荡起的波纹为何历经三百余年辐射至今?学界对赤穗事件的研究虽然已有丰厚的积累,但研究思路上或偏向武士道精神史,或偏向儒学思想史;研究视角上多关注某一突出侧面,例如事件所涉及的法律、公私观、义理人情等。④ 而对后世影响深远的赤穗事件所涉社会关联广泛,如果仅停留在对事件本身的理解或者仅关注其思想史意义的话,恐怕仍有诸多问题尚未诠释清楚。本文主张首先把赤穗浪人复仇作为一个历史事件并放入其发生的社会体制内进行多面考察,从历史脉络的连续性视角分析事件的意义所在。

事件研究曾占据史学研究,尤其是政治史领域的核心。近年,新政治史提出摆脱拘泥于事件本身的分析、重在揭示事件背后隐藏的社会结构及其变迁的新研究思路,即事件研究可以提供方法论的意义。⑤ 在一场重大事件中,各方人物在自己的价值观主导下,"展示"出各自的立场和态度,原因是什么?现象背后反映出的是当时的政治制度、社会结构、文化习俗等因素及其矛盾。本文试从幕府处理事件的思路及儒者们的争论焦点入手,剖析事件与幕藩体制之间的关系,究明"短时段"内事件所呈现出的特征。而历

---

① 王志、王晓峰:《日本近世武士的忠诚观念及其演变》,《史学集刊》2015年第1期。
② 徐晓光:《中日古代复仇问题比较》,《比较法研究》1994年第2期。
③ 张磊:《从"道德•法制"优先性之争合观中日复仇论——以徐元庆复仇案、赤穗浪士复仇案为比较中心》,《外国问题研究》2015年第4期。
④ 代表性的成果有:石尾芳久:《赤穗事件与法的历史》,《关西大学法学论集》第32卷(3—5号),1982年12月;森田健司:《近世日本公私观念考察:赤穗事件与儒学者的见解》,《经济社会学会年报》第31卷,2009年;高木昭作:《复仇的逻辑——四十六士的义理与人情》,《历史评论》第617号,2001年9月;王猛:《江户时代日本人的公私观考察》,《大连海事大学学报(社会科学版)》2015年第6期。
⑤ 李里峰:《新政治史的视野与方法》,《福建论坛》(人文社会科学版)2009年第6期。

史上的重大事件既是当时各种社会矛盾的直接反映，往往也暗示着一个国家民族的未来走向。因此，当我们进一步把事件放入"长时段"历史中进行动态的综合审视时，会发现赤穗浪人复仇绝非偶然的突发事件，超越事件表象的是其发生原理的必然性，而这又与其后近世日本的历史发展相关，使事件表现出很强的历史预见性，这在学界尚鲜有阐释。

一、幕府的踌躇与定案

结合《德川实纪》的记载，赤穗事件大体经过如下：元禄 14 年 3 月 14 日（1701 年 4 月 21 日），幕府派出赤穗藩藩主浅野内匠头①长矩负责接待天皇敕使，同时委派更为熟悉礼仪的高家②吉良义央对浅野进行指导。当日，在将军府，浅野长矩称对吉良义央存有遗恨③，拔刀伤及吉良。幕府即日便果断对公然引起争端的浅野处以切腹，没收封地，命吉良养伤。浅野家臣为此愤愤不平，以大石内藏助（大石良雄，浅野家家老）为首的浅野家 46 名浪人视吉良为仇敌。与吉良义央结下不共戴天之仇的浅野家臣毅然走上复仇之路，于元禄 15 年 12 月 14 日（1703 年 1 月 30 日）夜袭吉良家，斩杀其十六名家人，并取吉良义央首级奉献到亡主坟前，以为亡主报仇雪恨。④

事件发生后不到十天的元禄 15 年 12 月 23 日（1703 年 2 月 8 日），最高司法机关——评定所召开会议商讨如何处置 46 名⑤浪人。对此，幕府态度踌躇不定，虽然"幕府内部论争不明"⑥，细节已无从查考，但可以推断幕府态度极为谨慎的原因有以下几点。

首先在于事件最初发生时幕府的处罚不当。浅野在殿中拔刀伤害吉

---

① 内匠头，官职名称，从五位下。内匠寮的长官，负责幕府日常用品及礼仪调度。
② 高家，负责幕府仪式、典礼的专家，由旗本担任。吉良家在高家中历史悠久，赤穗事件当事人之一吉良义央官至从四位上，位居高家首席。
③ 关于二人争执原因，《德川实纪》没有明确说明，世间多同情浅野，丑化吉良。传言称浅野没有给吉良行贿，因此吉良不仅没有悉心指导浅野接待礼仪，还故意让其出丑。当时的儒者三宅尚斋在《重固问目》中证实了此点，佐藤直方也在《四十六人之笔记》中谈及吉良生来贪得无厌，内心充满邪念，为世人所憎恶。
④ 经济杂志社编：《国史大系德川实纪》12 卷第 4 编，经济杂志社 1903 年版，第 757—758 页。
⑤ 攻入吉良府时为 47 名浪人，后一名浪人失踪，原因不明。
⑥ 大石学：《元禄时代与赤穗事件》，角川学艺出版 2007 年版，第 222 页。

良,当天即获刑切腹而死,吉良非但没有受到严惩,还得到了幕府的安慰。按惯例,武士间的斗殴应依据《吵架斗殴处分条例》(日语为"喧哗两成败",即斗殴双方都要受罚)的习惯法进行裁决。此法源于室町幕府时期,战国至织丰时代逐渐成熟,曾经被认为是"天下大法",是适应战国时代风气的法律。日本近世法专家谷口真子分析了 1618 年德岛藩制定的《吵架斗殴处分条例》后,对其解释为:"发生争吵进而斗殴者依据'天下法度'的宗旨,不察是非,课以两成败(即当事双方同罪处理,原则上是死罪)。"①江户幕府没有就此专门制定法律,②故而"两成败"并没有成为江户时代的成文法,但是它作为武家习惯法流传下来,"即便在江户幕府时代,仍潜在地支配着社会、人心"③。可见,此条例在江户时期依然起到维护武家秩序及幕府威严的作用。对中日法律极为熟悉的儒学家荻生徂徕(1666—1728 年)曾说:"斗殴双方受罚乃当时之定法,合乎圣人之道。"④"身为武士者,斗殴负伤后不应苟活下去。"⑤"两成败"法的主要目的是防止社会暴力事件的发生、无穷尽的复仇以及僭越幕府权力私下解决纠纷。那么,幕府如果依从习惯法,就应按照传统的"两成败"原则,对冲突双方均应予以惩处。但事实是幕府无意执行此法,评定所判定吉良无罪,浅野死罪,处决书中写道:"浅野内匠头因对吉良上野介抱有遗恨,在接待敕使之重大场合下,不惮殿中而毫无道理地拔刀伤及吉良,实乃违背大法至极,故而处以切腹。"⑥赤穗藩因此遭到"改易",作为浅野家臣的武士们赖以生存的"家"彻底解散,这对武士们的打击是致命的,而吉良却毫发无损。幕府之所以没有执行"两成败"法的依据之一是浅野殿中拔刀,之二是事发当时吉良并没有拔刀相向,因而二人未形成"相互斗殴"。然而,若幕府判断此案不适用《吵架斗殴处分条例》,那么理应

---

① 谷口真子:《近世动用武力与〈吵架斗殴处分条例〉——近世的法与理》,《日本史研究》第 419 号,1997 年 7 月。
② 尾藤正英:《何为江户时代》,岩波书店 1997 年版,第 75 页。
③ 三浦周行:《法制史研究》,岩波书店 1925 年版,第 984 页。
④ 荻生徂徕:《政谈》,吉川幸次郎、丸山真男等编:《日本思想大系 36 荻生徂徕》,岩波书店 1973 年版,第 419 页。
⑤ 荻生徂徕:《政谈》,吉川幸次郎、丸山真男等编:《日本思想大系 36 荻生徂徕》,第 420 页。
⑥ 《江赤见闻纪》一,转引自田原嗣郎《赤穗四十六士论——幕藩制的精神构造》,吉川弘文馆 2006 年版,第 195 页。

在事件最初发生时追查浅野率先动武的真正动机,明确双方当事人责任后再做出公正判罚,那样或许浅野罪不至死。无论从哪方面讲,幕府最初的处理结果对于浅野而言都有欠公正。在未查明浅野伤害吉良原因的情况下就武断地做出判罚必然引起不满,赤穗武士们为"冤死"的主君报仇雪恨似乎也在情理之中。

其次,儒者们截然不同的两种观点也使得幕府不得不三思,尤其是朱子学者主张赤穗浪士复仇符合主从之义,其行为当看作大义凛然的义举,量刑方面理应从轻(关于双方争论,将在下文重点分析)。故而当事件再度发酵时,以上原因迫使幕府在判决前必须慎重考虑。

虽然面对舆论的种种质疑和对赤穗浪人的声援,经历了一个半月的艰难讨论后,评定所最终还是判处 46 名武士切腹,对吉良家也做出了没收领地及流放的处罚。

二、儒者争论的焦点

幕府的判决不仅在民间未得到认同,儒者们的争论更是一直持续到幕末。当时的儒者佐藤直方、荻生徂徕、太宰春台等主张严惩赤穗浪人,而林凤冈、室鸠巢等朱子学派儒者则主张判罚从轻,分析他们的言论可知两派争论的焦点在于对"义"及礼法关系的不同理解上。

其一,46 名浪人能否被称为义士。时任大学头的林凤冈言:"复仇之义,见于《礼记》,又见于《周官》,又见《春秋传》,又唐宋诸儒议之。……偷生忍耻,非士之道也。……上有仁君贤臣,以明法下令。下有忠臣义士,以抒愤遂志。"[①]室鸠巢在《赤穗义人录》中写道:"慎微曰:'赤穗诸士,朝廷致之于法。而室子乃张皇其事,显扬其行。并以义人称之。其志则善矣,得非立私议非公法乎?'勉善曰:'不然。昔孤竹二子不听武王之伐讨而身拒兵于马前,今赤穗诸子不听朝廷之赦义央,而众报仇于都下。二子则求仁得仁,诸

[①] 林凤冈:《复仇论》,石井紫郎校注:《日本思想大系 27 近世武家思想》,岩波书店 1974 年版,第 374 页。

士则舍生取义。虽事之大小不同,然其所以重君臣之义则一也。'"①室鸠巢在元禄16年1月20日(1703年3月7日)给京都本草学者稻生若水的书信中又写到:江户旧历十四日,浅野氏旧臣等讨伐主君仇敌上野介。前代未闻,忠义之气凛凛,吾以为此行为有助于儒教之教义。② 可见,正统朱子学者称赞浪人们的复仇是从根本上维护君臣之义,理应在全社会彰显其"仁义"之精神。

而荻生徂徕虽然承认赤穗浪人为主君复仇的举动是出于"义",所谓"以义为臣之道"③,但他认为浪人们并没有真正地践行"义",原因在于:"长矩一朝之忿,忘其祖先,而从事匹夫之勇,欲杀义央而不能,可谓不义也。四十有七人者,可谓能继其君之邪志也,可谓义乎?"④即徂徕认为,浅野侯不顾藩国整体利益,为泄私愤拔刀伤人之"不义"在先,浪人们的复仇实际上是主君之"不义"的延续,其行为更非义士之举。那么,身为武士究竟应如何恰当地践行"义"? 就此,徂徕高徒太宰春台提出了更为透彻的见解。太宰春台认为世人皆不知"义"的真正内涵,言:"鸿生钜儒,尚昧于斯义,况常人乎!"⑤他指出:以死为义乃"东方之士"所奉行之道,足以鼓励士气,不可弃也。⑥ 但若使"义"得到真正落实,非赤穗浪人之所为。太宰春台认为浪人们应与赤穗城共存亡,或带兵直接攻击吉良,以求同死,而浪人们秘密谋划一年且杀死吉良后等待官府治罪的行为则完全是假借大义,实则心存侥幸,目的在于求名逐利。因此,他指出浪人们的复仇实质上诚如"孟子所谓非义之义"⑦。

义是复仇的动机,且为君臣之道的内涵及"东方之士"的道德标准,在这点上,无论是支持赤穗浪人的朱子学者还是反对派均予以认同。他们的分歧主要在于"义"的性质属公还是属私以及"义"的行为是否合乎义的内涵。

---

① 室鸠巢:《赤穗义人录》,《日本思想大系 27 近世武家思想》,第 343 页。
② 田原嗣郎:《赤穗四十六士论——幕藩制的精神构造》,第 64 页。
③ 荻生徂徕:《辨名》,吉川幸次郎、丸山真男等编:《日本思想大系 36 荻生徂徕》,第 222 页。
④ 荻生徂徕:《论四十七士事》,《日本思想大系 27 近世武家思想》,第 401 页。
⑤ 太宰春台:《赤穗四十六士论》,《日本思想大系 27 近世武家思想》,第 410 页。
⑥ 太宰春台:《赤穗四十六士论》,《日本思想大系 27 近世武家思想》,第 410 页。
⑦ 太宰春台:《赤穗四十六士论》,《日本思想大系 27 近世武家思想》,第 411 页。

在这点上，正统朱子学派学者认为君臣之义首先存在于藩国内部的主从关系中，"舍生取义"的对象是直属的主君，藩国内部的"义"是公性质的，非为一己之私，赤穗浪人为主君复仇完全符合"忠义"的内涵；反对派则主张浅野侯泄私愤之"不义"行为在先，因为殿中拔刀对将军已属大不敬，何况是接待天皇敕使的重大场合，在这种情况下，任何行为均是"私"属性的。赤穗浪人再去报仇进一步说明其仅出于维护藩国利益的私心却无视幕府权威，加之其行动缺乏合法性，当然无法被定性为"义"。很明显，持"义士"主张的儒者认为藩国内部的君臣关系高于将军与大名之间的君臣关系，所谓"尊主君"大于"尊将军"；非"义士"论者与其意见正相反，"尊将军"大于"尊主君"。对于是否颁发"义士"头衔的争论说明了当时的学者对近世日本型三纲五常之礼秩序中价值序列的不同认知，亦反映出幕府与藩这一二元政治体制的矛盾。

其二，"礼"与"法"何者优先，这是争论的根本，最终归于礼法之辩。在中日两国历史上，复仇都属于棘手案件，常陷入纠缠不清的状态，原因在于儒家文化背景下复仇问题涉及"礼"与"法"两个既联系又对立的范畴。所谓礼法之辩，即国家法律与儒家忠孝道德之间的矛盾。对于复仇行为而言，实质是为君父报仇的礼教观念与国家刑法之间的冲突，虽然中国古代法律中对复仇做出了严格规定，但每遇到影响较大的案件，社会上依旧争论激烈，难以统一意见。

赤穗事件是近世日本典型的礼法冲突的案例。首先就复仇本身而言，对立的两派均认为复仇行为有据可循，即《礼记·曲礼上》所言："父之雠，弗与共戴天。"[1]林凤冈极力赞扬浪人的复仇行为，言：君父之仇，不共戴天，若不准许复仇，则乖先王之典，伤忠臣孝子之心。[2] 荻生徂徕亦言："父仇不共戴天"[3]，"重五伦，准许复仇，合乎圣人之道"[4]。太宰春台道："君之仇，虽无

---

[1] 杨天宇撰：《礼记译注》，上海古籍出版社 2014 年版，第 29 页。
[2] 林凤冈：《复仇论》，《日本思想大系 27 近世武家思想》，第 374 页。
[3] 荻生徂徕：《政谈》，《日本思想大系 36 荻生徂徕》，第 419 页。
[4] 荻生徂徕：《政谈》，《日本思想大系 36 荻生徂徕》，第 420 页。

明文。然资事之道,敬同于父。"①以上说明复仇行为合乎礼,"君父"之仇应等同看待,对此,两派儒者似乎均没有异议。然而"礼"遭遇"法"时,朱子学者便与其他学派的观点产生了对立。在这点上,林凤冈与荻生徂徕的观点最具代表性。

林凤冈在礼法关系上的意见比较折中,试图融合二者。他认为复仇乃大义,是武士之道,应判无罪;但法是国家大典,"以法必诛",而二者"并行不相悖"②。林凤冈主张礼和法属于同一事物的两个方面,试图在理论上把礼和法完美结合起来。很明显,这种简单化的"礼法并用"而"并行不相悖"之论陷入了二律背反的窘境,如何既判浪人们无罪,又以法诛之？时为大学头的林凤冈是幕府御用的朱子学者,"据茎田佳寿子推断,内阁文库所藏名为'诸法度'的17世纪中期的幕府法令集,就是由幕府儒官林家编纂而成"③,里面收录了包括武家诸法度等各类法度及军法、军令、锁国令等各种法令。因此,按常理,如此复杂的案件,幕府理应咨询林凤冈的意见,但林在礼法之辨中态度含混不清,其相互矛盾的建议在理论上很难有说服力,也不具备可操作性。

一般认为,幕府的最终决定受到了柳泽吉保(德川纲吉的宠臣)的影响,而柳泽吉保的态度又直接来自时为其谋士的荻生徂徕。《徂徕拟律书》中说:"义是洁己之道,法乃天下规矩。以礼制心,以义制事。今四十六士为其主报仇,是武士知其耻也。洁己之道,其事可谓义,然限于一党之事,毕竟私论也。……若以私论害公论,则此后天下之法无以立也。"④复仇是武家传统,"江户时代,报仇是公认的行为"⑤。若用儒学概念解释,复仇则是武士所应恪守之礼。然而在赤穗事件中,荻生徂徕把礼法之争转变为"公法"与"私礼"孰先孰后的问题,给传统的法、礼、义等儒学范畴加入了公私属性,"公"的主体就是国家即幕府。他坚决维护公法至上、主张"私不能害公",若

---

① 太宰春台:《赤穗四十六士论》,《日本思想大系27 近世武家思想》,第410页。
② 林凤冈:《复仇论》,《日本思想大系27 近世武家思想》,第374页。
③ 藤井让治编:《日本的近世》第3卷,中央公论社1991年版,第15页。
④ 荻生徂徕:《徂徕拟律书》,锅田三善辑:《赤穗义人纂书补遗》,国书刊行会1910—1911年版,第150页。
⑤ 石尾芳久:《赤穗事件与法的历史》,《关西大学法学论集》第32卷(3—5号),1982年12月。

以私之道理妨害公之道理,今后天下之法将失去应有的效力。在法律与传统主从道德、法律与儒家伦理冲突时哪个优先的问题上,荻生徂徕的立场是非常明确的,这就避免了礼法并使的窘境,使赤穗事件的解决思路变得明晰。

佐藤直方和太宰春台则从另一侧面回答了礼法冲突问题。在礼法关系中,二人均侧重从法律角度思考问题。首先是复仇对象是否合理。佐藤直方提出"上野助(吉良)未把浪人视为仇敌"①,太宰春台亦言:"惟赤穗侯之死,非吉良子杀之,则吉良子非赤穗之仇也。良雄等何得杀之?斯之谓不知所怨。"②他们认为客观上吉良未把赤穗浪人视作敌对势力,是幕府处死了他们的主君,在这点上二人的意见一致。然而具体到如何看待"法"的地位以及幕府的判罚,二者的态度却正相反。佐藤直方直言,在接待天皇敕答使的大礼之际,内匠头因违法犯上被处以死刑,进而为主君报仇的浪人们更是犯下了违背"上之命"的大罪。③ 佐藤直方认为浪人无视代表江户法度的幕府的裁决,而这个判罚本身又是"正确"的,因此他的立场是"君命即是道理,必须绝对服从"④,即主张无条件地坚决维护幕府的决定而全然不顾处罚本身合理与否。太宰春台的注意力也集中在法律层面,"神祖之法,杀人于朝者死"⑤。但同时他也谴责幕府对浅野量刑过重:"赤穗侯之于吉良子,伤之而已,是其罪宜不死。而国家赐之死,则是其刑过当矣。为赤穗侯之臣者,当唯斯之怨。"⑥太宰春台认为,浅野家臣最严重的错误之一在于没有弄清复仇对象,浪人们真正应该质疑的是幕府,这点显然与佐藤直方的观点背道而驰。

复仇牵涉义利、礼法等价值范畴,赤穗事件可以有助于我们了解礼法之争在同为儒家文化背景的日本的情形。林凤冈、室鸠巢等朱子学者仅从义和礼的角度去定义、认知复仇,他们虽然也清楚国法的威严性,但复仇乃实

---

① 佐藤直方:《四十六人之笔记》,《日本思想大系 27 近世武家思想》,第 379 页。
② 太宰春台:《赤穗四十六士论》,《日本思想大系 27 近世武家思想》,第 410 页。
③ 佐藤直方:《四十六人之笔记》,《日本思想大系 27 近世武家思想》,第 379 页。
④ 尾藤正英:《日本封建思想史研究》,青木书店 1966 年版,第 114 页。
⑤ 太宰春台:《赤穗四十六士论》,《日本思想大系 27 近世武家思想》,第 410 页。
⑥ 太宰春台:《赤穗四十六士论》,《日本思想大系 27 近世武家思想》,第 410 页。

现忠义途径的想法在其观念中还是占据主导。"法"在朱子学者理论框架内是可以宽容和次要的存在,他们力证浪人们的行为既合义理又合人情,若获刑较轻,能起到彰显儒家伦理精神以及维护社会秩序的作用。荻生徂徕等人的观念则更为深刻理性,他们追踪事件根源,谴责浅野无法控制自己的私愤且殿上拔刀在先,赤穗浪士的行为本质上于礼于法,均为大逆,且幕府才是全社会的"公"以及"公权力"的代表,"私"应让位于"公"。

事件最终按照荻生徂徕的建议,依从武家之礼,用切腹之刑而非极刑①来结束本案,一定程度上缓和了礼法矛盾。太宰春台则进一步思考如何使复仇行为更加合理合法,指出浪人们的复仇方式与复仇对象均有误,浪人应把矛头指向幕府而非吉良。且太宰春台敢于质疑幕府对浅野的不公正处理,这些观点比其师荻生徂徕以及佐藤直方一味维护公权力与国家法律的主张更为大胆,具有前瞻性。这里必须澄清的一点是,当时的学者大都支持浪人们的复仇,反对派的观点虽然微弱但不失为一种思维模式的转变,即由纯粹的道德情感逐渐过渡到法律理性,而这种转变需要的正是特殊历史事件的刺激。

三、赤穗事件反映出的幕藩体制的矛盾与困境

幕藩体制是后世对江户时期社会制度的定义。其狭义上专指政治体制。战后,随着历史学研究的进展,"幕藩体制"被赋予涵盖近世日本社会整体特征的新内涵。中国学者在分析幕藩体制的构造与特点时指出:幕府集权与诸藩分权、将军至强与天皇至尊等双重二元政治结构,是建立在江户时代基本社会制度,即幕藩体制基础之上的。幕藩体制的构成要素有兵农分离、石高制与正统官学朱子学。② 赤穗浪人刺杀幕府高官正是发生在日本近世特有的幕藩制度下的复仇事件。围绕如何解决此事件,幕府运用公权力以法(刑罚)之名严惩了浪人,儒者间的礼法之争不断,民间却是一片同情浪人之声,为何出现如此复杂的价值观念冲突?其背后反映出的正是日本

---

① 江户时代的死刑有斩首、斩首示众、火刑、磔刑等极刑。
② 宋成有:《新编日本近代史》,北京大学出版社 2006 年版,第 1—10 页。

近世幕藩体制的矛盾与困境。

第一，政治结构上集权与分权的矛盾。德川家康通过武力和谋略夺取天下后，国家权力并没有完全集中到中央幕府，而是保存了中世以来武士作为地方领主的权利，形成了幕府集权与地方分权相结合的政权形式。这种结构本身导致中央与地方诸侯的矛盾不可避免，在幕府建立初期尤为严重。幕府通过一系列恩威并施的手段在 17 世纪中叶逐渐建立起较为稳固的幕藩体制，学界一般认为日本近世幕藩制总体上属于封建制①。然而，幕府的政治行为却意在强化中央集权，从法度的角度来观察，这一点会更加清晰：1615 年，德川家康消灭丰臣氏后，7 月即在伏见城召集诸大名颁布了武家诸法度，紧随其后便是禁中并公家诸法度的制定，并郑重宣称"万事如江户之法度，于各国处处可遵行之"②。法度还规定禁止结党及私下争论，旨在抑制地方及私人势力的膨胀。法律虽然不是权力的来源，却是权力的保证，江户法度正是幕府即中央权力的象征。幕府试图通过法律确保并扩大自身权力这点上，对赤穗事件的处理极具代表性。以事件涉及的《吵架斗殴处分条例》为例，原则上，冲突双方均应受罚，然而在实际执行时，由于案件的复杂性，在量刑时并非都不论是非而同时惩罚双方。③ 故而学者认为日本近世由公权力客观上对纠纷引起的打架斗殴进行裁决，可以看作"近代法治国家的萌芽"④。如前述，赤穗事件中浅野与吉良发生争执后，幕府认为二人的殿中争执不属于斗殴范畴，原因是浅野殿中率先拔刀的行为触犯了法律⑤，而吉良并未还手，因此浅野应负全责。即便如此，幕府不顾民间和部分儒者对吉良义央的负面评价，未追究深层次原因就判浅野死罪也着实草率，有欠公正，这点恰说明幕府欲借法律武器实施"专制"统治，有滥用权力之嫌。当浪人们杀死吉良后，幕府的处理思路依旧依据法度，皆因浪人没有通报幕府

---

① 此处"封建"是指分封土地，地方实行分权。
②《宽永十二乙亥年六月二十二日武家诸法度》，《日本思想大系 27 近世武家思想》，第 457 页。
③ 例如，临时起意或者旧仇宿怨引起的动武行为，适用"两成败"法；若判定一方行为很明显为"理不尽"（不合理）时则不适用此法。谷口真子：《近世动用武力与〈吵架斗殴处分条例〉——近世的法与理》。
④ 谷口真子：《近世动用武力与〈吵架斗殴处分条例〉——近世的法与理》。
⑤ "禁止殿上拔刀，在朝中争论者死。"此规定在江户时期虽不是成文法，但实际判罚时常遵循此原则。

私下动用武力复仇挑战了幕府的法律权威。德川幕府十分反感"自力相救",即以武力私下解决纷争。早在丰臣秀吉统治时期的1585年便颁布了一系列禁止私下通过武力解决争端的命令,总称和平令。至江户时期,幕府更是频繁出台相关法令:1635年,诸士法度规定严禁打架和口头争吵;①1683年武家诸法度第七条中亦明确规定"禁止私之争吵"②。法律条文直接反映了时代风气,试想赤穗事件如果发生在中世,情形将大不相同。因为在中世,"包含这些观点的道理(武士阶层传统的道德标准、生活规范等——作者注)超越由幕府权力制定的法律。这就是中世法的最重要的特点"③。很明显,近世法与中世法最大的不同恐怕在于国家法律与武家"道理"孰先孰后。包括其后八代将军德川吉宗在法律上强有力的作为,其目的就是巩固政权的合法性,从而实现对全国的统治。可以说,法度就是幕藩体制保持稳定的基石,是消弭地方分权带来的权力分散的武器,这与中世相比可谓质的变化。因此,赤穗事件中,幕府最终力排众议,以法之名处置了复仇者,绝非仅仅听从了荻生徂徕的意见,"以法治国"、法重于理(或包含"礼")在治国理政中是大势所趋。

第二,家制度与幕藩体制的矛盾。日本近世的"家"与"家族"需区分对待。"家"是指"拥有独自的'家名''家产''家业',以祖先崇拜为精神支柱,立志于世代延续永存持恒的一种制度性组织"④。"家族"则主要指以一夫一妻为核心,共同经营生活生产的社会最小单位。日本近世大名的"家"是模拟血缘制,根基在于传统的主从关系。武士向来以军事实力说话,战场是他们活跃的舞台和政治的起点。主从关系就是以战场为平台、以土地为纽带,经过战争和俸禄分配在武士内部自然形成的上下关系,并且蕴含着主君"御恩"和从者"奉公"的伦理精神。因此,武士间的主从关系包含政治利益、经济利益、感情因素等三个要素。其中,经济利益,即土地制度与权利义务

---

① 司法资料第170号《德川禁令考》(第一帙),司法省调查课1934年版,第118页,日本国立国会图书馆数字馆藏。
② 司法资料第170号《德川禁令考》(第一帙),第109页,日本国立国会图书馆数字馆藏。
③ 植田信广:《日本传统法律文化及其历史背景》,《中外法学》1996年第4期。
④ 大藤修:《农民的家与村社会》,关口裕子等:《日本家族史——从古代到现代》,梓出版社1989年版,第177页。

的关系是基础与核心:通过层层分封土地,各级封建主建立了从属于自己的集团,封君只负责管辖自己的封臣,而封臣也只对给自己分封土地的主君履行义务,以上是兵农分离之前的状态。兵农分离后,武士居住到城下町,仅靠从主君那里领取禄米为生。绝大部分武士因不再占有土地,故而"中世时所见恩领与私领的对立消失"[1]。经济基础的变化引发主从关系内涵的转变。首先,武士的身份不再是"战士"而是官吏。传统的主从色调褪色,君与臣的关系更符合新时代的政治要求。其次,中世时"御恩"与"奉公"双向关系转变为江户时期单向要求武士对主人尽忠,"家"一旦解散,武士便成为浪人,为了保持武士的忠诚便不能再去别家任职,逐渐形成了"君可以不君,但臣不可不臣"[2]的理念,"忠"理所当然成为江户时期的主流价值观,民间对赤穗浪人的同情与赞美就是基于"忠义"的道德标杆。再有,在之前的战争年代中,"于战场生死与共的紧张关系之中衍生出的从者个人与主君个人之间情谊性的结合关系,至此转化为从者的家与主君的家之间的制度性结合关系"[3]。即是说,因为近世不进行实际的土地分封,原有主从关系中包含的经济利益与感情因素消失,而政治功能则被重视与强调。政治功能主要体现在如何治理"家",从而使之繁荣昌盛世代长久,这构成了藩内事务的核心,成为君与臣的共同职责,家制度的内涵便在于此。与赤穗事件同样发生在五代将军德川纲吉在位时的一次暗杀事件证明了维持"家"不覆灭的重要性。

1684年,大老崛田正俊被若年寄稻叶正休暗杀。事件发生后崛田正俊并没有立刻死亡,他对聚集而来的人展示了自己的佩刀,言道:"诸位请看,我并未动刀。"[4]身为大老的崛田之所以用尽最后一点力气证实自己没有拔刀自卫的苦心就在于证实这一案件不适用"两成败"法,责任完全在稻叶正休。如此一来,同时身为下总古河藩(现茨城县古河市)藩主的崛田正俊就保证了"家"不会遭到幕府减封或者改易。这一事件也说明在家制度建立过

---

[1] 石井良助:《体系日本史丛书法制史》,山川出版社1996年版,第156页。
[2] 辻达也:《日本的历史13 江户开府》,中央公论新社2005年版,第490页。
[3] 水林彪:《封建制的再编与日本型社会的构建》,山川出版社1997年版,第325页。
[4] 大石慎三郎:《德川吉宗与其时代》,中央公论社1989年版,第261页。

程中，领主层是非常忌惮幕府强权的。正如冯天瑜指出的，按照"封建"的原义，元禄时代封建制已经解体，中后期中央集权性质加强。[1]

伴随幕藩体制集权性加强的是公私概念的创立。虽然江户时期的"公仪"既指幕府又可以指代藩国，然而"为藩效力，在藩内就是为藩这个公效力，但这种藩的公在自己的藩与其他的藩对抗时，对他藩来说就是本藩的私"[2]。也就是说，"公"与"私"在幕藩体制背景下是一个相对概念，"公"仅限于指代本藩。既然对于他藩来讲，本藩均被认为是"私"属性，那么这一道理更适用于赤穗藩与幕府：吉良是直属幕府的高级官僚，官至高家笔头，主管幕府的仪式典礼，负责接待天皇敕使、御用传奏[3]，因而代表并行使公权力；而浅野仅是一地方五万石的外样大名。以"公仪"自居且意图建立中央集权的幕府，不会允许藩的私人利益凌驾于社会整体利益之上，事件双方孰轻孰重便一目了然。赤穗事件表明，一方面，日本近世社会藩国内部的家制度逐渐成熟，而遭到改易的赤穗藩的武士们在复兴"家"无望的情况下，只有复仇才是最大的"尽忠"；另一方面，家制度也正在被崛起的中央集权所包容并弱化。藩国及其内部事务被定义为"私"，而经由私人性质发展起来的幕府意欲成为统领全社会的"公"。因此，幕藩体制虽然具有结构上的二元矛盾，但如上述，"臣"服从"君"，藩国的"私"服从幕府的"公"，进而"国"先于"家"的趋势逐渐显现。

第三，朱子学与幕藩体制的矛盾。近世幕藩体制的统治思想是什么，朱子学究竟是不是幕藩体制的官方意识形态，日本学界对此多有争议。丸山真男认为朱子学是江户前期的国家意识形态[4]；尾藤正英则提出江户时期的兵农分离制社会很难接受以宗法制为基础的儒家思想[5]；黑住真则主张

---

[1] 天瑜：《欧日封建制"酷似"的发现》，《浙江社会科学》2006 年第 5 期。
[2] 沟口雄三著，郑静译，孙歌校：《中国的公与私·公私》，生活·读书·新知三联书店 2011 年版，第 261 页。
[3] 江户时代公家官职名，负责朝廷与幕府间各项联络事宜。由学问、文笔高明者担任，为江户要职之一。
[4] 丸山真男在其后《日本政治思想史研究》英文版出版时对此观点做出调整，认为儒学作为意识形态真正渗透到日本社会是在 17 世纪后半叶。
[5] 参阅尾藤正英《日本封建思想史研究》，青木书店 1961 年版。

"三教共用"才是近世社会的思想基础①;衣笠安喜更明确指出:儒家思想与幕藩制社会相龃龉。②

以林凤冈为代表的朱子学之"礼义"论与幕府"以法治国"原则相冲突,暴露出日本朱子学者陷入了礼法之辨的逻辑矛盾中。幕府最终无法采纳朱子学者的意见,从一个侧面说明了正统儒学(朱子学)在近世日本的困境。从这一过程来看,浪人们的行为符合复仇之义却不合法,朱子学的伦理本位思想与幕藩体制法治原理的龃龉从一个侧面证明了正统儒家思想在江户日本的水土不服,加之幕藩体制构造的二元性质使得本来就复杂的礼法关系在朱子学者这里更加混淆不清。因此他们对案件的解决近乎束手无策,山崎暗斋派朱子学者佐藤直方也因过分注重法律本身的权威而被学者认为"接近法家立场"③。

然而,矛盾的存在是否就能说明儒学在日本没有被接受的可能性呢?通过分析赤穗事件中的社会实情也许会得出答案。世人普遍认为,即便浅野在将军府拔刀伤人,根本原因在于吉良义央为官不良在先,幕府过分偏袒吉良,有失公允,而为主君报仇的浪人是真正的忠义之士。因此,民间舆论同情浅野之声呈现一边倒趋势,对浅野家浪人的复仇行为更是报以深切的同情与赞扬。在"赤穗武士剖腹后,社会各界对处理表示不满,百姓非常激愤。江户日本桥的布告牌上'鼓励忠孝'的'忠孝'二字被人用墨汁涂抹,幕府更换过后又被人糊上泥巴,之后干脆被扔到河里"④,百姓用这种极端方式以示幕府对赤穗浪人的处罚实际上是对儒家"忠孝"理念的亵渎。此外,浪人们伏法切腹后不久,元禄 16 年 2 月 16 日(1703 年 4 月 1 日),江户就上

---

① 黒住真:《近世日本社会与儒教》,鹈鹕社 2003 年版,第 149—164 页;《复数性的日本思想》,鹈鹕社 2006 年版。
② 衣笠安喜提出,以下 4 点体现了朱子学与幕藩体制的矛盾:1. 朱子学形成于宋代,其社会与日本幕藩制社会构造相异。中国统治阶层既是朱子学的学习者(官僚地主),又对农民及农业经营进行直接管理;而日本武士同样作为统治阶层,却因兵农分离政策失去了对土地的直接支配权,成为只拿俸禄的官僚。2. 日本无科举制,政治上实行世袭制。因此,武士没有"治平"的动力和契机。3. 日本幕藩政治是法治主义占主流,不能贯彻儒学的德治主义。4. 经济方面,江户经济包含着自然经济理论与货币即商品经济理论自相矛盾的双重属性。参见衣笠安喜《近世儒学思想史研究》,法政大学出版局 1987 年版,第 6—7 页。
③ 尾藤正英:《日本封建思想史研究》,第 115 页。
④ 徐晓光:《中日古代复仇问题比较》,《比较法研究》1994 年第 2 期。

演了以此事件为题材的《曙曾我夜讨》戏剧,但三日后幕府便禁止其演出。①然而,以赤穗事件为素材的故事并未因为官方的忌讳而销声匿迹,而是在各种形式的文艺作品中得到彰显,感染着一代又一代日本人。主从关系是武家社会的基础,如上述,这种契约关系包含着经济、政治、感情三方面因素。虽然在近世日本,主从关系中君臣之政治要素与功能凸显,但感情因素依旧起到维系二者关系的作用,这种情义(哪怕理解为武士的"颜面")很难用理性的法律去消融。四代将军德川家纲时期,幕府内部对是否禁止追随大名殉死的谨慎态度更能佐证这一点。其时保科正之、酒井忠清等人辅佐德川家纲治理幕政,欲把"禁止殉死"正式写入武家诸法度,然而最终还是以口头传达的形式告知诸大名。之所以没有就此正式制定法律,原因是"禁止殉死"等同于否定主从间的"情义",甚至是整个武士阶层的自我否定,因此在江户中期这一时间节点上还需慎重考虑。②

而儒学讲"缘情制礼",礼法的制定需认真考量人情世故,准许正义前提下为血亲和恩人复仇就是人情在儒学思想中的体现。显然,这点恰恰与日本传统的主从道德观相契合,也与民间朴素的伦理感情本质相同。因此,虽说"江户时代的武家政治,其本身即带有浓重的法家色彩"③,但现实社会依旧是人情社会,存在着法律理性与政治手段所不能侵入之地。这种人情蕴含着有情有义的武家传统理念,带有浓厚的温情色彩,即便制度上有所调整④,民间却有着对正义、忠诚的主观判断。赤穗事件中,人们赞叹浪人们通过复仇来报答主君之恩,正义得以伸张,这其中蕴含着人性的共鸣,是人类的普遍心理。可见,日本民众对武士阶层特有的主从情分持有强烈认同,《忠臣藏》仍能受到现代日本人喜爱的原因就在于此,而饱含理想主义、重视人情的儒学便有了渗透到日本社会的理由。因此,赤穗浪人复仇一事提示我们,儒家伦理与幕藩制社会既有矛盾,也存在融合的可能性。

---

① 大石学:《元禄时代与赤穗事件》,第 216 页。
② 福田千鹤:《酒井忠清》,吉川弘文馆 2000 年版。
③ 韩东育:《徂徕学与日本早期近代化的思想启蒙》,《历史研究》2002 年第 5 期。
④ 时至五代将军德川纲吉之时,禁止追随主君殉死被正式列入武家诸法度条目之中。

结论

赤穗事件交织着复杂的观念冲突，有幕府"以法"治国理政与正统儒家"礼义"的冲突，也有传统武家主从道德观念与现实国家政治的冲突，亦有幕府在中央集权制建立过程中与家制度产生的冲突，其深层原因在于幕藩体制这一日本近世特殊社会制度的矛盾。赤穗事件证明了幕藩体制成熟于元禄时期的同时也暴露出了体制面临的困境，而事件的内在属性更昭示出若干社会发展逻辑。

其一，"家"上有"国"。和平年代背景下，日本近世家制度变迁的一个侧面体现在武士阶层主从关系中君臣之政治要素和功能占据主导。所谓"政治"，即是说，无论是在藩国内部还是幕藩之间，君与臣的共同职责在于"安民"，在于维护现世的安稳。在二者关系构建中，单方面对"臣"的要求更为严格。随着幕藩体制的成熟，相对于中世时较弱的国家权力，德川幕府的中央集权化在加强，"家国"关系也随之变化，封建制、家制度逐渐走向瓦解，而国家本位渐次置于家本位之上。江户近三百藩，每个藩作为一个实体的"家"便受到这种变化的直接影响。早在1642年，江户最大的外样藩加贺藩二代藩主前田利常向领内发布幕府有关宽永饥荒的高札时，即称幕府为"公"，要求领民严格遵守幕府高札中的规定。冈山藩主池田光政告诫郡奉行时说："国（领地）是来自将军的授予。若不精心治理造成一国之民饥寒交迫，居无定所，那么将军必将实行改易。"[1] 直至江户后期藩校教育思想中提倡的"为国所用"[2]，这一过程正说明明治维新后废藩置县的顺利推进，与处于下位的"家"地位弱化、"家"要服从"国"理念的不断发展有着密切的内在关系。

其二，"法"重于"理"。这个"理"可以从广义上去理解，有儒学纲常伦理之理，也有作为外在规范的"礼"，亦有传统武家的"道德""道理""情义"。赤

---

[1]《池田光政日记》明历3年（1657年）3月2日，第8卷，第390页。东京大学史料编纂所数据库所收，https://wwwap.hi.u-tokyo.ac.jp/ships/，2018年1月3日。

[2] 文部省总务局编：《日本教育史资料集》第一卷，富山房1903年版，第389页。

穗事件中我们看到日本传统武士之间的主从情义并没有受到法律保护,反而被碾压在"国家法律"之下,即"法"的权威已经超越了武家社会的"理"。另外,朱子学派"尊主君"高于"尊将军"的价值序列不被幕府认可,又在礼法之辩中存在理论上的逻辑矛盾,使得如何既维护国家法律威严又要顾及武士的主从之礼变得异常困难,无法给幕府以实践上的支持。实际上,"法"重于"理"的宗旨在大阪之阵后的 1615 年就已露端倪,武家诸法度第三条规定:"背法度辈,不可隐置于国。法是礼节之本也。以法破理,以理不破法。背法之类,其科不轻矣。"[1]这说明了德川政权对法度的尊重与利用。虽然人们从感情上难以接受幕府对浪人的处置,幕府对法律的适用及法律本身也欠缺公平正义,但幕府没有屈从民情,竭力维护公信力,"以法之名"毕竟是一种社会进步。一百多年后,福泽谕吉在《劝学篇》中强调了国法的权威至高无上:首先,最初内匠头浅野没有把遇到的不公正待遇诉诸政府,盛怒之下欲私自杀害上野介。其次,幕府对浅野确有裁判不公正之嫌,浅野家臣们如果认为判罚不公,应向幕府提出抗议,但其不诉诸政府却妄自伤害上野介。[2] 福泽谕吉主张解决问题的关键是诉诸幕府,请求公正处理。福泽所言正是近代的申诉制度,其观点与太宰春台的观点是一致的。

其三,"公"大于"私"。日本自近代国家建立后从制度上正式取缔了复仇。明治 6 年(1873 年)2 月 7 日,太政官布告第 37 号令明确规定禁止复仇,理由是自古以来复仇乃出于私愤、私义,破坏了国家大法,惩罚杀人者是政府的公权。[3] 意指处理复仇案件时,需由国家也就是能代表公共意志的机构行使惩罚权,这一逻辑与当年幕府及荻生徂徕的观念惊人相似,故而徂徕学可以理解为呼吁公权力意识的先行者。赤穗事件也让我们体察到近世多元化的"公"观念逐渐演变为一元化的"公",即幕府是"公"的唯一主体。当然,在近代日本,"公"也是一把双刃剑,当公表现为公德、公法时,对近代国家建构具有重要意义。然而,诚如日本学者所言,近代"日本的'公'将天

---

[1] 《庆长二十二乙卯年七月武家诸法度》,《日本思想大系 27 近世武家思想》,第 454 页。
[2] 福泽谕吉著,群力译:《劝学篇》第六篇《论尊重国法》,商务印书馆 2009 年版,第 35—36 页。
[3] 《太政官第 37 号"严禁复仇"》,内阁官报局:《法令全书·明治 6 年》,明治 22 年(1889 年)5 月 15 日,第 35—36 页。日本国立国会图书馆数字馆藏。

皇、国家设为最高位,即作为'公'的领域的极限"①,"以为其尽忠而死为荣誉"②,这种"奉公灭私"观实质上给近代日本带来了不利影响。

重大事件中包含的某些特质或许在当时的历史条件下并没有显现,仅表现为各方价值观的矛盾与冲突。然而在长时段历史发展中,隐匿在矛盾背后的社会结构及思想变迁的轨迹却日益凸显。"家"与"国"、"法"与"理"、"公"与"私"的关系是日本走向近代国家过程中需要解决的问题。发生在18世纪初的赤穗事件显示出日本社会演变的可能趋势,暗藏着近代转型的因素与可能性。

(作者杨立影,天津外国语大学日语学院,原文刊于《世界历史》2019年第3期)

---

① 沟口雄三著,郑静译,孙歌校:《中国的公与私·公私》,第258页。
② 沟口雄三著,郑静译,孙歌校:《中国的公与私·公私》,第267页。

日本幕末开国前的棉纺织业

管 宁

棉纺织业是日本近代资本主义工业发展的主要支柱之一。日本近代棉业资本的形成与日本传统的棉纺织业有着密不可分的关系。本文拟对日本幕末开国前棉纺织业的发展及由此而引起的农民阶层的阶级分化状况进行一些初步的考察分析,以期加深对"日本式"近代化变革的理解和认识。

一

日本的棉花种植始于公元 8 世纪末的延历年间,棉籽传自印度,以"昆仑人"孤舟泛海漂至三河地区(今爱知县东部)为其滥觞。是为"草棉"之属,中世久绝。迄公元 16 世纪中后期的永禄·天正年间再传自西域之地,始为木棉之作。而棉花种植和棉纺织业真正作为一种商品生产发展普及起来,则已是公元 17、18 世纪之交的元禄年间的事了。

棉花种植之所以能在日本发展普及开来,除(1)日本列岛气候温和、雨量充沛,适于棉花生长;(2)德川幕府锁国自守,世事泰平,生活安定,对棉花布料的需求量增加;(3)大力进行品种改良,多肥精作,棉花种植在商品生产中渐趋有利;(4)广辟道路,交通发达,适于棉制品的全国性流通等原因外,江户幕府及各藩领主对棉花种植及棉纺织生产的奖励和保护政策也是重要的原因之一。纵观德川一代,近三百年间,幕府及各藩领主为抑制商品经济对封建小农经济基础的冲击,严厉推行各种抑商抑奢政策,三令五申,于田作生产中禁烟、禁蓝、禁甘蔗,然唯独不禁棉花、菜籽,而一般平民百姓妻女虽不得衣绢衣绫衣绸衣缎,却偏偏可以衣棉。盖因"木棉不劣稻作,而所务弥多。直以棉作之勘可完贡纳之故,不碍公务。是于上田亦可植作"①。于是,随着日本国内商品经济的发展,棉花种植和棉纺织品生产便迅速普及开来,成为日本近世商品经济发展的一个主要方面。

元禄(1688—1704)年间,日本农政学家宫崎安贞在其所撰《农业全书》中写道:"本朝自百年前棉种传来,及今普广。南北东西,无地不宜。而尤以河内、和泉、摄津、播磨、备后之地,土壤肥沃,植之甚得润利。故宁止五谷而多作如是也。"②又,佐藤信渊在文政10年(1827年)出版的《经消要录》一书中也写道:

"迄天正文禄之顷,富贵之家虽得穿著绢纱而故起暖,然贫残人等只可凭借麻布所制刺儿以凌严寒,是颇艰溃。……及草棉种子出世,至卑残下民亦得穿普棉布暖袍,虽寒气凛烈亦无患此伤矣。由是观之草棉实下民辈等护体之至宝,欣截无止。"③

棉花传入日本之后,先经北九州传入畿内,复进入关东各地。因其工少利大,农家竞相种植,逐年逐渐,藩殖诸国,至桑田多变棉圃,棉花纺绩日盛,并由此而形成了许多以棉花种植和棉布生产为主的商品生产基地——机业地。较著名的如摄和泉、尾张三河足立、群马真冈、伯耆出云地区等。至江户中后期,棉花已达20几个品种,棉布有白棉布、条纹棉布(如绊、晒、缩、纹羽等)等近30来个品种。④诚所谓,棉区所至,家家闻机杼,户户纺车声,棉纺织业实已成为当时"民间之第一副业"也(《和歌山县志》上)。

当时,日本各地所产棉花及棉纺织品,凡出津贩卖者,首先多集中于号称"天下厨仓"的大阪市场,然后再销往各地。据《大阪市史》所收有关史料

---

① 《地方落穗集》。
② 《农业全书》岩波文库版,据传该书上梓于1697年,第209页。
③ 佐藤信渊《经济要录》,岩波文库版,第141—142页。
④ 见高村直助:《关于维新前后"外压"的几个问题》(《社会科学研究》第39卷第4号。1987年)及阿部武司《明治前期日本的在来产业——棉织物业》(梅村又次・中村隆英编《松方财政与殖产兴业政策》一书所收,东京大学出版会1983年版)。

统计,元文年间(1736—1740年),大阪市场棉类产品的年均上市量计有:籽棉为801 939公斤,皮棉为182 195公斤,棉纱为195 362.5公斤,白棉布为1 178 391反①,条纹棉布为32 763反,共合银约12 161 975匁(约合黄金202 700两)。② 至化政年间有大幅度增长。③ 据中村哲氏最精确的估计推算,可知开港后不久的1858年日本全国的棉花生产量已达1 890万公斤,棉纱1 417.5万公斤,棉布1 575万反,④由此亦可推知幕末开港前日本国内棉花及棉纺织业生产发展的规模之大和速度之快。

随着棉花种植和棉纺织品生产的发展,流通领域中专以经营买卖棉花和棉纺织品的商业活动随之而起。例如,早在宽永年间(1624—1644年)大阪地区就出现了以买卖棉花为内容的商业活动。⑤ 至正保年间(1644—1648年),出现了"棉布包买主"(问屋),他们组成行会,垄断棉布的销售经营。宽文(1661—1673年)之后,这些棉布商又将棉花的销售活动囊括在内,改称为"三所棉间屋"。此外,还有诸如"棉买次精间屋""三乡棉仲间""皮棉延买会所""籽棉市场"等等,都是以特权商人(包括一些较大的在乡商人)的垄断集团,他们作为封建领主在流通领域里的代理人垄断了包括棉花棉纱棉布在内的各个流通销售环节,沆瀣一气,对四乡棉农进行重利盘剥。在初期阶段,这些垄断商人的活动还主要集中在流通领域,承接推销,兜揽售卖。但很快便于"纯商业活动"之外,或借贡租交纳期间农民缺少货币之机向棉农提供"借贷",或为在乡商人提供资金,从而逐步形成了对棉农或在乡商人的前贷资本控制,并由此而形成了垄断商人与棉农及中小在乡商人阶层的种种矛盾和利害冲突。⑥

众所周知,所谓棉业生产是一个包括农工两大部门在内的复杂的生产过程。在棉纺织品手工生产的初级阶段,上述包括棉作在内的三大工程(植

---

① 反:亦称段。棉布1反=2丈8尺(约合12m),绸缎1反=3丈3尺(约合14m)。日本布料1反可够一成衣料。
② 《明治大正大阪市史》第一卷,大正3年刊,第774页。
③ 水林彪:《封建社会的再编与日本式社会的确立——日本通史Ⅱ·近世》,山川出版社1986年版,第369页,第1图中统计增长5倍之多。
④ 中村哲:《明治维新的基础构造》,未来社1968年版,附表3。
⑤ 三瓶孝子:《日本棉业发达史》,庆应书房1941年版,第23页。
⑥ 八木哲浩:《近世的商品流通》,塙书居1962年版,第224—250页。

棉、纺纱、织布)几乎都是由农民家庭以"耕织结合"的方式独立完成的。但是,当生产技术和生产规模发展到一定程度之后,织布工程便会首先从这种耕织结合中分离出来,形成专业的手工业工场。而当这些以织布为主的手工业工场的经营规模不断扩大、技术不断提高,对棉纱的需求量越来越大、原来只作为农民的家庭副业生产的手纺纱供不应求,或织布工程对棉纱的质量要求提高时,纺纱生产也会最终地从农民的家庭副业中分离出来,形成独立的产业部门。因此,衡量一个国家(或一个地区、一个时代)的棉纺织业发展水平不能仅仅以产品的多少为唯一依据,更重要的还要看这些产品是以何种方式,即以何种生产形态生产出来的。此时,棉作、棉纺、棉织三大工程的分离程度乃是一个重要的衡量标准。同时,冲破了"耕织结合"的棉纺织品生产乃是一种与封建的小农经济完全对抗的商品经济,它的出现和发展必然伴随着封建生产关系的巨大破绽:封建小农经济解体,农民阶层向两极分化。因此,我们在分析日本棉纺织业的发展过程时,必须注意这种生产关系上的变化。从日本幕末开国前各棉纺织品机业地的情况来看,大约可以分为两种主要类型:(1)织布与棉作纺纱分离型——先进地区型,如摄津、河内、和泉、尾张、播磨、足立等地;(2)耕织结合型——后进地区型,如伯耆、出云、群马等地。为了进一步说明日本幕末开国前棉纺织业的发展状况,本文拟选择两个以生产不同种类棉布为主的、有代表性的先进地区,作更深入一步的分析考察。即畿内地区——白棉布,尾西地区——条纹棉布。当然,对于该地区的棉作及棉纺织品流通问题也将有所涉及。

二

畿内地区主要指包括大阪在内的摄河泉地区,是日本江户时代棉花种植和棉纺织业发展程度最高的地区之一,同时也是农村工业和商品经济及商品流通最发达的地区。

关于江户时代畿内地区棉花种植业及劳动生产力发展的水平,我们可以从当时的一些文字记载(如大藏永常的《绵圃要务》等)中得到一些初步的印象,另外,还可以从当时足以代表农业生产力发展水平的"金肥"(购入肥料)的使用情况中得到一个大致的概观。据基本上可以反映江户时代中后期农业生产状况的《明治七年府县物产表》中所列数字统计,日本全国肥料类的年产值约 305 万圆左右,其中以油粕 882 753 圆、人粪尿 833 256 圆、鱼粕干鰯 484 954 圆为其大宗。① 而在当时日本全国具有鱼肥使用史的 21 个府县之中,大阪地区的使用量(金额)居全国之首,占全部鱼肥利用总额的 24%,超过居第二位的兵库县一倍以上。②

由于高效金肥的大量施用,以大阪为中心的畿内地区的植棉业迅速发展成一种经营有利的商品生产。据统计,大阪地区高产棉田每反③必可收获籽棉 36—48 贯目左右,④经轧抢脱籽后,十去其六,约得皮棉 14.4—19.2 贯目。大藏永常在《棉圃要务》中亦有"五畿内以实棉四十贯目上下为其上作"之说。⑤ 当时,大阪地区上田稻作每反可产稻米一石八斗左右,按天保年间江户市价折算,米 1 石≈皮棉 2.4 贯目,⑥棉花每反收益比稻作高出 2—3 倍以上。因此,尽管植棉生产是一种多肥多劳动的农田经营,成本较高,但在这种有利性的刺激和吸引下,农民纷纷弃稻植棉,畿内地区迅速形成了以商业性生产(出卖)为目的的、广泛的棉花种植经营。17 至 18 世纪初畿内地区各国(摄津、河内、和泉、大和)的棉花种植率平均已达 30%—50%,其中如摄津国住吉郡的平野乡村,棉花种植占旱田面积的 78%,水田面积的 52%,总种植率高达 61%强。⑦ 这种发展势头直至 19 世纪初仍未衰减,而成为该地区农业性商品生产的主流。

随着棉花生产在畿内地区的蓬勃发展,农村工业的雏形——棉纺织物生产也迅速发展起来,并很快使该地区成为日本首屈一指的棉织物生产机

---

① 山口和雄:《增补明治前期经济分析》,东京大学出版会 1956 年版,第 24—25 页。又:此项统计中,鱼粕干鰯项缺少北海道所产鰊粕 1 520 365 圆,且干鰯产值中尚有错记在"鱼类部的 129 649 圆。若将上述两项加上,鱼粕干的产值实高达 2 134 968 圆,高出其他各项之总和,占金肥产值的首位。据自信夫清三郎:《近代日本产业史序说》,评论社 1942 年版,第 53—54 页。
② 山崎隆三:《江户后期农村经济的及展与农民会分解》,岩波书店 1963 年《岩波讲座日本历史 12·近世 4》所收,第 336 页。
③ 反:又称段,日本土地面积单位,1 反=10 亩(9.917 公亩)。
④ 贯目:日本重量单位,1 贯目=3.75 公斤。
⑤ 《棉圃要务》坤之卷。
⑥ 三瓶孝子:《日本物业发达史》,第 31 页。
⑦ 八木哲浩:《近世的商品流通》,第 25 页。

业地。

　　据史料记载,畿内地区的棉纺织物生产自宽政期间(1789—1800年)即已出现较细致的分工,并由此而形成了种种专业性的"职人"和专业农户。如轧花有"缲绵屋",弹花有"绵打屋",上浆染色有"绀屋"等。不过,从棉纺织物生产最主要的两道工程——纺纱和织布的情况来看,该地区还主要是以"农家家内劳动"的形式完成的。作为这种农家家内劳动的支配组织者,一部分是以富农经营为主体的兼业织户,他们在开展雇工自营的基础上,将一部分农家家内劳动组织在自己的周围,贷棉赁纺,贷机赁织。随着商品经济的发展和自营的扩大,一些兼业织户又发展成了手工业工场,而那些赁纺赁织的零散机户则成为这种手工规模业工场的"外业部"。但是,绝大多数的农家家内劳动则受到该地区各种棉业行会为中心的商人资本的控制,形成前资本主义性质的"包买主制"经营。

　　例如,泉州地区棉纺织物(白棉布)的生产主要掌握在称为"棉买"的垄断商人手里。他们依仗手中雄厚的资本,首先控制棉花市场,利用棉花价格的经常变化和棉农生产资金的短缺,以前贷资金的方式将棉花的收购权掌握在自己手里,棉花收上来后,一部分经轧花加工后直接销往各地市场,一部分则又以"赁纺"的方式返回棉农手中,由农家妻女纺成纱线,付给一定的工银。也就是说,这些垄断商人在收购贩卖棉花的同时,又充当了"将原棉配给农家以交换手纺纱的商人"①。纱线纺成之后,这些垄断商人(包买主)仍然采用同样的方式,一部分出售,一部分返回有织机的农家,由农家进行家内赁织,付给报酬,所成布匹由包买主商人专收专售。另外,也有的包买商连同织机一并租赁给农家,对农家家内劳动实行更严密的控制。总之,商人资本就是这样,首先垄断棉花的流通,继而以"包买主制赁家内赁纺赁织"的方式控制着该地区棉纺织物的生产和流通。

　　但是,由于棉纺织物经营利润丰厚,而包买主又不仅一家,因此在包买主之间也存在矛盾和竞争,尤其是以垄断商人资本为背景的商人包买主和部分在乡商人为主体的中小包买主之间的竞争尤为激烈。他们不仅争夺对

---

① 相泽正彦:《泉南织布发达史》,第19页。

棉花、棉纱、棉布的收购销售权,而且还互相争夺技术优秀的织工织户。当时,织工织户与包买主之间乃是一种相对松散的契约关系。包买主既无须只向规定的农家机户贷物赁织,农家机户自也不必只为某一家包买主定织,而有权随时选择报酬丰厚者。在这种情况下,那些以前贷方式从事棉纺织物经营的垄断商人便有可能控制不住自己的机户,甚至出现"赁机他织"的情况。为此,一些垄断商人在选定机户之后,为了确保自己对最终产品的优先权,便以定金的方式先付给机户一定的报酬(如先付五疋的定金),或命机户在布尺上织入特殊的标志,或提高工银以资引诱。在现存史料中,保存有许多当时为争夺织工机户而起的诉讼织件资料,充分说明了这种争夺的激烈程度。

包买主商人之间的这种"争夺"无疑大大有利于织工机户的独立发展。随着劳动生产力的不断提高,一些织工机户逐渐有了剩余,富裕起来,于是,他在接受包买主前贷资金的同时,扩大生产,雇工自织,自己成为手工业工场主。另外,还有一部分商人包买主,为了更有效地控制织工,便在实行前贷赁织的同时,将零散织工组织起来,自己开办棉纺织物手工业工场。信夫清三郎氏称这种经营方式为"包买主制工场手工业",并认为"其中含有纯粹产业资本展开的契机"。①

总之,畿内地区棉纺织物生产经营中,主要包括以下四种经营形态:(1) 以富农经济为主体的自营—独立的工场手工业,但这是少数;(2) 商业资本控制下的农家家内劳动—贷物赁织;(3) 前贷资本控制下的"半独立"的手工业工场;(4) 包买主制工场手工业。在这四种经营形态中,以富农经营为主体的独立的工场手工业应属于资本主义工业发展的第二阶段——工场手工业阶段,而商业资本控制下的农家家内劳动和"半独立"的手工业工场则只属于资本主义工业发展的第一阶段,即恩格斯和列宁所谓的"手工业时代"(恩格斯:《社会主义从空想到科学的发展》)和"家庭工业和手艺"(列宁:《俄国资本主义的发展》)。堀江英一氏称之为"农民的小营业"②,亦即

---

① 信夫清三郎:《近代日本产业史序说》,日本评论社 1942 年版,第 66—67 页。
② 堀江英一:《封建社会中资本的存在形态》,《堀江英一著作集》第 2 卷,青木书店 1976 年版所收。

小商品生产阶段。至于包买主制工场手工业,尽管"其中含有纯粹产业资本展开的契机",但在当时的情况下,只算是一种"歪曲"了的工业经营形态,只能将其归入"半工场手工业"阶段。另外,在这四种经营形态中,以第二、三两种形态数量最大,范围最广,因此在给18至19世纪畿内地区棉纺织业发展阶段定性时,很难说已完全进入资本主义工业发展的工场手工业阶段,而只能认为其尚处于工场手工业的初期阶段——"半工"场手工业阶段。

关于畿内地区织产的分布情况,目前尚无总的统计,难以一概而论。我们只能通过对一些典型村落的分析得出一个大致的印象。例如,和泉国宇多郡大津村在天保时期(1840年)共有农家316户。其中,除197户专业农户外,91户属兼业脱农户,28户属佣工日雇户。在所有91户兼业脱农户中,从事棉纺织业生产的共有21户(包括两户专业纱户),占全村总户数的7%弱,其中,9户属于无地户,10户属于0—5石(土地产量)层,1户属于5—10石层,1户属于10—20石层。从这种阶层分布情况可知,棉纺织物生产首先是作为中下层农民的辅助谋生手段发展起来的。而在28户以佣工日雇谋生的农户中,其从业内容亦多与纺织业有关,如从事机织佣工、赁纺赁织及棉产品加工等。① 另据统计,大津村18户(应为19户)织户中,仅完全脱离农业生产的10户(11户)专业织户就雇有"赁织日雇工"82人和奉公人(长工)5人,"日雇一工,赁银合钱120文"(当时约合米2升),其经营形态"多为工场式手工业经营"。②

我们再来看看尾西地区的情况。

尾西地区位于日本浓尾平原中部,挟木曾川,自古乃蚕桑锦织产地。17世纪末至18世纪初,棉花传入,棉纺织物生产亦随之兴起,并很快发展成为中部日本的一大棉纺织物生产机业地。

尾西棉布,首先得力于当地传统绢织技术的袭承,以生产各种条纹棉布为主。其名牌产品如"栈留缟""结城缟""宽大寺缟""佐织缟"等等,均华美耐用,技艺精良,深为当时社会各阶层所喜爱。

---

① 津田秀夫:《幕末期大阪地区的农民斗争》,载《社会经济史学》第21卷第4期。
② 中村哲:《明治维新的基础构造》,第51页。

尾西地区土地肥沃,产棉甚丰。所产棉花一部分加工成皮棉外销,如宽政四年(1792年)仅销往领外的棉花即达黄金二万两之多。① 而棉花的大部分则由农家妇女纺成纱线,赶集市出售。早在享保期间(1716—1736年),这一地区就形成了许多以棉品交易为主要内容的定期集贸市场,并得到了尾张藩的认可。随着商品经济的发展和棉品交易额的逐年增长,逐渐形成了以一宫村"三八市"为核心的"地区性市场圈"。② 每逢棉花收获之际,居住在一宫村及其附近村落的中小商人们便早出晚归,四乡游弋,兜买棉花纱线,然后卖给一宫村的包买商人。据史料记载,天保年间(1830—1843年),一宫市场共有棉花包买商29家,幕末增至50—60家,其中尤以棉九、棉甚、冈德、麻五为最,统领尾西地区的棉花收售业务。此外,名古屋城下又有如大口屋濑兵卫、铃木庄兵卫大包买商,总掌棉花的出津贩卖,积财巨富。

尾西地区的棉花出津者多陆运至近江、越前、越中、加贺,或海运至三河、伊势、京阪江户等地。而所产棉纱则多集中到一宫村、起村等棉织机业地,由当地织户织成布匹,再行销售。由于条纹棉布的织造工艺复杂,技术水平高,所以尾西地区棉织业的专业化、集中化程度也比其他地区高,很早便出现了诸如"拥织女十余人"雇工赁织的织户,即工场手工业的初期萌芽。③

化政・天保(1804—1840年)之际,尾西地区棉纺织业更加发达,一是高机的传入,大大提高了劳动生产力,二是尾张藩政府将棉纺织业视为提高国力、弥补地方财政的"第一之品",大力推行保护奖掖政策,都有利于棉纺织物生产的发展。另外,由越前、京阪等地领外商人集团进行的所谓"长途贩运"活动对尾西地区的棉纺织业也起了很大的推动和刺激作用。④ 在这种情况下,原来只以"萌芽"状态存在的工场手工业经营便迅速成长壮大起来。据天保15年(1844年)尾张藩《结城栈留缟为替金调帐》所载调查数字

---

① 森德一郎:《尾西织物史》,尾西织物同业结合1939年版,第44页。
② 关于一宫村三八市的发展及该地区"地区性市场"的情况,请参照盐泽君夫、川浦康次合著《寄生地主制论——与资本主义发展的关连》一书中的有关章节,御茶之水书房刊1957年版。
③ 盐泽・川浦《寄生地主制论》,第149页。
④ 拙稿《幕末先进地带的经济发展与商工业统制——论尾张藩天保改革》,载名古屋市立大学经济学会第24卷,第3・4合并号,1988年。

统计,当时属尾张藩鹈多须阵屋①管辖的 42 村中,共有织户 368 户,织机 1431 桁,平均每户 3.9 桁弱。其中,内机 967 桁,出机 464 桁,休机 319 桁。② 盐泽君夫、川浦康次二氏经过长期的调查研究认为,尾西地区主要村庄织户中拥有内机 5 桁、或内机 4 桁、出机 2 桁以上的工场制手工业经营平均已占到 30％左右,有的甚至高达 50％以上,而由这些手工业工场所生产的棉布制品已超过该地区"全部产品的一半",因此认定该地区棉布生产中的资本主义生产方式在天保末期即已进入工场手工业阶段。③

三

如上所述,18 世纪末至 19 世纪初,随着日本农村经济中商品经济的发展,日本的棉纺织业生产获得了飞速的发展,在畿内、尾西这样的经济发达地区,已经出现了资本主义生产方式的萌芽,工场手工业也获得了一定程度的发展。但是,从当时日本全国总的情况来看,像畿内、尾西的情况毕竟只是少数,而在其他多数经济发展后进地区,则发展程度还要低得多。

我们在对日本幕末开国前商品经济的发展和资本主义生产方式的形成过程进行考虑时,有一种现象很值得我们注意。即 18 世纪中在生产先进地区曾一度大量涌现并获得蓬勃发展的资本主义生产方式的萌芽——富农经济、工场手工业等,进入 19 世纪后却逐渐丧失了进一步发展的势头,出现了减少自作自营规模,逐渐向"寄生地主制"和"包买主制"经营转化的倾向。以畿内地区的棉花生产为例,18 世纪初虽曾有过一次调整性收缩,但变动不大。进入 19 世纪后,却出现了棉花种植大规模减少的现象。如摄津国西成郡莫波村在享保 10 年(1725 年)棉花种植率高达 60％,至 19 世纪的文化

---

① 尾张藩政权的地方派出机构。
② 《新编一宫市史·本文编》上,1968 年版,第 936—940 页。
③ 盐泽·川浦氏《寄生地主制论》,第 160—161 页。又,尾西地区出身的林英夫不同意盐泽·川浦二氏的上述意见,尤其对所谓"内机"的存在形态上,林氏认为当时尾西地区存在的一部分内机乃是属于技术传习性质的"实习织机",不应列入生产用机。对于尾西地区资本主义的发展阶段问题也应作进一步的考虑。关于二者的分歧及林英夫氏对"内机"问题的具体分析,请参照盐泽·川浦上引书及林英夫氏《近世农村工业史的基础进程——浓尾缟木棉织物史研究》,青木书店 1960 年版一书中的有关章节。

年间(1804—1817年)近于0,下降近6%,河内国丹南郡半田村明和2年(1765年)为39.3%,弘化3年降至11.5%,古市郡碓井村享保15年(1730年)为50%,至嘉永6年(1853年)降至12%,分别降低27.8%和38%,独立的富农经营大幅度减少。① 而在棉纺织领域中,则出现了资本主义的工场手工业经营衰退、半资本主义的包买主制经营扩大的倾向。下面仅以尾张西部地区为中心对这种情况进行一些初步的分析。

在日本幕末经济发展中,尾西地区的棉纺织业属于工场手工业"发展最正常的地区"。但包买主制经营一开始便占有很大的成份。这些包买主不仅包括那些带有前期性的垄断商人,甚至也包括一些工场手工业的经营者。这种包买主制经营一般包括两种形态:(1)包买商或手工业工场主(织元)向有自备织机的农家提供资金原料,然后收回产品,付给工钱,即所谓"内机支配型"。(2)包买商或手工业工场主除向农家提供资金原料外,还向无织机的农家提供织机,同样收回产品,付给工钱,即"出机支配型",亦即所谓"出机制经营"。从本质上来讲,这两种经营形态都属于"半资本主义"的农家家内劳动,但又有很大的区别。即:当经营者是属于资本主义性质的工场手工业经营主时,这种农家家内劳动则形成工场手工业的"外业部",起到加强工场手工业发展的作用;② 而当经营者是属于具有前期性的垄断商人或高利贷资本时,这种农家家内劳动则只起到强化封建色彩浓厚的前贷资本剥削的作用。之所以说这种"包买主制农家家内劳动"属于"半资本主义"性质,是因为与现代资本主义相比,它没有应有的"独立"和"自由",但与封建共同体社会中那种被牢固地束缚在土地上,受到种种超经济强制的封建隶农的地位相比,却又"自由"多了:这种家内劳动与经营主之间没有完全的依附关系,生产者可以随时解除与包买主之间的契约关系,而包买主也可以随时另寻新的生产者。而且,随着劳动生产力的不断发展,生产者也存在着随时发

---

① 八木哲浩:《近世の商品流通》,商书房1962年版,第66、296—297页。
② 服部之总氏将这种为手工业工场进行前贷性赁纺赁织的农家家内劳动称为工场手工业的"外业部",并视这种带有"外业部"的工场手工业经营为天保以来日本农村工业发展的主体,并由此认为日本当时已进入"严密意义上的工场制手工业时代"。见服部氏《维新史方法上的诸问题——兼对旧著的自我批判》,1933年版(《服部之总著作集》第1卷所收)。

展为独立经营的机会和权力(尽管在前贷资本和封建地租的双重剥削下生产者实际运用这种权力的机会很少)。另外,无论是包买主商人还是工场手工业经营主,当他们进行"内机支配型"经营时,实际上是将分散的民间织机"集中"起来,从事"有组织的"生产,而在"出机支配型"的场合,则是将原本可以集中起来进行工场制手工业生产的织机"分散"到民间,从事"非工场制"经营。但是,天保以后,该地区的棉纺织品业经营中出现了独立的资本主义工场手工业经营日趋减少,包买主式的出机制经营日益增多的倾向。不仅许多原来的包买商人纷纷转为织机制造商,甚至连一些原已具备相当规模的工场手工业也逐渐缩小自营规模,而将织机"出借",摇身一变而为新的包买商。

那么,何以会出现这种奇怪的"倒退"现象呢？这里牵涉两个比较复杂的问题,即封建领主工商业统制政策的压迫和由于生产力水平的"低位性"造成的资本主义经营中的"经营界限"问题。

众所周知,近代资本主义生产方式首先是从农村的商品生产和农民层中"萌芽利润"的出现＝"民富"的积累中形成的。所谓"萌芽利润"不是指少数上层农民的个人发财致富,而是指"农业上可以自立的,中位以上农民阶层"所获得的"一般性"生产剩余。① "萌芽利润"的形成取决于两大因素的相互作用:(1)社会生产力的发展——即社会劳动生产力的提高;(2)封建贡租剥削的相对或绝对减轻。"萌芽利润"的出现会带来商品经济的空前繁荣,形成所谓"民富"②,也就是民众的普遍富裕化。而"民富"的主体承担者乃是在农村商品经济发展和农民阶层分化过程中成长起来的自耕农和工场手工业经营主,亦即小商品生产者＝"中产的生产者阶层"。③ 在商品货币经济正常发展的情况下,由于自由竞争的作用,这种"中产的生产者阶层"又

---

① 山崎隆三:"江户后期农村经济的发展上农民层分解",《岩波讲座日本历史 12·近世 4》所收。岩波书店 1963 年版,第 336 页。
② "民富"(volksreichtull)一词是马克思在《资本论》第一卷第七篇第 24 章"所谓原始积累"一节中使用的术语,意为摆脱了封建共同体束缚的自耕农阶层的普遍富裕化。引自中共中央马恩列斯著作编译局译本,人民出版社 1972 年版,第 785—786 页。
③ 关于小商品生产者＝中产的生产者阶层的概念和理论分析,请参阅大塚久雄《欧洲经济史》,岩波书店 1973 年版,《近代欧洲经济史序说》,岩波书店 1981 年版两书中的有关章节。

逐渐产生分化,一部分人更加富裕起来,大部分人逐渐没落下去。在这一过程中,一旦那些积累了大量财富的小商品生产者将其"财富"用于雇工或购买新的生产资料、扩大再生产时,这种"财富"便立即变成了"资本",于是,资本主义的生产关系便诞生了。在"纯"农业经营上,这种资本主义的生产关系表现为富农—雇工关系,而在农村工业中则主要是工场制手工业的发展。这点,我们从日本17至18世纪中农村棉纺织业的发展中已得到了大量的印证。

资本主义的生产关系是一种崭新的、独自发展的生产关系。它一旦形成之后,就会在各方面与旧的封建小农经济发生激烈的对抗:它不断冲击和瓦解封建小农经济的基础,并逐渐形成以自己为中心的、"自由的"流通市场(地区性市场圈→全国市场),整个社会便由之而进入了以资本主义生产关系为主体的近代资本主义社会。

这种情况不可能不引起虽然已经千疮百孔但仍具有相当力量的封建统治体制的反抗,并由此而形成许多不可调和的矛盾冲突。例如,尾西地区属位列"御三家"之首的尾张藩管辖,国大财丰。但是,在农民商品经济的冲击下,至江户中后期也出现了入不敷出的情况。天保之际,尾张藩政府为弥补财政亏空,借幕府进行"天保改革"之机,废除了民间性质的"仲买股份特许制",设立藩营"国产会所",对棉花棉布等商品实行藩营专卖统治,并大幅度提高了对棉纺织品的直接税。这一措施使得农户(包括工场手工业主)经营棉纺织品生产的利益大幅度减少,严重挫伤了农民继续扩大经营的积极性,阻碍了资本主义生产方式的顺利形成。当时,许多织户和工场手工业经营者因不堪忍受藩政府的严格统制和重税盘剥,不得不放弃"内机"生产,而将织机出借给无机户,采取纳税较少的"包买主制经营"或干脆停机罢织,从而使一些原本已开始向资本主义生产方式发展的工场手工业又"倒退"回非工场制的、分散的包买主制经营。[①] 不过,由于这种统制过程是通过使一部分上层农民(村吏阶层=豪农豪商)的"特权化"完成的,所以,它既是"商人成为领主"的过程,又是"领主成为商人"的过程。在日本资本主义商品经济发

[①] 请参阅拙稿《幕末先进地区的经济发展与商工业统制——论尾张藩天保改革》。

展的初期阶段,这种封建领主与上层农民结合起来对流通领域的工商业产品进行强力统制的现象乃是一种普遍的现象,亦即封建权力通过自身的内部调整向"绝对主义"方向转化的过程。在日本幕末改革浪潮中,这部分从农民分化过程中上升形成的村吏=豪农豪商阶层乃是改革派形成的社会基础和推动力量。

造成资本主义的富农及工场手工业经营衰退、寄生地主制及包买主制经营扩大的另一个重要原因即由于生产力水平低下而带来的"经营界限"问题。我们知道,江户时期日本农业商品生产中主要依靠的是所谓"多肥多劳动"式的精耕细作式手工劳动(尤其植棉业更是如此),而所谓的工场手工业大多也只不过是将数台纺织机"集中一处"式的纯手工生产,工体颇大,所耗弥多。在新的生产力(主要是新的技术和大机器生产)尚未出现以前,这种低位性的富农及工场手工业经营规模不可能无限扩大,而必将受到某种程度的规模限制,尤其是在封建社会后期诸如物价上涨、商工业统制、前期性商人资本压迫等等不利因素的影响下,这种"限界"便会来得更快更早。在江户中后期,凡是土地经营规模在 2—4 町以上,内机 10—20 桁以上的富农或工场手工业经营,一般都出现了入不敷出的现象,[①]这就迫使这些经营者不得不将一部分土地或织机出租,转而向寄生地主制及包买主制经营发展。总之,这种资本主义经营中因封建压迫和生产力水平的"低位性"带来的"经营界限"是对资本主义生产方式持续发展的一道严重障碍,只要封建制度还继续存在,只要还没有新的生产技术(大机器生产)的加入,便是很难逾越的一道无形天堑。

不过,从总的情况来看,从 19 世纪初至幕末开国(1853 年)前日本经济发展状况是:一方面,因"经营限界"的出现,寄生地主制和包买主制经营开始扩大,另一方面,资本主义的富农经济和工场手工业依然存在发展的可能性,两者尚"均未占据统治地位"[②]。而棉纺织业中的资本主义因素随着总规模的不断扩大也仍在缓慢的发展。

[①] 山崎隆三:《地主制成立期的农业构造》,青木书店 1961 年版;山崎:《江户后期农村经济的发展与农民层分解》诸文。
[②] 山崎:《江户后期农村经济的发展与农民层分解》,第 364—365 页。

毋庸置疑,"寄生地主制"及新包买主制的问题绝不仅仅是一个经济领域里的问题,而是一个关系到如何正确理解日本近世—近代社会,如何正确理解"明治维新"这场政治大变革以及由此而建立起来的明治新政权—资本主义的本质与"绝对主义"的外壳,亦即近代天皇制的性质问题。① 关于日本 17 至 18 世纪棉业生产中蓬勃发展的富农和工场手工业经营,何以在进入 19 世纪后会出现"倒退"和向寄生地主制和包买主制发展的问题,日本史学界曾有过大量的争论研究,②使人们对日本近代地主制的本质有了进一步的认识。但也有不足之处,或着重追究地主制的形成过程而忽略了对地主制内部结构及其与近代资本主义本身的联系,或囿于对"绝对主义"＝封建主义这一错误理解的束缚,无法对近代地主制做出适当的评价。另外,还有一些研究者分不清近世地主制与近代地主制的区别,"在对幕末、明治初年地主制的结构变化研究尚不充分的情况下,将对近世后期地主制的研究成果直接联系于明治以后的地主制,或反之欲从近代日本的农村结构、地主制结构中直接(或直线式的)寻求对近世后期地主制的分析基准"。③

我们必须看到,这种因遇到"经营限界"而由富农经济和工场手工业转化而来的寄生地主制和包买主制经营,就其本质来说,既不同于原来那种以封建实物地租为基础的、纯粹封建的小农经济下的旧领主制,也不同于明治以后的新地主制,更不同于那些未经过资本主义分化、被动地卷入商品货币经济、形成所谓"贫穷贩卖"地区的"典当地主制"和纯属垄断性的商人资本。它乃是一种在资本主义发展进程中出现的一种既含有封建残迹,又含有资本主义因素的"变种"和中间形态。

首先,这种寄生地主制及包买主制是在经过一定程度的资本主义分化之后"转化"而成的,尽管在形态上与封建经济体制下的封建地租和前期性特权商人控制下的前贷资本剥削不无共同之处,但其与封建领主经济又绝非纯然一体,有时甚至是相互对立的。

---

① 芝原拓自:《关于近代天皇制的一个理论问题》,载《历史学研究》1978 年 2 月号(453 号)。
② 日本史学界关于"地主制论争"的情况及其主要观点,请参照朝尾直弘:《近世史研究之自立》(《日本史研究》第 81 号,196 年);依田熹家:《战后的地主制史研究》(《历史评论》第 200 号,1967 年)。
③ 中村哲:《明治维新的基础构造》,第 284 页。

其次，在这种情况下，这些新的地主和包买主是从资本主义的农民分化中成长起来的，他们一般都具有独立经营的"成功经验"。而且，即便在向寄生地主制"倾斜"的情况下，他们也不完全放弃自作经营，而是在将一部分土地或织机出租的同时，尚保留一部分自作（或内机）经营。也就是说，他们并不完全是"寄生"的，出租土地或出借织机暂时还是一种权宜之计，一旦周围的环境好转，他们便又有可能扩大自作自营部分，重新回到资本主义的发展道路上来。关于这一点，尾西地区近代棉纺织业的骨干力量便是以这种"变了形"的包买主制工场手工业为核心建立起来的事实即其明证。

最后，在资本主义的富农经济和工场手工业向寄生地主制及包买主制"倾斜"过程中，封建权力内部也出现了相应的"逆变革"，即封建权力为了适应新的社会经济发展势态，不得不通过自身的部分调整（如清藩的天保改革）向"绝对主义"的方向转化。尽管在当时情况下，这种转化确实起到了某种使得封建体制得以继续维持下去的作用，但也就在这种转化过程中，却为资本主义的更大发展和社会的大变革（明治维新）从政治和经济两个方面积蓄了必要的力量。

（作者管宁，中国社科院近代史所，原文刊于《世界历史》1990年第4期）

从"帆船"到"汽船"
幕末日本海权意识萌生的器物条件

姜春洁

19世纪中叶发生在日本的最重大事件莫过于佩里的"黑船来航"。长达200余年的江户锁国体制以此为拐点开始走向瓦解,日本也由此进入了史称的幕末时期。"黑船来航"作为日本从"锁国"走向"开国"的标志性历史事件,在学界备受关注,相关著述众多。例如,加藤祐三《黑船前后的世界》(1985年)、石井孝《日本开国史》(1972年)、远山茂树《明治维新》(1951年)等著述中,从佩里来航到幕末开国,从佐幕倒幕思想到与欧美各国的外交关系,从国内国际势力的结合到明治维新改革,也包括"黑船来航"之后,日本是如何从锁国走向开国,进而完成明治维新改革的,都做了详细的梳理与分析。

然而,笔者在翻阅了大量史料后发现,相关研究往往都将"黑船来航"解读为"历史事件",却忽视了"黑船"作为"器物"的属性。"黑船",据《日本近代史辞典》解释,是指"16、17世纪来到日本的南蛮船,由于船体被涂成黑色,故称黑船。到幕末时期,来自欧美的西洋舰船也被称为黑船,尤其是1853年佩里舰队来航以后,黑船开始成为西方资本主义国家军事侵略、经济威胁的代名词"[①]。由此可知,"黑船"之称,表面上是因涂于船体的防腐材料呈现黑色而得名,实际上是指西洋舰船,也特指佩里舰队。不难看出,

---

[①] 京都大学文学部国史研究室编:《日本近代史辞典》,东洋经济新报社1958年版,第140页。

在这一称呼的背后,隐藏着的是近代日本对西洋"坚船利炮"的恐惧和敬畏。

因此,本文拟从"船"这一器物的角度出发,通过分析从"帆船"到"汽船"的转变过程,揭示幕府末期日本海权意识的萌生历程。

一、从"黑船来航"到"大船建造禁止令"的解禁

1853年6月3日,美国东印度舰队司令官佩里率领"萨斯凯哈那"号、"密西西比"号外轮蒸汽军舰,和"普利茅斯"号、"萨拉托加"号单桅运输帆船,强行驶入江户湾的相州浦贺海面,①向幕府递交了美国总统菲尔莫尔的修好国书,内容如下:①友好往来,建立通商关系;②尊重日本的政令和礼仪;③蒸汽军舰仅需18日就可从美国跨越太平洋抵达日本;④互惠互利,友好往来;⑤视通商贸易状况,可限期中止;⑥救助遇难船员;⑦提供燃料补给。② 从国书内容可以看出,表面上美国是请求日本开港,为其提供燃料及食粮补给,并希望双方能够建立友好通商关系,而实际上却是以"坚船利炮"为武器,威胁日本开港。关于这一点,从第③条内容就可以清楚地解读出美国的威胁之意,即美国若想"侵犯"日本绝非难事,蒸汽军舰仅需18日即可抵达日本。另外,佩里的4艘"黑船"共载炮63门,而当时江户湾沿岸的防御大炮仅有20余门,③力量相差悬殊,显而易见。

在佩里"黑船"的冲击之下,也更是为了拥有可与其匹敌的坚船利炮,在"黑船来航"短短3个月之后的9月15日,幕府就解禁了始自1635年的"大船建造禁止令",即"观当今之形势,知大船之必要。故自今日始,诸大名可造大船。然制造工法、使用目的及制造数量等尚需奏请"。④ 不仅如此,迫于美国"坚船利炮"的外压,1854年3月31日,幕府在佩里第二次来航之际,最终接受了美国的开港要求,双方签订了《神奈川条约》。条约规定:日本开放下田和箱馆两港,救助美国遇难船员,并提供食粮、补给煤水。⑤ 该条约

---

① 安冈昭男:《日本近代史》,云林书房1989年版,第1页。
② 加藤祐三:《黑船异变》,岩波书店1991年版,第58页。
③ 加藤祐三:《黑船异变》,第2页。
④ 东京帝国大学:《大日本古文书》幕末外国关系文书之一,1910年版,第430页。
⑤ 石井孝:《日本开国》,吉川弘文馆1990年版,第100—101页。

的签订,意味着长达 200 余年的江户锁国体制被打破。

其实,早在佩里来航之前的 1824 年至 1854 年的 30 余年间,美国"黑船"在江户、英法"黑船"在琉球、俄国"黑船"在虾夷,就曾多次试图叩开日本的锁国大门。据史料记载,西方列强在这一时期的叩关次数是,俄国 7 次,英国 11 次,美国 11 次,法国 2 次①,但均未成功。关于西方列强屡屡叩关失败的原因,笔者认为主要是以下两点。

其一是"建造西洋舰船,触犯锁国严令"②的祖法束缚。因为 1842 年 11 月,时任海防挂顾问的佐久间象山,就曾向幕府老中真田幸贯上书《海防八策》,提出"铸大炮、造军舰、兴海军"③的建议。1846 年 7 月 8 日,刚刚就任老中首座的阿部正弘,也曾以《外船击攘之难行及军舰建造之急务》为题,上书给德川家庆将军,指出"日本的漕运帆船无法与外国军舰相抗衡",建议"应在浦贺、长崎、松前、萨摩等要塞口岸建造牢固之船"。④ 以上建言,皆因祖法的束缚无果而终。

其二是当时西方"黑船"的规模和威力,尚不足以让日本感到威胁和恐惧。以就近一次美国"黑船"前来江户要求通商的事件为例,1846 年 5 月 27 日,美国东印度舰队司令长官海军准将詹姆斯·比德尔率领两艘帆船军舰抵达浦贺,向浦贺奉行大久保忠丰提出了通商要求,⑤结果遭到了严词拒绝。此次美国叩关之所以没有成功,原因有二:其一,詹姆斯·比德尔此次只想打探与日本通商的可能性,而且态度温和,最后又因有要务在身而匆匆离去。其二,根据史料记载,两艘"黑船"并非汽船,均为"三桅帆船,一千五六百石左右"。⑥ 因此,无论是在规模还是威力方面,都远不如佩里蒸汽"黑船"所带来的冲击。

那么,最终叩开日本锁国大门的佩里"黑船",具有怎样的规模和威力呢?加藤祐三在《黑船异变》开篇部分,对佩里的"黑船"做了如下转述:"四

---

① 万峰:《日本近代史》,中国社会科学出版社 1978 年版,第 24 页。
② 渡边修二郎:《阿部正弘事迹》上卷,东京印刷株式会社 1910 年版,第 73 页。
③ 大平喜闻多:《佐久间象山》,吉川弘文馆 1959 年版,第 66 页。
④ 渡边修二郎:《阿部正弘事迹》下卷,1910 年版,第 649—651 页。
⑤ 维新史料编纂事务局:《大日本维新史料》第一编之一,明治书院,第 760 页。
⑥ 维新史料编纂事务局:《大日本维新史料》第一编之一,第 765 页。

艘三桅黑船,各约 3000 石,破浪前行不靠帆,前后左右布阵盘,往来神速如飞鸟,转眼隐入水云间。"①从字里行间不难看出,关于黑船的描述言辞有些过于夸张,而恰恰是这种夸张却反衬出当时日本对黑船的惊慌和恐惧。值得注意的是,"神速如飞鸟"的佩里"黑船"其实远不止"3000 石"。舰队中最大的"萨斯凯哈那"号,吨位是 2450 吨,大约相当于当时日本最大级弁才船②(1000 石)的 20 多倍。从当时对"黑船"估测出现的偏差也不难看出,佩里"黑船"之大,已远超乎人们的想象。

众所周知,江户初期开始,幕府就实施了一系列的闭关锁国令,初期为了禁止基督教在日本的传播,后来则逐渐扩大至对外贸易和交通的限制。而为了限制日本人的对外贸易和交通,幕府于 1609(庆长 14)年,在全国范围内没收了所有超过 500 石的军船和商船。又于 1635(宽永 12)年,在武家诸法度第 17 条中,明文规定"五百石以上之船停止之事"③,即史称的"大船建造禁止令"。根据禁令,超过 500 石的大船建造受到了限制,那为什么还会出现上文提到的 1000 石的弁才船呢?

"大船建造禁止令"颁布之初,由于幕府对船的类别(军船、商船)没有做出明确的说明,故出现了一定程度的混乱。因此,幕府于 1638 年再次发令,明确规定禁止建造的对象是"以安宅船为代表的军船,而非商船"④。弁才船属于商船,另外还有菱垣廻船⑤、樽廻船⑥、北前船⑦等商船,也都不在"大船建造禁止令"的禁止范围之内。从中不难看出,幕府禁止建造"军船",一方面是为了推行锁国政令,另一方面更是为了限制并削弱大名的水军力量。而从对"商船"的宽松政策又可以看出,"大船建造禁止令"的实施并没有对

---

① 加藤祐三:《黑船异变》,第 1 页。
② 弁才船:也称千石船,一般长约 29 米,宽约 7.5 米,深约 2.6 米,相当于 100 吨级左右,一石约合 0.28 立方米。
③ 司法省庶务科:《德川禁令考》第一帙,博闻社 1894 年版,第 94 页。
④ 安达裕二:《异样的船》,平凡社 1995 年版,第 46 页。
⑤ 菱垣廻船:因船舷的菱形构造而得名,往来于江户和大阪之间,运送米、油、糖、烟草、棉花等各种各样的贸易物品。
⑥ 樽廻船:最初因运酒而得名,后来也开始装运米、糖、酱油等物品。
⑦ 北前船:也称北国船,主要航行于日本海沿岸,往来于大阪、长崎和北海道之间,运送米粮、海带和贸易物品。

沿岸航运和国内经济的发展带来太大的影响。

然而,佩里"黑船来航",给日本上下带来了空前的震惊。时任幕府老中①的阿部正弘任命主张攘夷论和海防论的水户藩主德川齐昭为海防顾问,同时为寻求针对佩里国书的应对策略,于1853年6月26日向幕臣和大名发出意见咨询书,咨询内容为"美船来航,乃当下我国之首要大事,诸位须阅览书函,思虑对策,勿拘泥于旧例"②。随后在8月份又提出了"大船建造禁止令"解禁的意见征询。由此可以看出,佩里来航的震动,已经影响到幕府统治的思想根基,令幕府不得不向幕臣和大名咨询意见,以寻求应对之策。另外,从意见咨询书中提到的"勿拘泥于旧例"一语也可以看出,"建造西洋舰船,触犯锁国严令"的"祖法"在幕府内部已然出现了松动的迹象。最终,这次意见征询不仅令幕臣和大名开始有机会干涉幕府政治,也让"大船建造禁止令"和"锁国令"的解禁成为可能。借此意见征询之机,幕臣和大名都纷纷建言献策,其中与本文关系密切的建言书,笔者整理如下。

(一)幕臣的建言

海防参与德川齐昭,1853年7月10日上书《海防愚存》,提出海防十条建议:③

(1)主战抑或是主和,须明确基本方针;

(2)若主战,则上至武士下至平民,应进行全国总动员;

(3)委任驻留长崎的荷兰人,在军舰、枪炮、造船技工和航海士等方面给予协助;

(4)筹备铜铁等造船材料,诸大名按石高摊派枪炮舰船的铸造;

(5)强化战术运用训练;

(6)强化枪炮操持训练;

(7)征兵,固守海岸要塞;

(8)勿拘泥于兵法之流派,须随机应变;

---

① 老中:幕府常设的最高职务,直属将军,负责处理、管辖各种政务。
② 渡边修二郎:《阿部正弘事迹》上卷,第155页。
③《水户藩史料》上编乾,第45—46页。

(9) 重视粮草储备；

(10) 尊神社，禁基督，以聚民心。

从建议书中不难看出，德川齐昭的思想出发点是以防御为主，但其中的第(3)、第(4)条尤其值得关注，在第(3)条中他提出了委任荷兰人造船铸炮的建议，说明在当时造船技术落后的情况下，日本可以从荷兰寻求帮助。而第(4)条中"筹备铜铁等造船材料"这一点，则可以说明"钢铁船"已经进入幕末日本的视野并受到关注。这条具有前瞻性的建议，对于此后日本海军的建设和向海上帝国的转型，都具有深远的意义。

(二) 诸藩大名的建言

在诸藩大名的建言中，彦根藩主井伊直弼直接主张"撤销大船建造禁令，与外国通商，其间须加强武备"[1]。佐仓藩主堀田正睦也指出"现今开战，我方并无胜算，可暂许通商。其间须制造坚船利炮，加强士兵训练"[2]。再者，萨摩藩主岛津齐彬的建言尤为值得关注。萨摩藩地处日本列岛最南端，时常会有英法舰船造访萨摩的近邻琉球，这令岛津齐彬痛感危机的逼近。因此早在佩里来航之前，他就针对"大船建造禁止令"，上书幕府提出过解禁请求。佩里来航之后，又再次上书幕府请求建造军舰、汽船，同时向荷兰订购兵书、大炮和器械等。岛津齐彬在建言书中指出"即便修筑了炮台，暂时驱逐了外国舰船，但以我方军船之能力实难追赶。对方远离海岸之后，我方依然无计可施。若不追赶，待对方修整之后又会再次来袭，简直就像驱赶那萦绕周围的苍蝇一般"[3]。岛津齐彬将外国舰船比作苍蝇，虽然可笑但却如实指出，西洋汽船的灵活机动远非日本的帆船所能匹敌。由此不难看出，借"黑船来航"之由，幕臣和诸藩大名开始极力主张建造军舰、加强武备，这也说明他们已经认识到在"船"这一器物方面与西方存在的差距。

针对佩里国书的意见征询，幕府上下之所以能够在短时间内达成妥协的共识，中英鸦片战争作为前车之鉴，对幕府的开港决策有着不可忽视的影

---

[1] 渡边修二郎：《阿部正弘事迹》上卷，第158页。
[2] 渡边修二郎：《阿部正弘事迹》上卷，第158页。
[3] 池田清：《日本海军》上册，至诚堂1968年版，第27页。

响。鸦片战争爆发和清政府失败的消息,先后于1840和1842年通过《荷兰风说书》①传到了日本。幕府对于大清王朝被英国的"坚船利炮"轰开国门深感震惊,由此也开始加强本国的海防,并相应地调整锁国政策。1842(天保十三)年《天保薪水令》②的颁布,就充分说明幕府对外国船只的处置态度已经由鸦片战争之前的强硬驱逐转变为友善安抚。

综上所述,佩里"黑船来航"给日本带来的远不止从"锁国"到"开国"这一制度方面的转变,它更让幕末的日本感受到西方"黑船"的威胁,也正是因为对"黑船"这一器物的恐惧和向往,以蒸汽为动力的"汽船"在日本开始受到关注。正如武田楠雄所言"黑船来航之后,蒸汽一词开始成为幕末的流行语,……幕末的日本,在对西洋兵器和物质文明的恐惧和向往中开始崛起"③。最终,对"大船建造禁止令"的解禁和佩里开港要求的妥协,估计连幕府自身也没有意识到,这不仅为日后雄藩的崛起和幕府的衰败埋下了伏笔,也让日本自此走上了从"内航"到"外洋"的海外扩张之路。

二、从"观光丸"到幕府"购船热潮"的兴起

1854年7月25日,荷兰"森宾"号④蒸汽军舰,从巴达维亚⑤出发,于同年8月21日抵达日本的长崎港。"森宾"号舰船来日,主要是递交荷兰政府关于日本购船意向的答复国书,内容如下:"因正处于克里米亚战争期间,而荷兰作为中立国,暂时不宜对外出口舰船等武装设备。但为了德川幕府的繁荣,会在合适的时机提供一艘商船,'森宾'号汽船在长崎停泊期间,可供日本参观学习。"⑥

从国书的答复中不难看出,幕府已经向荷兰政府提出了购置舰船等武装设备的要求,荷兰的态度也是积极的,但碍于自己是中立国的立场,尚需

---

① 日兰学会·法政兰学研究会编:《荷兰风说书集成》下卷,吉川弘文馆1977年版,197和207页。
② 薪水令主要内容:幕府允许对外国遇难船只给予救助并提供燃料和食粮,但禁止靠岸,必须驶离。
③ 武田楠雄:《维新与科学》,岩波书店1972年版,序言和第2页。
④ "森兰号":荷兰军舰,建成于1853年,长约52.7m,宽约9m,150马力,装有6门大炮,排水量400吨。荷兰政府赠与日本后,改名为"观光丸"。
⑤ 巴达维亚:荷属东印度公司所在地,今印度尼西亚首都雅加达,1800—1949年属荷兰殖民地。
⑥ 篠原宏:《海军创设史》,株式会社Libroport1986年版,第20页。

等待一个合适的时机而已。那么幕府是何时向荷兰提出购船要求的呢？购买的又是什么样的船呢？

如前文所述，在佩里"黑船"来航之后，幕府迅速解禁了"大船建造禁止令"，并向锁国时期唯一被允许与日本保持通商关系的西洋国家荷兰寻求帮助，幕府关于海防事务和创办海军的意见咨询书通过长崎奉行水野忠德递交到长崎的荷兰商馆。针对幕府创办西式海军的咨询，荷兰商馆长库修斯指出："当务之急，应以培养能够驾驶并熟悉现代舰船的人才为要务。在机械工学和远洋航海技术落后的现状下，即便购得西洋舰船，也无法独立驾驶。"① 库修斯将西式海军的创办意见整理成文，于1853年10月15日呈递给长崎奉行，文中建议日本"开办教习所，选拔学员并出资聘请荷兰教官前来日本教授几何、代数、铸炮、造船等相关科目……"，"教官待遇需酌量，行动自由需放宽，不能只限于出岛之内……"②，等等。由此不难看出，荷兰在为幕府创办近代海军建言献策的同时，也在以此为条件寻求离开出岛③、扩大其在日本的活动范围和通商贸易的途径。

"森宾"号舰长法比尤斯抵达长崎后，受库修斯委托也先后三次向幕府呈递了海军创办建议书，主要内容归纳如下：

（1）日本的人文地理环境适合海军的发展，开放门户是创办西式海军的大好契机。

（2）海军传习科目主要包括汽船驾驶、大炮和蒸汽机的制造与操作。希望日本按照地理、数学、天文、测量、机械工学、航海、造船、制炮等学科，选拔优秀人才。

（3）鉴于军舰的检修、建造等问题，应在各地兴办造船厂。

（4）开办荷兰语言学校，在荷兰教官到来之前，学员首先要学习荷兰语。④

---

① 水田信利：《幕末时期我国海军与荷兰》，有终会1929年版，第8页。
② 水田信利：《幕末时期我国海军与荷兰》，第42页。
③ 出岛：幕府为推行锁国政策，于1634年在长崎建造的人工岛。1641年依照幕府的指示，将设立在平户的荷兰商馆迁移到出岛，以便幕府监管，直至1856年日兰和亲条约签订之后，荷兰人才被允许进入长崎市街活动，1859年位于出岛的荷兰商馆关闭。
④ 藤井哲博：《长崎海军传习所》，中央公论社1991年版，第4—5页。

除此之外,意见书中也言及到预算和荷兰教官在日期间的待遇等问题,这与荷兰商馆长库修斯的建议内容大同小异。幕府根据以上建议,经认真磋商最终决定将"汽船建造事宜委托给荷兰,并遣人前往长崎,向荷兰人学习舰船操作技术"①。幕府的购船订单,也正是在这个时间由长崎奉行递交给了荷兰商馆长库修斯,订单如下:

(1) 汽船 1 艘、排水量约 450 吨,火炮装备齐全。
(2) 汽船 2 至 3 艘,船长 25 至 27 米左右。
(3) 三桅帆船战舰 3 至 4 艘,各装备 22 门至 30 门火炮。
(4) 双桅帆船战舰 1 至 2 艘,各装备 14 门至 15 门火炮。②

从订单明细可以清楚地看出,幕府对加强海上军备的重视,尤其是对汽船这一新式器物的关注。最终,幕府的购船计划时隔一年之后,以"森宾"号参观、传习的方式启动,舰长法比尤斯接受幕府的聘请,在停靠长崎的 3 个月时间里,给日本学员讲授舰船操作和海军建设等方面的基础知识。1855 年 8 月,荷兰国王威廉三世接纳了库修斯的建言,以国王名义将"森宾"号赠与日本,并派遣法比尤斯再次前往日本负责教师的选派和传习等事宜。

"森宾"号归属幕府之后改名为"观光丸",成为日本历史上第一艘蒸汽军舰,其名称源自《易经》里的"六四,观国之光,利用宾于王"。对此,胜海舟做过如下解释:"荷兰赠船,冠以观光之名,此乃象征着国民之期待。该船是我海军创办之基础,而今投身于海军之志士,皆以此为荣,期盼操练而摩拳擦掌。国运之昌盛,指日可待也。"③那么,荷兰为什么会如此支持日本的海军建设、又为什么会主动将"森宾"号赠与日本呢?

荷兰商馆长库修斯在 1854 年 11 月 20 日给荷兰东印度公司总督的机密报告中,如下陈述:"日本对于蒸汽机关的制造技术一无所知,然急于求成,欲学习欧洲之先进技术。此非易事,在下已与日本做过说明。而且,日本尝试建造的熔矿炉、铸型工厂技术落后,生产的铁质材料品质低劣,机械方面的技术人员甚为欠缺……,我方在力所能及的范围内,可募集专家来日

---

① 渡边修二郎:《阿部正弘事迹》上卷,第 349 页。
② 水田信利:《幕末时期我国海军与荷兰》,有终会 1929 年版,第 42 页。
③ 水田信利:《幕末时期我国海军与荷兰》,第 114 页。

协助开办工厂、传授蒸汽机等相关知识，一切费用均可列入预算，由我交于日本政府并做说明。如此一来，日本必然会将军舰购置和工厂设立等事宜委托给我荷兰，以此也可期盼日本放宽对我国的通商管制。"①由此可见，一方面是日本急于学习蒸汽机和汽船的制造技术，另一方面库修斯也想借机说服日本放宽对日兰贸易的管制，增强两国之间的通商关系。

接前所述，库修斯收到幕府的购船订单之后，就立即向总督递交了报告书，建议："若我国无法按期交付日本所购之船，国王可否考虑赠与日本一艘商船或是军舰。日本如果掌握了汽船驾驶技术，今后必会增加舰船订购数量，利益可观也。赠船的费用也就不在话下了。"②从前后两封报告书都不难看出，库修斯的商人立场非常鲜明，最关心的也是荷兰商馆与日本的通商贸易问题。

以荷兰赠船为契机，1855 年 10 月幕府在长崎创办了海军传习所，将"观光丸"作为训练舰，聘请荷兰人佩鲁斯·莱肯担任首席教官，任命军舰奉行永井尚志担任传习所长，胜海舟担任传习教头。传习所学员由幕府和各藩选派，包括事务人员在内，幕府共选派出 55 名学员，各藩共选派出 128 名，其中鹿儿岛（萨摩）藩 16 名，熊本藩 5 名，福冈藩 28 名，萩（长州）藩 15 名，佐贺藩 47 名，津藩 12 名，福山藩 4 名，挂川藩 1 名。③ 长崎海军传习所的创办，意味着日本西式海军教育的开始。

1857 年 3 月，由于幕府计划在江户附近的筑地创办军舰操练所，永井尚志率领一众学员驾驶"观光丸"，历经 23 天顺利驶入神奈川。这是自长崎海军传习所开办以来，第一次完全由日本人完成的长途航海。对于这次航海，幕府赞美有加，并向长崎的荷兰通商事务官发信致谢："借助'观光丸'汽船，永井顺利抵达江户。这是学员已经掌握汽船驾驶技能的表现，也是荷兰教官辛勤努力的结果。为表谢意，特另附赠品，日后送达。"④

其后，幕府从荷兰订购的"日本"号（后改名为"咸临丸"）和"江户"号（后

---

① 水田信利：《幕末时期我国海军与荷兰》，第 93 页。
② 水田信利：《幕末时期我国海军与荷兰》，第 93 页。
③ 胜海舟：《海军历史》，原书房 1967 年版，第 65—67 页。
④ 水田信利：《幕末时期我国海军与荷兰》，第 130 页。

改名为"朝阳丸")汽船分别于1857年9月21日和1858年6月13日抵达长崎。而其中的"咸临丸",由胜海舟做船长,于1860正月载着日本使节团从浦贺起航,前往美国旧金山考察,并于同年5月返回日本,顺利完成了日本历史上第一次横渡太平洋的航海壮举。此次远洋航行,一方面是日本使节团的赴美考察,另一方面也可以说是日本近代远洋航海的一个实践,为此后日本从"内航"走向"外洋",在器物和航海技术方面奠定了基础。

表1 幕府所属的汽船①

军舰								
船名	类型	制造国	归属时间	船名	类型	制造国	归属时间
观光丸	木,外,汽	荷兰	1855年	富士山丸	木,螺,汽	美国	1866年
咸临丸	木,螺,汽	荷兰	1857年	千代田形	木,螺,汽	日本	1866年
朝阳丸	木,螺,汽	荷兰	1858年	回天丸	木,外,汽	德国	1866年
蟠龙丸	木,螺,汽	英国	1858年	东丸	木,螺,汽	法国	1867年
				开阳丸	木,螺,汽	荷兰	1867年
运输船								
船名	类型	制造国	归属时间	船名	类型	制造国	归属时间
顺动丸	铁,外,汽	英国	1862年	神速丸	木,螺,汽	美国	1864年
昌光丸	铁,螺,汽	英国	1862年	大江丸	木,螺,汽	美国	1864年
长崎丸	木,外,汽	英国	1863年	黑龙丸	木,螺,汽	美国	1864年
第一长崎丸	铁,螺,汽	英国	1863年	先登丸	木,内,汽	日本	1865年
第二长崎丸	铁,螺,汽	英国	1863年	行速丸	木,外,汽	美国	1866年
大平丸	铁,外,汽	英国	1863年	奇捷丸	铁,螺,汽	英国	1866年
翔鹤丸	木,螺,汽	美国	1863年	龙翔丸	铁,螺,汽	英国	1866年
协邻丸	木,外,汽	美国	1863年	长鲸丸	铁,螺,汽	英国	1866年
——	铁,螺,汽	英国	1863年	——	木,螺,汽	德国	1866年
				飞龙丸	木,螺,汽	美国	1867年

---

① 造船协会编:《日本近世造船史》,弘道馆1969年版,第79—89页;畝川镇夫:《海运兴国史》,海事汇报社1927年版,第827—828页。根据以上史料,笔者按归属幕府时间排序,绘制成表。表中略语为,外(外轮船),内(内轮船),螺(螺旋桨),汽(蒸汽),——(不详)。

幕府的"购船热潮"兴起之后,西方各国为了抢占市场,纷纷向幕府伸出援助之手。例如1858年8月,英国王室也效仿荷兰,将刚入水一年的"帝王"号汽船赠送给幕府,后改名为"蟠龙丸"编入幕府海军。除此之外,如表1所示,这个时期幕府也向英、美、法等国订购了大量的汽船。其中,从荷兰订购的开阳丸战斗力最强,之后成为幕府海军的旗舰。由表中数据可以看出,佩里"黑船"来航之后到明治维新前夕,以购买、赠与或转让方式在幕府登记造册的汽船总数已达28艘,其中军舰类9艘,商船类19艘。按国别分类则是,英国制造11艘,美国制造8艘,荷兰制造4艘,德国制造2艘,日本制造2艘,法国制造1艘。

从表1数据可以看出,在幕府登记造册的汽船里,外国制造占了绝对数量,共计26艘,这充分说明幕末时期日本是以"购船"为主。而其中的"千代田形"和"先登丸"两艘汽船是日本制造,虽然数量很少,但至少可以说明汽船的制造在幕末时期已经起步。不仅如此,从表1制造国一栏也可窥见世界造船大国排位的微妙变化。英国制造占了绝大多数,这与其"海上帝国"的称谓是不可分的,美国制造位居第二,标志着其作为后进工业国家开始抬头,而荷兰作为早期的海洋强国,则逐渐呈现劣势。

幕府的"购船热潮",一方面加强了日本与西方列强之间的关系,另一方面也开启了日本船舶的近代工业化道路。正如三和良一指出的,日本船舶的近代化"从幕末时期开始迈出第一步,在经历了大和式帆船时代和西洋式帆船时代之后,进入了汽船时代,船舶动力也实现了从风力向蒸汽力的转变,进入汽船时代可以说是我国海上船舶运输实现近代化的标志"[①]。

三、从"大和式帆船"到"西洋式汽船"的转变

在世界船舶发展史上,1807年美国人罗伯特·富尔顿设计的"克莱蒙特"号汽船在哈德逊河试航成功[②]具有里程碑的意义,船舶动力开始进入从

[①] 松好贞夫·安藤良雄编著:《日本输送史》,日本评论社1971年版,第397页。
[②] 杉浦昭典:《蒸汽船的世纪》,NTT出版株式会社1999年版,第67页。

风力向蒸汽力转变的时代。以 1821 年"亚伦·曼比（AaronMamby）"号铁制汽船的出现为契机，到 1862 年又出现了"班西（banshee）"号钢铁轮船①，船体材料开始进入从木制向铁制转变的时代。由此，世界船舶从 18 世纪以前的"木和帆"时代，进入了 19 世纪"铁和蒸汽"的时代，海上交通运输业的近代化也随着以上两种转变的完成而得以实现。那么，在这样一个背景下，日本的船舶受到了什么影响，又发生了怎样的变化呢？

江户时期的日本，由于幕府在 1635 年颁布的"大船建造禁止令"，只允许建造单桅平底的大和式帆船，导致"双桅以上、龙骨结构的帆船建造被禁止，由此造成我船之船体脆弱、易摇晃，难以适应远洋航海矣"②。大和式帆船，由于单桅平底的结构和木制船体的脆弱性，相比西洋式帆船而言，在航海性能和速度方面都很差，而且出海航行要依赖观潮听风，一旦在海上遭遇暴风雨等恶劣天气，极易失事遇难。例如在"1842（天保十三）年的短短 9 个月时间里，就曾有 500 余艘船只相继失事的记录"③。窥一斑而知全豹，如此数量的船只失事，一方面说明了江户时期船员出海航行的危险性，另一方面也暴露出大和式帆船在航海性能方面的低劣性。幕府锁国政策的推行，使大和式帆船成为江户时期日本沿岸航运的主力，"单桅平底"的大和式帆船的广泛使用，也阻碍了日本海上交通运输业向近代化的迈进。最终，在西方"黑船"的冲击之下，大和式帆船开始走向衰落。

如前文所述，"黑船来航"之后，幕府和诸藩大名开始积极引进西洋式船舶。幕府从荷兰购船的同时，也在尝试建造西洋式帆船和汽船。1853 年 9 月，幕府命令浦贺奉行在相州浦贺建造西式帆船"凤凰丸"，次年 5 月完工。1853 年 11 月，幕府又委托水户藩在石川岛建造"旭日丸"，1856 年完工。1861 年 1 月，幕府开始建造"千代田形"蒸汽军舰，1866 年 5 月建造完成。

在诸藩中，萨摩藩远离江户，地处日本列岛最南端，经常受到英法舰船的侵扰，因此早早就在幕府的默许之下，开始翻译荷兰书籍，尝试建造西洋

---

① 松好贞夫·安藤良雄编著：《日本输送史》，第 393 页。
② 畝川镇夫：《海运兴国史》，第 182 页。
③ 横仓辰次：《江户时代舟与航路的历史》，雄山阁 1941 年版，第 29 页。

舰船。1851年,萨摩藩委任中浜万次郎①做指导,传授航海、测量、造船等技术,并于1854年3月成功建造了"伊吕波丸",这是日本制造的第一艘西洋式帆船。1854年12月"升平丸"又建造完成,次年8月萨摩藩将其献给了幕府,改名为"昌平丸"。再者,1854年萨摩藩主岛津齐彬就命令肥后七左卫门和梅田市藏尝试制作蒸汽机的雏形,蒸汽机雏形最终于1855年完成并被安装在"云行丸"上,由此"云行丸"成为日本第一艘西洋式汽船。此外,佐贺藩在1854年也制造出了蒸汽机的雏形,并建造了小型轮船"皋月丸"。1859年,宇和岛藩委任前原巧山建造了"国制汽船"。

值得注意的是,这一时期虽然幕府和诸藩尝试建造了为数不少的西洋式帆船和汽船,但真正有实用价值的并不多。在自主制造的所谓西洋式舰船中,很多只是在原来大和式帆船的基础上,加固了甲板、安装上火炮而已。1926年出版的《海事大辞书》中,对"凤凰丸"就做过如下评论:"凤凰丸的外表虽然仿照了西洋帆船,但船体等关键部位的构造与大和式帆船并无区别。"②胜海舟在《海军历史》一书中,对"昌平丸"等西洋式舰船也如下做过评论:"最近建造的船只,虽然外表模仿了西洋造船法,但船体脆弱速度迟缓,实用性不强,尤其是难以确定船体的吃水深度和重心位置。这些船,若逢顺风还能勉强快速航行,一旦遭遇逆风或恶劣天气就会颠簸不停,像那高高浮在水面上的球体一般,整个船体上身重下身轻,每遇风浪都有倾覆的危险。"③另外,水户藩建造的"旭日丸",也因船体脆弱速度迟缓而被老百姓笑称为"厄介丸"④。

在幕末建造的众多西式舰船中,虽然实用性差而且不尽人意,但其中也不乏少数成功的典型,幕府建造的"千代田形"蒸汽军舰就是其中之一。"千代田形"是一种船体不大、60马力、可搭载大口径长炮的军舰,船体部分的制造是在石川岛造船所,蒸汽机部分的制造是在长崎制铁所。船体部分的

---

① 中浜万次郎(1827—1898年):又称约翰万次郎,土佐藩渔民,1841年出海遭遇风浪漂流,幸得美国捕鲸船约翰·霍伊特菲尔德号搭救并随船赴美国。在美研修了英语、数学、测绘、航海术、造船术等,1851年返回日本。
② 住田正一:《海事大辞书》中卷,海文堂书店1926年版,第1540页。
③ 胜海舟:《海军历史》,第15页。
④ 厄介:在日语里,意为麻烦、棘手。

制造进展很顺利,相比之下,蒸汽机部分的制造由于部件的欠缺和技术的落后而耗时弥久,最终于 1866 年才建造完成。之后一直用作炮舰,最后作为榎本舰队的军舰,在箱馆海战中被明治政府军缴获,于 1888 年废弃。"千代田形"可以说是幕末时期建造的唯一一艘获得实际应用的蒸汽军舰。另外,前原巧山建造的"国制汽船",在日本造船史上也有着非常重要的意义,因为它从船体到机关,乃至一钉一铆都实现了国产化,而且之后经过不断改良,该汽船被应用于四国与大阪的运输航线上。

由上可见,在西洋式船舶的建造方面,幕末时期的日本已经做过不少的尝试。虽然新造舰船的实用性比较差,但对于之后日本船舶的近代化发展,在技术层面上起到了很重要的积累铺垫作用。那么,进入明治时期之后,西洋式船舶的发展是怎样的状况呢?下文从政府的鼓励政策、船舶数量和船体材料的变化这三个方面阐释这个问题。

首先是政策方面,在西方资本主义工业文明的冲击之下,明治新政府为加快步入近代化国家的行列,由上而下推行了一系列改革。例如,在政治方面,废除幕藩体制,建立君主立宪政体,以加强中央集权;在经济方面,则推行殖产兴业,积极学习欧美技术,以推动近代工业化的发展。其中在推动船舶发展方面,新政府发布了多项奖励政策。

1869 年,在太政官布告中发布了西洋式船舶奖励的公告,允许并鼓励民间购买、建造西洋式帆船和汽船。1870 年,政府颁布商船规则,开始强调西洋式帆船航行的安全性。1885 年在 16 号布告中,政府规定自 1887 年 1 月开始,禁止建造 500 石以上的日本式帆船。

1896 年 3 月 23 日,在第 3817 号《官报》中,通信省又接连发布第 15 号法律《航海奖励法》和第 16 号法律《造船奖励法》。[①] 这两个奖励政策对奖励的对象都如下做了明确规定。

《航海奖励法》规定的是吨位在 1000 吨以上,航行时速在 10 海里以上的钢质或铁质轮船。而且,对轮船航线也做了明确规定,要求是日本与他国之间或他国港口之间的远洋航线。奖励额度为,按航行里程每 1000 海里每

[①]《官报》第 3817 号,1896 年 3 月 24 日,第 346—348 页。

吨位奖励 25 钱,吨位每增加 500 吨,奖励额度增加 10%,航行时速每提高 1 海里,奖励额度增加 20%。

《造船奖励法》规定的是日本制造的铁质或钢质轮船,吨位在 700 至 1000 之间的按每吨位 12 日元给予奖励,1000 吨以上(含 1000 吨)的按每吨位 20 日元给予奖励,若能够一并制造蒸汽机关,则蒸汽机关按每马力 5 日元另行追加奖励。

表 2　明治初期西洋式船舶数量及吨位变迁(1870—1895 年)[①]

年度	汽船 艘数	汽船 吨数	帆船 艘数	帆船 吨数	合计 艘数	合计 吨数
1870	35	15 498	11	2 454	46	17 953
1871	71	20 934	31	7 909	102	28 843
1872	96	23 364	35	8 320	131	31 684
1873	110	26 088	36	8 483	146	34 571
1874	118	26 120	41	9 655	159	35 775
1875	149	42 304	44	8 834	193	51 138
1876	159	40 248	51	8 790	210	49 038
1877	183	49 105	75	13 648	258	62 753
1878	195	43 899	123	19 624	318	63 523
1879	199	42 763	174	27 551	373	70 314
1880	210	41 215	329	48 094	539	89 309
1881	189	39 305	360	43 354	549	82 595
1882	199	39 874	389	48 583	597	88 459
1883	218	42 250	378	45 611	594	87 861
1884	226	46 448	357	43 689	583	90 137
1885	228	88 765	358	50 772	586	139 537
1886	227	92 415	349	46 592	576	139 007

① 数据源于《大日本帝国统计年鉴》和《递信省年报》;运输日报社编:《明治运输史》下卷,株式会社 kress1991 年版,第 69 页。

续表

年度	汽船 艘数	汽船 吨数	帆船 艘数	帆船 吨数	合计 艘数	合计 吨数
1887	252	107 808	342	46 220	594	154 128
1888	281	121 627	338	45 277	619	166 904
1889	311	134 548	329	44 253	639	177 774
1890	335	142 997	304	40 267	638	182 237
1891	353	147 574	278	38 539	630	185 282
1892	375	157 147	229	34 163	614	191 310
1893	400	167 490	218	33 666	618	201 156
1894	461	263 629	196	32 103	657	295 732
1895	528	331 374	173	29 322	701	350 696

明治政府一系列的鼓励政策，对日本的船舶发展起到了怎样的推动作用呢？如表2所示，明治前期西洋式帆船和汽船的数量变化，用艘数、吨/石数的推移来表示的话，从1878年到1894年甲午战争前夕，堪称西洋式帆船的繁盛时期。西洋式帆船从1877年开始急速增加，在1882年数量达到顶峰为389艘，之后逐渐减少。1877年西洋式帆船之所以会急速增加，直接原因就是"西乡之乱"。西南战争之时，持续70余天的南风将大和式帆船吹得动弹不得，从而彻底暴露出大和式帆船与西洋式帆船相比在航海性能和构造上的缺陷。因此可以认为，政府的鼓励政策和实质性的航海性能比较，是推动大和式帆船向西洋式帆船转变的主要原因。

从船舶数量的变化来看，西洋式汽船从1870年的35艘到1895年的528艘，一直处于递增状态，特别是在1875年和1895年出现了两次显著的增长。不言而喻，这与1874年的日本出兵台湾和1894年的中日甲午战争关系密不可分，因为战争产生了大量的海上运输需求。从世界范围来看，汽船在数量上超过帆船，各国虽有细微差别，但大致是在19世纪后半期，例如英国是在19世纪80年代，美国是在19世纪90年代末，日本与英国一样是在19世纪80年代。[①]

[①] 杉浦昭典：《蒸汽船的世纪》，第303页。

在船体材料方面,据《明治运输史》中的记载,截止到甲午战争前夕的1893年,日本的西洋式船舶(包括帆船和汽船)总数为618艘,其中汽船400艘,帆船218艘,按船体材料分类可整理如下:

帆船(218艘):铁制1艘,木制217艘。

汽船(400艘):钢制18艘,铁制91艘,铁骨木制12艘,木制279艘。①

从以上数据不难看出,明治前期,无论是帆船还是汽船,船体材料都是以木制为主,而且占了绝对数量。但是,从钢制船的出现和铁制船的增多这一点可以看出,在船体材料方面已经实现了从木制向钢铁制的转变。

综上所述,明治前期日本的船舶在动力方面已经实现了从风力向蒸汽力的转变,在船体材料方面已经实现了从木制向钢铁制的转变,这两个转变的发生,意味着近代日本船舶走上了从"大和式帆船"向"西洋式汽船"的发展之路,海上交通运输业的近代化自此开始萌芽。再者,从最初向荷兰等西方国家买船,到后来尝试自主造船,幕末日本从"买船"到"造船"的转变,也意味着近代日本开始引进西方技术并进入近代工业化发展的阶段。

小结

蒸汽机的发明是近代工业革命开始的标志,汽船的出现则带来了海上交通运输业的革命,同时也在器物层面上为欧美列强在世界范围内掠夺资源、抢占市场,对外实施侵略扩张创造了条件。而汽船在日本的出现,无疑令地处太平洋边缘的岛国日本从"内航"走向"外洋"成为可能。从1854年日美签订《神奈川条约》到1874年日本出兵台湾,短短20年间,日本完成了从"锁国"到"开国",再到对外侵略扩张的转型。出兵台湾"这件事,是近代史上日本侵略中国的开端,具有特殊的意义"②,而日本在出兵台湾时所使用的"日进""孟春""龙骧""东""筑波"号③蒸汽军舰,也充分说明汽船已经成为日本对外侵略扩张不可或缺的器物工具。

---

① 运输日报社编:《明治运输史》下卷,第70页。
② 王芸生编著:《六十年来中国与日本》第一卷,生活·读书·新知三联书店1979年版,第62页。
③ 东亚同文会:《对支回顾录》,原书房1968年版,第102页。

科学技术是社会发展的动力,近代日本从"帆船"到"汽船"的转变过程,既是引进西方技术步入近代工业化的过程,也是海权意识萌芽、从封闭型岛国转变为开放型海洋国家的过程。在这个过程中,虽然离不开诸如富国、强兵、民主化等因素的推动,但船舶却无疑是日本跨越海洋、走向海外在器物层面上的必要条件,因而其转变所带来的影响和作用也是不容忽视。简言之,近代日本始于美国佩里"黑船"的冲击,此后"汽船"进入日本并备受关注;开港之后日本转型为门户开放的岛国,进入"帆船"和"汽船"并存的阶段;中日甲午战争之后转型为对外侵略扩张的海上帝国,"木制"汽船逐渐被"钢铁制"汽船取代。

(作者姜春洁,中国海洋大学外国语学院,原文刊于《世界历史》2017年第3期)

日本江户时代的农民境况

孙义学

日本江户时代和中国清朝的历史状况有许多相似之处：这两个王朝同是日本和中国封建社会发展的最高和最后阶段，它们都是在前代封建秩序业已动摇的基础上，重建封建专制统治长达 260 年之久；它们对内实行强化小农经济政策，竭力巩固封建制度的自然经济基础；对外实行闭关锁国政策，把国家搞得贫穷落后，软弱无力；最后到 19 世纪中叶都不可避免地遭受欧美资本主义国家的侵略。所不同的是，日本在受欧美资本主义国家侵略时，深刻地认识到了当时的历史形势：打倒幕府，积极引进资本主义先进生产方式，从而避免了沦为殖民地或半殖民地的厄运。而中国则与之相反，陷入了半殖民地半封建社会的苦难深渊。究其原因，固然十分复杂；但是，从历史唯物主义的基本观点来看，人民群众是历史的主人，劳动群众的生产斗争和阶级斗争是历史发展的原动力，"并且最终决定一切政治变革的命运"[1]。因此，探讨江户时代日本劳动人民的生产、生活状况及其物质力量和精神力量的发展条件和特质，即研究这个时代的劳动发展史，借以与同时期中国历史相比较，将使我们找到理解这个历史时期的"锁钥"。[2] 本文限于篇幅，仅就当时农民的生产和生活境况，谈谈粗浅的看法。

---

[1]《列宁全集》第 8 卷，第 176 页。
[2] 参见《马克思恩格斯全集》第 4 卷，第 254 页。

一

　　1603年,关东大封建主德川家康在消灭反对势力以后,以江户(今东京)为根据地建立了江户(德川)幕府。德川氏依靠和各大名之间结成的主从关系,确立了幕藩制的等级权力体系。幕藩制作为基本的社会组织结构,不仅是政治统治体制,还包括了支撑这一体制的社会经济基础,所以幕藩体制亦即意味着幕藩制社会。

　　幕藩体制的江户幕府,不同于以往的镰仓和室町幕府。其突出特点是,在幕藩体制下,将军对各藩大名拥有改封或转封的强大权力,他是高居于封建等级制度顶点的统治者,又作为"公仪"即国家公权的代表者,独揽全国政权。

　　首先,将军是全国人民和土地的最高支配者,他直接占有全国土地的1/4,而将其余土地分封给各藩大名(藩侯),形成将军与大名、大名与家臣(藩士)的幕藩领主的等级权力体系。另一方面,幕府通过兵农分离、石数制和参觐交代等政策,把个别大名的军事力量置于全国的军役体系之中,建立了整个领主阶级的强大的军事力量。这样就克服了从前由于个别领主的分裂和斗争而削弱整个领主阶级统治权力的弊端,确立了把个别分散的领主权力体系化的统一的统治体制,从而构成了对农民阶级超经济强制的核心。① 但是,这种具有集中、统一外观的幕藩体制,并非是集中各大名的土地所有权,而是以单独的、分散的大名的封建土地所有权为前提。因此,它不可能从根本上消除幕府集权和藩国分权的矛盾,即统一和分散的矛盾。其次,幕藩制扬弃了领主直接经营土地的传统原则,强制武士(领主)移住城下町(大名城堡),割断了领主与土地的直接联系,使领主变成单纯的实物地租的拥有者,这不仅可以防止领主扩张,兼并土地,从而破坏封建秩序,而且还人为地在全国范围内推广了实物地租,简化和减轻了领主对农民的种种直接干扰,有利于农民的生产。另一方面,由于年贡米(实物地租)的商品

---

① 中村哲:《日本资本主义形成的历史前提》,《日本史研究》总第83号,第41页。

化,领主实际上是商品(贡米)的握有者,因而掌握了商品流通,商人主要为领主服务,集中在城市里,农民被排斥在商品经济之外,过着自给自足的自然经济生活。但是,既然包括农具生产和商品流通的工商业机能集中在城市,农民的经济生活也就不能不依存于城市,也就是说领主不可能从根本上切断农民和商品经济的联系。结果,商品经济的发展,使农民逐渐卷入商品经济漩涡,并且日益瓦解幕藩制社会赖以存在的自然经济基础。最后,江户幕府实行世袭的武士独占土地政策,这种政策与兵农分离、石数制等政策相结合,从而排除了农民、手工业者和商人等任何依靠实力而成为土地所有者和武士的可能性,亦即排除了存在领主和农民之间的任何中间剥削阶层,确立了幕藩领主阶级对广大农民的直接统治体制。对于武士来说,则杜绝了由于"下克上"而发生的武士分裂和斗争,同时使个别领主失去了作为封建领主独立基础的土地和对农民的直接统治,加强了对主君的隶属性。①

　　制约着幕藩制这些基本特征的集中表现为石数制。"石数"(按土地标准生产量换算成稻米)是将军分封大名、大名分封家臣的计量的基准值,同时也是将军向大名,大名向家臣征调军役和领主向农民征收年贡的基准值。这种以石数来表示封建关系的具体内容,称为"石数制"。因此,石数制既是封建所有制的组成原则,又是国家权力的组成原则。江户幕府通过石数制把植根于乡村的领主从乡村分离出来,编成武士团,集中于城市,凭借其超经济强制——集中的军事力量,造成掠夺农民全部剩余劳动的剥削体制。在这种体制下,体现领主权力的不是领主占有土地的多少,而是稻米(年贡)收入的石数。因此,稻米作为课赋的主体成为主要年贡的代表,领主则一般表现为当作年贡而收缴起来的大量稻米的所有者,实际上经营的是以年贡为基础的米谷经济。所以,对广大农民的年贡剥削,构成了幕藩领主的经济基础。因此,要维持幕藩领主经济,必须保证两个前提:一是维持小农自给自足的自然经济,以保证年贡米的兑现。要做到这一点,就必须把农民牢牢地固定在土地上,禁止土地买卖,防止农民的分化;二是要有一定数量的受幕藩领主控制的商人,以便为领主贩卖年贡米,满足领主的生活需要。因

---

① 高桥幸八郎:《日本近代史要说》第 2 章,第 1 节,东大出版会,1981 年版。

此，就必须维持一定的商品流通。

　　幕藩领主的商品流通，是以幕藩封建土地所有制的统一组成为基础，以年贡米的商品化为中心，以满足领主的生活需要为目的。因此，这种商品流通并不是自然经济的对立物，而是作为领主经济的必要构成部分，对幕藩封建制度的经济基础起着补充、调剂和完善的作用。正因为如此，领主才积极发展商品流通，以致从其伊始就形成全国性的规模。它以幕府直辖三都（江户、大阪、京都）为中心，以各藩的城下町为其中的一环，形成一个连环型的全国市场。但是，这种全国性的商品流通和全国市场的形成，并"不是以个别大名的经济向全国规模的扩大逐渐形成的，而是和幕藩土地所有制的统一组成不可分割地结合起来，在全国规模被人为地创造出来的"[①]。换句话说，它不是在生产力发展的基础上自然地形成，而是幕藩领主以超经济强制手段创造出来的。它首先是由于石数制和兵农分离政策而得到发展的条件，又由于参觐交代政策而更加受到刺激。

　　尽管领主的商品流通是封建经济的必要构成部分，但它的进一步发展不可避免地产生对封建制度来说是某些消极的因素。例如：第一，商品经济必然受一定的价值观律所制约，活动性较大，而年贡米的征收量却是一个常量。因此，领主投放到市场的贡米的比重逐渐下降，价格贬值。18 世纪，集中到大阪的商品总额中，贡米占 35.8％，到 19 世纪初，下降到 15％。[②] 第二，年贡米的商品化（货币化）和全国规模的商品流通，不能不刺激农民的商品生产（首先是米以外的土特产品的商品生产）。17 世纪后期，全国各地农村都出现了农民小商品生产者，如 1686 年，河内国富田林村就有从事制油、酿酒、纺织、洗染、制糖、造酱以及医药、理发等行业的商人和手工业者 76 家。[③] 这样就打破了领主对商品流通的独占权。第三，农民卷入商品经济的漩涡，必然引起农民的分化。幕末时，只保有 5 反（每反约为 1/10 公顷）土地的半自耕农占全国农民的一半左右，无地或少地的农民只好向新兴的地主租佃土地，于是就在领主和农民之间出现了中间剥削阶层。新兴地主

[①] 中村哲：《日本资本主义形成的历史前提》，第 41 页。
[②] 中村哲：《日本资本主义形成的历史前提》，第 43 页。
[③] 胁田修：《近世封建社会的经济构造》，第 304 页。

与领主争夺农民的劳动果实,①不仅削弱了领主的经济收益,并且破坏了领主阶级独占农民全部剩余劳动的剥削制度。

二

以上扼要地阐述了幕藩体制的基本结构和特点,即我们所要考察的江户时代日本农民所处的历史条件。下边进一步考察,处在幕藩制统治下的日本农民的生产和生活状况。

如前所述,自给自足的自然经济,是幕藩封建领主的经济基础。因此,幕藩领主为了确保年贡的收入,千方百计竭力维持小农经济。首先,他们通过实行全国规模的检地和兵农分离政策,把广大农民直接置于自己的统治之下,并按石数制剥削农民的剩余劳动。幕府规定的年贡比例是四公六民,实际上领主往往以高达五五甚至七三的比例进行征收。除年贡米以外,领主还向农民征课名目繁多的捐税和徭役。从下边的一份幕府官员的报告中,可以了解农民的种种负担。

"至今有五公五民,六公四民,七公三民之税。至贡赋之类,则不胜枚举,场圃有赋,家屋有赋,户及牖亦有赋,女子则年龄计赋,又榷布、椎酒、举凡柞榛荻麻之类,莫不有赋……以至欲增建屋宇,亦往往因畏赋重而作罢……常贡,米一石、帛一缣,而苞苴贿赂之需,殆三倍于此。收割时,有官吏数十百人巡行阡陌,路远之处,辄宿于民家,供应稍有不周,则需索立至,增赋征役,恣意而为。……民患虽多,实以预征租税为最烈,……有一、二年预征税至五、六年者……聚敛之苛,罄竹难书。"②

徭役,一如赋税,也是五花八门,其中最为苛重的莫过于助乡制度,即为驿递或邮务而征发人马的一种徭役制度,凡不能提供人马的村庄,即责以高额的代役金。例如,江户附近定助乡各村的助乡代役金高达百石,每年耗金20—30两;下野国间间田驿助乡某村的助乡代役金为1160石,而全村户数

---

① 据平野义太郎研究,幕末在全国农业总收入中,幕府只占37%,地主占28%,其余35%为农民所得。见《日本资本主义社会的机构》第28页。
②《日本经济大典》第13卷,第336—339页,幕府老中松平定信的《国本论》摘要。

只有 30 家。由于助乡徭役苛重,影响农业生产,农村土地逐渐荒芜,人烟稀少。过了一个世纪,这个村的土地仅剩二十余町步,户数减半。① 其他各地的助乡负担,也大体相似。

沉重的赋役负担,迫使农民只能维持最低生活水平的生存条件,处境十分艰难。当时一个标准小农,一般持有 1 町步土地,石数 10 石左右。1 町步土地包括水田和旱田,大体上是水田 6 段,收获量 7.1 石,旱田 4 段,收获量为 2.9 石。以稻米的支出计算,扣除种子和各项租税之外,尚余 2 石 3 斗 8 升 4 合。一家以 5 口计算,1 人 1 日的食粮仅有 1 合 3 勺,显然不够食用。农民只有依靠剩余的大量稻米和旱田生产的杂谷、野菜以及在水田里间种的少量谷物,熬成粥饭,来维持艰辛的生活。② 标准的小农生活尚且如此,那些被称为水吞百姓的贫苦农民的生活就更不堪设想了。

幕藩领主为了剥削农民,把他们牢牢地束缚在土地上,剥夺了农民迁徙、变更职业、买卖土地等一切自由;还在农村实行五家联保制度,对农民的生产和生活加以严格监视和限制。总之,农民生活的基本状况是,丰年苦不堪言,凶岁更是牛马不如。

尽管江户幕府对农民的统治和剥削十分严酷,但是由于长期和平环境以及幕府实行某些有利于生产的政策,江户前期社会生产力仍然取得明显的进步。实行兵农分离和石数制虽然加强了领主阶级的统治力量,但是,另一方面又意味着领主对农民生产和生活进行直接干预的松弛,意味着小农经营独立性的加强。江户前期,农业生产的基本动向就是小农经营的成长和加强。检地和石数制使许多负担实物年贡的小农获得了本百姓的地位。所谓本百姓,是指有一定土地,负担年贡,并有资格参与村社用水和林野等管理权利的自耕农。一般以单婚制的小家族为生产单位,经营 1 町步左右的土地,是小农经营的典型形态。本百姓是村社的基本成员,也是幕藩领主剥削的基本对象。幕府为了确保对本百姓的统治,建立新的村社制度,村社设庄屋,组头和百姓代(合称村方三役)等村吏,管理村民并为领主征收年

---

① 玉川治三:《日本农民史》,第 450—451 页。
② 玉川治三:《日本农民史》,第 461—463 页。

贡。本百姓以外,还有许多被称为"水吞百姓"、被官、下人等的下层农民,他们的独立性较弱,多数人不得不依附于本百姓。随着商品经济的发展,这些下层农民逐渐分化,有的成为本百姓,多数变成贫苦佃农。

适应小农生产的需要,17世纪后期出现了一种能深翻、耕作、碎土和锄草等多种用途的新式农具——备中锹。① 这种锹比起用牛马牵引的长犁更适合小农经营的需要。与此同时,脱谷、选粒以及灌田水车等新式农具也日益普及起来。以备中锹为主的新式农具的普及和应用,是小农独立生产的重要条件。在小农独立生产的基础上,农业生产力显著提高,耕地面积成倍地增加。17世纪初,全国耕地面积大约150万町步,到18世纪初,增加到300万町步,产量由1850万石增加到2609万石,即土地增一倍,产量增加四成。② 全国人口也由17世纪初的1800万人,增加到18世纪初的2600万人。③

在农产品中,稻米以外的旱田作物的增产最引人注目。由于农民生产的稻米绝大部分被领主当作年贡征收,而且法律限制农民食用大米,所以农民设法增产杂谷,以保证自己的食粮。他们在稻田里间种麦子,在旱田种植稗、粟、豆等作物。由于开发水田受地域等条件限制,且投工较多,一般小农无力开发。因此开发的新田以旱田居多。同时由于这些新耕地可以作为隐田而避开领主的年贡赋课,所以随着新田的开发,小农独立经营的势头日益加强。稻米以外的谷物生产的增加,不仅保证了农民的口粮需要,剩余谷物还可以转化为商品。因为,一方面谷物生产具有地方特点,各地和个人之间需要一定的交换,另一方面,随着商品经济的发展,领主对货币的需求日益强烈。为了增加货币年贡,领主自17世纪中叶开始准许农民买卖谷物以交纳货币年贡,这样,农民就逐渐地卷入商品经济的漩涡。④ 旱田作物中,最重要的是以桑、茶、楮、漆和红花、蓝、麻(棉)等所谓"四木三草"为代表的商品作物的生产,由此促进了农村加工业的发展。这时,养蚕业已在丹后、丹

---

① 一种带有三—四个铁齿,与木柄成60—70度角的农具。
② 原田伴彦:《日本封建制下的城市和社会》,第150页。
③ 永原庆二:《日本经济史》,岩波书店1980年版,第210页。
④ 古岛敏雄:《近世经济史的基础教程》,第273—275页。

波、美浓、信浓或关东西北部等地区普遍发展起来。茶的生产以山城、近江、伊势、伊祝、骏河为中心。楮为越前、长门、土佐等地的特产物,它们的种植促进了农村造纸业的发展。蓝以阿波,红花以出羽为中心。麻是武士礼服的原料,需要量很大。北陆、出羽生产的麻,以大和为中心制成麻织品。17世纪末,奈良有织机7600余台。棉花的种植在畿内的河内、摄津、和泉等地特别发达。在摄津国平野乡近1万人口的乡村,棉花的种植地占耕地的6—7成之多。许多农家从事棉织品的加工业。棉的增产还促进棉籽油制造业的发展。"四木三草"以外,菜种、生蜡、烟草的生产也在许多地区发展起来。菜种的栽培以九州中心,普及整个西日本。生蜡以筑前、筑后为主要产地,每年集中在大阪的生蜡80%来自筑前。据18世纪初幕府对全国的烟草生产额和耕地面积的调查,常陆国种植烟草的土地多达115余町步,产额173万斤。①

　　社会生产力的提高和全国交通的发达②,活跃了商品流通,促进了市场和都市的发展。作为西回航路起点的酒田港,在航路开发前住户1277家,开航后27年发展到2215户,增加76%。1683年,从春到秋入港船数达3000艘之多。越后新潟港,1679年入港船数3500艘,货物除稻米以外,还有大豆、小麦、粟、稗、木棉、绢绸布类以及红花、纸、蜡、漆、盐、铜铁类、烟草、酒、油、木材、鱼哲等等。③ 随着农产品的商品化,农村加工业日益发展。据幕府对全国110个村的调查,到19世纪初,有20%—25%的农户兼营工商业。④ 先进地区农村加工业的发展,吸引着周围农村的劳动者,遂使人口增加,村镇繁荣。另一方面,投放到领主城下町乃至幕府三大都的农民商品也日益增多。18世纪初,仅在大阪的各国专门商店就达一千八百余家,18世纪后半期达到居于压倒的优势。

　　农民商品经济力量的发展,日益危及领主经济。农民的商品增加,排挤

---

① 原田伴彦:《日本封建制下的城市和社会》,第154页。
② 江户幕府整备全国水陆交通,陆路以江户为中心,修筑通向全国的五条翰道:即东海道、中山道、日光道、甲州道、奥州道。海路也以江户为中心,分为东回航路与西回航路。
③ 原田伴彦:《日本封建制下的城市和社会》,第153—156页。
④ 山口和雄:《日本经济史讲义》,第51页。

领主的商品米的经营,致使领主的收入日减。如前所述,幕末时期领主收入只占全国总收入的 37%,而农民(含地主在内)却占 63%。另一方面,由于商品发达,领主的支出增加,货币流通量日益不足,因而造成领主的财政危机。领主为增加年贡收入,早自 17 世纪中叶就不得不准许农民买卖除米以外的杂谷和土特产物,以货币形式交纳年贡。到 17 世纪末,甚至不得不以抵押或有期出卖等形式变相地承认土地买卖。于是,幕府关于土地买卖的禁令等于有名无实。土地买卖必然引起农民的分化。一些农民通过土地买卖或开发新地而变成新地主,多数农民则变成无地或少地的穷苦佃农。与此同时,城市大商人乘机插手农村,兼并土地,经营农业商品,控制农村手工业,成为新兴的商人地主。这样,就在领主和农民之间出现了一个中间剥削阶层——新兴地主,这个阶层与领主争夺农民的劳动果实,致使领主的权益日益受到削弱。自 17 世纪末叶起,封建幕藩制度走上了瓦解的道路。

我们知道,幕藩制领主经济的特点是,(1) 幕藩制的土地所有制体系,(2) 封建的小农经营——本百姓体制,(3) 以领主商品经济为中心的幕藩制市场结构。农民商品生产的发展,农民的独立的经济地位日益加强,从根本上动摇了幕藩体制的经济基础。这是因为,第一,农业商业化和农民的小商品生产者化,在一定意义上改变了小农经营的特点。从事商品生产,必然接受市场规律的支配,而这种市场规律是和自给自足的自然经济规律相矛盾的。所以,农民一旦卷入商品经济的漩涡,就必然对幕藩制经济基础起着瓦解的作用。第二,农民商品经济的发展,逐渐使幕藩体制下的全国商品流通变质。甚至幕藩领主的商品流通中心大阪、江户、京都也在它的影响下,开始从幕藩领主的中心市场向国民性的国内市场转换。[①] 这样,就打破了领主对商品流通和国内市场的独占,由领主经济逐渐转变为国民经济。农民商品经济发展,引起农民的分化,一部分上升为地主的有力农民与领主争夺权益,而多数下降为无地或少地的贫苦农民,无力完纳年贡。另一方面,大商人也深入农村,兼并土地,成为商人地主。这就从根本上破坏了幕藩制封建土地所有制体系。最后,城市和农村商人,向贫困农民或农村手工业者提

[①] 中村哲:《日本资本主义形成的历史前提》,第 43 页。

供生产资料,让他们在自己家内从事生产,然后包收全部产品,支付给他们部分工资。这种经营形式称为"问屋制家内工业"。问屋制家内工业,显然已不再是封建的手工业作坊,而是具有资本主义因素的分散的手工工场了。这样,就在封建社会内部萌发了资本主义生产关系。它的进一步发展,就为封建社会向资本主义社会过渡奠定了基础。

三

以上我们看到,江户时代幕藩领主对农民的统治是严酷的,农民的处境是十分艰难的。但是后来由于农村商品经济发展,农民改善和提高了自己的经济力量。到了 19 世纪中叶,农民的商品生产已经普及到日本广大农村,农村加工业有了相当程度的发展,并且出现了带有资本主义因素的问屋制家内工业和手工工场。这时农村已不再是单纯的自给自足的自然经济的基地,而变为小商品经济日益活跃的广泛场所,变为瓦解封建制度的阵地。由于"在幕藩制封建社会,城市(三大都、城下町等)是幕藩体制的一个支柱,因此导致幕藩体制崩溃的新的社会分工的形成,不是在城市而是在农村进行的。它的原动力是农村工业"[①]。

广大农民从事小商品经济活动,汇成一股强大的小商品经济洪流,冲击着以个体小农经济为基础的封建经济长堤。发展商品经济,已是不可阻挡的历史潮流。正在这时,日本受到西方资本主义的侵略。西方列强的侵略,固然给日本人民造成灾难。但日本人民却利用侵略者输入的资本主义先进因素,适时地完成了由封建社会向资本主义社会的转变。

综上所述,我们看出,19 世纪中叶以前的日本农民与同时期的中国农民相比,有两个重要特点:第一,日本农民基本上完成了由自给自足的自然经济到小商品经济的转化;第二,由此产生了新的思想和新的价值观念。当时中国农民大多还没有完成这种转化,他们依然束缚在孤陋贫乏的自然经济之中,思想观念陈旧,对新生产方式还没有积极要求。正是这些特点,决

[①] 中村哲:《日本资本主义形成的历史前提》,第 42 页。

定了后来中日两国农民的不同命运。

广大直接生产者的自然经济转化为小商品经济，是封建社会向资本主义社会过渡的必要条件。列宁指出："在资本主义的历史发展中有两个关键：(1)直接生产者的自然经济转化为小商品经济，(2)小商品经济转化为资本主义经济。"①这就是说，资本主义不是在自然经济基础上直接产生的。从自然经济到资本主义经济，中间存在着一种小商品经济。小商品经济一方面瓦解封建经济基础，一方面为资本主义经济的产生创造必要条件。农民从自然经济的小生产者转化为小商品生产者，其生产必然以市场为前提，受商品经济规律所制约。这就意味着原来自给自足的自然经济的"生产方式失去了它独立性，失去了超然于社会联系之外的性质"②。同时，这种小商品生产又是发展社会生产和劳动者本人的自由个性的必要条件。其基本趋势"是越来越多地使用雇佣劳动，建立资本主义作坊"③。

有一种意见认为，封建社会农民究竟能够提供多少商品，取决于农民的富裕程度。这是值得商榷的。为了说明问题，首先，我们有必要区分一下封建社会内部两种不同性质的商品生产和商品流通。我们知道，为直接生活资料生产的剩余产品的商品化和为交换而生产的商品，其性质是不同的。由剩余产品转化的商品是在自给自足的自然经济基础上产生的，主要目的是满足生产者自身和封建主的直接需要，而不是当作商品来生产的。因此，其"生产本身与整个……社会经营以商品交换为媒介的分工毫无关系"④。变成商品的只是剩余产品，而且绝大部分是到了国家或封建主手中才变成商品。这种商品，其生产、交换和流通过程都丝毫不改变现存生产方式，农民依然固我地循着传统的自给自足的自然经济模式进行生产，而把绝大部分剩余产品当租税缴给国家或封建主，国家和封建主为满足需要，则把收来的剩余产品与商人进行交换。在这种情况下，资本"表示着流通过程和它的诸极——即进行交换的生产者自己——的独立分离。这诸极仍然不以流通

---

① 《列宁全集》第 1 卷，第 77 页。
② 《马克思恩格斯全集》第 25 卷，第 897—898 页。
③ 《列宁全集》第 3 卷，第 310 页。
④ 《马克思恩格斯全集》第 23 卷，第 395 页。

为转移,像流通不以它的诸极为转移一样。产品在这里是由商业而变成商品的。商业在这里发展了产品到商品的转化,而不是所产商品的运动形成商业"①。因此,这种商品经济并不是封建经济的对立物,而是封建经济的必要补充。斯大林在《社会主义经济问题》一书中指出,"决不能把商品经济看作是某种不依赖周围经济条件而独立存在的东西,商品生产比资本主义生产更老些……它在封建制度下就存在过,且替封建制度服务过"。

由此可见,农民经济由自然经济转化为小商品经济,与其说是取决于农民的富裕程度,莫如说是取决于农民商品生产的性质。固然,农民一定程度的富裕是商品经济发展的基础,因为只有这样农民才可能提供更多的商品并扩大商品消费市场。但是,这种商品如果是以剩余产品转化成的商品,如前所述,它并不改变自然经济的性质。这种商品再多,也只能为商业资本提供发展条件,而商业资本的任何发展,"不能促成,也不能说明一个生产方式到另一个生产方式的过渡"。相反,"在商人资本仍然占着统治地位的地方,古旧的状态也就占着统治地位"②。江户前期,领主的商品流通相当繁荣,而这正是幕藩封建制度十分稳固和昌盛时期,封建生产方式没有发生任何质的变化。其原因在于这时期的商品主要是由农民的剩余产品构成的,而不是商品生产。但是,随着农业生产力的提高,自17世纪末叶起,日本农民从事小商品生产者日益增多,逐渐由自然经济转化为小商品经济,于是封建制度开始瓦解,并且为资本主义生产关系在封建社会内部萌发创造必要条件,从而为封建社会向资本主义社会过渡奠定了基础。

清朝农民和江户时代农民处境主要不同之点,就在于中国多数农民没有像日本农民那样完成由自然经济到小商品经济的转化。清代,自耕农的人数很少,"约计州县田亩,百姓所有者,不过十二三"③。而广大佃农"终岁勤劬,所得粮食除完交田主租息外,余存无几,仅堪糊口,最为贫苦"④。独立经营的自耕农很少,广大佃农极为贫苦,自然无力提供较多商品和扩大商

---

① 马克思:《资本论》第3卷,1966年版,第367页。
② 马克思:《资本论》第3卷,1966年版,第366页。
③ 方苞:《请定经制劄子》,《方望溪先生全集》下,集外文卷一。
④ 《心政录》卷二。

品消费市场。由剩余产品转化的商品则完全操在国家和商人手中，造成商业资本的恶性发展，农民非但不受其益，反而深受其害.在个别先进地区，虽然出现了一些自由的小商品生产者，甚至出现了资本主义萌芽，但是由于全国性的国民市场没有形成，还缺乏广泛的社会基础，以致这些新出现的先进经济因素得不到长足的发展，甚至夭折。直到19世纪中叶，中国广大农村还没有形成向资本主义生产过渡的基础。因此，中国农民不可能像日本农民那样，在西方列强入侵时，积极利用先进的资本主义生产方式来改造传统的自然经济生产方式，完成由封建社会向资本主义社会的过渡。

马克思指出：劳动人民在再生产过程中，不但改变着客观条件，"而且生产者也改变着，炼出新的品质，通过生产而发展和改造着自己，造成新的力量和新的观念，造成新的交往方式，新的需要和新的语言"[①]。江户时代的日本农民，正是在改变客观条件的同时，使他们本身逐渐获得了新的物质力量和精神力量，并产生了新的需要。为了实现这种需要，他们通过生产斗争、阶级斗争和其他各种活动去冲击着束缚他们的封建制度，促进其转变。19世纪，日本农民运动"进一步发展为以村中官吏为对象的要求'社会改革'的暴动"[②]。19世纪中叶以后，日本由于受到欧美资本主义国家的侵略，人民群众的反封建运动，奠定了民族独立的方向。日本人民争取民族独立的斗争，虽然也直接反抗外国侵略，但斗争主要矛头是指向腐朽卖国的反动幕府。人民斗争本身虽然没有发展成为革命，但却成为倒幕的原动力，在幕府卖国政策没有实现以前，终于把它打倒。打倒幕府，为发展资本主义生产创造了有利条件。之后，日本人民一面积极吸取资本主义先进生产方式，一面积极争取废除不平等条约，实现国家独立。经过一段斗争，终于如愿以偿。所以，日本人民的斗争具有使日本作为世界资本主义市场而开放的历史意义。

和日本农民相比，中国农民思想则比较守旧，还没摆脱传统的思想束缚。直到西方殖民主义者入侵时，广大中国农民还不具有改革古老落后的

[①]《马克思恩格斯全集》第46卷，第494页。
[②] 信夫清三郎：《日本政治史》第1卷（中译本）第135页。

小农经营方式和接受资本主义生产方式的要求。震撼中外的太平天国运动所要建立的"理想"社会，仍然是小农经济。《天朝田亩制度》规定："有田同耕，有饭同食，有衣同穿，有钱同使"，以及"凡天下树墙下以桑，凡妇蚕绩缝衣裳，凡天下每家五母鸡二母彘，无失其时"。这些都充分反映了小农平均主义的思想特征。反封建反西方列强侵略，争取民族独立，是当时中国人民革命斗争的首要任务。而要完成这个任务，必须首先打倒腐朽反动的清朝政权。但是，义和团运动却提出了"扶清灭洋"的纲领。他们的斗争原则是"毋违朝廷法，灭洋人，杀赃官"。这说明中国农民对腐朽反动的清王朝尚缺乏本质的认识。既没有认识到清廷的反动统治是招致外国侵略的根源，也没有认识清廷所代表的封建小生产方式的落后性。正因为如此，他们一方面表现出对清廷的反动统治存有幻想，另一方面，不能把反对殖民侵略同引进资本主义先进生产方式适当加以区别，把正当贸易看作是侵略，把从事资本主义生产看作是违背祖宗章法，因而把侵略和资本主义混为一谈，加以拒绝和反对。这就使反抗外国侵略的斗争具有盲目排外的倾向。日本人民在反对封建幕府和外国侵略时，清楚地认识到了幕藩制度的反动性和腐朽性，因而把斗争的主要矛头首先指向幕府，在反抗外国侵略的同时，并不反对接受资本主义先进生产方式。而是把"西欧的冲击作为冲击而接受下来"[①]。这样，不仅掌握了斗争的主要方向，也一定程度地争取了外国的中立，孤立了幕府，从而使倒幕运动和摆脱外国侵略较为顺利地获得了成功。而中国人民反封建和反抗外国侵略的斗争，得到的则是相反的结果。

和日本封建城市一样，中国封建城市也是封建专制统治的有力支柱。因而导致封建制度崩溃的新的社会分工的形成，主要不是在城市而是在农村。但直到19世纪中叶，我国农民大多还没有实现由自然经济到小商品经济的转化过程，广大农民仍然生活在孤陋贫乏的自然经济之中，思想观念还没有从旧的传统中解放出来，对先进的资本主义生产方式还没有感到切身的需要。因此，中国农民在反对西方殖民主义侵略的斗争中，虽然表现了可歌可泣的伟大斗争精神，但具有盲目排外思想，拒绝接受资本主义的任何先

---

① 信夫清三郎：《日本政治史》第 1 卷（中译本）第 105 页。

进因素。这就不可能利用资本主义先进生产关系去清除封建关系,又因为没有打倒清朝政权,而让封建制度继续存在下去。因此,中国也就难以逃脱半殖民地半封建社会的历史悲运。

(作者孙义学,东北师范大学历史系,原文刊于《历史研究》1985 年第 5 期)

近世日本"自文化中心主义"的初步形成
以《大学》《中庸》的"日本化"为中心

董灏智

近代以前,以儒学思想为核心的中国文化在东亚范围内的传播与周边国家对中国文化的吸纳,从来不是单纯的文化或学术问题。作为国家意识形态的儒学思想在东亚地区的广泛流布,往往贯穿在以中国为中心的华夷秩序所主导的东亚区域内各种政治、经济、文化活动中。因此,如果从区域秩序的宏观角度来看,周边国家接纳中国文化的行为背后所隐含的政治与经济目的,其内部动因或出发点往往源于这些国家对"华夷秩序"和"华夷思想"(或称华夷观念)的感受及反应。对周边国家吸收、改造儒学思想的活动进行剖析,或可为考察东亚各国历史及东亚区域历史的发展和演变提供新的视角与方法。

从东亚历史特别是近二百年东亚国际关系史来看,对于中国,日本都是一个复杂的存在。作为长期受中华文化熏陶和滋养的近邻,何以会"一朝得势"便拔刀相向、以怨报德,以致成为迄今为止对中国造成最大伤痛的国家?何以其"同文同种""共存共荣"的思想主张与对中国人民大肆屠戮的现实行为之间会呈现如此巨大的价值反差?更让人费解的是,无论文字表述还是直观内涵,前者都显示了其与中国传统思想特别是儒家思想深刻的内在关联。事实上,与汉唐时期相比,明清时期中国对日本的文化影响更为深彻,这一方面因为在这一时期日本进入了和平稳定的"江户时代"(也称近世日本或德川时期),为文化发展提供了良好的社会环境和政治环境;①另一方面,程朱理学对佛教禅宗思想的受容,对于深受佛教影响的日本来说更加容易接受。更重要的是,朱熹建立的以"理"为核心的哲学体系具有解释和囊括一切的理论空间,②因此,对程朱理学(为与史料对应,以下转称"朱子学")的吸收,必然在思想的"深""广"两个维度上产生极大影响。

然而,如果从这一时期东亚区域政治和文化史角度来看,相比较朝鲜、越南等而言,日本都是该区域内一个特殊的存在:在区域秩序和对外观念上,与朝鲜、越南建立在以中国为中心的"大中华"前提之下的"小中华"意识不同,日本始终寻求与中国平等的国际地位,即自认为是与中国具有相同文明程度的"中华",在某些知识人看来,日本甚至在"中华"的各项指标上完全超越中国;从对中国儒学的吸收上来看,朝鲜和越南对儒学(主要是宋明理学)的吸收往往以忠实于程朱原意为荣,特别是当清代"汉学"(即考据学)势头盖过"宋学"之后,朝鲜士人更以"斯文在兹"的儒学正统自居。③ 相反,日本对儒学的接纳却呈现明确的吸收、改造进而排斥,最终形成了在价值取向上与程朱理学完全不同的"日本式儒学"体系,而吊诡之处在于,构成这个体系的核心概念的文字表述虽然毫无变化(如圣人之道、大学之道、中庸之道等),但其中的意涵却发生了质变。这一过程始自江户日本的古学派,山鹿素行、伊藤仁斋和荻生徂徕为古学派的代表人物。虽然三人无直接关系,但他们思想上的承继、学脉上的关联,尤其是"反理学、复古学"的鲜明特征,使古学派被赋予了"最具独创性"的日本思想。更为重要的是,古学派将"日本式儒学"作为与中国争夺"中华"地位的理论武器,形成了"自文化中心主义",以文化上的优越性作为取代中国中华地位的依据;同时在文化内涵上,又与中国文化呈现巨大的价值和性格差异。

不难发现,近代以来日本在中国文化视域下难以理解的诸多行为与思想,似乎与其前近代时期"自文化中心主义"不无关联。换言之,对江户时代日本对中国朱子学"日本化"改造及"自文化中心主义"的成因加以把握,或

---

① 斎藤隆三:《江戸のすがた》,東京:雄山閣,1936 年,第 1—2 頁。
② 参见陈来:《宋明理学》,沈阳:辽宁教育出版社,1995 年,第 162—163 页。
③ 参见夫馬進:《朝鮮燕行使と朝鮮通信使》,名古屋:名古屋大学出版会,2015 年,第 208 頁。

可对了解近代东亚区域史乃至当下动荡的东亚局势有所助益。

一、日本"脱夷入华"的历程与思想文脉

从秦汉到明清,中国中原王朝展现出强大的综合实力。政治上的强弱落差、经济上的贫富落差和文化上的文野落差,是维系以中国为中心的华夷秩序及古代东亚世界稳定的重要基础。① 虽然政治和经济因素是中华文化成为区域内核心文明价值的实力保证,但在长期和平交往过程中,文化却几乎成为周边各国公认的最重要的"中华"标识。对它们来说,与中国政治经济"硬实力"的绝对体量在前近代东亚世界中展现的压倒性优势相比,文化软实力的获得与进步相对更具有可操作性和可能性;而中华文化"天下一家"与"来远人"的包容性和开放性特征,为它们获得"中华"的身份认同提供了文化上的可能性,即所谓"诸夏用夷礼则夷之,夷狄用诸夏礼则诸夏之"。因此,周边国家在构建自身的华夷体系或华夷观念时,往往体现出"文化先行"的特征。从日本历史来看,其"脱夷入华"的历史行程亦鲜明地体现了这一点。

日本自汉代开始出现于中国正史记载以后,便长期被视为"夷狄"。虽然日本与中国王朝确立政治关系(即双方册封关系的形成)不晚于东汉,②但是日本被纳入东亚秩序后,长期与中国王朝保持若即若离的关系,并渐渐发展为谋求与中国王朝的对等地位。7世纪至17世纪初,日本曾经两次在军事上挑战中国的中华地位,试图从根本上扭转双方在政治、军事上的落差。结果,白村江的战败使日本失去了"大化改新"以来的国家自信心;壬辰战争的失败则导致了日本权力中心的更迭,甚至影响了德川幕府的对外政

---

① 韩东育:《东亚世界的"落差"与"权力"——从"华夷秩序"到"条约体系"》,《经济社会史评论》2016年第2期。
② 按照西嶋定生所论,中国王朝与周边诸国册封关系的特征有三:一是中国皇帝与周边诸国的君长间形成君臣关系,但这种君臣关系不同于中国王朝内部的君臣关系,也并不意味着中国王朝对周边诸国的占有,而是将君臣礼仪贯穿其中。二是被册封的君长对中国皇帝负担着岁贡、助兵、救援等义务。三是册封关系不稳定性。随着国力的此消彼长,册封关系也会发生变化。详见西嶋定生:《東アジア世界と册封体制》,《西嶋定生東アジア史論集》第3卷,東京:岩波書店,2002年,第96—97頁。

策。这意味着,两次战争的失败彻底消灭了日本在古代世界扭转中日硬实力绝对差距的可能性,但日本从未放弃这一想法。① 对德川幕府而言,丰臣秀吉的前车之鉴与清朝大一统秩序的迅速建立,堵死了日本在硬实力上挑战中国中华地位的路径,在文化层面扭转"中日落差"似乎成为江户日本的唯一选择。然而,在江户时代之前,日本虽已接受《论语》《孟子》以及"春秋三传"中的"华夷思想",但至少对中华文化持有认同、仰慕之情,未曾想过在文化层面超越中国,也未有过构建日本"文化中心主义"的举动。但是,明清鼎革却为日本在文化层面扭转中日落差提供了有利的外部条件,"乞师复国"而来日本的明朝遗民不惜自降身份的言行,不仅实现了日本的"脱夷"之举,更鼓励和激发了江户日本通过帮助明朝复国而获得"中华"地位的热情。②

然而,江户日本仅凭明朝遗民的"夸大之词"来实现"脱夷入华",显然缺乏思想或理论支撑。如何从思想层面使日本摆脱"夷狄"身份、塑造"中华"形象,成为江户思想家思考的重要问题。他们最先从"日本地理的优越性"入手,论证日本非"夷狄"之国,并凸显日本优于中国之处。山鹿素行在《中朝事实》的《中国章》中,对"中国"二字进行了定义,认为"天地之所运,四时

---

① 19 世纪末,借助欧美开启的东亚近代化进程对中国的冲击,日本第一次获得了挑战中国的政治军事实力,通过甲午战争和日俄战争,日本瓦解了持续千年之久以中国为中心的东亚秩序,彻底改变了中日不对等地位。主导日本这一行动的指导思想显然不是欧美价值,而是在其文化基因中沉淀千年的日本型华夷思想,这在其取得甲午战争胜利后便迫不及待地册封朝鲜和琉球国王的行为中表现得淋漓尽致;而这种思想与行动不断通过"东亚连带""亚细亚主义""大陆政策"等思想主张及其在东亚范围内发动的一系列战争行为的形式频繁呈现,一直延续到"大东亚共荣圈"的建立。参见王屏:《近代日本的亚细亚主义》,北京:商务印书馆,2004 年;韩东育:《从"脱儒"到"脱亚":日本近世以来"去中心化"之思想过程》,台北:台湾大学出版中心,2009 年。

② 成书于江户时期的《华夷变态》开篇即言:"崇祯登天,弘光陷虏,唐鲁才保南隅,而鞑虏横行中原。是华变于夷之态也……顷间吴、郑檄各省,有恢复之举。其胜败不可知焉。若夫有为夷变于华之态,则纵异方域,不亦快乎!"(参见林春胜、林信笃:《华夷变态》(上),东京:东方书店,1958 年,第 1 页)为达到目的,赴日乞师的明朝遗民在言行之间难免夸大"华夷变态",还不时夹杂溢美之词,甚至更有"称臣"举动。这一做法更在客观上帮助日本摆脱夷狄身份,缩小了中日文化落差,重新塑造了日本的"中华"形象。日本千余年间未曾取得的"中华"身份,竟然在乞师者的"谀言"中变成现实。诚如有学者所言:"如果清朝入关即意味着'华夷变态',那么敢于斥清为'夷'的人或民族显然不可能也是'夷'。"(参见韩东育:《从"脱儒"到"脱亚":日本近世以来"去中心化"之思想过程》,第 165 页)

之所交,得其中则风雨寒暑之会不偏,故水土沃而人物精,是乃可称中国"①。虽然他称"天下万邦"中能配上"中国"称号者只有日本与中国大陆的王朝,但日本在神器、神教、神治、神知、礼仪等方面明显优于中国,故日本才是真正的"中华""中国""中朝"。在西方地理学传入日本之后,"日本地理优越论"进一步被新井白石、司马江汉、西川如见等人发挥,使江户日本人不只知道了中国、日本、印度之外的世界,②还意识到日本与中国皆为地球上的一国,二者并无"中心"与"边缘"的区别,由此否定了"中国中心论"的传统天下观。除"日本地理优越论"外,"万世一系"的"皇统论"更是日本"脱夷入华"的重要例证。事实上,这一思想可追溯至镰仓时期北畠亲房的《神皇正统记》。该书开篇明言道:"大日本者,神国也"③,并特别指出日本因未发生过"易姓革命"之事,故天皇"万世一系",这与弑君乱政不绝史册的中国形成鲜明对比,这一说法被多数江户思想家继承。山鹿素行明确指出,中国王朝"易姓革命"频频发生,"夷狄入主中原"之事更不可胜数。只有日本一国"皇统一立而亿万世袭之不变"④。闇斋学派的浅见斋也力赞日本"万世一系"的优越性:"自开天辟地以来,正统延续,万世君臣之大纲不变,此三纲之大成者,非他国所能及也。"⑤国学派的本居宣长则称日本为"皇大御国",认为日本优于其他国家之处正是"万世一系"的皇统。水户学的会泽正志斋也有相似的说法:"天朝皇统绵绵,与天地无穷之事,乃万国绝无之事。"⑥正因如此,日本绝不是"夷狄之国",而是与"中华"等同。这种皇国与中华思想的结合,在近代更是成为支持日本发动对外扩张战争的理论武器。⑦

与"地理优越论"和"皇统论"不同,古学派则通过中国儒学典籍"日本化"的方式来达到文化上"脱夷入华"的目的。对于中国儒学中的"华夷之辨",伊藤仁斋则通过对《论语》的新诠消解了中国传统"华夷之辨"的紧张

---

① 山鹿素行:《漢和中朝事実》,東京:大日本国民教育会,1912年,第15頁。
② 沼田次郎等校註:《洋学》(上)(日本思想大系64),東京:岩波書店,1976年。
③ 北畠親房:《神皇正統記》,《新釈日本文学叢書》第10卷,東京:日本文学叢書刊行会,1923年,第1頁。
④ 山鹿素行:《漢和中朝事実》,第57頁。
⑤ 浅见絅斎:《中国辨》,《山崎闇斎学派》(日本思想大系31),東京:岩波書店,1980年,第416頁。
⑥ 会沢正志斎:《退食間話》,《水戸学》(日本思想大系53),東京:岩波書店,1973年,第240頁。
⑦ 高須芳次郎:《会沢正志斎》,東京:厚生閣,1942年,第15—18頁。

性,并从文化层面彰显出日本文化的"优越性"。孔子生活在礼崩乐坏的春秋时代,当时"南夷与北狄交,中国不绝若线",故《论语》论述"华夷"之处虽不多,但却是严防"华夷之辨"。中国历代《论语》注释多不离"夷夏之别",如刘宝楠《论语正义》认为:"称'中国'者,自我言之。王者政教之所及也,夷狄在四远为外国,故谓诸夏为中国。"[1]然而,仁斋却提出了新解:"诸侯用夷礼,则夷之,夷而进于中国,则中国之。盖圣人之心,即天地之心,遍覆包涵无所不容,善其善而恶其恶,何有于华夷之辨? 后之说春秋者,甚严华夷之辨,大失圣人之旨矣。"[2]在仁斋看来,圣人之心无所不包,对待天下之人一视同仁,所谓"华夷之别"完全是后儒私自发挥。更重要的是,这种观点为日本成为中华进而取代中国的中华地位奠定了理论基础:即对日本而言,只要在文化上处于优势地位,那么它就不再是"夷狄",长期横亘于中日间的"华夷"关系也不复存在。因此,在解《论语·子罕》中"子欲居九夷"一句时,仁斋称"日本"为"九夷"之一,"九夷,未详其种,徐淮二夷见经传,若我日东,《后汉书》已立传,即扶桑、朝鲜等名,皆见于史传,夫子所谓九夷者,恐指此类而言"[3]。言外之意,孔子欲去之地变成了日本,既然是圣人欲往之处,那么自然就不能算作蛮夷之地。荻生徂徕比仁斋的做法更为激进,从源头上论证了日本文明优于中国文明的特性,这一论断始自徂徕对仁斋诠释《论语》"九夷"的批判。关于"夷狄之有君,不如诸夏之亡也"一句,徂徕未作特殊诠释,但针对仁斋的"九夷"之解,徂徕却完全不认同,指责仁斋是"附会《论语》,妄作无稽之言"。[4] 在徂徕看来,孔子为圣人,所言非虚,其欲居"九夷"之地,必是孔子所知或经过之地,恐非虚指之处,然仁斋"疑为日本",完全是阿谀附会之言,因为日本遵循的乃是比孔子更早、在所谓圣人道统的传承序列上更接近"原点"的"夏商之道"。徂徕认为,"若夫吾邦之美,外此有在,何必附会《论语》,妄作无稽之言乎! 夫配祖于天,以神道设教,刑政爵赏,降自庙社,三代皆尔,是吾邦之道,即夏商古道也。今儒者所传,独详周

---

[1] 刘宝楠:《论语正义》,北京:中华书局,1990年,第85页。
[2] 伊藤仁斋:《論語古義》,東京:合资会社六盟館,1909年,第42页。
[3] 伊藤仁斋:《論語古義》,第182页。
[4] 荻生徂徕:《論語徵》,《荻生徂徕全集》第3卷,東京:河出書房新社,1978年,第27—28页。

道,遽见其与周殊,而谓非中华圣人之道,亦不可深思耳"①。即日本继承的是"夏商古道",故日本与中国在各方面呈现的差异并非华夷之别,乃是同一中华体系内周孔之道(中国)与夏商古道(日本)的差别。然而,这种看似带有"中华崇拜"倾向的观点,实则包含了将日本置于中国之上的意图,因为在儒学"法先王"的逻辑习惯中,尊崇夏商古道的日本自然更接近"唐虞三代"。②

然而,通过新解《论语》中有限的"华夷论"来建构文化上的"日本中心主义",仅仅实现了表象名称层面的"破",夏商古道在孔子时代就因"不能征"而让诸"郁郁乎文哉"的"周道",而自孔子至朱子的学术积淀,特别是建立在统摄三教的理论体系基础上的朱子学,如同压在日本知识人头顶的文化大山。更重要的是,在以中华文明价值为标准的华夷思想体系的覆盖下,文化表现越是优越,就越趋近于中华,而离其自身传统就越来越远,这与日本苦苦追求的"自我中心"诉求完全背离。而儒学"不语怪力乱神"的理性特质,让日本无法使用"本地垂迹"的特技来实现中华列圣与日本诸神的无条件合一。在这种背景下,日本实现其"自文化中心"地位的努力,必须从两方面展开。一方面在形式上坚持儒学者建构的圣人道统谱系和经典结构;另一方面,必须对儒学经典进行重新解释,建立与当时中国官方意识形态朱子学完全异质的经典解释体系,最终促使日本文化价值成为"圣人道统"的唯一合法内涵。在这样一种逻辑脉络中,解构朱子学作为圣人之学的法定地位,便是必须迈出的第一步。

二、《大学》《中庸》的"去四书化"

江户初期,最早对朱子学"圣人之学"合法地位提出挑战的是山鹿素行。然而,素行对朱子学的攻击大多呈现为对朱子学概念提出异质性解读,并强行将自身理解附会为圣人言说,而对于朱子学提出的各种概念及理论体系本身和经典结构("四书—五经"体系)等未加批判。换言之,素行是在朱子

---

① 荻生徂徕:《論語徵》,第27—28頁。
② 岩橋遵成:《徂徕研究》,東京:開書院,1934年,第244頁。

学场域内部与之作战，而非对朱子学理论体系进行彻底颠覆。朱子学是唐宋时期儒道释合流的结果。宋儒面对佛道二教对儒学的冲击，力图在传统的"五经"之外寻找"心性之学"的资源，仿照佛教和道家的学说为传统儒学构建本体论体系。于是，他们从《礼记》中抽出《大学》《中庸》两篇（简称"学庸"），通过对"学庸"中关键词句的解释建构出"哲学（本体）—伦理（道德）—政治"的理论体系和解释体系。这种理论体系的外在经典结构表现为"四书—五经"，其内部是以朱熹等人阐发的"学庸"思想，对《论语》《孟子》及"五经"进行重新解释，故"学庸"则是"四书"经典结构的核心。[1] 因此，从建立日本文化自中心主义的目的来看，其核心任务就是推翻《大学》《中庸》儒家经典的核心地位与朱子学的"学庸"解释，而这个推翻过程本身就意味着日本化的儒学经典结构及其解释体系的诞生。这一点在素行之后登场的伊藤仁斋、荻生徂徕等人对"学庸""去四书化"的前赴后继中体现得淋漓尽致。

最早对"学庸"进行"去四书化"的江户儒者是伊藤仁斋。他早年对朱子学极为崇信，并按照朱熹的做法求学问道。然而，他逐渐产生了困惑，出现长达十年的"精神危机期"，其间又通过问道于佛学、阳明学的方法来达到解惑的目的，非但未能解决问题，反而加剧了"精神危机"。[2] 于是，仁斋通过切身的体验而深刻意识到"学庸"中的"格物穷理""心统性情"等"形而上"论对日本文化而言没有太重要的意义，而这一认识不只仁斋独有，仁斋之后的学者如荻生徂徕、中井履轩、井上金峨等人对朱子学的批判皆源于此。这意味着，"学庸"乃至"四书"中的"理气""心性"等说与日本人重"实理""实德"的价值取向格格不入。因此，仁斋从"人伦日用之道"的视角下对"学庸"进行了"实学"特色的新诠。"道为人伦日用之道"贯穿仁斋古学之始终，为其思想的"古层"。他反复强调"人外无道，道外无人"[3]，而《论语》和《孟子》又是"人伦日用之道"的载体。[4] 他以二书为参照，提出了"《大学》非孔氏之遗

---

[1] 参见董灏智：《"四书"经典结构形成过程的思想史考察》，《东北师大学报》2012 年第 6 期。
[2] 相良亨：《伊藤仁斋》，東京：ぺりかん社，1998 年；参见董灏智：《伊藤仁斋的古学思想形成脉络探析》，《东北师大学报》2011 年第 3 期。
[3] 伊藤仁斋：《童子問》，《近世思想家文集》（日本古典文学大系 97），東京：岩波書店，1978 年，第 206 頁。
[4] 竹内松治：《伊藤仁斋》，東京：裳華書房，1896 年，第 54 頁。

书"和《中庸》部分章节为论语之衍义"的核心命题。然而,这一"实学"取向并非仁斋独有,中国明清时期的吴廷翰、戴震等人也以"人伦日用之道"为核心来批判朱子学对孔孟之学的误读,尤其是戴震的学说,其批判的矛头亦指向朱子学中的佛老之学,他言道:"古圣贤之所谓道,人伦日用而已矣……宋儒合仁义礼而统谓之理……盖由老、庄、释氏之舍人伦日用而别有所谓道,遂转之以言夫理。"①但需要注意的是,二者间有根本的不同。文化上的"华夷之辨"蕴含在仁斋的思想之中,他意识到朱子学中的明镜止水、冲漠无朕、体用一源等说皆源自于佛老之说,②而佛老之说又是"夷狄之教",朱熹等人将它们掺入儒学的做法不只是背离了"孔孟之道",更是对儒学的"夷狄化",这一点在戴震的思想中是没有体现的。

对于《大学》,仁斋首先否定了其为"孔氏之遗书""初学入德之门"的地位,并将批判矛头直指朱熹赋予《大学》的"穷理"之论。在方法论上,仁斋的做法与宋儒一致,从"字义"入手,入室操戈,指出"理"字本死字,其义谓玉石的纹理,可以形容事物的条理,但不足以形容天地变化之妙,更不足以概括人伦之道。仁斋考诸儒家古籍,认为宋儒所强调的"天理"之说实是出自老庄之书,"按天理二字,屡见于庄子,而于吾圣人之书无之……后世儒者,以理为主者,为其本从老氏来也"③。也就是说,"老庄之道"与佛道一样,皆非"正统",而宋儒的"格物穷理"之说实是将"孔孟儒学"沦为"夷狄之道",从源头上否定宋儒赋予《大学》的新论。对于《大学》的主要框架"三条目"和"八纲领",仁斋既不认同朱熹的新诠,也不认可"八纲领"之说的合理和合法性。在他看来,朱熹对《大学》的解释背离了"孔孟之血脉",④其中的"血脉"是仁斋古学的重要方法论之一。⑤ 在《语孟字义》中,他说道:"学问之法,予歧而

---

① 戴震:《孟子字义疏证》,《戴震全书》(六),合肥:黄山书社,1995年,第202页。
② 西村天外:《和漢泰西古今学者列伝》,東京:弘文館,1890年,第29頁。
③ 伊藤仁斎:《語孟字義》,吉川幸次郎等校注:《伊藤仁斎・伊藤東涯》(日本思想大系33),東京:岩波書店,1971年,第124—125頁。
④ 伊藤仁斎:《大学非孔氏之遺書辨》,吉川幸次郎等校注:《伊藤仁斎・伊藤東涯》(日本思想大系33),第161頁。
⑤ 子安宣邦:《伊藤仁斎の世界》,東京:ぺりかん社,2004年,第114頁。

为二,曰血脉,曰意味。血脉者,谓圣贤道统之旨,若孟子所谓仁义之说,是也。"① 要言之,"血脉"即是孔孟儒学的"道统"及核心思想。因此,孔孟之书常言"仁义礼智""孝悌忠信",但却未曾有一处谈到"明德",而《大学》"三纲领"的第一条即是"明德",这显然与孔孟之说不符。宋儒又以"虚灵不昧,具义理而应万事"解"明德",更是错上加错,夸大了"明"字的含义。② 对"亲民"和"至善",仁斋虽承袭了程子"新民"之说,但却不同于朱子以"事理当然之极"解"至善"的说法,而是简单地解释为"善之至极"。③ 于是,宋儒赋予其中的高远玄妙之说完全被仁斋解构,由此折射出宋儒之论有悖于孔子之道。④

仁斋虽不认可朱熹对"三纲领"的新解,但至少还是认同《大学》原书中的"三纲领"之说。然而对于"八条目",他却提出"《大学》无八条目而有六条目"的新说,将宋儒最为看重的"格物"与"致知"排除在"八条目"之外。《大学》在中国升格为"四书"的过程中,二程和朱熹发挥了重要作用,尤其是二程对《大学》原文次序的调整和朱熹为《大学》分"经传"并补上"格物致知"论。于是,《大学》不仅成为"四书"之首,而且是"为学"必读的第一书。⑤ 然而,《大学》对"格物""致知"内涵阐发的阙如,被朱熹解释为其原文在流传中亡佚,于是他"窃取程子之意以补之",把"穷理"补入"格物""致知"之中,使得《大学》成为朱子学核心概念"理"的经典支持。⑥ 但在仁斋看来,《大学》中"物有本末,事有终始。知所先后,则近道矣"一段话至关重要,他将这段话以及随后的"古之欲明明德于天下者"一段挪至"大畏民志。此谓知本"之后,其分别解"物"和"事"为:"物者,即下文所谓曰意,曰心,曰身,曰家,曰国,曰天下,六者是也。事者,所谓曰诚,曰正,曰修,曰齐,曰治,曰平,六者

---

① 伊藤仁斋:《語孟字義》,吉川幸次郎等校注:《伊藤仁斋·伊藤東涯》(日本思想大系 33),第 148 頁。
② 伊藤仁斋:《大学定本》,関儀一郎编:《日本名家四書註釈全書》(学庸部壹),東京:東洋図書刊行会,1926 年,第 3—4 頁。
③ 董灏智:《伊藤仁斋对〈大学〉与〈中庸〉的"去四书化"》,《东北师大学报》2015 年第 6 期。
④ 安井小太郎:《大学講義》,東京:東洋図書,1940 年,第 125 頁。
⑤ 朱熹:《朱子语类》卷 14,黎靖德编,王星贤点校:《朱子语类》第 1 册,北京:中华书局,1985 年,第 249 页。
⑥ 朱熹:《四书章句集注》,北京:中华书局,1983 年,第 6—7 页。

是也。"①因此，朱熹建构的《大学》"八条目"被否定，仁斋所谓"六条目"就此登场。

在仁斋看来，《礼记·大学》虽言"欲诚其意者，先致其知，致知在格物。物格而后知至，知至而后意诚"，但紧接着的正文中却是从"所谓诚其意者"谈起，对"格物""致知"毫无阐述，"八条目"之说乃是朱熹所补，大失《大学》之本意。虽然如此，但"格物""致知"毕竟是《大学》中的内容。对此，仁斋也未避而不解，而是强调"格物""致知"的解释需以"六条目"中的内容为主，②即"格物"之"物"与"物有本末"之"物"意涵相通，并非朱熹所说的"事物之理"，而是"诚意、正心、修身、齐家、治国平天下"之"六条目"本身。同样，"致知"的含义也没有朱熹解释得那么复杂，只是"推致其心之所知""知之明矣"之意。至此，《大学》以"孔氏遗书"的身份位列四书之首的地位已被仁斋彻底剥夺，与此同时，朱熹对《大学》解释的合法性亦被其解构殆尽。③

在解构朱子学《中庸》解释的战场上，仁斋先是将朱熹建构的《中庸》文本进行内容上的肢解，即只认可其中一部分是真正的传世原文（仅900余字）。④ 在此基础上，仁斋改变朱熹以"学庸"解"（论）语孟（子）"的解释顺序，将《中庸》置于《论语》《孟子》的话语体系进行解读，指出《论语》《孟子》以"仁义"为宗，甚少论"心"，即便言"心"也不离"仁义"，故有"以仁存心""以礼存心"等说，但绝无"心法"之说。在仁斋看来，程朱等人误读"中庸"的根本原因在于未能理解"中"字的意涵。仁斋认为，《中庸》中的"执其两端，用其中于民"已经解释了"中"的含义，"中庸"为"无过不及而平常可行之道也"，并以《论语·雍也》中的"中庸之为德也，其至矣乎！民鲜久矣"一句为参照，认为"中庸"为道德之一，为道之至极，绝不是"孔门心法"。圣人之学皆是以"实语"明"实理"，并无高深难懂之意。⑤ 尤为关键的是，仁斋将《中庸》里

---

① 伊藤仁斋：《大学定本》，関儀一郎编：《日本名家四書註釈全書》（学庸部壹），第9页。
② 伊藤仁斋：《大学定本》，関儀一郎编：《日本名家四書註釈全書》（学庸部壹），第9—10页。
③《仁斋書誌略：古義堂文庫書誌第一》，奈良：天理図書館藏，1944年，第6页。
④ 伊藤仁斋：《中庸發揮》，関儀一郎编：《日本名家四書註釈全書》（学庸部壹），第3—4页。仁斋将《中庸》分为"上下两篇"的做法并非其首创，很有可能是受南宋儒者陈善的影响。虽然仁斋不认同陈善的分章方法，但在做法上却与陈善一致。详见伊藤仁斋：《中庸發揮》，関儀一郎编：《日本名家四書註釈全書》（学庸部壹），第3页。
⑤ 伊藤仁斋：《中庸發揮》，関儀一郎编：《日本名家四書註釈全書》（学庸部壹），第5页。

"喜怒哀乐之未发……万物育焉"这段语句判断为古《乐经》的脱简,被后人掺入《中庸》之中。① 众所周知,这段语句实乃朱熹阐发"心性论"的经典依据,其对于朱子学理论体系的重要性自不待言。而仁斋剥夺其《中庸》原文资格,无疑是对"心性论"的釜底抽薪。更有甚者,仁斋直接指斥朱熹等人所谓"心法"实则源自佛老之说。

通过对朱子学"学庸"解释及其理论体系的肢解和批判,仁斋达到了三个目的或效果。其一,颠覆了朱子建构的经典结构,将《论语》和《孟子》视为儒学思想的核心典籍;其二,以"语孟"为坐标系,指斥朱子对"学庸"的解释在本质上是"佛老之说",而后者早在韩愈时代就已被批判为与"圣人之学"相对立的"夷狄之学";其三,在上述批判和肢解过程中,仁斋已经悄然建构了自己的儒学解释体系,正如三宅正彦指出的,"朱子详述的人物生成的主宰存在之天、理气二元·阴阳五行的生产要素,仁斋则全面地舍弃"②,仁斋对"圣人之道"的理解其核心价值在于"道"不离日用人伦,而非玄远的宏大叙事。这种解释方向虽然与明清中国兴起的实学思潮有类似之处,但是其对朱子学体系性和彻底性的颠覆,使得这种解释方向带有强烈的日本本土化特征。

三、《大学》与《中庸》的"日本化"改造

继仁斋之后,荻生徂徕、井上金峨、朝川善庵、古贺精里、中井履轩、增岛兰园、东条一堂、海保渔村等学者,对《大学》《中庸》皆有过不同程度的新诠,其主要思想也是批判朱子学赋予二书的形而上学内涵。然而,如果日本思想家仅从"实理实学"的角度诠释"学庸",恐怕其学术归趋将与以戴震为代表的清代反理学思想家无异。然而,徂徕、金峨、善庵以"圣人之道"为主旨新解"学庸",认为二书是为执政者提供"为政之道"的指南,将它们与"学术""道德"切割开来,这意味着"学庸"在仁斋"实用化"的基础上又被"政治化"。这种"政治化"解释体系的诞生,意味着日本式儒学体系粉墨登场。

---

① 伊藤仁斋:《中庸發揮》,関儀一郎编:《日本名家四書註釈全書》(学庸部壹),第10页。
② 三宅正彦:《京都町眾伊藤仁斋の思想形成》,京都:思文閣,1987年,第269页。

徂徕认为，《大学》主旨是专为君主阐述"为政之道"的方法与途径，是"治国方略"，"三纲领"与"八条目"皆围绕这一目的而作，绝非朱子学体系下如何让"凡人"成为"圣人"的道德修养路径。首先，徂徕依据《礼记·王制》篇来解"大学"二字："大学者，天子诸侯之都，教人之宫也，天子曰辟雍，诸侯曰頖宫，天子命之教而后建焉……此塾自塾，庠自庠，序自序，大学自大学，小学自小学，岂可混乎？"① 即大学是天子诸侯设立的教化场所。其次，"大学之道在明明德"这句统摄全篇的首句，被解释为"天子诸侯所以建学宫行养老等礼于其中教人者，其意在务德"，即天子圣人设立大学教化百姓的行为本身，就是向民众示范其为天子之德。所谓"在亲民，在止于至善"，"亲民"是指为政者既爱民又使民众自相亲睦，民众亦"亲其上如父母"，绝非朱子学语境中的通过教化让民众实现自我道德进化的"新民"之说；"止于至善"则是为政者须使民知晓"孝弟之德为天下至善，而不复它求"。② 从"格物致知"到"治国平天下"的"八条目"，也是围绕为政者如何学习"先王之礼"而展开的，其逻辑脉络为：格物＝行先王之法言、致知＝德慧术知生、诚意、正心＝好善之心由中而出、修身＝以礼修身、齐家＝主礼齐家、治国＝依礼治国、平天下＝天下平。至此，朱熹等人灌注在《大学》中的道德底色被徂徕荡涤殆尽，在后者的诠释语境中，《大学》是展示为政者如何教化百姓、巩固统治的施政方略。

在对朱子学《中庸》诠释体系的解构方面，徂徕首先强调"子思作中庸"的动机在于"反老子之学而正邹鲁之传"，即子思创作《中庸》的动机或出发点乃是应对当时儒学（圣人之学）遭受老子学说的有力挑战。由于老子具有儒家所欠缺的、高度抽象且逻辑缜密的辩证法和本体论，因此，子思作《中庸》乃是为了建构以圣人之道为灵魂的核心概念（如性、道、教、命等）和理论体系（即中庸思想）。但宋儒未能理解"子思作中庸"的动机，强行附会出"性命之说"，使先王之道蒙尘日久。③ 所以，徂徕亦将《中庸》置于"先王之教"的脉络中解读，凸显了"中庸"的本义。在古文辞学视域内，"中庸"与孝悌忠

---

① 荻生徂徕：《大学解》，关仪一郎编：《日本名家四书註释全书》（学庸部壹），第7页。
② 荻生徂徕：《大学解》，关仪一郎编：《日本名家四书註释全书》（学庸部壹），第10—11页。
③ 今中寬司：《徂徕学の史的研究》，京都：思文阁，1992年，第202页。

信一样,乃是圣人所立的教人之德,是简单常用、易知易行的治世方略而非高远精微的宏大叙事。① 所以,《中庸》的主旨是:"中庸为本,礼乐以成之,乃圣人之教,立之方法,设之节度,以适于学者"②,徂徕完全将《中庸》进行了政治化的新解读。

继古学派之后,折中学派的重要人物井上金峨对《大学》"政治化"的凸显远远超过古学派。他的学术取向虽与古学派有着重要关联,却在核心观点上自成一家。③ 在《大学古义》中,金峨同样指出"大学之道"不离"圣人之道""先王之道",他言道:"大学者,大人之学。大人者,圣人,即指先王而言之。"④然而,在他看来,朱熹的《大学章句》不是真正的"大学之道",仁斋与徂徕虽提倡"古学",但也未能切中《大学》的肯綮。故古学派与朱熹一样,亦是将佛老之学融入圣人之道,皆为"无知妄作"⑤。他指出,朱熹的"三纲领"之说与"圣人之道"相符,但"八条目"绝不是"圣人之道"的内涵,因为"正心诚意"本是身中之事,既言修身,二者已在其中,八者并列,不伦殊甚,而仁斋以"六条目"解之的说法也是曲解"圣人之道"。同时,徂徕的《大学解》虽以君主的"为政之道"解读《大学》,但却变成了"乞言合语之记"。"乞言"是说帝王向德高望重的老人求教,"合语"是指合于君臣父子长幼之道的言辞,二者合之,正是徂徕对《大学》的认识,而徂徕的做法显然是把"圣人"的"为政之道"简单化了。因此,金峨对"三纲领"解释道:"明德者,君德也。亲民者,与民相亲爱也。至善者,礼之善物也。言大人所以为学之道,惟在斯三者也。"⑥也就是说,圣人的"为政之道"强调的是"君臣(民)一体"的和谐之道,所凸显的是"为君止于君之至善""为臣止于臣之至善",而其中的"至善"则是符合"礼"的标准。所以,金峨的"道"即是"礼",是"外在规范"而非"内在道德",它不单是"圣人"为政的准则,即便是《大学》的心性之说,也要"以礼节之",褪去了《大学》中的"道德论"色彩。这意味着,金峨实则将朱子学理

---

① 荻生徂徕:《中庸解》,関儀一郎编:《日本名家四書註釈全書》(学庸部壹),第4頁。
② 荻生徂徕:《中庸解》,関儀一郎编:《日本名家四書註釈全書》(学庸部壹),第9頁。
③ 野口武彦:《荻生徂徕:江戸のドン·キホーテ》,東京:中央公論社,1993年,第104頁。
④ 井上金峨:《大学古義》,関儀一郎编:《日本名家四書註釈全書》(学庸部壹),第3頁。
⑤ 安井小太郎:《日本儒学史》,東京:冨山房,1939年,第174—176頁。
⑥ 井上金峨:《大学古義》,関儀一郎编:《日本名家四書註釈全書》(学庸部壹),第4頁。

论体系两大支柱之一的"心性之学"彻底折断,认为修身过程中的"正心诚意"绝非朱子学语境中与外在世界相对隔绝的内向性修炼,而是对圣人礼法的习练。他进一步指出,所谓"圣人之道"的核心并非个人道德修养的完善,而是学习、履践作为社会政治制度的"礼",对国君、平民皆是如此,这一看法实际上与《荀子》达到了高度一致。①

如果说金峨只是在思想上凸显出与《荀子》的相似之处,那么,江户后期的儒者朝川善庵则直接引《荀子》和《吕氏春秋》新解《大学》,力证"大学"为"天子学宫"之名:"《吕氏春秋》云,天子入大学,祭先圣则齿,尝为师者弗臣,所以见敬学与尊师也。《荀子》云,立大学,设庠序,修六礼,明十教,所以导之也,王事具矣。大学二字,见于秦以前书者,仅此二条耳。皆为天子学宫之名,今从之。大学之道,谓在大学所学之道也。"②表面上看,善庵的立论与徂徕无太大的区别,也认为"大学为学宫之名"、《大学》的核心在于"圣人之道",但他特别强调"大学之道"与"大学之教"的不同。在善庵的视域内,《大学》并不是教人之书,"齐家治国平天下"显然是圣人为君王阐述治国之道,而不是教人成德。引人注目的是,善庵对"大学"的考证居然突破了儒学经典范围,他大量引用《吕氏春秋》《荀子》之论,证明《大学》是阐述圣人之道、教授国君为政之法的著作。这意味着,善庵对《大学》的"法家化"比金峨更为彻底,"大学之道"已等同于法家提倡的以"君主"为核心的"为政之道"。

徂徕、金峨、善庵等人阐发的"学庸"解释不仅彻底颠覆了朱子学"学庸"解释体系的核心观点,也悄然与朱子学前后的整体中国儒学对立起来,因为即便是与宋学彻底决裂的汉学者们对"圣人之道"的把握,仍然不失血缘伦理和道德教化底色。换言之,徂徕等人的"学庸"理解不仅实现了对朱子学的颠覆,同时也完成了对中国儒学精神的彻底流放。更重要的是,仁斋、徂徕等人对朱子学与佛教、道教在思想特征上的合并同类项作业,顺利实现了

---

① 自汉代以后,《荀子》长期被排除在儒学经典范围以外,乃至于被认为其内涵更接近法家思想。在理学昌盛的宋代,在孟子的地位被空前放大的同时,荀子的地位更是雪上加霜,尤其是荀子言"性恶",更是引爆了宋儒"排荀"的导火索。在二程与朱熹的视域内,"尊孟抑荀"的倾向则更为明显,并被视为"不醇之儒",不再是孔门的后学。
② 朝川善庵:《大学原本釋義》,関儀一郎编:《日本名家四書註释全書》(学庸部壹),第2—3页。

孔子以后中国的圣人之道解释场域被夷狄、异端思想（佛教、道教）长期占据的成功论证。这意味着，与当时中国在形式上发生"华夷变态""中原陆沉"相比，中国在文化上的"华夷变态""孔氏失鹿"更是旷日持久。如此一来，徂徕等人对所谓圣人之道原始义的"寻回"，实现了日本式儒学解释对中华文化道统的独占，在文化层面实现了日本由夷向华的转变。

结语

从东亚史视域考察，"反理学"并不是古学派等江户学者独有的特性，中国明清时代的儒者、朝鲜李朝的儒者也明显具有这一价值取向。然而，若仔细比较三国儒者的"反理学"思潮，江户日本迥异于中国和朝鲜。透过对"学庸"的新诠，江户学者对"人伦之道""治国之道"的实用性阐述远远超过中朝儒者，凸显出江户思想史的"务实主义"取向。如果说"务实主义"折射出中日儒者的差异仅是程度大小的问题，那么，"吾邦""吾国"等字样不时地出现在古学派的"学庸"新诠之中，则从另一层面折射出日本"道统"的自立诉求以及与中国儒者根本不同之处。也就是说，古学派对中国儒学经典的解读已不再以中国儒者的解释马首是瞻，而是按照自身文化脉络进行新的解读，折射出日本文化的特性，从长时段的历史脉络考察，古学派对"学庸"的"日本化"实是标志着日本"自文化中心主义"的初步形成。

在以往的研究中，国内外学者常将闇斋学派、国学派等相继登场视为江户日本在文化层面扭转中日落差以及日本民族主义、文化中心主义形成的重要标志，"闇斋学统，与水户学、国学一道构成了德川时代我国（日本——引者注）国体思想的三大干流，堪称对明治维新作出极大贡献者。而且在某种意义上，闇斋学统实构成了其他二学的源流"[1]。诚然，山崎闇斋作为闇斋学派的鼻祖，极力维护日本的"正统性"，否定且批判了中世以来的"日本为吴泰伯后裔"说和朱子学中的"汤武放伐论"，不但颠覆了传统的中国中心论，更从学理上构建了日本中心论，促进了近代日本的"尊皇论"及国体精神

---

[1] 後藤三郎:《闇齋學統の國體思想》，東京:金港堂，1941年。

的形成。① 继之,以本居宣长为代表的国学派提出了"清除中国汉意,建构日本古道"的主张。② 与闇斋、徂徕等不同,宣长抛弃了中国经典,选择日本传统的《古事记》《日本书纪》《万叶集》等典籍。《古事记》为日本古道("大和意")的重要载体,日本所传之道为神道,为天地开辟以来神代相传之道,它受自于天照大神,且从未中断,这是其他国家难以比肩的。然而,由于中国儒家思想对日本的深远影响,以至于《古事记》等日本原始经典也被赋予"汉意"解读。所以,宣长的首要工作是清除后人强加于《古事记》等典籍中的汉意,恢复其本来面目,并用了三十五年时间重新注解《古事记》,由此建构日本古道。③ 宣长强调,日本神道优于中国之道是不争的事实,日本应彻底抛弃中国思想文化对自身的"束缚",树立日本道统。④ 正如韩东育所言:"宣长认为,日本古典诗歌中,本来是没有善恶正邪之寓意的,更没有道德政治上的隐喻。日本之所以有试图从歌学中寻找这些因素者,完全是受中国儒教文化影响的结果,即日本人在借用本来是表音符号的中国文字的过程中,竟不知不觉间接受了汉字所渗入的文化'意义',而这个意义,就是宣长坚称必须剔除的所谓'汉意'。"⑤宣长意识到中国思想在日本拥有强势话语权,"汉意"已经渗透到人们的内心深处,在当时情况下,他的思想不可能完全不受"汉意"的影响。正如有学者所言:"本居宣长等国学者虽刻意避开对儒学用语的使用,但对朱子学之问题意识却十分重视,他们主张的'大和意'正因'汉意'的存在,才衬托出其意义鲜明的构造。"⑥然不可否认的是,宣长的国学将日本文化优越论推向极致,用日本文化宣扬日本精神的做法进一步推动了日本民族主义的发展,故有学者以"民族主义的预言者"描述宣长国学。⑦ 重要的是,宣长对"日本道统"的建构工作,既标志着日本在中国发生

---

① 德富猪一郎:《近世日本国民史》第 16 卷,東京:民友社,1940 年,第 269 頁。
② 本居宣長:《玉勝間》,《本居宣長全集》第 1 卷,東京:筑摩書房,1968 年,第 37—38 頁。
③ 村岡典嗣:《宣長と篤胤》,東京:創文社,1981 年,第 82 頁。
④ 本居宣長:《古事記伝略》,東京:大関克,1886 年。
⑤ 韩东育:《从"请封"到"自封":日本中世以来"自中心化"之行动过程》,台北:台湾大学出版中心,2016 年,第 6 页。
⑥ 土田健次郎:《朱子学对日本的贡献》,朱杰人等编:《人文与价值:朱子学国际学术研讨会暨朱子诞辰 880 周年纪念会论文集》上卷,北京:人民出版社,2010 年,第 13 页。
⑦ 桂島宣弘:《宣長の「外部」——十八世紀の自他認識》,《思想》第 932 号,2001 年 12 月。

"华夷变态"之后自身"道统"建构的完成,更意味着日本"自文化中心主义"的真正完成,并且日本对中国思想文化的蔑视进一步加深,日本与中国的文化落差在国学派视域下发生了完全逆转。

虽然闇斋学派与国学派在江户日本建构"自文化中心主义"的过程中扮演着重要角色,但古学派也是关键一环,即便他们的"民族主义"和"国家主义"思想在程度上不如闇斋学派、水户学派和国学派。① 古学派对朱子学的批判是不争的事实,但他们将中国典籍置于古学脉络下所形成的日本式解读,实际上却是利用中国典籍来建构自身的文化体系,不只推动了日本"脱夷入华"的进程,更是客观上影响了本居宣长的"清除汉意"举动以及日本"自文化中心主义"的形成。也就是说,正是先有古学派对中国典籍的日本化,才有国学派完全抛弃中国典籍而运用日本典籍建构日本"自文化中心主义"的完成,古学派在这一过程中实是发挥了重要作用。

(作者董灏智,东北师范大学历史文化学院,原文刊于《历史研究》2017年第4期)

---

① 有学者指出:"素行前后,提倡古学的还有伊藤仁斋、荻生徂徕,然而二人在发展日本自觉精神方面,尚未贯彻到底。"详见高须芳次郎:《会沢正志斋》,第19页。

山片蟠桃：江户时代杰出的町人学者

赵建民

山片蟠桃(1748—1821年)是日本江户时代(1603—1867年)杰出的町人学者,不仅得到同时代人的称赞,而且成为日本、美国和苏联学界所关注研究的人物,发表了不少有关他的研究成果。然而,作为近邻的中国,对于这个由儒学教养直接哺育出来的山片蟠桃却至今还没有学者发表专门研究他的论著。今年正值山片蟠桃诞生 250 周年之际,笔者凭借手头的若干材料,阐释他的学问和业绩,并对日本学界有关对他评价的传统观点陋陈拙见。

一、来自社会现实的知识积累

有关山片蟠桃的传记早在其去世 20 余年后,即由曾做过他的小伙计的角田九华在《续近世丛语》卷五中记载,成为明治以来山片蟠桃传记研究的珍贵线索。兹录于此：

> 山片蟠桃,名芳秀、字子兰,初名有躬、字子厚,后改焉,称升屋小右卫门。播磨加古川人,少入大阪仕升屋平右卫门。升屋子伐家也。蟠桃英迈有智局,喜谈经济,及身为管辖,盖斋贷藩国,有宠于诸侯。雅好学,受业中井竹山,旁从麻田刚立受天文,又喜兰学,以博学闻,竹山及履轩恒称曰:蟠桃有识量,是以中井门皆目曰孔明。家业有微暇,则博

读群籍,研味理义,尝夏日绝昼寝,撰《梦代》十余卷,自天文、地理、食货、经济,以至神代及鬼神等说,黎然明辩无遗矣。竹山兄弟称其有见解,桑名老侯乐翁公素嘉蟠桃为人,及读《梦代》,盖以奇之。当时阪人语市中人物,必以蟠桃为第一流云。文政四年殁,年七十四,子芳达,袭称小右卫门,好学干蛊,有父之风。①

至于为什么以"蟠桃"为号,有的作寓有"长寿"之意的解释,也有以其模仿当时"番头"(掌柜、经理)的身份,使用"蟠桃"的,并使用东方朔故事里的熟语"偷桃",以"偷言子"来谦逊地表示自己不过是"偷先人之言"。② 由此可见,其所以使用"蟠桃"为号意味着作为一商家的番头,也想等待自己思想有朝一日能有开花结果机会的到来,"将自己要实行的施策和主张博诉于后世,虽已悟自己的死期而脱'番头'之壳,祈愿三千年一度珍贵的'蟠桃'能开花结果"③。这对于我们认识和理解山片蟠桃的思想及其价值是有一定启发的。

山片蟠桃在13岁(1760年)来大阪、以其祖辈与升屋山片家的关系侍奉主家时,升屋家矛盾重重,正处于外忧内患之中:一方面,原与冈藩、仙台藩等诸藩因米价下跌、连年饥荒、幕府诸役的财政僵局,故向升屋的借金大量增加而焦头烂额;另一方面,在家族内部围绕着家督继承而发生纷扰。

1770(明和七)年山片蟠桃担当店出勤时,继承升屋家督的平右卫门重芳还只6岁,其能依靠者只有蟠桃一人。当时的升屋正濒临"放弃财产"的危机,作为继承升屋家业的重芳,只有"60贯目的银子"。④ 这只相当于今天一个日本人的退职金而已。年仅二十四五岁的山片蟠桃为摆脱这种苦境,在现实中增长才干,创出了一番业绩,致使升屋进入"中兴期"。山片蟠桃在持家理财方面的主要业绩有:

第一,"探子米"妙计。1782(天明二)年,仙台藩目黑清内到大阪要求升屋提供买米本金,后提出要求借金1.5万两。此时,山片蟠桃提出了一个好

---

① 宫内德雄:《山片蟠桃——〈梦之代〉与生涯》,创元社昭和59年版,第174页。
② 宫内德雄:《山片蟠桃——〈梦之代〉与生涯》,第177页。
③ 宫内德雄:《山片蟠桃——〈梦之代〉与生涯》,第177页。
④ 有坂隆道:《山片蟠桃与升屋》,创元社1993年版,第36页。

办法,即由升屋承担从仙台到江户的买米检查费用,而检查时散落出来的米全部归升屋所有,称"探子米妙计"。据当时人估计,如果按一袋(俵)散落出的米以一合计算,升屋一年可得金额 6 千两。① 因当时由仙台运向江户的米大体在 25 万石左右,亦即相当于 62.5 万俵;如按一俵落出一合米计算为 625 石;再按一石折金额一两计则为 625 两。而当时所需的检查费用不过 200 两,显然有充分的盈余。② 山片蟠桃的"探子米"方案一举使升屋获利颇为丰厚。第二,和睦聪颖兴家。1784(天明四)年,山片蟠桃在原有升屋家法的基础上,采取"誓约书据"的形式,写明本家、分家、别家所应该遵守的规定,如:以本家为最重要;别家之分合以格别立身;后世本家有艰难,要相互出力相助;管理金钱者不能因自己的亲属而随意动用店内的金银;注意俭约等等。③ 当时正处于大阪商家的传统和制度确定时期,升屋"誓约书据"的形式和内容是很有意义的。它不仅萌发出升屋复兴之芽,而且成为明治时代以前日本家法的基础。1974(宽政四)年升屋本家遭火灾时,金银出入的账簿均遭烧失,他凭借自己的暗记,作出新账簿得以应用。他还为避免火灾再次发生,在建造新屋时,建有从地面直上二层楼的方便通道,并在二层楼储备盐菰,若有火灾发生即可防止火焰蔓延,故避免了升屋的二次火灾。④ 第三,"米票"妙计。文化年间(1803—1817 年),江户的米价屡屡下跌,而产米的仙台藩借款则增加。此时,升屋已成为出入在全国 40 余藩中的大商人,为了救助穷困的仙台藩,采取了新的手段,这就是山片蟠桃所提出的"米票"("米札")方案。即用现金向百姓买米时给的米票作为藩内流通的纸币使用,而将这买米的现金转回大阪生利息。如果把在仙台发放米票的现金转回大阪,若 10 万两以 5% 的利息计,则一年可得 5 万两赢利;若以百万两计,则一年可得 5 万两的赢利。由于在仙台藩发放"米票",仙台藩亦开始富起来了,利用转回大阪所取得的赢利来支付以往的借款利息,逐渐还清了先前的借款。

---

① 源了圆:《山片蟠桃海保青陵》(日本的名著 23),中央公论社昭和 59 年版,第 374 页。
② 宫内德雄:《山片蟠桃——〈梦之代〉与生涯》,第 189—190 页。
③ 有坂隆道:《山片蟠桃与升屋》,第 148—152 页。
④ 泷本诚一:《日本经济丛书》卷 25《梦之代》解题,日本经济丛书刊行会大正五年版,第 5—6 页。

山片蟠桃的两个妙计及和睦聪颖持家,不仅解决了仙台藩的经济困境,而且亦是升屋获得"中兴"的良方妙策,升屋的资财富裕起来。如1806(文化三)年11月,幕府因米价下跌对大阪町人发布买米令。当初让各家自愿申报购米数量,一些财大气粗的豪商不过申报二三百石,而升屋平右卫门则申报了2000石,在大阪的豪商中处于遥遥领先的名列第一。① 由于山片蟠桃的和睦聪颖为升屋振兴作出了非凡的努力,1805(文化二)年,山片重芳给其以"亲属次席"地位。1819(文政二)年,中央政府也在其家乡饰锦表彰。

二、钻研广博、多能高产的学者

山片蟠桃不仅是一个卓越的理财家、非凡的豪商,而且还是一个在实际生活中注意广泛钻研、撰有不少著作的著名学者。有关他的著作,在《加古郡志》中虽有"著书数种"的记载,但只列出《梦之代》一书,现据各家所述,②综合起来分列如下。

一、诗文集《草稿抄》,六卷三册,含有五言、七言的古诗、律诗、排(俳)诗、绝句以及吊文、记事、纪文等。写作年代可推定为在安永(1772—1780年)之际。该书卷首有升屋家后裔山片重明请人撰写的"草稿抄叙":"山片重明君,一日持此来曰:是山片芳秀所著。(芳秀)尝学于竹山先生,颇有所行,善诗若文云,请题一言。余不及相识其人也,然见此集,诸文诸体备矣,非敏且勉,则市务繁冗之暇,何得能为之?足以知其人。呜呼!世无事闲暇,徒逸游荒醉者,岂可不省矣哉。"③足见对该书评价之高。

二、天文学著作《昼夜长短图并解》,1793(宽政五)年撰,图说在地球纬度10度地点的昼夜长短的不同季节。

三、史学著作

1.《祈晴类聚》,卷数不详,1786(天明元)年正月作,是书集录《六国史》

---

① 有坂隆道:《山片蟠桃与升屋》,第54页。
② 龟田次郎:《山片蟠桃》,有坂隆道:《山片蟠桃与升屋》,宫内德雄:《山片蟠桃——〈梦之代〉与生涯》等书内,均有关于山片蟠桃著作的论述。龟田次郎认为山片蟠桃的著作共有九部;有坂隆道还加列《山片蟠桃遗训》。有关山片蟠桃的著作,在《日本经济丛书》卷25的《梦之代》及有坂氏的《山片蟠桃与升屋》书内可全部见到。
③ 龟田次郎:《山片蟠桃》,全国书房昭和18年版,第62页。

《大日本史》等书中有关祈晴的文字,是献给仙台的亲交斋藤左五郎的,其缘由、意图则正如其《祈晴类聚序》中所云:"祈雨也,虽间有闻之,祈晴则我未闻之。……仅举其一二,以征其不出于无稽,庶几其为恤民治国之一助云尔。"①

2.《梁蜕翁泰伯章讲义》,全一册,此书为关于《论语·泰伯章》,基于儒学家梁田蜕岩的考证,增加了三宅春楼之说和蟠桃自己的观点写成。中年之作。

3.《金银历史》,1800(宽政十二)年撰,从上古"汉土以龟贝为币"说起,叙述日本货币沿革的历史。

四、综合性著作

1.《宰我之赏》,七卷六册,以历代、政事、天文、经学、异端、杂论分卷。据其卷六的题名下有称"癸亥卷",故可断定该书成书于1803(享和三)年。宰我者,春秋时代鲁国人,孔门十哲之一,因怀疑孔子"三年之丧"的主张而受到孔子的谴责,后成"谋反人",一族遭杀害。蟠桃与宰我的合理主义思想有共鸣,故加以赞赏,就取之为书名。蟠桃将利用午睡时间写成的此书呈其师中井履轩先生批阅,其不忍爱弟子用被孔子所讨厌的宰我之名命书名,故劝其改题。最后,蟠桃遵师意改为《梦之代》(梦的觉醒),其中可能含有"现在不能实现的似梦那样的事情将来一定能实现的理想社会(时代)"的寓意。②

2.《梦之代》,十二卷十二册,分为天文、地理、神代、历代、制度、经济、经论、杂说、异端、无鬼上、无鬼下、杂论。这是在以《宰我之赏》作为初稿本的基础上作了大量的增删补订而成,历经18年,终于1820(文政三)年8月15日脱稿。其间因蟠桃中途盲目失明,故后由蟠桃口授,经其子芳达及知友山本义道、近藤秀实笔记而成。该书系山片蟠桃最主要的代表作,其创见和识见皆溢于书中,成为一部"天下第一奇书"③,近代史家内藤湖南曾赞赏本书曰:"闻前辈言之,三百年间,断断乎为有创见发明之说者,只有富永仲

---

① 龟田次郎:《山片蟠桃》,第64—65页。
② 宫内德雄:《山片蟠桃——〈梦之代〉与生涯》,第9—10页。
③ 宫内德雄:《山片蟠桃——〈梦之代〉与生涯》,第6页。

基的《出后定语》、三浦梅园的《三语》、山片蟠桃的《梦之代》。关东学者,埋头于四书五经,一生的精力于门户主张,而关西则有往往能超脱流俗之见,而用心于基础的疑问者。"[1]

现据调查,《梦之代》的写本有五十部,[2]但其完整的刊本直到1916(大正五)年才由泷本诚一编纂《日本经济丛书》时作为该丛书的第25卷刊布,始广传于世而裨益于学界。

五、献策报告书

1.《一致共和对策辩》,1809(文化六)年,是向仙台藩吏斋藤左五郎阐述该藩经济财政的意见。其内容包括了节俭、修缮道、桥、河等五十余条。

2.《文化六年向大松泽丹宫报告详单》,是给仙台藩官员大松泽丹宫的献策,宣扬"民本富国"思想,提出奖励输出、限制输入,各地融通交易等的丰富藩财力之道。虽篇幅不多,仅十五六面,但富有卓见。

3.《大知辩》,1812(文化九)年向当时的名宰相白河乐翁(松平定信)提出的论米价及一般物价的主张,又有直接向政府的献策,故由大知辩、江户米价血液不通考、附录三篇编成。

4.《详记文化十一年戌春大松泽丹宫登坂勤功》,因山片蟠桃被仙台藩要求担任该藩财用方官员,故该藩官员大松泽丹宫到大阪勤功。该书详细记叙了迄至文化十年的仙台藩与升屋的关系的记事。

从以上著作看,山片蟠桃的学问有两个特点:一是广泛性,既有理论问题,又有实践问题,涉及天文地理历史、社会政治经济宗教诸方面,人文、社会、自然科学无所不包;二是现实性,对于当时的社会现实极为关心,既有解决现实问题的适应措施,又有向地方官员及至最高政府直接提出的有效建议,这确实表现出一个务实的町人学者的气度和风格。

三、时势造就的合理主义思想家

杰出的町人学者山片蟠桃,作为一个合理主义思想家在日本学说思想

---

[1] 内藤湖南:《近世文学史论》,转引自龟田次郎:《山片蟠桃》,第75页。
[2] 龟田次郎以来一般认为《梦之代》的写本,抄本共有10余部,有坂隆道的调查认为是50部,末中哲夫在《山片蟠桃近迹》中认为近60部。

史上拥有一席之地,这是与他的生活环境和所处的时代有着密切关系的。

山片蟠桃 13 岁时从家乡来到大阪。大阪是一个非常繁荣和发达的工商业城市,故有"天下的厨房"之称;工商业者("町人")势力也相当强大,富于经济实力,"大阪町人一发怒,天下诸侯皆恐惧",形成了一种特有的町人意识,如注意身份、金钱等,"从经常的经济活动中必然会产生出合理主义的思考。虽然也讲义理和人情,但因金钱关系是以基本的数量关系的存在,计量感觉发达的合理主义思考会强烈起来"。① 山片蟠桃到大阪后,通过主家关系就学于当时被誉为"大阪市民学校"的汉学塾——怀德堂②,师从著名儒学家中井竹山、履轩兄弟。中井竹山(1730—1804 年)曾著《草茅危言》献宰相松平定信,主张变革当时墨守成规的"参觐交代制"的祖法,控制物价腾贵,善理海外贸易,也言及排佛,学风比较自由;中井履轩(1732—1817 年)的学问尤深,精于儒学(朱子学)、经学,又关心自然科学,业绩颇为惊人。有记载友人麻田刚立进行解部情景的随笔著作《越俎弄笔》、主张太阳运行之说的历书《华胥国历》,以及亲自使用显微镜观察而著的《显微镜记》——此为日本最早记载显微镜的珍贵文献。③ 山片蟠桃长年进行天体观察,师从形成独特的天体观测理论"消长法"的麻田刚立(1734—1799 年)学习天文学;富于强烈求知欲望,曾建议主人山片重芳购买了很多有关天体观测的器械和自然科学方面的书籍;④还通过与著名兰学家大槻玄泽(1757—1827 年)等兰学者的交往以及通过翻译和汉译西书吸收西洋科学知识,并化为自己的思想。由此可见,山片蟠桃的合理主义思想的形成正如日本思想史学家源了圆所指出的:山片蟠桃的合理思考的由来,是"自由的朱子学者中井兄弟的儒教(学)教育,通过麻田刚立学习的天文学以及由此背后的自然科学,还有从作为町人的自身经验中学得的"⑤。

山片蟠桃的《梦之代》是他合理主义思想的综合性代表作,特别是对地

---

① 胁田修:《近世大阪的经济与文化》,人文书院 1994 年版,第 175 页。
② 怀德堂又称怀德学塾,1724 年由大阪工商业者资助创办,是"半官半民"的学校,讲授"四书五经",因学风自由,颇受欢迎,明治维新后停办。
③ 中野操:《大阪兰学史话》,思文阁社昭和 54 年版,第 310 页。
④ 源了圆:《德川合理思想的系谱》,中央公论社昭和 54 年版,第 236 页。
⑤ 源了圆:《德川合理思想的系谱》,第 233 页。

动说和无神论的阐释。这正如他自己所说：其撰《梦之代》，"不举过去司空见惯的议论而举新说发明，但这些均是从中井两先生处所闻而受之，至于太阳明界之说和无鬼之论，余非无所发明"①。因此本文暂就这两个方面的问题稍作展开。

首先，"明暗两界说"及至地动说。

山片蟠桃批评中国、印度、日本天文学说的无稽，以明西洋学说的正确性。"天竺的须弥山之说、日本的神代卷之说、汉土诸说，均是天文未开以前之说；应该知道测天地，而这些国家只是目及之所，犹如以管窥天"②；"欧罗巴之天学，古今万国无类似的，尤其环视世界，以实见作发明，谁能与其匹敌？"③他为了证明地动说的正确性，撰《彗星考》④阐明明暗两界说，即彗星受太阳光照到的是明界，太阳光照不到的是暗界，并画出了太阳明暗界的精密图数枚，还作具体的计算进行独自的推论，更是详细地说明引力、重力理论是彗星观测的基础。这个"明暗两界说"，就是在当时的西洋天文学界中也未达到此认识，足以见其创见。但这是他吸收了西洋天文学之先进，同时也详细地研读过如明末游子六的《天经或问》、新井白石的《采览异言》、三浦梅圆的《玄语》等有关天文方面著作的结果。"于天文地理之部，初虽谨述古法，不料竟主张当时禁制之地动说。"⑤山片蟠桃在天文学方面确有"明暗两界说"的创见，因日本学者的传统观点认为他是"日本地动说确信者最初的一人"就显得不够准确的了。因为山片蟠桃在《梦之代》中就记有长崎荷兰语翻译、天文学家志贺忠雄（1760—1806 年）介绍西方的"太阳中心说"（地动说），指出与古今和汉有异。⑥ 他基于地动说的观点，还构想出明显地超越地球规模的，在其他彗星上也住有人类的"大宇宙"论，⑦充分显示出他在封建制度下惊人的构想力。鉴于上述情况，笔者认为山片蟠桃不是日本地

---

① 泷本诚一：《日本经济丛书》卷 25《梦之代》，第 11 页。
② 泷本诚一：《日本经济丛书》卷 25《梦之代》，第 90 页。
③ 泷本诚一：《日本经济丛书》卷 25《梦之代》，第 94 页。
④ 泷本诚一：《日本经济丛书》卷 25《梦之代》，第 98—103 页。
⑤ 泷本诚一：《日本经济丛书》卷 25《梦之代》，第 9 页。
⑥ 泷本诚一：《日本经济丛书》卷 25《梦之代》，第 105 页。
⑦ 有坂隆道：《日本洋学史的研究》Ⅵ，创元社昭和 57 年版，第 189—203 页。

动说的最早主张者,而是一个对地动说喊得最响、最有研究成就、留给后人印象最深者,特别是"正当严禁异说之时居然敢于论证和确信此外来的新思想,力持自然科学的正确认识,这在当时是具有极大的思想斗争意义的"①。

其次,"无鬼论"的无神论学说。

无鬼论是《梦之代》中最为精彩的部分,难怪在该书未能全部公刊以前,就有了《无鬼论》的单行本印行。② 山片蟠桃对于当时鬼神、幽灵、狐狸妖怪及卜筮之类的宗教迷信,均列举众多的实例加以痛斥。他何以要撰写"无鬼论"?"泥于鬼神的人心,皆无我而有彼,自始而犯主客彼我之差谬也。由此而从事鬼神之机密,所谓失之毫厘,差以千里。不自明察而服务于无益之鬼神,一生不免疑惑,舍却人之所以为人之道,昼夜辛苦,至死而止,悲哉!故丁宁反复而有此篇之辑。"③为此,他首先运用中国的《晋书》中所记阮瞻、阮修两氏的无鬼论来作他的佐证。"(阮)瞻素执无鬼论,物莫能难,每自谓此理足可以辨证幽明",以此赞赏阮瞻的无鬼论主张,且自信有理,别人也难以驳倒的。接着又引阮修的"尝有论鬼神有无者,皆以人死者有鬼,修独以为无。曰:'今见鬼者曰,着生时之衣服,若人死有鬼,衣服有鬼耶?'论者服焉"④。然后又列举儒家经典中的鬼神论一一加以分析批驳。例如,对于朱熹在《朱子语类》中的虽不承认佛教轮回之说,却以聚散论鬼神之说,指出"其聚散云者,即为迷乱之始;实则魂魄云者,生则为有,死则为无,此谓之有无可也"⑤。以此来肯定鬼神的不存在。对孔子《论语》中的"祭如在,祭神如神在",他援引了履轩先生语:"祭祀之法,'如在'之二字尽矣,莫以尚之,学者所宜潜心熟玩焉",借此来说明鬼神论并非客观的存在,而只在追忆祖先或父母时而为个人道德的意识存在。另外,还对日本的鬼神论者进行了批驳,如对新井白石所著《鬼神论》云"集则成人,散则又成鬼神"⑥的开明的儒教鬼神观的批评,"我读新井氏的《鬼神论》,不禁掩卷叹息。只因此人学

---

① 朱谦之:《日本哲学史》,生活·读书·新知三联书店 1964 年版,第 159 页。
② 龟田次郎:《山片蟠桃》,第 82 页。
③ 泷本诚一:《日本经济丛书》卷 25《梦之代》,第 498 页。
④ 房玄龄等撰:《晋书》卷 49,列传第 19,中华书局 1972 年版,第 1366 页。
⑤ 泷本诚一:《日本经济丛书》卷 25《梦之代》,第 508 页。
⑥ 新井白石:《鬼神论》,转引自源了圆:《德川合理思想的系谱》,第 254 页。

风过于务博,以致为鬼神所蒙蔽,看不出要点,只涉猎书籍而一毫不知取舍,只信着就是了"。"即使不肯全信,也不能离开其臭气也。"并以此表明了自己的鬼神论见解所达到的程度,"至今,完全能达到的只有我中井之门,所以虽是五尺之童,亦不惑于鬼神的诬罔"[1]。

山片蟠桃的鬼神论,也表明了他的人生观。他从无鬼论的立场出发,对人的生死问题的认识达到了透彻的程度,"船不能不知船头,有病不能不知医治,求富贵实利在于智力勤行,除灾祸在于戒慎,不行本道而怠则困难,祈佛神何是不愚也"。

概而言之,作为一个合理主义的思想家的山片蟠桃已经具有唯物论、辩证法的思想因素,其思维方法具有批判的、实证的、现实的诸特点。

四、江户时代最全面最先进的启蒙主义者

日本学者对于山片蟠桃及其代表作《梦之代》已有相当多的研究成果。总括地说,对他的业绩和学问均持肯定态度,且对于他所起的社会作用也有明确的评价。

在日本历史上,山片蟠桃抨击一切神秘主义,粉碎了未把神话和历史严格区别的神代史,提出了在神武以后,由从文字传入的应神朝开始的历史的信凭性,显示了作为近代史学先驱的合理史观;《梦之代》中的无鬼论,是江户时代最高的无神论,即使在迷信、邪教残存的今天也不失启蒙的意义;另外,在政治、经济、伦理等领域,即使对为政者有痛烈的批判,却始终是一个"维持封建制度"的现体制的赞美者,"应该以古圣贤为主"的儒教教义的忠实信奉者。因此,存在着从现在看来是矛盾的进步性和保守性。[2]

以上这段关于山片蟠桃和《梦之代》的概要叙述,基本上反映了日本学术界对山片蟠桃的总体评论。笔者对于山片蟠桃作进步性、保守性的"二重性"评价存有异议;另外,对有的日本学者把山片蟠桃作为"先驱的启蒙主义

---

[1] 泷本诚一:《日本经济丛书》卷25《梦之代》,第522页。
[2] 有坂隆道:《山片蟠桃与〈梦之代〉》,《日本思想大系》43(富永仲基,山片蟠桃),岩波书店1973年版,第693—694页。

者"亦感有商讨的必要。笔者认为,山片蟠桃是江户时代最全面、最先进的启蒙主义者。故此,概要地试述其时代环境和启蒙思想的内容。

第一,山片蟠桃处于"18世纪启蒙"的时代。

所谓"启蒙"者,即是启发人类无知蒙昧的意思。但这里所使用的"启蒙"一词系英语的 en-lightenment、法语的 illnmination、德语的 Aufkliarung 的译语。当我们论及"启蒙思想"时是有其具体内涵的。它首先指的是18世纪欧洲所发生的"启蒙思潮",或谓通常所称的"18世纪启蒙"。这是17世纪后半期在英国登上历史舞台,接着在18世纪初期以后便波及法国、德国,即是从先进资本主义国家波及后进资本主义国家的。而在这个时期里所说的"启蒙",无论在哪个国家,都含有用"理性之光"去照亮中世的蒙昧(黑暗)的意思,这是当时新兴市民阶级——资产阶级的思想意识。日本学者一般也认为,"如果从世界史的观点来看,我们可以说,'18世纪启蒙'所表明的这种思想意识,在从封建主义向资本主义过渡的'绝对主义'阶段中,是同目的在于通过无情地批判旧制度,从而促进资本主义制度发展的一系列思想形态一脉相承的"[①]。

因此,如果以欧洲"启蒙思想"所出现的时代背景和它所具的阶段属性来考察日本和山片蟠桃,那么山片蟠桃所处的时期正是日本封建统治处于危机四伏,农民起义蜂起,商品经济发达、工商业者势力增大,封建制度虽经改革却不见成效,反而加剧了社会矛盾。这正如欧洲启蒙思想所产生的时代,"在从封建主义向资本主义过渡的'绝对主义'阶段中"一样。山片蟠桃作为一个商业资本家,当属新兴资产阶级范畴。所以,他所有的行动和言论代表着当时日本商业资本家的利益,属于日本新兴资产阶级(商业资本家)的意识形态。据此,山片蟠桃应该是一个与世界潮流相吻合的启蒙主义者。同时,我们也不能忽视,启蒙主义思想在先进的和落后的国家里是不一样的,在"先进的英国、法国市民阶级是用鲜血争取到了近代化的",而"德国的启蒙主义显然是在封建主国家的绝对主义政权下'受到限制的臣下的悟性'的产物"。这对于我们认识山片蟠桃的启蒙思想或许有一定的启发。当然,

---

[①] 近代日本思想史研究会著、马采译:《近代日本思想史》,商务印书馆1983年版,第22页。

如果把明治维新以后最初的 10 年作为日本的"启蒙期",那么把山片蟠桃作为这个时期的诸如福泽谕吉、加藤弘之、西周等启蒙思想家的"先驱者",当也可理解。

第二,山片蟠桃作为启蒙思想家的业绩。

山片蟠桃的地动说、无鬼论,当属其作为启蒙思想家的重要业绩。这里再分列如下若干方面:

一、断定神代史是历史的虚构。战前,居于统治地位的"皇国史观",把日本最早的史书《古事记》《日本书纪》中的神话作为历史的真实。专攻日本上代史的历史学家津田左右吉(1873—1961 年)博士撰书指出日本的神代史是虚构的历史,并无历史事实,竟被以"冒渎皇室尊严"为由,禁止其著作的出版,并判监禁处分。其实,山片蟠桃比津田左右吉早 120 多年就指出过:"日本纪神代卷不可取,待愿神武以后自其第十四、五代的能信用,但神功皇后的三韩退治则多妄说,自应神起属确实。"①山片蟠桃通过对《古事记》《日本书纪》的批判得出的这个论断,成为津田左右吉研究结论的先导,奠定了当代日本古代史研究的基底。

二、提倡信仰自由。山片蟠桃的无神论主张也是对宗教、灵魂不灭论等的有力批判。在江户幕府规定信仰仅限于佛教,迫使其他宗教的信徒改宗的情况下,山片蟠桃则提倡儒家、神道宗,应该给民众以信仰自由,"佛者、神道者多与儒相混成三教,汉土以儒治天下,日本以神道治天下均为误也"。认为"神佛二教只从事葬礼祭祀的事,与治天下无关也",竭力主张在封建制度下提倡宗教信仰自由。

三、重视群众智慧。山片蟠桃在处理经济问题的过程中,意识到群众的智慧,曾云:"夫一人之智有限,数万人之智则无穷,唯我一人岂能知无限的天下中的事事物物。"山片蟠桃的这个观点,从他当时的身份、地位来说,不能不说是一个出众的卓见,即使对今人仍颇有启发。

四、认识知识的源泉。山片蟠桃从当时陪送漂流民的沙俄来日使节拉科斯曼以及巡游世界到长崎的兰沙诺夫的经历,认识到西洋人的勇气是他

---

① 泷本诚一:《日本经济丛书》卷 25《梦之代》,第 199 页。

们的知识和经验由来。"他们将万国三千世界谙于胸中,通邻家极易,我辈泛舟于湖水,胆怯恐怖,不能同日而语。他们大胆不敌……巡视万国,不辱使命……以此知西洋人的智术之丰富。"山片蟠桃从中得到了"勇气是由知识中来"的认识。当然,这一定是他受到了英国唯物论哲学家培根的"知识就是力量"的影响;同时,这也成为后来福泽谕吉的"知识是勇气的源泉"认识的先驱。

五、呼吁国字改革。山片蟠桃认为,西洋人有丰富的智术,这来自他们使用简单的文字。西洋人的"文字才26个字母,大写、小写加数字合计才百来个。十来岁的孩子能学尽国字,故能专心学习致知格物之学","荷兰人学28个字足已,故童女匹夫即使无笔也无不便利"。他的这个认识也成为司马江汉、本多利明以至前岛密等江户时代主张国字改良论的先驱者。

六、吹起"进化论"的前奏。山片蟠桃以无鬼论和地动说为依据,批判了宗教神学的目的论,认为"造物说"是不能成立的,而是"天日的阳气同地显的阴气和合而生出种种万物。……万物中易于生成的则残存下来,逐渐繁殖,或湿生繁育,其中最优秀者是人。人非万物之灵,而万物中的灵成人"。他的这个认识,要比达尔文发表《物种的起源》宣扬"进化论"还早30来年。在当时世界上还没有出现"进化论"时,山片蟠桃的卓越想象,可谓"进化论"的前奏也不为过吧!

以上所列,对于归纳山片蟠桃的启蒙思想,断然是并不全面的,但从中可窥见他的启蒙思想涉及人文、社会、自然科学诸方面,其领域之广阔、观点之独到、材料之具体,确实是应为当时和后人所赞叹的。

山片蟠桃是江户时代"最杰出、最彻底的唯物主义者——无神论者"[1];"山片蟠桃是做出大胆的无神论结论的思想家"[2]。根据山片蟠桃的业绩,"从国际范围看是值得评价的人物"[3]。无疑,这都是日本国内、国际对山片蟠桃的正确评价。那么,我们该如何看待日本学界对山片蟠桃作进步性、保守性的"二重性"评价呢?

---

[1] 永田广志著、版本图书馆编译室译:《日本哲学思想史》,商务印书馆1978年版,第225页。
[2] 敦尼克、米丁等主编:《哲学史》第2卷,下册,生活·读书·新知三联书店1962年版,第693页。
[3] 末中哲夫:《山片蟠桃追迹》,载源了圆:《山片蟠桃海保青陵》(日本的名著23)附录。

作为一个富豪、商业资本家的山片蟠桃,从他个人或其代表的阶级利益出发,追求赢利,获得巨额财富是无可非议的。因此,他反对政府"以政治力量"来压价,批判幕府的米价政策,主张米价不可干涉论,听任价格自由腾跃。假如说他是"现实封建制度的赞美者"就不成道理。至于他是"儒教主义(儒学)的忠实信奉者"说,也该作具体分析。我们可以断定,如果他不信奉儒学,没有坚实丰厚的儒学素养,就断不可能成为这样一个伟大的学者,且从他的学问看并没有"忠实信奉",他不是照样在毫不客气地批判朱熹、孔子等新旧儒学的开山祖师吗?当今,日本学界也有学者从传统思想、革新思想两个方面来评论山片蟠桃的。[1] 其实,传统存在着精华与糟粕;革新也有现实和空想之差别。所以,不能以为传统的是不好的,革新的是好的。问题是要找出山片蟠桃对传统继承的、批判的是否合理,对革新方面究竟是现实的还是空想的。依据山片蟠桃的理财业绩和学问成就,他对当时统治者不管是批判还是赞美,均是从其自身利益出发,反映了日本资本主义萌芽时期商业资本家的愿望和要求。当然,在山片蟠桃的思想和行为中,时代的、阶级的局限性也不可避免地反映出来。然而,山片蟠桃正是超越了当时时代和阶级的某些局限,在当时的现实环境中成为一个批判的、实证的、具体的合理主义思想家,作为江户时代最全面、最先进的启蒙主义者载入史册。

笔者附记:1993年初,笔者在日本关西大学东西学术研究所访问研究期间,登门拜访了日本著名史学家有坂隆道教授,受到热忱接待,并惠赠其主编的10卷本《日本洋学史的研究》及新著《山片蟠桃与升屋》,更以"我田引水"激励之;1996年,笔者正在进行的《山片蟠桃研究》课题,获本校日本研究中心的研究资助。故借此公刊之机,诚致鸣谢。

(作者赵建民,复旦大学历史系,原文刊于《世界历史》1998年第4期)

---

[1] 上杉允彦:《山片蟠桃的思想试论》,早稻田大学理工学部《人文社会科学研究》5,1971年6月,第34—56页。

两面性的日本近代化先驱
论吉田松阴思想的非近代性

唐利国

一、问题的提出

日本走过的近代化道路,在世界历史上有着积极与消极两方面的重大意义,既开创了亚非拉国家近代化转型的先河,又给邻国以及日本人民带来了深重的灾难。二战结束至今,学者们在反省批判日本昭和前期(1926—1945年)历史方面虽然取得了较大成绩,对之前日本近代化道路的反省和批判却仍显不足。日本政治思想史学者丸山真男曾经写道:"我一直尝试研究日本社会的阴暗之处。虽然在20世纪30年代和40年代发生的事情,使之变得更加一目了然,但在日本从封建社会到世界产业大国的'令人惊异的发展'的整个过程中,此阴暗面其实一直都是日本统治者不可剥离的特质。有人把1930年以后发生的一系列悲惨事件,单纯看作是起因于外部的国际环境,或者只是针对严峻的国内问题的临时措施,总之,主张这段历史是偏离了日本政治发展的'正常'方向的偶然的、偶发的脱轨。以此来解释历史,并将其轻易忘却。这种倾向在日本自战败投降以来一直存在,在朝鲜战争爆发之后尤为显著。我旨在与之对抗。"[①]然而,与日本进步学者的努力相

[①] 丸山真男:《从后卫的位置出发——〈现代政治的思想与行动〉追补》,未来社1995年版,第10—11页。

对,日本社会主流观念至今依然对明治时代的日本昧于反省而乐于推崇。2015 年日本申报世界遗产获准的"明治日本的产业革命遗产",曾因强制劳工问题而受到邻国反对。日本报业巨头《读卖新闻》2015 年 5 月 8 日社论竟然声称此种反对"极为异常",是"反日宣传的一环"。由此可见当今日本人历史认识的主流观念之一斑。

为了从思想史的层面推进对明治日本近代化道路问题的思考,本文拟选择吉田松阴(1830—1859)作为个案研究的对象。吉田松阴是日本倒幕维新运动的先驱,广为学界所重视。① 但现有研究往往侧重于高度评价其近代性的一面,却相对缺乏对其思想中保守性一面的深入分析。② 在战后日本广为流传的是吉田松阴作为近代化先驱的英雄形象。安倍晋三第二次当选日本首相之后,便在日本战败投降纪念日的前夕,于 2013 年 8 月 13 日参拜山口县的松阴神社。吉田松阴执教过的松下村塾近来亦被决定编入"明治日本的产业革命遗产"。目前虽有少数日本学者不满安倍晋三的举措,激烈批判吉田松阴是恐怖主义者和侵略主义者,③但对松阴思想中非近代性方面的学术性研究依然有待进一步展开。唯有充分揭示松阴思想的非近代

---

① 渡边美好编:《人物书志大系(34):吉田松阴》,日外联想(NichigaiAssociates)1996 年版;田中彰:《吉田松阴——变动的人物形象》,中央公论新社 2001 年版。

② 自明治维新以后到日本在二战中失败之前,日本学者主导下的松阴论主要是基于不同立场来肯定吉田松阴作为日本近代化先驱的历史意义。当日本在二战中失败投降以后,直到 20 世纪 60 年代,日本学术界主流是反思批判战前日本的封建残余,在此氛围之下,松阴思想的非近代性似乎不证自明。如鹿野政直当年所言:"自然,松阴的反现状的精神,只能表现为神秘主义的形态,对此,指出其时代的或者阶级的局限性,是非常容易的工作。但是,在这里重要的是他具备了如此激烈的反现状的精神。"(鹿野政直:《日本近代思想的形成》,新评论社 1956 年初版,边境社 1976 年再版,第 27 页)然而,随着在 20 世纪 60 年代日本经济复兴和近代化论兴起,对于 17 世纪以后日本的近代性发展,日本学界有着越来越高的评价。以此为背景,松阴研究再次出现了高度评价其近代性侧面的倾向。总之,其研究潮流虽然几经变化,对松阴思想之非近代性侧面的全面考察却因为种种原因而被长期搁置。中国学界亦同样缺乏对此问题的全面分析,仅有本文作者在内的少数研究者在论文中触及吉田松阴思想局限性的某些具体表现,如:杜永宽《吉田松阴对孟子君臣观及人性论的诠释》(《日本问题研究》,2014 年第 6 期)等。另请参考唐利国《论日本近代时期吉田松阴像的编成——以井上哲次郎和关根悦郎为中心》(《湖北民族学院学报(哲学社会科学版)》,2008 年第 6 期);唐利国《日本社会科学中的"近代"——吉田松阴研究史回顾》(见杨共乐主编《史学理论与史学史学刊(2013 年卷)》,社会科学文献出版社 2013 年版)。

③ 纐缬厚:《成为世界遗产的"松下村塾"与亚洲侵略:吉田松阴是"伟人"吗》,《金曜日》,2015 年 7 月 31 日,总第 1069 期。其实,吉田松阴的侵略思想与其政治思想的保守性之间有着不可分割的关联,不揭示这一点便很难以真正把握其侵略思想的历史本质,对于这一问题,笔者将于别稿论之。

性一面,才能够全面把握松阴作为日本近代化先驱的思想特质,从而有助于更加全面地理解日本近代化道路的历史意味。①

对松阴思想近代性的讨论,普遍存在一种倾向,即在观念上将传统与近代看作完全对立的,认为只要是有助于近代社会成立的思想,就是近代性的思想。"吉田松阴推进了日本的近代化转型,所以其思想具有近代性",这种直线式的论证随处可见。但是,曾经促进近代社会成立的,一定是真正近代的要素吗?与主流观点不同,日本近代思想史名家鹿野政直所著《日本近代思想的形成》一书,认为松阴对封建武士伦理的贯彻,产生了超越其主观意图的历史影响:"吉田松阴的伦理是武士的,即封建的,却反而承担了反封建的命运。"②鹿野对这一历史悖论的揭示极具启发性:必须严格地区别思想者的初衷和思想的历史意义。促进近代化的,未必便是近代的。松阴虽然是日本近代化的先驱,也不宜轻易断言其某些思想便是近代性的。

同样富于启发性的是丸山真男于二战期间所作关于吉田松阴"一君万民"思想的反封建性的论文。③战后,丸山反省自己当年关于"德川中期以后出现的所谓一君万民型绝对主义思想的评价","不免过于乐观":"一君万民的思想虽然不是没有局限性,但姑且承认其本质上的反封建要素,并加以肯定性评价,这是我当时内心的想法。"④遗憾的是丸山没有在自我反省的

---

① 本文无意否定,在幕末日本思想展开的大背景下,吉田松阴具有的相对进步性。丸山真男早在1944年的论文中便指出,与会泽正志斋、藤田东湖等所代表的水户学的尊王攘夷论相比,吉田松阴的思想位于更高的发展阶段,"最早在思想上代表,并在行动中实践了'激进派'尊攘论的,是吉田松阴"(丸山真男:《国民主义的"前期性的"形成》,见《丸山真男集(第二卷)》,岩波书店1996年版,第259页)。本文在赞同这一判断的基础上,致力于全面论述丸山真男所未及展开的,关于吉田松阴思想的非近代性方面的分析,以求真正把握松阴思想的"两面性"。
② 鹿野政直:《日本近代思想的形成》,第35页。
③ 丸山真男:《日本政治思想史研究》,东京大学出版会1952年版,第三章第三节;丸山真男:《丸山真男讲义录(第二册)(日本政治思想史1949)》,东京大学出版会1999年版,第一章第三节。
④ 丸山真男:《日本政治思想史研究》,第8、9页。丸山强调:"为了从更加正确的观点出发来推进对这一问题的理解,必须思考以下历史过程的思想意义:德川封建制的政治构造绝非贯彻了典型的采恩制,而是被韦伯所谓的家产官僚制的契机所深深渗透,其结果是,绝对主义化的道路一方面向着近世初期的欧洲型绝对主义(所谓官僚化的后期家产制)的方向发展,另一方面也和通往亚洲式专制的方向重叠发展。"(丸山真男:《日本政治思想史研究》,第9页)这意味着,作为德川时代绝对主义思想发展顶点的吉田松阴的一君万民论,不仅有着被学术界所高度肯定的近代性的侧面,同时也有着不应忽视的专制保守的侧面。

基础上,构建新的松阴论。而他在战争期间的松阴论,却在不断被误解、被极端化的同时,成为被广泛接受的定论。①

在充分考察鹿野政直、丸山真男等前人研究成果的基础上,本文致力于对吉田松阴思想的非近代性方面作深入分析。松阴面对其所处的时代,在多大程度上摆脱了旧思想的束缚? 又在多大程度上被旧思想束缚? 这是一个非常朴素的问题,却是全面把握松阴思想的关键。作为探索日本近世思想中近代性因素的拓荒者,丸山真男曾经提出关于思想近代化程度的三个衡量标准,可将其简单归纳为封建身份制的克服、政治制度的变革以及个人精神的解放。② 丸山真男的某些具体结论虽然经常被人质疑,但他关于衡量思想近代化发展程度的判断基准却被学界广泛接受。以下将参照这三个标准对松阴的思想进行细致分析,希冀补充现有研究之不足。

二、身份制意识

政治意识近代化的一个重要指标是对于国民整体性的自觉,其前提是对封建身份制度的克服,人人平等观念的确立。以下将细致考察集中体现了松阴身份制意识的道德论。

1. 性善论

作为道德论的哲学基础的人性观,松阴坚持性善论的立场。有学者认为松阴由此而发展出了平等的观念。③ 但仔细分析可以发现,松阴的性善论有两个非常显著的特点。

第一,反对思辨。如松阴所论:"其说(指关于性善论的各种观点——引

---

① 丸山真男其实曾经指出包括吉田松阴的末期思想在内,幕末的富国强兵论和尊王攘夷论等,"在国民渗透的契机上自不待言,即使在集权政治的确立上,也同样不得不止步于封建结构的最后铁壁之前"(丸山真男:《国民主义的"前期性"形成》,见《丸山真男集》第二卷,第267页)。但是丸山真男并未就此展开论述。日后随着日本社会科学界知识氛围的变化,日本学者对松阴思想的近代性逐渐给出了远比丸山真男更高的评价。(唐利国:《日本社会科学中的"近代"——吉田松阴研究史回顾》,见杨共乐主编:《史学理论与史学史学刊〈2013年卷〉》)。
② 丸山真男:《丸山真男讲义录(第一册)(日本政治思想史1948)》,东京大学出版会1998年版,第43—52页。
③ 郭连友:《吉田松阴与近代中国》,中国社会科学出版社2007年版,第四章;田中彰:《吉田松阴——变动的人物形象》,第150页。

用者注,以下未做说明者同此)愈备而其实愈疏。故读孟子之书者,留心于斯而不涉议论,只学事实。先笃信己性真善,发现良心,扩充恻隐、羞恶、恭敬、是非等。或起物欲邪念,则速寻来良心,求其所自安自快,使无悔吝。于人之教导,亦然。然则性善之外,不复借气质之说。"(《讲孟余话》,第149—150 页①)松阴主张跳过思辨,直接坚信自己本性为善。他只是把孟子的学说不加反省地作为自己的逻辑出发点,强调具体的道德实践,而不曾论及性善论在哲学层面上所蕴含的人人平等的潜在意味。

第二,松阴的性善论和人有等差的观念非但并不冲突,反而相辅相成。孟子关于恒产恒心的议论,本来便意味着士对民的道德优越性。即便强调以知识、志向或者道德来判断是否配称为"士",在教育资源的分配本来就不平等的身份制社会,这样的判断基准,不但未必意味着平等,反而可能成为对身份不平等的正当化。性善论和道德的阶层区分,本不存在必然的矛盾。性善论是理想教化的逻辑,道德的身份制区分是现实政治的逻辑。松阴在坚持性善论的同时,也坚持认为人是有等差的:

> 人有三等。下等之人,不合于义,不信不果之徒,是妄人也。中等之人,必信必果,未必合于义之徒,是游侠之类也。上等之人即本文所谓大人,不必信,不必果,惟从义之所在而行之人也。若泛论人品,中等之人亦非易得,勿轻之。然至于为学者,舍上等何所学乎(《讲孟余话》,第108—109 页)。

显然,松阴不但没有否定人与人之间的等级差别,而且为了推行教化,提高教育的标准,格外强调人品差别的存在。松阴虽然鼓励所有人都要努力提高道德修养,却并不是对人们的道德认识能力毫无差别地一视同仁:"余因细阅小人之情态,凡有三等。先有愚夫云者……是实不可喻者,甚可悯也。"(《讲孟余话》,第255 页)

松阴在面对学生时,会强调无论是谁,只要接受教育,就能够取得进步。"人性皆善,圣人亦与我同类者也。"(《讲孟余话》,第150 页)此类励志话语,

---

① "《讲孟余话》,第149—150 页",意指"吉田松阴著,广濑丰校订:《讲孟余话》,岩波书店1936 年版,第149—150 页",后文同此。

足以为"志士"的自我主张,却并不意味着对社会不平等的批判。如果松阴真的认为任何人都可以成为圣贤,应该不会认为还有"不可喻者"。在身份制社会中出生、成长的吉田松阴,实际上已经习惯了人有等差的观念。又如,他如此称赞僧人默霖之讲法:"狱舍奴卒,往往赴听,为之感奋,思致身报国。狱奴至贱至愚,尤能如斯,况上焉士大夫,颇有知识者乎。"(《与清狂书》,安政〈1855〉二年4月10日,定本二,第21页①)松阴很自然地把"狱奴"与"士大夫"之间的等差的存在,作为事实而接受。

基于道德认识能力上的差别,松阴对武士和庶民提出了不同的道德要求:"夫屋宅极尽美丽,居间唯求便利,地板之置物、挂件、屏风、障子等……商买町人者不苦之。苟为居于武士之籍而行搜集之举,非诚为可耻之事乎?"(《武教全书讲录》,定本三,第113页)虽然武士和町人同样是人,但松阴对其道德的要求却不相同。町人做了也无妨的事情,如果武士做,就是可耻的。松阴为庶民特别选择的是比较简单的教育内容。他如此论述孟子所谓"世俗所谓不孝者五":"此五条简明确实,特于民庶最切也。苟能真心教谕此五条,当有良益于淳民俗。"(《讲孟余话》,第118—119页)松阴对庶民修养道德的能力存有疑问,所以认为简单的东西才适合庶民。这种对庶民的宽容,正是一种道德歧视。如"淳民俗"一语所表明的,与庶民内在的道德性相比,松阴更关心的是外在的对秩序的服从。松阴的性善论,最终也没有超出封建教化的范畴。

2. 教育论

立足于性善论的松阴,经常强调应该以"志"之有无来作为界定武士的标准,而且他教育学生,不拘泥于身份的高低贵贱,这一点也经常被学者解释为对等级身份制的否定。② 但是,值得进一步思考的是,松阴所谓的"志",究竟是在怎样的逻辑前提下展开? 有着怎样的政治意义? 其教育活动,有着怎样的社会功能?

---

① "定本二,第21页"意指"山口县教育会编:《吉田松阴全集(全十卷)》(定本版),岩波书店1938—1940年版,第二卷,第21页",后文同此。又,本文引用1868年之前的史料所用月日均为阴历。
② 郭连友:《吉田松阴与近代中国》,第125页;藤田省三:《书目选定理由:关于松阴的精神史意义的一个考察》,见吉田常吉等编《日本思想大系(54)吉田松阴》,岩波书店1978年版。

松阴曾论:"夫道有污隆,时有否泰,位有尊卑,德有大小,大德居尊位,小德居卑位,则时泰而道隆,否则否,是天地之长形、古今之通势,何足深怪焉?然人生两间,资性禀气,与万物异,则当以纲常名分为己责,以天下后世为己任,自身达家,自国达天下,自身传子孙,传曾玄,传云仍,无所不达,无所不传。达之广狭,视行之厚薄,传之久近,视志之浅深。立心于天地,立命于生民,继往圣而开万世。"(《复久坂玄瑞书》,安政〈1856〉三年7月18日、定本三,第39页)以德行高低来配上下尊卑的儒家传统观念,一方面有为封建身份制度做意识形态辩护的功能,另一方面也有着激励统治者责任心的积极意味。松阴批判那些身份高贵却没有道德学问的人,无外乎维护身份秩序存在的合理性。他只是根据自己理想中的身份制道德,批判当时统治阶层中的具体个人,而非以道德之高低来否定等级身份制。实际上,松阴坚信维护封建伦理秩序是天下治平的关键:

> 人人亲其亲,长其长,而天下平。此语天下之至论也。君君臣臣,父父子子,夫夫妇妇,天下岂有不平哉。然则天下之不平者,在于君不君则臣不臣,臣不臣则君不君也,二者常相待而后天下不平。(《讲孟余话》,第94—95页)

无论道德多么高尚的臣下,也只能是为君主所用的臣下。在松阴看来,对身份秩序的积极维护,正是道德要求的核心内容。以"志"为士的标准,有两层含义,一是激励武士成为理想的武士;二是要求庶民中某些有意愿的人积极实践"士"所要求的道德规范,来为维护身份制社会秩序服务。无论哪一层含义,都不意味着要求庶民和武士享有平等的权利。

而且,如丸山真男所曾论述的"身份制社会意识形态的渗透法则":"身份制社会的稳定性由统治阶层伦理向社会下层的渗透所支撑,反过来,当其无法向下渗透的时候,也就昭示了身份制社会崩溃的征兆。"① 鼓励某些庶民尝试实践武士的道德,不但不意味着身份制社会的分解,反而意味着对身份制社会的强化。幕末日本经常有人感慨的"士风日下"即武士阶级道德水

---

① 丸山真男:《丸山真男讲义录(第一册)(日本政治思想史 1948)》,第46页。

平的下降,正是统治阶层伦理无法向社会下层渗透的标志。理想中的武士日益少见,武士不再被奉为身份制社会的人物典型,这显示了封建社会解体的趋势。松阴也经常批判当时的"士风",致力于恢复封建社会理想的武士形象。其注重道德养成的教育活动,也是为了挽救趋于崩溃的封建制度。松阴对武士和庶民的教育有着不同的意义:教育武士意味着再造统治阶级的人物典型,教育庶民则意味着统治阶级伦理向全社会的渗透。

为了维护"君臣父子夫妇"的社会秩序,松阴针对不同身份而提出相应的修身要求,其学问观也反映着身份制社会秩序的理念。例如,他基于以学问划分人之等级的逻辑,鼓励他人研究学问:"学问之道,要在知人之所以异于禽兽。其所异者,无外乎五伦五常之得与失。失之则为庶民,勤而得之则为君子,从容自存者为圣人。虽云众人,勤励则为君子,至其功熟,即圣人也。"(《讲孟余话》,第112页)松阴理解的学问,旨在维护五伦五常,而非创造平等社会的手段。其教育的最高目标是培养圣人、君子等封建统治阶级的理想人物。但松阴其实并不信任庶民的道德认识能力,其对庶民的教育重点在于要求他们遵守封建秩序。松阴的议论不但构不成对封建身份制的批判,反而发挥了使之正当化的作用。

作为松阴超越身份制度的例证,经常有人会列举松阴对贱民身份的幸吉夫妻的义烈行为的高度肯定。[①] 的确,松阴曾参与推动长州藩政府为幸吉夫妻树碑,并建议将其提高为良民身份。但松阴的评价标准完全是按照武士阶级的伦理观念:"彼幸吉夫妻之所为者,于凝固天晴大和魂之士大夫亦无愧之节操也。"(《讨贼始末》,定本三,第296页)此即前引丸山真男所谓统治阶层道德对社会下层的渗透。道德之高低和身份之高低相互对应,这本来就是身份制社会的基本观念。实际上,松阴为幸吉夫妻撰写碑文,本来便是受长州藩大津郡代周布公辅所托。由于没有先例,最终未能成功立碑,只是把幸吉的妻子登波从贱民升格为良民。以幸吉夫妻的故事为例,来论证松阴思想的近代性,其实是很困难的。松阴对幸吉夫妻的赞扬,仍属于封建教化的一环。

[①] 田中彰:《松阴,女囚与明治维新》,日本放送出版协会1991年版,第176—185页。

虽然有观点认为松阴的教育思想体现了平等主义,其实松阴自己清楚地表明了其教育活动对于不同的人有着不同的目的:"圣人之道,盖云:君子学道则爱人,小人学道则易使。"(《送吉田无逸序》,定本三,第 222 页)教育君子是为了培养善良的统治者,教育小人是为了培养顺从的被统治者。无论如何,通过学"道"而从根本上消除小人和君子之间的差别,并非其目标。对松阴而言,学问的功能并不在于创造人人平等的社会,而在于维持五伦五常的身份制道德。的确,松阴在松下村塾的教育对象,不但有下级士族,甚至有庶民。但是,在高度评价其平等、解放等近代性意义之前,应该先考察一下其教育的具体内容和根本目的究竟是什么。松阴的教育活动意在主动承担封建教化的功能,同时体现了处于较低社会层级的武士的上升志向,却很难断言其指示了通往近代化的方向。在幕末剧烈的政治变革过程中,松阴门下的确涌现出很多日本近代化的指导者,但是这一事实必须置于当时的历史背景之下进行考察,不宜由此直接逆推松阴思想的近代性发展。

3. 职分论

松阴所秉持的是身份制的道德观,其道德观的社会前提是四民身份制的存在。农工商各有其职分,而作为特权身份阶层的武士,不从事农工商那样的职业,为什么却是"三民之长"? 松阴引用《孟子》而展开议论:"君子居是国也,其君用之,安富尊荣,其子弟从之,则孝弟忠信,不素餐兮,孰大于是。"(《武教全书讲录》,定本三,第 99 页)武士的职分是出仕于君,统治三民。这种职分论是松阴道德论的核心依据。例如,他引用当时已经去世的继父吉田大助贤良的话,"君者国之干,民者国之本,臣立于君民之间,使君仁民勤业,而美则归之于君与民,而收刺于己。朝典因此不乱,治教因此日明,是人臣之所以奉上也",论道:"寅(吉田松阴自称)虽不敏,远思先师(指山鹿流兵学的开创者山鹿素行)之教,近仰先考之训,而安能为贼民(指无益于社会之人)哉?"(《武教全书讲录》,定本三,第 100 页)立于民之上、君之下,使君"仁",使民"勤",归根结底是"臣"对"君"的义务。武士作为臣而尽其职分,是为了君,而不是为了民。

松阴出身于下级武士,过着半农半士的生活。这一点经常被认为是他能够超越身份制的原因之一。但也正因为松阴是"贱士",反而特别执着于自己的武士身份。他深信武士在日本社会中是一种特殊的存在:"所谓武士者,虽饥寒亦不失吾生来之心志。"(《讲孟余话》,第 26 页)他对于自己因脱藩而被剥夺士籍有着强烈的耻辱感,期待着建功立业以雪耻(《复妻木士保》,安政〈1855〉2 年 3 月 27 日,定本二,第 18 页)。即使丧失了武士身份,松阴依然没有放弃身为武士的自觉,他在狱中对同囚讲道:

> 虽吾徒原污此士籍,以不合士道,今黜辱为因奴,至于不得复齿于士林……吾愿与诸君励志,讲究士道,炼磨恒心,苟使其武道武义不负武门武士之名,虽灭死亦万万无所遗憾。(《讲孟余话》,26—27)

通过道德上的修炼证明自己依然不负武士之名的强烈意愿,即松阴所特别强调的"志"。他感慨在狱的处境:"生而为士者,修熟文武,心系治乱之奉公,固也。但吾辈已为幽囚之身,语此等之事,亦近于空谈。"然后又强调:"我非为农工商之业以报国恩之身,亦唯不忘读书讲道,研究忠孝之一端,以报他日也。"其理由在于:"唯食于人,而不劳心治人,则其何所谓?(《讲孟余话》,第 69—70 页)"

即使失去了武士身份,依然坚持"劳心治人"的理想,这是松阴行动力的能量之源。他如此自述其身为治者的意识:"余平生以伊尹之任为志。如其言所谓:'思天下之民匹夫匹妇有不被尧舜之泽者,若已推而内之沟中'。"(《讲孟余话》,第 240 页)作为封建社会仁人志士的典型,松阴对"匹夫匹妇"抱有同情心和责任心,却不曾设想"匹夫匹妇"的自立自治。以成为这种理想型武士为志,致力于以武士阶级的伦理观念去规范社会,其实是与庶民阶层的成长和自立背道而驰的。立足于以职分论为中心的社会秩序观,松阴无法摆脱对武士身份及其特权的执着,因此难以形成真正的近代国民意识。松阴最大的贡献在于,为了抵抗西方的冲击,将身份制伦理中内在的积极要素做了尽可能地发挥。恢复或者实现传统秩序的理想状态的强烈愿望,为松阴及其同志们提供了行动的能量。

三、政治制度观

近代化包含两个方面:政策决定的非人格化和制度创设的人格化。人的主体性不表现在具体的政策决定过程中,而是体现在政治制度的创设之中。因此,取代道德论的机构论和法的制作主体观的形成,是检验思想近代性的重要标准。① 而吉田松阴的政治论其实依然是围绕着道德论而展开,以下就其受到高度评价的开国论、倒幕论以及草莽论等政治主张进行分析。

1. 开国论

"开国"是引发幕末日本政治动荡的关键。吉田松阴关于这一问题的见解,以一种悖论的方式体现了其前近代性质的制度观。学界一般认为松阴是开国论者,突破了锁国制度的限制。② 的确,松阴曾以身犯禁,尝试偷渡海外,其关于航海雄略的议论,更是经常为人所引用:

> 欲振雄略驭四夷,非航海通市,何以为哉? 若乃封关锁国,坐以待敌,势屈力缩,不亡何待? 且神后之平韩,定贡额,置官府,时乃有航海焉,有通市焉。德川氏任征夷,时固航海而通市矣。其后天下已平,苟偷无事,宽永十三年,乃尽禁绝之。然则航海通市,固雄略之资,而祖宗之遗法。锁国固苟偷之计,而末世之弊政也(《对策一道》,安政〈1858〉5 年,定本四,第 107—108 页)。

在此,松阴虽然批判了德川幕府锁国传统的退缩性,其根本思路却只是把"航海通市"视为"振雄略驭四夷"的手段,并非真正的自由交往和自由贸易。而且,当时他实际是主张锁国的,所以他接着写道:"虽然,言之有难焉。今之言航海通市者,非能资雄略,苟免战耳。其志固不如锁国者之不以战为惮也。"(《对策一道》,安政〈1858〉五年,定本四,第 108 页)他的设想是首先拒绝美国通商的要求,积极发展日本国力,同时也强化与中国、朝鲜等的关系,期望能够"皆设馆置将士,以探听四方事。且征互市利,此事不过三年略办矣",然后再与美国"缔和亲之约"。(《对策一道》,安政〈1858〉五年,定本四,

---

① 丸山真男:《丸山真男讲义录(第一册)(日本政治思想史 1948)》,第 48 页。另外,吉田松阴关于主君或者天皇亲政的主张,形式上可以认为是对制度变化的要求,但其论证的根本依据在于所谓天皇亲政的古代传统。松阴在精神上是向传统回归的,他并未形成制度创设主体的意识,也没有摆脱"以对祖法和先例的追随为前提"[丸山真男:《丸山真男讲义录(第一册)(日本政治思想史 1948)》,第 49 页]的传统。
② 信夫清三郎:《象山与松阴——开国和攘夷的逻辑》,河出书房新社 1975 年版,第四章;桐原健真:《吉田松阴——发现日本的思想家》,筑摩书房 2014 年版,第 95—97 页。

第 109 页）虽然经常有人认为这是一种"开国进取"的态度，但在当时实际的国际形势下，基本维持传统锁国体制，仅加强与中国、朝鲜的外交和通商，不可能真正实现发展。松阴对历史发展大势的了解，还停留在传统知识领域之内。

而且，松阴对开国通商抱有根深蒂固的恐惧心理，如此论述美国设使通商的要求："今墨夷（指美国）欲置相纵市。盖置相，所以驭吾国也。纵市，所以诱吾民也。又欲立天主堂，除吾国妖禁，及建商馆佣吾民而用之。其为驭国诱民也甚矣。"（《对策一道》，安政〈1858〉5 年，定本四，第 108 页）在这样的心理状态下，很难设想他能够真正认识到开国的必要性。诚如鹿野政直所论："在吉田松阴而言，由开国而贸易是绝对的恶。"①更准确地说，松阴是把不为政府所支配的对外贸易看作绝对的恶。如其所论："通商争利，争利长乱，自然之势也。争利长乱之事，而不辖官府，其弊其有极乎？"（《狂夫之言》，安政〈1858〉五年 1 月 6 日，定本四，第 14 页）德川幕府锁国制度的核心原本便不是完全禁止与国外的接触，而是要垄断对外贸易和海外情报。②松阴虽然言辞激烈，却依然固守锁国的基本原则。他尚未认识到日本加入近代国际关系体制的历史必然性，只是期待能够再现传说中日本古代圣皇威服海外诸国的荣光。（《与治心气斋先生书》，嘉永〈1852〉五年 8 月 26 日，定本四，第 536 页）松阴没有意识到近代国际关系与古代国家关系的区别，是以无法真正理解幕末日本所面临的全新的时代状况。

2. 倒幕论

一般认为松阴是倒幕派的先驱，但松阴终其一生也没有能够在制度上否定幕府存在的必要性。松阴的政治言论虽然经常给人留下非常激进的印象，但是他最终没有突破幕藩体制的基本框架。鹿野政直认为松阴之所以无法迈出最后一步，根本原因在于其身为武士的忠诚伦理。③ 鹿野在此面临着一个悖论：既然松阴已经赋予朝廷以最高价值，为什么依然无法否定幕

---

① 鹿野政直：《日本近代思想的形成》，第 92 页。
② 信夫清三郎著，周启乾译：《日本政治史（一）》，上海译文出版社 1982 年版，第 21—23 页；沈仁安：《德川时代史论》，河北人民出版社 2003 年版，第 131 页。
③ 鹿野政直：《日本近代思想的形成》，第 38—43 页。

府？鹿野给出的解释是：

> 因为贯彻武士的伦理而终于到达幕府讨灭论的吉田松阴，这时也正是因为武士伦理的贯彻而不能将幕府讨灭论进行到底。武士的伦理是忠的伦理，所以不能认可对上的叛逆。①

其实，松阴也曾尝试将藩主对幕府的义务从忠诚意识中区分出来。"幕府，我君之所敬事也。陈善闭邪，谓之敬，吾君不能，谓之贼。我与足下（指赤川淡水），以是（指尊皇）事吾君，吾君以是谏幕府。我以是事吾君，吾君不允，则死而后已，吾君允之，以是谏幕府，幕府不从，吾君不必死也，何也，幕府恩义虽重，非吾君之君也，况上有天朝在焉，何得辄死乎？"（《又读七则》，安政〈1856〉三年 11 月 23 日，定本三，第 58 页）这段议论表明，松阴实际上已经能够以天皇的存在，将藩主对将军的忠诚相对化了。因此，对将军的忠诚心，应该不是限制其发展出真正的倒幕思想的决定性因素。松阴之所以最终亦未能形成真正的倒幕论，根本原因还应求之于其所秉持的道德主义的政治观。

近代性制度观的缺如，在松阴对倒幕论的批判中有着鲜明的体现。他曾如此批判主张讨伐幕府的默霖："至于请天子讨幕府之事，殆不可矣。……古之人，视人之罪恶，犹在其身，可谏则谏之，可规则规之，其深切如此。我藩近年来，举大义以规谏幕府者，不为不至，然比之成汤文王，能无少愧哉？……上人视吾藩之力之德之义，能足合天下之诸侯耶？能足匡征夷之罪邪？二者或未足，则圣天子未遽允其请必矣。昔晋刘弘诛以纵横说进者，世真有忧世忠国者，吾恐上人不得保其首领也。"（《与浮屠清狂书》，安政〈1855〉二年 3 月 9 日，定本二，第 17—18 页）松阴关于倒幕问题的讨论，首先立足于道德考量，而且他也并未对幕府制度本身有丝毫质疑。

松阴把政治问题作为道德问题来把握的思维倾向，妨碍了制度变革意识的形成。例如，关于鸦片战争，他认为英国人只是依仗武力，追求利益，"唯其利之争，故无义无勇也"，只要清朝皇帝能够任用像广东抗英民众那样

---

① 鹿野政直：《日本近代思想的形成》，第 36、38 页。

的"义勇之士",就一定能够取得胜利:"今夷之所恃,船坚而炮便已,船与炮器械也,恃器械则幸生也可知,号义勇则必死也可知,以必死敌幸生,无不胜也。"(《读粤东义勇檄文》,嘉永〈1848〉元年,定本一,第337—338页)松阴后来又写道:"余观满清鸦片之乱,大患在汉奸自内勾引,盖由邻里乡党之制废,而伴助扶持之教荒耳矣。吾邦宗门之制,伍法精明,不特足防邪教之染,万一变故,亦可无内奸勾引之虑……余观鸦片之乱,有知宗门之制固不可苟,而井田之法亦有可行矣。"(《随笔》,嘉永〈1850〉三年,定本一,第357—358页)在此,他不但肯定德川幕府一直奉行的禁止基督教政策(宗门之制),甚至认为井田制也有现实可行之处,可见其制度论的保守性。

作为兵学者的松阴,虽然不会完全无视武器的力量,却坚信道德勇气才是克敌制胜的关键:"有独力以支天下驭百蛮之志,则炮不可不铸也,舰不可不造也。若今未也,练志以代炮,养气以代舰,是为急矣。"(《狱舍问答》,安政〈1855〉二年,定本二,第100页)作为危机对策,松阴尤其重视君主的道德。他早年曾作《异贼防御策》,先是提出问题:"方今远西猖獗,我有何所恃,而后待之?"然后提了种种建议,最后总结道:"然推其本,人才能弁而已,人才即弁,则六者(指武备边防等)亦举焉。又推其本,君心仁义而已。孟子曰:君仁莫不仁,君义莫不义。余深信之。"(《异贼防御策》,弘化〈1846〉三年5月17日,定本一,第249、252—253页)十年之后,松阴依然坚持这一观点:"可忧者,人君无效死弗去之志,臣民无亲上死长之心焉耳。大抵策士之所忧,末也,君子之所忧,本也。(《狱舍问答》,安政〈1855〉二年,定本二,第99页)"因此,松阴反对中村道太郎关于学政改革的主张,强调:"学政不必改。唯有硕学钜师,文不得不兴,有材士良兵,武不得不隆。余策如斯,改政二字,万万可忘。"(《狱舍问答》,定本二,第100页)

未能形成作为制度制作主体的自觉意识的松阴,其制度观无法突破传统的限制。在关于长州藩的政治状况的评论中,他也反复强调对所谓"祖法"的尊重:"且以本藩之事言之。烈祖三灵之建置,实可谓千百世之重典。……故守成之君所贵者,在务尊祖宗之遗训,率邦家之旧章,杜纷更变乱之渐。学者于兹亦应注意。"(《讲孟余话》,第65页)这一认识在根本上还是把政治问题道德化的传统思路:"安石、孝儒皆谓,政之要在法之善恶,故务欲法度之纷更变易。是大非也。虽云道有污隆，德有厚薄，大凡创业垂统之主，必有传百世之制度者也。故为守成之臣子者，务须讲究祖宗之法制，且欲求不徒为法者，惟在修德而已。"(《讲孟余话》，第 86 页)松阴重视创业之君的传统，警告守成之君要重视道德修养，而不要乱事更张。

松阴在其生命的最后一年写道："今文恬武嬉，国家之纲纪，亦少弛矣。其在上者，果皆贤才乎。其在下者，果皆愚鲁乎。"(定本九，第 304 页)他依然只能是依据旧秩序的理想观念来批判现状，其矛头所向依然是当权者的个人资质，而非制度本身的问题。策划暗杀幕府高官，是松阴生前反对幕府的政治行动的极限，对幕藩制度的真正否定，还有待于其死后的历史发展。

3. 草莽论

吉田松阴在生命的最后阶段，提出了利用"草莽"的力量来推动政治进程的设想，此即被视为松阴思想发展顶点的所谓"草莽论"。这在幕末日本的确是非常大胆的建议。但是，松阴所谓的草莽，指的是有政治热情却没有官职的武士，不是庶民。松阴所关心的是民众治理，而不是民众启蒙。在松阴讨论太平天国运动的《清国咸丰乱记》中，充分显示了他对"愚民"掀起内乱的担忧。(安政〈1855〉二年，定本二，第 52—82 页)

松阴曾作《护民策一道》(嘉永〈1848〉元年 5 月 6 日，定本一，第 364—365 页)，认为在战争爆发时，为了防止民众的混乱，必要时可斩杀惊慌逃窜者以儆效尤："夫愚钝无虑者，莫甚于细民。必也上有法，下有教，处置得宜，然后庶几补十分之七八。"关于战争，此文的基本观点是："何事于细民？"在松阴眼中，庶民和武士是不同的两类人，他延续了身份制度下武士歧视庶民的传统，尚未形成国民或者日本人的意识。他虽然希望日本国内各封建势力能够团结起来，一致对外，但并没有意识到，近代战争的本质是国民的战争，只有打破身份制度，才能够真正进行广泛的国民动员。

随着幕末日本所处国际形势的恶化，松阴逐渐认识到有必要突破"贵贱之别"，但其试图打破的是武士身份阶层内部的等级差别。他在给木户孝允的信中写道："忧国之心不应因身份之贵贱而有所区分"(《与桂小五郎书》，安政〈1857〉四年 10 月 29 日，定本三，第 233 页)，这里的"贵"，指的是能够参与幕府政治的人，而"贱"则是指不得参政的松阴自己及其同志。松阴主张任用人才不拘身份贵贱,不是主张庶民的权利,而是强调屈居于贱位的自己和同志们的参政权。这对封建门阀制度的确构成了一定的冲击,但远非主张打破身份等级制度本身。

作为支撑其论证的依据,松阴依然求助于传统的儒学。他在给友人的信中写道:"抑天下之本,在国与家。足下左右臣僚,与邑中民庶,教以文武,示以勇方,皆可以成德达才,以供天下之用矣。天生之才,无择于贵贱,士之发志,无拘于少长,苟有才有志,其寂寞而已哉。古之道盖云:君子思不出其位。故位卑而言高,罪也。当今当路之计,未见其甚得。然使足下傲睨采邑,可否一世,则君子之思,其出其位矣。使仆俯仰囚室,咄咄称怪,则位卑而言高,是其罪矣。二者皆非道也。然则何如,其子弟从之,孝悌忠信,是孟子所谓不素餐也。"(《复口羽德祐书》,安政〈1857〉四年 10 月 28 日,定本三,第 232—233 页)松阴强调有必要修正旧的道德要求以对应时代状况的变化,这的确有着不可低估的积极意义。但所谓"不素餐",是揭示"士"的存在意义的逻辑,并非人人平等的伦理设定。松阴所谓的"志",依然是武士独占之物。

主要向传统学问寻求资源,限制了松阴思想发展的更多可能。对于当时在日本已经得到一定程度传播的西洋学问,松阴主要还是以技术视之,并如此批判那些批判儒学的人:"近世修西洋究理学者,以孔子不知日食诽圣人,以天动地静之说议周易,至于有学儒者亦以是等之事为圣人之耻。其诽其耻皆琐事小节,其于道无所轻重者同也。"(《讲孟余话》,第 236 页)而且松阴虽然也曾一度有志于学习洋学,最终出于各种原因而未能实现(《送古助游学江户序》,安政〈1855〉二年 8 月 22 日,定本二,第 35 页)。松阴主要从传统学问中寻求思想资源,也与其最终放弃西学有关。他虽在临死之前,呼吁"草莽崛起",却只是想对草莽的力量加以利用而已。如其所言:"非草莽崛起,何以取快。然有圣天子,有贤诸侯,草莽士何遽自取。况吾藩之士,亲知吾公之明者,最不可草莽是从也固矣。唯其假草莽之力,除小人,去邪人,使正人君子得其所焉。是为善报神州,是为善酬吾藩也。"(《要驾策主意上》,安政〈1859〉六年 2 月 7 日,定本四,第 345 页)

本节以松阴的开国论、倒幕论以及草莽论为例,讨论了其对内、对外两方面的认识。松阴制度变革理念的不成熟性，反映了其政治思想的历史局限。其强烈的道德主义倾向，妨碍了其制度变革意识的形成。他至死仍是为了恢复被破坏的传统秩序而积极采取行动的。

四、个人精神的解放

丸山真男曾论："在封建社会意识形态的发展中，一方面是政治精神的集中，另一方面是纯粹个人精神的解放，确定这两方面的进程，是衡量其近代化水平的一个指标。"① 近代国家在主权集中的同时，对纯粹的私人领域原则上采取放任不管的立场。但是，松阴却坚持政教合一的传统理念，表达了对私人领域进行彻底控制的强烈意愿。下面将以此为焦点，考察在个人精神解放问题上，松阴思想的历史局限性。

松阴从安政三年(1856 年)8 月 22 日到 10 月 6 日，以亲戚子弟为对象，讲解山鹿素行的《武教全书》中的《武教小学》，讲义整理编定为《武教全书讲录》，亦称《武教小学讲录》。此书比较系统地体现了松阴的伦理观念，以下主要就此展开讨论。

山鹿素行是维护幕藩制意识形态的典型思想家，不承认私人领域的独立性，认为所有私的活动都与普遍政治价值的实现相关。《武教小学》的第一篇"夙起夜寐"，详细论述了从早上起床到晚上睡觉，武士所应该做的各种事情。松阴如此总结此篇主旨："为士者，自朝早起，至夜迟寝，不可有片时闲暇。"(《武教全书讲录》，定本三，第 103 页) 松阴与出席讲义的弟子等约定，都要按血指印，写日记，详细记录每天之行事，见面时互相出示，互相激励。松阴的日记后来被命名为《丙辰日记》。松阴继承并进一步强化了山鹿素行控制日常生活的主张。例如，关于饮食男女之类纯粹的私人生活，山鹿素行在"饮食色欲"篇中写道："饮食男女者，人之大欲存也。饮食者，为养身体、行礼节也。色欲者，为嗣子孙、止情欲也。"② 这是典型的封建伦理观念，松阴亦与此同调："反复吟味此篇，可悟武士道。即自饮食至男女情欲，片时

---

① 丸山真男：《丸山真男讲义录（第一册）（日本政治思想史 1948）》，第 51 页。
② 佐伯有义等编：《武士道全书》（第三卷），时代社 1942—1944 年版，第 46 页。

不忘武士之家业。"(《武教全书讲录》,定本三,第 116 页)

　　经常被学者高度评价的松阴的女子教育论,[1]也显示了同样的思想倾向。《武教全书讲录》的"子孙教戒"篇如此论述了应该重视女子教育的理由:"今世往往闻淫泆之妇,而至于贞烈之妇则寥寥乎绝响。然则礼仪虽聊存其旧,其义已泯没。余常窃过忧之,以为乱亡之先兆。"(《武教全书讲录》,定本三,第 128 页)对松阴来说,女性道德不是一个私人问题,女性教育的目的是为了实现国家的政治目标。而且松阴所提倡的道德要求完全是传统的封建道德,不但距离个人解放甚远,甚至有以理杀人之偏。他主张,如果女子出嫁之后在丈夫家待不下去而私自回到娘家,其父兄应责令她自杀。(《武教全书讲录》,定本三,第 128 页)

　　为了保证女子教育的效果,松阴建议设立女子学校。(《武教全书讲录》,定本三,第 128—129 页)有学者据此论述松阴对女子教育的热忱,但不可忽视的是松阴所自述的推行女子教育的目的:"凡禀生于天地间者,无论贵贱,无论男女,不可使一人逸居,不可使一人无教,然后始可谓合于古道。"(《武教全书讲录》,定本三,第 129 页)松阴对当时被忽视的女子教育的重视,依据在于不允许任何一个人脱离秩序的"古道"。全面控制私人生活,才是松阴理想中的社会。

　　德川时代为了加强对武士团的控制,推行兵农分离制度,武士离开土地,在城市居住。但也因此导致武士传统精神受到城市商品经济的侵蚀,出现新的问题。为了防止武士精神的崩溃,出现了提倡武士回归土地的主张,即所谓武士土着论。松阴却对武士的独立性有警惕之心,主张将离开城市的武士集中起来,严加管理。他建议在郊外修建房屋庭院,设立出入时限,将同志之士或修学之士集中起来,进行管理和教化。(《武教全书讲录》,定本三,第 114 页)他强调:"此事得一二有力有志之人谋之,甚为易事。扩充之则可行土着之制也。凡行土着之制者,士人散在民间之时,必百弊丛生,但以此制足救其弊。然此制若以官命俄然而行,亦不免生弊。只可有力有

---

[1] 浅沼朝子:《关于吉田松阴的女子教育论的考察》,东京家政学院大学编:《东京家政学院大学纪要(人文、社会科学系)》,1999 年,总第 39 期。

志之士相遇自成。"(《武教全书讲录》,定本三,第114页)这可以说是一种集中居住的武士土着制度。当时日本的掌权者令松阴失望,但他也并不完全信任武士阶层的自发性,他期望的是"有志之士"采取积极行动,既能够避免"官命"的弊端,又能够激发武士的行动力,并对其保持有效控制。

丸山真男在论述日本早期民族主义的发展时,曾指出幕末日本政治的现代性发展存在着两个契机:政治的"集中化"和"扩大化",即"政治权力向国家集中"和"政治权力向国民扩散"①。据此来考察松阴的话,可以发现其政治立场非常复杂:为了动员并利用武士的力量,同时追求"政治权力向国家集中"和"政治权力向国民扩散"这两个发展方向。然而,他瞩目于武士却又不信任武士的自发性,显示了其"政治权力向国民扩散"的局限;不信任"官命",则显示了其"政治权力向国家集中"的局限性。找不到能够承担社会变革使命的现实政治势力,松阴将希望寄托于所谓"有志之士"。只要不能突破这种思路的限制,既无法建设真正中央集权的近代国家,也无法真正实现对国民的广泛动员。

松阴上述主张的背后,是其进谏的逻辑。进谏发自于臣下的立场。松阴无法摆脱臣下的立场,自然也无法通过赋予国民平等权利以进行全民性的政治动员。他的思路是将臣下的封建义务推到极端,以此谋求广泛动员:"吾退稽治乱之由,始信天下之事,一言可以断矣。孟子有言:'人人亲其亲,长其长,天下平矣。'是故朝廷失权,罪在摄关将军;摄关专权,罪在其官属;将军攘权,罪在其臣仆。何也？臣属固失规谏之道,而有长逆之罪也。由是言之,今天下贵贱尊卑、智愚贤不肖,无一非失道有罪之人也。诚使人人各守其道而远其罪,则为君者以诫其臣,为臣者以谏其君,为长者以饬其属,为属者以规其长,为父者以训其子,为子者以劝其父,智以喻愚,贤以导不肖,谋虑之长,积累之渐,上自摄关将军,下至农工商贾,终当归焉。兴隆之机,恢复之势,沛然孰能御之？"(《送净土真宗清狂师应征本山序》,定本三,第41—42页)不难看出,无论松阴多么强调天皇的权威,他依然没有认识到近代中央集权的必要性,依然相信阶层制的、多元化的封建身份伦理的力量。

---

① 丸山真男:《日本政治思想史研究》,第359页。

他恪守"朝廷—将军—官属—臣仆"这一典型的封建等级身份序列,与近代"一君万民"(天皇之下,万民平等)的绝对主义思想之间存在着本质的不同。

丸山真男曾以松阴的忠谏思想来解释其行为的动力来源,实为洞见。①然而,尽管这一行动伦理曾经有效地支撑起幕末志士的行动,其对私人领域全面侵蚀和控制的倾向却是不可忽视的重大缺陷。近代日本那种压抑了民主化的政治动员,与作为日本近代化先驱的松阴的思想倾向之间有着清晰的继承关系。

结论

行文至此,通过对吉田松阴政治思想的考察,可以得出以下几点结论:

第一,松阴的思想仅仅是在某种程度上超越了武士内部的阶层意识,但由于他强烈认同于封建身份制度,未能形成近代国民意识。其行动的能量,来自传统武士伦理和儒家道德。

第二,松阴未能形成作为制度制作主体的自觉意识。他把当时的政治危机看作道德危机,试图把加强传统教化作为解决危机的对策。其政治论仍然受制于道德主义的思考方式,未能认识到从根本上进行制度变革的必要性,遑论"人"作为制度创设主体的近代性意识。

第三,松阴虽然在某种程度上意识到了强化中央权力的必要性,却并未意识到建设基于国民政治认同的近代民族国家的必要性,相应地,他也完全没有把个人解放问题作为思考的对象。他个性富于行动力,却并未形成真正的主体性人格。其设想的社会动员方式亦不承认国民权利,而是通过强制人民承担义务来进行社会动员。

总之,在幕藩制度下出生、成长并死去的吉田松阴,并不是因为形成了"新"的思想而为之采取行动。恰恰相反,他是通过"旧"思想的极端化而将自身行动正当化,是一个典型的"激进的保守主义者"。所谓"激进",指的是作为其思想表现形式的言行的激烈性质,而"保守"则是指其思想内容旨在

---

① 丸山真男:《忠诚与叛逆》,见丸山真男:《忠诚与叛逆——转型期日本的精神史的位相》,筑摩书房1992年版。

服务于维护传统社会的理想秩序。如果不对这种保守意识进行必要的近代性的转换，就无法诞生新的社会政治思想。松阴的一生充满了行动性，却几乎没有取得任何具体的政治成果，这一事实也在某种程度上反映了其思想发展的历史局限性。

就松阴来考虑"近代性"与"前近代性"之间的关系时，有着非常显著的复杂性。近代性和前近代性在本质上是相互冲突的，但在松阴这里，却同时又奇妙地表现出一种相互补充、相互促进的关系。尤其是，松阴思想的"前近代性"对其"近代性"的侧面的成长，有着非常吊诡的积极作用。为了维护锁国制度的根本理念而尝试偷渡出海，为了重建幕藩制的理想秩序而阴谋刺杀幕府高官。松阴在形式上富于近代性的行动，往往是从其满含着前近代性的思想中汲取了巨大的能量。这一历史悖论，只能到幕末特定的时代背景中去寻找解释，却不应成为过高评价松阴思想本身近代性的理由。而克服松阴思想的前近代性，也正是近代日本社会的近代性成长的一个基本前提。有学者强调松阴门下对松阴的背叛，其实，如果完全没有这种"背叛"就不可能推动日本社会的近代化转型。①

现有松阴研究所存在的问题之一在于，没有能够全面地把握松阴思想和日本近代之间的关系。一般所谓"松阴是近代日本的先驱者"，其实强调的是"松阴的近代性，是近代日本的近代性的先驱"。但是，如果考虑到日本的近代化是在西方的压力下推进的，就会认识到，日本近代化的展开，未必全然是松阴思想自然发展的结果。不能简单地以松阴死后的情况，直接逆推松阴思想本身的近代性展开。另一方面，也必须充分注意到，松阴思想中浓厚的前近代性一面，对明治以后的日本也同样有着强烈的影响。为了正确地理解松阴思想与日本近代之间的关系，我们必须深入思考"松阴的前近代性"与"近代日本的前近代性"之间的关系。作为日本近代化的先驱者，松阴不仅仅是近代日本的"近代性"方面的先驱者，同时也是近代日本"非近代性"方面的"先驱者"。为了更好地认识近代日本发展道路的两面性，有必要

---

① 一坂太郎批评松阴门下玩弄权谋术数背叛了老师的道德教诲（一坂太郎：《长州奇兵队——胜利者中的失败者们》，中央公论社 2002 年版，第 37 页），松本三之介却从中看到了近代性政治人格的形成（松本三之介：《日本政治思想史概论》，劲草书房 1975 年版，第二章第五节）。

认真分析作为其先驱者的吉田松阴的历史局限性,并在此基础上进一步思考吉田松阴门下对其先师思想的继承与扬弃。唯有如此,才能真正全面地把握前近代日本与近代日本之间的复杂关系。①

(作者唐利国,北京大学历史学系,原文刊于《世界历史》2016 年第 4 期)

---

① 如丸山真男所曾指出的那样,不应把传统和近代截然分开:"明治时期也有前近代的要素,德川时期也能看到近代意识的成长。……德川时代的思想绝非全都是封建的,反过来,明治时代也从未有任何一瞬间,全部都是市民的即近代的。(丸山真男:《丸山真男讲义录(第一册)(日本政治思想史 1948)》,第 278—279 页)"在日本从前近代社会向近代转型的过程中,无论在哪一个阶段,都同时具有前近代和近代两个方面。本文对吉田松阴思想的分析,也佐证了近代化尤其是人的近代化,不可能一劳永逸,而是一个不断推进的过程。

新井白石论

周一良

江户时代(1603—1867年)是日本历史上多彩多姿的时代。新井白石(1657—1725年)又是江户时代许多著名的、受人重视的人物中最为多彩多姿的一个。本文拟就新井白石作为历史人物的特点及其所以突出的原因,试作探索与解释。

新井名君美①,号白石②。出身武士家庭,师事木下顺庵(1621—1699年)。1693年在甲斐国(山梨县)的大名德川纲丰的藩内担任儒者之职。③ 1709年纲丰继任为第六代将军,改名家宣。白石升为幕臣,在继续为将军讲书之外,参与幕府政治,多所建白。家宣对他也非常信任,1711年赐衔从五位下筑后守④,次年给俸一千石。1712年家宣逝世,幼子家继继任将军,白石仍参与政事。1716年家继夭亡,第八代将军吉宗继位,斥退旧日幕臣,白石亦在其中。退隐后从事著述,1725年年69岁逝世。

---

① 据新井氏家藏家谱写本注音为きんみ,而非一般读音くんび。
② 据新井自称,他因中国宋代词人姜夔号白石,还有其他如黄白石、沈白石等,因而采用此号。
③ 德川时代幕府及诸藩置有儒者一职,担任给将军、大名讲书(多为汉籍经典)及有关学术方面的顾问。儒者读じゅしゃ,亦读ずさ。
④ 德川幕府自有一套名称职掌都不同于律令制的职官,如老中、奉行等,但仍要借重京都朝廷名义。将军拜为左大臣、右大臣、内大臣以至太政大臣,幕臣则给以中将、少将、国守等职名和位阶等级,其实纯属虚衔称号。从五位下与所领俸禄数量无关,筑后守也与筑后国地方无关,日本历史上称之为受领职。但江户时代习惯常以此虚衔相称,其授予范围也颇为广泛,以至政府官吏以外的人亦能得此种受领职称号。位号须由幕府奏请朝廷赐予,受官位者纳金银于朝廷。

江户时代经济发达,文化繁荣。但在德川幕府统治之下,存在各种关系亦即各方面矛盾,其错综复杂也远胜前代。始终贯串这个时代的,有幕府与广大农民之间的矛盾,有武士与农民、商人之间和后二者彼此之间的矛盾。以幕府而言,对内有武家与京都的天皇朝廷即公家之间的矛盾,对外有锁国政策与外国势力的矛盾。幕府内部还有因循腐朽的官吏势力与开明幕臣之间的矛盾。白石为人的特点,是身处这些矛盾之间从不躲避,反而大胆介入其中,按照自己的理想行事。其结果往往出人意表,显示出白石的特立独行,给人以铮铮硬骨敢作敢当的印象。也就因此,被当权的老中们目为"鬼"——日文意即怪物。

在讨论处于各种社会矛盾之中的白石以前,先看看在他的出身与教养两方面所体现的武家与文治的矛盾及其调和。

白石出身于武士家庭,祖父名勘解由,是失去主君的浪人。父亲正济是上总国(千叶县)久留里城主①土屋利直的家臣。他们都是典型的日本武士。白石自传上卷里有关于他父亲和祖父的叙述。白石记载父亲正济描述祖父,说他大眼多须,相貌可怕。平常吃饭时,总是从一个用金银粉彩绘有杜若花的黑漆制筷盒中取出筷子用饭。饭后又收进盒内,放在身边。据白石家的年老女仆说:"过去一次战争中,他斩获了重要敌将的首级,去晋谒主将。主将说:'打仗累坏了吧?拿这个去吃!'主将把自己的饭菜盘子连同筷子一起赏赐给他。这成为当时荣誉之事,所以直到现在始终不离身边"。②白石的父亲还记得一件事。当他和同年龄的小朋友游戏时,说了一句"你这样说是侮辱人!"被祖父听见,立即告诫说:"男子汉被侮辱是羞耻。刚才的话虽属戏言,但听来像是你当真受了侮辱,不应当这样!"白石父亲的身上也充分体现了武士的教养,短刀终生不离身。喜怒不形于色,笑时也不出高声。他经常教训儿子:"男子汉唯一的是应当练习忍耐。无论碰到什么事,

---

① 江户时代按照与德川氏的亲疏远近,大名分为家门、谱代、外样三大类,而外样大名的资格又有等级高下,依次为:国持(领地为一国或一国上者)、准国持(领地广大而不到一国者)、城主(领有一城者)、城主格(无城而享受与城主同等待遇者)。江户末期城主有128家,城主格16家。大名依其收入,一般一万至十万石为小藩,十万至三十九万石为中藩,四十万石以上为大藩。

② 引文见白石自传《折焚柴记》,据作者译文。以下凡不注出处者同。

都从自己认为非常难于忍耐的地方先忍耐起。久而久之,就不会有觉得那么难的事了。"他告诫儿子两件事要谨慎:财与色。晚年生病时,正济只把背对人躺着,而且什么也不说。病愈后对人解释说:"我从来没有让人看见我疼苦的样子。如果显得与平时有异,是不合适的。而且,我看到世人往往在发烧时胡言乱语,因此想自己不如不开口。"从白石祖、父两代的轶事,可以推想白石武士家庭的熏陶教养,尽管他不及见其祖父。

对于自己的武士家庭出身,白石本人也是颇为珍惜与自豪的,可举他拒绝与商人家庭联姻一事为证。白石二十岁出头时,父子二人都离开了土屋家,失去主君,成为浪人,生活困难。这时两次有商人家庭提出接纳他作养子和赘婿,都被白石断然拒绝。头一次白石说自己出身于武士之家而不得进用,感到悲哀,对他父亲表示:"我不愿意到我这一辈舍弃父祖相传的'弓矢之道',去继承商人之家。"第二次是河村瑞贤(1617—1699年)想招他为孙女婿。河村是经营木材致富的巨商,在办理海运和治水方面,都对幕府有很大贡献。他颇有眼光,预言白石必将成为大学者。而白石同样加以谢绝,并婉转表示,日后自己越成为大学者,则与商家结亲的疵点就越会显著。足见白石早年作为武士的自觉性之高。若与江户末期武士之争作商家养子相对照,社会风气与价值观之丕变,就异常清楚了。

据自传所载,白石少年时期曾从师练武,学习刀法,但他所终身从事的,却是文事而非武功。这一矛盾的现象,恐怕要从几方面考察其原因。首先是幕府统治政策的改变。织田信长的儿子信孝的印章上,刻着"一剑平天下",恰当地反映了战国时代的理想。德川三代将军家光以后,国内政治局势稳定,各项制度与机构趋于完备,不再需要战国以来马上得天下那一套作法。四代将军家纲和五代将军纲吉都倾向于文治为主,纲吉统治时期的元禄时代(1688—1703年)更以文化昌盛著称,这是白石青少年时期的社会气氛。白石的母亲是一个文化修养较高的妇女,长于书法,熟悉和歌、物语等古典文学,白石自小受到陶冶。而白石本人确也天资聪慧,三岁时能用纸蒙在书上描绘其图画及汉字;六岁能背诵七言绝句的汉诗;八岁开始习字;九岁时每天临写行草书四千字,还为父亲代笔;十三岁时为藩主土屋抄录信札。所以白石虽出身武士家庭,却放弃"弓矢之道"而成了学者。身居四民之首,为幕府股肱的自觉性,又使白石不甘作讲求性理或训诂的儒生,而要成为"致君于尧舜"的政治家。

作为政治家,存在于白石身上的矛盾,是他对将军家宣献计献策,几乎言听计从,影响颇大,而白石的官位却始终低下,由浪人不过升为旗本。白石从1693年担任甲斐国大名德川纲丰(家宣)的儒者,直到家宣继位将军,于1712年逝世,其间为家宣讲书前后凡十九年,进讲从未间断,共1299次,内容以汉籍为主,如《四书》《诗经》《通鉴纲目》等。家宣尊重白石意见,甚至引用佛教"一体分身"之说,意思是他与白石如同一人:"彼如有错误,即我之错误。我如犯错误,亦即成为他的错误。"当时出入将军居城的城门有定制,而白石曾被准许不限昼夜自由出入八座城门。家宣弥留之际,白石被召在侧。然而白石的俸禄只到千石。虽然不断面对将军进讲,而每有政治建白,还须把意见书交给担任侧用人的间部诠房转呈将军。德川幕府坚持封建等级制度,注重门阀,高级幕臣都只能由大名中的上层担任。如大老只能出自崛田、酒井、井伊等几家大名,老中原由万石以上的谱代大名担任,以后改从二万五千石以上的大名选任。由于大老和老中官位较高,与将军之间的关系趋于正式而严肃,所以将军往往任用所亲信的较小的大名为侧用人,侍候左右,供顾问参谋,并在将军与老中之间起沟通作用,其权势常常大于老中。家宣时的侧用人间部诠房权势很大,白石始终依靠间部向将军建言。西方有的学者诧异白石如此受信任,何以官位不能提升,不知这正是德川幕府封建体制使然。侧用人与我国南北朝时皇帝左右的中书通事舍人颇为相似。白石儒生而必须依附于将军亲信的间部才能施展政治抱负,在他心理上定有所反应,恐怕也是他遇事偏激、狷介自持的原因之一吧。

江户时期主要的社会矛盾,自然是德川幕府的统治——包括腐朽幕吏等大小当权派与广大农民之间的矛盾。白石固然属于统治阶级,但他从正义与理性出发,往往站在反对幕府权势一边,提出或采取有利于人民群众方面的措施。他的作为有助于将军家宣统治时期的稳定局面,客观上也有益于社会发展。下列事实可以为证。幕府主要掌管财政的勘定奉行荻原重秀(1658—1713年)为解救幕府财政困难,于将军纲吉在位时改铸货币,降低金银成色,增加铜的成分,造成社会极大混乱,人民蒙受损失。家宣继位后,废止了改铸的货币。以后荻原不仅贪污受贿,又向家宣献改铸金银货币之策。白石坚决反对,终于弹劾荻原,免其官职,制止了货币的改铸。勘定所这个官署的官吏贪污渎职,农民受害。白石建议在勘定所内添设负责监督的官员,从而减少中饱,压缩河堤工事和漕运等用费,百姓负担大见轻减。又如越后国(新潟县)村上藩领地上 85 个村的百姓 4 116 人因土地归属幕府或领主村上问题,上诉幕府。勘定所不顾青红皂白,诬以"谋反罪",裁决依"罪"之轻重,或死刑,或流放,或监禁,并处分其田地住宅等。白石详加调查,认为百姓冤枉,不仅没有要谋反,而且所申诉有理。终于改变裁决,保护了 85 个村的全体百姓。

对于主持司法裁判的评定所这一机构的官员及其裁决,白石也曾建议整顿及修正。如纪伊国(和歌山县)津村地方的货船漂流到远江国(静冈县)篠原海滨。篠原群众乘船破之机,掠夺船上货物。舟长拔刀砍伤一人,并诡称尚有钱财被盗。评定众判决云,村民群集掠夺货物属实,但人数众多,难于加罪。舟长妄称钱财被盗,实无其事,应予斩首。将军询问白石意见,白石认为,据宽永十三年(1636 年)旧制,不得因犯罪人多即免于处罚。为首者应治罪,参加掠夺者每家出百钱,补偿货船损失。舟长出于忿怒,伪称钱财被盗,可免追究。妄言罪轻,掠夺罪重,罪重者免刑,罪轻者处罚,评定所裁决殊不合理。结果按白石所议执行,评定所的错误裁判得以纠正。

从京都到江户的东海道大路,以前驿舍每年役使人夫 230 550 人,驮马 41 234 匹。白石改订制度规章,减少人夫 122 589 人,驮马 4 823 匹,大大减轻沿途百姓负担。白石对于倚仗幕府威权的势力,也从正义出发,予以抨击。奈良兴福寺两派僧人发生主持寺务之争,白石根据文献资料,考订史实,判断一方无理,而这一派僧人正是将军家宣的岳父近卫基熙所支持。

在当时统治阶级内部矛盾的问题上,白石同样从来不回避,而是按照自己认为正确的想法,知无不言,言无不尽,据理力争,因而成为幕府臣僚们望而生畏的人物。德川幕府与广大农民的尖锐矛盾为人所熟知,幕府很早就制定种种规章,从政治上控制、经济上压榨农民。农民的衣食住行、婚丧嫁娶,无不在幕府官吏监督之下。而自从 12 世纪末镰仓幕府成立,到明治维新,约四个半世纪期间,日本在天皇朝廷以外另有一个将军主持的幕府政权,形成统治阶级内部的矛盾。德川幕府初期也曾效仿过去的武家政权结姻皇室,如二代将军秀忠以女嫁后水尾天皇,所生之女后为女帝明正天皇(1629—1643年在位),成为称德天皇以后860年来的第一个女天皇。① 但幕府对皇室的敌视与防范始终占上风。武人幕府与天皇朝廷之间的矛盾,这一时期特别尖锐,超过镰仓、室町时代。如同对待所统部下的广大武士有"武家诸法度",德川氏对待天皇与朝廷公卿的禁令称为"禁中并公家诸法度",共十七条②,也于1615年发布。"武家诸法度"制定后因情况变迁而数度修订,控制天皇与公家的法规始终未作任何改动。

由幕府来规定天皇及朝廷大臣的行动轨范,为12世纪最早的武人政权建立以来所未有。"诸法度"第一条规定,天皇应该注重学问,精于艺能如和歌写作等,目的显然在于使天皇脱离政治,俯首受制。关于朝廷大臣的任命,天皇须听取幕府政权意见。天皇曾因未得幕府同意而赐紫衣于僧人,酿成轩然大波。天皇及大臣等的生活细节如服饰等,都加以种种严格规定与限制。律令制时代规定,天皇的兄弟,皇子为亲王、姊妹、皇女为内亲王。亲王各有位阶,任官职,配置职员司其家政。室町幕府后,却形成了一种不成文制度,天皇家除继承皇位的太子以外,皇子皇女一律出家为僧尼,寄身寺院。经济上由于皇室领地极少,不足以维持众多皇子皇女的庞大费用,而政治上则在于削弱皇家势力,孤立天皇。德川幕府严格遵行此制,无异于从人身上逐渐消灭天皇家族。家宣就任将军不久,白石即建议废止皇子皇女出家的规定。

白石的建议说:"应仁〔指1467—1478年应仁之乱〕以后,世乱相续,武家固已衰落,皇室更不待论。及德川家神祖〔指家康〕一统天下,皇室亦继绝兴废。然而皇太子之外,皇子皇女皆出家一事,至今犹如衰败之世,无所改变。大凡贱如匹夫匹妇,生子必愿其有家室,此天下古今人之常情。又今日甚至农工商人之类,男则分与之资财,女则谋求其婚嫁,况武士以上,莫不皆然。而皇子皇女出家,为时已久,竟成世间惯例。即使皇室未曾提出,料想此事亦非所情愿。假如皇室不提,而幕府方面不作废止此事之决定,亦不可谓已尽事上之

---

① 后水尾天皇出于对幕府严密控制的反感而让位于其女,故幕府对此举并不表示满意。
② 由于圣德太子制定"宪法十七条",日本后代统治者制定法规往往沿用此数。

道。当前公家皆有领地,如皇子立为亲王,不需给与多少土地。皇女下嫁,亦不费国家多少财物。本国天皇祖先天照大神之后裔如此,而望德川家神祖后代永世长存,繁荣昌盛,庸可得乎?"白石又从经济政治两个角度论证,以排除幕府当政者的顾虑。关于前者,他说:"如我所议,或谓今后皇子皇女其数增多,天下财富将有不足,自古皇子皇女数十人之时代虽不为少,其子孙存续迄今者并无几人。古人云,'天地之间有大算数',此等事非人智力所能推测,唯当论其理之当否。"关于后者,他说:"或又以为,皇子之后裔增多,遂多不利于武家之事。固然由于高仓宫(后白河天皇第二皇子以仁王)之令旨,遂有诸国源氏之起兵,此乃平清盛行事多乖,平氏当灭之时也。若以此等事为戒,则北条高时灭亡时,颁令旨者非梨本和尚(护良亲王)乎?因此,即使出家之身,亦不能免于不利武家之事,主要只在武家政事之得失耳。"白石的建议被幕府采纳,日本皇家子孙得蕃衍。不仅免于不绝如缕、濒于灭绝的境地,而且在旧有的伏见、京极、有栖川三家亲王之外,立东山天皇之子秀宫为闲院宫亲王。若非白石建议,等不到明治维新,天皇一族早已几乎消失了。

德川幕府统治者内部另一矛盾,是幕府与大名之间的关系。德川氏制定了比以往武家更为严密苛细的种种制度,从政治上、军事上、财政上以至社会生活上防范抑制各地大名,并禁止他们彼此之间以及与京都皇室的联系,以免相互勾结反对幕府。控制大名的主要手段,集中体现于"武家诸法度"。幕府对大名财政上要求甚多,如参觐交代、留妻子家属于江户、助修城郭、拱卫江户京都以至进奉财物等等,目的皆在于消耗大名实力,使不易叛乱。白石身为幕吏,而对于大名抱有同情,不是务求驱逼使其贫困,而是随时留意宽减其负担。他建议减轻大名课役云:"自前代以来,大名之课役已重,加以进奉之物又多。天下武士及庶民之穷苦,源由于此。大凡大名旗本等之从公役,例以军役①为依据。自元和二年(1616年)定军役之制以来,有本役、半役、三分之一役等差别。至宽永十年(1633年)时,改定军役。其后(庆安二年,1649年)更比元和时为轻。……军役尚且如此,对于世间通常

---

① 军役指幕府对大名及旗本按俸禄石数多少比例,提供一定常备兵马及武器。公役或课役,则指幕府对大名所课劳役或负担,如幕府或天皇皇居土木工事、修筑江户城、水利事业、接待外国使节之负担等等。

之事无故加重课役,实不妥当。""当前之急务,莫如减轻天下武士庶民之负担,因此请命令诸大名来江户时,应减少随从人马之数;由城门至外郭门,应减少门卫人员;不论何事,如有临时差役,应斟酌用半役或三分之一役。"关于进奉,白石又说:"至于奉献之贡物,次数多者减其次数,数量多者减其数量。奉献将军既如此,赠送老中以下诸人者,次数、数量亦命令相应减少。"关于大名在江户防火警备的任务,白石也建议有所调整。白石最根本的想法,是认为大名负担最终转嫁于武士及百姓,民穷财尽,引起天下骚动,皆源于大名贫困,这就与一心顾虑大名富足的幕府政策大有出入了。

德川幕府最初的三代将军统治时期,有鉴于战国以来武人的骄纵,对大名采取高压手段,动辄没收其土地,削籍为民,或者转移封地,减少封土。因此在17世纪前半期,由于失去封主而成为浪人的武士不断涌现,形成社会问题。1651年在骏府、江户两地起兵反对幕府的由井正雪(1605—1651年),正是浪人武士的代表。由井通晓兵书,曾作童蒙塾师。他以纪伊藩主、三家之一的德川赖宣(秀忠之弟、家光之叔)为号召,因为赖宣以同情浪人著称。由井举事不成,很快失败自杀。但在当时大名心目中,并不把他当成叛逆。在某种意义上,也许还赢得同情。新井白石晚年回忆,他青年时期听人讲说由井的事迹,他认为由井为万人之上的奇人,当代所少有,类似古代的陈涉。只是事功不成乃为陈涉,事成即是汉高祖。白石以为由井为英雄豪杰别具一格的人物,不可用通常君子之道论之。① 白石甚至告诉佐久间,他年青时人们都说他相貌与由井极为相似。白石在由井正雪问题上的思想感情,也反映在幕府与大名之间的矛盾中,他不同于一般幕吏,而另有自己的主张。

在统治阶级内部,白石与其他幕臣——特别是具备某些权势的幕府官吏之间时有矛盾。一般而言,他总是不畏权势,根据道理,力争贯彻自己认为正确的主张。虽然招来嫉恨,也在所不惜。典型事例是白石与林信笃(1644—1732年)之间的争论。林信笃是幕府儒官始祖林罗山(1583—1657年)的孙子。罗山原为僧人,有志于朱子之学,1605年以后仕于幕府,为几

---

① 白石与佐久间洞岩书,转引自粟田元次《江户时代史》上卷346页。

代将军侍讲，并参与诸种"法度"及外交文书的起草。1636 年之前，沿用室町时代习惯，外交文书照例出于五山僧人之手。1691 年林信笃蓄发，放弃僧人身份，任从五位下大学头。从此林氏世袭这个职位，成为幕府有关文化学术事务的主要参谋与顾问。关于接待朝鲜使臣的礼节，是白石与信笃争执诸端中最使林家丢面子的事。白石自传记载云："大学头林信笃鉴于将军易代以后〔指家宣代替纲吉之后〕万事俱与以往不同，他想无论如何要出头露面，因而提出：'朝鲜聘使事自来是由我家承办的。'处理此事之土屋政直原为信笃密友，为之斡旋，将军于是命令信笃撰录其事进呈。信笃写成两册奉上。将军询问各事细节，信笃不知事情原委，所答有欠详尽。将军召我试询，遂命我处理此事。"白石认为，林信笃与土屋都无学问，不了解接待朝鲜使臣的礼节，因此才有渡险滩而船折了舵的心情。

　　林信笃认为白石夺其恩宠，对白石几乎遇事为难，有不少次细枝末节的争论，都以白石的胜利结束。这里举重要两例争议。将军家宣死时，其子家继年四岁。林信笃误解《仪礼·丧服篇》"不满八岁以下皆为无服之殇"一语，不知是说别人不为七岁儿童服丧，而理解为七岁以下儿童不为任何人包括其父母服丧。幕府老中等都听从了林信笃的意见。白石征引《仪礼》《礼记》以及《大明会典》等，从礼经古制到中国当代礼节，有力地反复驳斥了信笃的谬论。林信笃最后只好引用日本文学著作，说这是日本本国习俗，为自己解嘲。1711 年朝廷改元正德。林信笃根据几部明人著作，以为年号凡用正字者皆不祥，白石广泛征引中国及日本有正字年号，认为天下治乱、人寿长短都与年号用字无干。明人书中臆说，不足凭信。特别值得注意是，白石放眼中日两国以外，批驳林信笃的迷信谬论说："如果顾虑不祥之事必由年号用字所致，则不如古代尚未有年号之时。然无论日本与中国，在无年号之古代，仍不免有天下之治乱，人寿之长短。我曾遇意大利、荷兰等国人，当时仔细询问过各国情况。使用年号之国家不过二三，其余皆无所谓年号之事。天地开辟已经几千几百几十年，二十余年以来，西洋欧罗巴各国中，君主死去后由于继嗣问题而国乱者不少。据云去冬今春不少人战死[①]，此又因何

---

① 指欧洲的西班牙王位继承战争(1701—1714 年)。

为祟而致然乎？由此可见，即使无年号，如天运有衰，人事有失，亦必不免于乱亡。"在18世纪初年之东亚，有如此程度之世界各国知识，有如此高明之见解，白石而外恐怕很难找出第二人吧？

白石对于林信笃的看法，不止于学术上的争论，对其人品也不赞同。自传中记载，家宣继任将军后，信笃乞请致仕。家宣征求白石意见，白石认为信笃乃前代将军纲吉的老师，世人之所尊敬，年龄又不满七十。如允其致仕，世人会有议论。家宣听取了白石的建议，但同时向白石说："前代将军时，赐甲斐国于美浓守衔柳泽吉保〔纲吉信任的侧用人〕，据云文书由大学头〔指信笃〕起草。有人问他为何写进一些史无前例的话。[①] 信笃当即回答说：'怎能不顺从柳泽吉保的愿望！'"家宣表示，由此等事可知信笃的心术，使这种人担当教导人的职责，是极不适当的。白石在自传中详记家宣的话，表示他完全同感。其他记载也说，林信笃这样受尊敬的大学头，对将军纲吉曲意逢迎，向权贵折腰，为权势作羽翼，而且孳孳为利。对这样品质的人，白石无疑是要斗争到底的。

德川幕府在对外关系上，有两方面矛盾。一，对待西方天主教势力；二，与朝鲜李朝的交往。新井白石在幕府这两方面矛盾中，都有突出表现，而不是随波逐流，说明他识见之不同凡响。

1637年岛原起义后，幕府不久即全面锁国，不许出航海外。除去中国与荷兰商人，禁止外人入境，视天主教如洪水猛兽，对天主教徒残酷迫害。白石身为幕臣，在此种气氛之下，却对天主教与西方传教士表现出当时罕见的宽容心与求知欲。1708年意大利耶稣会士西多奇（1668—1715年）经过马尼拉航行到大隅国（鹿儿岛）所属屋久岛潜行登陆，企图传教。地方官加以拘捕，在白石建议下押送到江户。次年白石对西多奇前后进行四次询问，其内容从西多奇的出身家世、东来经过，直到西方世界的地理历史风土人情等等。白石还命西多奇在地图上口讲指画，说明当时世界各国形势，旁及西方自然科学发展的大致情况。总之，白石认为这是"一生奇遇"，尽量从西多

[①] 柳泽吉保（1658—1714年）为将军纲吉极为宠信的侧用人。信笃草拟的文书中，称甲斐国乃枢要之地，一向为德川家族中重要人物的领地。柳泽由于忠勤而获封甲斐云云。

奇猎取有关海外世界的种种知识,开阔了眼界。对于天主教虽然仍以不屑的口吻态度对待,可能因为询问现场有幕府防止天主教的官吏切支丹奉行参加,但他从西多奇也能比较正确地理解了天主教的性质与传教士的献身精神,修正过去洪水猛兽的看法,说考虑其教义及地理形势等因素,决无侵略意图。在白石手写的记录中,还绘有圣母形象。他钦佩西多奇的博学多识,认为西多奇具有多方面学问,其天文地理认识确不可及。询问过程中,白石始终以平等相待。甚至夸赞西多奇"圣人之温良倘即如此"。关于西多奇的处理,当时有死刑、遣返和幽囚三种意见,由于白石的建议,幕府采取了长期幽囚的方式。

德川幕府规定,每年春季长崎的荷兰商馆长来江户向幕府献礼。1712年春,白石几次到荷兰人的住处会见商馆长及外科医生等四人,了解外国情况,从政治制度以至国民性、民族、容貌、服装、物产、风俗习惯、信仰等,充分利用机会扩大知识面。白石从西多奇及荷兰人了解的这些知识,写进了他的著作《西洋纪闻》《采览异言》。据云白石还曾掌握了三百多个荷兰语单词。他这些举动,影响了八代将军吉宗,终于部分开放了兰学之禁,难怪以后兰学集大成者大槻玄泽(1757—1827年)称兰学草创于白石了。

德川幕府对外方面的另一矛盾,是与朝鲜李朝的关系。如果说在幕府与西洋势力的矛盾中,白石冒当时之大不韪,对西多奇这样的耶稣会传教士采取公正开明态度;那么,在与朝鲜的交往中,白石则是力争两国平等相处,务使日本不至有损国威。李朝自立国以来,濡染明朝文化至深,自认较日本处于先进地位。丰臣秀吉侵略朝鲜,更在朝鲜举国上下心目中留下阴影。德川幕府成立,两国复交,朝鲜方面自视颇高。白石参考古制揆之情理,在不少问题上据理力争。在朝鲜聘使到达之前一年(1710年),家宣命令白石提出关于接待仪式等的建议。1711年白石被授予从五位下筑后守衔,奉命接待朝鲜使臣。

根据白石建议而改变者计有下列各项:一,镰仓幕府以来,朝鲜国书称将军为"日本国王",宽永时(1624—1643年)改称"日本国大君",遂成定例。白石认为,"大君"乃朝鲜授其臣子之称号,有受彼国官职之嫌。且大君在中国载籍中为天子之异称,又与天皇相混。故建议恢复"日本国王"称号,与日本天皇相对应,在国内以天与国、皇与王显示地位尊卑之区别。二,简化接待礼节,如陪同、座次、饷宴等。三，聘礼完成后，朝鲜使臣提出，日本复书中"怿"字犯朝鲜国王七世祖中宗名讳，要求修改。白石回答："五世不讳，古之礼也。……即使两国之君相互避国讳，避七世国讳亦自古所无。况己所不欲，勿施于人。今观其国书，正犯当代将军祖考之讳（家光之光字）。苟云其国七世之讳亦应回避，何以赉来犯我祖讳之文书耶？"当时传闻，朝鲜使臣认为，如交涉失败，决心不生还本国，甚至不惜诉诸武力。白石力排众议，坚持对等修改。最后双方修改对方回避之字而结束争议。当时日本国内议论纷纭，对白石非难不少。将军家宣毅然表示，白石遵将军之命行事，他即将军的"分身"，功绩应充分肯定。朝廷的重臣近卫基熙也在日记中说："今度无此〔指白石的抗争〕者，蕃客定而〔日语虚词〕可笑日本事。……余五十年见才人，无似彼士。"①

以上从德川时代各种矛盾考察新井白石的立身处世，试图说明白石之所以突出受到重视，成为多彩多姿的人物。可以看出，白石从不回避矛盾，而是勇往直前，为自己认为正确的方向不遗余力地奋斗。他综合了儒家的道理和武士的奋斗精神，在六代将军家宣和七代将军家继统治的短短八年间（1709—1716 年），在幕府政治舞台上发挥了重要作用，使他成为德川时代地位虽不高而影响却极大的政治家。虽然八代将军吉宗继位后，照例罢黜了前代将军的亲信，如间部诠房、新井白石等，但未摈弃白石的某些主张，而是依旧执行，如货币改革、对兰学的开放等。当前日本学者多持此见解，如研究白石的著名专家宫崎道生《新井白石研究》及儿玉幸多等主编的《日本历史大系·近世卷》可为代表。在我国封建王朝历史上，这种事例也不罕见。唐宪宗即位后，贬逐了有名的八司马，但仍继续执行了王叔文的某些政策，即其一例。有远见的封建统治者有时出于个人恩怨，对前朝亲信往往废黜不用，但不以人废言，前朝善政仍然予以继承。据说德川吉宗向白石的挚友室鸠巢问过，白石是否大学者。鸠巢回答说，可称当今第一。吉宗表示想会见白石，鸠巢恐怕白石言语率直获罪，谎称白石已老耄不能谒见，两人终未得会面。假如吉宗与白石晤面，焉知白石晚年政治生涯不另是一番情景呢？

新井白石既是政治家，又是学者。作为学者，他也是多姿多彩，方面既

---

① 原文为《近卫基熙公记》之日本式汉文，转引自粟田元次《江户时代史》上卷 541 页。

广泛,成就又精深,在江户时代是屈指可数的。

  白石天资聪颖,又勤奋好学。幼年自修《四书》《五经》,主要依靠当时他所能找到的元明人所编字书,如元熊忠《古今韵会举要》、明梅膺祚《字汇》。这些工具书虽是当时中国人所习用,但并不理想,他晚年在自传中承认多所误解。1686 年白石年 30 岁,入颇为著名的木下顺庵之门,师事他直到 1698 年顺庵逝世。木下门徒多一时俊彦,白石学业尤为优异,特受顺庵赏识。白石出仕于德川纲丰(家宣),即由于顺庵推荐。《木门十四家诗选》中与白石唱和诸作多所揄扬,如室鸠巢《赠白石诗》云"同门英俊共推君"。在白石出仕以后,鸠巢又赠诗云,"旧时一见知韩信,今日何曾愧鄭侯",对白石文韬武略都给予了高度评价。白石读书范围广泛,涉及和汉古今。他曾说:"吾昔时家贫,不能得书,就人假借,手自写录,往往卒业焉。"①现在还保存着白石所抄的各类书和他的"躬自抄录"四字的印章。

  首先,白石是史学家。他在史学领域的贡献,大致说有三方面。第一,白石有当时可谓颇为先进的历史观。日本从 8 世纪初即出现历史著作,但到 13 世纪僧人慈圆的《愚管抄》和 14 世纪北畠亲房的《神皇正统记》才对历史的发展提出看法——史观。前者从佛教出发,认为世界日益趋于佛教所谓末法阶段;后者则主张历史的动力取决于道德。白石在他的《读史余论》中,从政治史角度出发,通古今之变,认为日本历史经历九次变化而建立武家统治,武家政权又经历五次变化而到当代。② 虽然白石是从统治阶级内

---

① 《题亲书大般若波罗密经六百卷募缘疏》,见《甘雨亭丛书》所收《白石遗文拾遗》下。
② 九变:从古代到第五十六代清和天皇年幼,外祖父藤原良房摄政,乃外戚专权之始,为第一变;光孝天皇以后,关白之职或置或否,然藤原氏势力蒸蒸日上,为第二变;自冷泉天皇至后冷泉天皇八代 103 年间,外戚藤原氏擅权自恣,为第三变;后三条、白河两天皇时代,天皇亲操政柄,为第四变;堀河天皇至安德天皇九代 97 年间由上皇执政,为第五变;后鸟羽、土御门、顺德天皇三代 38 年间,镰仓幕府源赖朝(1147—1199 年)、赖家、实朝三代将军掌天下兵马之权,为第六变;后堀河天皇至光严天皇十二代 112 年间,北条氏以陪臣掌政事,为第七变;后醍醐天皇即位,政权在朝廷止三年,为第八变;后醍醐天皇逃亡,足利尊氏(1305—1358 年)拥立光明天皇,天下从此长成武家时代,为第九变。所谓武家统治的五变:源赖朝开幕府,父子三代掌天下兵马之权 33 年,为第一变;承久之乱(1221 年)后,北条义时掌权,经历七代 112 年,至北条高时时灭亡,为第二变;足利尊氏立天皇又自开幕府,子孙十二代 238 年,为第三变;(其间南北朝纷争 54 年,又 1467 至 1478 年应仁之乱后 107 年间天下大乱,东方属关东管领 70 余年,为足利氏势力所不及)足利将军末期织田信长(1534—1582 年)兴起,废将军,挟天皇号令天下。约十年,为明智光秀所杀。丰臣秀吉(1536—1598 年)取而代之,自为关白,为第四变;德川家掌权,为第五变。

部矛盾、从政治势力的消长与政权的递遭来考察历史发展,但他终究指出历史的变化,比起慈圆和北畠亲房的解释,显然进了一大步。

白石对史学的贡献之二,是在治史时——特别是古代史,对史料的鉴别处理方法方面。在日本古代两部著名史书中,他更重视《古事记》,以及几种《风土记》和《古语拾遗》。《日本书纪》受中国史书影响过深,拘泥于文字,记述有时失实,这是今天史学界所公认的,而白石二百多年之前就已注意到了。但另一方面,他并不排斥而是竭力主张利用中国及朝鲜史书中关于日本的记载。关于古代神话,白石有一句名言"神即是人"。他试图用人世的行为去解释神话,把神的故事看成人世的历史,以为神之名"みこと"实为男子美称。这种观点在日本无疑也是前所未有的。对于古史中词汇,白石不拘泥于表达声音所用的汉字,而是强调字音,这也正是抓住了问题的本质。他不仅留意文献材料,而且重视实物资料。如撰《本朝军器考》,搜求寺社及旧家所藏实物。对于铜铎、石镞,皆所重视。白石还有《史疑》一书二十卷,记述日本历史上他所认为可疑之处,必多精辟见解,惜已失传。

白石史学贡献的第三方面,是注重学以致用。他奉甲府藩主德川纲丰(家宣)之命,撰《藩翰谱》十三卷。此书记载1600—1680年这80年间337家大名的始封、袭封与废灭的兴衰始末,附以大名传记。论述公平翔实,据传家宣直到继任将军以后,始终置此书于座右,不时翻阅,以后的将军亦多参考此书,实际起了江户时代的现代史和统治者政治教材的作用。对皇室与幕府两方面,白石与水户学派之尊王不同,并加尊重,但在《读史余论》中力图说明幕府政治为历史必然趋势,申述其合法性,肯定武家统治,这自然反映他的出身与政治立场,不足为奇了。白石还注意国内少数民族以及邻邦的情况,所著有关于哀奴人的《虾夷志》,关于琉球的《南岛志》《琉球国事略》等,说明白石视野宽阔、注意广泛,经世致用的思想贯穿他的学术的各方面。白石对世界各国史地知识求知若渴已见上述,所撰《采览异言》即其成果。书用汉文撰写,而地名全部用假名表达,记音正确,足证白石学术态度之谨严,无愧为兰学始祖。至于白石自传《折焚柴记》,更是日本古典名著,无论史学文学价值,在日本都数一数二,不待赘述了。

白石同时也是语言学家,著有《东雅》《同文通考》等。作为语言学家,白石的特识是注重声音,而不拘泥于表达声音的文字。尤其就日本而言,他认为表音的汉字更隔一层。他懂得三百多荷兰语词汇,了解西方依靠二十几个字母组合来表达成千上万的声音。他研究表音文字与表意文字的区别,对比之下,甚至倾向于承认表音文字的优越性。这种认识与倾向性,在18世纪的东亚,可谓绝无仅有。即使擅长于音韵之学的清朝大师顾亭林,限于环境条件,其认识也没有达到这样的水平。① 关于语言,白石还富于剖析的看法:语言有古语与现代语,其间又有雅言俗言之别。以日本语而言,需要区别什么时代、什么社会,何等样人所使用的语言。欲通日本古今的语言,必先论其社会,还需了解朝鲜、中国语言以及梵文和西洋对日本语言的影响。白石对于日本词汇语源的探索与解释虽有时不免于牵强附会,他在语言语音方面的认识与主张,无疑在当时是世所罕见的。

白石还是一位文学家。自传的散文——特别卷上部分,久为世所传诵,明治以后长期选作语文教材。文学家如森鸥外、谷崎润一即等,都非常欣赏。白石从早年已沉浸于唐诗,十七岁时即有七言律诗《冬景即事》之作,今存《白石诗草》四卷。清代大学者俞曲园从日本百数十家汉诗集中选出五千余首,名《东瀛诗选》,白石作品在内。俞樾在记述作者的《东瀛诗记》中源君美条下云:"白石出木下顺庵之门,洽闻多识,通晓倭汉古今典故。其所著书凡一百六十余种,时人称其有用,而余皆未之见,所见者止其诗一卷耳。江村北海称其咳唾皆珠,呓语皆韵,今读其诗,亦略见一斑也。"江村北海为京都学者江村绶(1713—1788年),与江户之入江北海、大阪之片山北海合称三都之三北海,著有《授业编》及《日本诗史》,编有《日本诗选》及续编。曲园老人征引北海对白石评语,也反映了他自己的评价。

作为政治家的新井白石,在江户前期政治舞台上扮演了多姿多彩的角色,其特立独行令人折服。作为学者的新井白石,以他渊博知识和敏锐头脑,在历史、语言、文学各领域都作出了突出贡献,成为江户时代学术巨星。本文就白石一生事迹,试求其所以成为巨人的原因。现引用他1710年54

---

① 桑原武夫《日本的百科全书家新井白石》(载《日本之名著》新井白石卷)从世界范围考量白石的地位作用,是了解白石的很好论述。文中把白石比拟顾亭林,也是颇有理据的。学术方面,方之亭林,白石可说具体而微。但白石政治事功的成就和兰学先导的业绩,又远非亭林所及。

岁时"奉使西上"时自题肖像诗，以结束此文：

苍颜如铁鬓如银，
紫石稜稜电射人，
五尺小身浑是胆，
明时何用画麒麟！①

1992 年 3 月 10 日写成

（作者周一良，北京大学历史学系，原文刊于《周一良学术论著自选集》，首都师范大学出版，1995 年）

---

① 《三国志·赵云传》裴注引《赵云别传》，刘备说"子龙一身都是胆也"。汉宣帝图国功臣十一人于麒麟阁。此诗反映白石始终未忘自己的武士身份，但身处太平盛世，不需武功图肖像于麒麟阁。小身似不仅指身躯，日语并有身份低微之意，语盖双关。"浑是胆"三字为描述白石一生立身行事最为恰当之语。

日本幕末横滨开港与锁港之争

张晓刚

1853年和1854年,美国海军准将培里率领"黑船"舰队两次造访日本,迫使幕府当局签订《美日和亲条约》,日本由此开国;[①]1855年,纽约商人出身的哈里斯受命出任美国首任驻日总领事,他则从培里缔约的基础上再进一步,与幕府当局签订《美日友好通商条约》,日本据此开港。[②] 1859年7月1日,横滨正式开港。然而,日本从幕末开国大约10年左右,国内政局动荡不安,尊王攘夷之风愈演愈烈;对外政策则处于开国抑或攘夷的摇摆中,横滨开港与否遂成为内政外交的焦点。直至1865年朝廷正式批准条约生效,最终使开港不可逆转。

一、美日交涉与横滨港

1854年,美国海军准将培里率领"黑船"舰队再次来日,在横滨"应接所"缔结了《美日和亲条约》。该条约是日本近代对外签订的第一个不平等条约。这样,幕府以固守"祖法"而一直坚持的锁国政策走向瓦解。而条约确认在下田设置美国领事馆,为日后哈里斯赴日谈判,签订通商条约埋下

[①] "开国"在日语中是与锁国相反的概念,指打开国门与外国进行交涉;日本开国后并没有立即与外国开始通商贸易。(笔者注)
[②] "开港"指日本开始与外国进行(长期以来被幕府禁止的)贸易通航与通商。(笔者注)

伏笔。

　　当时幕府再次任命堀田正睦为老中,与阿部正弘共同主政,而外交工作专门由堀田担任。阿部23岁时即破例就任老中,并以其杰出的才识应付时局,在人才任用方面也显示了某种程度的开明性。堀田是被称为有兰癖的喜爱西洋文物的开国论者,1841年晋为老中,参与天保改革,后来辞职。他再度出山后,"擢用了具有外交才能的岩濑忠震、水野忠德等年轻俊才,为来日的对外交涉作了准备工作"①。1855年,美国纽约商人出身的哈里斯被派往日本担当首任驻日总领事。与培里相比,他对日本幕府采取相对温和、协调的态度,但是,"哈里斯的对日交涉说到底还是以军事实力为背景的炮舰外交"②。起初,负责接待的地方官吏对哈里斯的招待略显怠慢,直到下田奉行井上清直造访后才改变了这一状况。"以前尽买来一些奇怪的,不能令人满意的代用品,而这次却带来了真正的鹿肉和野猪肉。……与以前的待遇相比,他的餐桌上现在摆满了一年四季的应时水果。"③日方开始满足哈里斯生活上的要求。但对日交涉则异常艰辛。"他只是靠了乐观的坚韧精神、坦率和机警,才慢慢地、好不容易地达成了他奉使的两项目标:在江户呈递国书,和商谈一项广泛的商约。"④

　　哈里斯到任的第二年阿部病故,此后便成了名副其实的堀田内阁。1857年11月,哈里斯终于获准到江户谒见第13代将军德川家定,递交美国总统的信函。在晋见将军时,幕府官吏都匍匐在将军面前,惟有哈里斯一人站着,行鞠躬礼。"哈里斯所受的礼遇正是日本政府政治嗅觉比较敏锐以及这位纽约商人外交手腕比较高明的标志。"⑤数日之后,哈里斯与首席老中堀田正睦会见,其间作了两个多小时的发言。哈里斯向日方解释,美国在努力帮助日本加入文明国家的行列,以使其成为发达国家中的一员⑥。他进而表白:"美国与欧洲各国不同,从不奢望得到东方领土,美国亦未曾以诉诸

---

① 池井优:《增补日本外交史概说》,庆应通讯,1992年,第7页。
② 伊部英男:《开国——世界中的日美关系》,MINERUBA书房,1988年,第61页。
③ 卡尔·克劳著,田坂长次郎译:《哈里斯传》,平凡社,1972年,第138页。
④ 马士:《远东国际关系史》(上册),商务印书馆,1975年,第289页。
⑤ 参见马士:《远东国际关系史》(上册),第290页。
⑥ 丹涅特著、姚曾廙译:《美国人在东亚》,商务印书馆,1959年,第300—305页。

武力的方式攫取别国领土,因此,日本应该与奉行'友好、和平'政策的美国代表缔结条约,方为贤明之策。"①尽管美国对外政策与英法等国有所不同,但哈里斯佞谈美国的"和平、友好"显然违背史实。1846—1848 年,美国挑起侵墨战争,夺得包括现亚利桑那、加利福尼亚、内华达、新墨西哥等洲的辽阔领土。不过,哈里斯的"著名演说"收到了积极的效果,幕府开始考虑缔结商约问题。当然,"哈里斯主张依靠自由贸易原则,适当课以关税,从而实现富国强兵,与主张推动幕府开国外交的大小目付看法一致,值得关注。而且,这种意见亦是堀田所支持的"②。

在其后的外交会见中,哈里斯提出了条约的主要条款:(1)在双方首都互设公使;(2)进一步开放其他港口;(3)对进口商品课税;(4)禁止进口鸦片;(5)无政府官员介入下的两国人民贸易。(6)条约缔结 15 年后两国政府在一方要求下可以修改。③ 鉴于幕府中许多官员不赞同开港以及日方的拖延战术,哈里斯声称:"各国竞相向日本派遣强大的舰队,是为要求其开国。日本或者屈服,或者必须品尝战争的苦果。即使不发生战争,日本也一定会不断地受到外国强大舰队来日的威胁。"④于是,堀田与哈里斯商议,任命井上清直与岩濑忠震为幕府对美谈判的全权代表。此时,井伊直弼已经出任幕府大老,他深知日本无论如何抵御不了美国的攻势,因而必须缔结条约并开港通商,于是上京向朝廷陈述利害,以求批准签约。然而朝廷方面顽固地不予同意。在万般无奈的情况下,井伊自作主张,派井上与岩濑两位代表于 1858 年 7 月 29 日在停泊于神奈川冲的美国军舰波哈坦号上,签订了《日美友好通商条约》。随后,英法俄荷诸国接踵而至,纷纷签订类似商约,是为"安政五国条约"。近代日本由此走向开港。

条约生效的第二年,即 1859 年 7 月 1 日,日本近代最早的"开港场"——横滨、长崎、箱馆三港正式开埠。这三港之中,长崎在锁国时期就是日本对外交流的窗口,箱馆也已经在"和亲条约"中与下田同时作为补给港

---

① 石井孝:《日本开国史》,吉川弘文馆,1981 年,第 244 页。
② 石井孝:《日本开国史》,第 245 页。
③ 东京大学史料编撰所:《幕末外国关系文书》十八,东京大学出版会,1985 年,第 320 页。
④ 坂田精一译:《哈里斯日本旅居记》下卷,岩波文库,1954 年,第 87 页。

或者避难港登场亮相,只有横滨港完全是新面孔。横滨由培里第二次访日的"应接所"而最初走上世界历史舞台,在这个意义上,亦可以认为开港是横滨"近世的终止符与近代的始发站"①。开港前,横滨还仅是个几十户人家的渔农村庄。1827年的《新编武藏风土记稿》中对横滨村有如下描述:"横滨村民户八十七,东北依偎海岸,西为洲干之港,南邻中村、北方二村,东西十町,也有十七八町之处。南北亦有十八町左右。水田少旱田多,故多靠降雨耕种。"②横滨村的位置处于现在的横滨市以中区本町通为中心的一带,即所谓"关内"。从前这一带都是浅海,只有横滨村附近位于细长的沙洲之上。关内地区只是自古以来的一小块陆地,经年累月,由大冈川冲刷下来的沙土和因季风作用被海浪推到岸边的沙子,不断地堆集起来,形成沙丘。③海水伸入沙丘的深处,形成吊钟形。它"似乎要隔断江户湾与吉田新田之间的联系,坐落在横向突出的细长的沙洲上。村名亦是根据那种地形上的原因所命名的"④。横滨村民在接近幕末时期开始断续地填海造地,此即后来的横滨新田。

起初幕府打算把神奈川设为开港地,但在实地调查中发现那并非最佳选择。当时担任幕府军舰操练所翻译的佐藤与之助提议把横滨村设为开港地,得到幕府赞同,遂立即确定横滨为开港地,以利实行"隔离政策"。⑤ 在决定横滨开港的过程中,幕府全权代表岩瀬忠震起到举足轻重的作用。岩瀬最关心的问题是:"通过开放横滨,将其与江户连接在一起,幕府就掌握了把全国货物通过江户输出国外,并把外国输入商品以江户为中心配送到全国的流通主导权,一举把江户建成全国的商品流动中心,以此为基础,推进中兴幕府的大业。"⑥石井孝先生评价道:"岩瀬接受外国开港的要求,并将其作为使幕府中兴的机会,确实可以称为幕府内部独树一帜的积极精

---

① 神崎彰利等著:《神奈川县的历史》,山川出版社,1996年,第5页。
② 转引自太田久好著:《横滨沿革志》(复刻版),白话社,1974年,第5页。
③ 日语中的"滨"写作"浜":(1)指水边的平展的沙地、港口(2)狭义指横滨。(笔者注)
④ 横滨市立大学编辑:《横滨今与昔》,横滨市立大学发行,1990年,第18页。
⑤ 小田贞夫:《横滨历史漫步》,日本放送出版协会,1977年,第52页。
⑥ 张晓刚:《横滨开港考》,载《日本学》11辑,国际文化出版公司,2002年,第439页。

神。"①对于通商条约中所规定的开港地神奈川,幕府代表作了扩大性的解释,称横滨在神奈川辖区之内,理应在开港之列,决定将"外国人居留地"设在"由神奈川直行 4 公里(如果加上翻山越岭大约有 7 公里)的横滨"。② 于是,幕府在横滨投入大量资金进行基础设施建设。

横滨位于日本东部海岸线的中部,背后依托江户,附近有盛产蚕丝和茶叶的地区,这是外国贸易商人选择横滨的重要原因。换言之,如果横滨不具备开港条件,即便幕府再做努力而外国贸易商拒绝入住,横滨设港也是枉然。或者说多种原因促成了横滨开港,其中包括幕府大量的准备工作和外商的态度。于是,在幕末开港时期形成一个独特现象,就是人口稀少、条件最差的横滨开港后,城市建设、对外贸易高速发展,在短时期内将其他开港场远远甩在后面,可谓创造了"横滨速度"。在横滨建港的过程中,有许多侨居中国上海等地的外国贸易商为了追逐商业利润而移居到横滨,大批中国人也随同而至。由于幕府当局实行奖励政策,日本国内人口也开始向横滨迁徙,横滨人口激增,并作为新兴的港口城市出现在太平洋西岸。

二、横滨锁港问题的提起

日本开港后,幕府当局在距离江户较近的横滨,辟地供外国人居住,从而形成日本最大的"外国人居留地"③。这里虽然避开了东海道,但是因为距离江户很近,所以从开港之初就与外国人不断发生各种问题。④ "洋夷"入住江户、横滨,极大地刺激了尊王攘夷派下级武士,于是在横滨与江户两地经常发生袭击外国人的暴力事件。

当时许多日本志士吟咏着:"宝刀难染洋夷血","此心偏欲扫戎夷"的诗句;有的还声称:"而今不议论尊攘者是为国家的奸贼,夷狄的丑奴。"⑤水户藩主德川齐昭在上呈给将军家庆的意见书中指出:夷狄广泛传播邪宗门(基

---

① 石井孝:《日本开国史》,第 253 页。
② 加藤祐三:《东亚近代史》,中国社会科学出版社,1992 年,第 49 页。
③ 幕府为外国人设置的集中居住的地方,相当于同时期中国的外国人租界。(笔者注)
④ 神奈川县史编辑室:《神奈川县史资料编 15(解说)》,神奈川县,1976 年,第 1 页。
⑤ 田口卯吉:《日本开化小史》,岩波书店,1942 年,第 253—254 页。

督教),迷惑了神国日本的人心,依靠贸易骗取神国财富,使人民疲弊,最后以兵力夺取国家。这代表了攘夷论者强硬的排外思想。"事实上,1866年在关东西部爆发的五州大一揆中,参加者合计约10万名,数百户房屋被捣毁。而卷入其中的人们大都对横滨(商人)厌恶不已,视之如同仇敌。而且,他们也考虑到横滨开港导致物价上涨的因素,发起以横滨为目标的打击行动。可以说其中包含着浪士们的攘夷行动和农民反对横滨贸易商人的'一揆'等双重关系。"① 这些行动客观反映了幕末时期横滨周边地区居民生活的贫困化和对时局感到不安的危机意识,另一方面也折射出幕府对地方的统治已经陷入混乱。此一时期,流传着浪人武士将要侵入横滨居留地,焚烧运上所,杀害居留民的消息。横滨居留地中日本人街市的批发商以及周边村民的过半数都逃到较远的地方去避难。而且,远在江户的市街地也有很多人转让了家财而退避到乡下。② 虽然最终没有发生冲击居留地的行动,但是给横滨的外国人造成很大混乱。

  日本朝野针对开国还是攘夷的议题早已进行了不休的论争。然而,幕府中的意见始终难以统一,又顾忌到京都朝廷的存在,对外政策始终难下决断。这充分暴露了幕府当局首鼠两端的性格。③ 在京都朝廷的压力下,幕府面临着横滨开港或锁港的抉择。列强认为攘夷有两重目的,其一,使天皇回归往昔的地位,同时使大君(幕府将军)退居到诸大名行列;其二,将"夷狄"从神圣的日本国土上驱逐出去。而幕府方面则希望使出一切手段镇压国内的敌人,并利用武士浪人要袭击神奈川的传闻,意欲把横滨的外国人像以往住在长崎的荷兰人一样集中起来,限定在一定范围内居住与活动。④ 然而,当时幕府已经难以控制时局的发展,朝廷方面的势力则呈现上升趋势。愈演愈烈的攘夷论在开港后一变而为废约攘夷论和锁港论,再变而为部分锁港论,即横滨锁港论。这是因为攘夷论者将横滨视为日本的门户,以

---

① 横滨对外关系史研究会、横滨开港资料馆编:《横滨英法驻屯军与外国人居留地》,东京堂,1999年,第11页。
② 日本史籍协会编:《嘉永明治年间录》下卷,东京大学出版会,1968年,第896—898页。
③ 参见卡尔·克劳著,田坂长次郎译:《哈里斯传》,第136页。
④ 萨托著,坂田精一译:《一个外交官所见的明治维新》,岩波书店,1960年,第95—96页。

锁港作为攘夷的手段。

1863年6月，幕府命令松代藩主真田幸教、岸和田藩主冈部长宽、佐仓藩主堀田正伦对神奈川实施警备；以老中小笠原长行的名义通告横滨、长崎、箱馆三港锁港，并让驻留外国人撤离。① 翌日，朝廷规定的"攘夷日"如期到来，攘夷派的急先锋长州藩对通过下关海峡的外国船只施以炮击。英国舰队开始在横滨集结，英国公使以船上人员健康问题为由，向幕府施压以借用陆上驻军用地。幕府在列强炮舰政策的逼迫之下，无法回绝这一过分要求，只好把横滨山手英国领事馆附近一带作为临时驻军地点。英、法两国军队由此进驻横滨。② 1864年8月，英、法、荷、美四国联合舰队开始攻击长州藩。由于双方力量悬殊，战役以长州藩惨败而告结束。于是，以谈判解决外交问题又提上幕府议事日程。

1862年，以竹内保德为首的遣欧使节团与各国达成延期五年开放两港（兵库、新潟）两市（江户、大阪）的协议。日方对各国也做出许多让步。比如：伦敦备忘录中写明减免英国的毛织品、棉织品等对日出口税额；巴黎备忘录则约定减免法国酒类、化妆品等对日出口税额。③ 1864年2月，幕府专门为横滨锁港谈判派出了第三次遣欧使节团。在正式出使前，幕府与列强于1863年10月在军舰操练所进行了横滨锁港谈判。日方代表首先与曾经有旧交的荷兰公使和美国公使进行谈判。日方提出，"横滨辟为开港地后，贸易持续发展乃至国事日非，贸易亦因此而产生障碍，国家之交往遭到破坏。国交是为基石，贸易不过是国交的附属品……，如欲长期保持国交，唯关闭横滨而别无良策"④。日方除了陈述这些理由外，还列举日本人避讳外国人是由于物价暴涨，人民日益穷困等原因。日方代表所言都是事实，自横滨开港以来，因物价飞涨，民不聊生，各地发生许多"一揆骚动"抗争事件，造成社会动乱。⑤ 但是，指望列强为了维持邦交而牺牲商业利益，中断开港贸

---

① 松信太助编：《横滨近代史综合年表》，有邻堂，1989年，第34页。
② 英法军队于1863年至1875年在横滨驻屯达12年之久。（笔者注）
③ 福地源一郎：《怀往事谈》，东京大学出版会，1979年复刻，第92—93页。
④ 横滨商业会议所编纂：《横滨开港五十年史》，横滨商业会议所，1909年，第770页。
⑤ 日本史籍协会编：《夷匪入港录》二，东京大学出版会，1967年复刻，第118—120页。

易,则无疑是与虎谋皮。前来协商的美、荷两国公使婉言回绝了日方请求,甚至不给日方再次发言的机会,匆匆离开会场。

使节团临行前,英国代理公使尼尔也在与幕府委员的会谈中表达了自己的意见。日方陈述道:"日本人对外国人的厌恶感皆因开港而生,幕府无力加以制止,因而欲关闭横滨而仅以长崎和箱馆为开港地;培里所签条约非永久之约,乃一时试验之约,经试验而效果不佳,日方则打算再次将其关闭①……江户一带暗杀外国人的事件层出不穷,横滨并非外国人的安全之地,本国人心逐日动摇,几近爆发动乱,若要稳定,惟有锁港之一途;日本政府打算向各国派遣特使,说明内地的情况。英方表示对日方意见一件也不能予以满足,此种谈判毫无意义;如果贸易被停止,大君政府有不当行为,英方将不等本国训令到达与否而采取相应的行动……"②英国政府反对横滨锁港态度之坚决由此可见一斑。

三、幕府使节访法与锁港交涉

幕末时期,法国与幕府当局保持着"特殊的关系"。法国公使见幕府代表遭到美、荷等国冷遇,遂建议幕府派遣特使出访法国。当时发生了法国士官在横滨郊外遭暗杀和法舰在下关海峡遭炮击事件。幕府担心政局失控,最后决定任命筑后守池田长发为横滨锁港使的正使,副使为伊豆守佑邦,监察为相模守河田,另有组头田边太一、西成度、益田孝、矢野二郎、盐田三郎、尺振八、三宅秀等共计34人。③ 1864年2月6日,池田一行离开横滨,前往欧洲。

使节团出发不久,将军家茂也奉朝廷之命前往京都。这一前一后的出行,可谓意味深长。原大老井伊直弼时代的幕府,居江户而向京都发号施令,行使政治大权,而自井伊内阁垮台后,主客易位,江户转而听从京都号令

---

① 此处似应为哈里斯而非培里,因为确定横滨开港的《美日友好通商条约》系哈里斯与日方全权代表所签,原文如此。(笔者注)
② 横滨商业会议所:《横滨开港五十年史》,第778—780页。
③ 日本史籍协会编:《遣外使节日记纂辑》(三),东京大学出版会,1971年复刻,第542—543页。

以保存德川幕府风雨飘摇的政权。幕府此次派遣使节团出使欧洲,只是做出遵从朝廷旨意的姿态,并将其作为将军上京时向朝廷敬献的见面礼。然而,幕府只有心存侥幸。"万一谈判顺利,锁港成功,当然可以证实幕府尊王之诚心以及奉旨攘夷并付诸行动。即便最终无功而返,(使节)历访诸国交涉谈判亦需三、四年光景,这期间(国内)人心亦将趋于安定。"① 这便是幕府的如意算盘。

这种"权宜之计"对法国来说,为受害的法国人而派遣谢罪使,可以博取拿破仑三世的欢心;对京都而言,做出派遣锁港使节的姿态,能够取悦京都(朝廷)与尊王攘夷派。然而,"这只不过是自欺欺人的做法,对内对外皆失去威信,且由此走向自取灭亡之途"②。幕府以此种方式作为应付京都方面不断督促锁港攘夷的"防御策"。"表面上使节团是举行横滨锁港谈判,借以平息国内气势汹汹的尊王攘夷风潮,而实际上此行的目的是对杀害法国士官的谢罪和缔结日法同盟,从而依靠法国的援助,维护幕府统治。"③

池田使节团一行到了上海,遇到再次赴日的英国公使阿礼国。阿礼国见此情景大为吃惊,告诫日本使节:你们如与英国政府展开这种谈判,英国必定认为是以此来挑战,这不是永久保持两国和亲的正当途径。……日本和支那一样,是民智未开之国,政府乃人民的领导者,国内如有不服从者,可以刑罚加以弹压。然而,如今出现几个"异论者"就立即改变政策,这样一旦关闭已经开埠之港,反对者便会日益嚣张,乃至最后难以控制。我现在将去日本协助政府"镇抚"不逞之徒。④ 池田等虽然进行一些分辩,但是无法招架气势汹汹的英国公使。另外,池田一行滞留上海期间,"在看到此开港地方的繁荣景象后,自感再去谈论闭关自守等方面实难以启齿,似乎感到完成使命已是困难重重"⑤。

幕府使节一行到了巴黎,觐见了法国皇帝拿破仑三世,然后向外务大臣

---

① 纲渊谦锭:《幕臣列传》,中央公论社,1981 年,第 130 页。
② 田边太一:《幕末外交谈》,东京大学出版会,1976 年,第 308 页。
③ 富田仁:《横滨开化物语》,秋山书房,1984 年,第 84 页。
④ 横滨商业会议所:《横滨开港五十年史》,第 780 页。
⑤ 冯天瑜:《千岁丸上海行》,商务印书馆,2001 年,第 22 页。

路易斯陈述了杀害法国士官的谢罪词,并赔偿被害人家属12万法郎的抚恤金。双方在谈到万一幕府讨伐萨长两藩时,商定由法国供给军舰、武器、弹药等,根据情况也提供兵力支援。在谈到横滨锁港问题时,路易斯不仅没有答应,反而建议莫如把横滨等三港开放为自由港,谈判陷入僵局。① 当时,法皇拿破仑三世亦有向远东扩张势力范围之意,因而很想结交并扶助德川幕府。与阿礼国不同,他接待池田一行并没有采用胁迫手段,而是在谈笑之间就促使日方使节就范。

当时的幕府政治总裁松平大和守是锁港论的坚持者。他取得京都朝廷的信任,成为政治总裁,势力逐渐增大,并于1864年接受"横滨锁港御委任",负责锁港事宜。消息传到巴黎,池田一行愕然,他们认为松平一定会主张极端的锁港论。幕府使节一行陷入腹背受敌的窘境。"前面有反对开港延期甚而意欲使开港提前的英法强国,后面有松平大和守,若坚持极端锁港论,使节就将面临万事皆非的处境。……与其这样玷污使节的颜面,当然也将本国政府的丑态暴露于各国之间,莫如尽早回国,将欧洲各国的形势反映给京绅之间,以使有机会向朝廷上奏,从而决定推行开国进取的国策。"②

1864年6月,幕府使节与法国政府缔结了《巴黎条约》,内容大抵如下:法国外务执政路易斯与大君使节池田筑后守长发、河津伊豆守佑邦等决定签署如下几条:"第一条:大君使节回到日本三个月后,决定日本政府向在留江户的法国皇帝的公使交付墨西哥银14万元,作为长州藩炮击法国军舰的补偿。但其中10万元应该由政府自己缴付,其余4万由长州藩交付。第二条:大君使节回到日本后,日本政府应在三个月之内确定解除对欲通过下关海峡的法国船只的阻挠,在万不得已的情况下,派出军队,并与法国海军分队指挥官协调一致,以确保船只通行无阻。第三条:为使法国与日本的贸易交流逐渐扩大,1858年10月9日两国于江户所签条约期限之间,法国商人或树立法国旗帜进口的货物,最后由大君政府批准外国贸易,并应该使用减税表。因此,在严格恪守此条约期间,茶叶、铅蜡、藤、画所用的油蓝、硫酸、

---

① 富田仁:《横滨开化物语》,第85页。
② 横滨商业会议所:《横滨开港五十年史》,第783—784页。

煤等等货物理应在运上所免税通过;酒、酒精制品、白砂糖、铁、机器零件、麻织品、钟表、锁、玻璃、药品等物品输入日本时,运上所只收取其价格的5分税;对镜子、陶品、化妆品、肥皂、兵器、书籍、纸张等物品则只应收取6分税。第四条:上述约定可视为1858年10月9日法兰西与日本之间缔结的条约之不可侵犯的一部分,且应该不需要双方国家元首交换文书原件而直接施行。"①

幕府使节签署这一条约显得很草率,例如第二条借助法国海军力量一段,实为外交败笔。中国清政府也曾经借助外国军事力量来帮助镇压太平天国运动,以挽救专制政权的命运,结果只能丧失更多的国家权益。"此条约没有丝毫关于锁港的文字,只有我国向法国给予的条件。我方毫无疑义地在此条约上签字,对此,主张开国论的人也认为是无谋无策更无道理之举,何况那些将锁港攘夷视为日本唯一的治安策略之辈。"②可见,这是一次失败的出使。

1864年8月,使节一行到达横滨。消息报到江户,幕府不及问讯使节突然回国的理由,下令禁止他们上岸,转赴上海、香港或其他地方隐藏踪迹。池田无视这一训令,傲然返回江户。幕府当夜即剥夺其职务,命其隐居。公文如下:外国奉行池田筑后守:其方仪被差遣为赴外国之御使节时,共有不取计之事,不妥之至。据此,其御役(官职)被召放(解除),知行之内600石被召上(收回),隐居被仰付,蛰居可罢。③ 使节一行回朝的同时,递交了长篇报告书兼意见书,其大意如下:我等希望之处:第一,向欧洲各国差遣公使;第二,不仅与欧洲,对宇内独立之邦国皆应签署和亲条约;第三,海陆二军之方法自不待言,治国经济之道应取西洋之所长,派遣留学生潜心学习;第四,开办与西洋诸国报纸、通信联系,使彼我情报、消息相通;第五,我国民当然可以自由出国经商,且应注重彼方学问事情。④ 使节们此行并非一无所获,所提意见亦很中肯,具有积极意义。值得一提的是,池田出使法国时

---

① 田边太一:《幕末外交谈》,第333—335页。
② 横滨商业会议所:《横滨开港五十年史》,第788页。
③ 日本史籍协会:《夷匪入港录》二,第486页。
④ 《池田筑后守、河津伊豆守、河田相模守法国行归府上书》,东京大学史料编纂所藏。

是个年仅28岁的青年,"这种情况下被任命为正使,当然是积极主张攘夷论。但是,通过对外交涉接触了西欧诸国的政治实态,在巴黎的生活中不断感受其文明之进步,逐渐倾向于开国论。及至谈判截止时已经转变为完全的开国论者"①。

四、条约"敕许"与开港的不可逆转

培里访日以来,直接体验到欧美诸国"外压"的幕府深知通商条约的签署是不可避免的。但是京都的朝廷因为不是外交谈判的当事者,所以没能得出这种符合当时情况的判断。孝明天皇是个排外思想极为严重的人,天皇周围的公卿大臣们也都是顽固的攘夷论者。萨摩、长州、水户等诸藩也都公开批评幕府的开国政策。使节归朝之际,锁港派最关心结果如何。然而,他们归国时,长州尊攘派久坂玄瑞引兵进入京都,蛤门之战开启。幕府则忙于征长准备,加之水户浪人异常活跃,于是,反而无暇顾及锁港问题了。最终,横滨锁港以失败而告结束。

1864年10月,美、法、荷各国公使相继劝说幕府向朝廷请求批准条约。因为欧美各国与幕府缔结条约后,已经深深意识到在贸易方面必须要有朝廷对条约的敕许才能充分展开。1865年6月,新任英国公使巴夏礼来日后,加紧推进敕许条约的要求。巴夏礼向法、荷两国公使提出如下提案:放弃三分之二的下关事件赔偿金而代之以下三个条件:1. 比议定的日期提前开放大阪和兵库;2. 减轻税率;3. 敕许条约。② 在英法美荷四国使臣会议上,英国提案成为四国的共同目标。为了实现以上三个条件,列强赞同实施巴夏礼的提案,将四国舰队开进濑户内海对朝廷施加压力。

1865年11月,英、法、美、荷四国再次组成联合舰队,从横滨港出发,浩浩荡荡驶入兵库海面。沿岸居民恐慌不已,京都城内也陷入惶恐不安之中。在万分紧急的形势下,幕阁会议根据阿部正外、松前崇广两老中的意见,内定了兵库立即开港。而禁里御守卫一桥庆喜认为兵库未经许可即行开港,

---

① 纲渊谦锭:《幕臣列传》,第136页。
② 安冈昭男:《日本近代史》,中国社会科学出版社,1996年,第65页。

乃是步《安政条约》的后尘,①从而推翻了幕阁会议的决定。由于庆喜的内部工作,朝廷命令幕府罢免阿部、松前二老中的官职,幕府只好照章办事。由朝廷来处分幕府的官员,为前所未有,足见幕府地位日渐衰微。

在大阪城内,幕阁内部的意见分歧逐渐公开化。将军家茂向朝廷提交辞呈,自言"臣以幼弱不才之身,担征夷大任至今……上不能奉宸襟,下不能安万民;加之亦无力富国强兵,扬皇威于海外,以至玷污职守……臣家茂退隐,由庆喜续任"②。希望把征夷大将军职务传交给一桥庆喜,同时请求敕许条约和开放兵库港。随后,家茂踏上东归之路。该行动是与庆喜对立的幕阁派策划的,因庆喜前往伏见迎接并谏阻,将军家茂才重新返回京都二条城。1865年11月20日,在小御所的天皇面前,参加朝议的一桥庆喜、松平定敬等幕臣与朝彦亲王、晃亲王以下的廷臣之间发生了激烈争执,到次日仍无结果。于是,向在京的十几个藩的藩主进行咨询,但仍然不能做出决定。翌日(11月22日),朝廷终于决定敕许条约,但不允许兵库提前开港。一桥庆喜在回忆录中写道:"……我又吓又哄地说完'现在不敕准条约,国难就要临头'之后,关白以下各位都坚决反对,最后站起来要退席,我愤然作色:'鄙人虽然不肖,但也有不少人追随。对这样的国家大事漠不关心而竟然退席之事,岂能置之不理!'于是,关白也不得不坐下来。……'诸公仍不答应,我只有引咎切腹自尽。我的生命不足惜,如我舍了性命,也许我的家庭要对诸位采取某种行动。请诸位有此思想准备,好自为之。'……不久,两个传奏人入座,交来敕准条约的钦命。"③

1865年11月24日,老中本庄宗秀在兵库向四国使臣通告:1. 条约已获得敕许;2. 兵库按规定日期开港,事情或许会比预期提前;3. 今年12月支付第三期下关赔款,以后按规定赔付;4. 承诺改订税则,立即通知水野忠精、酒井忠毗在江户商议。④ 谈判结束后,外国军队遂撤离兵库海面。这样,自1858年《安政条约》签订以来围绕批准条约展开的攘夷还是开国的政

---

① 《安政条约》在没有得到朝廷许可情况下签字,因而被称为"伪约"。(笔者注)
② 田边太一:《幕末外交谈》,第427页。
③ 转引自升味准之辅著:《日本政治史》,商务印书馆,1997年,第79—80页。
④ 石井孝:《增订明治维新的国际环境》,吉川弘文馆,1988年,第410—411页。

治斗争划上了休止符。"敕许条约本身就意味着：(1)条约的缔结朝廷具有了最终的批准权；(2)过去要求幕府攘夷的朝廷现在已经公然承认开国方针。第一点在朝幕关系上确立了朝廷的优势；第二点则表明了开国和锁国之争的终结。"①由此观之，横滨真正的开港，应该说是在条约敕许实现以后。因为朝幕意见达成一致，攘夷已成明日黄花，客观上造成横滨开港不可逆转的态势。

从 1859 年 7 月横滨实验性开港，复经开港与锁港的徘徊，至 1865 年 11 月条约得到敕许，6 年间，日本朝野在历尽周折之后，最终顺应了形成资本主义世界市场的历史潮流，实行了真正意义上的开港政策。开港对横滨的历史发展而言，可谓意义重大。"横滨开港前的现横滨市区之内，除了神奈川、保土谷、户冢等东海道三个驿站外，均为生产力极其低下的农村……沿海村落也仅有些效益不高的渔业、盐业，除多少受些沿海（东海道）交通影响外，大都显露着落后的农村状态。"②而在开港之后，"横滨逐渐人烟稠密，尺土亦有数金之价，堪称五港之魁。据此商业之地获取巨利，富可敌公侯者不在少数，而此等人中究竟有几人能想起昔日的政治家遭遇几多艰难，其结果才促成今日之繁荣"③。横滨开港对江户的影响也是巨大的，使江户作为日本政治、经济、文化中心的地位逐渐得以确立。横滨开港的意义，更在于其典型性和影响力。横滨开港的过程是日本早期现代化启动阶段的一个缩影，也是反映幕末政治外交活动的一面镜子，同时又是日本近代城市发展的典型代表。开港后，尤其是明治新政府成立后，随着欧美先进的产业技术、设备和人员的大量引进，横滨遂发展为近代"殖产兴业"的试验基地；由于横滨有日本最大的外国人居留地，外国文化和习俗也纷纷登陆，自然又成为"文明开化"的窗口。随着明治新政府的建立，统治集团进一步加大维新改革的力度，开港与近代化已不可逆转。

总之，日本早期现代化历程，从一开始并不顺利，但难能可贵的是一批有远见的开明派官僚，尚能对世界发展趋势做出敏锐的判断和认识。尽管

---

① 安冈昭男：《日本近代史》，第 67 页。
② 横滨市史编辑室：《横滨市史》（第一卷），有邻堂，1959 年，第 520 页。
③ 岛田三郎：《开国始末》，舆论社，1888 年，第 217 页。

这种判断和认识离不开维护幕府封建统治的基本政治立场,但在客观上,为近代日本的进步与发展起到某种程度的积极作用。对于日本来说,"闭关的最大支柱之一,即勉强维持下来的封建经济以及它的全部上层建筑,由于开港,'正如小心保存在密闭棺木里的木乃伊,一接触新鲜空气,'便迅速地肢解了"[①]。对于资本主义世界市场来说,中国和日本相继开港,意味着一个具有世界意义的发展新阶段的开始。关注着欧美列强的最新动向和东北亚局势激变的马克思,曾以下述论断来阐释中日缔约开港与资本主义世界市场最终形成的互动关系:"资产阶级社会的真实任务是建立世界市场(至少是一个轮廓)和以这种市场为基础的生产。因为地球是圆的,所以随着中国和日本的门户开放,这个过程看来已经完成了。"[②]

(作者张晓刚,长春师范大学,原文刊于《世界历史》2007年第1期)

[①] 井上清、铃木正四:《日本近代史》上册,商务印书馆,1972年,第49页。
[②] 马克思恩格斯:《马克思恩格斯全集》第29卷,人民出版社,1962年,第348页。

日本明治维新前要求向西方学习的思想

周启乾

19世纪中叶明治维新以前的日本,已经历了长期的封建社会,正处于德川幕府(又称江户幕府,江户即今东京)的统治之下。当17世纪初,德川家康建立幕府前后,他出于政治、经济上的迫切需要,曾推行了积极进取的对外政策,使同中国和东南亚的贸易出现了繁荣的局面,对于来到日本的欧洲人也予以重用,打算同欧洲各国交往。然而,事物的发展走向了统治者愿望的反面。奖励对外贸易,使一些地方的封建领主强大起来,同幕府"强本(幕府)弱末(诸侯)"的政策发生了矛盾;由于西方天主教势力在日本的蔓延,也使一些封建领主与之相结合;更有人民群众的斗争披上了宗教的外衣。这些情况都严重威胁了幕府的统治。

幕府在不断加强对贸易和天主教传播的控制与限制后,终于先后在1633、1634、1635、1636、1639年颁布"锁国"令,严格禁止日本人出航海外,禁止天主教,并限制外国船只的贸易,只允许中国船及荷兰东印度公司在长崎一地进行贸易。"锁国"的目的,虽在于禁止天主教以防止西方资本主义的影响,和由幕府一手垄断对外贸易与关于外国的情报,并没有把日本完全封锁于世界之外,但这种作法毕竟严重限制了同外部世界的交往,从而妨碍了日本的发展。

幕府统治者把以朱子学为代表的儒学奉为官方哲学,作为维持统治的精神支柱,并要模仿中华帝国的榜样,建立以自己为中心的国际秩序。

幕府要推行一条限制对外联系的方针和路线，那么，为它服务的意识形态也就应运而生。17世纪的儒学者山鹿素行(1622—1685年)，认为日本"海洋围绕四方……且无袭来之虞"，作为岛国，具有防止外敌入侵的优越地理条件。他把日本同中国相比较，说"虽然四海广大而国家众多，但无堪与本朝相比之国土，即使大唐，亦不如本朝之完美"，同以中国为中心的国际秩序相对，认为唯有日本才是"中(央之)国"，"皇统连绵而与天壤共无穷"，还指出，"以我天下之富，土地之广，不需仰赖外夷之物即可自足"。

幕府把对外贸易视为以"万代宝货"交换"一时之奇技淫巧"，于1715年颁布《海舶互市新例》，进一步限制了对外贸易。致荷兰商人的布告说，"以外国无用之物，易我国有用之财，此实属不当"。致长崎市民的布告则说，"我国之金银铜，在六十余州中，为亿万年后仍可通用之宝货，如为易远方无用之物而靡费滥用，则非国家之长策"。幕府担心西方资本主义势力将危及自己的统制，又妄自尊大，继续沉浸在把日本视为"中(央之)国"，希图封建统治长治久安的幻想之中。它一方面以国内经济的自给自足，来维持"锁国"，另一方面则企图以有限的对外联系，建立以自己为中心的势力范围。

然而，以长崎为窗口，同荷兰之间的交往，不断向封建的日本吹来西方资本主义的新鲜空气。最初接触以兰学为代表的西方学术的，是长崎的荷语译员。

参与幕政的新井白石(1657—1725年)，通过和西方人的接触，特别是对潜入日本的意大利传教士西多蒂的审讯，进一步了解了欧洲，并把西方科学技术的发展同天主教的说教加以区别，承认前者的优越性和后者的非科学性，说"彼地之学，只精于其形与器，只知所谓形而下者，至于形而上者，尚未预闻"。他的《西洋纪闻》，作为禁止天主教以后第一部研究西方的著作，正是由于肯定了西方科学技术的优越，并把它同天主教加以区别，而奠定了日本洋学的基础。然而，作为一个执政者，他却没有根据对世界的这种认识，把日本引向"开国"。

18世纪著名的革命思想家安藤昌益，揭露封建社会的腐朽、黑暗，是"长期盗乱之世"，要求重返自耕而食，自织而衣，"无贵无贱，无上无下，无贤无愚"的"自然世"。他这样介绍荷兰的情况，说它"国分为七"，"七国之主并列,同心同德,并无因私欲而相互争夺之战乱","乃太平无事之国","诚为世界最光明纯洁之国","实非妄欲、盗乱、争战不止之汉(中国)、竺(印度)、和(日本)三国所能及"。安藤自称,这些知识是他"在长崎接近荷兰人的翻译,根据荷兰人的讲述"整理的,显然是美化了荷兰,但以对荷兰的描绘来表达自己的美好理想,憧憬一个"最光明纯洁之国",当然会唤起日本人对西方的浓厚兴趣。

嗣后,幕府对兰学知识的垄断被逐渐打破,一批医生成为在日本传播兰学的先驱。

1774年,前野良泽(1723—1803年)、杉田玄白(1733—1817年)等翻译荷语人体解剖书籍,以《解体新书》为名发表,是兰学在日本生根开花的标志。随后,大槻玄泽(1757—1827年)又重新翻译《解体新书》,完成《重订解体新书》。他在所著《兰学阶梯》中说,各国"均以尊称呼自己所居之处,中国自称为中土、中原、中华、中国,或称华洛、神州。荷兰称本国为日耳曼,为中土,我邦亦自称为中国",谴责"腐儒庸医不知天地世界之大","袭用中国之傲称,尊之为中华之国","甚至乃将荷兰亦视为中国所属,或以中国以外皆作为蛮夷而不值一道","其学识何其粗浅狭窄"。他明确提出"舆地为一大球,各国分列于上,皆当其中",相对来说,各国都可把自己的国家当作中心。在华夷观念盛行的当时,这种见解的出现,对于人们解放思想、开阔眼界,不能不说是起了有益的作用。

西方资本主义势力向东方的扩张,特别是沙皇俄国自堪察加南下,逼近日本的大门,更迫使日本的有识之士作出积极的反应。工藤平助(1734—1800年)通过同荷兰人及日本兰学者的接触而受到启发,针对沙俄的动向写出《赤虾夷风说考》,来研究对策。他认为,"治国之第一要务,在增强我之国力",当此俄国南下之际,"对此如置之不理,使堪察加之人与虾夷地(指北海道)连成一气,则虾夷亦将接受俄罗斯之命令,不再受我国之支配。如此则后悔莫及也"。工藤强调"要害(海防)第一",呼吁"增强我国力无过于虾夷",如果"俄罗斯之本心瞩目于我国之金,银,铜",则"我以虾夷地之金、银、铜换取所需之药品及其他所需品,即可减少历年流至外国之铜,如能严格贯彻禁止走私之法令,数十年内,国家丰泰岂非易如反掌?"他力主"为增强日本之力量,无过于开拓虾夷之金山,并增多其产量",大力开展对外贸易,而"交易场所不必仅限于虾夷,包括长崎在内之一切重要港口均可行之"。然而,工藤的设想并未能付诸实施。

与此同时,林子平(1738—1793年)著《海国兵谈》,要求防御来自海上的侵袭。他说,"仔细想来,从江户之日本桥至中国与荷兰,乃无边界可分之水路",改变了过去以为日本四周皆海即可孤立于世界之外的想法。他认为,"海国之武备在海边,海边之兵法在水战",而"荷兰与欧洲各国之船只,其制造甚坚实广大,如非优势之大炮,则难以挫败之",所以"水战之关键在于大炮",要求制造大炮,以为"日本之宝","遍置于日本全国滨海各地,作为日本长期之武备"。然而,林子平并不把西方国家视为夷狄,而是当作在日本实行改革的样板。他把沙皇叶卡捷琳娜二世与德川家康相提并论,认为"此女王有志于成为一统五洲之皇帝,于今虽经数代而其令不弛,可谓文武双全之栋梁"。当然,林子平还并不是要建立一个统一的国家,而只是加强封建领主的"藩国",建立由附着于土地的武士形成的武装体制。

本多利明(1744—1821年)面对国内外矛盾的激化,写成《经世秘策》和《西域物语》等著作,探寻日本的出路。他反对传统的把日本孤立于世界之外的作法,要求发展对外贸易:"日本国内出产有限,进而人口之增加无限,以有限之生产养育无限增加之人口,显然不能富裕","大国拥有剩余物产,输往他国以利国用,又从他国输入本国不足和欠缺之物,互通有无,则万民得其所欲,必致欢心"。他认为西方各国正是开展了对外贸易,"遂渐次丰饶,因丰饶而又强盛",为使日本成为"天下第一最善国",也应"建立大量生产精巧奇器与名产之制度"和"建立以官船运输贸易,通天下有无,救万民饥寒之制度",使日本"成为富饶强盛之大国,得永世不变之大治,如大火亦不能烧毁之石屋,使万民皆大安堵"。一句话,"与外国之交易乃为提高自身之国力,亦与战争相同耳"。他甚至要求实行"开拓"(殖民)制度,说"欧洲各强盛国家,其本国虽小,但多有属国,亦堪称大国",认为日本正是由于没有开拓制度而被沙俄在虾夷地占先,"无论东洋或西洋虽皆有可属于日本之诸岛,但首先值此虾夷诸岛将为莫斯科所夺之重要时刻,此乃急务中之急务"。在认识到保卫民族独立的重要性的同时,又孕育了向外扩张的野心。为此,他希望由"贤君明主"和"英雄豪杰"来实现一个统一的国家,以同当时最发达的资本主义国家英国并驾齐驱:"东洋有大日本岛,西洋有英吉利岛,在全世界中,二者并列为大富大强之国。"总之,本多利明把西方资本主义国家当成了理想的样板。

随着西方资本主义势力侵略扩张活动的加剧,作为儒学者的会泽安(1782—1863年),于1825年著《新论》,宣布了对抗外夷的决心。他站在儒学的立场上,认为日本是"神州",作为"大地之元首""万国之纲纪"而"照临宇内",负有"皇化"万国的任务。而西方的侵略则导致"戎狄之道"与"神圣之道"生死存亡的斗争,"如不变彼则为彼所变,势不能相容"。还认为,"外寇与内患必然相因果,乃古今之常势","狡夷"即以"通市"(贸易)、"兵"(武力)和"夷教"(天主教)为手段,与"愚民"相结合,故极力主张拒绝通市,拒绝"夷教",维持"锁国"。然而,他又通过"巨炮大舰"认识了西方的力量,认为海国日本的当务之急,在于实行"巨舰之制"与"水操之法"(航海技术)。他吸取工藤平助、林子平、本多利明等洋学者达到的思想成果,提出了"富国强兵"的口号,要求进行必要的改革。为了建造巨舰,就需要向西方国家学习技术,为了实行"水操之法",也需要形成统一的国家。这样,他的理论就必然转向通过向西方学习,掌握先进技术,实现"富国强兵",从而攘斥外敌,以保卫民族的独立。《新论》引起了巨大的反响,特别是广大下级武士,作出了最敏感的反应。他们在长期的和平环境中,丧失了凭借武功而发迹的前途,在城市中生活,又受到商人的支配而陷入穷困的境地,这都促使他们寻找打破现状的发言机会,《新论》则为他们提供了丰富的精神食粮,"处士横议"的局面顿然沸腾起来,为日后的"倒幕"作了准备。

如果说会泽安对世界的认识还停留在"以一国为天下"的水平上,那么,稍后的兰学者渡边华山(1793—1841年)等,则认为西方"专以物理之学,于天地四方,日益精审,非以一国为天下,而以天下为天下",应废除"我国旧日记载定唐土一国为中华"的习惯,同时又看到"五大洲中,除亚细亚外,四海大抵为洋人领地","西洋诸国拥有整个地球主权","于亚洲之内,亦仅唐土、波斯及我邦三国,未遭洋人之污秽",而"英吉利之求于我者,亦如蝇逐臭,驱之而必复来"。他呼吁应对西方提高警惕,且不可妄自尊大,"轻视夷狄等,诚盲人之想象","古来唐土御戎之沦"及"我国之神风均不可恃",并要求停止锁国,以为如不引进西欧先进技术,即如"路上之遗肉",将被有如"饿虎饥狼"的西欧各国吞食。

面对西方资本主义的先进科学文化及其咄咄逼人的扩张趋势,德川幕府也于1811年设立"蕃书和解方",从事翻译工作,以了解外国情况。但是,像严格控制对外贸易一样,幕府对于有关外国的知识也严格控制,不使同广大人民接触,更没有采取有力的措施,向西方学习。

1840年的中英鸦片战争,不仅使中国逐步沦为半殖民地,也使日本受到巨大的冲击。学过西方炮术,正在讲授西方军事的长崎町年寄(位于町奉行之下的较高级官吏)高岛秋帆(1798—1866年),立即提出了关于改进炮术以加强武备的意见书,认为英国在战争中获胜的原因在于"平时所具有之武备",而日本"诸家之炮术,乃西洋已经废弃之数百年前迟钝之术,或为无稽之华法",遂强调"防御蛮夷而熟悉其术,乃至关紧要之事"。

信浓国松代藩(今长野县)武士佐久间象山(1811—1864年),也联系鸦片战争的教训,向藩主提出意见书,认为海防问题已是超越了"德川家之荣辱"而关系"皇统安危"的大事,应"不分贵贱",动员全体人民来实行。他要求"仿西洋之制,造数百千门大炮",和"仿西洋之制,造坚固之大船",所以,还应向欧洲学习制造技术。针对幕府的保守行径,他力主"平常之事,依平常之法,非常之时,用非常之制,乃和汉古今之通义","原为天下而立之法,今又为天下而加修改,此又有何可忌讳?"担心日本不能摆脱被动挨打的局面,陷于"必败之一途",缔结屈辱的"城下之盟"。

荷兰国王威廉二世于1844年亲函幕府,敦促其注意"近来英国国王向中华帝国出兵而发生激战之情况",警告日本"今亦将罹此种灾害"。他论述说,"通观古今之时势,宜速使天下之民相亲近,其势非人力所可防遏","和平在于敦睦友谊,而敦睦友谊则在进行贸易",希望日本"放宽严禁外国人之法"。他的目的虽在于企图保持荷兰在日本的原有特权,但也反映出资本主义确已成为不可阻挡的潮流。不过,幕府仍以"祖法既定,子孙不可不遵"为由,加以拒绝。

在西方资本主义的强烈冲击下,"锁国"显然已经不能再继续维持下去了。特别是,1853年7月美国海军准将柏利率领舰队来到浦贺(今横须贺市的一部分),企图打开日本大门,更使幕府束手无策,举国舆论哗然。

佐久间象山听到柏利舰队叩关的消息十分愤慨,又立即提出《急务十条》意见书,特别强调"新造坚舰,训练水师"和"以联军之方法,团结列藩之水军",即海军建设和统一管理的重要性。因仍遭幕府漠视,便决心不惜任何手段,来传习西方技术。他早就注意于俄皇彼得一世曾亲往外国,学习技术,把俄国这个"愚顽之贫国",建设成"不在他国之下"的国家。因此,他也要像彼得那样,直接向西方学习。不过,他并不打算自己出国,而是要物色有志之士前往。

长州藩(位于今山口县西北部)下级武士吉田松阴(1830—1859年)是佐久间象山的弟子,他在听到柏利来航的消息后,也赶赴现场,目睹了幕府海防形同"虚设"的情景,在给他哥哥的信中叹息道:"浦贺之事,乃古今未曾有之大变,国威衰颓以致于此,其由来究何在?"担心"外患内乱必然相因","逢天下战争之秋,民之动摇将如何制驭耶?"并认为"方今升平三百年,俯察仰观,渐萌变革之势","今日外患当头,无人不言海防,却未闻有言民政者。外患内乱既必然相因,则海防民政并举,自不待言"。他所主张的"变革",就是要建立一个"民政海防""缺一不可"的体制。这虽是"当务之急",但最为紧迫的任务,还是为对付外患而传习西方军事技术,以为"夷之大炮船舰,医药之法,天地之学,于吾皆有用,宜采择之"。

佐久间象山选中了吉田松阴,在幕府严禁出国的当时,冒着生命危险进行漂流偷渡。虽然偷渡失败,但他们的决心冒险,正是对于垄断着对外贸易和有关世界知识的幕府的挑战。二人虽被幕府幽禁,仍然思索着如何对付外来的侵略。他们原来都曾以为对外贸易是"得外国无用之物而失我国有用之宝",但在幕府同美、俄等国相继签订"友好条约",日本大门被打开以后,也就改变了看法。

佐久间象山以古代日本向中国学习而取得成果为例,指出"我国今日之使用汉土文字,及其各种技巧,均不以为羞耻,乃全由先皇时派遣学生至彼地,不仅学习文化典籍,且直至女红之事",认为学习西方"唯在采用其技术器械之智巧,并不在其政教之论,乃为不受彼之侮辱,有益无损实日益明显"。他设想建立"工场"以发展生产,要求"幡然改变既往苟且之故辙","广选人材派往外国,使之学彼所长诸术,并恰能探索其形势时情,又广为招引外国名士,披肝沥胆予以优待,使为我国所无艺术(技术)之师,盛兴各学科,变城制,禁游民,省刑罚,大兴器械之学,开设工场,多造大船,复航海之法,……本国之实力将超过英、法、美国"。

当时中国著名的思想家魏源(1794—1856年),也注意了解西方情况,认为"欲筹夷患,必筹夷情",并提出"师夷长技以制夷",要求通过学习西方国家先进的科学技术,以抵御外侮,达到富国强兵的目的。他的见解正与日本爱国者不谋而合,所编介绍世界情况的书籍《海国图志》,也在日本翻刻印行,广泛流传,引起共鸣。佐久间象山表示,他与魏源虽然生长在不同的国家,又素不相识,但在各自的著作中,却不约而同地表达了许多一致的看法,这虽难以想象,却又是事实,真可算是海外的志同道合者。

佐久间还亲身参加一些科学实验活动,深入钻研和掌握西方先进的科学技术,使他能够指出《海国图志》中有关大炮设计的一些缺点。

吉田松阴也看到了"殖产兴业"的重要,认为应该"开国"(开港、开市),以得到"互市之利",并实行"富国强兵之大策"。他说:"夫以战为主者,锁国之说,以和为主者,航海通商之策。以国家大计言之,如欲振雄略而驭四夷,非航海通商又何以为之耶? 如仍闭关锁国,坐以待之,则势屈力缩,非亡又何待耶?"他回顾历史,认为"航海通商本为雄略之资,乃祖宗之遗法,锁国本为苟偷之计,乃末世之弊政,……然今之言航海通商者,非能具雄略,乃苟求免于战事而已"。这样,他就把自己所主张的"开国"同幕府实行的"开国"严格区别开来,他所用心思考的是,当幕府从"以和为主"的立场出发,为了"免战"而屈服于"夷谋",要把日本引向"开国"时,怎样来维持这"三千年独立不羁之国"。这种抵制和对抗外来压迫的决心,正是朴素的民族主义思想的反映。当幕府屈服于"夷谋"而签订了"开国"条约后,他即提出讨幕,要求"讨灭诛戮而不可稍有宽宥"。然而,作为封建社会末期的武士,他的思想仍存有极大的局限性,一方面把人民群众视为"内忧",担心外夷以自由贸易而"结愚民之心",另一方面则鼓吹一君万民,强调"神州之道"正在于"普天率土之民,皆以天下为己任,效死以报天子,而不限贵贱尊卑",认为"民心应如上之所思",只有仰赖天皇的决断,才能行使国家的意志。吉田松阴虽然被幕府镇压,但他的思想仍然产生了巨大影响,他的许多弟子成为明治维新的元勋。

被称为吉田门下双璧之一的高杉晋作(1839—1867年),于1862年搭乘幕府贸易船只"千岁丸"前来上海,即留意观察中国情况,探讨中国败于西方列强的原因。他认为"彼不造能闯过万里波涛之军舰,不造能防敌于数十里外之大炮等,彼国志士所译之《海国图志》等亦均绝版,徒然提倡僻见,因循苟且,空度岁月,不采取对策,断然改变太平之心,不制造军舰大炮,防敌于敌国之地,故由此而至于衰微也",呼吁日本不要重蹈中国的覆辙。高杉与他的老师相比,表现出了对西方的更大关心。

柏利舰队来日,也加速了幕府内部的分化,有识之士积极探寻应急的方法。幕府首脑之一堀田正睦(1810—1864年),为避免重蹈"广州之覆辙",而要求"变革"锁国的"成法",以"睦邻之道"实行"开国"。负责海防的官吏也建议,不仅要"以四海兄弟之情"对待外国,使其来日的官吏前往江户,以便"询问各国情况",而日本也应派出"探索各国之人员""洞察彼邦之虚实",并"健全财政,开展外贸",以"伸张国势而与当今外国相匹敌"为"第一急务",创立"天下一新之基础"。

学习兰学并开办兰学学塾的幕臣胜海舟(1823—1899年),认为"海国兵备,如不造军舰即难实现,此系天下之通论",而建造军舰的费用,"如以国内之力充当,将使万民之课役严酷,而致贱民反叛",所以强调开展对外贸易,"以得自外国"的"贸易利润"来制造军舰。他在拟定幕府的海军建设计划时,认为只有"统辖之大权集中于一手",才能实行合理的管理,而当此诸侯"隐然割据之势已萌"的局面,更应该"大权集中于国家之手,则纪律整齐,号令一致,足可退而守国内,进而攻敌国,终成东海一大强国,与西洋各夷争天下之要冲"。总之,只有反对封建割据,建立巩固的中央集权国家,才能加强防卫力量。

正当幕府设立教授和研究西方学术的机构,开始训练海军,进一步引进洋学和西方军事技术时,一些强藩(封建领主)也加速了这方面的进程。

萨摩藩(位于今鹿儿岛县西部)藩主岛津齐彬(1809—1858年)认为,

"无论仓库中藏有多少金银,亦不能称为富国",而是以引进工业技术和实行军事改革为目标,进行了积极的改革。他建立了"集成馆",作为引进工业技术的机构,据称在一个时期内,每天雇有工人达一千二百名。在引进技术时,首先是让兰学者翻译荷兰书籍。例如,1854 年,川本幸民根据荷兰《理学原始》一书,出版《远西奇器述》,介绍了摄影、电信、蒸汽等先进技术。为了对抗西方的侵略,岛津齐彬指出,"防御之要器,极而言之乃大炮、军舰二者",便首先着手制造船用蒸汽机。他先命兰学者摘译出《水蒸船略说》一书,继而着手制造,于 1855 年获得成功,造出日本最早的汽船。随后,又学习英国海军,建设水兵队。提倡洋学的藩学校造士馆副教授横山安容,为《水蒸船略说》写了跋,认为"全亚细亚所未尝有者,终于创始于兹",并同中国加以比较,说"吾闻清人曾言,大炮之制无精于西夷者,其用无不习自西夷,与其于国内制造,莫如购自外夷。夫如炮之小者,尚犹不欲自制,更何况如船之大者乎?盖其初唯以西夷之智虑为不可企及。宜乎前为英夷所屈辱,因而乞和,仅以自免。所谓人必自侮而后人侮之者,清人是也"。这一番话不啻是对中国封建顽固势力的有力鞭笞,同时,也可略窥幕府末期的日本有识者,面对西方的强大压力,是怎样力图变被动为主动的。

长州藩在改革中,也相继设立"西洋书翻译御用挂"(掌管翻译事宜的官职)和西学所,以研究"广大异域之艺术(技术)"而有益于"海防之要务"为目的。《西学所每日规则》强调,要"仔细探索当今西方各国海陆兵制沿革、政事得失、人物善恶等情,以裨海防之用",并以海军为"当今之大急务"为由,为取"洋人之所长"而教授"航海术"。

1859 年,曾在长崎学习海军的松岛刚藏等指出,"方今西洋诸国跋扈于宇内,即仗其海军之强盛与航海之熟练",认为对于航海技术的掌握,不仅要理解书本知识,而且要注意实地训练,做到"知行相兼",并建议向荷兰购买书籍、器械以至船只。

1861 年,以向藩主提供情报为职业的长井雅乐拟定策论,要求"速造大舰,铸巨炮,择将练士,开国航海,以神州固有之忠孝为我之体,以洋夷日新之功利为我之用,以交往通商之形式横行于五洲各国,熟知其情实,施皇化于五洲,定远略之国是",以为"改偷安厌战之陋习于一朝,磨练人心胆略,趋向发明知识之途,由此,富国强兵之术,开物成务之功,亦不难成就"。这篇策论虽认为"锁国"并非"我国之旧法"而要求废除,并要对世界采取"进攻之态势",但同时又企图使朝廷与幕府妥协,"冰释"两者之间的"嫌隙",鼓吹"国是远略出于天朝(朝廷),幕府奉而行之,正君臣之位次,而使海内如一",从而帮助了幕府。

从兰学接受了西方资本主义思想影响的中下级武士,无论对于藩政或幕政的改革,都能适应形势的发展变化,发挥了有益的作用。

福井藩(位于今福井县)藩士桥本左内(1834—1859年),受到藩主的重用,力主"富国"以作为"强兵之基",强调"今后以商政为首,开贸易之学,使有无相通,以我国自有之地利,得宇内第一之富饶"。同时又以为,"何时将开启何种衅端亦难逆料,应以中国鸦片之乱为前车之鉴",要求建立"超越欧罗巴诸国之功业",使"帝国之尊号永放光辉,虎狼之徒自当消弭异心"。他看到"我国沿袭既往旧套,实难济事",不希望权力继续集中于幕府将军之手,而是主张建立强藩的联合政权,以加强中央集权,结果终被幕府处死。

肥后(今熊本县)藩士横井小楠(1809—1869年)在得到柏利来日的消息后,曾草拟意见书《接待夷虏大意》,认为美国"以锁国为我国是之道,此乃全不知我国是之大道",指出"有道之国许通信,无道之国拒绝之",乃是"我国处理外夷之国是","不分有道无道一概拒绝"是"暗于天地公共之实理,终至失信于万国"。他认为,对于柏利,只应责其"以军舰来迫"的"无理无道",使之退去,如果柏利"强起兵事,则彼曲我直",但幕府对此却"私自把持,无一事能向天下说清,以使安心","关系日本全国之大事,全由幕府独自裁决",所以强调"为天下计,幕府所为不妥之事,或应改革,或应舍弃",并提出"抛弃国初以来天下威权尽归德川幕府之私心,改革恶政,与天下共同治理天下",作为改革幕政的指导思想。他还认为"攘夷有如兴国之基",必须抵抗外来侵略,但"世人徒以杀戮洋人,不使居于内地为攘夷,则甚为不可"。这样,他所主张的"攘夷"就同一般"攘夷"论者的盲目排外划清了界限。

下总国佐仓藩(今千叶县北部)藩士、佐久间象山的弟子西村茂树(1828—1902年),于1853年自告奋勇要求亲赴海外留学,他批评说,"世间提倡西洋炮术者,并不了解西洋之真正面目,其中如炮台之建筑、大炮之配置、器械之运送、弹药之储藏等,均不甚明了,窃以为实属危险",他愿"乞三年之暇,前往荷兰,修炮术及布阵之术","再有余暇,则遍历西洋诸国,考察其风土人情"。在幕府的"锁国"政策下,这样的理想未能实现。但是,随着民族危机的日益加剧,要求"迅速选拔人才,送往欧洲留学"的呼声也更加高涨。萨摩、长州等强藩,相继把自己的留学生秘密派往英国。

幕府也于1862年派出第一批留学生前往荷兰,学习海军、医学及社会科学。1866年4月,幕府终于解除禁令,允许前往国外学习和经商。

如果说幕府派出留学生的主要目的,还只在于加强海防,以对抗西方列强的武力威胁,但其后果则远不止于此。正是幕府和各藩派出的留学生,不仅掌握了西方先进的科学技术,而且带回了资本主义思想和制度,成为明治维新后建设资产阶级现代国家的骨干力量。

著名的资产阶级启蒙思想家福泽谕吉(1834—1901年),于青年时期曾随幕府的使节团赴欧美参观访问,他在回忆当时情况时说,对于所见所闻,"我等同行之日本人不仅限于惊奇,惊奇之余,亦更钦羡,不能自禁,产生欲在我日本国加以实行之雄心"。福泽根据见闻,并参考西方著作,写下了《西洋事情》一书,介绍西方情况,他的见解与一般盲目排外的主张迥然不同,奠定了日本资产阶级启蒙思想的基础。

由上所述,使我们看到了以下几点:

一、在德川幕府统治时期,封建统治者出于维护自身利益的需要,曾长期推行"锁国"政策,这一方面推迟了封建社会解体的过程,妨碍了日本社会的发展,但另一面,又在一段时间内和一定程度上,成为保持日本民族独立的一个手段。对于基督教的殖民制度,马克思曾引用威·豪伊特的话说:"所谓的基督教人种在世界各地对他们所能奴役的一切民族所采取的野蛮和残酷的暴行,是世界历史上任何时期,任何野蛮愚昧和残暴无耻的人种都无法比拟的。"(《资本论》第1卷,第820页)马克思接着说:"荷兰——它是十七世纪标准的资本主义国家——经营殖民地的历史,'展示出一幅背信弃义、贿赂、残杀和卑鄙行为的绝妙图画'。"(同上)如以17世纪时的日本与荷兰相比,日本还是一个落后的封建国家,不言而喻,它软弱的自然经济当然不可能抵御像荷兰那样的"基督教殖民制度"的入侵,从而也就难以避免沦为又一个荷属东印度的下场。但是,由于德川幕府严格的"锁国"制度,便在客观上推迟了日本沦为殖民地的进程。

二、在"锁国"期间,通过同西方国家的有限接触,有识之士不断认清了资本主义国家生产力的发展水平,也迫切希望日本能改变现状,通过学习外国的先进技术,达到富国强兵和抵御外侮的目的。然而,他们大多还是主张"东洋道德,西洋艺术(技术)",要求"仁义忠孝存于我,器械艺术取于彼",在学习西方技艺的同时,继续保持固有的封建制度与道德。这与清末洋务派首领张之洞提倡"中学为体,西学为用"如出一辙,都是企图通过学习西方,来维持封建统治,对于当时的改革派来说,这不能不是一种难以避免和摆脱的阶级局限。

三、商品经济的发展与阶级的分化表明,在德川幕府实行"锁国"的体制下,日本也将能够缓慢地发展资本主义。然而,一旦被西方列强强行打开大门,直接面临沦为殖民地的威胁,而必须作出迅速的抉择时,旧的生产关系的代表者——德川幕府,就暴露出它对此已无能为力。只有打倒幕府,彻底扫除这个障碍,才能为"革命和改革"开辟道路。作为这场斗争的主要推动者的下级武士,为了"倒幕"而抬出长期被幕府冷落的朝廷,提出了"尊王"的口号,但归根结底,"尊王""倒幕"都是为了"攘夷",即维护民族独立。他们继承历史上改革派的传统,主张为攘斥外夷而学习外夷,并取得成功,迅速走上了资本主义的发展道路。从这个意义上来说,历史上改革派要求维护民族独立和向西方学习的主张,为明治维新作了充分的思想准备。

主要参考书目:

山鹿素行:《谪居童问》、《中朝事实》(《山鹿素行全集·思想篇》第 12、13 集)。

工藤平助:《赤虾夷风说考》(《北门丛书》第 1 卷)。

新井白石:《西洋纪闻》、《先驱者的思想》(《近代日本名著》第 2 卷)。

本多利明:《经世秘策》、《西域物语》(《日本思想大系》第 44 卷),岩波书店 1970 年,第 14、138 页。

佐久间象山:《省愆录》、《致藩主意见书》、《急务十条》(《日本思想大系》第 55 卷)。

渡边华山:《慎机论》(《日本思想大系》第 55 卷),岩波书店 1971 年,第 70 页。

横井小楠:《接待夷虏大意》(《日本思想大系》第 55 卷)。
大槻玄泽:《兰学阶梯·御侮》(《日本思想大系》第 64 卷)。
安藤昌益:《统道真传·万国》,寺尾五郎《先驱安藤昌益》。
林子平:《海国兵谈》(《林子平全集》第 1 卷)。
会泽安:《新论》(《明治文化全集》第 23 卷)。
吉田松阴:《讲孟余话》、《愚论》、《对策一道》(《吉田松阴全集》)。
桥本左内:《桥本景岳全集》,山口宗之《桥本左内》。
高杉晋作:《东行先生遗文》。
松平直亮:《泊翁西村茂树传》。
福泽谕吉:《西洋事情》(《福泽谕吉全集》)。

(作者周启乾,天津社会科学院日本研究所,原文刊于天津社会科学院、天津市哲学社会科学学会联合会主办《文稿与资料》总第 2 期,1980 年 4 月;天津社会科学院日本问题研究所《日本史论文集》,1981 年 7 月)

幕末日本人西洋观的变迁

王家骅

明治维新后,日本人向西方学习卓有成效。然而,从德川时代的闭关锁国到维新后全面吸收西方文明,如不打破盲目排外的蒙昧主义思想壁垒,这种转变是不会实现的。追溯幕末日本人西洋文明观的变迁过程,看看他们如何克服闭关自守、夜郎自大的封建思想,我们就可以认识到要清除一种陈腐的传统观念需要花费多大的气力。另外,回顾这一变迁过程,也有助于我们理解明治维新的思想源流。

一

在德川幕府(1603—1867年)统治下的日本,幕府将军是全国的最高统治者,天皇没有实权,仅具有传统的精神权威。除将军的直属领地外,幕府又把全国将近四分之三的土地分给二百几十个"大名"[①]。"大名"们割据一方,其领地称为"藩国"。以幕府将军为首的大小封建领主,为了从农民身上榨取更多的年贡,千方百计把农民束缚在小农业与家庭手工业相结合的农村。经济上的落后闭塞,政治上的封建割据,便成了德川幕藩体制的主要特征。

为了维护幕藩封建体制,限制商品经济的发展,尤其是海外贸易的发

[①] 日本封建时代的大领主,称"大名",在德川时代,有领地一万石以上的武士称"大名"。

展,防止基督教这一宗教异端与反幕力量相结合,德川幕府从1633年起,连续五次发布"锁国令"。从此,岛国日本对世界垂下了"锁国"的帷幕,长达二百余年。"锁国"期间,不仅严禁日本人出海,少数被允许来日的中国和荷兰商人也受种种限制:长崎是唯一通航的港口,贸易不得超过定额;被限令居住的地方,周围挖着堑壕以防与日本人自由来往。

曾诱发岛原天草农民起义的基督教更被视为洪水猛兽,为严防其传播,还实行了文化"锁国"。据荷兰商馆日记1641年十月三十一日载:荷兰的"印刷书籍,除医药、外科、航海者外,均不准携入日本"[1]。对于并无传教之虞的汉籍也严加检查,许多汉籍遭禁不准进口,仅因书中有"耶稣"字样,或因引用了西洋算法。《帝京景物略》是介绍北京市容的导游书,也因只言片语涉及天主堂和西人利玛窦而被禁。[2]

17世纪,当欧洲的新兴资产阶级互相争夺海上霸权,世界面貌迅速改观的时候,日本却孤悬东北亚海上,仅靠长崎这一小小透气孔,与世界市场维系着似有若无的联系。中国商人向长崎奉行[3]报告本国情况与旅途经历的《唐人风说书》和同样性质的《阿兰陀风说书》成了日本朝野管窥世界风云变幻的唯一途径。一个商业经济有所发展、17世纪初即可驾船横渡太平洋、具有吸收外来文明优秀传统的有活力的民族,就这样被禁锢起来。

"锁国"政策的精神支柱是"华夷"思想。自称"神州""皇国",除了崇拜中国之外,视异国为"夷狄""戎狄""黠虏"。认为"夷狄"是不知"人伦"国度,而日本不仅为"礼仪之邦",而且国富地广,无须与他国来往,对西方文明深拒固绝。其实,"华夷"思想本是中国儒家的传统观念,即所谓"夷不乱华","中国有礼仪之大故称夏,有服章之美谓之华"[4]。日本并无资格自诩为文物盛大的世界中心,因为他一直受中国文明的影响,而且正是由于德川幕府把儒家的朱子学作为官方哲学,"华夷"思想才成了对外关系的指导观念。以一种外来思想作为排斥外来文明的根据,是多么可笑的逻辑!然而也不

---

[1] 佐藤昌介:《洋学史研究序说》,岩波书店,1964年,第17页。
[2] 大庭修:《江户时代日中秘话》,东方书店,1980年,第57、65页。
[3] 奉行是德川幕府的官职名,长崎奉行负责长崎的行政、审讯、警察等事务。
[4] 《左传》定公十年条及疏,《十三经注疏》,世界书局,1935年,第2148页。

足怪，因为"华夷"思想所表现的盲目排外的蒙昧主义，并非只是中国的"国粹"，从根本上说，它是以自给自足为特点的闭锁性经济所造成的思想，所以它可以越过时间与空间，在存在着中世纪的落后经济的日本植根存身。而且，越是闭关自守，就越会虚骄自大，变得更加愚昧无知。这就使"华夷"思想这一极其荒谬的观念，不仅在日本落了户，而且具有了虚幻的合理性，使一些人信而不疑，成为一种"民族的片面性和局限性"。

然而，在世界资本主义不断发展的时代里，"各个民族的精神产品成了公共的财产。民族的片面性和局限性日益成为不可能"①。先进的西方资产阶级文明必然东渐。日本也难于逃脱这一规律。到了18世纪前期，一些先进的日本知识分子透过"锁国"的厚重帷幕，利用一切缝隙，拼命吮吸西方传来的新风。这样，西方资产阶级文明也开始在日本生芽，这就是"兰学"的传播。

"兰学"是指由荷兰人和荷兰语书籍所介绍的有关医学、天文学等方面的知识。若从广义上看，也包括从中国传来的，由西方传教士编著的天文、地理书籍所介绍的西方学术。前野良泽（1723—1803年）与杉田玄白（1733—1817年）从荷兰语版翻译人体解剖学著作《解体新书》（1774年），标志兰学在日本的形成。此后他们的弟子大槻玄泽（1757—1827年）创立了日本最早的兰学塾芝兰堂。到19世纪初，兰学已在江户、京都、大阪、名古屋和长崎诸城市的部分医生与少数知识分子中传播开来。日本兰学的代表人物，还有司马江汉（1747—1818年）、林子平（1738—1793年）、本多利明（1743—1820年）、渡边华山（1793—1841年）和高野长英（1804—1850年）等。

兰学的传播使日本人对西方文明开始有了崭新的认识，尽管这些认识很不系统，甚至有许多误解。但由于兰学的传播，"荷兰精于医术及诸般技艺，渐为世人所知"②，而且他们了解到，不仅荷兰，"远西诸州"都能"学格物

---

① 马克思、恩格斯：《共产党宣言》，《马克思恩格斯选集》第一卷，第255页。
② 杉田玄白：《兰学事始》，见松本三之介编：《现代日本思想大系 I：近代思想的萌芽》，筑摩书房，1966年版，第146页。

穷理,不为天性空言、虚谈妄说……且万巧精妙,为他州所不及"①。兰学者的目光并没有局限于西方各国科学技术的先进上,还凭借有限的间接知识,朦胧地认识到西方社会制度的先进性。本多利明认为"国土之贫富强弱皆在于制度与教示"。他认为英国虽地处孤岛、气候寒冷、物产贫乏,但终于能成为强国,其原因即在于有大力发展生产与推进海外贸易的"劝业制度"与"海洋涉渡制度"②。对西方文明的新认识使他们对"华夷"观念和崇拜中国发生疑问。司马江汉说:"如称支那为中国,吾邦为苇原中津国,似无不为中央之邦矣",然而"若由天定之,则应称赤道下之邦为中央"。③ 渡边华山进而认为西洋各国"艺术(即技术)之精博,教政之羽翼鼓舞,似为唐山(指中国)所不及"④。在他们心目中,中国作为理想之邦的信仰已经开始动摇了。

西方社会的新形象以及兰学者对西方社会的初步认识,还使一些兰学者对封建制度的某些根本原理提出异议,萌发了改革社会的要求。司马江汉已提出人类平等观念。他说,在西方国家"贵称诸侯,卑为农夫商工,然若由天定之,同为人也,非禽兽鱼虫"⑤;在日本"上由天子、将军,下至士农工商、非人⑥、乞食,皆人也"⑦,即是说虽地位有高下,但作为人却是平等的。这显然包含着对封建等级制度的某种否定。身为田原藩家老的渡边华山还运用他的兰学知识,"由兰书中抄出万国之国体、政务、人情、世态等"⑧,打算用于改革藩政。

少数兰学者还借助有关海外形势的知识,敏锐地预感到即将出现的民族危机,并提出了加强海防的建议。林子平在1786年和1791年先后刊行了《三国通览图说》和《海国兵谈》。他不同意所谓日本四周皆海,无外患之

---

① 司马江汉:《和兰天说》,见《日本思想大系64:洋学》(上),岩波书店,1976年,第447页。
②《日本思想大系44:本多利明·海保青陵》,岩波书店,1977年,第132、135页。
③《日本思想大系64》(上),第449页。
④《日本思想大系55:渡边华山、高野长英、佐久间象山、横井小楠、桥本左内》,岩波书店,1978年,第69页。
⑤《日本思想大系64》(上),第485页。
⑥ 士工农商是德川时代身份制的四个等级,士是贵族身份,农、工、商是平民身份,在平民下面还有"贱民",就是"秽多"和"非人"。
⑦ 古田光等编:《近代日本社会思想史》(1),有斐阁,1975年,第102页。
⑧ 佐藤昌介:《洋学史研究序说》,第161页。

忧的传统认识,指出"自江户之日本桥迄中国与荷兰,乃无边界之水路"①,主张建立海军和加强海防,尤其是江户湾的海防。他还察觉到俄国对日本北方领土怀有野心,建议加强对北海道地区的开发。

兰学是日本与西方资产阶级文明接触后产生的新思潮,是对传统"华夷"观念和锁国制度的第一次冲击。兰学者在十分艰难的条件下,跳出中世纪的思想樊篱,开始打破民族的片面性和局限性,把目光转向先进的西方。他们之所以能达到上述认识,除他们个人的因素以外,还因为有着相应的社会历史条件。兰学的形成不但是"西学东渐"的结果,而且是日本社会内部发展的产物。例如兰学者们所提出的人类平等观念和重商主义主张,就是反映了日本国内正在萌生的资本主义发展的要求。不过,兰学者对西方的间接认识终究还很肤浅,加之日本的资本主义萌芽仍相当幼弱,日本的封建制危机尚未严重到发展为政治危机的地步,因而兰学仅在少数医生与知识分子中作为以自然科学为中心的学术而传播,他们的社会政治思想还很不成熟,对政治斗争还未发生重大影响。日本社会也缺乏将他们的思想变为行动的物质力量。这些都使他们的社会政治思想带有空想性质,抵挡不住封建势力的压制。尽管如此,封建统治者仍不能容忍兰学刚刚显露出来的批判色彩,所谓"宽政改革"的主持者松平定信就曾说:兰学"为好奇之媒,或生恶果"②。从18世纪末起,统治者开始镇压兰学,经"宽政异学之禁"③、"西保尔德事件"④、和"蛮社之狱"⑤,"蛮学者流一时大为畏缩,

---

① 石田一良编:《体系日本史丛书23:思想史Ⅱ》,山川出版社,1976年,第204页。
② 田村圆澄等编:《日本思想史基础知识》,有斐阁,1974年,第420页。
③ "宽政异学之禁":18世纪末"宽政改革"期间,幕府企图以重建朱子学的统治地位来抑止新思想的传播,其主要矛头是针对兰学的。幕府以私议幕政为名处罚了海防论者林子平,发布了《出版物统制令》,并严格限制兰学者与荷兰人的接触。幕府还以离间手段,使兰学者内部分裂,互相攻讦,因此兰学受到很大打击。
④ "西保尔德事件":德国人西保尔德作为长崎兰馆副医官,从1824年开始在长崎鸣泷开设兰学塾,向50余名日本人教授医术与近代科学知识。1828年,西保尔德任满回国时,以《荷兰王国海外领土地图》与幕府官吏、兰学者高桥景保交换《大日本沿海舆地全图》。事发后,高桥被捕入狱。西保尔德被驱逐出境。
⑤ "蛮社之狱":渡边华山、高野长英、川路圣谟等兰学者与部分幕藩官吏在19世纪30年代组成以交换新知识为目的的"尚齿会"(又称蛮社)。1839年以后,幕府以诽谤政治、企图偷渡到小笠原诸岛等罪名逮捕渡边华山,高野长英逃亡。1841年渡边自杀。1850年高野拒捕自杀。史称"蛮社之狱"。

蛮学顿时衰退"①,随之而起的则是"华夷"思想的强化——"后期水户学"的发展。

二

19世纪20至30年代形成的后期水户学,是日本儒学的一个支派。它是幕藩体制内外危机不断加深的产物,是对西方文明初步传播的反动。这个学派的中心人物是水户藩九代藩主德川齐昭(1800—1860年)。因水户藩是德川"御三家"之一②,所以德川齐昭常以副将军自任,对幕府和各藩影响较大。这一派的代表人物还有藤田幽谷(1774—1826年)、会泽正志斋(1782—1863年)和藤田东湖(1806—1855年)等。关于他们如何提出"尊王"口号以应付内政危机,因不属本文讨论范围姑且从略。这里主要想探讨一下,在西方列强叩关、民族危机阴影开始笼罩日本列岛时,他们是如何把"华夷"思想推进到登峰造极的地步的。

从18世纪末开始,日本人首先感到沙俄南下的威胁,即所谓"北溟黠虏,窥窬神州,常有所谓图南之志"③。此后,英国商船也出没日本海。仅在1822—1824年,就有十余艘外国船接近水户藩沿岸。这都加剧了水户学者的危机感。他们形容日本当时的处境是"厝火积薪之下而寝其上",以为"天下之忧,孰甚于此"④。然而在这种情况下,他们不但没有像兰学者那样放弃卑陋的锁国主义,反而引进神道与国学的"神国"观念,高唱日本至上主义,并使其风靡一时。

所以如此,主要是因为水户学者把对外危机首先看成是道德危机,担心随着外国人的到来,"邪教"传入日本会"灭裂人道"。水户学者与兰学者不同,他们对世界日新月异的进步孤陋寡闻,加之西方列强的船坚炮利尚未在日本显示其威力,因而他们并不承认西方各国技术与社会制度的先进,完全

---

① 《日本思想大系55》,第103页。
② "御三家"指德川时代的尾张、纪伊、水户三家大名,他们的祖先是第一代将军德川家康的儿子,他们有辅佐将军的义务,在将军无后嗣时可继任将军。
③ 《日本思想大系53:水户学》,岩波书店,1978年,第375页。
④ 《日本思想大系53:水户学》,岩波书店,1978年,第375页。

无视日本已落后于西方的现实。水户学者虽然也谈列强的军事威胁,但他们依然认为最大的威胁是"耶稣教"。他们说西方各国日益得势,既不是因为"智勇有大过绝人者",也不是因为"礼乐刑政莫不修备","彼其所恃以逞伎俩者,独一耶稣教而已"。水户学者以为西方各国"倾人国家"的故伎就是"唱夷教,以煽惑民心"①。这种认识有一定的正确性,因为基督教确曾充当西方殖民主义的尖兵。然而到了19世纪初期,西方列强已更多地以巨舰大炮为前驱,日本面临的远远不是什么道德危机,而是由力量差距造成的关系生死存亡的民族危机。对这一点,水户学者却缺乏清醒的估计。

那么如何消弭外患呢?照水户学者看来,既然外患主要是道德危机,就要靠道德的批判去解决,即"明夏夷之邪正"②,按德川齐昭的说法就是"明神皇之大道,拒夷狄之邪教,为海防之要也"③。

水户学者认为,"明夏夷之邪正""务在明国体"④。什么是日本的国体呢?就是"万世一系"的天皇制。在他们看来,就严守"大义名分"的纯洁性而言,日本胜过屡有"易姓革命"的中国,在世界上是独一无二的。因而他们认为把明、清称为"华夏""中国",都是"陋儒俗学""昧于名义""不达大体"的"任意谈说"⑤。只有日本才是最优秀的国度,世界的中心。这样,后期水户学就把"华夷"思想发展到十分荒唐的地步。会泽正志斋还十分可笑地强调要通过天皇祭祀天祖的礼仪,尤其是天皇即位的"大尝会"仪式来感化人民,以体会"国体"的"神圣"。他们夸大精神与道义的作用,以为精神就是力量,"圣道"胜于力量。他们不是谋求缩小力量的差距以对抗外来侵略,而是要通过"明夏夷之邪正",即通过对内鼓吹本国制度与文明的"纯洁性"来克服外来危机。他们还乞灵于一场造神运动,企图通过神化形同虚设的天皇找到出路。

德川齐昭还认为要"明神皇之大道,拒夷狄之邪教",就应"远夷狄,使神

---

① 会泽正志斋:《新论》,见《日本思想大系53》,第398页。
② 会泽正志斋:《新论》,见《日本思想大系53》,第417页。
③ 植手通有:《日本近代思想的形成》,岩波书店,1974年,第26页。
④ 会泽正志斋:《新论》,见《日本思想大系53》,第398页。
⑤《日本思想大系53》,第388页。

国之人恶夷狄，夷人怨神国"①。这实际是主张墨守"锁国"祖制，断绝与外国的一切来往，煽动盲目排外的攘夷论。

后期水户学如此张扬"锁国""攘夷"，并非仅仅因为昧于国际大势，而是怀着十分现实的政治目的。在这些玄而又玄的"妙论"背后，隐藏着他们对人民群众的恐惧和不信任感，也表现了他们对自己的统治、对维护这一统治的意识形态缺乏信心。例如，水户学者视基督教为寇仇，并不是由于对它的侵略尖兵作用有所警惕，而是由于"夷蛮戎狄……云世人皆友也，有混同君臣、父子、夫妇、兄弟，概视以友之恶风俗"②，唯恐"上帝面前人人平等"的观念会"煽惑民众"以致动摇封建身份制度。他们对兰学的传播也忧心忡忡，担心"豪民等信洋学，万一生野心，与夷狄合谋时，实难应付，或又生天草之乱"③。看来后期水户学的锁国攘夷论与一切主张闭关自守的排外主义一样，其真谛并不在于对抗外来侵略，而在于防范国内人民革命。他们以为只要紧闭"皇国"大门，就可高枕无忧。因而这种"攘夷"论与"尊王"论相结合，成为后期水户学的核心，作为他们应付内外危机、维护与重建幕藩体制的纲领，就是理所当然了。

维护幕藩体制的政治目的，以及与现实脱节的西洋文明观，使后期水户学成为一场蒙昧主义的"华夷"思想的复兴运动。在这种思想指导下，自然不会产生正确而有效的民族防卫政策。当听到中国在鸦片战争中败于英国的传闻，和目睹美国的"黑船"在江户湾耀武扬威时，德川齐昭及其追随者惊慌失措，除了发些"不宜驱逐，亦不宜交易租地"④之类令人不着边际的议论外，拿不出任何对策。因此，后期水户学的影响日渐衰退也就不难想象了。

---

① 植手通有：《日本近代思想的形成》，岩波书店，1974年，第26页。
② 会泽正志斋：《迪彝篇》，见丸山真男：《日本政治思想史研究》，东京大学出版会，1953年，第302页。
③ 山口宗之：《桥本左内》，吉川弘文馆，1974年，第77页。
④ 植手通有：《日本近代思想的形成》，第248页。

三

清朝在鸦片战争中惨败的消息,在1840年底经荷兰和中国商人传到了日本,给日本的有识之士以极大冲击。"何故堂堂仁义之大国清国败于无礼不义之丑虏英国?"① 他们对"圣道"的威力、对锁国攘夷论产生了怀疑,并开始探求克服民族危机的新对策。在1853年美国的巨舰大炮威逼国门、强迫日本"开国"后,他们的探求就更有紧迫感和更有现实意义了。在这些有识之士中,主要活动于19世纪40至50年代的佐久间象山(1811—1864年)和桥本左内(1834—1859年)最有代表性。

松代藩士佐久间象山曾是诚笃的朱子学者,对后期水户学也深怀敬意,但事实使他认识到清朝失败的主要原因在于"唯知本国之善,视外国为贱物,侮为夷狄蛮貊,而不知彼之熟练于实事,兴国利、盛兵力、妙火技、巧航海,遥出己国之上"②。这表明佐久间象山已看到中国失败的症结,认识到欧、美在技术上的先进地位,开始批判"华夷"观念。深受福井藩主信任的藩医桥本左内也达到了同样的认识。他曾批评视外人为"夷狄"者是"迂人""俗客"。③

正视现实而不自欺,才能提出正确的政策。佐久间象山和桥本左内认为在日本落后于世界的形势下,不应再固守锁国旧制。佐久间象山说:"无国力与伎俩,故无锁国之手段。且学术智巧互相切磋则相长,故始终锁国,国力与伎俩均劣于外国,终至不可锁国。"④这样,佐久间象山等人便从后期水户学的锁国攘夷论走向了开国论。但他们的开国论不同于幕府屈从于外国压力的被动的开国论。在他们看来,开国主要是为了"集万国之所长",使"包藏窥觎祸心之诸国自然畏慑"⑤,即为了"以夷之术防夷"。因而这种开国论具有民族防卫意义。至于他们在"开国"后又要"吞并山丹、满洲之边、

---

① 小西四郎:《日本历史19:开国与攘夷》,中央公论社,1974年,第8页。
② 《日本思想大系55》,第284页。
③ 山口宗之:《桥本左内》,第258页。
④ 植手通有:《日本近代思想的形成》,第46页。
⑤ 植手通有:《日本近代思想的形成》,第46页。

朝鲜国,且在阿美利加和印度领有土地"①,则暴露了作为封建武士的领土野心,根本不足为训。

佐久间象山和桥本左内发生这样的转变,首先是由于清朝的失败与日本被迫"开国"惊醒了他们自我陶醉的迷梦,再也不能贬低西方各国的力量和排斥西洋技术了;其次也因为他们大都以兵学和医学为业,更容易率先摆脱政治道德化的水户学的束缚,而从力量对比的角度观察形势。佐久间象山曾这样说:"无其力而能保其国者,自古至今,吾未之见也。谁谓王者不尚力耶?"②"尚力"峻别于水户学的"尚道",由"尚力"出发而"悉善彼之所善",导出"以夷之术防夷"的主张,就是很自然的了。此外,"以夷之术防夷"也是脱胎于中国魏源的"师夷长技以制夷",受了魏源《圣武记》与《海国图志》的影响。

佐久间象山的"以夷之术防夷",不仅是学习西方的军事技术,而且要学习西方的科学技术,改变高远空疏和耽于训诂考证的学风,发展新型教育。他认为当时中国失败的原因之一是"清儒学问虽考证精密,然毕竟多纸上空谈,甚乏实用"③。他提倡"洋学",力求改革学校制度,以期提高日本的"学力"与"智力",即提高整个民族的文化科学水平。他曾鼓励他的弟子西村茂树说:"炮术末也,洋学本也。吾子宜从事洋学。"④

十分可贵的是,佐久间象山不但不怕抱残守缺者的攻击,而且在学习西方科学技术时,既不妄自菲薄,也不生吞活剥。他充满自信地说:"彼人也,我亦人也,奚有彼之所行、于我则不可行之理?"⑤同时他也反对"附和雷同他人"⑥,主张对于西方传来的各种知识,要独立思考,为我所用。

但是,佐久间象山和桥本左内主张学习西方技术并不意味也要按照西方的面貌来改造日本社会。佐久间象山曾说:"合众国之政法如何之善,于

---

① 《日本思想大系 55》,第 567 页。
② 《日本思想大系 55》,第 414 页。
③ 植手通有:《日本近代思想的形成》,第 25 页。
④ 植手通有:《日本近代思想的形成》,第 68 页。
⑤ 植手通有:《日本近代思想的形成》,第 324 页。
⑥ 植手通有:《日本近代思想的形成》,第 324 页。

本邦则难以实行。"①这比起水户学虽然是个进步,因为他终究承认了西方社会制度有其所长,但仍不肯再前进一步,承认西方的近代社会制度较之封建制度具有普遍的合理性。他在1854年写成的《省譽录》中,把这种思想凝炼为"东洋道德,西洋艺术"。这里所说的"道德",并非仅指我们现在所理解的狭义的"伦理道德",也指政治。"东洋道德"就是以儒家思想为指导的封建政治。桥本左内也在1857年提出了大体相同的主张"仁义之道、忠孝之教由吾开,器技之工、艺术之精取于彼"②。那么"东洋道德"与"西洋艺术"谁为主体呢?桥本左内说,学习西方技术的目的在于"补助我义理纯明之学"③。西方技术仍不过是在民族危机威胁下维护"东洋道德"纯洁性的手段。这与当时中国洋务派的"中学为体,西学为用"其意相近。

"东洋道德、西洋艺术"论表明佐久间象山和桥本左内在批判"华夷"思想的道路上只走了一半就裹足不前了。这除了因为他们对西方的社会制度所知甚少这个认识方面的原因以外,主要是由他们的阶级地位与在幕末阶级斗争中的政治态度所决定的。他们都是藩政府权力圈内的人物,桥本左内还代表藩主的利益积极参加了全国性的幕政改革运动。他们只是要求在幕藩体制的框框内进行改革,他们只想享用西方文明给他们带来的好处,却不愿因此而丧失自己的特权地位。所以,他们在维护幕藩体制的根本秩序上是寸土不让的。例如,佐久间象山就主张"于皇国,贵贱尊卑之等级,不得不殊严"④。桥本左内在1856年担任福井藩藩校明道馆的干事时,曾建议设立"洋学习学所",但他同时强调要严防"言洋学而好新异、诬正理惑众人之事"⑤。而且规定精通一门儒家经典才准学习洋学。

不过,"东洋道德,西洋艺术"论在当时还是有进步意义的。它终究为日本人学习西方科学技术拓宽了道路,使"洋学"从部分医生的小圈圈里解放出来,普及到下级武士出身的知识分子中。而且它与早期兰学不同,与幕末

---

① 植手通有:《日本近代思想的形成》,第61页。
② 山口宗之:《桥本左内》,第78页。
③ 山口宗之:《桥本左内》,第75页。
④ 《日本思想大系55》,第308页。
⑤ 山口宗之:《桥本左内》,第74页。

的政治过程发生了联系,成了幕府与各藩实行"殖产兴业""富国强兵"政策的理论依据。例如,在50年代幕府"老中"阿部正弘主持的"安政改革"中,幕府建立了洋学所、讲武所和海军传习所,翻译洋书,引进西洋军事技术,建立新技术装备的工业。萨、长、土、肥各藩也采取了类似措施。

但在阿部正弘死后,1858年顽固派头子井伊直弼就任"大老"①。他仇视一切改革,上台伊始就制造"安政大狱"镇压改革派。桥本左内、吉田松阴等于1859年被处死刑。佐久间象山早在1854年就因支持吉田松阴出洋而受到幽闭处分。然而这些倒行逆施,既没有阻遏住西方技术的传播,也未能守住幕藩统治者设下的只准学习西方技术的栅栏,越来越多的知识分子走上了批判幕藩体制、以西方社会为楷模改造日本的道路。

四

"东有象山,西有小楠",熊本藩士横井小楠(1809—1869年)虽与佐久间象山齐名为开国论者,但他的思想却比象山前进了一步,是同时代人的先觉者。他在读了魏源的《海国图志》和听了一些西洋见闻后,不仅主张学习西方技术,还主张以欧美国家的社会制度为典范,改造日本社会。

在1860年写的《国是三论》中,横井小楠对西方各国的社会制度作了肯定的评价。他说:"在墨利坚,华盛顿以来,立三大规模:一曰,因天地间惨毒莫过于杀戮,故则天意以息宇内战争为务;一曰,取智识于世界各国,以裨益治教为务,一曰全国大总统之权柄,让贤不传子,废君臣之义,尽以公共和平为务。政法治术,以至于其他百般技艺、器械,凡地球上称善美者,悉取为己有,大扬好生之仁风。"②这里表达了横井小楠对华盛顿的尊崇之情,并积极评价了自华盛顿建国以来美国的"和平主义"、资产阶级民选制度和努力吸收外来文明的进取精神,以为在美国已荟萃了世界上的"善美者"。

他还十分赞赏英国的议会制度,他说:"在英吉利,政体一本民情,官吏

---

① 德川时代辅佐将军的最高官吏称"大老",不常设,在非常时期设置,一般情况下,设"老中"四至五人,直属将军,总理政务。
②《日本思想大系55》,第448页。

之所行,无论大小,必议于民,随其所便,不强其不悦。"①横井小楠认为英国战胜清朝,除因国富兵强外,还因实行了议会政治,统一了民心。而这正是骄惰侮慢的清统治者和以"霸府之权柄"行"便利私营"的德川氏所不及的。这就表明横井小楠已不仅从"尚力"的观点认识问题,而且从社会根源上去探求当时中国与日本失败的原因,从而比"东洋道德,西洋艺术"论高了一筹。

肯定西洋的社会制度,并非自横井小楠始,早期兰学者与农民革命思想家安藤昌益都曾闪耀过同样的思想火花。而且,横井小楠对西方社会的描绘与理解也不尽准确,不无理想化之嫌。然而,在德川封建体制面临内外危机、改造日本社会的呼声日高的时代里,他主张全面接受西方文明,却具有了早期兰学者不曾具有的现实政治意义,从而积极地影响了日本历史的进程。

不过,横井小楠这些别开生面的新思想,并未采取与传统儒家思想相决裂的形式,而是企图将儒家思想与西方文明结合起来,以重新解释儒家思想的姿态表现出来。他称颂美国、英国的政治制度,其理由是它们"符合三代治教"②。他提出的改造日本社会的纲领是"返回三代"③。

在旧的社会制度走投无路时,人们屡屡到以往的历史中寻求出路。因为新思想不是无中生有,而是在运用和批判旧思想、旧概念中产生的。它往往还表现为某些旧思想与旧概念形式上的还原。例如,欧洲文艺复兴时期再现古代希腊、罗马文明的口号,中国"戊戌变法"时康有为的"托古改制"等。虽然他们使用的语言是古色古香的,但他们要说出的却是崭新的内容。这才是他们思想的主要方面。横井小楠的"返回三代"思想就是这样。

例如,横井小楠说"三代之道""乃天地之道也,非云我国与外国。道之所在虽外夷,中华也。如为无道,虽我国、中国,夷也。非自始即称中华、称夷也"④。这样,日本、中国和西洋各国在衡量社会合理性的规范——"三代

---

① 《日本思想大系 55》,第 448 页。
② 《日本思想大系 55》,第 448 页。"三代"指中国的夏、商、周。
③ 植手通有:《日本近代思想的形成》,第 86 页。
④ 植手通有:《日本近代思想的形成》,第 86 页。

之道"面前，就成了平等的国家，从而否定了传统的"华夷"观念。横井小楠认为，中国虽是"往古大圣相继勃兴"的国家，但到清朝时已"国体堕坠"，不足为法，日本仍"执锁国之见，务私营之政"①。结果，只有西方各国的政治才是符合"三代治教"的。因而"返回三代"实际是表现着横井小楠对西方资本主义世界的憧憬。

横井小楠还把西方各国的议会制度用儒家的"天下为公"和"民为邦本"等民本主义思想加以解释，并要按照这一典范来改造日本的政治制度。早在1855年他就提出了"天下之人才共理天下之政事"的主张②，到1863年又提出"日本国中共和一致"的设想。虽然这些主张尚未超出以朝廷为顶点的列藩会议的范围，还不是真正的资产阶级议会主义，但毫无疑义地反映了西方社会政治制度的影响。此外，他对"天下为公""民为邦本"的新解释也表现了反封建色彩。例如，他说："士、农、工、商及医，其职虽异，苟学道皆士也。"③他把德川时代的身份只看成是职业的差异，对封建身份制度表示了否定态度。这些都为以后日本引进资产阶级民主主义思想开辟了道路。

我们并不否认横井小楠的思想还保留有许多陈旧的内容。实际上，他的思想和行动充满矛盾，表现了折中与过渡性质。他既批判了许多儒家观念，却始终认为儒家的朱子学派是"正学"。他认为西方各国的政治"符合三代治教"，有时又说"洋人经纶有末而无本"④。但是，横井小楠思想与行动的折中性质是时代的产物。当时，日本资本主义尚未发展到有足够的力量推翻德川幕府，并由其自身产生成熟的资产阶级民主主义思想的程度。例如，关于个人的自由、平等与权利的思想就很不发达。只是一些来自旧营垒的有识之士为救国而向西方寻求真理，从而引进了资本主义的社会政治制度与思想意识。这些异国风物经引进者的思想折射，再用他们熟悉的政治观念与语言表现出来，难免有别于原来的形象。而且以陌生的语言、陌生的论理使人们接受陌生的事物是十分困难的。因而在开始移植新事物与新思

---

① 《日本思想大系55》，第449页。
② 《日本思想大系55》，第476页。
③ 植手通有：《日本近代思想的形成》，第95页。
④ 《日本思想大系55》，第505页。

想时往往要以旧概念、旧论理作为媒介。横井小楠的思想与行动的折中性质就是新旧过渡时期的产物,而且是日本近代思想形成和发展的历史上不可或缺的一环。

五

1868年明治政权确立后,就"求知识于世界",开始推行全面学习西方的政策。一些启蒙思想家也开始宣传"自由""民权"等资产阶级民主主义思想。然而,许多维新领导人和启蒙思想家全面学习西方的思想是在幕末时已具雏形的。不然,明治政权确立后,也不会立即走上向西方学习的道路。

维新的最主要领导人之一大久保利通在1876年回顾维新过程,谈及维新指导方针时说:"其目的、其模范,尽在拟海外开明之治。"[①]再如维新领导人大隈重信于1861年曾在长崎向美籍传教士学习"英学",并比较深入地研究了西欧各国的政治、经济、财政等制度。当他回忆研究荷兰宪法和美国独立宣言对他的影响时说:"觉彼之文物制度颇有优于我处,隐怀移植之志望。"[②]著名启蒙思想家福泽谕吉幕末曾数次赴欧美。1866年出版了他的欧美见闻录《西洋事情(初篇)》,经作者出售15万部,加上私自翻印出售者可达25万部,以致一时"洛阳纸贵",引起轰动。许多史实表明,在幕末维新前夕,走西方人的道路已不仅是少数人的憧憬,而是出现了一批要走西方人道路的政治家与思想家。他们已不再像横井小楠那样借用"圣人"的旗帜与儒家的语言,而是直接声言"和汉古圣人之法不若西洋商人之法"[③]。

维新前夕,出现这样一批要走西方人道路的政治家和思想家,是日本人长期努力冲破"锁国"制度和"华夷"思想束缚的结果。日本民族终究是具有吸收先进文明的优秀素质的民族。尽管有"锁国"制度与"华夷"思想的重压,这一素质也未泯灭而成为一股潜流。如前所述,200余年来,一些先进的知识分子一直在顽强地努力吸收外来先进思想与文化,不断批判"华夷"

[①] 桥川文三、松本三之介编:《近代日本政治思想史(1)》,有斐阁,1975年,第127页。
[②] 中村尚美:《大隈重信》,吉川弘文馆,1964年,第24页。
[③] 永田广志:《日本哲学思想史》,第277页。

思想。在西方列强迫使日本"开国"后,潜流奔突而出,日本民族善于吸收先进文明的优秀素质重新大放异彩。"开国"后,不仅是"兰学",英、法、德等国的学术和思想也拥入日本,当时被总称为"洋学"。这时的"洋学"不仅限于自然科学知识,也包括政治、经济、法律、哲学等社会科学知识。"洋学"已成了当时日本思想界唯一有生气、创造力和吸引力的学问,无论儒学、国学或水户学都不能与之相匹敌。学习过"洋学"的人已经数以千计。西方代替中国成了日本知识分子新的精神故乡。前述的大隈重信以及副岛种臣、大村益次郎、神田孝平、大井宪太郎等人便都是通过学习"洋学"开阔眼界,走上全面学习西方道路的。此外,一些人迈出日本的大门,进入西方世界,也造就成一批主张学西方的政治家与思想家。从 1862 年开始,幕府和各藩派遣留学生赴荷、英、法、德、美等国留学。井上馨、伊藤博文、寺岛宗则、五代友厚、西周、津田真道、加藤弘之、森有礼、箕作麟祥等人都是此后分赴欧、美留学的。海外见闻打碎了禁锢他们思想的种种狭隘观念,使他们切身体会到日本与西方的巨大悬隔,从而坚定了以欧美为师的决心。总之,如果没有西方资产阶级思想和文化在日本的长期渗透和传播,日本人不是逐步地克服了"华夷"思想的束缚、承认了日本落后于世界的现实,是不会在幕末维新前夕出现这样一批力主学习西方的政治家与思想家的。

这些欲步西方人之途的政治家与思想家所选择的道路,也是日本民族当时所能做出的唯一正确的抉择。客观的民族斗争与阶级斗争的形势要求他们走这条路。

1863 年 8 月 18 日政变后,幕府以武力镇压下级武士与豪农、豪商"尊王攘夷"派的反幕运动。此后,幕府便加速了与法国侵略者相勾结的步伐。与此同时,英国侵略者在 1863 年 7 月进攻萨摩藩鹿儿岛,1864 年 8 月英、法、美、荷四国联合舰队炮轰下关,直接镇压日本人民的反侵略斗争。这样日本便面临着空前的民族危机与社会危机。在这种历史发展的紧急关头,日本民族要救亡图存、免遭印度与中国的厄运,就必须打倒腐朽、反动、卖国的幕府,就必须走西方发展资本主义以臻富强的道路,简言之就是要"倒幕开国"。"倒幕开国",既反映了民族独立的要求,又反映了发展资本主义的要求。而且此前的历史已经证明桥本左内式的改革、横井小楠式的改良主义和"尊王攘夷"派的反幕运动都是行不通的。

在卷入倒幕激流的各种社会势力中,作为主力军的农民不是先进生产力的代表,虽提出了"改革世道"的革命口号,但终究寻不到"改革世道"的新径;日本的新生地主和资产阶级(豪农豪商)自身极不成熟,也只有依附与他们有广泛社会联系的中下级武士来反映他们的社会要求;选择日本未来道路的使命,便历史地落在掌握倒幕运动领导权的中下级武士知识分子的肩上。这些中下级武士由于低下的社会地位、幕藩体制危机给他们带来的贫困化和解救民族危机的要求,首先使他们从封建领主阶级中分化为幕藩封建体制的改革派与反对派。这是他们的第一次分化。但是在他们积极参与和领导的幕政改革运动和以"尊王攘夷"为口号的反幕运动失败后,在倒幕成为农民、豪农豪商和广大中下级武士的共同要求的时刻,围绕着倒幕后日本向何处去,这些中下级武士知识分子又在发生第二次分化。一些代表经济落后地区封建性土豪的利益、深受国学与水户学影响的人,如真木和泉、大国隆正等主张"速挽回奈良以前之盛代",打倒幕府代之以"天皇亲政"的古代天皇制,甚至主张建服色五等制以别尊卑,这是倒幕派中的"复古"潮流[①]。这一派在1864年的"禁门之变"后已影响大衰。另一些更接近豪农豪商,或多或少受到西方文明影响的人如木户孝允、高杉晋作、大久保利通及井上馨、大隈重信等人则接受了1863年8月18日政变时孝明天皇出卖"尊攘"派和1863年萨英战争及1864年下关战争失败的教训,逐渐放弃了"尊王攘夷",而转向"倒幕开国",这是倒幕派中"变革"的潮流,是占主要地位的潮流。这些中下级武士出身的知识分子,由"尊王攘夷"向"倒幕开国"的转化过程就是形成一批学西方的政治家的过程,也是他们转变为资产阶级政治代表的过程。因而第二次分化较上一次更为重要,它不仅造就出引导日本走上维护民族独立、发展资本主义道路的领导力量,而且使他们自身也脱离了封建营垒。

关于如何把日本建成西方式的近代国家,这些政治家和思想家还没有,也不可能有明确的日程表和细致的蓝图。因为他们正集中精力于变化急

[①] 石田一良编:《体系日本史丛书23:思想史Ⅱ》,第248页。

剧、前途未卜的政治斗争。但是，要搞资本主义的"富国强兵"和"殖产兴业"，要按照西方的榜样改造日本的社会政治制度，这样的轮廓在他们的头脑中无疑是存在的。例如，他们在构思日本未来的政治体制时，就是到西方的君主立宪制那里去寻找典范的。

最早向日本人介绍欧、美议会制的是吉雄永宜在1825年翻译的《英吉利人性情志》。此后，又不断有人把议会制度作为实现"公议舆论"的形式予以介绍。到1861年，加藤弘之写的《邻草》系统地向日本人介绍了西方的社会政治制度。他说在当时的世界上有四种政体，即"君主握权"（君主专制）、"上下分权"（君主立宪）、"豪族专权"（贵族专政）、"万民同权"（共和政治），而以"万民同权"与"上下分权"为"公明正大"。但他认为"上下分权"最适宜于清和日本这样的国家，是实现"人和"的"良术"，应以之取代"君主握权"①。一些维新领导人正是根据这些知识来设计日本未来的政治的。1866年，大久保利通主张"以公议决大政"，还认为"采公议有法，其法不立，不可采公议"②。1867年6月中旬，坂本龙马提出了有名的政治设想《船中八策》，其中就有"设上下议政所，置议院俾参赞万机，万机宜决于公议"和"折衷古来律令，重新撰定无穷之大典"，即设立议会和制定宪法③。同年6月下旬，西乡隆盛等参与制定的《萨土两盟约书》也基本接受了坂本龙马这一设想。诚然，最早提出的"公议政体"主张还是指大名的"公议"，所建立的议会不过是封建性质的"列侯会议"或"联邦议会"。但随着下级武士和"草莽"（豪农豪商）政治力量的成长，到明治政权建立前夕，参加"公议"的对象已主要指这些下级武士和具有资产阶级性质的"草莽"了。1867年土佐藩建议"大政奉还"的建议书中就主张"议政所分上下，议事官上自公卿，下至陪臣庶民，应选举正明纯良之士"④。在同年的所谓《王政复古大号令》中也有"无缙绅、武弁、堂上、地下之别，竭至当之公议"的说法。⑤ 其中的所谓

---

① 松本三之介编：《现代日本思想大系Ⅰ：近代思想的萌芽》，第282、288页。
② 桥川文三编：《近代日本政治思想史(1)》，第20页。
③ 飞鸟井雅道：《坂本龙马》，平凡社，1978年，第252页。
④《日本史料集》，平凡社，1963年，第489页。
⑤《日本史料集》，平凡社，1963年，第490页。

"地下"即指武士以外的"庶民"。这些主张以后是否付诸实施，我们暂且不论，但已表明他们所主张的"公议舆论"机构已不是"列侯会议"或"身份制议会"，而是无身份区别的近似于欧美资产阶级议会一类的机构。发生这一变化，应该说是学习西方社会政治制度的结果，也是日本不成熟的资产阶级要求走上政治舞台的反映。

明治维新正是代表着日本民族独立与资本主义发展的要求，在那样一批要求走西方人道路的知识分子的领导下，通过"戊辰国内战争"夺取政权，开辟了日本资本主义发展的道路的。因而我们不能不认为明治维新是一场资产阶级革命。

当然，由于幕末日本民族的当务之急是对外以维护民族独立，还不是对内争取自由与民主权利，一些先进知识分子也是为了救国而向西方学习的，因而他们在倡导学习西方时，并没有花大气力宣传资产阶级的"自由""平等""天赋人权"等思想，去发动一场思想启蒙运动。这样他们在实行革命时，就不能以"自由""民主"为号召，而不得不以"王政复古"为招牌。这就使维新后的明治政权和日本社会都保留了浓厚的封建色彩，尤其是没能抛弃"天皇制"这个大包袱，从而使封建思想的沉渣得以不断地泛起，把繁重的反封建任务留待明治初期的启蒙思想家、自由民权运动和此后一系列资产阶级民主主义革命运动去解决。这除了表现出明治维新这场资产阶级革命的不彻底性以外，还造成了日本的资产阶级革命与西方资产阶级革命不同的特点：西方是在启蒙运动影响下发生了资产阶级革命，而在日本则需要于资产阶级革命后进行思想启蒙运动。

综上所述，德川时代的锁国主义和"华夷"思想都是封建的意识形态。它们不仅阻滞了社会经济的发展，而且是思想解放的牢笼，使日本远远落后于世界。然而，违背历史进步潮流的东西，其生命是不长久的。在资本主义萌生于日本的条件下，18世纪和19世纪初的"兰学"尽管流传不广，在政治上也无大影响，但它振聋发聩，使日本人对夜郎自大的"华夷"思想开始产生怀疑。尽管此后"兰学"遭镇压，后期水户学又把"华夷"思想发展为"日本主义"，但这都不过是盲目排外的蒙昧主义的"回光返照"。到19世纪40至50年代，落后就会挨打的教训使日本人向西方先进技术去寻求民族的出路。

应运而生的"东洋道德,西洋艺术"论,首先在科学技术这一角冲垮了锁国制度与"华夷"思想的壁垒。这不仅使西方资产阶级思想和文化蜂拥而入,而且打开了探索日本落后于世界的社会根源的端绪。横井小楠以儒家语言说明西方资本主义社会制度先进性的"返回三代"论,就是这种认真探求的开端。到了维新前夕,西方资产阶级思想和文化已有相当大的影响,并出现了一批为实现学习西方的理想而奋斗的政治家。走西方人的道路已成为倒幕运动的主导思想。明治维新就是在这样的思想背景下发生的。因而它不能不是一场资产阶级革命。

勇于和善于吸收外来先进文明,是日本民族的特色。然而,就幕末日本人西洋观的变迁过程来看,要承认自己落后、认真学习外来先进文明,也不是一蹴而就的。这不仅需要先进人物的寻求与奋斗,还要冲破反动统治阶级的镇压和传统偏见的束缚,有时甚至需要以志士仁人的鲜血与生命为代价,才能换来民族的新生与民族思想文化的新黎明。

(作者王家骅,南开大学历史研究所日本史研究室,原文刊于《历史研究》1980 年第 6 期)

日本"江户三学"中的中国认识辨析

赵德宇

日本历史上曾长期以中国为师,江户时代初期朱子学也曾左右着德川幕府的社会文化政策以及日本知识人的道德规范和价值观念。然而,由于中国的明清交替、日本民族主义的抬头、摄取西洋文化的兰学的兴起等历史原因,日本人的中国观出现了明显的变化。这些变化集中反映在"江户三学",即日本儒学、日本国学(文中为叙述方便,在不会发生歧义的情况下,皆省略作为定语的"日本"二字)和兰学三大学问板块之中。

近年来,国内关于近代以来日本人对华认识的研究急剧升温。诸如杨栋梁主编的《近代以来日本的中国观》六卷本(江苏人民出版社 2012 年)、刘家鑫的《日本近代知识分子的中国观——中国通代表人物的思想轨迹》(南开大学出版社 2007 年),钱婉约的《从汉学到中国学》(中华书局 2007 年)也设有《近代日本的中国观》的专章。然而,与上述研究成果相比,对江户时期日本人中国认识的研究成果显然不成比例。笔者所见仅有刘岳兵《近代以来中国认识的原型及其变化机制》(《历史研究》2010 年第 6 期)一文与本论题有所关联,该文认为:"早在鸦片战争之前日本就已经存在了强烈的蔑视中国的认识这一事实",并从"对象化中国"和"类型化中国"两条线索追溯了近代之前日本人中国认识的变化机制。上述研究使笔者颇受启发,并促成了本文新的思考路径。

本文将着重追溯因"江户三学"各自学统机理差异而形成的不同中国认

识的思想滥觞,在了解江户时代日本人多元中国认识的同时,清晰地识别它们不同的特征和思想演化机理。本文的研究或可为深刻而清晰地把握近代以来日本人的对华认识提供些许研究思路,或可作为了解当今日本人的诸多中国认识和对华态度的重要线索。

一、儒学中厚古薄今的中国认识

日本江户时代初期,开始了新一轮引进摄取中华文化的风潮,其中朱子学开始在日本兴盛。江户时代日本朱子学鼻祖藤原惺窝(1561—1619年)重新把中国作为憧憬的对象,承认了"大中华"与"小日本"的现实:"本朝者小国,大明者大国也,其势似不可敌……大明者昔日圣贤所出国也。"①藤原惺窝以至于感叹:"呜呼,不生于中国,亦不生于本邦古代,而生于当世(日本),可谓生不逢时。"②藤原惺窝于 1607 年举荐其弟子日本巨儒林罗山(1583—1657年)出任幕府的政治顾问,在德川幕府建立初期发挥了重要作用。林罗山不仅是幕府制定文教政策的指导者,而且还深度参与幕府政治,他所崇尚且符合幕府诉求的朱子学的诸多理念几乎成为幕府的意识形态,诸如上下有序、各安其位以保证社会稳定等思想。

随着德川幕府统治趋于稳定,统治策略也逐渐转向"文治"。于是,朱子学如日中天,迅即成为由幕府支持的显学,以至于诸如忠孝节义等诸多人伦道德观念也被植入武士阶层的头脑。甚至有日本学者说:"德川幕府将儒教作为官学,诸藩的教学仿效幕府。因而,这个时代的武士基本教养是儒教,这意味着在国学和兰学出现之前,对他们来说儒教不是多元文化之一,而是文化就等于儒教。"③恰值此时,被梁启超称为两畸儒之一的朱舜水(1600—1682年)眼见复明无望而于 1659 年留居日本。朱舜水所倡"学问之道贵在实行,圣贤之道俱在践履"④的事功致用的学问观,对日本朱子学、古学派、

---

① 藤原惺窝:《质疑明国讲和使草稿》,《藤原惺窝集·卷下》,东京:思文阁 1978 年版,第 367 页。
② 《惺窝答问》,《日本思想大系·28》,东京:岩波书店 1975 年版,第 198 页。
③ 小岛晋治:《日本人中国观的变化:以幕末维新为中心》,神奈川大学人文学研究所编:《日中文化论集》,东京:劲草书房 2002 年版,第 87 页。
④ 朱舜水:《答安东守约问八条》,《朱舜水集》上册,北京:中华书局 1981 年版,第 369 页。

水户学等各派影响不可小觑。①"朱门弟子有卓然成就者"含木下顺庵、伊藤仁斋、安积觉等在内的各派大儒达数十人，②"如七十子之服孔子"③。朱舜水在向日本知识层传授儒家思想的同时，也展现了中国文人固守中华大义的风骨，从而树立了现实中国文人的君子形象。由此，对中国儒学和儒者的尊重几乎成为江户时代初期日本知识界对华认识的共识。有学者指出："朱舜水在中日文化交流史上实与鉴真前后辉映，观其伟绩，中外史乘诚属罕见。"④

随着中国的明清交替，以及日本知识界对儒学研究的深化，到17世纪中后期，儒家内部出现了若干质疑朱子学的思想派别。日本儒家各派对中国儒家思想做了多角度的生发，其中朱子学的"理气之论"成为修正的焦点。在这场"修正论争"中，古学派提倡回归到孔孟原始经典，颇夺人耳目。古义学派创始人伊藤仁斋(1627—1705年)认为："包含天下之理而无缺，荟萃百家之典而不遗……观语孟二书足矣。"⑤古学派虽然尊崇孔孟，但却对朱熹"理在气先"的本体论思想提出了针锋相对的批判。伊藤仁斋认为："天地之间只是此一元气而已矣。非有理而后生斯气，所谓理者，反是气中之条理而已。"⑥他又说："圣人曰天道、曰人道，而未尝以理字命之。"古文辞学派的荻生徂徕(1666—1728年)也提出："盖先王之教，以物不以理……物者众理所聚也。"⑦由此可知，朱学主张的客观唯心主义的"理"已然变异为"物之理"。

对理学之"理"的重新定义，是江户时代日本儒学界对中国哲学思想提出正面质疑的开端。但是，古学派对儒家的质疑是扬弃修正，而非全盘抛弃，毋宁说是更加崇尚先秦儒家思想和中国事物，荻生徂徕甚至为显示对中国的倾慕之情，分别将京都、东海道称为洛阳、长安道，又把相模川叫作

---

① 对此，李甦平：《朱之瑜评传》(南京大学出版社1998年版)有较详评述。
② 覃启勋：《朱舜水东瀛授业研究·朱舜水日本学系略图》，北京：人民出版社2005年版，第125页。
③ 梁启超：《中国近三百年学术史》，北京：东方出版社1996年版，第102页。
④ 徐兴庆编著：《新订朱舜水集》补遗，台北：台湾大学出版中心2004年版，自序第11页。
⑤ 伊藤仁斋：《童子问·卷上》，《日本古典文学大系·97》，东京：岩波书店1978年版，第203页。
⑥ 伊藤仁斋：《孟子字义·卷上》，《日本思想大系·33》，东京：岩波书店1980年版，第116页。
⑦ 荻生徂徕：《辨道》，《日本思想大系·36》，东京：岩波书店1980年版，第205页。

湘水。①

中国的明清交替给日本知识界的中国认识带来的另一个变化是对传统"华夷之辨"的"修正",而"华夷变态"之说是这种修正的起始点,所谓:"崇祯殡天,弘光陷虏,唐鲁才保南隅,而鞑虏横行中原,是华变于夷之态也。"②对此,日本不但开始重新审视中国在东亚秩序中的位置,而且也要重新确定日本自身的位置,由此便对原来以中国为"华"的华夷秩序做出重新设计。由于"华变于夷",故生成了以日本替代原来的中国而为"华",将满清统治的中国降为夷狄之国的日本型华夷秩序观念,同时也毫不隐晦对朝鲜的蔑视态度。③ 由此,日本儒学家们要挑起"中华"的旗号,将日本称为中华、中国。在论证中日两国易位的过程中,古学派的山鹿素行(1622—1685年)表述的至为明确:"愚生中华(指日本)文明之土……中国(指日本)之水土,卓尔于万邦,而人物精秀于八紘,故神明之洋洋,圣治之绵绵,焕乎文物,赫乎武德,以可比天壤也。"④不过,山鹿素行由日本取代中华位置的主要论据,是强调与日本"水土卓尔于万邦"相比,中国处于不利的地理位置,从而造成"五失",即"封疆太广""迫近四夷""守成通狭""北虏劫夺",而"大失其五"则是"易其姓而天下左衽"。⑤

由于在华夷秩序中,日本与中国的易位,不仅使现实中国的形象一落千丈,而且使诸多日本儒者以"华夷变态"的思维方式重新审视中国事物甚至中国人。山鹿素行就说:"我等以前喜读异朝书籍……因之,不觉间以为异朝诸事好,本朝系小国,万事均不及异朝……近来始以此为错误。信耳而不信目,舍近而求远,不及是非,实学者之大病也。"⑥雨森芳洲(1668—1755年)曾对所见清人流露出惋惜之情:"余曾在长崎见清国人,悉皆剃头,毫无中华体态,当一叹矣"⑦,并认为:中国"政刑风俗日趋于僿,使天下之民悴悴

---

① 小岛晋治:《日本人中国观的变化:以幕末维新为中心》,神奈川大学人文学研究所编:《日中文化论集》,第 88 页。
② 林春胜、林信笃编:《华夷变态》上,东京:东洋文库 1958 年版,第 1 页。
③ 参阅荒野泰典:《近世日本与东亚》,东京:东京大学出版会 1988 年版,第 56—60 页。
④ 山鹿素行:《中朝事实》,《山鹿素行全集》第 13 卷,东京:岩波书店 1940 版,第 226 页。
⑤ 山鹿素行:《中朝事实》,《山鹿素行全集》第 13 卷,第 236—237 页。
⑥ 山鹿素行:《配所残笔》,《日本思想大系·32》,东京:岩波书店 1970 年版,第 333 页。
⑦ 雨森芳洲:《续缟紵风雅集》,《雨森芳洲全书》一,大阪:关西大学出版部 1979 年版,第 259 页。

焉，无所措手足，一变而为是非火坑，再变而为犬羊战区。"①与中国政刑日衰相对，雨森芳洲提出："惟我国……以清浮之心行和煦之政……养成一国万世仁寿忠质之俗……深远超三代，蔑视汉唐，实非天壤间万国之所能仿佛者。"②显而易见，由于中国被"夷狄之满清"统治，因而在日本儒者们头脑中美好的中华形象坍塌了。其实，这种认识忽略了一个重要的事实，即虽然中国被清所统治，但是中华文化的传统根基并没有因明清交替而丧失，反而是清政权同化于中华文化。

日本儒者们虽然对中国文明不再顶礼膜拜，但并不妨碍他们对中国文化传统的认同。诸如林罗山、中江藤树、熊泽蕃山、木下顺庵等儒者仍然承认天皇始祖太伯说③，实际上是承认了日本东夷的地位，以及中国在日本建国过程中的作用。④荻生徂徕的弟子太宰春台（1680—1747年）判断华夷的标准是中华之礼仪："中华贱称四夷为狄，无礼仪故也。即使中华之人，若无礼仪亦同夷狄；即使四夷之人，如有礼仪亦与中华之人无异。"⑤可见，日本儒者们对中国的态度是基于中华礼乐制度的厚古薄今，或可称"褒古贬今"。熊泽蕃山（1619—1691年）就提出："愚不取朱子……只取于古之圣人耳。"⑥后期水户学杂糅神道和儒家思想于一体，一方面主张皇国史观，另一方面崇尚儒家大义名分等思想，从而在渲染皇国史观的同时，对中国也保留了一定程度尊重。会泽安（1782—1863年）提出："神州（这里指日本）与汉土（中国）位于东方，受朝阳之正气，风土宜人，人民正直，其五典（五经）之教适于人情，符合天祖（天照大神）忠敬之教。"⑦藤田东湖（1806—1855年）认为："皇朝之风俗虽贵而胜于万国，然以文学初开万事，则汉土优胜，取其优胜之处以助皇朝，何耻之有。"⑧藤田东湖虽然博通西洋事物，但他认为与中国相

---

① 雨森东（芳洲）：《橘窗文集·卷一·大宝说》，珍书同好会1916年版。
② 雨森东（芳洲）：《橘窗文集·卷一·大宝说》，珍书同好会1916年版。
③ 吴太伯本应即周王位，但让国奔荆蛮之地为吴国始祖，日本僧人中岩圆月（1300—1375年）认为吴太伯即是日本天皇的始祖。
④ 参见渡边浩：《宋学与近世日本社会》，东京：东京大学出版会1987年版，第57页。
⑤ 太宰春台：《经济录》，《日本经济丛书》卷六，东京：日本经济丛书刊行会1914年版，第48页。
⑥ 熊泽蕃山：《集义和书》，《日本思想大系·30》，东京：岩波书店1971年版，第141页。
⑦ 会泽安述：《迪彝篇》，时雍馆，天保14年（1843）版，早稻田大学图书馆藏。
⑧ 藤田东湖：《常陆带·卷之三》，庆应丙寅（1866年）改正，光霁楼珍藏，早稻田大学图书馆藏。

比,"夷狄之人虽智巧优越,然其教乃禽兽之道,不可用于人……惟汉土之地相近(于日本),风气相似,因之其道亦可通用。汉土言忠孝,用于皇国则应尽忠孝于我君我父母。其他彼邦(中国)有先王,于我称神皇;彼国云昊天上帝,正如我尊奉天照大御神。"①如果说藤田东湖是通过与中国类比而尊崇日本神皇的话,那么幕末著名政治思想家和社会活动家横井小楠(1809—1869年)则是以儒家思想诠释西洋社会原理的典型代表。横井小楠言:"美利坚大总统之权柄让贤不传子,废君臣之义,尽以公共和平为务……于英吉利政体一秉民情,官吏之所行,无论大小,必悉议于民……其他如俄罗斯及其他各国政教悉依伦理,急生民所急,符合三代之治教。"②"符合三代之治教"可谓点睛之笔。可见,横井小楠之所以认同西方社会原理是因为其符合"天下为公""民为邦本"的三代治教(即尧舜禹三代之治)。

从上述日本儒者之论可知,中华崇拜意识虽然日趋淡漠,但中国思想文化仍然潜藏在他们思想意识之中。有日本学者认为,这种意识"是以朴素的形式,表明了对支撑自己并作为律己的五伦的信赖,以及对作为五伦背景的'中国文化'以至于'东洋'的信赖感"③。江户时代的儒者们,非但不反"华",反而要延续中华文化,他们轻视的是变华为夷的清朝政权。其实,这也是中华文化圈诸国多数知识人共同的文化认同,在当时的朝鲜,以"思明攘夷"为理念的"小中华意识"亦属正统观念。④ 当然,"日本型华夷秩序"与"小中华意识"也有本质上的区别,前者是以日本为华,而后者则是要守卫"大明旗号"。

总之,古学派等儒学各派对朱子学的批评质疑和"华夷变态"意识的影响,在很大程度上损坏了中国在日本人心目中的先生形象,传统的"中华崇拜"意识也渐趋减弱。但是,守护中华文化以及作为中华文化根基的儒家思想的情感,依然是江户时代日本儒者们的共识。由于儒家在江户时代居于

---

① 藤田东湖:《常陆带·卷之三》。
② 横井小楠:《国是三论》,《日本思想大系·55》,东京:岩波书店1971年版,第448页。
③ 荒野泰典:《近世日本的东亚发现》,荒野泰典等编:《东亚的时代性》,广岛:溪水社2005年版,第42页。
④ 参阅孙卫国:《大明旗号与小中华意识——朝鲜王朝尊周思明问题研究》,北京:商务印书馆,2006年。

主流学问的地位,儒学各派门生遍及日本,因而儒学家们的中国认识,对日本社会的影响也最广。

二、国学中非理性的中国认识

日本国学是18世纪前后兴起,以《古事记》《日本书纪》(合称"记纪")和《万叶集》等日本古文献为根据,研究上古日本固有文化的学问,其研究目标是要勾勒出一个美妙而理想的日本古代社会,以期建立供全世界效法的"日本之道"。国学在当时被称作:古道、古学、本学、和学,[1]已经明确显现出强烈的与汉学及中华文化相对抗的意识。如果说儒家古学派是要回归中国的先秦孔孟之道,那么国学家们则要为"净化日本文化"而彻底剔除一切外来文化的影响。为建立日本人的主体自立意识和民族认同,国学家们辈辈相传,凭空创造出毫无事实根据的神国和万世一系的皇国史观,从而形成了"复古神道"理论。[2] 复古神道也称"纯神道、古道神道、国学神道、神道复古派"[3],其目标在于编织天下独一无二的神皇一体的神国日本优于万国的话语网络,这个网络的中心结点是复古神道思想的"想象结局",即得出神国日本统治全世界的结论。如此一来,摆在国学家们面前的首要问题,是要彻底否定日本历史上仰慕中国、尊崇中华文化的传统,为此就必须贬损在日本历史上颇受尊崇的中国形象,并彻底清除中华文化的影响。国学家们的复古神道理论的核心内容之一,就是要论证必须摒弃"唐心",而复归信奉儒教之前的"大和心"。

起初,国学先驱契冲(1640—1701年)虽然傲称日本为神国,但尚能将神儒佛三教之说融合于和歌之中,尤其是在"注释、论证日本古籍、古语、古

---

[1] 国学院大学日本文化研究所编集:《神道事典》,东京:弘文堂2007年版,第397页。
[2] 有关国学与复古神道的关系,可参见牛建科:《复古神道哲学思想研究》,济南:齐鲁书社2005年版,第5—16页。
[3] 国学院大学日本文化研究所编集:《神道事典》,第442—443页。此前的神道曾不断吸纳儒释道等外来思想,逐渐丰富自身的内涵。笔者以为可以从神道与外来思想文化关系的角度,将神道史分作三个阶段:即原发的"土著神道";吸纳儒释道的"融合神道";排斥外来思想的"民族主义神道",而复古神道即属于后者。

诗时,却采用中国的典籍"①。但后继者荷田春满(1668—1736年)则认为当时神道理论中的儒佛思想都是糟粕。其实,荷田春满之论确有合理之处,然而剔除儒佛思想之后的神道,其学问思想一片空白,因而为编织自身学问的话语系统,不得不随意附会,变得更加神秘以至于迷信,这就注定了复古神道理论先天性伪学问的宿命。

国学大家、荷田春满的弟子贺茂真渊(1697—1769年)继承其师衣钵,志在彰显日本上古神造皇国代代相传之古道,即"神皇之道"。因为贺茂真渊认为,佛儒传入后破坏了神皇传统,因而要通过排除外来影响以复归"日本之古道"。贺茂真渊极力诋毁儒家文化说:"(儒教)传入我国,说在唐国以此理治世,皆属无稽之谈⋯⋯儒道不仅乱了其国(指中国,或采用儒教之国),甚至祸及日本。"②贺茂真渊还把壬申之乱③与儒家思想传播联系在一起:"此儒传布,天武之时大乱兴起,此后,奈良朝宫廷之中,衣冠用具等趋向唐风,万般事物外表日趋风雅,邪恶之心也日盛。"④可见,贺茂真渊似乎也发觉作为天照大神后裔、日本神国象征的日本皇室并非都是道德高尚的君子。然而贺茂真渊不但不反省古代天皇制的弊病和复古神道理论体系的荒唐,反而将此类皇室内部的相互残杀归罪于儒家思想的传播,并对儒家思想进行非理性的攻击,足见其论证之荒谬。

被称为国学集大成者的本居宣长(1730—1801年)提出神国日本乃宇宙之源,如果没有天照大神,全世界任何国家都无法生存,因为:"高天原者,乃万国同戴之高天原;天照大神者,乃治天之神,宇宙间无与伦比⋯⋯其德光普照四海万国,无论何国,即使须臾间脱离天照大神的庇荫亦无法生存。"⑤此处本居所言"无论何国须臾不可脱离天照大神之庇护",在时空两个维度上,锁定了日本君临世界的永恒性。与此相对,中国的"圣人之道为

---

① 王金林:《日本神道研究》,上海:上海辞书出版社2007年版,第262—263页。
② 贺茂真渊:《国意考》,《日本思想大系·39》,东京:岩波书店1972年版,第376—377页。
③ 公元672年大海人皇子与大友皇子叔侄为争夺皇位而兵戎相见的事件,造成社会动乱,结果大友皇子兵败自杀,大海人武装政变成功,是为天武天皇。历史上日本皇室内部曾多次发生皇位之争,另如公元782年桓武天皇治天武天皇之孙以谋反罪,彻底断绝了天武天皇系的血统,后又逼迫早良亲王绝食而亡。此外,又有两个朝廷并立对峙的南北朝时期。
④ 贺茂真渊:《国意考》,《日本思想大系·39》,第377页。
⑤ 本居宣长:《玉匣》,《(增补)本居宣长全集》第六,东京:吉川弘文馆1926年版,第5页。

治国而作,却反成为乱国之因","释迦孔子虽亦为神,然其道仅为广义神道之末梢支脉"。① 本居宣长还对"神道之道"和"中国之道"进行正反极端的褒贬:"惟有日本之神道乃真实之道,高于万国所有之道",而"中国等国亦有道之说,然并非道,本为子虚乌有,因而累世紊乱,终至国家被邻国(清)所夺。"② 本居宣长就是通过如此"坐而论道",而使"日本神皇之道"具有了取代"中国之道"的"必然合理性"。正如日本学者所说:"宣长将彻底排除中华文明为重点目标……打造出非中华文明的'皇国'。"③

"神国皇统"论的集大成者平田笃胤(1776—1843年)自命为本居宣长的弟子,继续论证脱胎于神话想象、子虚乌有的日本神国史观,并使复古神道理论更深陷于随意比附的诡辩迷信之中。平田笃胤不仅据"记纪神话"等"原典"编造出神创日本万世一系的历史,而且为贬低中国文明竟然把神话中中国人的祖先全部变成了日本人:"如汉土盘古氏之后有三皇五帝,三皇者,天皇氏即天皇大帝或天皇上帝,即日本神典之伊邪那岐神;地皇氏即伊邪那美神;人皇即速须佐之男命(前二神以兄妹为夫妻,后者乃天照大神之胞弟,为前二神所生)。又以伏羲氏为东王父,当神典之大国主命(速须佐之男的后裔);女娲氏为西王母,当须势理毗卖神(速须佐之男命的女儿)。""以汉土为例,古称盘古氏、燧人氏,盘古氏实即皇产灵大神,燧人氏实即大国主命大神。"④因此,平田的"派对"实属牵强附会的无稽之谈。

以上江户时代的一流国学家们为树立神国日本至高无上的地位,对中国及其思想文化做了彻底的否定。极端民族主义的偏执排外情结,遮蔽了上述国学家们的眼界,中国和中国文化成为鼓吹复古神道理论的国学家们心目中抹不掉的心结。其结果使得原本通过摄取外来文化而丰富多彩的神道文化和民间信仰,龟缩成褊狭的"日本固有之道"了。而且,这种无视史实而纯粹"发乎于情"的"研究",也只能是形同儿戏的理论骗术。正如有日本

---

① 本居宣长:《玉矛百首》,《(增补)本居宣长全集》第十,东京:吉川弘文馆1927年版,第113页。
② 本居宣长:《直毘灵》,石川淳编辑:《日本的名著·21》,东京:中央公论社1986年版,第177页。
③ 桂岛宣弘:《洋学思想史的一个考察——从自他认识的视点》,《日本思想史研究会会报》第20号,2003年1月,第145页。
④ 平田笃胤:《悟道辨》,《新修平田笃胤全集》第10卷,东京:名著出版1977年版,第563页。

学者指出的:"复古绝对化和排他性显然和神道传统,本质上是不同的。"①其实,国学家们的"论证"体系即使在当时的日本知识界看来,也是非常荒谬的,曾遭到严厉批判:"近时所谓国学者流,其言奇僻而其内狭隘。每每罔道诬圣,无所忌惮矣。"②

如果说前述国学家们的"论说"还处于文化民族主义阶段的话,那么江户时代后期的另一位学者佐藤信渊(1769—1850年)则将其前辈们的文化论说,发展成为具体的侵华论证方案。

佐藤信渊所撰《混同秘策》开篇即云:"皇大御国乃最初形成大地之国,为世界万国之根本……全世界悉应为郡县,万国之君长皆应为臣仆。"③佐藤信渊要把中国作为日本的第一个"郡县",并以此威慑世界而"混同万国":"当今之世如于万国之中选出土地最广大、物产最丰富、兵威最强盛者,无有如支那国者……如若皇国征伐支那,只要调度得法,不过五七年,必可使彼国土崩瓦解……故而皇国开拓他邦,必由吞并支那始。"④关于佐藤信渊《混同秘策》中的侵华方案,国内已有学者关注,恕不赘述。⑤

佐藤信渊不仅兼通传统儒、佛之学和兰学,还分别"随吉川源十郎和平田笃胤学习神道和国学"⑥。佐藤信渊可谓学贯古今东西,然而却将国学家的复古神道定为其学问的根基,致使其思想变得诡异离奇。佐藤信渊的侵华思想之根源,原原本本地反映在其所述《天柱记》中:"熟推究天地运动,星月循环,所以化生万物养育人类之理……怎奈天造草昧事实未详,而无以言明……因之欲穷其理。搜索支那印度诸子百家载籍……而其所记悉皆荒唐虚诞,无足取者也……及近来读皇国神代诸纪,始知旋转天地发育万物而为

---

① 村上重良:《国家神道》聂长振译,北京:商务印书馆1990年版,第61页。
② 小松原:《国意考辨妄序》,鹫尾顺敬编纂:《日本思想斗争史料》第七卷,东京:东方书院1930年版,第30页。
③ 佐藤信渊:《混同秘策》,《日本思想大系·45》,东京:岩波书店1977年版,第426页。
④ 佐藤信渊:《混同秘策》,《日本思想大系·45》,第427—428页。
⑤ 参阅王向远:《日本对中国的文化侵略》,北京:昆仑出版社,2005年,第25—37页等。
⑥ 上杉允彦:《江户时代日本人的中国观》,《高千穗论丛》1977年(2),第92页。

造化之首者,皆系于我皇祖产灵神搅回之神机①……而为天文历数之基,万物化育之原也。"②

此段议论表明,对佐藤信渊来说,中国等各国的诸子学问都无法"解惑",于是在迷茫无解中发现"我皇祖产灵神搅回之神机",并将其作为"万物化育之原",亦即宇宙生成之本体,从而完成了他用科学论证迷信的宇宙起源的思考。在"皇祖天神本体论"支撑下,日本中心主义就顺理成章了:"皇国乃伊奘诺、伊奘冉二神(即伊耶那岐命和伊耶那美命在《日本书纪》中的称呼,笔者注)受皇祖天神之诏而修造之所,大地之成就最初,天孙之天降以来,皇祚连绵无穷,与天地共悠久,实万国之基本。"③佐藤信渊"超越"了其前辈凭空杜撰的尴尬,试图用绑架科学来论证神国日本至高无上的诡辩,以使其统驭中国和世界之梦合理化,中国不仅不再是"日本文明的母国",而且成为日本必须征服的"臣仆"。

佐藤信渊所做侵华扩张的逻辑论证,几乎就是日本近代以后对外侵略扩张理论的精神核心和行动指南,尤其是对照"九·一八事变"爆发至战败为止的日本对外侵略的历史步骤也与佐藤信渊的侵华"蓝图"脉脉同符,这不能不令人惊异。佐藤信渊的上述极端民族主义的国学复古神道史观及其侵华方案,完全抵消了其在汉学和兰学领域的学识,其思想大挪移的结局在诉说着作为学者的悲剧,它在警示后人,极端民族主义思想的毒副作用是怎样障蔽学者的正常思维,并将一位博学之士变成焦躁的蔑华、侵华主义者的。

国学家们排斥中国之论对日本社会产生了长时间的负面影响,他们广收门徒,影响日甚:"加(贺)茂真渊、本居宣长等先唱,而庸愚之徒从和之,不啻举之其口,又笔之于书,其学日炽月多。"④国学家们基于复古神道理论而"抹黑中国""矮化中国""混同中国"的言论,是日本对华认识史上的重要桥

---

① 日本开辟神话云:伊耶那岐命和伊耶那美命兄妹二神受天神之命,用天之琼矛搅动海水,然后提起,琼矛滴落之海水积为岛屿(安万侣:《古事记》,周作人译,北京:中国对外翻译出版公司,2000年,第4页)。
② 佐藤信渊:《天柱记》,《日本思想大系·45》,东京:岩波书店1977年版,第364—365页。
③ 佐藤信渊:《天柱记》,《日本思想大系·45》,第366页。
④ 小松原:《国意考辨妄序》,鹫尾顺敬编:《日本思想斗争史料》第七卷,第30页。

段。及至近代,"复古神道成为国家神道直接的思想理论来源和指导思想"①,也是蔑视中国的主要思想根源之一,而且一直延续到昭和战败,甚而至今仍然没有绝迹。

三、兰学中经世致用的中国认识

江户时代中后期,日本兴起了以荷兰人和荷兰语为媒介,摄取西方科学和社会思想为主要内容的兰学运动。② 杉田玄白(1733—1817年)等兰学家们在研习西方自然科学的过程中,继承了日本古学派把程朱理学中观念形态的"理"看作客观世界"物之理"的思想,并将其转义为西洋近代实验科学的方法论。杉田玄白提出的"实测穷理"的认识论,显示了兰学研究客观实用性的特征,这种由朱熹理学之"理"转化而来的实学思想,成为兰学家们的理论工具之一。

兰学始于引进西洋医学,亦即"兰医",因而搜寻兰学始祖杉田玄白从否定儒医到主张兰汉折中的思想转变过程,应该是了解兰学家们中国认识的重要线索,这条线索清晰地反映在其《狂医之言》(1775年)和《形影夜话》(1809年)等著述中。壮年时代的杉田玄白对荷兰的科学技术等推崇备至:"阿兰之国精于技术也。大凡人之殚心力、尽智巧而所为者,宇宙无出其右者也。故上自天文医术,下至器械衣服,其精妙工致,无不使观者爽然生奇想焉。"杉田玄白据此否认传统的中华崇拜意识,认为:"地为一大球,万国居之……支那亦仅东海一隅之小国。"③寥寥数语就将中国降为"东海一隅之小国"。显而易见,这里显示了他崇拜西洋、轻视中国的思想。

杉田玄白在医学领域的论述同样体现了上述思想。他依据对照《解体新书》(西洋解剖学著作)所做人体解剖的验证,指出了传统中医对人体腑脏描述有错误的同时,认为中医诊治处方依赖于经验,缺乏科学的医学理论:

---

① 牛建科:《试论国家神道思想理论之渊源》,王宝平主编:《神道与日本文化》,北京:北京图书馆出版社2003年版,第25页。
② 如需进一步了解兰学史概貌,可参阅赵德宇:《西学东渐与中日两国的对应——中日西学比较研究》,北京:世界知识出版社,2001年。
③ 杉田玄白:《狂医之言》,《日本思想大系·64》,东京:岩波书店1976年版,第229—230页。

"支那之书有方无法也。非无法,所以为法者不明也……故十书十说未一定焉……幸治者,医以为我能知病也,病者亦以为幸遇良医也。若不幸而不治,则医者茫然不知其因何死焉……是其本不明,其法不正也。"①由上述不难发现,杉田玄白在自命"狂医"的壮年时代,通过对中西医学的对照,做出了"重兰轻汉"的选择。

但是,杉田玄白在时隔三十余年后的晚年,表达了复归中国传统医学的意愿,并对自己壮年时代的偏颇进行了真诚的反省:"老朽壮年时代初读阿兰陀书,于稍解其意时……以为汉土古今无外科,对本业(兰医)也颇为自负……其后与少年辈会读《外科正宗》(明代陈实功编著),多有扎实之实验……因知两种方法不同,治疗之理相同。由此可见,先前之自负乃年轻气盛之误,颇感惭愧。"②杉田玄白虽然也指出张仲景所著《伤寒论》之疏误,但还是对该书做了极高的评价:"其书中所说,其论、其方,多在实处,乃无以伦比之正宗名作。"③由此,原本试图通过摒弃汉方医学而建立以兰医为基础的"日本一流外科"的杉田玄白,结果却将西洋基础理论和汉医施治经验熔于一炉,形成了其"外治和内治兼备……外治根据荷兰流外科技术,内治根据唐流医学书籍"④的"兰汉折中"医学。

可见,杉田玄白的学养与日本儒学家和国学家们完全不同,其特征是科学实用主义,他的中国认识不是一种文化论,而是基于科学和实用主义的思考,从而最终保证了他对中国医学评价的客观性。其实从《狂医之言》和《形影夜话》的标题中,已经反映出杉田玄白从壮年气盛到逐渐沉淀的认知变化过程。杉田玄白于1815年83岁高龄成稿的《兰学事始》中仍在纠结汉学与兰学的关系问题:"今日回顾起来,汉学为修饰文章之记载,因而开蒙慢。兰学将事实直接记入辞书,因而接受较快,开蒙也快。或许正是通过汉学打开了人们的知识见闻,才有了兰学进展之快。不得而知。"⑤可见杉田玄白对

---

① 杉田玄白:《狂医之言》,《日本思想大系·64》,第241页。
② 杉田玄白:《形影夜话》,《日本思想大系·64》,东京:岩波书店1976年版,第267页。
③ 杉田玄白:《形影夜话》,《日本思想大系·64》,第268页。
④ 山崎彰:《兰学形成的思想前提及其历史意义》,有坂隆道编:《日本洋学史的研究·6》,东京:创元社1982年版,第69页。
⑤ 杉田玄白著、绪方富雄校注:《兰学事始》,东京:岩波书店1992年版,第54—55页。

兰汉两学取舍之重视。

其实,兰学家们不仅仅是坚守承袭中国医学的精华,还提出了在自然哲学层面上中西并举的主张:"或问,支那与西洋究理之法不同,应以谁为是?曰,支那通气、西洋达物。凡制天文观测之器、解剖人体探寻疾病之由……西洋之能。设太极两仪之论、究象数、作易经……支那之能。因而,柳圃(志筑忠雄)先生究第谷、哥白尼之肯綮,入牛顿、凯尔(Tohnkeill,牛顿的学生,笔者注)之心理,及至著《历象新书》,曰'若非学易经,岂能究造化之妙',岂浅学之徒可轻易藏否之。"①可以说,详参中西、取长补短的原则正是兰学发达的至关重要的思想基础,其间也反映出兰学家们将中国哲学转化为科学研究方法论的思考路径。

兰学家中还有一派关注社会现实的经世致用型学者,他们是在观照西洋社会中重新审视中国的,其中本多利明(1744—1821年)颇具代表性。

本多利明十分羡慕西洋之优越:"长器(指船舶、器械等)之创制,皆始于欧罗巴。天文、历数、算法(指西洋数学)乃国王之功课,通晓天地之义理,以教导庶民。故而,可以说天下万国之国产、宝货皆群集于欧罗巴。"②本多利明还追究了西洋"天下无敌"背后的软实力:"尽诸道之善美,究治道之根本,讲求能使自然和国家富饶之道理,以建立制度。"③显然,要实现这个目标,仅靠中国传统学问和"圣人之法"是无补于事的,此即本多利明"弃华从洋"思想形成的主线。本多利明主张的重商主义思想,彻底颠覆了来自中国传统的重农抑商的理念,有日本学者认为本多利明"在发现基于近代科学的西洋'教化'国家范型的同时,伴随着对中国的国家、历史的否定"④。

本多利明因崇拜西洋社会而要效法西洋的社会原理、研习西洋的实学体系。为此,似乎不可避免地要重新审视千百年来已融入日本知识人头脑中的中国学统:"国初以来,支那书籍之外别无书籍,熟读支那之书并会得其

---

① 吉雄南皋:《地动或问》,《日本思想大系·65》,东京:岩波书店1972年版,第161—162页。
② 本多利明:《经世秘策》,《日本思想大系·44》,东京:岩波书店1970年版,第30页。
③ 本多利明:《经世秘策》,《日本思想大系·44》,第31页。
④ 桂岛宣弘:《洋学思想史的一个考察——从自他认识的视点》,《日本思想史研究会会报》第20号,2003年1月,第144页。

意味,便可开发智识。因此国风,即使支那之外另有国,也皆为蛮夷而无圣人之道,圣人道之外有道,也非人之道。缘于此惯性思维之风俗,之外虽有大美之事也鲜有人认可。"①显然,本多利明对这种状况不以为然,他甚至提出:"以支那之风俗为龟鉴乃愚蠢之举。"②从而,否定了中国文化和学统在日本无可替代的地位。

与杉田玄白等科学型兰学家相比,本多利明似乎在衡量中西优势的天平上完全倒向西洋一方。但是,另一方面还应该看到本多利明的上述言说反映的是经世家功利主义的思维方式,他评判"支那书籍""圣人之道"的标准在于是否对日本社会发展有实际应用价值。由于这种思考路径与国学家不同,自然也不会像国学家们那样为贬低中国而全盘否定中国文化。本多利明的中国认识并非基于文化论,而是认为遵从"圣人之道"的中国社会模式不适用于日本。他从中日两国不同的自然环境入手分析,提出日本不应固守源于中国的传统社会原理:"支那乃与欧罗巴、阿非利加地势相连之山国,仅南面临海,乃不便于渡海运送之国。"③而"日本乃海国",因而"派遣船舶去万国,购取国用必须之物产及金银铜运回日本增强国力,此乃海国必然之法"④。上述中日两国自然地理环境的差异,是本多利明得出不能以"支那风俗教训为龟鉴"结论的主要依据。

本多利明以经世致用为规矩,认为儒、佛、神道都与他的重商主义主张无缘:"圣人虽有经,但不为其用。佛者虽读经,但只为诵读之风俗,不知所读为何,闻如蛙鸣。神道神秘有定则,然不见有助于愚民。"⑤这里几乎是否定了当时日本的所有学问体系,而剩下来的就只有西洋学问之兰学了。可见,在本多利明看来,西洋经世致用的实学才是评判学问的标准,当然也是评判中国及其"圣人之法"的标准。

本多利明批评中国学统的最终目的,是要在日、中、欧对照中,选择更有

---

① 本多利明:《西域物语》,《日本思想大系·44》,东京:岩波书店 1970 年版,第 89 页。
② 本多利明:《西域物语》,《日本思想大系·44》,第 149 页。
③ 本多利明:《经世秘策》,《日本思想大系·44》,第 31 页。
④ 本多利明:《经世秘策》,《日本思想大系·44》,第 32 页。
⑤ 本多利明:《西域物语》,《日本思想大系·44》,第 98 页。

利于日本社会发展的模式,因而很少如国学家那样针对中国的非理性的民族情绪。本多利明只是认为中国传统社会模式已经不再适用于日本社会的发展,而且这种不适应并非中国传统的谬误,而是中日两国自然环境和国情的不同。本多利明承认中国的"圣人之法"仍为"善道",但是因为此"善道"是在大陆国家地理条件下形成的,所以并不那么关心海国所需要的天文地理、航海等学问,并且视船长为"贱业"。但是,本多利明对华评价不乏客观公正之处,他坦然地承认:"大清以来修天文书,推究历法数路之起源,自然明了。"①他之所以选择西洋方式,是因为大清的天文历法体系中缺少为航海贸易所用的知识。总之,本多利明认为,作为国家指导层的武士阶层"读支那山国之书籍,仅只打开见识,大多不考虑对海国大有助益之事"②。即中国学问可用于知识启蒙,而西洋人所擅长的天文地理航海贸易则是对海国日本大有助益。这种"汉学启蒙、兰学实用"的认识与杉田玄白晚年的告白不谋而合。

从杉田玄白到本多利明,兰学家们一方面依据大航海之后新的世界地理知识,把原来被尊崇为中华之地的中国降到世界万国中之一国的地位,并以西洋社会原理为参照系,对中国传统思想以至于科学技术的绝对权威提出了诸多质疑。但另一方面,兰学家们并没有完全摒弃中国传统,即使是西洋崇拜者本多利明,也并非像国学家们那样一味地诋毁中华文化。可见兰学家们对中国传统的评判是比较谨慎的。

兰学家们的学问特征是实用主义,他们在通过对照西洋而批判当时日本社会现状的过程中,虽然对作为日本文化重要组成部分的中国传统提出了诸多质疑,但这种批判既不同于儒学家,更不同于国学家。兰学家们各自对中国文化评判的结论虽然不尽相同,但他们判断中华文化优劣的标准基本一致:其一,是否符合西洋合理主义;其二,是否能够跟随世界潮流而促进日本社会的进步。因而兰学家们的中国认识并不拘于文化论,而是基于实用主义的考量。总之,兰学家们对中国传统学问知识体系的批判取舍或反

---

① 本多利明:《西域物语》,《日本思想大系·44》,第104页。
② 本多利明:《西域物语》,《日本思想大系·44》,第152页。

思,与国学家以及部分儒学家们站在文化民族主义立场上看待中国的思考方式大相径庭。由于兰学家们的功利主义原则,使他们的中国认识相对客观,从而也相对淡化了民族主义的色彩,这便使得兰学家们可以从容地对中西学问和社会文化做出比较,或取或舍,或兼而取之。正因兰学家们相对客观公允的态度,使他们最有资格对中西文化做出公正的评判,这与纯粹儒者或者国学家的中国认识不可同日而语。

余论

到江户时代初期为止,中国思想文化以及崇尚中华的意识已经渗入日本知识人的思想深处,然而当日本民族意识开始萌发之际,为建立民族认同,自然不能再延续历史上的中华崇拜传统,因此势必要对中华思想以至于中国重新定位。换言之,日本知识界的中国认识之目的,在于提高日本民族的地位,为日本在东亚地区甚至世界中的角色重新定位。于是,"江户三学"都在各自学问话语体系内达成了摒弃"中华崇拜意识"这个不约而同的"共识"。

但是,由于"三学"的学统以及叙事语境不同,对华认识的差异也是显而易见的。儒家中朱子学以外各派在批判朱子学的同时,还形成了"华夷变态"之论。然而,儒学家们的言说虽然在一定程度上遮盖了中国和中国思想文化在日本知识人心目中的光彩,但是他们仍然守护着孔孟之学,并没有丢弃对中国上古政治道德的怀恋之情,在思想深层依旧潜藏着与中国"古学"的同根意识。国学家们的中国认识则完全是基于极端民族主义,他们急于扫清日本在民族认同过程中思想文化上的障碍,不惜矫枉过正,明确地把中国和中国文化作为敌手,并予以近乎病态的非理性地诋毁。国学家们不仅与中华彻底决裂,甚而将中国置于神国日本麾下。兰学家的情况稍显复杂,由于兰学的研究对象是近代西洋科学技术及其社会思想,从而决定了兰学家们经世致用和尊崇理性的学风。兰学家们是将西洋作为新的膜拜对象,在相对客观的中西对比中质疑中国思想文化的,因而他们虽然主张舍弃已经"不合时宜"的中华传统价值观念,但同时也承袭着中华文化中的合理部分。相对而言,兰学家们的中国之论是实用理性的,也是相对公允的。总之,三学的学统差异决定了它们学问目标的差异,而不同的目标又形成了各自中国认识理路明显不同的特征,即,儒学的修正主义、国学的民族主义、兰学的功利主义。

因学统不同而形成的中国认识的差异是显而易见的,但是另一方面也必须留意诸学之间相互影响而产生的在中国认识上的重合,以避免形成江户三学中国认识各自孤立存在的简单化认识。实际上,三学之间并非泾渭分明,因为无论哪一学派的学者,都程度不同地兼通其他学问体系,至少学者们的开蒙教育时期都无法脱离儒家思想。即便是兰学家,在接触兰学之前也多为儒者,正如前述杉田玄白所言:或许正是因为先有汉学打开见识,才有兰学进展之速。儒学家们也并非不知国学为何物,即使如林罗山之巨儒,也推崇神国日本的特殊性:"夫本朝者神国也,神武帝继天建极以来,相续相承,皇绪不绝,王道惟弘,是我天神之所授道也。"①国学家们的知识启蒙也多自儒学,甚至兼及兰学:贺茂真渊不仅随古学派荻生徂徕弟子太宰春台修习汉学,②还曾与兰学先驱青木昆阳交往,并从青木处学得荷兰语知识;③本居宣长幼时也曾学习《四书》;④平田笃胤兼通兰学更是众所周知。也正因为如此,各派学者的中国认识既有明显的差异,也有间或重合之处。诸如:无论是儒学家们提出的"日本型华夷秩序",还是国学家们宣扬的神国思想,其目的都在于以日本取代中国的"中华地位";而佐藤信渊杂糅诸学更是对精神上的文化民族主义的"超越",为实现国学家们的"宏愿"制成了实行扩张的具体方案。

如上所述,虽然各派学者都旨在摒弃中华崇拜的观念,然而江户时代的日本知识界尚无能力建立彻底脱离中华学统的日本思想文化体系。各派学者在提出脱离,甚至贬损中国的言说中,不自觉地沿用着中国思想中的重要

---

① 林罗山:《神社考序》,京都史迹会编:《罗山林先生文集》卷第四十八,京都:平安考古学会 1918 年,第 118 页。
② 参见茂木诚:《国学与儒学的论争》,今井淳、小泽富夫编:《日本思想论争史》,东京:鹈鹕社 1979 年版,第 216 页。
③ 参见佐野正巳:《国学与兰学》,东京:雄山阁 1973 年版,第 3—8 页。
④ 参见村冈典嗣:《本居宣长》,东京:岩波书店 1942 年版,第 12 页。

概念。儒家各派将"理学之理"重新阐释为"事物之理",并以"物理"激烈抨击宋儒的"天理",这种经过变异的"格物穷理"观被兰学家们作为研习兰学的方法论。而由"华夷变态"之论引发的"日本型华夷秩序",不用说是援用了中国传统的华夷观念。国学家们用来攻击中国的日本古道之"道",则是取自中国思想中无处不在的"道"的概念,这种左右互搏式的自相矛盾,有力地证明了国学家们不可能使神国思想体系完全国产化。对此,日本学者也曾指出:"神道家们早就讲'道'的存在,讲作为古帝王之道、皇祖之道的大神之道,这些不用说都是拿中国思想来套用日本的事情。"[1]有日本学者甚至认为:"其日本中心主义,只不过是心理上对中国情结的逆反,在他们内心,对中国文物的尊敬仍然是根深蒂固的存在。"[2]其实,日本人对中国文化,尤其是对儒家思想的依赖,即使是在西化兴盛的明治时代也没能根本改变。连极力主张皇国史观,提倡忠君爱国思想的御用文人井上哲次郎,也不能无视儒家思想对明治以后日本人的精神支撑作用:"此时西邦学术盛传兹土……然儒教绝不消灭……今之教育于伦理之说……皆合于儒教之旨意……故儒教已失其形骸,而其精神为今世德育之一大要素,将永无灭期。"[3]只可惜明治时代忠君爱国教育被恶用于对外侵略扩张,淹没了儒家思想中仁爱等更多弘扬人性美德的合理内核。总之,日本儒者自不待言,即使是兰学家和国学家,都无法摆脱他们潜意识中的中华崇拜观念。

综观本文不难发现,无论是儒家的"华夷变态"之论,还是国学家为宣扬神国史观而对中国的贬损,抑或是兰学家提出的中国文化不合时宜论,都有程度不同的偏差,甚至是恶意中伤。之所以出现诸多并不真实的议论,除江户时代日本文化民族主义兴起和明清交替的历史大背景之外,另一个重要原因是中日两国之间的文化交流不多。虽有长崎中日贸易这个人员交流的唯一窗口,但是"由于赴长崎的中国人大多是商船的乘员,虽有博学之才的

---

[1] 津田左右吉:《日本的神道》,邓红译,北京:商务印书馆2011年版,第212页。
[2] 植手通有:《日本近代思想的形成》,东京:岩波书店1974年版,第241页。
[3] 井上哲次郎:《儒教》,大隈重信:《日本开国五十年史》,上海:上海社会科学院出版社2007年版,第714—715页。

商人，但并没有完全让日本人满足"①。虽有朱舜水留居日本，但毋宁说是特例。正如其所言："我故无此意于此，乃安东省庵苦苦恳留，辗转央人，故留驻在此，是特为我一人开此厉禁也"②；"留住唐人既数十年未有之典……欲留一人，比之登龙虎之榜，占甲乙之科，其难十倍。"③日本知识界的"隔海议论"中所得出的中国认识，被陈舜臣称之为"理念而非现实的"④。

虽然日本知识界的中国认识与中国社会的现实多有出入，但是由于"江户三学"各有延绵不断的传承，因而它们所描述的不尽真切的"中国意象"流布甚广，不仅对当时日本社会具有一定的影响，而且各学统机理的相互渗透，使近代以来日本人各种中国认识变得更加扑朔迷离。但无论这些中国认识如何变化多端，如若细考其源，便可发现它们大多不外是江户三学中国认识的延续或相互杂糅的变种，而且其余脉在今天的日本仍留有"余味"。

（作者赵德宇，南开大学世界近现代史研究中心、日本研究院，原文刊于《世界历史》2015年第4期）

---

① 松浦章：《明清时代东亚海域的文化交流》，郑洁西等译，南京：江苏人民出版社2009年版，第316页。
② 朱舜水：《与孙男毓仁书》，《朱舜水集》上册，北京：中华书局1981年版，第48页。
③ 朱舜水：《答魏九使书》，《朱舜水集》上册，第49页。
④ 参见陈舜臣：《日本人与中国人》，刘玮译，桂林：广西师范大学出版社2009年版，第4页。

西风东渐与中日知识分子的回应

陈景彦

一 初次西风东渐与中日知识分子的回应

(一) 中国知识分子与西方最初接触

1492年哥伦布发现美洲新大陆,刺激了西方人探索世界东方的激情。五年之后,达·伽马绕过非洲南端好望角,到达印度;1519—1522年,哲伦率领船队完成了环绕地球的航行(麦哲伦本人在航行途中因陷于菲律宾当地纷争而被杀)。从此世界东西方开始有了真正的接触。我们所说的西风东渐或者西学东渐也拉开了序幕。关于中日知识分子对两次西风东渐回应问题的研究,中国史学界尚缺乏系统性的研究,而日本史学界具体研究成果亦甚少。不过,这并不意味事涉此问题的研究全然空白,如中国学者熊月之的《西学东渐与晚清社会》、徐海松的《清初士人与西学》、于桂芬的《西风东渐——中日摄取西方文化的比较研究》、赵德宇的《西学东渐与中日两国的对应——中日西学比较研究》[1];日本学者河野健二的《日本的近代和知识

---

[1] 参见熊月之:《西学东渐与晚清社会》,上海:上海人民出版社,1994年;徐海松:《清初士人与西学》,北京:东方出版社,2000年;于桂芬:《西风东渐——中日摄取西方文化的比较研究》,北京:商务印书馆,2001年;赵德宇:《西学东渐与中日两国的对应——中日西学比较研究》,北京:世界知识出版社,2001年。

分子》、依田熹家的《日中两国近代化比较研究序说》①等,都或多或少地涉及了此问题。本文立足于原始资料的基础之上,对此问题提出笔者的一孔之见,以就教于大方。

对于中国知识分子而言,应该说最初的西风东渐是从文化与科学起步的。所谓文化首先是指宗教文化,即基督教文化,而西方科学也是伴随基督教文化进入中国知识分子视野的,这两者便是最初的西学。在中国知识分子与西方接触的过程中,意大利传教士利玛窦是一位关键人物。1582年,他肩负耶稣会的使命,由印度的果阿来到中国的澳门,其后,他的足迹遍及中国的广东、江西、江苏、河北等省以及南京、北京等大都市,1610年死于北京,在中国的传教生涯达28年之久,并结交了很多知识界人士。应当说,中国知识分子在接触西方文化与科学之始,既不一概排拒,也非全盘接纳。这有两层含义:一是说不是所有的知识分子都排拒西方文化与科学;二是说接纳西方文化与科学的知识分子也并非全面地广泛接受这些知识。

徐光启是中国第一位倡言接纳西方文化与科学的知识分子。他不仅身体力行,翻译了《几何原本》《泰西水法》,编纂《崇祯历书》,而且还提出"欲求超胜,必须会通"这一接纳西学的最终目的。② 为达到这一终极目的,接纳西学的方法与手段便是"熔彼方之材质,入大统之型模"③。他提出的融西入中的接纳西学的方法,虽是针对具体的历法而言,却无疑是一种全新的思维,也是此后中国知识分子因应西风东渐的正确之途。徐光启的思想观点为清初的薛凤祚和王锡阐所继承,甚或还有所阐发。令人遗憾的是,中国知识分子并没有将这种正确的思想观点继续发扬光大,相反,却从西学中发现了莫须有的"中学",竟然导出"中学西窃""西学中源"说,这对当时中国知识分子影响极大。

像徐光启这样接纳西学的中国知识分子,在明末清初虽然还有一些,如徐光启这样能够提出接纳西学正确的思想观点者却凤毛麟角。即使在比较

---

① 参见河野健二:《日本の近代位と知識人》,東京:岩波書店,1995年;依田熹家:《近代日中近代化の比較研究序説》,東京:龍渓書舎,1993年増補版。
② 王重民辑校:《徐光启集》下册,上海:上海古籍出版社,1984年,第374页。
③ 王重民辑校:《徐光启集》下册,第374—375页。

开明、思想较为进步的著名大学者中,对于接纳西学、融西入中,或者说会通中西方面,都具有根深蒂固的"华夷"观念,从而导致他们不能全面、正确地认识西方科学的先进性。只是由于他们原本就反对虚浮空洞学风,因而与西方科学的求实本质相通,加之个人的正直品格,所以他们都能部分或有限地接纳些许西学。明末清初著名三大思想家黄宗羲、王夫之、顾炎武都接触过西学,也都程度不等地吸纳过西学,同时他们也都程度不等地拒斥西学,或持"中学西窃""西学中源"说。

如果说徐光启是西风东渐之初中国知识分子吸纳西方文化科学的少数杰出人才,那么,像魏浚、杨光先等竭力排斥西方文化科学者流则比比皆是。利玛窦传教是以传授科学为手段进而传教的。他向明神宗皇帝献上了对中国而言的第一幅世界地图——《万国舆图》。当时魏浚便撰文《利说荒唐惑世》,将由外部传入的正确科学知识作为"荒唐惑世"之言加以批判,并对中国在世界地图中的位置大为不满,说:"中国当居正中,而图置稍西,全属无谓……焉得谓中国如此蕞尔?其肆谈无忌若此!"①利玛窦为回避这类不满与攻击,不得不将地图进行修改,把中国置于稍中位置。利玛窦对此有一段十分精彩的论述:"因为他们不知道地球的大小而又夜郎自大,所以中国人认为所有各国中只有中国值得称羡。就国家的伟大、政治制度和学术的名气而论,他们不仅把所有别的民族都看成是野蛮人,而且看成是没有理性的动物。在他们看来,世上没有其他地方的国王、朝代或者文化是值得夸耀的。这种无知使他们越发骄傲,则一旦真相大白,他们就越自卑"。② 利玛窦的论述可以说是对当时中国大多数知识分子,面对初传中国的西学之普遍心态的准确概括。继利玛窦之后来华的汤若望的西学传播,也同样遭到杨光先之类知识分子的排拒,以致酿成康熙初年的"钦天监教案"。此案表面虽为中西历法之争,但实质上却是内隐文化层的深度冲突。正如杨光先自己所声称的那样:他"宁可使中夏无好历法,不可使中夏有西洋人"③。这

---

① 钟叔河:《走向世界——近代知识分子考察西方的历史》,北京:中华书局,1985年,第24页。
② 利玛窦、金尼阁:《利玛窦札记》,何高济等译,北京:中华书局,1983年,第181页。
③ 杨光先:《不得已》下卷,《天主教东传文献续编》第三册,台北:台湾学生书局,1986年影印本,第1248页。

一方面说明中国知识分子"华夷"观念对外来文化的本能排拒,另一方面也表明"不见经传"的事物在中国知识分子中推广是十分艰难的,而日本知识分子则与此不同。

(二)日本知识分子初识西方

当西方殖民势力东侵、西风东渐之时,日本国内正进入由诸侯混战趋向统一的时期。各地农民、宗教徒起义与地方势力相互争战绵延不绝,就在此时,海上风暴给日本及其知识分子送来了与外部接触的良机。1543年葡萄牙人的船只因遇风暴漂流到日本南部的种子岛,日本知识分子始见到西方人。日本文献《种子岛时尧谱》是这样记述当时情形的:"天文十二年癸卯八月廿五日,南蛮人来。时尧见所持之铁炮,其用奇,学之。然言语不通,幸客中有明儒者,以文字通之,时尧大悦。由是闻之,熟习之,得百发百中之功。群臣亦多效之。且令笹川小四郎习制其药之法。"[1]日本知识分子初遇西方文化乃从武器开始,文献中的"铁炮"即当时西方一种从枪口装填弹丸与火药的步枪。此后,耶稣会传教士沙勿略、高斯麦·多尔莱斯等人在日本人弥次郎的引领下进入日本,日本知识分子开始了同西方文化的大规模接触。在接触西学的过程中,日本知识分子呈现出两个特色,一是由于受汉文化的影响,常以汉文化作为衡量西方文化的尺度;二是对西方文化充满好奇,主动进行钻研与吸收。

沙勿略在向日本传播西方文化的成绩上,虽然不能同在中国传教近30年之久的利玛窦相比,但在日本知识分子初识西方时,却无疑是重要人物。"他注意到每当日本人进行激烈辩论时,他们总是诉之于中国人的权威。这很符合如下的事实,即在涉及宗教崇拜的问题以及关系到行政方面的事情上,他们也乞灵于中国人的智慧。"[2]为此,他计划先说服中国人信教,以便"他就更容易争取日本人"。这里可推知汉学在日本的影响程度,而日本知识分子大多数都有深厚汉学功底。后来日本的大儒林罗山同神父巴毗庵对

---

[1] 大槻如电源:《日本洋学编年史》,東京:錦正社,1964年,第3頁。
[2] 利玛窦、金尼阁:《利玛窦札记》,第127页。

地球仪上的天地之争,就更说明日本知识分子以中国圣贤之道衡量西方文化了。针对西方传教士传入的地圆说,林罗山认为是"侮圣人之罪,是可忍也,孰不可忍也。若又以是惑下愚庸庸者,则罪又愈大也,不如火其书"。①可见,日本知识分子在最初接触西方文化时,也具有排拒的一面,而这种排拒是以中国文化为基准的。

相对于排拒西方文化而言,对西方文化的好奇、积极钻研并吸收似乎更为突出。葡萄牙枪炮传入日本后,枪支和火药的制作方法很快便在日本各地迅速扩散,"传入后仅十二三年的1566(弘治二年),日本全国已有30万支步枪"②。如此快的推广速度,没有知识分子的参与是无法想象的。例如,既是知识分子又兼炮术名手的稻富一梦所撰写的《炮术传书》(庆长年间)一书,对发火方法以及火药法等都作了详细的记述,这不仅对其他热心于枪炮的知识分子有很大的影响,也对枪炮的推广起了重要作用。

除了枪炮火药的制作推广,在其他科学方面,日本知识分子也给予了极大的关心。沙勿略初到日本时所见的情形是:"日本人不知地球是圆的,也不知何为太阳轨道,他们对流星、闪电、雨雪等自然现象提出种种疑问。由于我们作出使其满意的说明,才得到他们的信任。"③由此可知,日本知识分子在最初接触西学时与中国知识分子处于同一起跑线上,对所谓西学也是茫然无知的。但是,他们对西方的各种科学知识却充满了兴趣。比如,在西方天文知识传来之前一直垄断天文道的贺茂在昌,就是因为传教士宣讲天文学说的吸引而加入了天主教会。在航海方面,1618年,池田好运根据其航行吕宋的航海经验,编纂了《元和航海记》(此书据日本学者推断是作者据葡萄牙语翻译过来的)。书的内容大部分是一种航海历,用新太阳历和西洋式的时间称呼方法来说明星辰、时间、方位、风位、天候等的观测法和描述机器。书中所记赤道纬度表的数值和春分、秋分的说明等相当准确,很好地表

---

① 《日本思想大系·25》,東京:岩波書店,1970年,第490頁。
② 山本勋:《日本科学史》,郑彭年译,北京:商务印书馆,1999年,第123页。
③ 村上阳一郎:《近代日本科学の歩み》,東京:三省堂,1977年,第51頁。

达了具有相当精密科学性的西方天文学水平。① 在地理学方面,日本知识界在未接触西学之前,基本上只知道除日本外,世界上还有两个国家,即中国(震旦)和印度(天竺)。1590 年,葡萄牙地图绘制师蒙泰罗随日本天正遣欧使节团来日,他居日两年,使用观测仪测定西日本的纬度,改订了原来日本游方僧以行基为代表所绘制的日本地图。在这一影响下,1603 年,深田正室绘制了日本第一幅由本国人制作的世界地图。在医学方面,日本知识分子吸纳西学就更为出色。西学输入前,日本医学一直沿用中医,时称"汉方医学"。耶稣会传教士来日后,使日本知识分子顿觉耳目一新。1558 年,耶稣会士阿尔梅达开始于临床向日本医生传授西药的使用方法及手术医术。在热心学习西方医学的过程中,很快在知识分子中便出现了一批不同于传统的西医。如粟崎道喜、中条带刀、坂本养安都是当时著名的西医。他们不但学习掌握时称"南蛮医学"的临床经验与医术,还著书立说,将之推广传播。如 1619 年山本玄仙写成的《万外集要》,被称为"改宗神父"的泽野忠庵所著《南蛮流外科秘传书》,前者成为日本现存最古的西医书,后者则成为日本西医学的奠基之作。他们还培养指导了一批学生,像泽野忠庵的弟子半田顺庵、杉本忠惠、西玄甫等人,继承发扬老师的精神,在南蛮医学中自成一派,半田和杉本还被幕府选为侍医。除上述而外,其他方面还有很多,以下将会述及。

(三) 中日知识分子对初次西风东渐的回应比较

在中日两国同样面临西方殖民势力东侵,面对西方文明的挑战之初,两国的知识分子都无可避免地做出必然反应。通过以上粗略的回顾,我们可知,由于两国历史发展与文化传统的差异,两国知识分子对西风东渐的反应各具特色。

1. 中国知识分子唯重天文算学 日本知识分子则对西学全面感兴趣

任何国家的知识分子在对待外来文化时,都无不受本国历史和社会环

---

① 山本勋:《日本科学史》,第 126 页。《日本思想大系·25》,東京:岩波書店,1970 年,第 490 页。山本勋:《日本科学史》,郑彭年译,北京:商务印书馆,1999 年,第 123 页。村上阳一郎:《近代日本科学の步み》,東京:三省堂,1977 年,第 51 页。山本勋:《日本科学史》,第 126 页。

境以及文化传统的制约，中日两国的知识分子也不例外。梁启超曾说："自徐光启以后，士大夫渐好治天文算学。清初则王锡阐、梅文鼎最专精，而大师黄宗羲、江永辈皆提倡之。"①明末清初中国知识分子之所以对天文算学情有独钟，很大程度是时代与社会环境的产物，而不一定是出自个人的兴趣与志向。漫长的封建社会，人们一直是靠天而生存，农业生产需要掌握天文、节气，历法也是关乎生产和生活的重要知识。至于算学，更是与天文、历法有着密不可分的关系。在西方传入的科学知识中，被发现居然也有与天文、历法相关的知识，少数知识分子自然给予了一定的关注，徐光启译《几何原本》《泰西水法》，编《崇祯历书》；李之藻译《同文算指》，刻《天学初函》；杨廷筠译《职方外纪》，莫不如是，此其所以较重视天文算学原因之一。其二，中国知识分子除了敬畏大自然的天而外，更敬畏的还有另一个天——天子。"皇帝一句话，远远超过知识分子十本书"，"统治者的好恶，往往决定西学传播的进程和路向。顺治皇帝相信西学，汤若望便得宠，西学传播便顺利。顺治死后，讨厌西学的鳌拜当政，汤若望便被关进大牢，西学传播便受挫折。康熙亲政，扳倒鳌拜，西学又受重视"。② 如清初的李光地就是为讨好康熙皇帝而求历算之学的，为此他曾拜算学大家梅文鼎为师。尽管西风东渐之初，只有少数中国知识分子接纳了部分西学，但其影响还是显而易见的。除了据西方的先进科学知识改进了历法，对清初实学也产生了很大影响。"自明之末叶，利玛窦等输入当时所谓西学者于中国，而学问研究方法上，生一种外来的变化。其初惟治天算者宗之，后则渐应用于他学。"③梁启超从清代学术角度所作的这一概括是大有见地的。

相比之下，在西风东渐之初，日本知识分子对西学的反应以及吸纳要比中国知识分子敏感和全面得多。首以最初枪炮输入观之，中国引入西方枪炮要比日本早。1523年，葡萄牙人进犯广东新会一带，明"官军得其炮，即名为佛郎机，副使汪鋐进之朝"。1530年，汪鋐又上奏将"佛郎机"也就是葡萄牙大炮用于沿海防务，得到崇祯皇帝允许。"火炮之有佛郎机自此始。然

---

① 梁启超：《清代学术概论·儒家哲学》，天津：天津古籍出版社，2003年，第52页。
② 熊月之：《西学东渐与晚清社会》，第59页。
③ 梁启超：《清代学术概论·儒家哲学》，第30页。

将士不善用,迄莫能制寇也。"①英国史学家萨索姆曾将中日两国人最初接触葡萄牙人情形作过如下比较:"1543 年葡萄牙人航行到日本,给日本人带来了火枪。据说当时引起日本人极大的兴趣,他们怀着感激的心情虔诚迎接葡萄牙人。我认为这并非虚构夸张,而正好说明了 16 世纪日本文明的特征,说明了当时日本文明与中国印度的文明已有明显的差别。据说印度人和中国人初次见到葡萄牙人时,对他们所携的武器并不十分感兴趣,而且他们把葡萄牙人视为野蛮人。"②仅仅从人们对武器的反应,是否就能断定文明的差异姑且不论,其述中日两国人对葡萄牙武器的不同反应当为事实。明末清初以"六艺"实学著称的学者陆世仪,曾对西洋火炮给予一定的关注,但最后他又担心火炮为"盗贼"所用,会给国家统治造成危害,从而主张朝廷"实行严厉管制"③。至于那些将西洋武器视为"奇技淫巧"、反应极其迟钝的多数知识分子,就更不待言了。正是由于缺少知识分子的参与和传播,才使得"将士不善用","莫能制寇"。而日本正因为像稻富一梦那样的知识分子,对西方武器的敏感性,使其不仅参与西方武器的研制,且著书立说广为传播。日本学者杉本勋指出:"不用说洋枪及各种实用学术很快就被信长、秀吉、家康等所利用,另外还渗透到以正在成长道路上的城市新兴町人阶层为前导的民众知识分子中间,直接或间接帮助他们提高了开始觉醒的现实主义、客观主义乃至合理主义的知性(道理的精神)。"④足见西方武器的传入对日本知识分子影响之巨。

再从其他方面来看,据熊月之先生的相关统计,受西学影响的明清学者共计 173 人,明末清初学者从徐光启到黄宗羲为 81 人。这 81 人中,除极少数几个人外,绝大多数学者都是关注与西学有关的天文历算。⑤ 前面已经述及,日本知识分子除火药武器、天文地理、航海、医学而外,其他如土木建筑、采矿冶金、文学、绘画、工艺,甚至哲学都给予热情关注。1594 年,辞书

---

① 张廷玉等:《明史》,北京:中华书局标点本,1974 年,第 8431—8432 页。
② 鹤山和子《好奇心与日本人》,詹天兴等译,西安:西安交通大学出版社,1990 年,第 107 页。
③ 徐海松:《清初士人与西学》,第 228 页。
④ 山本勋:《日本科学史》,第 228 页。
⑤ 熊月之:《西学东渐与晚清社会》,第 81—90 页。熊月之先生的统计主要涉及的是传教士频繁活动的地区,如浙江、江苏、安徽以及江西、福建等地,且主要统计对象是关注自然科学的知识分子。

类的《拉丁文典》问世,1595年《拉葡日对译辞典》出版,1598年长崎版的汉字辞典《落叶集》、1603年《日葡辞典》也相继付梓。这些对吸收西方文化不可或缺的工具书,都是在日本知识分子直接或间接的参与和努力下完成的。总之,在初次西风东渐之时,日本知识分子几乎是进行了全方位的吸取。日本知识分子面对西学之所以有如此不同于中国知识分子之处,一是他们不太受"天"的约束;二是他们很多是出于兴趣、志向而学习西学的。日本知识分子虽然也受汉文化的熏陶,但对他们来说,西方文化与汉文化同是外来文化,因而如当初吸收汉文化时一样,对西方文化的摄取,多是出于个人的兴趣和志向,这种差异,使得虽然是同样面对西方文化,在吸收方面却比中国知识分子要广泛得多——因为个人的兴趣和志向是千差万别的。

2. 中国知识分子吸纳西学未能持续 日本知识分子吸收西学几无间断

自1775年耶稣会解散,主要随传教士而来的西风东渐过程基本结束,中国知识分子吸纳西学的通道堵塞了。中国知识分子吸纳西学未能持续,明末清初并不多的西学知识也未能广泛传播。而日本知识分子吸收西学以及西学的传播却无间断。这其中自然各有因由,但我们不妨一同进行比较分析,以便相互参照。

民国时期的学者陈观胜先生曾就耶稣会传教士输入的世界地理知识在中国中断失传的原因,在《禹贡》半月刊上撰文列举了三点:(1)当时欢迎利氏地图者,不过为一般学士大夫,未能深入民间;(2)绝少有科学基础之人,能接受利氏之学识,一般人士多以此为玩好之品,并未真能了解其意;(3)利氏以地图为宣传天主教之工具,但多数国人反对洋教者,则不免并其地图而厌恶。① 如果孤立地看,这三点似乎是世界地理知识中断和失传的原因,但深入分析,且比之于日本,似又不尽然。在16世纪末17世纪初,无论中国还是日本,刚接触西学时只能是一般"学士大夫",也就是知识分子层或是少数官员,不可能深入到民间的村夫野老、平民百姓。这倒恰恰表明知识分子在接纳和传播西方文化科学中的重要作用。再者,日本同样也存在这种情况,但并未出现地理知识中断失传的现象。就第二个原因而言,陈观胜先

---

① 于桂芬:《西学东渐——中日摄取西方文化的比较研究》,第52页。

生所言极是。日本东洋史学家稻叶君山在其著作《清朝全史》中也写道:"艾儒略所著之《职方外纪》、南怀仁所著之《坤舆全图》,皆足以启发当时中国人,使知世界大势,然中国人等闲视之,不精求也。"[1]陈观胜先生所说的"一般人士"和稻叶所说的"中国人"理应都是指知识分子,正是由于他们的"未能了解真意"和"不精求"才导致世界地理知识的中断失传。至于第三个原因,意为因国人多数反对洋教,所以作为传教手段而传播的科学知识也被一并反对掉了。同日本相比,洋教在传入之后的遭遇,中国并不比日本更坏。1587年,丰臣秀吉颁布"驱逐传教士令",禁止洋教在日本传播;17世纪初成立的德川幕府对洋教的镇压更为严厉,甚至采取强迫人们在神、佛像前立誓不做天主教徒的方式阻止人们信教,但并未能阻止西学的流传。

从文化理论而言,可分为外显文化和内隐文化。所谓外显文化一般是指物质世界,如武器、机械、工具等;内隐文化则包括知识、观念、信仰、习俗等精神世界的内容。文化传播一般是外显文化较容易,内隐文化相对困难。中日知识分子首先吸纳的就是西方的外显文化,而洋教对中日来说都属于内隐文化,所以,在传入不久后均遭到拒斥。但不同的是,中国在洋教被禁止之后,其影响几乎是自消自灭了;而日本"在迫害下潜伏的天主教并没有很快绝迹,而且即使实行《禁书令》那样的野蛮法令,对民生有利的南蛮科学技术系统仍顽强地生存下来……为第二次西方文化——'兰学'的开展创造了条件"[2]。中日两国在吸收西学上,出现如此不同的趋向,无论有多少原因,其中科举制度无疑是最主要的原因。由于日本没有科举制度,所以对西学的钻研,也是知识分子出人头地、通向成功的一条途径;中国知识分子基本上只有通过科考而别无他途,西学对其自然无关紧要。

但如果把一切都归因于历史条件、社会条件与文化,而忽视个人的作用及人与人的差异对历史进程的影响,那么,则无以揭示和说明人在历史中的主宰地位和作用。杨光先、张潮、程廷祚同为安徽新安人,社会环境、所受教育和文化熏陶几无差别,杨、程顽固拒斥西学,而张潮则力主吸纳西学,他还

---

[1] 稲葉君山:《清朝全史》上册,東京:早稲田大学出版部,1914年,第10頁。
[2] 山本勋:《日本科学史》,第133页。

"特别建议要通过中西文人学士之间的反复辩论与探讨,才能真正获得广文博识,吸取与利用西方科学"[①]。这种差异无疑会对西学的吸纳和传播产生不同影响。同为中国知识分子尚且如是,与日本知识分子相较必然更不相同。中国知识分子不唯对西学热心者少,且后续乏人。日本天主教系统的天文历算,由泽野忠庵接纳,经林吉左卫门继承,再传至小林谦贞,直至流传到锁国以后与兰学相接;南蛮医学也有泽野的弟子半田顺庵、杉本忠惠、西玄甫等形成流派,流传到杉田玄白兰医学问世。在中国,即使是热心吸收西学者,肯追随其学的文人也不多。徐光启对几何学十分重视,他在《几何原本杂议》中,将几何学比作绣鸳鸯的"金针",主张"金针度去从君用,未把鸳鸯绣于人",意即倡导文人们掌握几何学的方法。但接之他便感叹道:"能造金针者能绣鸳鸯,方便得鸳鸯者谁肯造金针? 又恐不解造金针者,冤丝棘刺,聊且作鸳鸯也!"[②]说明当时的文人不愿追随他的一般情形,也反映了中国知识分子即使是接触西学,也是"不精求也"。张潮在《虞初新志》中也指出:"华人之巧,未尝或让于彼,只因不欲以技艺成名,且复竭其心思于富贵利达,旁及诸技,是以巧思逊泰西一筹耳"。[③] 这是中国知识分子对西学不感兴趣,使西学不能像在日本一样流传的又一原因。

二 第二次西风东渐与中日知识分子的回应

(一)中日知识分子对西方的认识异同

从利玛窦来华传教到 1775 年耶稣会解散,近二百年的时间里,中日知识分子都经历了初次西风东渐的洗礼。直到 19 世纪初,以马礼逊来华为标志,再次西风东渐已经成为不可阻挡的历史潮流。面对未曾有过的世界"大变局",中日两国知识分子对西方的认识是回应西风东渐最直接的表现,它给各自国家、社会的发展带来了深刻的影响。因此,探讨和研究中日两国知

---

① 徐海松:《清初士人与西学》,第 202 页。
② 王重民辑校:《徐光启集》上册,上海:上海古籍出版社,1984 年,第 78 页。
③ 张潮辑:《虞初新志》(标点本),石家庄:河北人民出版社,1985 年,第 116 页。

识分子对西方的认识,是研究第二次西风东渐中日知识分子回应西方挑战所不可缺少的一个层面。现以冯桂芬与佐久间象山作为中日知识分子的各自代表,个案分析其对西方认识的异同及其所产生的原因。

1. 对西方认识的种种表现

冯桂芬对西方的认识主要反映在他的《采西学议》《制洋器议》《善驭夷议》和《上海设立同文馆议》(均收于《校邠庐抗议》)等著作中。他在《采西学议》中提出的"以中国之伦常名教为原本,辅以诸国富强之术"的主张,常为后人所引用,或被作为"中体西用"的先导。佐久间象山在其《省警录》中所言"东洋道德,西洋艺术"也同样为当时日本思想界所推崇。两者之根本点,都是站在儒家正统的道德观念上,主张对西学加以利用,从而服务于各自国家之本。在把自己的国家与西方进行比较时,冯桂芬认为:"今顾腼然屈于四国(指俄、英、法、美)之下者,则非天时地利物产之不如也,人实不如耳……以今论之,约有数端,人无弃才不如夷,地无遗利不如夷,君民不隔不如夷,名实必符不如夷……至于军旅之事,船坚炮利不如夷,有进无退不如夷。"①这种认识,尤其是"君民不隔不如夷"的认识,甚至涉及了政治层面。这在当时的知识分子中,也是极少见的。这一点,佐久间象山是难望其项背的。佐久间象山虽以《省督录》而闻名于日本思想界,但此书实际很少表述他对西方的认识。他对西方的认识更多的则是在他的《上书》《象山书简》《杂纂》中反映出来。他在1858年3月给梁川星岩的信中说:"方今之世,仅以和汉之学识,远为不足,非有总括五大洲之大经纶不可。全世界之形势,自哥伦布以穷理之理发现新大陆、哥白尼发明地动说、牛顿阐明重力引力之实理这三大发明以来,万般学术皆得其根底,毫无虚诞之处,尽皆为务实。由是,欧罗巴、亚美利加诸洲逐渐改变面貌,及至蒸汽船、电信机等之创制,实属巧夺造化之功,情况变得惊人。"②他还在其《杂纂·赠小林炳文》中,对寄予厚望的这位弟子说:"近年西洋发明,许多学术,要皆实理,抵足以资吾圣学,而世之儒者,多为凡夫庸人,不知穷理,视为别物。不特不好,动辄比

---

① 中国史学会编:《中国近代史资料丛刊·戊戌变法》第 1 册,上海:神州国光社,1953 年,第 29—30 页。
② 《日本思想大系·55》,東京:岩波書店,1971 年,第 377—378 頁。

之为寇仇。宜乎？彼之所知,莫之知；彼之所能,莫之能,蒙蔽固深,永守孩童之见。"①佐久间象山不仅看到了西方科技文明的飞速发展,"情况变得惊人",看到了西方的"务实"和"实理",而且还指出自己人敌视西方、不了解西方的做法是"永守孩童之见"。这种认识不仅包含了冯桂芬的"人实不如耳"的思想,而且不同于冯桂芬的是,他没有停留在不如人的认识上,而是对这种不如人的状况进行了尖锐的批评。

冯桂芬在对西方科技文明的认识上,十分注重西方的数学即他所称之的"算学"。他在《采西学议》中注"算学"一词时说："一切西学皆从算学出,西人十岁外无人不学算,今欲采西学,自不可不学算,或师西人,或师内地人之知算者具可。"②在这一点上,佐久间象山的认识几乎同冯桂芬完全一致。他说："详证术(即数学),万学之本也。泰西发明此术,兵略亦大进,复然与往日别。所谓下学而上达也。孙子兵法度、量、术、称、胜,亦其术也。然汉与我,有孙子以来,莫不诵习而讲说,而其兵法依然如旧,不得与泰西比肩。是无他,坐于无下学之功也。今真欲修伤武备,非先兴此学科不可。"③在这里两人虽然都认为数学最为基础,若学西方,必学数学。但是,冯桂芬的认识似为就事论事,而象山的认识中,则明显寓有对中日古文化的反省批判之意,其深刻程度,不言而喻。

冯桂芬在《上海设立同文馆议》中说："互市二十年来,彼酋类多能习我语言文字之人,其尤者,,能读我经史,于朝章国政,吏治民情,言之历历,而我官员绅士中,绝无其人。"之后又说"夫通习西语西文,例所不能禁,亦势所不可少",所以他建议,在上海广州推广同文馆之法"招八旗学生,聘西人教习语言文字"。④ 这可以看作冯桂芬对于这种"彼知我而我不知彼"现状的不满,而要改变这种现状所做的努力。佐久间象山对于改变"不知彼"的现状则做得更为直接。1849年2月,他上书松代藩主,要求增订出版《兰和辞书》,失败后,又以《荷兰语汇》为题,打算自费出版,并从松代藩借得资金。

---

① 《日本思想大系・55》,第421页。
② 《戊戌变法》第1册,第27页。
③ 《日本思想大系・55》,第414页。
④ 《戊戌变法》第1册,第37—38页。

1850年3月,他又上书幕府老中阿部正弘,请许可其出版《荷兰语汇》。他在上书中说:"夫用兵之道,以知己知彼为先务,而知彼又为先务之先务。"①冯桂芬关于设立同文馆的建议,完全是无奈,是因为在通商中充当通事即翻译的两种人不好。"此两种人者,声色货利之外,不知其他,惟借洋人势力,狐假虎威,欺压平民,蔑视官长,以求其所欲。"他甚至把"小嫌酿大衅……彼己之不知,真伪之莫辨,宜与宜拒,讫不得要领"都归罪于翻译。②所以他建议设同文馆主要是为培养合乎要求的翻译人才,而不是出于自身就想"知彼"。即是说他并不是主观上、主动地想了解西方,只是一种头痛医头、脚痛医脚的堵漏洞措施而已。而象山则是主动而为,是出于了解西方、学习西方的需要。他说:"驭夷俗者,莫如先知夷情,知夷情者,莫如先通夷语。固通夷语者,不惟为知彼之阶梯,亦是驭彼之先务也。"③两者相较,虽都有"知彼"的目的,但一是迫于被动、出于无奈,另一却是出于主动、出于"驭夷俗"和"知夷情"。

从"师夷"的思想看,冯桂芬与佐久间象山也有相似之处。冯桂芬在《制洋器议》中说:"昔吴受乘车战阵之法于晋,而争长于晋;赵武灵为胡服而胜胡。"④佐久间象山在给小寺常之助的信中则说:"古昔兵器初造之时,蚩尤为佳,黄帝习用其干戈,遂擒杀其于琢鹿之野。"⑤两人都引经据典来说明在历史上就有"师夷"而制胜的先例,因此都主张可以"师夷"。再从具体的"驭夷"或"制夷"的方法来看,冯桂芬在其《善驭夷议》中,曾把"夷务"看作国家"第一要政"。但涉及具体方法时却说:"夷人动辄称理,吾即以其人之法还治其人之身,理可从从之,理不可从据理以折之,诸夷不知三纲,而尚知一信,非真能信也。一不信而百国群起而攻之,是不得不信也。"⑥观其此文通篇,除了他认为西方国家之间存在互相"自斗"的矛盾,清廷可以加以利用这种"以夷制夷"的空洞思想外,几乎再没有任何具体的建议和措施。而佐久

---

① 《日本思想大系·55》,第288页。
② 《戊戌变法》第1册,第37页。
③ 《日本思想大系·55》,第415页。
④ 《戊戌变法》第1册,第31页。
⑤ 《日本思想大系·55》,第347页。
⑥ 《戊戌变法》第1册,第33页。

间象山在1842年11月给松代藩主真田幸贯关于海防的上书中,就提出了著名的"海防八策",其内容都是十分具体的,并在上书的《追记》中附有制作大炮的材料和方法。1853年6月,他又在给小寺常之助的信中说:"夫愚意以为,以夷之术防夷为最佳。彼有大舰,我亦应造大舰;彼有大炮,我亦应造大炮。"[1]此外,象山在其他上书和给别人的信件中,多次提出关于海防的具体主张。有趣的是冯桂芬和佐久间象山都曾读过魏源的著作,都对其提出过批评。冯桂芬在《制洋器议》中有这样一段话:"魏氏源论驭夷,其曰以夷攻夷,以夷款夷夕。无论语言文字之不通,往来聘问之不习,忽欲以疏间亲,万不可行,且是欲以战国视诸夷,而不知其情大不伴也。魏氏所见夷书新闻纸不少,不宜为此说。盖其生平学术,喜自居于纵横家者流,固有此蔽。愚则以为不能自强,徒逞谲诡,适足取败而已。独师夷长技以制夷一语为得之。"[2]除最后一句肯定"师夷长技以制夷"外,冯氏的批评,体现出具体内容的,就是"语言文字之不通",余则多集中于理论上,显得空泛而非具体。象山除了肯定魏源,认为魏源"真可谓海外同志矣"而外,则就魏源的具体主张提出批评:"海防之要,在炮与舰,而炮最居首。魏氏海国图识(志)中,辑铣(枪)炮之说,类皆粗漏无稽,如儿童戏嬉之为。凡事不自为之,而能得其要领者无之。以魏氏之才识,而是之不察。当今之世,身无炮学,遗此谬妄,反误后生,吾为魏深惜之。"[3]象山是从魏源所论的具体内容着手,指出其具体错误,甚至具体到"制夷"的武器——枪炮上。而且注重身体力行,亲身实践。

2. 对西方认识异同之原因

从以上的粗略比较中,可以看出冯桂芬和佐久间象山对西方的认识既有相同之处,又有不同之处。其相同之处很多都是由于两者皆为饱学之儒士,受儒家文化熏陶所致。所以两人无论在"师夷"还是"制夷"方面,始终停留在物质技术层面上,而对儒家的纲常教化、等级制度、伦理道德无比推崇。在这一点上,象山除了和冯桂芬一样具有"贵贱尊卑之等级,不得不殊严"的

---

[1] 《日本思想大系·55》,第347页。
[2] 《戊戌变法》第1册,第30页。
[3] 《日本思想大系·55》,第415页。

思想而外，他在所谓"君臣大义"的名分上，甚至认为"在汉土，帝王有诸姓更替之风习；在本邦，皇统古来便与天地共长久"①。可见，其皇统思想丝毫不比冯桂芬逊色。不过，尽管两人在维护帝王正统思想方面有相同之处，但在维护帝王统治的方法上，即"体用"结合上却大相径庭。冯桂芬的"以中国之伦常名教为原本，辅以诸国富强之术"，其中明显地将"中国之纲常名教"和"诸国富强之术"即后人所称的"体""用"截然列为主次之分，将"诸国富强之术"置于辅佐之地位。而佐久间象山的"东洋道德，西洋艺术"则不同，他是把两者看成是并行不悖并有同等作用。他说："人谓泰西之学盛，孔子之教必衰；予谓泰西之学行，孔子之教滋得其资。夫泰西之学，艺术也；孔子之教，道德也。道德譬则食也，艺术譬则菜肉也。菜肉可以助食气，孰谓可以菜肉而损其味也。"②他认为"方今之时，以汉土圣贤道德仁义之教为经，以西洋艺术诸科之学为纬，兴皇国之威，实为良策也。"③这表明象山将东洋道德和西洋艺术等量齐观，认为无主从之分，都可以"兴皇国之威"。

  这种认识上的差异除个人因素外，重要的是文化背景不同。中国的传统文化是建立在以农业为核心的基础之上，不仅造就了统治阶层和知识分子的"重农抑商"、视西方兴起的科技文明为"奇技淫巧"的观念，而且，由于中国"地大物博"，所需皆可自给，也封闭了知识分子向外探索的精神。加之在15—16世纪以前，中国文化长期处于世界文明前列，使中国知识分子背负了文化优越的沉重包袱，以至酿成夜郎自大的劣根性。这极大影响了中国知识分子认识西方的视野。日本传统文化虽然也是以农业为核心，但自从有文字起，就是在大量吸收中国文化的基础上而发展起来的。西方文化对日本来说，与中国文化一样同属于外来文化。尽管在鸦片战争之前，日本的知识分子也同中国的知识分子一样，将西方人目为"夷狄"，但由于他们没有根深蒂固的自我文化优越意识，所以在现实面前，就很容易主动接受西方文化。这在初次西风东渐之时就已有所体现。1543年"最早来到日本的欧洲人（葡萄牙人），是乘中国人的海盗船漂流到种子岛，从而带来的火枪很快

---

① 《日本思想大系·55》，第308、366页。
② 《日本思想大系·55》，第421页。
③ 《日本思想大系·55》，第340页。

就能在国内大批生产,对信长的统一战争起了重大作用,这一事实表明了日本这一期间的形势。此后一百年间日本和欧洲的关系,可以说是在此时形成了雏形"①。此后经过兰学的传播和邻国的"前车之鉴"即中国鸦片战争的冲击,在日本很快便产生了力主向西方学习的知识分子群体。中国有学者评论道:"十八世纪和十九世纪初的'兰学'尽管流传不广,在政治上也无大影响,但它振聋发聩,使日本人对夜郎自大的'华夷'思想开始产生怀疑……应运而生的'东洋道德,西洋艺术'论,首先在科学技术这一角,冲垮了锁国制度与'华夷'思想的壁垒。这不仅使西方资产阶级思想和文化蜂拥而入,而且打开了探索日本落后于世界的社会根源的端绪。"②兰学能够在日本"振聋发聩",佐久间象山的"东洋道德,西洋艺术"论能够冲垮"华夷"思想的壁垒,而冯桂芬的"中体西用"的先导思想却没有起到如此大的作用,固然有其思想本身的原因和国情不同,但根源却是中日两国文化背景不同所使然。冯桂芬在"师夷"上所表现的被动和象山所表现的主动,其实都源于两种文化背景的不同。

正是由于中日两种文化背景的不同,直到甲午战争之前,中国都没有形成向西方学习的知识分子群体,甚至能为"西学"的人都很少。1862年一位名叫唐学壎的中国人,在伦敦向福泽谕吉问及在日本能读洋书并兼教他人者有多少,福泽谕吉答约 50 人,当福泽转问唐氏时,"唐沉吟片刻,愧答曰,只有 11 人"③。两人所言数字未必精确,但以中国知识分子之众,同日本相比,学西方的知识分子与之不成比例,当是事实。1834 年出生的仙台藩士冈千仞,精通汉学与西学"其前后共有弟子 3000 人,著述达 30 余卷";再从魏源的《海国图志》传到日本以后的情况看,"仅 1854 年至 1856 年三年时间,日本出版《海国图志》选本的翻刻本、训点本和日译本竟达 21 种之多"。④ 读此书者虽未必尽为知识分子,但知识分子无疑是主要读者。从以

---

① 高桥幸八郎:《日本近现代史纲要》,谭秉顺译,长春:吉林教育出版社,1988 年,第 47—48 页。
② 王家骅:《幕末日本人西洋观的变迁》,中国日本史研究会:《日本史论文集》,北京:生活·读书·新知三联书店,1982 年,第 272—273 页。
③ 李卓、高宁:《日本文化研究》,北京:中国社会科学出版社,1998 年,第 46 页。
④ 马树德:《中外文化交流史》,北京:北京语言文化大学出版社,2000 年,第 127、121 页。

上情况看,日本至少在明治维新前后就形成了一个向西方学习的知识分子群体。

中国知识分子没有形成向西方学习的群体,主要有两方面原因:一是他们还不能摆脱中国传统文化中"华夷"思想的束缚;二是传统的科举制度。冯桂芬在《采西学议》中说:"今之习于夷者,曰通事,其人率皆市井桃达,游闲不齿乡里,无所得衣食者始为之……且其能不过略通夷语,间识夷字,仅知货目数名与但浅文理而已。安望其留心学问乎?"①从冯桂芬不止一次谈到通事的素质低下,可知当时的一般知识分子是不齿于"习于夷"的。直到1875年郭嵩焘出使英国时,他的朋友还说"文章学问,世之凤麟,此次出使,真为可惜","费力不讨好,亦命苦也"。②难怪他在1880年8月作诗慨叹:"擎舟出海浪滔天,满载痴顽共一船;无计收帆风更急,那容一枕独安眠。"钟叔河先生就此诗分析说:"他深深地感到:封建末世的中国,外部环境正值'浪滔天''风更急';和他同命运的士大夫阶级,却犹如满满'一船痴顽'"。③正是由于"士大夫阶级"的"痴顽"居多,所以,钟叔河先生将郭嵩焘称为"孤独的先行者"。这种使先进的知识分子处于孤独地位、不能形成向西方学习的群体的现象,除了知识分子本身受"华夷"思想所主宰而外,原因也是科举制度。科举制度使得"儒学之经典学习,有立身行世的可能。所以优秀的人才都热衷此道。而与外国有关的学术,则不被认为是'学问'——遵其道之人,为社会所抛弃者有之"。④任何时代,任何一种先进的思想或主张,没有知识分子的多数参与,都不可能推而广之。认识西方,向西方学习也是如此。

(二)中日知识分子对外危机意识比较

第二次西风东渐之时,无论对中国还是对日本来说,都是其历史发展的

---

① 《戊戌变法》第1册,第27页。
② 钟叔河:《从东方到西方》,上海:上海人民出版社,1989年,第204页。
③ 钟叔河:《走向世界》,第194页。
④ 依田憙家:《关于东亚近代化——国际关系及其与西洋文化的接触》,胡令远、徐敬波:《近代以来中日文化关系的回顾与展望》,上海:上海财经大学出版社,2000年,第110页。

重要时期,在这一过程中,中国完全落后于他人,备受强邻与西方列强的欺压和凌辱,而日本则"脱亚入欧",加入世界强国之列,而后又成为侵略中国的帝国主义国家中最凶恶者。两国历史的如此走向,虽然有许多因素,但是,人的因素无疑是主要因素之一。探讨中日知识分子的危机意识,也是研究第二次西风东渐过程中,两国知识分子回应西方的另一个不可或缺的层面。

1. 中国知识分子危机意识的萌生与发展

所谓危机意识,就是指对来自外部的某些有可能威胁自身的生存的事物和状况的认识和反应。毫无疑问,在西风东渐过程中,对"外夷人"的正确认识,是产生危机意识的前提。但是,中国知识分子,在整个 18 世纪以及 19 世纪前期对外国、对世界都缺乏正确认识。乾隆时期的纪晓岚可谓知识分子中的博学多闻者,他在担任《四库全书》总纂官撰写《总目提要》时,"对于《职方外纪》介绍的常识,如世界有五大洲之类,居然表示怀疑,对南怀仁编《坤舆图说》关于乐得海岛上的太阳神像的记述,竟认为是抄袭东方朔《神异经》中所编造的"东南大荒之中有朴父焉,夫妇并高千里",并"疑其东来以后,得见中国古书,因依仿而变幻其说","闹出这样无知的笑话"。[①] 纪氏在当时的知识分子之中,不唯多才博学,也属思想活跃之士,其尚且如是,一般的知识分子就更是可想而知了。可以说,在第二次西风东渐之前,中国知识分子是毫无危机意识的。直至 1828 年江南的知识分子肖枚生才以敏锐的目光观察到西方侵略势力对中国的危害性,他惊呼:"十年之后,患必中于江、浙,恐前明楼祸复见于今日。"[②]这可以视作中国知识分子危机意识的初萌。此后,直到一向被中国知识分子视为"英夷"的英国人用鸦片和大炮敲开了中国封闭的大门,迫使天朝大国与之签订屈辱的城下之盟,在知识分子中,才有稍多的人始肯正视西方,产生危机意识。

被称为中国"开眼看世界第一人"的林则徐应该算是在知识分子中较早了解西方的人士之一,但他对西方的认识极具局限性。1840 年 7 月他在

---

① 钟叔河:《走向世界》,第 42—43 页。
② 中国史学会编:《中国近代史资料丛刊·鸦片战争》第 4 册,上海:神州国光社,1954 年,第 461 页。

《密陈以重赏鼓励定海民众诛灭敌军片》的奏折中,竟认为英国人"一至岸上,则该夷无他技能,且其浑身裹缠,腰腿僵硬,一仆不能复起,不独一兵可手刃数夷,即乡井平民,亦尽足以制其死命"①。如此对"夷人"的认识,何能产生危机意识呢?但林则徐毕竟是开眼看世界的人,很快便在他临被革职之前,预感到了危机的存在。1840年8月末,在他上奏自请处分所附的《密陈办理禁烟不能歇手片》中说:"抑知夷性无厌,得一步又进一步,若是威不能克,即恐患无已时,且他国效尤,更不可不虑。"②1841年7月,林则徐途经京口(镇江),晤老友魏源,将禁烟期间令人搜集到的有关外国资料和《四洲志》的稿本交给魏源,嘱托魏源编撰《海国图志》。魏源根据《四洲志》,"再据历代史志,及明以来岛志,及近日夷图夷语,钩稽贯串,创榛辟莽,前驱先路。大都东南洋、西南洋,增于原书者十之八;大、小西洋、北洋、外大西洋,增于原书者十之六。又图以经之,表以纬之,博参众意以发挥之"③。使《海国图志》1843年1月初刊于扬州。自1840年至1860年这20年间,中国又出现了20余部介绍"夷情的著作",这些著作虽然多限于介绍性质,但作者动机和目的都是唤醒国人对"夷情"的重视,其无疑是基于对当前危机意识而作。从肖枚生的惊呼到林则徐的慨叹及嘱魏编撰《海国图志》以及魏源《海国图志》等有关"夷情"著作的问世,可看到中国知识分子在国门被打开前后危机意识的萌生与发展。

就林则徐的危机意识而言,与其说是针对英国的入侵而发,还莫如说是针对北邻沙俄的危机意识更为强烈。他在被赦从新疆入关时,"人以英夷事问之,谓其害直无所底止",他却说:"英夷何足深虑,其志不过以鸦片及奇巧之物劫取中国钱帛已耳!予观俄国势日强大,所规画布置,志实不小。英夷由海道犯中国实难,但善守海口,则无如我何!俄夷则西北包我边境,南可由滇人,陆路相通,防不胜防。将来必为大患,是则重可忧也。"④对俄国的

---

① 中山大学历史系编:《林则徐集·奏稿》中册,北京:中华书局,1965年,第861页。
② 《林则徐集·奏稿》中册,第884—885页。
③ 《魏源集》上册,北京:中华书局,1976年,第207页。
④ 欧阳昱:《见闻琐录》,转引自来新夏《林则徐年谱新编》,天津:南开大学出版社,1997年,第695页。

危机感,不只是林则徐,其老友魏源亦有之。魏在《江口晤林少穆制府》诗中"方术三年艾,河山两戒图"之句,所谓"两戒"即指东南、西北两处边界,除了东南沿海英国侵略,也注意到了西北沙俄的威胁。后来《四洲志》中的沙俄部分出现了专辑本《俄罗斯国纪要》和姚莹的《俄罗斯方域》《记英俄二夷构兵》的问世,都说明中国知识分子危机意识的指向,已经不再局限于"英夷"了。日本明治维新以后,"浙西下士"朱采曾指出"况东西举动轻躁,锐意练兵,门庭之寇,其患尤且""乃至秘鲁小邦,日本邻坏,皆萌押侮窥伺之意"。①此时他已经注意到了"门庭之寇"日本对中国的祸患更为急迫,危机意识已经直接指向日本。迨至洋务运动破产、甲午战争失败,中国知识分子危机意识发展到顶峰。康有为在《强学会序》中大声疾呼:"俄北瞰,英西睒,法南瞵,日东眈,处四强邻之中而为中国,岌岌哉!"②梁启超也警告国人"敌无日不可以来,国无日不可以亡。数年之后,乡井不知谁氏之藩,眷属不知谁氏之奴,血肉不知谁氏之俎,魂魄不知谁氏之鬼"③。戊戌变法的发生,实际上就是中国知识分子危机意识作用于实践的总体体现。

2. 日本知识分子危机意识的萌生与发展

日本知识分子危机意识的萌生,甚至可以追溯至初次西风东渐之时。兰学的草创者新井白石1709年盘问了潜入日本的西方传教士西德契,"通过从西德契那里听来的世界形势,了解到日本在国际上孤立的事实,所以他对国防感到非常不安,立志要研究世界地理学"。他对荷兰特别注意,他认为荷兰"'把经商一律看成是为了对国家有利,真是一个可怕的国家',指出了荷兰的富强和侵略世界的事实,率真地表明了他的危机感"④。到林子平的《三国通览图说》问世,日本知识分子的危机意识就已十分清晰了。这本地理书于1785年写成,翌年由桂川甫周作序刊行。书中载有朝鲜、琉球、虾夷(北海道)三国以及无人岛(小笠原群岛)的地图,还有表示日本距这些地

---

① 中国史学会编:《中国近代史资料丛刊·洋务运动》第1册,上海:上海人民出版社,1961年,第332—334页。
② 中国史学会编:《中国近代史资料丛刊·戊戌变法》第4册,上海:神州国光社,1953年,第384页。
③ 梁启超:《南学会序》,《饮冰室合集·文集》(二)。
④ 山本勋:《日本科学史》,第265页。

方里程的 5 幅地图。林子平从军事的观点对上述地方地理、风俗加以说明。在有关朝鲜的部分,介绍了朝鲜文字。值得注意的是,本书十分详细地论述了虾夷地,即北海道问题。指出俄国侵略虾夷地的危险性,并主张推进对虾夷人的教化,通过开发虾夷地以对抗俄国的侵略。就在刊行此书的同一年,林子平又写成了 16 卷本的有关日本海防的著作——《海国兵谈》。1787 年由工滕平助作序,刊行了第一卷,1791 年时全卷刊行。在此书中,他主张:没有陆地邻国的海国日本,必须有与之相适应的海防,强调海防是日本全民族的任务。从这一立场出发,他在书中介绍了荷兰船的装备与构造。与此同时,提出应该建造洋式军舰,充实海军,改善大炮的性能,并沿海配备之。还特别指出,江户湾的海防为当务之急。其实,林子平关于海防、武备的危机意识的萌生,甚至可以上溯 20 年,即 1765 年。推定这一年他写的《富国建议》一书中就曾提到"武备之事"。他说:"所谓武备,即用心于武艺之道。处治世而不忘乱,此乃圣人之戒也。古时和汉武备具盛,然近年吾武备疏略,当下日本几同无武备可言矣……日本与朝鲜、琉球、虾夷三国邻接,万一由此三国发生不意之变,金戈铁马蜂拥而至。日本将迅即崩坏,彼时设法操练天下之兵马,自为力所不逮,至少为国之大计,现当操练人马耳。"①并指出:武备之关键不外乎积粮、存钱、组织人力、操练人马、储备武器及马具、繁养马匹等六项措施。这些思想无疑成为他撰写《三国通览图说》和《海国兵谈》的基础。在《海国兵谈》全卷出版的六年之后,即 1797 年,日本另一知识分子大原小金吾出版了《北地危言》。书中指出:"外寇乃天下之仇,非限于一国之寇。"日本必须尽"天下之人才"与"天下之智力"确立防御之策。为此,关于军事战略、器械、战术,必须抛弃"诸侯各国因贪功而不他传"的秘密主义,向诸藩公开,"一律平等地均分"全国的军备技术。② 日本著名兰学家杉田玄白在文化年间(1804—1817 年)所著《野叟独语》中,也对日本当前形势充满了危机意识。他认为以俄国问题为日本当前的"难治之症"。早在 1792 年,俄国使节腊克斯曼在送还伊势漂流民来航日本根室之际,便提出

---

① 《日本思想大系·38》,東京:岩波書店,1976 年,第 218 頁。
② 丸山真男:《丸山真男講義録》第 2 冊,東京:東京大学出版会,1999 年,第 59 頁。

与日本通商的要求。1804年9月俄国使节雷札诺夫（旧译莱萨诺夫）护送日本漂流民至长崎，行战争二途。若惧怕俄国，允其贸易又事关对外之体面；虽说如此，但若进行战争，日本国内状况又不允许："观今日武家形态，近二百年已臻于极限，第五代、六代已全然不知战事，武道衰之又衰。当有事时，第一应起作用之旗本、御家人等，其情十之七八若妇人，其志卑劣若商贾，士风、廉耻之意皆无。"①他认为如此积弱的军备与意志只能蒙取大败，使生民陷于涂炭。在这种情况下，只能了解清楚俄国方面的要求，允许其贸易为妥当。然后，应该以10年、15年的时间培养士气、扩充军备。与杉田玄白同时代的古贺精里在其《极论时事封事》一书中，也明确提出了针对俄国的威胁，刷新国内体制的建议。他认为，尽管存在着切实的外来威胁，但国内对于国防的关心却显著低下，这是由于上下隔离、言路堵塞的结果。他说："切言开边之非而被被禄者有之，因著书论夷狄之忧而被幽闭者有之……街谈巷议，有涉边事即被逮捕下狱，累累相继。任官之谬，群臣之非，知而不敢言；上下相蒙，泛然若不闻，竟若蔑而无视。奎隔若此，一旦变起，只能涣然瓦解，作鸟兽散。"因此，他在其书的开篇就把："开言论以防塞蔽"作为国防对策而提出来。② 日本知识分子在危机意识初萌时期就十分关心武备、国防问题。1814年，伊能忠敬完成了日本第一幅实测地图集——《沿海实测全图》。这都是出于国防上的对外危机意识而进行的活动。

19世纪40年代，由于他们一直仰慕的天朝大国败于西洋的"英夷"，这给予他们以极大的冲击，成为推动他们危机意识发展的巨大外在动力。就在魏源《海国图志》初刊的同一年，日本幕末的史学家兼诗人斋藤竹堂撰写出《鸦片始末》，警示日本人应该汲取邻国鸦片战争的教训。另一知识分子、也是幕府高级政务官员——老中水野忠邦就中国的鸦片战争指出："虽为外国之事，但足为我国之戒。"③追至1853年，美国海军准将培里率舰队来航，要求日本开国通商。此事对日本知识分子的直接冲击就更大了，以至于"当时的书信和日记中频频出现的名词就是'履薄冰之思'、'天下之危'、'累卵

---

① 丸山真男：《丸山真男講義録》第2册，第61页。
② 丸山真男：《丸山真男講義録》第2册，第59页。
③ 信夫清三郎：《日本政治史》第1卷，周启乾译，上海：上海译文出版社，1982年，第166页。

之危急'等"①。除口头语言外,书信和日记是最能表达人们思想感情的工具,而上述引文中出现的名词无疑不会是出自村夫野老之口,只能是知识分子忧患之情、危机意识的表露。追至明治维新之后,以福泽谕吉为代表的知识分子,大力宣扬西方文明、开发民智、与西洋为伍,也是对西洋的危机意识所使然。甲午战争蕞尔小国日本将天朝大国清朝打得一败涂地、割地赔款,这使日本知识分子的危机意识暂时得到舒缓,但旋即由于三国干涉还辽,又使其认识到日本并未摆脱外来危机。"卧薪尝胆"虽被日本政府作为对俄复仇的口号加以利用,但这一口号的提出,应该视为日本知识分子危机意识与复仇意识的混合物。直到日俄战争日本打败俄国,日本知识分子的危机意识才彻底消除。

3. 中日知识分子危机意识的比较

其一,与日本知识分子的危机意识相比,中国知识分子的危机意识产生较晚。从时间上看,两者至少相差一个多世纪。出现这种情况可能有诸多原因。首先,中国土地广袤,自然资源丰富,易使人产生安全感。冯桂芬在《制洋器议》中就说:"我中华幅员八倍于俄,十倍于米(美),百倍于法,二百倍于英。地之大如是,五洲之内,日用百须,无求于他国而自足者,独有一中华。"②这种安全感极大程度地遏制了危机意识的产生。而日本国土狭小,自然资源贫乏,使人们极易产生危机意识。佐久间象山在关于攘夷策略给藩主的汇报书中则说:"本邦面积,以德意志里法量之,不满一万方里。即如所述,远不及五大洲二百分之一。即便本邦尽为膏腴之地,外国过半为不毛之地,犹如一比一百,此乃邹楚之悬隔也。"③这种深刻的危机意识,是比较自觉地认识到日本的缺陷,它不仅成为其认识西方、学习西方的动力,也增长了其对西方的探索热情。其次,中国文化博大精深,汉唐以来一直傲居东方,这对中国知识分子的心性影响巨大,文化上的优越意识、夜郎自大心理难以萌生危机意识;相反,日本文化的杂和性,使得日本知识分子少有优越意识,在文化面前的自卑感恰恰是产生危机意识的土壤。最后,隋唐以来科

---

① 綿貫哲雄:《維新と革命》,東京:大明堂,1973 年,第 194 頁。
②《戊戌变法》第 1 册,第 29 页。
③《日本思想大系·55》,第 322 頁。

举制度的不断发展与完备,使中国知识分子"出人头地"的机会只限于科举一途,他们只热衷于四书五经,纸上空谈,根本不关心外来事务,"两耳不闻窗外事",是永远不会产生危机意识的;日本没有科举制度,知识分子"出人头地"的机会也不限于"读书做官",所以他们的兴趣广泛,加之国土狭小、四周临海而造成的对外敏感性,很容易产生危机意识。

其二,就危机意识的深度而言,中国知识分子也远不如日本知识分子。就危机意识萌生之初来看,肖枚生虽然察觉到了"十年之后,患必中于江、浙,"但在他心目中,这种"患",即西方侵略势力,仍不过是前明楼患的重复,其患所及也只是"中于江、浙",没有意识到这种"患"已经明显不同于前明的楼寇扰边,而是国家间生死存亡的较量;而新井白石则把荷兰当作"一个可怕的国家",指出了荷兰的富强和侵略世界的事实",而非外寇扰边、犯边之"患"。后来他成为日本兰学的创始人,全力研究兰学,这同他深刻的对外危机意识是有直接关系的。中日知识分子这种危机意识的程度差异在后来的发展中也是显而易见的。中国知识分子直到戊戌变法之前,始终认为中国的"政教礼仪超乎万国之上",只是"船坚炮利"不如人。尽管冯桂芬在他著名的《校邠庐抗议》中,也曾列举中国数种"不如夷"的地方,但其主导思想还是"以中国之伦常名教为原本",并没有认识到危机是源于两种文明的差异。而日本知识分子则察觉到了西方文明的先进性。1825 年,吉雄永宜翻译《英吉利人性情志》,首次将欧美议会制向日本人进行宣传。1861 年加藤弘之撰写《邻草》,系统地向日本人介绍西方社会政治制度,并认为日本与中国适宜建立君主立宪制度。福泽谕吉在 1875 年所撰写的《文明论概略》中明确指出:"日本文明和外国文明互相比较起来,不但在有形的技术工艺方面落后于外国,就是人民精神面貌也不相同。西洋各国人民智力充沛,有独立自主精神,在人与人的关系上是平等的,处理事物是有条不紊的,大自一国的经济,小至个人的生活,就目前的情况来谈,我们日本人无论如何是望尘莫及的。"①此时尽管明治政府已经成立数年,并已提出三大政策,但福泽仍然指出日本在物质文明和精神文明两方面落后于西方的现实,危机意识程

---

① 福泽谕吉:《文明论概略》,北京编译社译,北京:商务印书馆,1992 年,第 169 页。

度之深是中国知识分子所无以比肩的。

其三,中日知识分子面对危机的表现不尽相同。首先,中国知识分子对危机的反应相对迟钝,而日本知识分子的反应则极为敏感。马戛尔尼1793年就率使节团到北京,代表英国政府要求清朝开放宁波、天津等地为商埠,在遭到清政府拒绝后,1802年,英国派兵船到广州外伶仃洋试探中国的海防能力,1808年英国又派13艘兵船骚扰东南沿海并进犯虎门,在遭到中国水师回击后退去。这些预示着大规模侵略将至的事件,并未引起中国知识分子的警觉,他们甚至还沉睡于"天朝大国"至上、"四夷来朝"的迷梦之中。日本知识分子新井白石未待荷兰人侵,就看到荷兰"是一个可怕的国家";林子平在沙俄开始南下时,就已经觉察到了沙俄的威胁。1792年沙俄派腊库斯曼到北海道来叩日本锁国大门时,林子平的《海国兵谈》已经问世一年了。其次,尽管早晚不同,两国知识分子都对危机有所反应,但中国知识分子面对危机具有很大的被动性,而日本知识分子则是积极主动的。18世纪初英国商人开始向中国输入鸦片,19世纪30年代激增起来,1838—1839年鸦片输入增至近4万箱。① 直至认识到"是使数十年后,中原几无可以御敌之兵,且无可以充饷之银"的时候,②林则徐等知识分子才不得不作出反应。姚莹撰写《康輶纪行》,目的是"正告天下。欲吾中国童雯,皆习见习闻,知彼虚实,然后徐筹制夷之策,是诚喋血饮恨,而为此书,冀雪中国之耻,重海边之防,免胥于沦鬼域,岂得已哉?"③忧国之心虽也跃然纸上,但一个"岂得已哉"便把面对危机"不得已而为之"的被动性突显出来。日本知识分子不仅在危机意识初萌时期,如新井白石、林子平那样积极主动探索外来事物,谋求解决危机的办法,在后来更是如此。佐久间象山为克服危机,34岁开始学习荷兰语,积极研究兰学。为实地了解西方,与其弟子吉田松阴两次策划偷渡出洋。即使是在由政府派遣、正式途径出国的情况下,中日知识分子的反应也截然不同。随1860年万延使团赴美的玉虫左太夫在其《航美日录》的开头中,这样记述道:"此实为开国以来之快事,有志者谁人不欲前往。唯

---

① 马士:《中华帝国对外关系史》第1卷,张汇文等译,北京:三联书店,1957年,第239页。
②《林则徐集·奏稿》中册,第601页。
③《鸦片战争》第4册,第531页。

人数有限,无可奈何"①;相反,1877年,郭嵩焘因"马嘉里案"被迫出使英国时,非但其好友都说他"费力不讨好,亦命苦也",甚至他自己也迫于压力,称自己"素钝于言辞,周旋应对,绝非所长……"②,去万延使团赴美已17年之久,两者相比在主动性上还有如此巨大的差距。

其四,与日本知识分子危机意识相比,中国知识分子危机意识的发展经历了十分艰难曲折的过程。日本知识分子的危机意识自产生以来,除了甲午战争结束时暂时舒缓(旋即因三国干涉还辽而很快恢复)而外,几乎是持续向前发展的。即使在19世纪20—40年代德川幕府制造"西保尔德事件"和"蛮社之狱",大肆镇压兰学学者期间,日本知识分子的危机意识也没有停滞不前。值得注意的是,在兰学遭到镇压,后期水户学获得发展时,落后守旧的水户学学者也对日本的现状充满危机感。他们形容日本的处境是"厝火积薪之下,而寝其上",以为"天下之忧,孰甚于此"。③当然,水户学者和兰学者以及后来的洋学者的危机意识不完全相同,应对危机的主张更有"攘夷"和"开国"之分,但对来自外界的不安全感则是一脉相承的。中国知识分子的危机意识,虽然在受到鸦片战争的冲击后,曾一度有所发展,由于背负沉重的"华夷"思想包袱,很难得到升华。第二次鸦片战争失败后,洋务运动的兴起,也只是说明知识分子加重了物质层面的危机意识而已。中法战争的失败,"师夷"而未能"制夷",又为拒向西方学习提供了口实。直到甲午战争失败,中国知识分子的危机意识经过数十年艰难困苦的长途跋涉,终于以康有为的疾呼、梁启超的警告和谭嗣同的鲜血,而达到了顶峰。

其五,日本知识分子的危机意识在初萌时期,便伴随有对外侵略扩张的意识。林子平在《海国兵谈·自跋》中即说:"予之著《三国通览》其书也,在于明确日本之三邻国朝鲜、琉球、虾夷之地图,其意在于使日本之英雄统领士兵入此三国时,暗记此图,以应变者也。"④后来的吉田松阴对外侵略扩张的意识就更为明显。在其所著《幽囚录》中公然主张:"为了使洋夷不能窥视

---

① 《日本思想大系·66》,東京:岩波書店,1974年,第8頁。
② 郭嵩焘:《郭嵩焘奏稿》,长沙:岳麓书社,1983年,第363页。
③ 《日本思想大系·53》,東京:岩波書店,1978年,第375頁。
④ 山本饒編:《林子平全集》第1卷,東京:筑摩書房,1969年,第106—107頁。

日本,必须掌握西伯利亚到菲律宾的广大区域",并声称"朝鲜曾是日本属国,应使其再臣服于日本"。① 1855 年他在狱中寄给其兄的信里更是露骨地表现了弱肉强食、侵略扩张的意识。他说:"我与美、俄的媾和,既成定局,不可由我方决然背约,以失信于夷狄。但是必须严订章程,敦厚信义,在这期间养蓄国力,割据易取的朝鲜和中国东北,在交易上失之于俄、美的,应用朝鲜和东北的土地作为补偿。"②明治维新后,日本知识分子的侵略扩张意识更为普遍。甲午战争前日本知识分子,包括福泽谕吉这样著名的启蒙思想家在内,几乎众口一词地支持政府发动对中国的战争。可见,日本知识分子在争取摆脱外来危机、摆脱外国欺凌的同时,逐步膨胀着对外侵略扩张意识。以至于为日本政府的侵略扩张政策摇旗呐喊,推波助澜,最终酿成悲剧。中国知识分子的危机意识,虽然发展缓慢、艰难,但是,他们的危机意识始终都是围绕着自己国家的富强、民族独立,摆脱外来侵略与欺凌而发展和深化的。甚至直到今天,他们从未萌生过对外侵略扩张的意识。这是中日知识分子危机意识的最大也是最根本的区别之一。

在芸芸众生中,知识分子可谓精英层,他们的意识与行为往往会直接或间接影响历史的发展。但由于对人的探究,是世间最为复杂之事,本文只是从两次西风东渐过程中,对中日两国知识分子直面西方挑战所采取的对应态度略作涉及。在两次西风东渐过程中,中日两国知识分子的相同与不同反应,对两国在吸收西方文化、社会转型乃至历史发展都有深刻的影响,还需要进行更加深入的研究。

(作者陈景彦,吉林大学东北亚研究中心,原文刊于《历史研究》2006 年第 3 期)

---

① 奈良本辰也编:《吉田松陰集》,東京:筑摩書房,1969 年,第 106—107 页。
② 井上清:《日本军国主义》(中译本),北京:商务印书馆,1958 年,第 6 页。

鸦片战争对日本的影响

王晓秋

150年前爆发的鸦片战争是西方资本主义列强对中国发动的第一次大规模侵略战争,它打开了中国的闭关大门,使中国开始沦为半殖民地,标志着中国近代史的开端。鸦片战争不仅在中国历史上具有划时代的意义,而且在世界历史上也有着重要地位。将鸦片战争置于世界和亚洲全局中加以考察,特别是具体分析鸦片战争对其他国家的影响,将有助于我们对鸦片战争史研究的深入。本文试图着重探讨中国鸦片战争对一衣带水的邻邦日本所发生的影响。

一 日本人关于鸦片战争的情报

中国鸦片战争的消息是怎样传到日本去的呢?

由于日本德川幕府统治时期实行锁国政策,禁止外国人来日本和日本人出海贸易,只允许中国与荷兰的商船到长崎港进行有限制的贸易,因此,长崎便成为日本了解外国情况的唯一窗口。德川幕府规定在长崎入港的中国商人和荷兰商人都必须向管理外贸事务的长崎奉行(长崎地方最高官员)报告海外消息。这种报告统称为"风说书",其中中国商人的报告叫"唐风说书",又称"清商口单";荷兰商人的报告叫"和兰风说书",又称"阿兰陀风说书"。此外还有担任翻译的通事根据外国商人的口述或摘译外国报纸上的新闻编成的"别段风说书"。中国鸦片战争的消息最初就是通过这些风说书传到日本的。因为日本人称鸦片为"阿片",所以有关鸦片战争的情报,又被称作"阿片风说书"。

现在见到最早提供有关中国禁烟运动消息的是 1839 年的一份和兰风说书。它报道:"广东禁止英吉利等国人之鸦片走私,官府奉旨严查藏匿鸦片的基地,同时对中国吸食者也加以重刑。"①然而更重要的消息来源还是中国赴日商人提供的唐风说书,其中有大量关于鸦片战争的情报。据日本学者森睦彦的调查统计,自 1840 年至 1844 年,散见于各种书刊中有关鸦片战争的唐风说书,共有 19 件。其中 1840 年 7 件,1841 年 6 件,1842 年 2 件,1843 年 3 件,1844 年 1 件。②

下面举几个例子来看。如 1840 年 7 月,中国商人周蔼亭的风说书,题目叫《蒙问今为阿片一件》,说明这是应日本官方的询问而写的。风说书中谈到英国人向中国贩卖鸦片的危害,道光皇帝派林则徐到广东禁烟,一直到中英两国发生武装冲突等等情况,大体上符合历史事实。③ 1840 年 12 月,中国商人沈耘谷等 13 人联名提出的风说书,已经谈到英军侵犯中国浙江沿海宁波、定海、乍浦、余姚等地的战况。④ 由于多数赴日中国商船都来自浙江乍浦等地,所以他们对浙江沿海的战事比广东的知道得要详细具体得多。1841 年的几份风说书报道了林则徐被免职,道光先后派琦善、奕山、奕经为钦差大臣的消息。1842 年 12 月,中国商人顾子英等 8 人提供的名曰《英夷侵犯海疆蔓延四载》的风说书,叙述了鸦片战争最后阶段直至议和的经过。还有 1844 年 12 月,中国商人周蔼亭等向长崎奉行提供了一份关于鸦片战争比较详细的报告,流传的抄本题为《英国侵犯事略》。它概述了鸦片战争从开始到结束的全过程,还附录了《南京条约》的条文。

"唐风说书"与"和兰风说书"在当时都是属于官方秘密书类,由长崎奉行上交幕府收藏,只有在幕府任要职者才能看到。这些风说书之所以能流

---

① 森睦彦:《作为鸦片战争情报的唐风说书》,见《法政史学》第 20 号。
② 森睦彦:《作为鸦片战争情报的唐风说书》,见《法政史学》第 20 号。
③ 盐谷宕阴编:《阿芙蓉汇闻》,东京大学东洋文化研究所藏书。
④ 盐谷宕阴编:《阿芙蓉汇闻》,东京大学东洋文化研究所藏书。

传民间,主要是由担任翻译的通事和幕府的工作人员泄露传抄出来的。如著名学者盐谷宕阴利用在幕府高级官员水野忠邦身边供职的条件,收集抄录了有关鸦片战争的各种风说书和其他资料,加上自己的评论,在1847年(日本弘化四年)编成《阿芙蓉汇闻》一书。(中、日民间亦称鸦片为阿芙蓉,这是从阿拉伯语译音来的。)该书引起当时日本各界人士的重视,被认为是有关中国鸦片战争情报最好的资料集而争相抄刻,广泛流传。笔者见到的是东京大学东洋文化研究所收藏的抄本,共七卷。此外其他收录有关鸦片战争风说书的日本书籍还有《阿片类集》《清兰阿片单报》《唐风说书集》等。

日本人获得关于鸦片战争消息的另一个来源是流传到日本的一些中国书籍和资料。

有一部中国书《夷匪犯境闻见录》,传到日本后就有各种抄本和1857年明伦堂的刻本。此书收录了鸦片战争中清政府的各种上谕、奏折、布告、檄文,中英双方往来照会文书以及条约等原始资料,内容相当丰富,当时在日本流传甚广,成为日本许多描写鸦片战争的作品写作的重要依据。

另一种中国书《乍浦集咏》,乃是浙江乍浦文人沈筠编的一部当地文人的诗集。其主题是纪念鸦片战争中乍浦的殉难烈士,谴责英军暴行。该书1846年出版,当年就有24部被赴日中国贸易商船带到了日本。第二年又出了名为《乍浦集咏钞》的4卷2册日本刻本。

这些报道中国鸦片战争消息的阿片风说书和中国书籍,为日本人编写描述鸦片战争的作品提供了素材,也为日本各界人士总结和吸取中国鸦片战争的经验教训提供了资料。

二 日本人对鸦片战争的描述

鸦片战争的消息传到日本之后,当时的日本作家、学者立即根据这些消息,编撰了不少描述鸦片战争的作品,其反应之快,令人吃惊。

笔者在北京大学图书馆看到两部非常珍贵的日本江户时代描写鸦片战争的作品。一部名为《海外新话》,共5卷,1849年(日本嘉永二年)出版。作者署名枫江钓人即岭田枫江的笔名。正文之前有作者所写的序诗云:"巨炮震天坚城摧,夷船进港汉军走。……哀哉百万讲和金,往买夷酋一朝咲。"在诗的最后,岭田枫江点明了写作此书的宗旨:"天赐前鉴非无意,婆心记事亦微衷。呜呼! 海国要务在知彼,预备严整恃有待。"①可见,他写作这部书的目的是要日本政府和人民吸取中国鸦片战争的教训,加强海防,防御外来侵略。据该书例言所述,作者写作主要参考了《夷匪犯境录》《侵犯事略》《乍浦集咏》等书。为了适应日本各阶层读者的口味,他采取了当时民间流行的军谈小说(即描写战争的章回小说)的形式,语言尽量通俗易懂。

《海外新话》的卷首有《英吉利记略》,介绍英国的地理、历史、现状,指出英国乃世界强国,决不可以西洋僻境之夷人而蔑视。其次有《坤舆略图》(即世界地图)和《清国沿海略图》,图上用红色标出英军侵犯的中国府县。书中还附有虎门销烟、定海血战、陈化成战死、南京议和等插图。全书正文第一卷以"鸦片烟毒附黄爵滋上书事"开始,最后第五卷以"两军和睦事附和约条目"结束。值得注意的是这部书较详细地描写了林则徐,广东禁烟经过及广东、定海、镇海、乍浦、吴淞口、镇江等地抗英战斗场面。作者赞扬江南提督、老将陈化成"霜风知劲草",身先士卒,浴血奋战,最后为国捐躯,"面色犹如生时"。

《海外新话》这部描述中国鸦片战争的作品,由于没有得到幕府的许可而私自出版,竟被幕府毁版并列为禁书。作者岭田枫江也遭到迫害,被处以禁锢之刑,入狱二年。甚至连为《海外新话》插图的画师也受株连死于狱中。

北京大学图书馆收藏的另一部书名曰《海外新话拾遗》,顾名思义是补充《海外新话》的。也是1849年出版,作者署名种菜翁,五卷五册。全书以卷一"英将义律窥清国情势事"开端,至卷五"五所交易馆之事"(即开放五口)收尾。这部书比《海外新话》增加了达洪阿台湾抗英、广东90余乡村民愤怨起兵(即三元里人民的抗英斗争)等内容。本书还在风说书中误传的英王女被擒之事加以渲染夸张。说英军这位女将"神态万化,轻如蝴蝶逐花,风吹红叶"。后来在余姚县被俘,发现她原来竟是老英王的三公主,当今英

---

① 枫江钓人:《海外新语》序诗,北京大学图书馆藏书。

国女王的妹妹。实际上,在余姚被俘的是英军运输船鸢号船长的夫人诺布尔。①

记载鸦片战争的历史著作有斋藤竹堂的《鸦片始末》。斋藤竹堂是日本幕末著名的历史学家、日本第一部世界史《蕃史》的作者。《鸦片始末》是他在南京条约签订后一年即1843年写成的,主要根据"阿片风说书"等资料,叙述鸦片战争历史并加以评论,提醒日本人应重视中国鸦片战争的教训。

佐藤信渊的《海陆战防录》也是写鸦片战争的历史著作。书中谴责了英军侵略暴行,同情中国军民的抗英斗争,还歌颂了爱国将领陈化成。作者写道:"英人闻其威名,不敢妄近上海。故英人有不怕江南百万兵,只怕吴淞陈化成的话。"②此外,还有长山贯的《清英战纪》等书。

这些由日本作者用日文写作的关于鸦片战争的小说和历史著作,使日本上自幕府官员、大名诸侯、各级武士,下至普通民众,广泛了解中国发生的鸦片战争,从中得到教训和启发。这些作品大多是在战后几年之内出版的,反映日本人对中国鸦片战争之关心重视和反应之快,也说明了鸦片战争给予日本多么巨大的冲击和影响。

三 日本人对鸦片战争的认识

英国发动的侵略中国的鸦片战争,最后以中国的失败、签订丧权辱国的不平等条约而告终。它究竟对日本产生了什么样的震动,引起什么样的反应呢?

首先,中英鸦片战争的炮声向沉眠于锁国睡梦中的日本敲响了警钟。鸦片战争的巨大冲击波震荡了日本,引起了日本各界人士的忧虑与警惕,产生了紧迫的危机感。

当鸦片战争的消息传到日本之后,当时幕府总理政务的老中(幕府将军以下的最高级官员)水野忠邦立即认识到:鸦片战争"虽为外国之事,但足为

---

① 姚薇元:《鸦片战争史实考》,人民出版社1984年版,第72页。
② 佐藤信渊:《海陆战防录》,见《渔舟全集》第2卷,第433—445页。

我国之戒"①。

水户藩主德川齐昭原来以为"清国无论如何乃一重要之大国,夷狄不敢轻易问津"。当他听到鸦片战争的消息后,十分震惊。他说:"最近谣传清国战争,人心浮动,如果确有其事,则任何事情,均可置诸不问,唯有全心全意致力武备耳。鉴于清国战争情况,急应公布天下,推延日光参拜,以日光参拜经费为武备之用。"②日向国佐士岛津忠宽在向幕府上书时,也忧心忡忡地说道:"今清国大乱,难保何时波及日本。"③

常言道:"前车之覆,后车之鉴。"听到中国鸦片战争消息之后,日本各界人士纷纷提出要以鸦片战争作为日本的"前车之鉴"。山田方谷在奉命巡视山阳一带海防时,写了这样一首诗:"勿恃内海多礁砂,支那倾覆是前车。浙江一带唯流水,巨舰溯来欧罗巴。"④诗中警告日本政府不要单纯倚仗海疆天险,从中国浙江到日本的海路相通,欧洲的炮舰一下子就能到达日本,中国鸦片战争的失败就是前车之鉴。

连荷兰人也用中英鸦片战争来警告日本。1844年荷兰海军上校科普斯率军舰帕兰邦号驶入长崎港。他带来了荷兰国王威廉二世的亲笔信,提醒日本注意"近来英国国王向中华帝国出兵而发生激战的情况,"并警告日本如拘泥于锁国之旧习,必将重蹈中国的覆辙,"贵国今亦将罹此种灾害"⑤。以此敦促日本迅速开国。

日本统治阶级在中国鸦片战争的影响之下,犹如大梦初醒,开始认真考虑加强海防、抵御外敌的政策。

其次,日本人士以鸦片战争中国失败为鉴,进一步分析总结中国失败的原因,吸取其教训。

中国过去在日本人眼里是十分崇拜的文明礼仪之邦,堂堂的中华大国。可是这一次竟然被一个以前视为西方"夷狄小国"的英国所打败,这难道还

---

① 信夫清三郎:《日本政治史》第1卷,上海译文出版社1982年版,第178页。
② 《水府公献策》卷下,引自小岛晋治:《太平天国革命的历史和思想》,第292—293页。
③ 《大日本古文书》(幕末外国关系文书之一),第846页。
④ 东京大学史学会编:《明治维新史研究》,东京富山房1930年版,第439页。
⑤ 清夫信三郎:《日本政治史》第1卷,第188页。

不值得认真深思吗？著名的日本维新思想家佐久间象山曾经这样质问国内拒绝学习西方先进技术的保守派："西洋各国精研学术，国力强盛，就是周公孔子之国（指中国）都被它们掠夺，你想这是什么缘故？"①

日本人士分别从各种角度来总结中国战败的原因。他们认为清政府政治腐败、武备不修，是失败的主要原因。狩野深藏在《三策》中写道："宋钦宗、清宣宗（即道光帝）请和纳贿，优柔不断，以取祸败。彼孰不以讲武备也令天下，顾唯名而无实，是以怠惰委靡，终以不振矣。"②

他们进一步认识到中国封建统治者过去妄自尊大，闭目塞听，既不向外国先进技术学习，又不了解世界形势，甚至仍然把西方各国当作昔日的夷狄加以轻视，结果遭到惨败。1844 年 6 月，斋藤正谦在谈到中国战败原因时指出："清国自称中夏，把外国视为禽兽，然而这些国家，机智敏捷，机器出色，清国却没有任何防备。外国乘船海上纵横，清国反受他们凌辱。"③盐谷宕阴在《阿芙蓉汇闻》中也强调："英知清，清不知英，清以华自夸，英以见夷而怒。怒则备，诗则忽，未战而胜负见矣。"④

日本学者批评中国儒学，只讲究钻牛角尖的烦琐考据，做空洞无物的八股文，脱离实际，不能为反侵略斗争服务。1842 年，佐久间象山就尖锐地提出："清儒虽然学问考证精密，但毕竟是纸上空谈，没多大实用。"⑤

日本人士还认为中国武器和军事技术的落后，也是失败的一个原因。高岛秋帆在向长崎奉行提出的建议书中谈到，英国比中国土地狭小，而胆敢来侵袭，并且大败中国，主要是由于中国不修武备，武器劣弱，尤其是炮术的落后。因此，他竭力主张学习西洋炮术。

日本思想家盐谷宕阴对清政府政治腐败的批判也相当透彻。他指出："虽有良策，断之不明，行之不速。"即使"知西洋器艺之精"，然而"或惜财而弗造，或惮劳而弗习"。官吏不负责任，"边吏诿过于宰辅，宰辅诿咎于边吏，

---

① 井上清：《日本现代史》第 1 卷，三联书店 1956 年版，第 218 页。
② 东京大学史学会编：《明治维新史研究》，第 437 页。
③ 藤间生大：《近代东亚世界的形成》，第 60 页。
④ 盐谷宕阴：《阿芙蓉汇闻》，卷 2。
⑤ 小西四郎：《鸦片战争对我国的影响》，《驹泽史学》2 号。

上下相蒙,唯利之视"。而且将领克扣军饷,"以致士卒不振"。鸦片战争前夕的中国,"非无策可以购舶建船,而东南数千里,未尝备战舰一只"。由此可见清廷之"满朝聩聩"①。加上道光皇帝用人不当,赏罚不明,竟将"材兼文武、忠贞奉公"的林则徐革职,而重用琦善、伊里布之流投降派。盐谷宕阴形象地比喻道:"良将者,国之虎也,槛虎而放鼠,欲以制狐狸,难矣!"②

日本有识之士吸取中国鸦片战争失败的教训,结合日本当时的状况,纷纷提出了学习西方、加强海防、改革内政的主张和建议。

1858 年,幕府老中崛田正睦在与熊本藩世子细川庆顺谈话中说:"中国拘泥于古法,日本应在未败之前学到西洋之法。"③这反映日本统治者中间一些头脑比较清醒敏锐的人物已经从中国鸦片战争的教训中认识到,日本要想避免重蹈中国的覆辙,就必须学习"西洋之法",进行变法改革。当时,不仅幕府主动进行了改革,而且日本地方各藩,如萨摩、长州、佐贺等强藩,也纷纷进行藩政改革,制造西式船炮,训练西学人才和新式军队。这一切都为日本从开国走向明治维新打下了一个良好的基础。

早在 1842 年 11 月,佐久间象山就吸取中国鸦片战争经验教训,提出海防意见书,即《海防八策》。他指出西方列强在侵略中国以后很可能也要来侵犯日本,强迫日本签订像《南京条约》那样的城下之盟。因此,他主张以铸大炮、造军舰、兴海军,为当前"最大之急务"。他还强调"不令外夷开易侮之心,是防御之至要也"。④并建议采用西洋制度改革兵制,组织义兵。

精通西洋炮术的高岛秋帆是最早从鸦片战争冲击中吸取教训而主张加强海防的。他在 1840 年秋天,已经通过长崎奉行向幕府提出了改进炮术以加强武备的建议书。他指出日本"诸炮家之炮术,乃西洋已经废弃之数百年迟钝之术,成为无稽之华法"。从而强调"防御蛮夷而熟悉其术,乃至关紧要之事"。⑤

---

① 盐谷宕阴:《翻刻海国图志序》,《宕阴存稿》卷 4。
② 盐谷宕阴:《论宣宗黜林则徐》,《隔鞾论》。
③ 藤间生大:《近代东亚世界的形成》,第 60 页。
④ 佐久间象山:《省諐录》,东京岩波书店 1944 年版,第 93 页。
⑤ 信夫清三郎:《日本政治史》,第 1 卷,第 177 页。

日本的武士们还从鸦片战争中借鉴战略战术,了解英国的侵略伎俩。广濑旭庄说:"清国之乱虽甚,然视鄂罗斯、英吉利掠取其地之策,亦可明其取我邦之地之伎俩也。唯我邦一向有备,见清之被侮,更应慎矣。"①佐藤信渊编写《海陆战防录》也是这个目的。他说:"本邦人和西洋夷无战,难得其议。然天保十一年(即1840年),清国数十度之战,皆大败,不能与其对阵,最终割地、赔款、求和。因此,特地记录清英水陆几十仗的战法并加评论。"②可见,他写这部书是为了总结鸦片战争期间中英各次战役的经验教训,以备日本一旦与西方列强发生战争时参考。

综上所述,日本人士从中国鸦片战争中受到震动和启发,吸取了不少经验教训。这对以后日本处理对外关系和开国问题是很有益处的。同时也促使日本有识之士提出维新改革的要求。故而鸦片战争对于日本来说,真不啻"天赐之鉴"也。

四 《海国图志》对日本的影响

分析鸦片战争对日本的影响,不能不提到魏源的名著《海国图志》对日本的巨大影响。

鸦片战争的炮声惊破了清朝统治集团的迷梦,中国地主阶级知识分子中间一些爱国开明的有识之士,开始睁开眼睛看世界,研究外国史地,了解国际形势,寻找救国的道路和抵御外敌的方法。战后出现了一批介绍和研究世界地理、历史、现状的著作。魏源的《海国图志》便是其中最重要的一部。

林则徐在广东任钦差大臣期间,曾组织人翻译了英国慕瑞的《世界地理大全》,编辑成《四洲志》一书。书中叙述了世界五大洲30多个国家的地理历史,不过它基本上还只是一部译作。1841年6月,林则徐被革职流放,在北上途中经过镇江时,会见好友魏源,两人同宿一室,彻夜对榻畅谈。林则徐把《四洲志》手稿和自己在广州组织人收集、翻译的外国资料交给了魏源,

---

① 广濑旭庄:《九桂草堂随笔》卷6,引自《明治维新史研究》,第436页。
② 佐藤信渊:《防海余论目录》,引自增田涉:《西学东渐与中国事情》,第87页。

嘱托他进一步研究外国史地。魏源立即动手,埋头著述。除了引用《四洲志》全文外,还征引历代史志 14 种,古今中外各家著述 70 多种,此外还有各种奏折 30 多件和一些亲自调查来的材料。他终于在道光二十二年十二月(即 1843 年 1 月)编成《海国图志》50 卷。以后又陆续加以修订增补,1847 年扩充为 60 卷,1852 年又增补到 100 卷。其内容除了世界五大洲几十个国家的历史地理简述外,还包括论海防战略战术的《筹海篇》4 卷,以及《夷情备采》3 卷和关于仿造西洋船炮等方面的论述、图说 10 多卷,此外还有世界地图与各国地图 70 多幅。这是近代中国人自己编撰的第一部关于世界历史地理的著作,而且总结分析了鸦片战争的经验教训,探求富国强兵抵御外侮之道,提出了"师夷之长技以制夷"的主张。

魏源的《海国图志》出版后很快就由中国赴日贸易商船带到日本出售。据长崎的进口汉籍帐目记载,1851 年就有中国商船带去《海国图志》3 部,1852 年又带去 1 部,1854 年又有两位中国商人分别带去 15 部。① 这些书大部分被官方征用或由幕府官员买去,供不应求,价格不断上涨。

《海国图志》传入日本后,立即受到日本有识之士的重视和欢迎,纷纷加以翻译、训解、评论和刊印。一时在日本出现了许多《海国图志》的选本,其中有翻刻本(即按原文翻印)、训点本(即在汉文上下旁边加上训读符号或假名)及和解本(日文译本)。之所以出现这种现象的原因,主要是日本人觉得《海国图志》是他们迫切需要的"有用之书"。但由于这部书的输入量有限,而且多数被官方买走,民间很难看到,因此广大日本民间人士渴望通过翻印出版,以读到这部著作。再有对日本人来说,毕竟汉文较难懂,所以要加以翻译、训点,有助于民众阅读,广泛流传。另外,《海国图志》全书分量很大,于是日本学者根据当时的需要,摘其精华或有关部分,进行翻印、训译,编成选本,并加以序跋,抒发读后的感想和评论。

据笔者在日本访问研究期间在日本各图书馆寻访所见,并参考日本学者鲇泽信太郎的《锁国时代日本人的海外知识》等书,发现从 1854—1856 年仅仅 3 年之间,日本出版的《海国图志》的各种选本就达 20 余种之多。其中

---

① 大庭修:《江户时代唐书持渡书研究》,大阪关西大学东西学术研究所 1967 年版,第 570、575 页。

翻刻、训点本有 6 种，日译本有 15 种。按选本的内容分，有关筹海篇、夷清备采、武器图说等方面的有 5 种，关于美国的有 8 种，英国的 3 种，俄国的 2 种，法国、德国、印度的各 1 种。从中也反映出当时日本人对世界各国不同的关心程度。像《海国图志》这样一部中国书籍在出版后短短数年中，在另一个国家日本竟然出现这么多版本的翻印本和翻译本，这在世界各国文化交流史上恐怕也是十分罕见的。

《海国图志》为什么会引起日本人这样大的兴趣呢？首先是因为这部书使他们大开眼界，帮助他们了解到世界各国的情况。

锁国时代，日本人只能从来长崎贸易的荷兰商人那里得到一点十分有限的西洋知识，因此当日本遭到西方冲击时，朝野上下痛感世界知识之贫乏与了解外国情况的重要。学者大槻祯在《海国图志·夷情备采》的序中指出："海防之道，莫要于知夷情况也。知夷情，则强弱之势审，而胜败之机决矣；不知夷情，则事事乖错，变每出意测之外矣。故知夷情与不知夷情，利害之相悬，奚啻天渊哉！"他盛赞魏源的《海国图志》，"其叙海外各国之夷情，未有如此书之详悉者也。因译以刊行。任边疆之责者，熟读之得其情，则战以挫其锐，款以制其命。国势一张，折冲万里，虽有桀骜之资，彼恶能逞其伎俩哉！"①广濑达也认为："读此书以了解海外情势，不至于对外国人或轻视傲然，或恐惧害怕。"②只要了解外国，便能减少盲目性，并采取正确的外交政策、策略来对待。

因此，中国近代第一部系统介绍世界史地的名著《海国图志》传到日本，对于幕末不太了解世界形势的日本人来说，简直是天赐的宝书，打开了他们的眼界，武装了他们的头脑。所以杉木达在《海国图志·美理哥国总记和解跋》中高度评价道："本书译于幕末海警告急之时，最为有用之举。其于世界地理茫无所知的幕末人士，此功实不可没也。"③

其次，《海国图志》不仅提供了世界史地知识，而且总结了中国鸦片战争的经验教训，提出了不少加强海防抵御外敌的建议，这对于幕末面临西方列

---

① 大槻祯：《海国图志·夷情备采叙》。
② 广濑达：《亚米利加总记自序》。
③ 杉木达：《美理哥国总记和解跋》。

强侵略的日本人,也有很大启发和帮助。

学者南洋梯谦曾叙述自己阅读《海国图志》的感受。开始他以为魏源所讲的御夷之术,可能是自我吹嘘,"余以其言为过情难信"。后来,他仔细读了《海国图志》特别是其中的《筹海篇》,"谓水陆异战法,器械亦随变,惟巨舰大炮之尚。洋夷虽有英、佛(即法国)俄罗、弥利(即美国)之别,而至器械则同,大舰与炮矣。于是有水手操麾弓马之将,就卒伍之势"。这才相信"魏氏之言不诬也"。并推崇《海国图志》是一部"天下武夫必读之书也,当博施以为国家之用"①。

当时不少日本人士都盛赞《海国图志》对日本加强海防所起的作用。如赖醇在《刻海国图志序》中指出:"使海内尽得观之,庶乎其为我边防之一助矣!"同时,他又提醒:"然各国殊势,俗尚异宜,有彼此可通用者,有彼便而我不利者,要在明识采择焉耳。"②

可以说,《海国图志》影响了日本幕末的一代知识分子,尤其是给予那些要求抵御外敌革新内政的维新志士以启迪,从而推动了日本的开国与维新。

《海国图志》对日本维新志士的影响,可以举两个例子来说明。一位是日本幕末尊皇开国论的倡导者佐久间象山。他把魏源称为自己的"海外同志"。他在《省謦录》一书中谈到自己读了魏源的著作《海国图志》和《圣武记》以后的感想时,感慨地说:"呜呼! 予与魏,各生异域,不相识姓名,感时著言同在是岁,而其所见亦有暗合者,一何奇也,真可谓海外同志矣!"③他一方面十分推崇魏源的著作,然而又不是盲目接受,而是结合日本的实际情况,提出自己的海防主张。如他不同意魏源只强调坚壁清野、严密防守的战略,而主张讲究炮、舰,主动出击敌人于外海。佐久间象山在鸦片战争的影响和魏源的启发下,主张学习西方先进科学技术,加强海防,改革内政,批判幕府的锁国和腐败,倡导尊皇开国论。他与魏源的思想,都是在西方侵略冲击之下产生的爱国主义革新思想。他们分别成为中日两国维新思想的先驱,两人真是名副其实的"海外同志"。

另一个例子是佐久间象山的学生、著名的维新志士吉田松阴。1854 年,

---

① 南洋梯谦:《海国图志筹海篇译解序》。
② 赖醇:《刻海国图志序》。
③ 佐久间象山:《省謦录》,第 97 页。

他因企图私登美舰偷渡出国考察海外形势而被捕。他在狱中写的读书笔记中多次谈到读魏源《海国图志》后的体会。吉田松阴认为"清魏默深（魏源字默深）的筹海篇，议守、战、款，凿凿中款。清若尽之用，固足以制英寇，驭俄法"。① 他还指出由于当前俄、美、英、法等西方列强纷纷侵扰日本，致使"魏源之书大行于我国"②。吉田松阴利用《海国图志》等书提供的世界知识，结合日本实际，批判幕府的锁国政策，同时提出了尊皇攘夷、维新改革的主张。

总之，魏源的《海国图志》在当时已成为日本朝野上下的一部重要启蒙读物，对于日本幕末开国与维新思想的形成发展，起到一定的作用。1902年，梁启超在《论中国学术思想变迁之大势》一文中，也谈到魏源《海国图志》对日本的影响。他说："魏氏又好言经世之术，为《海国图志》，奖励国民对外之观念。""日本之平象山（即佐久间象山）、吉田松阴、西乡隆盛之辈，皆为此书所刺激，间接以演尊攘维新之活剧。"③

日本统治阶级中的有识之士吸取中国鸦片战争的教训，积极学习西方，变法改革，从而导致开国倒幕维新，成为日本走向资本主义近代化的起点。而中国清朝封建统治者在鸦片战争后，却不认真总结失败教训，亡羊补牢，改弦更张，反而迷信和议，苟且偷安，因循守旧，还要打击迫害主张学习西方与改革的人士。结果更加腐朽虚弱，使中国在半殖民地的深渊中越陷越深。连日本学者盐谷宕阴在谈到魏源《海国图志》时也感慨不已，"呜呼！此为忠智之士忧国所著，未为其君所用，反落他邦。吾不独为默深悲矣，亦为清帝悲之。"④因此，我们考察鸦片战争对日本的影响，不仅对于深入研究鸦片战争史，而且对于进一步对比分析鸦片战争以后中日两国所走的不同历史发展道路，也都是有意义的。

（本文作者王晓秋，北京大学历史学系，原文刊于《世界历史》1990年第5期）

---

① 吉田松阴：《吉田松阴全集》第 4 卷，东京岩波书店 1939 年版，第 37 页。
② 吉田松阴：《吉田松阴全集》第 4 卷，东京岩波书店 1939 年版，第 52 页。
③ 梁启超：《论中国学术思想变迁之大势》，《饮冰室文集》，卷 6，第 33 页。
④ 盐谷宕阴：《翻刻海国图志序》，《宕阴存稿》，卷 4。